글로벌경영

2nd Edition

INTRODUCTION TO GLOBAL BUSINESS

UNDERSTANDING THE INTERNATIONAL ENVIRONMENT
& GLOBAL BUSINESS FUNCTIONS

CENGAGE

***Introduction to Global Business: Understanding the International Environment & Global Business Functions*, 2nd Edition**

Julian E. Gaspar
James W. Kolari
Richard T. Hise
Leonard Bierman
L. Murphy Smith
Antonio Arreola-Risa

Original edition © 2017 South Western, a part of Cengage Learning.
Introduction to Global Business: Understanding the International Environment & Global Business Functions, 2nd Edition by Julian E. Gaspar, James W. Kolari, Richard T. Hise, Leonard Bierman, L. Murphy Smith, Antonio Arreola-Risa
ISBN: 9781305501188

This edition is translated by license from South Western, a part of Cengage Learning, for sale in Korea only.

ISBN-13: 979-11-88425-04-4

Cengage Learning Korea Ltd.
14F YTN Newsquare 76 Sangamsan-ro
Mapo-gu Seoul 03926 Korea
Tel: (82) 2 330 7000
Fax: (82) 2 330 7001

Cengage Learning is a leading provider of customized learning solutions with office locations around the globe, including Singapore, the United Kingdom, Australia, Mexico, Brazil, and Japan. Locate your local office at: **www.cengage.com**

Cengage Learning products are represented in Canada by Nelson Education, Ltd.

To learn more about Cengage Learning Solutions, visit **www.cengageasia.com**

Printed in Korea
Print Number: 01 Print Year: 2018

Julian E. Gaspar | Leonard Bierman | James W. Kolari
Antonio Arreola-Risa | Richard T. Hise | L. Murphy Smith

글로벌경영 2nd Edition

김보영 · 김영근 · 이형철 · 원성권 · 황용식 공역

INTRODUCTION TO GLOBAL BUSINESS

UNDERSTANDING THE INTERNATIONAL ENVIRONMENT & GLOBAL BUSINESS FUNCTIONS

CENGAGE

Andover • Melbourne • Mexico City • Stamford, CT • Toronto • Hong Kong • New Delhi • Seoul • Singapore • Tokyo

글로벌경영 제2판

Introduction to GLOBAL BUSINESS

발행일 2018년 8월 10일 초판 1쇄
저 자 Julian E. Gaspar, Antonio Arreola-Risa, Leonard Bierman, Richard T. Hise, James W. Kolari, L. Murphy Smith
역 자 김보영 · 김영근 · 이형철 · 원성권 · 황용식
발행인 송자영
발행처 초아출판사

주 소 서울시 성북구 정릉로 36길 41
전 화 070-8739-0036
팩 스 0504-178-5627
e-mail choapublish@hanmail.net

ISBN 979-11-88425-04-4 93320
정 가 30,000원

파본이나 잘못된 책은 교환하여 드립니다.

역자서문

한국사회에 글로벌경영이란 주제를 학교에서 배우고 현장에서 교육한지 30년의 시간이 지났다. 그동안 동서냉전의 체제 종식 이후 90년대 본격화된 글로벌화는 전세계 많은 이들의 생활의 변화를 이끌어 냈으며, 이러한 변화는 기업과 경영에 새로운 도전과제를 안겨 주었다.

과거 세계무역기구(WTO)의 출범과 동시에 자유무역의 확대와 투자 자유화라는 바람에서도 각국은 보이지 않게 자국의 이익을 위한 무역정책들을 펼쳐 왔다. 특히, 최근 미국의 트럼프 정부와 중국의 시진핑 정부의 무역관세전쟁 등을 본다면 다른 나라들은 경제대국의 눈치를 볼 수밖에 없는 상황이다. 이처럼 세계경제가 상호의존되고 통합되는 글로벌 사회에서 경제적 대립과 갈등은 경제주체들의 막대한 손실을 가져오고, 심한 경우 경기침체를 넘어 대공황과 같은 비극을 가져올지도 모른다.

우리는 경영이라는 주제가 단지 이론적 개념만을 포함하지 않는다고 이야기한다. 과거 무역이론에서 노동, 자본의 개념이 정적인 상황을 가정하였지만 글로벌화된 현재 이러한 개념들은 자유로운 국제적 이동이 가능한 상황이다.

특히, 무한경쟁을 극복할 수 있는 창의적 노력을 요구하는 시대적 상황에서 대학 강의실에서부터 과거의 탁상공론에서 벗어나 현실의 흐름을 꿰뚫고 미래를 예측할 수 있도록 실용적인 교육이 절실하기 때문에 글로벌 경영의 맥을 잡고 이해하는 데에 도움을 드리고자 역서를 준비하게 되었다. 필자들은 수년간 강의를 하면서 글로벌 경영을 어렵게 생각하는 학생들이 많다는 것을 알게 되었고, 그에 따라 이해력 향상을 위한 강의에 집중했다.

본 역서의 원문는 글로벌경영이 생소한 독자들의 호기심을 만족시킬 수 있도록 글로벌경영의 주요 개념 및 이론들에 대한 자세한 설명을 담고 있을 뿐만 아니라 글로벌경영의 실무와 학습을 경험한 독자들의 관심에도 효과적으로 부응하기 위하여 논의의 깊이에도 각별한 관심을 쏟았다. 또한 현장감을 전달하기 위하여 최근 부각되는 이슈들을 중심으로 다양하면서도 흥미진진한 최근 경영사례들을 적절하게 제시하였다.

제1부에서는 글로벌경영의 기초개념인 세계화의 부상과 글로벌경영의 발전과정, 지역경제통합, 자금의 국제이동과 환율 등을 논의한다. 제2부에서 글로벌경영의 기본 환경으로 글로벌경영의 문화, 법적 정치적 환경, 글로벌경영에서의 부패와 윤리 등을 살펴본다. 제3부에서는 글로벌경영의 전략과 조직으로 해외시장 진입전략, 글로벌기업

의 전략, 글로벌기업의 조직 등을 중심으로 고찰한다. 제4부에서 글로벌경영관리 즉, 글로벌 인사관리, 글로벌 마케팅관리, 글로벌 재무관리 등을 토의한다.

번역시간 동안 공을 들였건만 본 역서가 과연 원저자들의 뜻을 정확히 전달한 책이 되었는지 의문이지만 본 역서를 출간하는 이유는 글로벌 경영 관련 컨텐츠를 강의에 활용하고 교육하기 위함이다.

많은 부족함에도 불구하고 출간할 수 있었던 것은 많은 동료 교수님들의 지원과 협조 덕분이다. 이 책의 출판에 심혈을 기울여 공동번역해 준 동료 교수님들과 책 출간까지 많은 편집과 디자인에 시간을 아끼지 않은 골든트리 미디어의 진원준 대표님과 초아출판사 이민영 대표님께도 깊은 감사드린다. 다시 한번 본 역서가 글로벌경영을 이해하고 접근하는데 도움이 되길 희망하며 더 나아가 글로벌경영의 전문가로 성장할 수 있는 초석이 마련되기를 기대한다.

2018년 여름에

대표역자 **원성권**

목차

세부 목차

1부 글로벌경영의 기초

1장 세계화의 부상 2

6장 글로벌경영의 법적 및 정치적 환경 180

7장 글로벌경영에서의 부패와 윤리 212

3부 글로벌경영의 전략과 조직

제 1 부

글로벌경영의 기초

CHAPTER

1 세계화의 부상

The Rise of Globalization

*이 장의 학습목표

LO-1 세계화의 특징과 그것이 어떠한 기능을 하는지 설명할 수 있다.

LO-2 주요 국제기구가 세계화를 촉진하는 방법을 식별할 수 있다.

LO-3 글로벌 경쟁에 적응할 수 있는 강력하고 투명한 기구의 필요성을 평가할 수 있다.

LO-4 세계화를 지속가능하게 만드는 핵심 정책수단을 설명할 수 있다.

LO-5 글로벌 디지털 격차를 해소하기 위한 정보기술의 역할을 설명할 수 있다.

LO-6 반(反)세계화 논란의 타당성을 서술할 수 있다.

LO-7 세계화로 인해 부정적인 영향을 받은 사람들을 일시적으로 지원하기 위해 만들어진 사례를 설명할 수 있다.

문화적관점

글로벌 금융위기가 세계화를 위험에 빠뜨리다!

리만 브라더스(뉴욕에 본사를 둔 미국 투자은행)의 붕괴로 2008년 9월에 시작된 은행의 일반 고객 및 기타 은행에 대한 단기, 중기 및 장기 대출의 갑작스러운 동결은 세계 금융위기를 불러 일으켰고, 이로 인해 세계경제 침체가 발생했다. 이 사건은 전세계 경제에 영향을 미쳐(유럽의 몇몇 국가들은 여전히 그 충격에서 회복 중이다) 세계의 무역, 자본 및 노동 흐름에 혼란을 야기하였고, 세계화를 위험에 빠뜨렸다. 1980년대 초반부터 증가한 금융규제 완화로 인해 전세계 금융시장은 더욱 복잡해졌다. 정부, 민간인 및 기업은 대출, 지출 및 투자를 넓은 범위 내에서 자유롭게 할 수 있었고, 원자재(원유 및 철광석과 같은), 상품 및 서비스의 수입이 급증했다. 이러한 현상이 10년 이상 꾸준히 증가한 후, 세계경제가 둔화되면서 2009년 세계무역은 급격히 감소했다. 그 후 2011년까지 위기 이전 수준까지 회복할 수 있었지만, 이제 각 국가들은 수출 시장의 위축, 수출가격의 하락, 무역금융의 소실 및 이민자의 홍수에 직면해 있다.

전 세계 여러 지역 중 4개 국가에 대한 세계 금융위기의 영향을 면밀히 분석해보면, 세계경제가 어떻게 상호 의존적이며 통합되어 있는지를 알 수 있다(표 1.1 참조). 부르키나 파소와 우크라이나와 같은 상품수출업자들은 수출가격과 물량감소를 겪었고, 동시에 싱가포르의 전자부품 제조업체와 아일랜드의 정보기술 서비스 분야는 재화와 용역에 대한 외부 수요의 엄청난 침체를 겪었다.

사하라 사막 남쪽의 아프리카 최대의 면화 생산국인 부르키나 파소에서 면화는 수출의 약 60%를 차지한다. 면화산업은 인구 70만 명, 즉 전체 인구의 17%를 직접적으로 고용하고, 간접적으로 많은 사람들이 면화산업으로 부터 의식주와 같은 서비스를 제공받음으로써 이익을 얻는다. 그런데 세계 금융위기로 인해 섬유 및 의류에 대한 세계 수요는 특히 선진국에서 감소했고, 이는 부르키나 파소의 면화에 대한 수요를 감소시켰다. 결과적으로 부르키나 파소는 일자리 감소 및 생활수준의 저하를 겪게 되었다.

구 소련 국가인 우크라이나 역시 좋은 상황이 아니었다. 세계 8위의 철강 생산국인 우크라이나의 경제는 세계 철강산업의 발전에 크게 의존하고 있었다. 하지만 세계 철강수요가 감소함에 따라 가격도 하락했으며 우크라이나 경제도 하락하게 되었다.

싱가포르는 고도로 개방된 국가로(즉, 주로 자유무역과 자유시장에 기반한 경제) 경제효과의 1/3의 가전제품, 정보기술 제품 및 선진국의 서비스 수요에 직접적으로 영향을 받는다. 하지만 세계적인 경기침체로 싱가포르의 전자, 정보기술 수출이 멈추게 되

그림 1-1

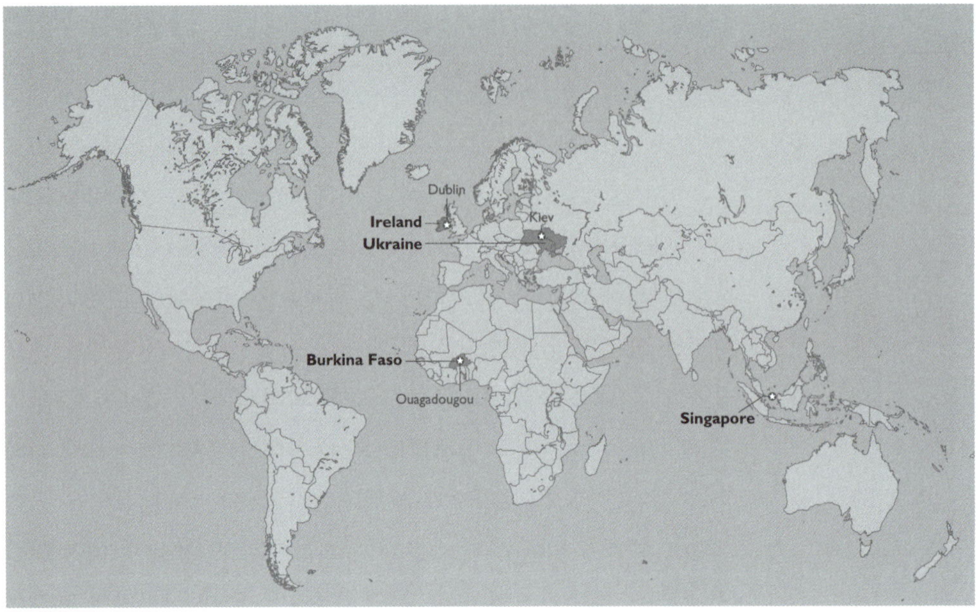

출처 : The International Monetary Fund, "Deep Impact," Finance & Development, March 2009, pp. 13-18)

었고, 싱가포르의 경제 역시 큰 타격을 입었다.

1990년대 중반부터 아일랜드의 경제는 급속도로 성장했다. 그 이유는 해외시장에서의 저비용 차입으로 크게 증가한 자유시장과 무역개방 및 투자정책 때문이었다. 경제 호황을 누림으로써 아일랜드는 "셀틱 타이거"라는 별명을 얻었으며, 사람들이 떠나는 땅에서 사람들이 이민해 오는 땅으로 변화되었는데, 특히 폴란드에서 온 이민자들이 많았다. 정보기술 및 주택건설과 같은 산업은 그 후로도 번영했다가, 급작스러운 세계 금융위기로 아일랜드가 더 이상 해외대출을 받아 경제성장을 계속하기가 극도로 어려워졌다. 이후 아일랜드로부터 이민을 가는 인구가 증가하였고, 입국을 원하는 이민자의 수는 둔화되었으며, 경제가 위축되었다.

이러한 재정적인 충격들로 정책 입안자들이 자국내 기업을 보호하기 위해 민족주의적 또는 보호주의 정책에 기대어 세계무역 및 투자를 줄이고 세계화 과정을 중단시킬 것이란 우려가 있었지만, 다행히도 국제통화기금(IMF), 세계은행, 세계무역기구(WTO)와 같은 국제기구의 지원과 미국의 친(親)성장 정책, 중국과 인도 같은 신흥경제 등장으로 세계화가 안정화될 수 있었다.

서론

서두의 이야기는 우리가 고도로 통합되고 상호 의존적인 세상에 살고 있음을 보여준다. 금융위기는 발생지인 미국뿐만 아니라, 부르키나 파소의 농민, 우크라이나의 광부와 철강 노동자, 싱가포르의 조립라인 노동자, 아일랜드 정보기술 회사의 사무직 노동자들에게도 영향을 미친 것을 보여준다. 이와 같이 비즈니스는 점차 글로벌화되고 있으며, 비즈니스의 성공은 크던 작던 국내의 경제환경 뿐만 아니라 해외의 발전상황에 의해서도 영향을 받는다.

1-1. 세계화란 무엇인가?

LO-1. 세계화의 특성을 설명하고 그것이 어떻게 작용하는지 설명하라.

세계화는 국가 간의 경제성장과 지정학적 통합 및 국가간 상호의존성을 증가시킬 수 있는 무역, 투자, 정보기술 그리고 문화적 및 정치적 장벽을 제거하는 사회·경제적 개혁 과정을 포함한다. 자세한 내용은 이 장의 나머지 부분에서 설명될 것이다.

실제 우리의 일상을 적용시켜 보자. 집이나 아파트의 소파에 앉아 휴식을 취하고 뜨거운 커피나 차를 마시며 디스커버리 채널과 같은 TV 프로그램을 시청한다고 상상해 보라. 당신이 앉아있는 소파는 이탈리아에서 만들어졌을 가능성이 높고, 컵은 미국 코닝社에서 만들어졌으며, 커피는 콜롬비아산이지만 스위스의 네슬레社에서 가공되었고, 차(茶)의 경우 인도산이지만 영국의 립톤社에서 가공되었을 것이다. TV는 일본에서 제작되었을 것이고, 디스커버리 채널은 케냐의 마사이 마라에서 생방송으로 방영중일 것이다. 당신이 입고 있는 옷마저 중국

국제기구는 세계화를 촉진한다.

스리랑카에서 수출할 찻잎을 수확하고 있다.

에서 만들어졌을 것이다.

이러한 문화와 생활양식은 세계화의 핵심 측면에서 가능하게 된 것이다. 세계화의 핵심은 국가간의 무역, 투자, 문화 및 정보기술에 대한 장벽의 제거이고, 이는 전세계의 구성원, 공동체 및 경제간의 통합과 상호의존성이 점차 커지고 있음을 나타낸다. 이에 따라 세계화는 상품, 서비스, 자본, 기술 및 문화의 국경을 넘는 이동을 가능케 했다.

언론매체는 세계화가 상대적으로 최근의 현상이라는 인상을 주지만, 사실 그렇지 않다. 세계화의 기본 토대는 보다 자유로운 국제무역 및 투자현상 또는 국가간 재화 및 서비스(문화 및 사회 현상)의 자유로운 흐름이다. 세계화와 국제무역 및 투자는 비슷해 보이지만, 세계화는 국제무역 및 투자보다 더 넓은 범위에 작용한다. 여기에는 세계경제가 효율적이고 상호의존적이 되도록 세계 각국들을 통합하는 과정이 포함되고, 그 과정은 민간기업을 장려하며 국가간 경제적, 문화적, 사회적 장벽을 줄이거나 없애는 것을 목표로 하는 국가정책의 변화를 기반으로 한다. 이러한 국가정책은 다음과 같은 내용을 포함하는데, 민간부문의 역할 강화; 자유시장 가격 지원; 서비스, 자본 및 정보기술의 자유로운 이동에 대한 장벽 제거; 투명성 및 법의 지배를 강화하는 기관의 확대가 바로 그것이다. 따라서 한 국가에서 이와 같이 취한 조치는 다른 국가에도 영향을 미칠 수 있다.

예를 들어, 세계화의 시초는 포르투갈의 항해가이자 탐험가인 바스코 다 가마(Vasco da Gama)가 유럽인들을 만족시킬 만한 향신료를 찾아 인도 서부해안의 케랄라 州로 항해했을 때인 15세기로 거슬러 올라갈 수 있다. 비슷한 시기 아랍과 중국의 상인들도 비단과 향신료를 교역하기 위해 바스코 다 가마와 비슷한 여행을 하고 있었다. 이 이후로 상품과 사람 그리고 다양한 아이디어가 전 세계를 돌아다녔다. 최근 세계화는 세계은행, 국제통화기금과 같은 국제기구의 창설과 그들이 추진한 시장개방정책의 수립으로 제 2차세계대전 이후 1944년부터 촉진되기 시작한다. 그리고 몇년 후, 현재 세계무역기구라고 불리어지는 기구에 의해 관세와 무역에 관한 일반협정이 체결된다. 세계화가 사회전반에 좋은 영향을 끼칠 수 있다는 것을 대부분 확신하지만, 그 가치의 상당 부분은 "게임의 룰"이 작용하는 방식에 달려 있다. 예를 들어, 공정무역, 유동성 환율, 개방된 외국인 투자 정책, 인터넷 활용(페이스북과 같은 소셜미디어 아울렛 포함)은 모두 그 결과에 영향을 미칠 수 있다. 이러한 변화는 세계화에 필요한 요소 즉 개방성, 접근성, 책임성, 연결성, 민주성, 분리성을 가져올 수 있으면서도 세계화의 "승자"와 "패자"를 만들어 낸다.

1-1a. 신흥 경제국

2000년대 이전, 세계화는 일반적으로 비즈니스가 선진국에서 개발도상국으로 확대되었다는 것을 의미했다. 그러나 2000년에, 닷컴 버블현상이 나타나자 비즈니스의 흐

그림 1-2. 2020년의 주요 경쟁자

인구 (백만 명) 2014	인구 (백만 명) 2014	인구 (백만 명) 2014	인구 (백만 명) 2014	인구 (백만 명) 2014	인구 (백만 명) 2014	인구 (백만 명) 2014	인구 (백만 명) 2014	인구 (백만 명) 2014
미국	16,515	2.20%	19,656	314	0.9%	337.3	52,610	58,268
2. 중국	12,206	7.50%	21,769	1,351	0.3%	1,383.8	9,040	15,732
3. 인도	4,730	6.50%	7,828	1,237	1.2%	1,360.9	3,820	5,752
4. 일본	4,688	1.50%	5,281	128	-0.3%	125.0	36,750	42,261
5. 독일	3,516	2.00%	4,120	80	-0.2%	78.7	43,720	52,326
6. 러시아	3,273	5.00%	4,836	144	-0.2%	141.7	22,800	34,124
7. 프랑스	2,458	2.00%	2,880	66	0.5%	68.7	37,420	41,929
8. 브라질	2,291	5.00%	3,385	199	0.7%	210.4	11,530	16,086
9. 영국	2,266	2.00%	2,655	64	0.4%	66.1	35,620	40,180
10. 이태리	2,066	2.00%	2,421	60	0.1%	60.5	34,700	40,023
Euro Area (18)	12,354	2.00%	14,475	331	0.20%	336.3	37,299	43,037
연합 총합	85,987	2.70%	2.70%	7,044	1.00%	7,627.6	12,207	13,951

참고 : PPP 환산 계수는 미국내 시장에서 동일한 양의 재화와 서비스를 미국 달러로 구매하는 데 필요한 국가별 통화의 단위 수이다.

름은 양 방향으로 움직였고, 한 개도국에서 다른 개도국으로 점차 이동했다. 예를 들어, 세계은행에 따르면 동아시아와 남아시아의 상품 수출액은 지역내 관세 및 비관세 장벽 축소로 인해 2000년에서 2012년 사이에 연평균 26.2%로 증가했으나, 일본·유럽·미국 등 고소득 국가들의 수입은 같은 기간에 14.4%만 증가했다. 또한 동아시아 및 남아시아에 대한 중국의 수출은 같은 기간 동안 각각 24.8% 및 30.7% 증가한 반면 고소득 국가의 수입은 17.2%만 증가했다. 이로 인해 신흥 아시아경제국은 서구국가의 경제성장률보다 훨씬 더 빠른 경제성장률을 보였으며, 이 성장세는 계속되었다. 보스턴컨설팅그룹(BCG)은 오늘날 비즈니스가 다양한 국가의 다양한 사람들끼리 모든 분야에 대해 경쟁하고 있다고 분석한다.

신흥 경제국(개방적인 무역 및 자유시장 정책으로 나아가고 있는 국가들)에서 탄생한 기업의 증가는 파이낸셜 타임즈의 세계 500대 기업의 최신 순위목록에 나타남으로서 보스턴 컨설팅 그룹의 분석이 사실임을 나타낸다. 2014년 기준목록에는 “BRICs경제”(브라질, 러시아, 인도, 중국)의 59개 기업이 포함되어 있는데, 이는 2002년의 32개 기업에서 증가한 수이며 애널리스트들의 전망에 따르면 2020년까지 이 500대 기업목록의 1/3을 차지할 것으로 나타났다. 지난 10년 동안 신흥경제국의 성공사례가 상당 부분 있으며, 최근 유럽 및 미국의 비즈니스 및 브랜드(예 : 타타 – 코러스, 미탈 – 아르셀로, 레노버 – IBM)를 인수하는 신흥경제국의 기업 수가 급격히 증가하면서 "세계화"는 더 이상 단순히 "서구화" 또는 "미국화"를 의미하는 단어가 아니게 되었다.

세계경제의 중심은 신흥경제국으로 이동하고 있다. 휴대전화나 노트북 컴퓨터를 구입했다면 그것들이 중국에서 제조되었을 가능성이 높고, 컴퓨터 서비스에 대해 고객서비스센터에 전화를 건다면 해외지역의 직원이 전화에 응답할 것이다. 신흥경제국은 더 이상 저렴한 노동력의 원천이 아니다. 최근 신흥경제국에서 더 많은 연구개발이 이루어지고 있고 그들은 통신, 자동차 제조, 생명공학 및 의료분야와 같은 다양한 분야에서 혁신의 요람이 되고 있다.

신흥경제국의 기업들은 품질을 희생하지 않고 비용을 10~20%뿐만 아니라 90%까지나 줄이기 위해 제품을 재설계하고 있다. 3000$의 실속형 경차인 타타 나노, 300$의 랩톱 컴퓨터인 중국 레노버의 제품을 그 예로 들 수 있다. 이는 신흥 경제국에 사는 수십억명의 사람들에게 좋은 소식이지만, 선진국의 소비자들에게도 저렴한 제품과 서비스는 좋은 소식이 될 수 있다. 특히 이러한 선진국의 소비자들은 표 1.2에서 볼 수 있듯이 수년간 저조한 소득내역의 성장에 직면해 있을 가능성이 있기 때문이다. 신흥경제국의 혁신은 선진국의 혁신을 방해하기보다 오히려 풍성하게 해줄 것이다.

1-1b. 탈(脫) 동조화와 세계 경제질서의 다극화

과거에 개도국은 일반적으로 세계 경제성장의 발목을 잡는 존재로 인식되어 왔다. 하지만 최근 자료에 따르면 개도국, 특히 아시아의 신흥 경제국은 선진국들이 세계금융위기에서 벗어나려고 노력하는 틈을 타 미래에 전세계적으로 성장할 수 있음을 보여준다.

많은 서구지역의 인구가 세계화에 대해 점점 두려워하는 동안, 아시아 지역에서는 이러한 현상이 아직 나타나지 않았다. 사실, 대부분의 아시아 국가들은 비즈니스와 경제성장을 향상시키는 수단으로 세계화를 선호한다. 세계 금융위기의 주요 희생자가 될 수 있다는 우려에도 불구하고 브라질, 인도, 중국과 같은 신흥경제국은 2000년에서 2012년 사이 평균 7% 이상의 높은 성장률을 보였으나, 유럽과 미국 그리고 일본은 평균 1.2% 성장했을 따름이었다.

파리에 본부를 둔 경제협력개발기구는 미국 경기가 전반적으로 글로벌 경기둔화로부터 강력한 회복세를 보이고 있지만 미래에는 크게 달라질 수 있다고 본다. 그들에 따르면 브라질, 중국, 인도 등 신흥 경제국의 경제지표는 유럽, 일본, 미국의 전망과는 크게 대조되는 반면, 신흥경제국과 선진국 사이의 탈동조화 이론이 힘을 얻고 있음을 시사한다.

탈 동조화 이론이란 경제적 번영을 위해 선진국에 한 번 의존했던 개발도상국들이, OECD를 구성하는 세계 30대 부유국들이 오르락 내리락 하며 기복을 보이는 것과는

경제적 관점

아시아 : 수출 의존성의 감소 및 국내수요의 증가

1997년 아시아 금융위기 이전의 동아시아 경제가 급속한 성장을 보인 이유는 이들 국가들이 수출 주도형 성장에 중점을 두었기 때문이다. 브릭스 국가들의 최근의 고수준 성장은 중국의 상품 수출, 인도의 서비스 수출 및 브라질과 러시아의 원재료(광물 및 원유) 수출에 기인할 수 있다. 또한 이들 국가들은 대규모로 자국내 경제를 개혁해 왔고 그것을 더욱 시장 지향적으로 만들 수 있었다. 서론에서 설명한 바와 같이, 2008년 글로벌 금융위기는 수출 주도형 성장정책을 추진한 국가들이 국가 외부적 충격의 기간 동안 급속한 경제확장을 유지하는 데 어려움을 겪을 수 있음을 보여 주었다.

이로써 특히 개발도상국을 위한 몇 가지 교훈이 분명해지고 있는데 첫째, 세계경제의 탈 동조화 현상으로 인해 수출지향 국가들은 그들의 시장을 BRICs와 같은 주요 신흥 경제국을 포함하여 다각화하는 것이 필수적이다. 둘째, 수출을 강조하는 국가들은 자신들의 전략을 진정한 경쟁우위에 두어야 하며 수출분야에 국가적으로 직접 또는 간접적으로 영향을 주지 않아야 한다(예: 통화약세). 약한 통화정책을 유지하는 정부는 불공정하게 수출에 영향을 줄 뿐만 아니라 수입에 대해 세금을 부과함으로써 수출국의 자국내 인플레이션 및 소비자들의 복지 악화를 유발한다. 셋째, 인구가 많은 국가의 경우 내수시장의 규모(특히 그 나라의 중산층의 규모와 성장률)가 가장 중요하다. 대규모의 내수 인구는 외부적 침체기에 잠재적 안정제 역할을 한다. 최근 사건이 보여 주듯이 중국, 인도, 인도네시아의 경제는 세계 금융위기에도 불구하고 잘 유지되었다. 넷째, 지나친 방관(부채에 의존하는 삶)은 재앙으로 이어질 수 있다. 소비자는 자신의 의지대로 살아야 하며, 기업은 과도한 대출을 제공 또는 차입을 해서는 안 되고, 정부는 예산의 적자를 억제해야 한다. 마지막으로 경제의 핵심인 은행 및 자본시장과 같은 금융당국은 경제위기를 초래할 수 있는 과도한 위험부담을 방지하기 위해 국가의 금융부문을 적절히 통제하고 감독해야 한다.

이와 같이 세계화는 장점이 존재한다. 그러나 세계경제를 급격히 하락세에 처하게 할 수 있기 때문에 구성원들에게 게임의 규칙에 따라 운용되기를 바라고 과도한 위험부담을 피하도록 요구한다.

문답

1) 1997년의 아시아 금융위기는 동아시아 경제가 수출 중심의 경제 성장에 지나치게 의존한 결과 였고, 선진국 경제가 둔화되면서 동아시아 수출이 감소하고 경제성장이 둔화되어 위기를 초래했다.

   참 / 거짓

2) 중국과 인도는 국내 재화와 서비스의 소비와 수입에 대한 강한 수요가 있는 중산층의 성장이 크다.

   참 / 거짓

3) 2008년 금융 위기는 브라질, 중국, 인도가 수출 시장의 다변화와 국내시장이 대형화된 상황이었기 때문에 부정적인 영향을 미쳤다.

참 / 거짓

4) 통화를 약세로 유지하려는 국가는 단기적으로 수출을 증가시킬 수 있으나, 높은 수입비용을 부담하면서 인플레이션이 상승할 수 있다.

참 / 거짓

질문

1) 어떻게 국가들이 순수한 수출 주도형 성장전략에서 다변화되어야 하는가?

2) 다음에 또 발생할지 모를 세계 경제 위기를 대비하기 위해 각국이 배운 주요한 교훈은 무엇인가?

출처 : Lorraine Luk, "China Takes Leading Role in TVs," *Wall Street Journal*, June 10, 2010.

달리 그들 자신의 근본적인 경제적 강점에 기초하여 견고하게 성장하기 시작하는 세계적인 변화 현상을 의미한다(이들은 또한 명목상의 세계 경제 산출량의 대략 60%를 차지한다).

탈동조화 현상이 어떻게 작용하는지 보기 위해 어떤 국가의 중산층이 그 국가의 중

그림 1-3. 세계경제 다극체재

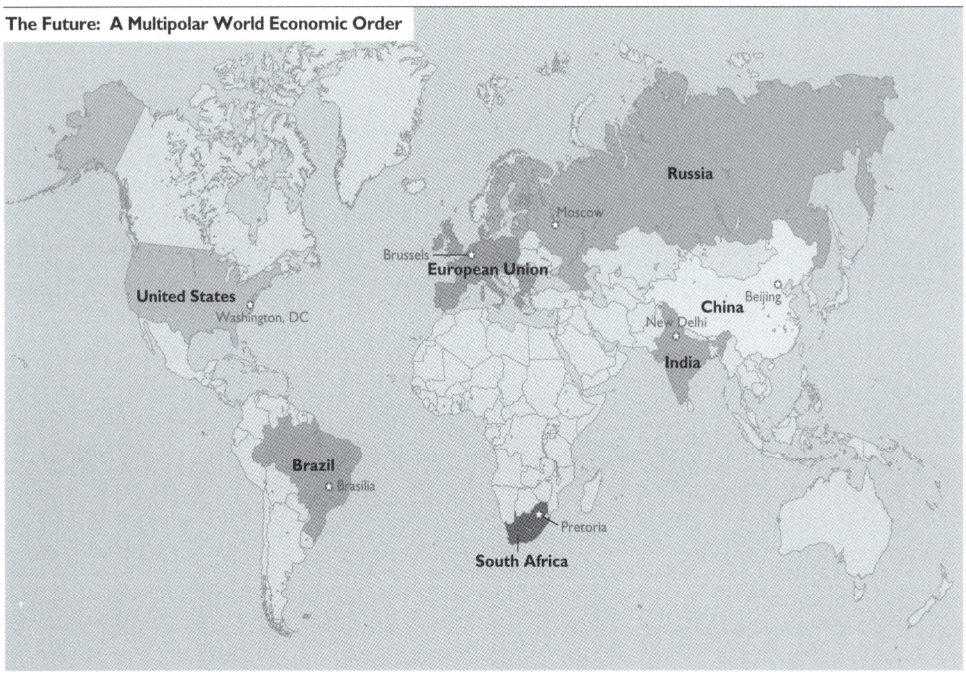

요한 부분임을 가정하자. 이들은 상품 및 서비스 소비, 저축(또는 투자) 및 정부의 세수확보를 달성하게 해준다. 현재 BRICs 경제의 근본적인 변화는 중산층의 성장규모와 소득수준이다. 예를 들어, 중국과 인도의 중산층 규모는 약 3억~4억 명에 이르는 것으로 추산되며, 이들은 현재도 계속 증가중이다. 또한 중국과 인도는 각각 세계적으로 상당한 수준의 기술 노동력과 저축률 및 투자율이 있어 신속하고 안정적인 경제성장에 기여할 수 있다. 이들 국가는 탈동조화 가능성이 높으며, 이는 경기변동이 적고 안정적인 세계경제 성장으로 이어질 수 있다.

지속적인 탈동조화 현상은 궁극적으로 미국이 주도하지 않는 미국, 유럽연합, 중국, 인도, 브라질, 러시아 및 남아프리카 공화국이 성장동력을 구성하는 세계경제 다극체제로 이어질 것이다. 표 1.2와 표 1.3은 예상에 따라 세계경제 다극체제가 어떻게 보일 것인지 나타낸다. 최종결과는 보다 안정적인 세계경제 질서 수립으로 나타날 수 있다.

사실확인 LO-1

경영학 전공자를 위한 취업기회는 세계화의 영향을 어떻게 받았는가? 최근의 트렌드 또는 수행과제를 알아차릴 수 있겠는가?

1-2. 세계화를 촉진하는 주요 국제기구

LO-2
주요 국제기구가 세계화를 촉진하는 방법을 확인해보자.

세계화는 새로운 현상이 아니다. 그것은 또한 폭 넓은 문화적, 정치적, 환경적 차원을 지니고 있다. 세계화는 1950년대 초반부터 지속된 것은 아니지만 그 이후 기록된 역사를 통틀어 진행되었다. 지금도 세계화가 지속되고 있지만 앞으로는 어떤 단계로 나아갈 것일까?

이제부터 우리는 세계화의 미래 방향을 계속 인도할 세 가지 중요한 기구에 대해 논의할 것이다.

하지만 여전히 중요한 존재인 정부의 역할을 간과해서는 안 된다. 정부는 여전히 세계화에 큰 걸림돌을 세울 수있는 권한을 가지고 있으며, 보호주의 정책을 비롯하여 환경기준의 무시, 이민자 제한, 군사적 대치에 이르기까지 다양하다. 1세기 쯤 전에, 세계경제는 비교적 개방된 환경에서 운영되었으며, 재화와 서비스 및 사람들은 비교적 어려움없이 국경을 넘나들 수 있었다. 그 개방성은 1914년 제1차 세계대전의 발발과 1920년대 후반 시작된 1930년대의 대공황 그리고 1945년 제2차 세계대전으로 이어지면서 점차 축소되고 있었다. 전쟁 중의 기간에는 국가들이 자유무역 규칙을 따르지 않았기 때문에 혼란스러웠다. 이 기간에 잃어버렸던 세계화의 회복은 오늘날에도 여전히 사회전반적으로 영향을 미치고 있다. 제2차 세계대전 이후 자유세계의 정부는 국제협력과 조정의 중요성을 인식했고, 이는 3대 국제기구와 금융기관, 즉 세계화 과정에서 중요한 역할을 하는 국제통화기금(IMF), 세계은행 및 세계무역기구(WTO) 의 출현으로 이어진다. 이제 우리는 이러한 제도의 기원, 기능 및 세계화에서의 역할에 대해 논의할 것이다.

1-2a. 국제통화기금

1930년대의 대공황 때 각국은 무역장벽을 급격히 높이고 수출시장에서 서로 경쟁하기 위해 통화를 약화시켰으며 국민들의 외화 보유의 자유를 제한하는 등 민족주의 또는 보호주의 무역정책을 시행하여 추락한 경제를 부양하려고 했다. 이러한 시도는 자멸적인 것으로 판명되었고, 세계무역은 급격히 감소했으며 많은 국가에서 고용 및 생활 수준이 떨어졌다. 이러한 국제협력의 붕괴로 인해 IMF 창립자들은 국가와 국민이 서로 상품과 서비스를 구매할 수있는 국제환율과 국제지불 시스템인 국제통화시스템을 감독하는 기관을 계획하게 되었다. 이 새로운 기관의 임무는 안정적인 국가통화를 보장하고 회원국들이 무역을 방해하는 외환제한을 제거하도록 장려하는 것이었다.

IMF는 1944년 7월 제2차 세계대전 추축국의 항복 직후, 44개국 대표가 미국 뉴햄프셔의 브레턴 우즈(Bretton Woods)에서 만났을 때, 국제 경제협력의 틀에 합의하면서 출범했다. 그들은 대공황을 야기한 재앙적인 경제정책의 반복을 피하기 위해 어떠한 틀이 필요하다고 믿었다. IMF는 1945년 12월에 첫 29개 회원국이 협정에 서명했을 때 공식적으로 존재하게 되었고, 워싱턴 DC에서 1947년 3월 1일에 업무를 시작했다. IMF 회원국은 1950년대 후반과 1960년대에 유럽의 식민지였던 많은 아프리카 국가들이 독립하여 회원가입을 신청함에 따라 확대되기 시작했다.

1-2a- (i). IMF와 세계화

2014년 9월 18일 기준, 유엔 192개국중 188개국이 IMF의 회원국이다. 이와 같은 국제기구에의 가입은 IMF가 회원국 정부들의 세계화로 인한 기회를 활용하고 도전과제를 관리하는 데 도움이 되도록 특별하게 설계되었음을 의미한다. IMF는 세계경제의 동향 및 성과를 추적하고, 회원국들에게 문제점이 수면 위로 부각될 때 이를 경고하며, 경제정책 토의를 위한 포럼을 제공하고, 범세계적인 도전과제에 대응하기 위해 경제개혁을 실행하는 방법에 대한 정보를 정부에 보급한다. 세계 자본의 대규모 이동과 국가간 비교우위의 급변에 의해 나타난 세계화는 노동, 무역, 환경 및 세제정책을 포함한 많은 분야에 국가의 선택에 영향을 미친다. 부정적인 점들을 피하면서 세계화의 혜택을 누릴 수 있는 국가별 지원은 IMF의 중요한 임무이다. 여러 분야에서 IMF의 주요 목적, 즉 글로벌 금융안정을 제공하는 것은 이들이 처음 설립된 시점의 목표와 동일하게 유지되고 있다. 좀더 구체적으로 말하면, IMF는 다음과 같이 계속된다.

- 국제 통화문제에 관한 협력을 위한 포럼을 제공한다.
- 일자리 창출, 경제성장 및 빈곤퇴치를 지원함으로써 국제무역의 지속 가능한 성

일반적인 IMF 이사회 회의에서는 국가의 정책 개혁 권리에 대한 논의가 포함된다.

장을 촉진한다.

- 환율 안정 및 국제 지불시스템의 개방을 촉진한다.
- 일시적으로 그리고 적절한 안전장치 하에, 필요한 경우 외환을 빌려 주고, 지불문제의 균형을 해결하는 데 도움을 준다.

IMF는 세계화의 이점에 최근 글로벌 금융위기에서 비롯된 것들과 같은 위험이 있다는 사실을 인정한다. IMF는 국가와 협력하여 거시경제정책의 개혁, 금융부문의 지속 가능성 및 환율관리와 같은 여러 가지 경제분석과 정책조언 및 기술지원을 통해 이러한 위험을 관리 또는 축소하도록 돕는다.

1-2b. 세계은행

자매기관인 IMF와 마찬가지로, 세계은행은 1944년 브레턴 우즈(Bretton Woods) 회담에서 출범되었다. 세계은행 초기의 주된 역할은 2차대전 후 유럽 재건을 돕는 것이었고, 2억 5,000만 달러의 첫 대출은 전후재건을 위해 1947년 프랑스에 제공되었다. 오늘 날 빈곤감소와 함께 경제재건 및 구조조정이 효율적으로 이루어지게 만드는 것이 세계은행의 주요 역할로 유지되고 있는 한편, 워싱턴 DC에 본사를 두고 있는 세계은행은 IMF와 동일한 회원국들을 기반으로 출범한 때보다 더 크고 광범위하며 훨씬 복잡한 조직이 되었다. 현재 세계은행 그룹(World Bank Group)이라고 불리어지는 이 기구는 기능별로 표 1.1에 제시된 5개의 밀접하게 연관된 기관을 포함한다.

1-2b-(i) 세계은행과 세계화

세계은행은 세계화를 국가과제가 글로벌 솔루션에 도달할 수 있는 기회라고 본다. 개도국에서의 지속 가능한 경제성장 및 개발의 필요성과 결부된 국가 자연환경에 대한 우려가 세계은행의 업무에 연관되어 있고, 세계은행의 전략적 프레임워크의 일환으로 세계화 프로세스를 수용하고 촉진시킨다는 5가지 관점이 있다.

첫째, 무역확대는 특히 1970년대 초반부터 글로벌 통합에서 주요한 요인이었다. 몇몇 개도국가들이 무역자유화에 참여해 왔으나 아프리카가 일반적으로 세계 무역성장에 투자할 여력이 부족할 동안, 아시아 경제는 빠르게 약진했고 무역에서 발생한 이익은 불균등해졌다.

둘째, 세계은행의 분석 및 자문역할이 필수적이다. 자유시장 기구 및 인프라 강화를 위한 국가정책 지원은 무역으로 큰 이익을 창출할 잠재력을 제공했다.

셋째, 1997-1998년과 2008-2009년의 금융위기는 국제표준을 지지하는 세계은행에 의해 광범위한 합의를 이끌어 냈으며, 이는 특히 세계경제에서 필요한 토대가 되는 금융 시스템에서 나타났다. 세계은행은 회원국의 금융부문(은행 및 자본 시장)을 강화하기 위해 IMF 및 기타 금융기관과 다양한 포럼에 참여한다.

넷째, 세계은행은 개발도상국에 대하여 지속 가능한 개발을 위한 엔진과 지식 및 정보기술 이전 매개자로서의 역할을 제고한다. 디지털 격차를 해소하기 위한 세계은행의 노력은 세계화 과정을 가속화하는 데에 중점을 두어 왔다.

마지막으로, 세계은행은 가까워지고 글로벌화된 세계에서 각국 문화특성의 중요성을 무시하지 않으면서 전염성 병리현상 퇴치에 중점을 둔다.

표 1-1. 세계은행 그룹의 개발기관

국제재건개발은행(IBRD)	국제 자본시장에서 모금된 자금으로 회원국의 재건 및 구조조정 지원
국제개발협회 (IDA)	부유한 원조국가가 제공하는 대외원조 기금을 사용하여 최빈국에게 장기 및 저리의 사회 및 인프라 부문 대출을 제공
국제금융공사 (IFC)	개발도상국의 민간기업에 대출을 제공하고 지분을 확보하며 해당 국가의 자본 시장을 개발하기 위해 노력
다자간 투자보증기구 (MIGA)	개발도상국에서 이루어지는 민간투자에 대해 정치적 리스크 커버리지 제공
국제 투자분쟁 해결센터(ICSID)	외국인 투자분쟁 관련 쟁점에 관한 연구
통찰	경험과 직관을 통해 현재와 미래의 결과를 예측할 수 있는 능력
개념화	비전을 제시하고 명확한 목표와 연계시켜 방향을 설정해주는 행동
스튜어드십	어떤 결정이나 행동에 앞서 그 결과가 부하들에게 미칠 영향을 고려하는 태도 및 행동
부하육성	부하들이 능동적으로 일할 수 있게 지원하며 잠재력 발휘를 통해 성장할 기회를 주는 행동
일체감 조성	공동체란 구성원들이 하는 일과 그 일의 의미를 알고 함께 공유하는 역동적인 시스템으로서 부하들 간의 활발한 소통과 협력을 장려하여 이를 조성하고자 하는 행동

1-2c. 세계무역기구

세계무역기구(WTO)는 1995년 1월 1일에 출범했으나, 세계 무역규칙을 설정하는 무역체제는 1948년 관세 및 무역에 관한 일반협정(GATT)에 따라 이미 시작되었다. GATT가 주로 상품무역을 다루는 반면, WTO와 그 협정은 현재 농업, 서비스, 발명품 및 지적재산 거래를 다루고 있다. GATT의 무역체제 자유화(관세, 쿼터 및 보조금과 같은 무역장벽 완화 또는 제거)는 일련의 무역협상 또는 "라운드"를 통해 이루어졌다. 8차례 GATT 라운드 중 첫 번째는 주로 관세인하를 다루었지만, 이후의 협상에서는 반덤핑 및 비관세 조치와 같은 다른 분야가 포함되었다.

무역장벽에는 관세와 양을 선택적으로 제한하는 수입금지 또는 쿼터와 같은 조치가 포함되었는데, 무역장벽을 낮추는 것은 무역과 세계화를 장려하는 가장 간단한 방법 중 하나였다. 때때로 규제철폐 및 환율정책과 같은 다른 문제도 논의되곤 했다. 무역자유화로 인해 세계무역은 이례적으로 증가했으며, 상품수출은 1950년 이래로 매년 평균 6% 증가했다. 8번째이자 마지막 GATT 라운드였던 1986-1994년 우루과이 라운드는 결국 WTO를 창설할 수 있게 했다.

스위스의 제네바에 본사를 둔 WTO는 세계 어느 곳에도 지사가 없다. WTO의 160개 회원국(2014년 6월 26일 기준)은 상품 및 서비스 무역에서 97 % 이상을 차지하며, 또 다른 23개국은 회원가입 협상과정에 있다. 세계무역기구(WTO)는 간단하게 전세계 회원국들의 국가간 무역규칙을 다룬다. 더 나아가 이들은 무역자유화 기구이면서, 정부들이 무역협상을 논의하는 포럼과 회원국들이 무역분쟁을 해결할 수 있는 장소이며 세계 무역규범 시스템을 운영한다.

1-2c- (i) WTO와 세계화

세계무역기구의 최우선 목표는 세계무역이 원활하고, 자유롭고, 공평하게, 그리고 예측가능하게 진행되도록 돕는 것이다. 그들은 다음과 같은 업무를 한다.

- 무역협정 관리
- 무역협상을 위한 포럼의 역할
- 무역분쟁 해결
- 국가 무역정책 검토
- 기술지원 및 훈련 프로그램을 통해 개발도상국의 무역정책 문제를 지원
- IMF와 세계은행과 같은 다른 국제기구들과 협업

다자간 무역 시스템으로 알려진 이 시스템의 중심에는 세계의 각 무역국가들의 대다수가 협상하고 서명하고 의회에서 비준한 WTO의 협약이 있다. 이 협약은 국제 상거래에 대한 법적 근거를 마련한다. 본질적으로 이 협약은 회원국들에게 중요한 무역권리를 보장하는 계약이며 또한 각 회원국의 이익을 위해 합의된 한도 내에서 무역정

책을 지키게 하기 위해 정부를 구속하게 된다. WTO 협정은 농업, 직물 및 의류, 은행, 통신, 정부구매, 산업 표준 및 제품안전, 식품위생 관련 규정, 지적재산 등과 같은 광범위한 활동을 다루는 길고 복잡한 법률 문서이다.

이 모든 협정 전체에서 실행되는 간단하고 기본적인 여러 가지 원칙이 있지만, 다음 다섯 가지 원칙은 다자간 무역체제의 기초라 할 수 있다.

- **차별없는 무역:** 회원국은 무역 상대국을 차별하지 말아야 한다. 회원국들은 외국 제품과 서비스를 차별해서는 안되며, 그들에게 똑같이 "최혜국 대우" 또는 MFN 지위를 부여한다.
- **자유무역:** 교역을 통해 무역장벽을 점차적으로 제거한다.
- **예측 가능성:** 외국기업, 투자자 및 정부는 관세 및 비관세 장벽을 포함한 무역 장벽이 갑자기 생겨나지 않을 것이라고 확신할 수 있어야 한다. 관세율과 시장개방 약속은 WTO에 의해 제한되어 있다.
- **공정경쟁 촉진:** 수출 보조금 및 수출시장에서 제품을 비용 이하로 덤핑하는 것과 같은 불공정한 관행을 막는다.
- **개발도상국의 경제개혁 촉진:** 신흥경제로 하여금 자유무역 환경에 적응하고, 유연성을 확보하며 WTO 요구사항을 충족할 수 있도록 그들에게 더 많은 시간을 할애할 수 있는 특권을 준다.

2000년에 들어와 농업과 서비스 부문에 새로운 무역협상이 시작되었다. 그러나 협상의 진행은 다소 느렸다. 브라질, 중국, 인도를 비롯한 신흥 경제국들은 유럽연합, 일본, 미국이 거대한 농업 보조금을 크게 줄이지 않으면 산업부문의 자유화가 진행되지 않을 것이라는 점을 분명히 했다. 선진국의 농업 보조금 삭감이라는 개념은 2001년 11월 카타르에서 출범한 "도하라운드" 또는 도하개발의제(DDA)라 불리어지는 무역협상의 아홉 번째 라운드에서 정립되었다.

사실확인 LO-2

도하라운드 협상은 무엇인가? 이 무역협상의 주요 걸림돌을 확인해 보고 세계화에 미치는 영향을 설명해 보라.

1-3. 국가의 제도적 기구와 세계화에 미치는 영향

LO-3
강력하고 투명한 국가기구가 세계화에 적응해야 할 필요성을 고려해 보라.

앞서 살펴본 바와 같이 대부분의 국가들은 IMF, 세계은행 및 WTO 회원국 참여를 통해 중요한 세계 경제문제에 대해 다각적인 협력을 한다. 하지만 이 세 기구들은 매우 광범위한 국제경제문제를 다루면서도 모든 것을 포괄할 수 있도록 고려되지는 않았다. 몇 가지 주요 과제들은 국가차원의 관심을 필요로 하며, 다음과 같은 지원기관들을 포함한다.

(1) 정부의 민주주의 체제
(2) 자유시장
(3) 독립적인 사법부
(4) 언론기관으로서의 자유

독립적인 사법부는 법을 시행하는 법원과 함께 법의 지배를 해석하는 데에 가장 중요할 수 있다. 또한 언론의 자유는 비즈니스 관행의 투명성을 위해 중요하다. 세계화가 지속되려면 이와 같은 국가기관들의 필요성이 대두되어야 한다.

1-3a. 국가의 제도적 기구란 무엇인가?

비지니스에서 제도(institutions)에 대해 말할 때 시장거래를 지원하는 규칙, 집행 메커니즘 및 조직을 의미한다. 국가 교육기구는 정보를 전달하고, 계약 및 재산권을 강화하며, 선진국과 개발도상국의 매우 다양한 시장경쟁을 촉진한다. 효과적인 기구를 설립하는 데에는 시간과 누적된 경험에서 나온 결과가 필요하다. 각 국가 내에서는 국가의 제도적 기구가 시간이 지남에 따라 정치적 갈등 또는 경제적, 사회적, 문화적 여건

세계 무역기구는 무역법을 해석하고 회원국들이 제기한 분쟁을 해결할 책임이 있다.

으로 인해 추락하거나 형세가 역전될 수 있다. 국가의 제도적 기구는 단지 그런 기구가 설립된 것만으로는 충분하지 않고 효과가 있어야 하며, 국민들은 기구를 윤리적으로 이용해야 한다. 성공적인 기구는 세 가지 중요한 역할을 한다. 첫째, 시장상황, 상품, 서비스 및 참가자에 대한 정보를 전달한다. 둘째, 재산권과 계약을 정의하고 누가 언제 무엇을 얻을지 결정한다. 셋째, 시장에서의 경쟁과 혁신을 촉진한다.

1-3b. 정치적 제도의 투명성

많은 사람들은 세계화가 경제, 정보기술 및 비즈니스 문화 문제를 해결한다고 믿는다. 그러나 시장, 모뎀 및 제조업체가 제대로 작동하려면 적절한 정책 시스템이 마련되어야 한다. 세계화된 비즈니스 세계의 근간은 정치적이며 시스템에 대한 가장 큰 위협이기 때문이다.

기술주의자, 특히 미국, 아시아 및 유럽에서는 세계화가 부자들에게만 이익이되는 것은 아니라는 것을 국민들에게 설득하기 위해 애쓰고 있다. 표1.2에 열거된 세계 10대 주요 경제국 어느곳에서나 세계화의 국가적 이익에 대해 국민들에게 성공적으로 설득시키지 못한다면, 세계화는 와해될 것이다.

최근 세계화 과정을 가속화시킨 정치적 변화는 비교적 짧은 기간(1978–1991)에 일어났다. 이 변화는 1978년 중국의 마오쩌둥 사상에서 시장개혁으로 옮겨 갔고, 그 뒤를 이어 1979년 영국의 마가릿 대처의 정책, 1980년 레이건노믹스, 1980년대 중반 유럽연합의 창설, 1989년 베를린 장벽과 소련의 붕괴로 이어졌다. 마침내 1991년 지급불능 사태에 빠져 있던 인도가 IMF 지원을 통해 구제받음으로써 수십년 동안 경제를 혼란시켜 왔던 관료주의적 규제들과 보호주의가 해체되었다. 결국 13년 미만의 기간을 거치면서 세계의 주요 정치 엘리트들은 비슷한 결론에 도달했고 그들은 세계화와 자유시장 경제로의 이행을 받아 들였다.

그러나 국제경쟁이 치열해 지고 연료 및 음식과 같은 기본 품목에 대한 보조금이 감소했기 때문에 모든 국가에서 빈곤층은 세계화로 어려움에 처한 것으로 보인다. 이에 세계은행은 정치기구와 지도자들에게 투명성을 부여하고 세계화가 "승자"와 "패자"를 창출하는 동안 국가의 국민들에게 설득력 있는 정책을 실시하여 불만을 품은 국민들을 설득하고 독려할 것을 촉구한다. 그렇지 않을 경우, 세계은행은 사회적 불안이 증가하여 정치적 불안정성과 비효율적이고 일관성 없는 경제정책을 초래할 것으로 믿는다. 이것은 차례로 시장에 큰 타격을 줄 것이고 세계화의 이익은 감소할 것이다. 이와 같이 정치적 안정은 오랫동안 지속되어 온 민주주의 국가들 중에서 가장 위대한 것이었다.

1-3c. 공공 참여 강화를 위한 적용기구

적용형 제도 기구(adaptive institutions)는 민간투자에 대한 강력한 인센티브를 창출하고 민주적인 정부 체제에서 가장 효과적인 견제와 균형 시스템 하에서 운영되는 정부 조직이다. 여기서 **책임성**(accountability)과 **투명성**(transparency)은 정치적 안정, 지속 가능한 경제성장 및 세계화를 촉진하는 제도개혁의 핵심요소로 떠올랐다.

시민의 자유, 정치적 인권 및 시민들이 정부의 정책을 선택하고 영향을 줄 기회가 존재하기 때문에 폭력적인 파업과 같은 사회불안의 잠재력은 사회에서 줄어들고 있다. 민주주의자들은 다양한 커뮤니케이션 채널을 통해 투명성을 심어줌으로써 적용기구를 육성하기 위해 노력한다. 역사적으로 신문이나 인쇄매체는 심층적인 조사, 분석 및 사고를 전달하는 주요 경로였다. 그 다음에는 오늘날의 정보를 즉각적으로 전달하는 가장 강력한 형태의 텔레비전이 등장했고, 랩탑 컴퓨터와 노트북의 도움으로 인터넷은 시각적으로 읽기 쉬운 정보를 보다 쉽게 이용할 수 있게 만들었다. 정보의 이식성과 접근 가능성을 극대화 할 수 있는 가장 최근의 장치는 무선 연결 및 소셜 미디어를 사용하는 스마트 폰이다. 스마트 폰은 심지어 개인의 권리와 자유언론의 전통적인 사상을 승계하기도 한다. 또한 국가들은 역동적인 자유기업시스템, 경쟁력있는 시장구조 및 적극적으로 세계화에 참여하고자 하는 회사를 유치하는 경향이 있다.

1-3d. 사법부의 독립과 언론의 자유

투자자들은 낮은 범죄율, 효과적인 사법기관, 신뢰할 수 있는 계약시행 및 언론의 자유가 있는 국가에서 사업을 수행할 때 더 큰 자율성을 갖는다. 이와 관련하여 한 국가의 사법부는 법률을 해석하고 분쟁을 해결하는 일차적인 책임이 있는 매우 중요한

베를린 장벽의 붕괴는 세계화를 가속화하는 정치적 사건 중 하나였다.

기관이다. 사업하기 좋은 곳으로 인식되기를 희망하는 국가는 공정하고 투명하며 잘 작동하는 법률 시스템을 유지하고, 공무원과 경영인들에 의한 폭력과 비리를 폭로하고 조사할 수 있는 언론의 자유가 함께 있어야 할 것이다.

예를 들어 국제투명성기구(베를린에 본부를 둔 부패방지 조직)의 세계에서 가장 부패한 국가목록의 최하위에 있는 소말리아, 아프가니스탄 및 수단과 같은 국가는 이름만 있고 실제로는 기능을 하지 못하는 법적 시스템을 가지고 있다.

심지어 BRICs와 같은 신흥 경제국도 적절한 법적 보호를 제공하기 위해 노력하고 있으며, 법의 지배에 대한 신뢰감은 투자자들의 계약에서 의사결정을 내리는 데 필요한 요인 중 하나이다.

사실확인 LO-3

여러분이 거주하는 도시에서 적용기구를 확인해 보라. 그 기관이 시행한 조치에는 어떠한 것들이 있는가?

1-4. 세계화를 촉진하는 효과적인 정책수단

LO-4
세계화를 지속 가능하게 만드는 핵심 정책 수단을 설명해 보라.

국가는 아무리 제도가 탄탄하더라도 그것만으로는 번창할 수 없다. 국가는 세계화를 보완하는 효과적인 정책이 필요하며, 건전한 경제정책을 가진 국가들은 개방과 국경간 통합을 촉진하여 세계경제에서 더욱 성공할 것이다. 지속가능한 경제성장과 세계화의 핵심동력인 국내외 민간투자를 유치하기 위해 정부는 훌륭한 정치, 경쟁시장, 재산권을 보장하고 부패방지를 지원해야 한다. 이를 종합하면, 정책수단은 국가의 경제정책과 성과의 상대적 질을 측정할 수 있는 기준을 제공하는데, 이 정책에 대해서는 나중에 자세히 설명할 것이다.

1-4a. 좋은 정책구조

세계화에 성공적으로 적응한 국가들은 본국에서 정부의 양질의 품질관리 없이는 성공할 수 없음을 깨닫는다. 정부 정책이 완전히 공개되고 실행되기 전에 논의가 진행되는 싱가포르는 적절한 사례이다. 이와 같은 정책 투명성은 국내외 투자자들이 이익을 창출하고 경제 성장을 촉진하며 세계화에 신속하게 적응할 수 있는 자원을 투자할 수 있다는 점에서 매우 매력적이다. 반면에 중앙 아시아 대부분의 정부정책과 거래는 비밀리에 수행되기 때문에 이 지역의 경제적 성장과 글로벌 통합이 늦다. 행정의 질(質) 또한 중요하다. 관할 행정담당자와 일관성 없는 우수한 정책만 있는 것은 존중과 확신을 불러오지 않는다. 정부 서비스의 질, 공무원의 역량, 공공기관의 정치적 독립성, 훌륭한 정책에 대한 정부 공약의 신뢰성은 효과적인 정책구조를 예측 할 수 있다.

1-4b. 경쟁시장

성공적으로 세계화된 경제는 본국에서 경쟁시장 구조를 달성하기 위해 노력한다. 이러한 목적을 달성하기 위해 국가는 **독점 금지법**(antitrust laws)과 같은 자유시장을 조장하는 규정을 시행해야 한다. 비록 독점금지법은 성공적인 사업의 자연적인 성장을 방해한다고 주장하지만, 이것은 경쟁을 장려하고 2008년 미국의 신용위기에서 발생한 큰위기를 예방하기 위한 것이다.

시장경제에서 정부는 국영기업의 역할을 최소화하려고 노력한다. 유럽연합(EU)에서 벨기에 브뤼셀 경쟁위원회의 호세 알무니아(Josea Almunia) 위원장은 이 지역의 상품 및 서비스 시장구조가 경쟁력을 유지할 수 있도록(즉, 유럽연합에서 운영하는 국내 또는 외국 기업이 모든 사업부문을 독점하지 않도록 보장한다) 경쟁에 대한 감시역할을 하고 있다. 2000년에 발표된 GE와 Honeywell의 합병계획은 합병으로 인해 유럽연합(EU)에서 GE-Honeywell 제품과 서비스가 경쟁력이 떨어지는 시장으로 이어져 세계화를 저해한다는 이유로 EU의 경쟁위원회(Competition Commission)에 의해 차단되었다.

1-4c. 재산권

재산권 보호는 구매자와 판매자가 높은 신뢰의 거래를 할 수 있게 해주기 때문에 항상 시장경제의 근간이 되어 왔다. 세계은행의 연구에 따르면 세계화에 성공적으로 적응한 국가는 재산권을 보장하지만 세계화가 가장 적게 진행된 국가는 재산권 보호를 제공하지 않는다. 정부의 조치로 부동산의 소유권 이전 및 판매가 의문시되는 경우, 사업을 수행하는 것이 위험해 질 수 있고 경제활동이 지연될 수 있다.

중앙 아시아와 아프리카 및 중동지역과 같은 공산주의 국가와 국가통제 하의 경제에서 재산권은 존재하지 않거나 잘 정의되어 있지 않다. 이는 자국 및 해외 투자자들이 노동 생산성이나 원자재면에서 경쟁우위를 확보하고 있음에도 불구하고 이들 국가에서 장기계약을 하지 못하게 한다. 결과적으로 이들 국가는 뒤처져서 세계화의 이점을 누리지 못하게 된다.

1-4d. 부패 방지 정책

불법거래는 비용을 높이고 불확실성을 조성하며 경쟁과 투명성을 저해함으로써 경제적 성과를 저해한다. 세계화된 경제(예 : 뉴질랜드, 북유럽 국가 및 싱가포르)는 부패를 용인하지 않는다. 그들은 국제투명성기구(부패 척결을 선도하는 세계 시민사회 단체)의 부패가 없는 국가의 지표에서 상위권에 있다. 반면, 구 소련의 일부 국가와 내전에 직면한 국가들은 지표의 최하위에 위치한다.

사실확인 LO-4

Transparency International의 웹 사이트를 검색하여 부패가 가장 적은 국가 목록에서 미국의 순위와 상위 10개국의 순위를 확인하라. 순위에 놀랐는가? 이유는 무엇인가?

윤리적 관점

캐나다의 떼루아?

캐나다인들은 와인을 좋아한다. 불행하게도, 기상조건이 춥기 때문에 대부분의 캐나다 지역은 포도원 개발에 적합하지 않다. 두 가지 주목할 만한 예외 지역으로는 지중해성 기후가 나타나는 브리티시 컬럼비아주의 오카나간 밸리 (Okanagan Valley)와 프랑스 랑그독 와인 지역과 같은 위도에 위치한 온타리오 남부가 있는데, 이 캐나다 지역의 와인은 국제 우등상을 수상했으며 일부 생산품을 수출할 수 있었다. 그러나 캐나다 정부의 보조금이 없었더라면 이들 포도주 양조장은 세계적으로 경쟁력이 없을 수도 있었다.

브리티시 컬럼비아 주와 온타리오 주 남부의 작은 포도주 양조장은 캐나다의 두 대형 와인회사인 Vincor Canada와 Andrew Peller가 생산하는 와인보다 상대적으로 가격이 비싸고 품질이 좋은 캐나다 산 떼루아를 생산한다. 떼루아("terre"에서 파생 된 "땅"이라는 프랑스어 단어)는 특정 지역에 속한 포도원이나 포도나무 군으로 정의되며, 와인의 특정한 특성에 연관되는 동일한 유형의 토양, 기상조건, 포도 및 와인 제조법이 필요하다.

브리티시 컬럼비아주와 온타리오 남부의 작은 포도주 양조장들은 온타리오 주정부의 주류관리위원회(Reicor Control Board)에 의해 캐나다 산 떼루아의 이미지가 변색되고 있다고 믿고 있다. 주류관리위원회가 승인한 라벨의 와인은 70% 수입산 재료(즉, 30%의 캐나다산 재료)로 만들었지만 캐나다산 와인으로 판매되고 있는 중이다. 이 혼합 와인을 주로 판매하는 "빅 2" 와인 회사는 캐나다가 와인 생산에서 자급자족 할 수 없기 때문에 제한된 양의 캐나다 와인을 호주와 칠레산 같은 보다 저렴한 수입품과 효율적으로 혼합하여 캐나다 시장에서 경쟁할 수 밖에 없다고 주장한다. 그러나 이 와인병들의 라벨에는 이 수입와인이 "캐나다에서 양조" 되었음을 나타낸다.

정부 정책의 투명성을 고려하여, 캐나다의 작은 와인 양조장에서는 이 라벨 표시를 변경하려고 한다. 이 와인 양조장은 주류 관리위원회가 "스페이드를 스페이드라고 부르기"를 원하고 병 라벨에 이 혼합된 와인이 캐나다에서 "병에 담겨졌다" 이지만 정작 캐나다에서 "숙성 후 라벨링"되지 않음을 나타내고 싶어 한다.

그렇다면 왜 와인을 섞어 놓을까? 왜 미국에서처럼 캐나다는 순수한 캐나다산 와인을 따로 판매하고 호주와 칠레산 와인을 수입산 와인으로 판매하지 않을까?

진실 혹은 거짓

1) 캐나다의 포도원은 브리티시 컬럼비아의 지중해 기후 지역과 캐나다 서부의 남부 온타리오에 위치하고 있다. - 거짓

2) 캐나다는 인구가 적기 때문에 국내 와인 공급은 현지 수요를 충족시키기에 충분하며 수입 와인은 거의 없다. - 거짓

3) 캐나다인들은 캐나다에서 숙성 후 라벨링되므로 분류된 많은 혼합 와인을 섭취한다.-참

4) 캐나다의 작은 포도주 양조장은 호주와 칠레의 "떼루아 (terroir)"와 혼합되어 캐나다 와인의 이미지가 향상되었다고 생각한다. -거짓

질문

1) 세계화의 관점에서 온타리오의 주류관리위원회가 와인 라벨링 과정에서 윤리적이라고 생각하는가? 당신의 의견을 말해보라.
2) 세계화 과정에서 온타리오 주류관리위원회 (Ontario 's Liquor Control Board)가 훌륭한 관리체제를 운영하고 있다고 생각하는가?

1-5. 세계화에 대한 정보기술의 영향

LO-5
글로벌 디지털 격차 해소를 위한 정보기술의 역할에 대해 설명하라.

정보기술 (컴퓨터, 소프트웨어, 무선통신, 휴대전화 및 인터넷)의 혁신은 전세계 사람들이 생활하고 소통하며 일하는 방식을 근본적으로 변화시키고 있다. 잠깐 시간을 내어 현재의 삶이 10년 또는 심지어 5년 전과 같은지 생각해 보라. IT는 일상생활, 가정, 학교, 여가 및 직장에서 사람들이 하는 모든 것을 근본적으로 바꿔 놓았다. 우리는 인터넷과 무선 기술을 일상생활의 일부가되도록 하는 **디지털 시대**(digital era)라는 획기적인 변화 및 조정의 시대에 삶을 살고 있다.

새로운 정보기술의 경제적·사회적·정치적 이익은 인터넷과 무선통신이 가장 널리 공개된 형태이며, 이러한 기술에 대한 접근성이 전세계로 급격하게 확산되면서 국가의 상대적인 경쟁력이 변화되고 있다. 예를 들어, 케냐의 농민들은 이제 직접 소비에 대한 지불을 할 수 있으며 휴대전화를 사용하여 은행거래를 위해 몇 시간 또는 몇일을 소비하지 않으면서 작물 판매 후 본인계좌에 입금을 할 수 있다. 마찬가지로 인도 연

안지역의 어민들은 이제 바다에서 거래를 협상하고 마무리함으로써 수확물에 대한 최상의 가격을 얻을 수 있게 되었다. 정치적 측면에서, 중동의 민주주의 운동은 주로 휴대폰을 사용한 소셜 네트워킹에 달려 있었다. **대역폭**(bandwidth)이 확장되고 통신비용이 떨어지면서 컴퓨터와 스마트 폰을 통해 더 많은 사람들이 서로 연결된다. 온라인 통신의 경제적 효율성은 이러한 종류의 연결 수에 따라 기하급수적으로 증가할 것이다. 점차 통신 네트워크가 확립되면서 전세계 사람들이 살아가고 즐겁게 소통하고 일하는 방식을 바꿀 것이며 오늘날 비즈니스 세계를 변화시키고 있는 똑같은 기술의 변화는 소셜 네트워크의 성격과 정부가 미래에 운영할 방식에 대해 혁명을 가져올 것이다.

1-5a. 디지털 세대

인터넷과 휴대전화가 없는 삶을 상상해 보라. 이들 기술은 비교적 새로운 기술이지만, 이미 **웹**(the web) 및 무선 네트워크가 없는 세계는 우리 대부분에게 유선전화가 없는 세계보다 훨씬 더 상상할 수 없는 것이 되었다. 미래는 과연 어떨까? 이 특별한 기술의 장점이 다양화되고 세계화될 수 있는가? 지난 10년 간 네트워크 인프라 또한 근본적으로 변화되었고, 전화 인터넷 접근성은 "항상 켜져 있는" 광대역 기술로 이어졌다. 또한 사용자는 전자 메일 및 기타 응용 프로그램에 대한 모바일 접근을 위해 랩톱에서 휴대폰(스마트 폰, 태블릿 등)에 이르기까지 다양한 종류의 무선장치를 통해 인터넷에 접근한다. 통신부문은 1993년 이래로 많은 국가에서 가계지출 중 가장 빠르게 성장하는 부분이 되었다. 전세계 수백만 명의 사람들이 온라인 뱅킹, 투자, 조사, 출판, Skype, 숙제, 책 구입, 데이터, 게임, 음악, 영화 및 요리법 재생 또는 다운로드 등 모든 것을 인터넷과 스마트 폰으로 사용한다. 블로그, 팟 캐스트 및 누구나 수정할 수 있는 대화식 위키에서 YouTube 및 Flickr와 같은 사진 및 비디오 클립을 공유하는 서비스에 이르기까지 인터넷에 대한 사용자 참여 및 게시 수준도 급격히 높아졌다. Facebook, LinkedIn와 같은 소셜 네트워킹 사이트 및 Twitter와 같은 인스턴트 방송 사이트는 급속하게 발전하는 글로벌 통신의 선두를 나타낸다.

1-5b. 정보기술의 글로벌 활용 확대

인터넷 기반의 응용 프로그램이 과학, 비즈니스 조직, 환경 모니터링, 운송관리, 교육 및 전자정부 분야에서 큰 진보를 이루고 있다는 것이 덜 명확해 보일 수도 있다. 하지만 인터넷이 없다면, 비행기가 날지 않고, 금융시장은 작동하지 않을 것이고, 슈퍼마켓은 재고를 마련하지 않을 것이고, 세금은 지불되지 않을 것이며, 전력망은 전력의 공급과 수요간의 균형을 맞추지 못할 것이다. 이러한 점은 건강과 교육을 포함한 비즈니스 및 사회활동을 위한 인터넷에 대한 우리의 세계적 의존도를 반영한다. 또한 건강에 관한 정보를 찾는 것은 인터넷의 가장 빈번한 용도 중 하나가 되었다.

정보 기술과 인터넷의 발전으로 나이지리아에 있는 학교 아이들이 세계적으로 경쟁력을 갖출 수 있게 되었다.

광대역 통신의 가격이 하락하고 있기 때문에 중국, 인도, 남아프리카와 같은 신흥국가의 정부들은 원격으로 시골마을 주민들에게 시장정보 및 정부 프로그램에 대한 즉각적인 접근을 가능하게 하기 위해 시골마을에 광대역 통신의 확산을 추진하고 있다. 이를 통해 정책 입안자는 원거리에 위치한 공동체의 경제적 잠재력을 극대화하고 세계화를 지속 가능하게 할 것이다.

전세계적 확산에 수십 년이 걸린 전기 및 철도와 같은 기술혁명에 의해 주도된 변화와 달리 IT 혁명은 즉각적이다. 이것은 IT와 세계화가 밀접하게 관련되어 있다는 사실을 강조한다. 통신비용을 줄임으로써 IT는 상품 및 서비스 생산을 세계화하는 데 도움을 주었고 국가간 경계를 넘어 자본을 포함한 품목의 자유로운 흐름을 장려했다. 실제로 IT는 운영비용을 낮춤으로써 세계화 과정에서 촉진제 역할을 한다.

인터넷 관련 기술은 모든 사람들이 정보에 더 많이 접근할 수 있기 때문에 기업 및 사회계층간 격차를 줄이는데 도움이 된다. 따라서 인터넷과 무선기술은 권위주의정부들을 불안하게 만들 수 있으며, 이로 인해 대중들이 소셜 미디어에 접근하는 것을 제한할 수도 있다. 이는 실제로 중국과 중앙아시아 및 중동의 몇몇 국가처럼 정치적 자유, 특히 발표, 보도 또는 기타 방식의 표현이 심각하게 축소되고 상대적으로 폐쇄된 사회에서 나타난다. 이러한 사회들의 정치당국, 특히 중국과 북한과 같은 비민주적인 정부는 해외 국가들의 무수한 정보가 현지문화를 부패시킬 것이라는 자신들의 이념을 표방했다. 이집트, 튀니지, 리비아, 시리아 및 다른 국가들(소위 2011년 아랍의 봄)에서의 사건들이 보여 주듯이, 인터넷 관련 기술로 인해 급격한 사회·정치적 변화가 초래 될 수 있다는 걱정이 존재한다. 이러한 통신기술에 대한 접근성은 평범한 사람들과 정부간의 권력균형을 변화시켜 정부에 대한 반대의견을 더욱 안전하게 만들 수 있다. 그러므로 인터넷 및 관련기술이 정부의 간섭없이 유지되거나 완전히 번창하지는 못할 것이다.

1-5c. 디지털 격차 이론

디지털 격차(Digital Divide)는 디지털 및 정보기술(및 그 혜택)에 쉽게 접근 할 수 있는 국가와 사람들과 매우 제한되거나 접근이 제한된 사람들 간의 경제적 격차를 의미한다. 그러나 이 절에서 설명한 바와 같이 디지털 IT 장비 및 서비스의 가격이 빠르면서도 점진적으로 하락함에 따라 접근성이 증가하고 세계화가 가속화되어 디지털 격차가 좁혀졌다. 물어봐야 할 질문은 "세계화가 디지털 격차를 이론으로 만들 것인가?"이다.

대부분의 사람들은 현대 기술이 제공하는 것을 좋아하며, 개발도상국은 미국과 유럽, 일본이 이전에 이루었던 것보다 더 신속하고 저렴하게 동일한 변화를 이루고 있다. 이러한 변화기에 특히 비(非)민주주의 사회에서는 정치적 긴장이 야기될 수 있다. 변화 적응의 실패는 다른 국가들에 비해 일부 국가에 더 부정적인 영향을 미칠 가능성이 있다. 현재의 기술이 더욱 저렴해짐에 따라, 전세계로 더 빠르게 확산 될 것이고 일부 국가의 정부가 자국의 발전을 지연시킬 수도 있지만 대다수는 앞으로 나아갈 것이다.

인터넷에 접근할 수 있는 휴대전화의 수는 특히 개발도상국에서 놀라운 속도로 증가하고 있다. 2008년 중국은 미국을 제치고 가장 큰 인터넷 사용자의 수를 가지게 되었고, 2014년에는 3위인 인도(2억 3천 3백만 명)와 2위인 미국(2억 8천만 명)을 넘어 6억 2천 2백만 명의 사용자 수를 가지게 되었다. 또한 휴대전화 가입자 수 면에서도 9억 2천 4백만 명의 인도와 3억 2천 8백만 명의 미국을 넘어 12억 2천 7백만 명의 가입자를 가지게 되었다. 모바일 인터넷 서비스의 잠재력은 여전히 엄청나며, 나이지리아, 인도, 남아프리카 등 개발 도상국에서도 모바일 웹 브라우징이 가장 빠르게 성장했다.

이러한 통계 뒤에는 웹 뱅킹 및 웹 상거래와 같은 보다 심오한 사회적 변화가 있었다. 이러한 변화는 이들 국가에서 근로자의 생산성과 경제 효율성을 향상시켰다. 2년 전 개발도상국가에 휴대폰이 미치는 영향에 대한 가장 유명한 사례는 인도 어부가 보트에서 다른 항구로 전화를 걸어 조업한 생선들에 대한 더 좋은 가격을 얻는 것이었다. 그러나 이제는 Safaricom Kenya가 도입한 휴대전화 결제 서비스인 M-PESA와 같이 더욱 정교한 데이터 서비스에 접근하기 위해 휴대폰이 점점 더 많이 사용되고 있다. M-PESA는 가입자가 문자 메시지로 돈을 입금하거나 인출 할 수 있게 하는데, 비슷한 서비스가 필리핀과 남아프리카 공화국, 심지어 인도양의 몰디브 제도에서도 인기를 얻고 있다.

1-5d. 국가들이 인터넷과 휴대전화 시대에 "도약"하는 방법

2014년 세계 인구의 70%인 43%가 인터넷에 접속했다. 이 30억 명의 사람들은 인터넷이 비즈니스, 사회적 상호작용 및 시민참여를 위해 제공하는 기회들로 부터 힘을 얻었다. 하지만 수십억 인터넷 사용자의 특성은 무엇일까?

분석가들은 앞으로 수십억 명의 인터넷 사용자가 최초의 1억명의 사용자들과 크게 다를 것이라고 생각한다. 선진국시장의 시장포화로 인해 대부분의 사용자는 개도국에서 나올 것이며 주로 무선 네트워크를 통해 인터넷에 연결될 것이다. 많은 개도국에서 휴대전화 가입자의 수가 고정회선(유선) 네트워크의 가입자 수보다 20배 이상 많다. 예를 들어 인도는 매월 추가되는 새로운 휴대전화 가입자의 수가 스웨덴의 전체 인구를 초과한다. 인터넷이 가능한 값싼 휴대전화가 표준이 되고 규모의 경제가 접근성의 가격을 낮춤에 따라 인터넷 서비스도 마찬가지 이다. 이와 같이 개도국의 의사소통이 확산되면서 정부보다는 기업이 경제 자유화를 가능하게 하는 요인으로 작용할 것이며 서비스와 장치에 대한 가격을 낮추고 선택의 폭을 넓힐 것이다.

Safaricom의 모회사인 Vodafone은 탄자니아 및 아프가니스탄에서 M-PESA의 모바일 결제서비스를 시작했으며 인도에 무제한 무선 액세스를 한 달에 6달러 미만으로 구매할 수 있는 상품을 도입할 계획이다. 또한 휴대전화는 종종 여러 구성원(예 : 가족)이 공유하기 때문에 인도의 단일 휴대전화에서 걸거나 받는 전화건수는 대부분 선진국에서의 전화건수의 평균 2~3배이다. 개도국들이 유선기술의 사용을 건너 뛰고 무선 시스템으로 직접 이동함으로써 전체 세대의 기술을 뛰어 넘고 선진국을 더 빨리 따라 잡고 있음이 분명해졌다.

개도국의 한 비영리단체는 문자 메시지가 다음 세 가지의 이유로 신흥 경제국의 휴대전화 사용기능 중 압도적으로 많을 것으로 예상하기도 했다.

(1) 모든 휴대전화는 저렴하면서도 문자 메시지를 보낼 수 있다.

(2) 사용자는 문자 메시지를 보내는 데 드는 비용을 잘 알고 있다.

(3) 휴대전화-웹 액세스는 보다 정교한 핸드셋을 필요로 하며 이는 휴대전화 회사가 항상 지원하는 것이 아니다.

국가가 계속 발전함에 따라 더 많은 소비자가 스마트폰 기능에 완전히 접근할 수 있다. 또한 국가 규제당국은 저렴한 휴대전화 접근을 촉진함으로써 도움을 줄 가능성이 있다. 개도국은 최초에 웹 혁명에 대한 흥분감을 느끼지 못하고 있었다. 그 이유는 인터넷 인프라가 부족하고 초기 기술비용이 높았기 때문이다. 하지만 이제 액세스 비용이 감소하고 인프라가 확장됨에 따라 개도국은 스마트폰 기술시대에 산업화된 선진국들을 뛰어 넘을 태세일 것이다.

사실확인 LO-5

멕시코의 전형적인 중산층 시민의 스마트폰 보급율에 대해 조사해 보자.

1-6. 세계화 논쟁

LO6
반세계화 주장의 타당성을 설명하라.

극단적인 비평가들에게 경제와 사회의 긴밀한 통합과 상호의존성을 가져 오는 아이디어, 사람, 재화, 서비스 및 자본의 자유로운 흐름의 영향인 세계화는 착취와 불의에 대항할 힘이 될 수 있다. 일부 사회주의 성향의 시민과 노동조합은 공산주의가 정치적으로 사람을 착취하는 것처럼, 경제적인 면에서는 자본주의가 사람을 착취한다고 믿는다.

한편 반세계주의자들은 광범위한 여론으로부터 지지를 얻었으며, 결과적으로 정치적인 영향을 받을 가능성이 있다. 세계화에 반대하는 주장은 일자리 손실과 정체된 임금, 경제정책 및 개발에 대한 지역통제의 상실, 구 산업의 실종, 그리고 지역사회의 침식과 같은 파괴적인 경제적 변화의 비용과 같은 문제를 부각시킨다. 이 절에서는 세계화와 그 반대주장에 대한 몇 가지 논점을 살펴볼 것이다. 이 문제를 객관적으로 해결하려면 왜 경제통합이 선(善)을 위한 힘이며 왜 세계화가 빈곤을 감소시키는가와 같은 세계화의 이점에 대해 이해해야 한다.

1-6a. 실직과 소득침체

선진국에서는 세계화를 가속화할 수 있는 무역 자유화에 대해 적극적이지 않다. 일부 유럽국가에서는 유권자들이 적대적이며, 이는 무역자유화를 위한 도하라운드가 지연된 이유의 일부이기도 하다. 비평가들은 세계화가 일자리 상실과 임금하락 등 경제침체를 통해 빈곤층을 해롭게 한다고 주장한다. 또한 그들은 무역개방과 외국인 직접투자가 선진국의 노동자들(블루 칼라와 사무직 노동자)로 부터 일자리를 빼앗아서 개도국의 저임금 노동자들에게 넘길 것이라고 주장한다. 이러한 주장은 선진국 노동자들을 파업하게 한다. 어느 지역의 노동공급의 증가는 임금을 낮추어 임금정체를 초래한다. 한편 개도국의 근로자들은 자신을 착취할 일자리로 유인된다. 이 근로자는 선진국의 근로자보다 훨씬 적은 임금을 받고 종종 표준 이하의 환경에서 더 오랜 시간 일해야 할 것이다.

세계가 지식기반 세계경제에 진입하면서, 선진국들은 더 큰 발전을 기대해야 한다(제2장에서 논의된 Heckscher–Ohlin과 요소 가격 균등화 무역이론에 기초 함). 고소득 국가의 근로자는 임금을 유지하거나 향상시키기 위해 더 많은 기술을 사용해야 하며 생산성이 더 높아야 한다. 선진국의 근로자가 개발도상국의 경쟁자와 경쟁할 수 있는 유일한 방법은 기술집약적인 제조기술을 사용하여 생산성을 향상시키는 것 뿐이다.

실직되거나 해고되지 않았지만 외국으로 부터의 경쟁 때문에 임금이 정체될 수 있는 선진국의 근로자는 어떨까? 이 질문에 대한 대답은 산업과 필요한 근로자 기술 및 특정 시장조건에 따라 달라지기 때문에 결론을 내리기가 어려울 것이다. 예를 들어, 이들 노동자들의 임금은 세계화가 없는 한 빨리 떨어지거나 오르지 않는 것과 같이 변동이 적을 수 있다. 그러나 모든 근로자는 저렴한 수입품의 혜택을 볼 수 있을 것이다.

세계화로 "승자"와 "패자"가 생겨난다.
WTO에 항의하는 농민들이 쌀 보조금 삭감을 요구하고 있다.

시카고 대학 경영대학원 연구원은 중국으로 부터의 저렴한 제품들의 수입이 미국의 빈곤층에게 불균형적 상황으로부터 도움이 된다는 것을 발견했다.

한편 개도국에서는 세계화로 인해 노동수요가 증가하고 새로운 무역관련 직종에 직접 고용되지 않는 근로자에 대해서도 임금이 인상될 것이다. 예를 들어, 아웃소싱으로 인해 IT 및 소프트웨어 엔지니어의 수요가 많아져도, 일반적인 엔지니어 역시 국내 임금의 상승이라는 혜택을 누릴 것이다.

1-6b. 지속 가능한 발전과 환경파괴

지속가능 발전(Sustainable Development)란 무엇을 의미하는가? 이 용어는 브룬트랜드 위원회(Brundtland Commission)가 1983년에 처음으로 사용했다. 브룬트랜드 위원회는 인간의 환경과 천연자원의 악화가 가속화되고 있다는 우려에 대응하기 위해 UN이 설립했다. 이 브룬트랜드 위원회는 지속 가능한 개발을 환경적 · 사회적 · 경제적 측면(천연자원의 보존 포함)에 상관없이 "미래세대가 자신의 수요를 충족시킬 능력을 손상시키지 않으면서 현재의 수요를 충족시킨다"로 정의했다.

지속가능 발전의 개념은 1987년 이후 논의되어 왔지만, 기후변화와 세계 열대우림의 통제되지 않은 산림벌채, 온실가스의 빠른 증가는 최근에서야 강력한 변수로 인식되고 있다. 또한 지속가능 발전은 개발도상국과 선진국, 특히 중국과 미국 및 유럽연합 간의 긴장이 증가하는 원인이 되었고, 세계화와 아시아의 역할은 특히 논쟁의 대상이 되었다. 예를 들어, 1978년 이후 중국의 전례 없는 경제성장은 환경파괴라는 오점을 남겼고, 오염으로 인해 암이 중국의 주요 사망원인이 되었다. 마찬가지로 브라질부터 인도네시아와 말레이시아 지역에 이르는 산림벌채에 관한 논쟁은 간단한 해결책이 없다. 화석연료의 대안을 찾기 위한 유럽과 미국의 개발추진은 바이오연료 분야의 성장을 촉진시켰다. 하지만 바이오 연료를 생산하기 위해 일부 산림이 고통을 겪게 되었다. 이러한 복잡한 문제들은 정부와 민간부문 및 비정부기구들에게 절충안과 어려운 도전이 분명 존재한다. 해결방안을 찾는 것은 미래를 손상시키지 않으면서 현재의 요구를 충족시킬 수 있는 하나된 목표의 공유에 달려 있고, 함께 그 목표를 위해 노력해야 한다.

일부 기업은 지속가능 개발정책을 채택했다. 예를 들어, 2008년 영국의 유통업체인 Marks & Spencer는 "Plan B는 없기 때문에 Plan A뿐이다"라는 슬로건을 발표했다. 여기에는 사업(그리고 그것이 운영되는 더 큰 시장)에 직면한 가장 큰 도전과제들 중 일부를 해결할 5년 동안의 100가지 관점의 환경계획과 기후변화에 대처하고, 폐기물을 줄이며, 천연자원을 보호하고, 윤리적으로 거래하기 위해 고객 및 공급업체와 협력한다는 내용이 포함되어 있다.

세계은행의 조사에 따르면 기업의 사회적 책임(CRS)은 다국적 기업이 사업을 운영하는 데 있어 중요한 요소가 되었다. 조사대상 기업들 중 90%는 환경경영에 관한 이사회 승인정책을 가지고 있다. 사회적 책임에 포함된 문제들은 노동권, 부패, 인권, 건강한 지역사회 및 토지권리 등이 포함된다. 세계은행 조사에 따르면 다국적 기업의 48.5%가 해외 직접투자(FDI)와 관련하여 새로운 제조 또는 서비스 시설을 건설하거나 해외의 기존 회사를 인수하기 위해 해외투자를 결정하는 것에 사회적 책임문제가 기반으로 작용함을 나타낸다. 또한 사회적 책임에 따라 일부 기업이 뇌물을 지불하는 것을 기피한 행동은 응답기업 중 36.4%가 국외로 쫓겨났음을 나타냈다. 이와 같이 세계은행 연구에 따르면, 해외직접투자가 "최하위를 향한 경쟁"(즉, 기업이 열악한 환경 및 노동에 대한 기준을 활용하기 위해 해외투자를 서두르는 것)을 촉발시키기 보다는 오히려 기업들이 국가에 대한 장기적인 노력방안을 모색하고 신중함을 유발한다는 것을 나타낸다. 펩시코의 경우처럼 기업의 사회적 책임에 대한 이슈는 꾸준히 장기적으로 실행되며, 지속 가능한 비즈니스 및 개발로 이어지게 된다. 이러한 상황에서 해외직접투자는 특히 개발도상국에서 노동 및 환경조건을 개선하게 된다.

사실확인 LO–6

세계화로 인해 여러분의 지역에서 산업분야의 일자리가 감소되었는지 여부를 확인해보고, 직장을 잃은 노동자들에게 그들의 경험에 대해 질문해 보라.

1-7. 모든 사람들을 위한 세계화의 실현

LO-7
세계화로 인해 부정적인 영향을 받는 사람들을 일시적으로 지원하기 위해 만들어진 정책 사례를 설명해 보라.

많은 국가의 정책 입안자들이 세계화 논쟁은 세계화의 장점이 널리 공유되고 비용은 최소로 유지될 수 있도록 국내 및 국제 수준에서 세계화 프로세스를 최선으로 관리하는 방법을 중심으로 이루어져야 한다는 결론을 제시했다. 대부분의 경제학자들은 세계경제로의 통합과 현대화에 대한 효율성 및 개방성이 지구촌의 모든 사람들에게 보다 희망적인 미래를 제공할 것이라는 데에 동의할 것이다. 세계는 이제 세계화라고 불리는 연속적인 현상을 경험했다. 이 기간은 국가간 무역의 확대, 기술의 보급, 광범위한 이주, 다양한 문화의 상호수정 등을 포함한 특정한 특징들을 공유했다. 중국의 경우 세계화는 1978년 이래로 역사상 그 어느시기보다도 무역과 금융흐름 및 경제성장 속도가 빨라져 생활수준의 향상과 빈곤감소 및 평균 기대수명의 증가를 나타낼 수 있게 했다.

세계화는 사람들의 삶의 질을 향상시킬 잠재력이 있다. 그러나 모든 사람들의 삶의 질이 향상되거나 세계화로 인한 모든 변화가 긍정적이라는 보장은 없다. 세계화는 승자와 패자를 만들어 낸다. 예를 들어, 주주의 부(富)의 가치를 극대화하기 위한 이익 추구를 위해 일부 다국적 기업은 개발도상국에서 고용한 근로자에게 표준 이하의 임금을 지급하려고 할 수 있다. 이러한 일이 발생하지 않도록 하기 위해 개발도상국은 다국적 기업이 현지 기준에 따라 공정한 임금을 지불하도록 요구하는 규정을 시행할 수 있다. 또한 추가적인 방안으로 규제를 준수하지 않는 국가에 대해 WTO의 수출장벽을 발생시킬 수 있다.

세계화의 패자에게는 지원이 필요하다.
전망이 좋은 태양에너지 분야의 일자리를 위해 재교육을 받는 해고된 자동화 조립분야 노동자.

1-7a. 세계화의 승자와 패자

세계은행에 따르면, 중국에서 1978년에 시작된 경제개혁 시행 이후 약 4억 명 이상의 중국 국민이 빈곤에서 벗어났다. 인도의 경우, 1991년 경제개혁을 시작한 이래로 빠르게 성장하는 경제로 변모했고, 중산층은 약 12억 4천만 명의 인구 중 약 3억 명에 육박하게 되었다. 브라질 역시 번성하고 있으며, 남아공과 탄자니아 및 나이지리아의 최근 경제성장 성공은 아프리카도 경제전망이 밝아 질 수 있음을 보여준다. 여러 요인들이 경제성장에 영향을 미쳤지만 세계화가 없었다면 그럴 수 없었을 것이다. 또한 국가들이 IMF, 세계은행 및 세계무역기구(WTO)와 같은 기구에 더 많이 참여함으로써 정보가 확산되고 선택권이 늘어남에 따라 국민들의 자유가 증진되었다. 신흥 시장경제의 급속한 성장은 원자재 가격 상승으로 이어질 수 있지만 이러한 가격인상은 원유 및 식품 등 자원의 공급보다 빠른 속도로 경제성장이 가속된다는 것을 반영한다. 이와 같은 사례에서 공급은 결국 수요를 따라 잡을 것이고, 원자재 가격은 아마도 더 높은 수준에서 안정될 것이며, 이로써 원자재 수출국의 소득수준을 증가시킬 것이다.

1-7b. 세계화의 패자에게는 지원이 필요하다

세계화의 영향으로 가장 고통받는 사람들은 이 과정에 참여할 수 있는 기회를 포착하지 못한 국가들일 것이다. 이 "진정한" 패자의 범주에 속하는 국가들에는 국민들에게 경제적·정치적 자유를 제공하지 않는 국가들이 포함된다. 이들 나라의 대부분은 최소한의 법률제도와 불투명성을 지닌 독재정권에 의해 통치되고 있으며 여기에는 중앙아시아, 대부분의 아프리카 지역, 북한과 같은 국가들이 포함된다.

경제학자들은 세계화가 미국과 같은 비교적 개방된 국가에서도 승자와 패자를 창출하기 때문에, 실직자를 훈련시키고 교육시키기 위한 국가적인 정책이 시행되어야 한다고 주장한다. 이것은 실직자들이 더 생산적으로 변하고 더 높은 소득을 얻을 수 있게 해줄 것이다. 그러나 미국에서는 세계화가 미국 노동자들에게 문제의 유일한 원인이 아니다. 여기에는 좀 더 구조적인 문제가 있는데, 먼저 미국의 고등교육 분야는 특히 수학과 과학에서 개혁이 필요하다. 또한 기본건강 관리에 대한 보편적인 접근방안이 다루어져야 하고, 독일과 같은 노동근로자 재교육 프로그램이 참고되어야 한다. 또한 보다 윤리적인 기업관리자에 대한 필요성이 충족되지 못했다. 이러한 분야에 대한 개혁과 함께 세계화로 인해 직장을 바꿔야 하는 사람들을 위한 보다 효과적인 도움(실업수당의 기간연장 및 고용상황과 상관없는 의료혜택)은 위기를 직접 해결하고 사회의 자원과 경쟁력을 향상시킬 것이다. 이로써 세계화 또는 기술진보를 저지하려는 노력은 실패하게 될 것이다.

사실확인 LO-7

여러분은 스스로 세계화의 "승자" 또는 "패자" 중 어느 쪽이라고 생각하는가? 설명해 보아라.

요약

세계화는 15세기부터 시작된 오래된 프로세스를 설명하는 신조어이다. 세계화는 개혁 과정, 즉 각국을 분리하는 무역, 투자, 문화, 정보 및 정치 부문의 장벽을 제거함으로써 대부분의 국가가 참여하는 경제 및 사회정책 변화를 포괄한다. 이로 인해 세계 각국의 긴밀한 통합과 상호의존이 가능하게 되었고, 그 결과 더 빠른 경제성장, 소득 증가 및 더 나은 삶의 질을 가져왔다.

제2차 세계대전이 끝날 당시 국제통화기금(IMF), 세계은행 및 세계무역기구(WTO)라는 세 가지 중요한 국제기구들의 설립을 위한 토대가 마련되었다. 이 기구들의 주된 역할은 세계평화와 번영을 가져올 수 있도록 파괴된 세계 금융 및 무역체제를 재건하는 것이었다.

다자간 기구는 국제통화 및 무역 시스템의 규칙을 수립할 수는 있지만, 모든 것을 포괄할 수 있도록 설계되지 않았다. 따라서 진보적인 국가들은 정치체제, 기능적 사법부 및 적용 가능한 시장체제의 투명성을 지원하는 국내규칙, 집행체제 및 조직을 설정하는 주요 국가기구들을 설립했다. 세계화를 지속 가능하게 하기 위해서는 이들 기구가 훌륭한 통치, 경쟁시장, 재산권 및 윤리적 의사결정을 촉진하는 효과적인 정책을 마련해야 한다.

정보기술은 선진국과 개도국 간의 소득격차를 줄임으로써 세계화에 중요한 역할을 해왔다. 수많은 "앱"을 갖춘 스마트폰과 같은 인터넷 기술과 무선기술은 개도국이 육로를 통한 정보기술과 같은 구형 정보기술을 극복 함으로써 디지털 격차를 보다 빠르게 연결하는 것을 가능하게 한다.

세계화가 "승자"와 "패자"를 만들어내는 한편, 악영향을 받은 사람들을 위해 잘 짜여진 재교육 및 교육 프로그램에 충분한 자금을 공급한다면 더 나은 임금을 받는 일자리가 생기고 실직자들의 생산성이 향상된다.

지속 가능한 비즈니스 및 개발정책을 구현할 수 있다면 세계화로 인한 환경파괴를 극복할 수 있다. 이는 지속 가능한 비즈니스 모델의 구현을 통해 정부와 민간 부문 간의 협력을 촉구할 것이며 즉, 기업의 장기적인 사회적 책임의 실천이기도 하다. 세계화로 인해 부정적 영향을 받는 이들은 이 과정에 참여할 수 있는 기회를 포착하지 못한 국가들이다.

주요단어

세계화	자본시장	독점금지법
신흥경제	무역시스템의 자유화	디지털시대
탈 동조화	기관	대역폭
다극화 사회	적용기관	웹
국제 통화시스템	책임	정보격차
경제개혁	투명도	지속 가능한 개발

질문

1. 세계가 단일 사회에서 다극화 사회로 이동함에 따라 탈 동조화 현상이 일어나는 원인은 무엇인가? 여러분의 견해로는 세계 경제력의 균형이 어느 방향으로 움직인다고 보는가?

2. 세계화를 촉진시키는 세 가지 국제기구의 공통적인 주요 경제개혁 주제는 무엇인가?

3. 세계화는 국가정부가 그 과정에 참여할 의사가 있는 경우에만 촉진될 수 있다. 세가지 주요 국제기구가 이 촉진과정의 일부로 수행할 수 있는 역할은 무엇인가?

4. 국내기관은 세계화 과정에서 중요한 역할을 하는데, 세계화의 혜택을 누리기 위해 국가적으로 이들이 추진해야 할 근본적인 정책수단에는 무엇이 있는가? 이러한 정책을 어떻게 구현하고 홍보할 수 있는가?

5. 세계경제에 "디지털 격차"가 있다고 생각하는가? 세계화가 그 격차를 좁히고 있는가? 그렇다면 어떻게 좁히고 있는가?

6. 지속 가능한 비즈니스 및 경제개발은 세계화 논쟁에 대한 해답인가?

7. 세계화는 "승자"와 "패자"를 창출한다. 세계화의 혜택을 받지 못하는 사람들을 돕기 위해 어떤 개혁 프로그램을 제안할 수 있는가? 이러한 개혁은 어떻게 실행될 수 있는가?

사례 바이오 연료 - 지속 가능한 발전과 에너지 안보를 위한 사례

원유 및 천연가스와 같은 재생 불가능한 에너지원의 정치적으로 통제된 공급과 한정된 이용 가능성에 대한 우려로 인해 원유를 소비하는 대형 국가들은 대체 가능한 재생 에너지원을 찾게 되었다. 또한 이산화탄소 및 기타 온실가스 배출과 관련된 환경문제로 인해 국토 중 대규모 농업지역이 있는 국가는 친환경적일 뿐만 아니라 지속 가능한 경제성장과 에너지 안보에 기여하는 깨끗하고 재생 가능한 바이오 연료를 찾고 개발하게 되었다. 바이오 연료 개발은 만병통치약일 필요는 없으나, 경제적 어려움이 사회적 이익을 넘어서지 못하도록 현실적인 도전을 극복해야 한다. 예를 들어, 독자적인 에너지 공급을 서두르면 더 많은 공해가 발생할 수 있고 자원이 잘못 분배될 수 있기 때문에 국가의 바이오 연료정책을 실행할 때에는 극도의 주의를 기울여야 한다.

바이오 연료는 두 가지 주요 유형 중 하나로 설명될 수 있다. 먼저 바이오 에탄올의 전세계 생산량은 약 500억 리터이며 중국·유럽 및 미국에서와 같이 가솔린과 혼용되거나, 또는 브라질처럼 가솔린 대신 사용할 수 있다. 주목해야 할 것은 산업 에탄올은 원유의 증류액 또는 부산물이면서 재생 불가능한 에너지원이며, 바이오 에탄올은 순수한 식물(사탕수수, 옥수수 등)의 재생 에너지원이다. 사탕수수는 전세계 바이오 에탄올 생산량의 거의 절반을 차지하는 원료로서 공급되고 있으며, 브라질이 주도하고 있고, 필리핀이 그 뒤를 따르고 있다. 바이오 에탄올 추출에 사용되는 다른 원료는 옥수수와 밀이다. 미국은 옥수수 기반의 바이오 에탄올 생산을 하며 유럽은 밀 기반의 바이오 에탄올 생산을 한다. 사탕수수에서 추출한 바이오 에탄올은 단일 생산과정이 상대적으로 저렴하고 바이오 에탄올을 소모하여 생산되는 것들보다 적은 에너지를 소비하기 때문에 비용과 오염을 훨씬 더 많이 줄일 수 있다. 이에 비해 옥수수와 밀 기반의 바이오 에탄올은 보다 비싼 이중단계의 공정을 거친다. 또한 옥수수 기반의 바이오 에탄올 비평가들은 생산에 사용된 에너지와 이에 따른 오염이 옥수수 기반의 바이오 에탄올의 에너지 효율량을 초과할 수 있다고 주장한다.

두번째로 바이오 디젤은 세계적으로 약 130억 리터의 생산량을 가지고 있으며, 종종 디젤 대체재로 사용되고 주로 인도네시아, 인도, 말레이시아, 태국, 일부 유럽 국가 등에서 생산되고 있다. 바이오 디젤 생산에 사용되는 주요 원료는 대두, 유채, 해바라기씨 및 야자기름이며, 최근 인도의 바이오 디젤 생산업체들은 자트로파(jatropha)나 퐁아미아 (pongamia)라는 고속도로와 건조한 땅에서 야생으로 자라는 잡초들도 사용하기 시작했다.

아시아의 기후 및 토양 조건의 다양성은 필리핀의 코코넛 및 인도의 자트로파 및 퐁아미아와 같이 지역마다 바이오 디젤 생산에 사용되는 작물이 광범위함을 나타낸다. 그들의 국가목표 역시 다르다. 야자기름은 지금까지 바이오 디젤 생산에 있어 에너지 효율이 가장 높은 작물이었으며, 말레이시아는 그 생산량의 90%를 수출하여 외화를 벌었다. 인도의 경우, 석유 수요의 73%가 수입인 곳에서 국내 바이오 디젤 개발은 에너지 안보를 달성하는 데 도움이 될 수 있었다. 인도 정부는 약 7천만 헥타르의 황무지가 바이오 디젤 작물을 재배할 수 있는 토지라고 믿고 있다. 이렇게 유지관리 비용이 적은 건조토지 작물을 재배하는 것은 주요 농지를 대체하지 않고 농촌 빈곤층을 위한 수입원이 될 수 있다. 이것의 이익은 다양하고 주목할 만하다. 그 이익들에는 빈곤완화, 대기오염 감소, 지구 온난화 완화, 황폐화된 황무지의 복구 등이 포함되어 있다. 인도네시아의 경우에는, 세계에서 가장 큰 야자유 생산국이 될 수 있었던 반면, 야자 재배지역으로 통하는 경로를 만들기 위해 많은 숲과 습지가 제거되었다..

바이오 연료(바이오 에탄올, 바이오 디젤)에 대한 수요가 증가함에 따라 설탕, 옥수수, 야자유 가격이 상승 할 것이며, 국내 소비자들은 설탕, 옥수수, 요리용 기름에 더 높은 비용을 지출하는 반면, 수출업자에게는 큰 도움이 될 것이다. 동아시아의 바이오 연료에 대한 압박의 대부분은 유럽으로의 엄청난 양의 수출약속 때문이다.

✲ 진위 구별 질문

1. 바이오 연료는 크게 두 가지 형태로 나뉜다. : (a) 바이오 에탄올, (b) 바이오 디젤.

   이들은 상업적으로 생산될 때 환경 친화적이 될 수 있으면서도 동시에 원유 수입에 의존하는 국가들의 에너지 안보를 유도한다.

   참/거짓

2. 바이오 에탄올은 옥수수보다는 사탕수수로 생산하는 비용이 적기 때문에 브라질은 미국보다 바이오 에탄올의 효율적인 저비용 생산자이다.

   참/거짓

3. 인도, 인도네시아 및 말레이시아는 바이오 에탄올 생산에 주력해야 한다.

   참/거짓

4. 전 세계적으로, 국가들이 보다 환경친화적인 바이오 연료를 소비하기로 결정한다면, 설탕·옥수수·밀·사탕무·야자유 등의 가격상승이 예상되며, 이는 농가소득의 증대로 이어져야 한다.

   참/거짓

✲ 질문

1. 지속 가능한 발전의 문제를 해결하는 측면에서 바이오 연료의 장점과 단점은 무엇인가? 설명해 보라.
2. 옥수수가 여러 사회에서 기본적인 곡물로(그리고 다른 식품에서) 소모되고 있다면, 옥수수로 부터의 바이오 에탄올 생산을 장려해야 하는가? 또한 미국에서 바이오 에탄올 생산이 브라질의 바이오 에탄올과의 경쟁에 대해 미국내 보조금을 받고 보호받을 수 있겠는가?

토론

그린필드 프로젝트 – 해외농지 구입

최근 몇년 동안, 농경지가 많지 않고 식량을 자급자족할 만큼 재배할 수 없는 국가들은 비옥한 농경지를 보유했지만 활용도가 낮은 국가들에 대해 상당한 규모로 방대한 토지를 확보해 왔다. 과연 이것이 유익한 외국인 해외직접투자인지 혹은 신(新) 식민지 주의 형태인지에 대한 의문이 제기되고 있다. 예를 들어 사우디의 압둘라 국왕은, 사우디아라비아의 해외농업투자 구상안을 승인했고, 사우디 투자자 그룹은 수단 정부로 부터 임대된 토지에 밀과 보리와 쌀을 재배하기 위해 2009년에만 1억 달러를 소비했다. 투자자들은 처음 몇년 동안 소득세 면제를 받을 것이며 전체 작물을 본국으로 다시 수출할 수 있다. 사우디아라비아의 사례는 개발도상국을 휩쓸고 있는 강력한 경향을 반영한다. 자본이 풍부한 식량재배지 부족 국가들은 자본이 절실히 필요하면서, 좋은 농경지를 가진 국가들에 투자해 왔다. 세계시장에서 식량을 구매하는 대신, 정부와 정치적으로 연결된 기업은 해외농지를 임대하고, 작물을 재배하며, 생산된 작물을 본국으로 송출한다. 이와 유사한 거래가 캄보디아, 말라위, 모잠비크 및 터키와 같은 국가들을 대상으로 중국, 쿠웨이트, 미국, 인도, 영국, 이집트, 카타르, 바레인의 투자자들이 함께 성공적으로 체결되었다. 이러한 것이 모두 무슨 현상일까?

✲ 주장 :

자유무역 및 해외투자의 지지자들은 이러한 투자가 효율적인 자원배분을 반영하고 수십년 동안 과소 투자로 고통을 겪은 국가들에 새로운 종자와 농업기술 및 자본을 가져다 준다고 믿는다. 외국 농경지에 대한 투자는 오랜 기간 지속되어 왔다. "바나나 공화국"이라는 문구는 원래 외국인 소유의 과일농장이 지배하는 국가(예 : 중앙아메리카)를 가리켰다. (예 : 악명 높지만 현재는 없어진 United Fruit Company 및 Dole, Chiquita, Del Monte와 같은 업체). 소련 붕괴 이후 외국 투자자들은 구 소련의 일부 국영 및 집단 농장을 점유했다. 누군가는 해외농지를 구입함으로써 식량부족 국가들이 증가하는 세계 식량수요를 충족시키기 위해 그들이 가진 토지자원을 효율적으로 사용할 것이라고 주장할 수 있다.

✲ 반대의견 :

반대론자들은 해외농지에 대한 투자가 취약한 자본부족 국가를 이용하여 세계적인 규모의 "토지탈취"를 이끌어낼 뿐이라고 주장한다. 그들은 정치적 연계성에 기반하여 외국인 투자자가 해외의 법을 어기고 수확을 위해 해외농민들을 그들이 대를 이어 농사 지어온 땅에서 끌어낼 수도 있다고 주장한다. 또한 이들은 이렇게 크고 논쟁의 여지가 있는 프로젝트가 실제로 기술이전을 가져 오지 않을 수도 있으며 값비싼 수입종자와 화학물질에 의존하게 될 수도 있다고 주장한다.

어떻게 생각하는가?

인터넷이나 기타 자료를 이용하여 이 문제에 대해 조사해 보라. 어떤 주장을 지지하겠는가? 자신의 근거를 제시하라.

해외 사업소식 분석하기

Financial Times, The Wall Street Journal, Bloomberg Businessweek 및 The Economist와 같은 비즈니스 신문 및 잡지에는 경제분석가 및 비즈니스 전문가가 작성한 다양한 의견이 있다. 각 장의 끝에서는 해당 장과 관련된 글로벌 뉴스 항목을 설명 할 수 있다. 이 장의 개념과 관련된 금융뉴스의 다음 예시는 어떻게 해석될 수 있는가?

1. 경제학자들은 세계화가 현실이며, 사회가 이 과정에 적응할 필요가 있거나 아니면 뒤쳐져 남을 것이라고 주장했다. 역사적으로 상인, 종교인, 모험가 및 군인의 네 그룹은 세계화를 위해 가장 많이 노력했다. 이익을 얻고, 전도하고, 배우고, 정복하려는 이 그룹들의 동기가 일반적으로 이기적이었을지언정, 그들의 행동의 전반적인 영향은 전 세계 국가의 통합과 상호의존성을 높이는 것이었다. 역사에 대한 이 견해를 오늘날 세계화의 맥락에 대해 동의하는지 또는 동의하지 않는지 설명하라.
2. 2001년에 시작된 도하라운드 협상은 브라질, 인도, 미국, 유럽 연합의 G-4 국가들이 더 많은 무역과 투자자유화에 동의할 수 없었던 2007년부터 속도를 잃었다. 이는 인도와 브라질의 보호주의와는 관계가 적었고, 전세계적인 장기 수요에 대응할 수 있는 농업보조금 삭감에 대한 미국과 EU의 정치적 무능력에 더 관계가 있다. 미국과 유럽연합은 농업보조금을 줄여야 하며 그래야 나머지 국가들이 무역 자유화를 기대할 수 있다. 이것에 대한 이유는 무엇인가? 여러분의 의견을 개진하라.
3. 지속적인 빈곤, 개발도상국의 환경악화, 기후변화 패턴의 변화, 바이오 연료 생산을 위한 식량작물의 사용은 미래의 세계적 농업관련 산업에 새로운 위험과 기회를 동시에 가져다 준다. 이것이 무엇을 의미하는지 설명하라.
4. 멕시코의 억만장자인 카를로스 슬림(Carlos Slim)은 지난 수년간 엄청난 이윤을 남겼으며 2010년에는 세계에서 가장 부유한 사람이 되었지만 경쟁자와 선의의 경쟁을 펼치지는 않았다. 멕시코 통신업계의 경쟁자들은 그가 진입장벽을 세우면서 전화 및 인터넷 요금을 계속 높인 독점기업이라고 비난했다. 이 사례에 대해 조사해 보고 멕시코 당국의 독점금지 제도의 효율성을 알아보라.

포트폴리오 프로젝트

이 책의 15개 장을 통해 실제 회사의 많은 사례를 접하게 될 것이며 각 장에서 배우고 있는 개념을 실제 비즈니스 상황에 적용하는 방법을 설명하는 데 도움이 될 것이다. 모든 장의 끝 부분에 있는 포트폴리오 프로젝트는 다음과 같이 구성된다.

1. 사례에 대한 자신의 의견 탐색 : 여러분이 선택한 회사에 대한 이해도 강화
2. 자신만의 소규모 비즈니스를 위한 국제 비즈니스 전략 개발

Standard & Poor's, Moody's, Value Line과 같은 매체 및 다음 웹 사이트에서 회사 연례 보고서와 같은 데이터를 수집하라.

- www.eiu.com
- www.state.gov/r/pa/ei/bgn/
- www.cia.gov/library/publications/the-world-factbook/
- www.xmarks.com/site/
- www.nsf.gov/statistics/infbrief/nsf06326/
- www.globaledge.msu.edu/resourceDesk/

✲ 사례에 대한 자신의 의견 탐색 : 여러분이 선택한 회사에 대한 이해도 강화

이 포트폴리오 프로젝트의 목적은 대기업(예 : Fortune 500대 기업)에 대한 독자적인 분석을 수행할 수 있게 하는 것이다. 여러분이 존경하는 회사, 여러분을 흥미롭게 하는 회사, 졸업 후에 일하고 싶은 회사 또는 항상 더 알아보고 싶은 회사를 선택하라. 런던, 뉴욕, 도쿄, 상하이, 홍콩, 싱가포르, 봄베이, 프랑크푸르트 또는 파리와 같은 주요 증권거래소에 상장된 회사를 선택하여 다양한 유형의 정보(금융 또는 기타)를 즉시 알아볼 수 있도록 준비하라. 각 장에서는 특정 주제에 중점을 두며, 각 장의 마지막 질문 부분을 통해 각 장의 주제가 기업과 어떤 관련이 있는지 분석할 수 있다. 15장을 모두 마치면 선택한 회사에 대해 많은 것을 배웠을 것이다.

이 장을 읽은 후에 가장 좋아하는 회사에 대한 기본적인 질문에 대답할 수 있도록 준비되어야 한다.

✲ 자신만의 소규모 비즈니스를 위한 국제 비즈니스 전략 개발

포트폴리오 프로젝트에서는 각 장에서 배우는 핵심개념을 자신의 소규모 비즈니스에 적용할 수있는 기회를 갖게 된다. 이는 가상 비즈니스일 수도 있고 실제로 소규모 비즈니스를 운영하는 경우 실제 상황일 것이다.

대부분의 다국적 기업(MNC)은 처음에는 단일 제품이나 서비스를 다른 국가로 수출하는 데 중점을 둔 중소기업으로 시작했다.

여러분의 프로젝트에서 "본국"은 여러분의 국적(또는 거주지)의 국가이며, "대상국가"는 여러분이 사업을 시작할 계획이 있는 외국이다. 이 과정에서는 여러분이 확인한 대상국가와의 사업수행에 대해 여러분의 노력을 집중해야 한다. 여러분은 대상국가의 사업관행, 문화, 통화 등의 문제를 처리할 것이다. 이 책의 여러 장에서 다루어지는 문제들은 국제 비즈니스 전략을 체계적으로 개발하는 동시에 글로벌 관점을 제공할 것이다. 더 자세히 살펴보고 대상국가의 기관, 정책 및 IT 환경을 분석하라. 마지막 단계의 연습에서 확인된 연구자료를 활용하라. 다음 질문은 대상국가에 대한 이해를 높이는 데 도움이 될 것이다.

✲ 자료출처

The International Monetary Fund: www.imf.org

The World Bank: www.worldbank.org

World Trade Organization: www.wto.org

Transparency International: www.transparency.org

United States Department of State: www.state.gov/r/pa/ei/bgn/

United States Central Intelligence Agency: https://www.cia.gov/library/publications/the-world-factbook/

Global Edge: www.globaledge.msu.edu/resourceDesk/

CHAPTER

2 글로벌경영의 진화

The Evolution of International Business

＊이 장의 학습목표

LO–1 무역과 해외투자가 사회 전체에 어떻게 좋은 일을 하는지를 간결하게 설명할 수 있다.

LO–2 주요 국제무역 이론들과 그 이론들이 작용하는 방식을 설명할 수 있다.

LO–3 무역정책과 정책의 주 요소, 그리고 정책이 기업, 소비자 그리고 개인에게 주는 영향을 평가할 수 있다.

LO–4 국가가 무역에 대한 결정을 할 때 그 결정 뒤에 존재하는 기본적 이유를 설명할 수 있다.

문화적 관점

아시아의 세기: 중국과 인도의 재부상

19세기 초에 국가 소득을 기준으로 한 세계 최대 경제 대국을 두 개 꼽자면 중국과 인도였다. 지방 군벌 및 식민지배 세력의 내부분쟁과 외세의 침략자들 때문에 이 두국가는 상업에 있어서 정부의 역할이 증가함에도 자유로운 기업 활동과 공개 무역을 제한했다. 1947년에 영국에서 독립하면서 인도는 자와할랄 네루 총리의 지도하에 민주주의 사회주의를 시행했다. 1949년에 중국은 마오쩌둥의 지도하에 공산주의를 받아들이고 정부에 의해 조종되는 계획경제를 시행했다. 그 결과, 중국과 인도의 경제 체제는 자국의 사업가들과 경제성장 모두의 숨통을 조이며 두 나라를 상대적으로 가난하게 했다.

1978년, 공산주의 경제 체제의 실패를 인정한 중국은 덩 샤오핑의 지도하에 해외 무역과 투자에 경제개방 뿐만 아니라 공산주의 뿌리에 기반한 자본주의를 의미하는 사기업 증진을 통해 경제를 부흥시키기로 결정했다. 인도의 사회주의 경제 정책은 1991년에 정부를 거의 파산할 지경에 이르게 했고, (국제통화기금의 경제 정책 고문 겸 금융 부장이자) 당시 재무장관이었던 싱 만모한 박사는 체계적인 규제 완화와 민영화, 자유무역/투자정책의 시행을 통해 경제전략을 바꾸는데 동의했다.

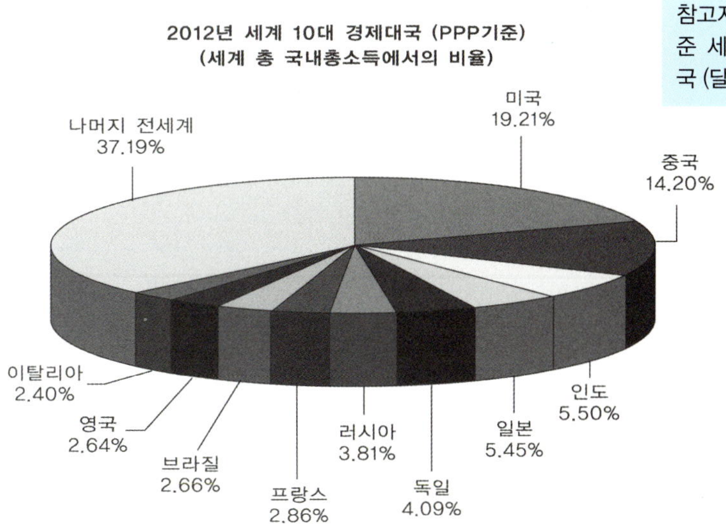

참고자료 2.1: PPP 기준 세계 10대 경제 대국 (달러 기준, 2012년)

출처 : *World Development Indicators 2014*, The World Bank.

경제정책의 이러한 변화는 중국과 인도 모두가 빠르게 성장하도록 이끌었다. 예를 들어, 2005년부터 2013년까지, 중국의 경제성장은 평균 매년 10.2% 정도에 이르렀고 인도는 같은 기간에 7.5%의 평균치를 기록했다. 이는 같은 기간의 미국의 연간 성장률인 1.7%와 일본의 0.7%에 비교된다. 그래서, 2013년에 중국은 미국 이후의 세계 경제 2위가 되었고, 인도는 일본을 앞질러 3위가 되었다. (참고자료 2.1)

흥미롭게 중국과 인도가 둘 다 갇혔던 내수 소비와 세계 시장에서의 경쟁력을 자유롭게 했음에도, 양질의 경제발전은 다른 방향으로 진행되었다. 중국은 제조업의 중심지가 되고, (미국 내의 대형 매점에서 매일 찾을 수 있는 종류인) 의류와 작은 제품들 같은 소비자 제품과 스마트 폰, 노트북 같은 소비자 전자 제품들을 수출하는 전통적인 여정을 따랐다. 반면에, 인도는 영어를 구사하는 거대한 노동력을 콜센터나 의약품 처방, 자료 및 저당권 절차 처리, 세계 기업들을 위한 소프트웨어 개발과 같은 외주 서비스를 공급하는데 이용했다.

분석가들은 현재 경제통상의 흐름에 기반하여 2020년까지 중국이 세계 1위 경제 대국이 될 것이고, 그 뒤를 미국과 인도가 따를 것이라고 예상했다. 중국은 최근 자동차와 항공기, 고속열차, 반도체와 같이 부가가치가 더 높은 제품들을 생산하는 방식으로 제조업계에서의 능력을 키우고 있다. 인도 역시 정보기술서비스와 연구 및 개발, 생체 의학에 대한 중심지가 되면서 서비스 가치산업을 확장하고 있다. 경제학자들은 국가의 부는 결국 제조업보다는 서비스업에 더 의존하게 된다는 점에서 시간이 지나면 인도의 접근법이 더 효과가 있을 것이라고 믿는다.

서론

오늘날의 중국과 인도의 성장은 국제경영이 상대적으로 기술이 덜 필요한 공장 직종 뿐 아니라 더 높은 기술을 요구하는 전문직종까지 해외로 빠져나가면서 미국이나 유럽 등 부유한 국가의 육체 노동자와 지식 노동자에게 끼치는 영향을 보여준다. 경영은 그 특성이 점점 더 세계화되어 가고 있으며, 이는 값싼 통신기술에 의해 가속화 되고 있다. 국제경영은 무엇인가? 그리고, 이러한 발전은 도대체 어떻게 일어난 것인가?

국제경영의 시초는 메소포타미아(현재의 이라크) 지방의 이야기에서 기원한다. 기원전 3,000년경, 수메르 농부들은 자신들이 생산하는 여분의 곡식을 자신들에게 없는 물품과 교환하는데 쓸 수 있다는 것을 깨닫게 된다. 그래서, 수메르인들은 서쪽으로 수백 마일이나 떨어져 있는 시나이 사막의 교역자들에게서 구리를 얻고, 이로 무기를 만들어 유목민 침입자들을 격퇴하는데 사용했다. 그러므로, 국제 교역은 수메르 농부들에게 물질적 물품들 뿐만 아니라 이웃 민족에 대한 문화적 이해와 상대방을 전멸시키는 대신 상대방과 교역을 하고자 하는 상호적 욕망에 대한 이해를 제공해 주었다.

2-1. 무역과 해외 직접 투자의 이점

LO-1
무역과 해외 투자가 사회 전체에 어떻게 좋은 일을 하는지를 간결하게 설명하시오.

가장 오래되고 간단한 형태의 국제경영은 국경을 넘어서 제품(직물, 와인, 향신료, 스마트폰 등)이나 서비스(금융, 운송, 교육, 컨설팅 등)를 구매(수입)하거나 판매(수출)하는 행위인 무역이다. 무역은 크게 세 가지를 소비자에게 제공함으로써 이익을 준다.

- 제품과 서비스에 대한 더 넓은 선택의 기회
- 제품과 서비스의 저렴한 가격
- 양질의 생활수준

무역은 이 세상에 보통은 좋게, 가끔씩은 나쁘게 영향을 준다. 무역은 문화에 영향을 주고, 역사를 형성하며, 생활 수준을 높이고, 새로운 사고 방식을 포함하기 위해 지식을 확장한다. 사실, 무역없는 문명의 역사가 어디에 있냐고 물을 수 있다. 그러나, 오늘날까지 일부 국가들의 정책 결정자들은 더 자유로운 무역과 해외직접투자, 해외 자본/기술의 유입을 통해 국내 투자와 경제성장을 이루기 위해 국경을 개방할 것인지에 대해 물어보면서 무역의 이익에 의문을 표한다.

무역과 투자를 개방하는 것은 이익을 보는 사람과 손해를 보는 사람을 만들어 내나, 추후에 다시 다루겠지만, 무역과 투자를 개방하는 것에서 오는 이익은 항상 손해보다 크다. 수입과 수출을 자유롭게 할 수 있는 권리는 무역과 관련된 국내 인구의 삶의 질과 생활 수준을 향상시킨다. 추가적으로, 무역은 문화적, 기술적 부유함을 동반하며 국가간 상호의존성의 증대로 인해 세계를 더욱 평화롭게 만들기까지 한다.

해외 자본의 유입
다른 주식시장과 마찬가지로 뉴욕 주식시장은 해외 자본을 끌어들인다.

무역은 경제의 수출입 부문 모두에서 일자리를 창출한다. 예를 들어, 미국에서 10억 달러 만큼의 수출을 하면 2만개의 국내 일자리가 창출될 것으로 계산된다. 참고자료 2.2가 보여주듯이, 2012년의 미국 수출은 세계 총 수출의 8%인 1조 5500억 달러였고, 이는 미국 내에서 3100만 개의 일자리가 창출됐음을 의미한다. 추가적으로 2012년의 미국 수입은 대략 2조 3000억 달러였고 이는 차량 판매업자 같은 일자리들을 더 많이 창출했다.

2009년의 깊은 세계경제불황에도 불구하고 2013년의 국제 무역은 2008년의 경제 위기 이전 수준이 33조 달러에서 13% 이상 성장했고, 이에 따라 무역에 종사하는 사람들의 소득이 증진되었다. 유럽과 일본, 그리고 다른 북미 국가들처럼 선진국 사람들의 생활수준이 도입부에서 언급된 중국과 인도에서 수입되는 저가의 제품과 서비스 덕에 높아졌다고 주장하는 사람들도 있다. 동시에, 무역은 수백만 명의 중국과 인도 노동자들을 생존형 농업과 사무직에서 더 편한 중산층의 풍요로 이동시켜 주면서 중국과 인도의 놀랄만한 경제 성장을 이끌어냈다. 중국과 인도 노동자들의 소득이 늘면서 그들은 수입된 제품과 서비스를 더 많이 구매하게 되었고, 이는 세계 경제 전체를 부양하게 되었다.

무역 개방은 경쟁을 심화시키고, 새로운 국내 회사들이 만드는 경쟁처럼, 파괴적 변화로 인해 일부 부정적 효과를 내기도 한다. 미국의 경우에 "패배자"는 제조업 부문 종사자와 일자리를 잃거나 세계적으로 덜 경쟁적인 산업에서 더 낮은 급여를 받아야만 했던(그래서 생활 수준이 떨어진) 서비스 직종을 포함한다. 이런 현상은 경쟁력이 떨어지는 제조업 분야(전자레인지)의 생산 라인 일자리가 중국이나 베트남 같은 국가들로 옮겨가고, 서비스 직종(전화 센터, 소프트웨어 개발)의 일자리가 인도나 필리핀 같은 외주 전문국가로 넘

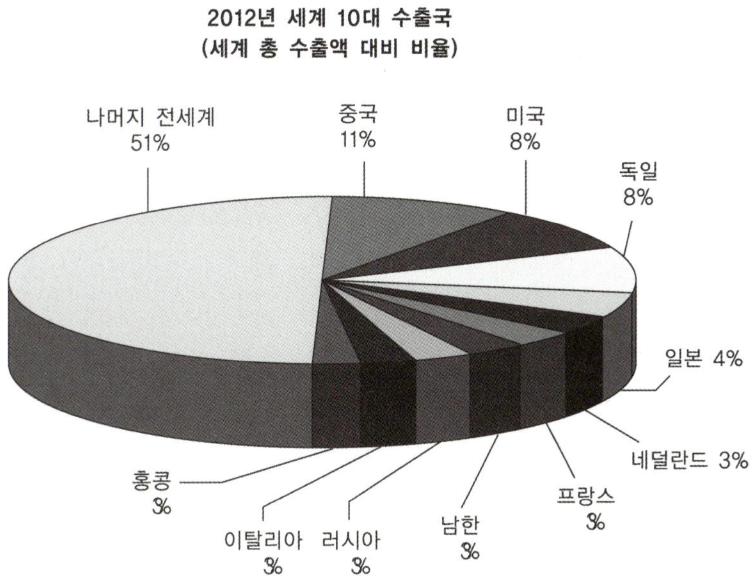

출처: The World Bank. *World Development Indicators, 2014.*

참고자료 2.2: 국제 교역의 패턴: 2012년 10대 수출국 (세계 전체 수출량에 대한 비율)

어갈 때에 흔히 일어나는 일이다. 일반적으로, 선진국들은 자국의 노동자들을 재교육하여 새로운 기술을 배우게 하고 이를 통해 생산성을 높이고 더 취업이 잘 되도록 함으로써 무역의 파괴적 성향을 조절한다.

대상 국가에 대한 해외직접투자는 해외로부터 자금과 경영문화를 들여오고, 새로운 고소득 일자리를 창출하며, 혁신적 기술을 도입하고, 국내 노동자들의 스킬을 증진시킨다. 해외직접투자가 가지는 긍정적인 효과들로 인해 전세계 국가의 정부들은 이러한 투자를 유치하기 위해 기업운영에 유리한 환경을 만들려고 노력한다. 추가적으로 브라질, 러시아, 인도, 중국의 브릭스(BRICs)와 같이 많은 인구와 늘어나는 중산층, 싼 임금과 빠르게 성장하는 경제(참고자료 2.1을 보시오.)를 가진 신흥국가들은 해외투자를 많이 유치한다.

참고자료 2.3은 국내 총소득 정도와 지리적 지역 분포에 기반하여 1990년부터 2012년까지의 해외직접투자 순유입(유입에서 유출을 뺀 값)을 보여준다. 2012년에 이루어진 해외투자 순유입의 59%가 고소득 국가들이 있는 유럽과 북아메리카로 들어갔으며, 미국이 2011년까지는 세계 최대 투자유입 국가였으나 2012년에는 중국에 선두 자리를 내주었다는 사실은 매우 중요하다. 이는 세계 경제의 비동조화 양상과 1장에서 다루었던 다극화 세계로 변하는 양상을 어느 정도 반영하고 있다.

해외 투자자들은 참고자료 2.3에 등장하는 성숙한 고소득 경제를 언제나 크게 신뢰한다. 그러나, 2000년의 닷컴 버블과 2008년 세계금융위기 이후, 국제 투자자들은 브릭스(BRICs)와 같은 신흥경제를 주의 깊게 지켜보고 있다. 해외투자의 흐름은 일반적으로 장기간의 세계적, 국가적 전망에 기반하여 이루어진다. 예를 들어, 2000년의 세계 해외직접투자 흐름의 기록적인 증가는 미국에 3억2100만 달러의 해외직접투자 순 유입을 안겨다준 닷컴시대에 대한 행복한 도취를 반영하는 것이다. 얼마 되지 않은 2000

참고자료 2.3: 지역에 따른 해외직접투자 유입과 산업화

지역과 산업화에 따른 해외 직접 투자 (10억 달러 기준)							
	1990	1995	2000	2005	2010	2011	2012
전세계	205	328	1518	1050	1430	1654	1510
고소득국가	181	230	1358	773	916	1007	893
벨기에	8	11	215	34	73	102	−2
캐나다	8	9	66	29	24	40	43
프랑스	13	24	42	81	34	45	28
독일	3	12	210	35	46	39	27
영국	34	22	122	196	53	36	56
미국	48	58	321	109	236	258	204
중–저소득국가	24	99	161	276	514	648	617
동아시아–태평양	11	51	45	104	231	275	314
중국	3	36	38	79	185	220	254
인도	1	4	−5	8	13	18	20
말레이시아	2	4	4	4	9	12	10
싱가포르	6	12	16	15	39	64	57
태국	2	2	3	8	10	8	11
베트남	0	2	1	2	8	7	8
유럽–중앙아시아	3	10	20	63	87	119	65
카자흐스탄		1	1	2	11	13	15
폴란드	0	4	9	10	9	15	7
러시아		2	3	13	43	53	51
터키	1	1	1	10	9	16	13
중남미–카리브해	8	30	80	70	117	162	150
아르헨티나	2	6	10	5	7	9	12
브라질	1	5	33	15	49	72	76
칠레	1	3	5	7	15	17	30
콜롬비아	0	1	2	10	7	14	16
멕시코	3	10	18	20	20	21	16
중동–북아프리카	1	1	5	14	26	16	23
예멘	0	0	0	0		1	
남아시아	1	3	4	10	28	36	27
인도	0	2	4	7	24	32	24
사하라 이남 아프리카	1	5	7	15	25	40	37
나이지리아	1	1	1	2	6	9	7

출처: World Bank: World Development Indicators database and 2012, 2013, 2014 World Development Indicators, pp. 88–92.

년 후반, 닷컴버블이 붕괴되었고 미국의 해외직접투자 순유입은 2/3 수준으로 떨어졌다. 중-저소득 국가 중에서, 중국은 이미 다루었듯이 잘 갖추어진 기반 시설들과 중저가 제조업의 중심지라는 전략적 위치 때문에 지속적으로 엄청난 양의 해외직접투자를 유치하고 있다. 국제 기업들의 역내 중심지인 싱가포르는 전략적으로 중요한 위치와 세계적 수준의 기반 시설, 그리고 생산성 높은 노동력을 가지고 상당한 양의 해외직접투자를 유치 중이다. 앞에서 다루었던 인도는 서비스 분야에서의 큰 손이며 최근에는 상당한 해외직접투자의 유입을 확인하고 있다. 원유와 천연가스 매장량이 풍부한 콜롬비아나 러시아, 카자흐스탄, 나이지리아는 에너지 부문에서 주로 해외 직접투자를 유치한다. 북아메리카 자유무역협정 덕분에, 멕시코는 지속적으로 미국과 캐나다의 해외직접투자를 상당량 유치하고 있다. 천연자원과 서구의 제조업용 전기 발전소로 유명한 브라질은 앞으로도 해외투자를 상당히 많이 끌어들일 것이다.

사실확인 LO-1

일용품을 사는 마트에 가서 자주 이용하는 열 가지 상품을 골라라. 이제, 상표를 보고 얼마나 많은 상품이 해외에서 수입된 것인지 확인해라. 국제 무역이 없는 당신의 삶을 상상할 수 있겠는가?

2-2. 국제무역의 주요 이론

LO-2
주요 국제 무역 이론들과 그 이론들의 작용하는 방식을 설명하시오.

세계의 어떤 국가도 독자적으로 자국 내 국민이 원하거나 필요로 하는 모든 상품과 서비스를 생산하거나 소비할 수 있는 능력은 없다. 역시 마찬가지로 어떠한 국가도 현대에 살아가는 사람들이 원하는 그 넓은 범위의 상품과 서비스를 생산하기 위해 필요한 사항들(지하 자원, 농업용 토지, 기술을 가진 노동력, 기계 장비, 기술 등)을 모두 가지고 있지 않다. 따라서, 세계의 국가들은 무역을 할 필요가 있다.

주요 무역이론들이 어떻게 발전해 왔는가에 대해 알아보는 것은 중요하다. 먼저, 이 이론들은 무역과 무역으로 부터 얻어지는 이익이 실제 개방경제에서 어떻게 이루어지는지에 대한 이해도의 진전을 식별해 준다. 둘째로, 이 이론들은 무역에 대한 제한이 내수경제와 경영 상황이 아주 나쁠 때에도 최소화 되어야 하는지에 대한 논리적 이유를 제시한다. 만일 정책 결정자들이 이 무역이론들을 무시한다면, 과거의 실수를 반복하여 보복성 무역 조치와 이에 따른 세계적 생활 수준의 저하를 이끌어낼 것이다.

2-2a. 무역이론의 기반으로서의 부(富)의 축적: 중상주의

중상주의는 국가가 무역에서 흑자를 남길 때, 곧 수입보다 수출을 많이 할 때만 이익을 본다는 입장의 국제무역이론이다. 중상주의는 무역이론의 오래된 형태로서 유럽에서 1500년대에서 1750년대 사이에 중세의 봉건주의 체제가 있을 때 발생하여서 민족주의 체제로 넘어갈 때에 시행되었다. 이 기간 동안에 화폐는 거의 금과 은으로 된 동전이 주를 이루었고, 은행 증서는 낮은 신용도로 인해 쓰이지 않는 경우가 더 많았다. 개인적 수준이든 국가적 수준이든 간에 부는 소유한 귀중한 금속(금과 은)의 양이 결정하는 것이었다. 토지와 노동력은 금과 은 즉, 부를 창출하기 위한 일차적 **생산 수단**이었기 때문에 덜 중요하게 여겨졌다.

중상주의자들은 국가가 부유하게 되기 위해서 수출을 가능한 한 많이 하고, 반대로 수입은 최소한으로 해야 한다고 믿었다. 그들의 목표는 한 국가에서 수출량이 항상 수입량을 넘어서서 **무역흑자**를 기록하는 것을 보는 것이었다. 이 이론에 대한 논리적 설명은 간단하다. 수출은 소득을 창출하고, 금과 은이 국가 내로 흘러 들어오게 한다. 반대로, 수입은 금과 은이 수입품의 대금으로 지불되어야 하기에 손실이 된다. 그러므로 국가가 무역 흑자를 얻으려면 금과 은의 유입이 유출을 넘어야 하며, 그 결과로 금, 은의 순유입이 있어야만 국가의 부가 높아진다. 국가의 부는 국력과 세계적 영향력의 기반으로 여겨졌다. 중상주의자들은 또한 수출을 통해 얻어지는 금, 은의 축적이 국가가 광산없이 부유해 지는 유일한 방법이라고 믿었다.

중상주의자들은 큰 그림을 보고 싶어하지도 않았고 신경쓰지도 않았다. 모든 국가가 수출을 늘리고 수입을 줄이기로 결정하면 세계 시장에는 수출된 제품의 과도한 공급이 생겨날 것이다. 이는 두 가지의 나쁜 결과로 이어지게 된다. 첫째는 세계 시장에서의 수출의 과도한 공급은 가격을 낮출 것이고, 이는 결국 수출하는 국가들의(금은의 형태인) 수입을 낮추게 된다. 이 부의 하락은 수출 분야에서의 낮은 급여로 이어지고, 이는 수출업자들이 더 가난해진다는 것을 의미한다. 둘째로, 수출품에 대한 수요가 줄면서, 수출 시장에서의 경쟁자들은 수출품을 어떻게든 해치우기 위해서 서로 계속 가격을 내릴 것이다. 이는 해당 국가들에서의 급여를 계속해서 내릴 것이다.

노동에 대한 비용을 낮게 유지하기 위해서, 중상주의자들은 국민들이 결혼을 반드시 하고 아이를 많이 낳아서 대가족을 형성하는 것을 장려한다. 국민의 풍요로움보다는 금과 은의 유입, 곧 국가적 부가 고려되어야 하는 것이었다. 중상주의자들은 이 단순하고 짧은 관점의 '부'에서 우승자였다.

2-2b. 국제무역 기반으로서의 특화, 절대 우위와 상대 우위

18세기 중반 자유시장과 개방무역 체제의 아버지인 영국 경제학자 아담 스미스는 중상주의의 부조리를 인지했다. 그는 제한없는 자유 무역이 무역에 참여하는 모든 이의 실제 소득을 기준으로 한 부를 증진시킬 것이라고 주장했고, 이를 증명했다. 아담 스미스의 국제무역이론의 중심에는 자유무역이 국가들로 하여금 가장 효율적으로 생산할 수 있는 제품과 서비스를 특화하도록 한다는 믿음이 있다. 이러한 행동을 설명하는 두 가지 기본이론이 있는데 이는 생산의 절대우위 이론과 상대우위 이론이다. 이

무역이론의 기반으로서의 특화
미국은 옥수수 생산에 있어서 상대 우위를 가지고 있다.

이론들은 예를 들어 설명하는 것이 좋겠다.

2-2b-(i) 절대 우위 이론

이론적인 예로서, 브라질과 미국을 생각해서, 자유무역으로 서로에게 수출을 한다고 가정하자. 토양과 기후상의 조건 때문에, 브라질이 커피 생산을 미국보다(농토 1에이커에서 생산되는 커피의 양을 기준으로 했을 때) 더 효율적으로 할 수 있다고 가정하자. 또한 같은 이유로 미국이 브라질보다 더 효율적으로 옥수수를 생산할 수 있다고 가정하자. 브라질은 옥수수를 생산하기 보다 커피를 생산하는데 집중해서 일부는 내수 소비를 위해 남겨두고 나머지를 미국에 수출하는 것이 더 바람직할 것이다. 미국은 옥수수 생산에 집중하여 같은 방식으로 진행할 수 있을 것이다.

무역으로 부터 얻어지는 이익은 꽤 상당하다. 브라질과 미국 모두의 국민들은 무역으로 인한 저가의 커피와 옥수수의 이점을 누릴 수 있다. 만일 두 국가가 무역을 하지 않았다면 미국은 스스로 커피를, 브라질은 옥수수를 생산해야 했을 것이고, 이는 양측 모두 비효율적이며 더 비싼 가격이었을 것이다. 국제무역의 용어로, 브라질은 커피 생산에서의 **절대우위**를 가지고 있으며 미국은 옥수수 생산에 대해 절대우위를 가지고 있다. 절대우위는 한 국가다 다른 국가에 비해 커피나 콩 같은 상품을 더 효율적으로 생산할 수 있을 때 발생한다.

2-2b-(ii) 상대우위 이론

이제 한 국가가 다른 국가에 비해 두 세 가지의 절대 우위를 가지고 있다고 생각해 보자. 두 국가 사이의 무역이 발생할까? 답은 "그렇다."이다. 이 접근법은 아담 스미스의 절대우위 이론을 개정한 또 다른 영국의 위대한 경제학자 데이비드 리카르도가 기여한 것이다. 이 단정적인 대답의 위에 숨어 있는 논리적 이유를 살펴보자.

브라질과 미국의 예를 계속해서 살펴보자. 브라질이 커피와 옥수수 둘 다 더 효율적으로 생산할 수 있지만 같은 면적의 땅과 노동력을 투입할 때 커피는 5배나 더 효율적으로 생산할 수 있고 옥수수는 단지 2배 효율적으로 생산할 수 있다는 두 가지의 변화를 줘 보자. 그러면, 브라질은 미국에 대하여 커피와 콩 모두에서 절대우위를 가진다. 브라질은 커피와 콩 중에서 어느 것이 미국에 대해 더 큰 생산우위를 가지는가? 브라질이 옥수수를 2배 효율적으로 생산하고 커피는 5배 효율적으로 생산한다는 점을 고려하면 그 답은 커피일 것이다. 브라질이 할 일은? 브라질은 더 큰 우위를 지니고 있는 커피를 생산해야 한다.

브라질이 커피 생산에 있어서 절대 우위뿐만 아니라 옥수수 생산에 비해서 **상대우위**까지 가지고 있다는 것을 알아차렸을 것이다. 브라질이 커피와 옥수수 모두에 대해 미국보다 절대 우위를 가짐에도 불구하고, 자유 무역은 브라질이 커피 생산에 집중하고 미국이 옥수수 생산에 집중할 때 더 높은 생활 수준을 양국 모두에게 보장한다.

(토지와 노동과 자본이라는) 자원은 모든 나라에서 풍족하지 않으며 이는 더 희귀한 자원을 더 효율적으로 사용해야 하는 이유임을 기억하는 것은 중요하다. 모든 국가가 이 접근법을 따른다면, 자원을 가장 효율적으로 사용할 수 있게 되며, 세계의 생활수준과 총 생산량은 증가할 것이다.

2-2c. 국제 무역이론의 기반으로서의 요소 부존, 헥셔-올린과 요소 가격 균등화

2-2c-(i) 요소 부존

1930년대에 스위스 경제학자였던 엘리 헥셔와 베틸 올린은 데이비드 리카르도의 상대적 우위 이론을 다듬어서 국가가 생산요소 중 풍부한 것을 과도하게 사용하는 제품과 서비스를 주로 수출한다는 것을 보여주었다. 다음 두 이론은 무역의 기반으로서 작용하는 요소 집중도의 개념을 설명한다.

헥셔-올린 이론은 국가의 상대우위를 그 나라에 있는 **요소 부존량**으로 설명한다. 여기서 요소 부존량이란 땅(양적, 질적 의미와 그 아래의 자원)이나, 노동력(양적 의미와 노동자들의 기술), (비용적 관점에서의) 자본, 기술(질적 의미) 등을 의미한다. 호주와 같이 지하 자원이 많은 나라는 철광석이나 우라늄, 석탄 등의 자원 생산과 수출에 경쟁 우위를 지닌다.

마찬가지로, 쉽게 추출할 수 있는 원유가 세계 최대 수준인 사우디아라비아는 다른 나라에 원유를 수출할 것이다. 헥셔-올린 이론의 중요한 가정은 다음과 같다.

(1) 시장에서의 완전한 경쟁
(2) 국가간 생산요소의 이동 불가

서론에서 설명했듯이 중국에 풍부한 요소는 시골에서 도시의 공장으로 옮겨 온 노동자들의 상대적으로 싼 인건비이다. 헥셔-올린 이론은 제조업의 수출에서 중국이 상대 우위를 가진다는 것을 보여준다. 반면에, 인도가 풍부한 요소는 상대적으로 잘 교육된 영어를 구사하는 노동력이며, 이들은 세계 서비스 수출로의 관문을 싸게 열어주었다. 중국과 인도의 노동시장은 매우 경쟁력 있으며 노동력이 해외로 나가는 것을 막는 엄격한 외부적 제한을 가지고 있기 때문에 헥셔-올린 이론의 양대 조건을 충족한다.

이와 관련이 있는 **요소 가격 균등화 이론**은 요소가(예를 들어, 노동력이) 국가 간에 자유롭게 움직일 수 있을 때 효율성이 더 증대되어서, 국가간의 제품과 서비스의 생산의 더 나은 분배를 가져온다고 주장한다. 예를 들어, 폴란드가 회원국간의 자유로운 노동력의 이동을 허가하는 유럽연합에 가입했을 때, 폴란드에 이미 많이 있던 배관수리공들은 영국으로 넘어가서 그곳의 부족을 채웠다. 그 결과로 영국 내의 배관수리공 임금이 안정화되거나 완화되고 폴란드에서의 임금은 올랐다. 영국의 소비자들이 이 발전에서 이익을 얻은 만큼 영국 소비자의 실제 임금이 올랐다고 말할 수도 있는 것이다.

폴란드 배관 수리공들의 실제 임금 역시 올랐다고 말할 수 있는데, 이는 영국에서 벌 수 있는 돈이 바르샤바에서 벌 수 있었던 돈보다 많기 때문이다. 폴란드에서는 영국으로 일부 배관수리공들이 떠나면서 공급이 줄었기 때문에, 배관수리공들의 임금이 점차 오르기 시작할 것이다. 시간이 지나며 폴란드 배관수리공들의 실제 임금은 오르게 될 것이다. 이와 같이, 생산 요소들의 자유로운 이동은 가격 평형이 이루어질 때까지 자원의 효율적 재분배를 이끌어 낸다. 시간이 흐르면서 영국과 폴란드에서 배관수리공 일을 하는 데 대한 임금은 같아질 것이라는 이야기이다. 그러면, **요소 가격 균등화**가 이루어진다.

비슷한 일이 미국에서도 일어났다. 인도에서 넘어온 소프트웨어/IT 전문가들은 미국에서 5년 간 일할 수 있게 해주는 H-1B 비자를 가지고 미국으로 왔다. 요소 가격 균등화로 인해(비슷한 교육적 배경과 업무 경험을 가진) 미국 내의 소프트웨어/IT 전문가들의 임금은 2000년의 닷컴 시대 동안에 더 낮은 가격으로 안정화되었다. 동시에, 인도 내의 소프트웨어/IT 분야 임금은 눈에 띄게 상승했다. 시간이 흐르며 인도와 미국의 소프트웨어/IT 분야 임금은(생활 비용을 고려한다면) 같아질 것이다.

2-2d. 포터의 국가 경쟁력 우위 "다이아몬드" 모델

1990년에 미국의 경제학자이자 하버드 경영대학 교수인 마이클 포터는 일부 국가들이 특정 산업과 시장에서 탁월한 이유에 대한 4년 간의 10개국 대상 연구의 결과를 "국가의 경쟁우위"라는 제목으로 발표했다. 포터는 무역이론이 국가가 어떤 제품과 서비스, 일용품을 수출하는 지에 대한 기본적인 부분은 대략 설명한다는 것을 알았다. 그러나, 포터는 무역이론들이 이를 충분히 설명하지 못한다고 믿었다. 예를 들어, 왜 국가들은 특정 상품을 수출하고 그와 비슷한 상품을 수입할까? 또한, 그는 국가가 아니라 기업이 대부분의 무역을 주도한다고 주장했다. 그러므로 포터는 기업과 산업들을 국제 무역에서 "승자"와 "패자"로 만드는 요인을 찾기 위해 기업과 산업을 자세히 다룬 이론들을 살피기 시작했다.

포터의 국가경쟁우위 모델은 이 장에서 이미 다뤄졌던 무역이론들에 기반한다. 포터의 이론이 설득력 있는 이유는 그의 이론과 국제무역에 대한 기업들의 행동 구조를 잘 통합했기 때문이다. 포터의 하이브리드 모델은 정부의 행동과 예측하기 어려운 외부적 사건인 긍정적/부정적 충격의 범위 내에서 작용하도록 설계되었다. 포터는 자신의 모델을 거의 다이아몬드의 모서리에 위치하는 네 개의 회사 세부 성향과 국가 세부 성향으로 이루어진 "다이아몬드"라는 용어로 설명한다. 포터의 모델은 국제 무대에서 국가의 경쟁력 우위를 결정한다. 그러므로, 기업의 성공과 실패는 국가 세부 성향이나 기업 세부 성향이 얼마나 잘 이루어지는지가 결정한다. 각각의 성향을 지금부터 다뤄본다.

2-2d-(i). 요소 조건

생산에 있어서의 상대우위 이론과 헥셔-올린 이론은 국제 무역의 기본으로서의 요소 부존량에 대해 말하고 있다. 포터의 모델은 요소 부존량의 질에 더 관심을 갖는 것으로 보인다. 예를 들어, 특정 국가 내의 노동의 질은 어떻게 묘사될 수 있을까? 숙련된 노동력, 숙련되지 못한 노동력, 첨단기술에 익숙한 노동력으로 교육 체제와 연구기관의 질은 어떤 식으로 결정해야 할까? 학교들과 기관들이 양질의 기술자와 과학자, 음악가와 예술가를 일정 수 이상 키워내는 것을 목표로 하고 있는가? 앞서 토지의 예를 고려할 때, 포터의 모델은 토지의 넓이와 상태, 관리, 개발에 초점을 맞춘다. 자본에 대한 관점에서 보면, 적은 비용으로 자본을 모을 수 있는 능력과 가능성이 중요한 특성이다. 기술은 정보기반 경제에서 중요하므로 기술 및 통신의 보급과 질이 이 요소의 중요한 특성이다.

포터는 일본의 기술자들의 질과 양, 그리고 완벽하게 생산된 나중에는 수출까지 하는 새로운 전자 제품에 대한 소비자들의 높은 구매의사 때문에 일본을 소비자 전자 제품의 최강자로 꼽는다. 포터는 일본이 세계의 어떤 국가보다 높은 인구 대비 기술자 비율을 가지고 있는 것을 발견한다. 현재 신흥경제를 분석할 때, 포터의 모델은 연구개발/IT 분야의 서비스 직종이 인도로 옮겨가는 이유를 매우 경쟁력있는 임금수준을 가진 영어를 구사하는 양질의 기술자들과 과학자들 때문이라고 설명할 것이다. 마찬가지로, 숙련된 공장 노동자들의 공급량은 현대적 기반시설과 맞물려 중국을 세계 제조업의 중심지로 만들었다.

포터의 "다이아몬드" 모델
인도의 요소 조건은 3,000달러짜리 나노의 생산이 가능하게 했다.

2-2d-(ii). 수요 조건

포터는 국가의 경쟁력 우위를 정할 때 제품과 서비스에 대한 국내 수요의 중요성을 강조한다. 국내 수요가 높게 유지되면 공급자의 수도 많아진다. 충분한 수요가 있다면 공급자들 간의 국내 경쟁이 심화되면서 저가의 고품질 혁신제품이 생산되게 된다. 이는 상품특화를 이끌어 낸다. 복잡한 마케팅과 유통망을 가진 미국에서는 스마트폰과 관련 제품들의 수요가 빠르게 증가하고 있다. 그 결과, 미국은 다른 부유한 국가들이 많이 필요로 하는 이런 제품들에 대한 세계적 위치에 올라섰다. 빠르게 성장하는 중산층을 동반한 중국과 인도의 경제에서 자동차에 대한 수요는 매우 크다. 중국은 2009년에 세계에서 가장 큰 자동차 시장이 되었다. 이런 이유로, 자동차 업체간 국내 경쟁은 상당히 심화되었고, 이는 2015년에 세계 시장에 도입된 저가 자동차인 인도의 3,000달러 "나노"같은 혁신적인 자동차 개발이 이루어졌다.

2-2d-(iii). 관련 및 지원 산업

국가 내에 지원 산업이나 기업이 존재한다는 것은 경쟁우위에 있어서 항상 중요하다. 공급산업의 질과 경쟁적 성질은 그 국가가 얼마나 성공적 인지를 결정한다. IT 하드웨어 산업에 반도체를 공급하는 세계 수준의 공급업체들이 있는 캘리포니아의 실리콘 밸리는 좋은 예이다. 세계 수준의 관련산업이 이용가능하다는 것은 실리콘 밸리를 세계에서 선망의 대상이 되게 한다. 중국 남부지역인 광동지방은 직물/의류 생산의 중심지가 되었고, 그래서 직물생산 기계제조업체, 실 생산업체, 염료 관련 화학제품 생산업체 등의 직물산업 지원 업체도 많이 있다. 이와 비슷하게, 인도의 남부 도시인 첸나이는 자동차와 트럭, 오토바이 산업의 중심지이다. 많은 수의 지원 산업들은 높은 경쟁을 조성해 첸나이가 적정 가격에 동아시아, 아프리카, 유럽으로 수출할 만한 제품을 생산하도록 해준다.

2-2d-(iv). 기업 전략, 조직, 경쟁

포터의 다이아몬드 모델에서 마지막 성향은 기업의 전략과 조직, 경쟁에 관한 것이다. 기업 전략은 특정 산업에 종사하는 회사가 경영과 조직을 관리하는 방식을 다루는 것이다. 상향식, 하향식 또는 논의를 통한 방식 등의 관리방식은 기업 성과에 큰 영향을 미친다. 또한, 최고 관리자의 배경은 포터가 일본/독일 기업과 미국 기업을 비교하면서 밝혔듯이 매우 중요하다. 일본이나 독일 기업은 제조업을 경영하는데 기술자 출신을 고용하는데, 이는 제품과 품질을 강조하는 것과 독일/일본 기업이 왜 기계 제품에서 유명한지를 보여준다. 미국 회사는 보통 장기적으로는 도움이 되지 않을 수 있는 단기 이익과 판매를 중시하여 재무나 마케팅 전문가가 운영을 맡는 경우가 많다.

기업 조직과 경쟁은 국가내 산업의 경쟁 구조를 지칭한다. 독점적 산업구조에서는 해외에서 경쟁하거나 해외에서 경쟁할 능력을 갖춘 혁신적 기업이 나타날 가능성이 적다. 그러나, 경쟁적 산업 구조는 혁신적이고 비용면에서 경쟁력이 있으며, 적극적인 기업들을 조성하는데, 이들은 자국의 경제상황을 바꾸며 해외에서 경쟁할 준비를 갖춘 기업들이다.

포터의 다이아몬드 모델에 따르면 세계 무대에서 국가가 성공하거나 경쟁 우위를 차지하는 것이 위의 네 가지 성향들의 상호작용에 결정적으로 기반한다. 그러나, 포터는 또한 국가들 간의 경쟁에서 중요하게 작용하는 요소인 다이아몬드 밖의 두 가지 변수를 밝히고 있는데, 이는 우연성과 정부이다.

"우연성"은 과감한 변화를 가져오거나 경제발전의 진행을 빠르게 한 외부적 충격이나 발전을 지칭한다. 예를 들어 정보기술의 혁신은 엄청난 정도로 국가들을 갑자기 경쟁력있게 만들 수 있다. IT 산업의 혁신은 전세계의 효율성을 증가시켰고 세계적 연결성을 증대시켰다. IT 산업은 최근 세계 IT 서비스의 주 공급자가 된 인도와 같은 국가들의 경제성장을 가속화했다.

반대로 어떤 외부 충격은 국가에 부정적 효과를 가져온다. 예를 들어, 2010년의 아이슬란드 화산 폭발은 6일간 북유럽의 항공운항을 막았고 이는 항공사에게만 매일 2억 달러의 손실을 준 것으로 여겨진다. 2011년 일본의 센다이 대지진은 갑작스러운 쓰나미를 유발시켰고, 이는 수억 달러의 피해를 주고 자동차 산업의 여러 세계공급체인에 장애를 주었다. 세계 핵 발전산업도 후쿠시마-다이치 핵 발전소의 잘못된 효과로 엄청난 의심을 받고 있다. 테러 공격과 같은 인간에 의한 충격도 안보관련 지출을 늘림으로써 경영에 부정적 효과를 낳을 수 있다.

두 번째이자 더 중요한 변수는 정부의 역할이다. 정부 기관과 정책은 포터의 다이아몬드모델에 있는 4가지 특성에 영향을 줄 수 있기 때문에 국가의 경쟁력에 도움이 될 수도 있고 해를 끼칠 수도 있다. 예를 들어, 요소조건의 경우에, 정부정책이 고등교육에 대한 인센티브를 제공하지 않거나 고등교육을 지원하지 않는다면 노동력의 질과 양은 불리한 영향을 받을 것이고, 이는 곧 국가의 국제 경쟁력의 손실을 의미한다. 마찬가지로, 인플레이션을 일으키는 통화정책은 자본의 운용에 더 큰 비용을 치루게 하고 경쟁력을 악화시킨다. 또한, 기반시설에의 부족한 투자는 관리 비용을 올리고 경쟁력을 내린다.

정부정책은 또한 과도한 징세나 이상한 인센티브 사업을 통해 수요를 질식시킬 수도 있다. 이러한 정책들은 합리적 투자와 혁신을 막고 결국 국가 경쟁력을 떨어뜨린다. 국가정책은 기업들이 경쟁력을 갖추지 못한 분야로 자원을 우회시키는 사업을 시행함으로써 관련 및 지원산업의 성장을 정체시킬 수 있다.

마지막으로, 정부정책은 시장구조나 산업내 경쟁력 수준에 영향을 끼칠 수 있다. 예를 들어, 공기업의 민영화는 경제성장과 경제 효율성, 경쟁력에 긍정적 영향을 줄 수 있다. 예를 들면 추가적으로, 독점금지 정책의 시행은 경쟁을 늘리고 지원산업을 성장시키며, 국가 경쟁력을 높인다.

이러한 상기의 분석으로 부터, 포터의 국가 경쟁력 우위 모델은 산업적 하위 부문에서의 국제 무역의 패턴을 어떻게 분석할 지에 대한 체계적인 프레임워크를 제공한다고 결론을 내릴 수 있다. 모델의 예측 가능성은 우연과 정부의 외부 요소의 틀 내에서 네 가지 특성들이 얼마나 잘 상호작용하는가에 달려있다. 그러므로, 이 네 모서리를 가진 다이아몬드에서 상대적으로 긍정적 특성을 보여주는 기업이 특정 제품과 서비스의 수출을 맡을 가능성이 높다. 그리고 상대적인 부정적인 특성을 보여주는 국가가 수입자가 될 가능성이 높다.

사실확인 LO-2

지난 5년 간 고향에서 국제경영의 변화를 목격한 적이 있는가? 위에 다루어진 것들 중 어느 것이 그 발전에 영향을 주었다고 생각하는가?

2-3. 무역정책의 시행

LO-3
무역정책과 정책의 주 요소, 그리고 정책이 기업 소비자, 그리고 개인에게 주는 영향을 평가하시오.

무역이론은 자유무역이 모든 대상 국가들의 경제적 상태에 긍정적 효과를 가져올 수 있다는 것을 분명히 보여준다. 이는 더 넓은 선택의 자유와 저가의 제품과 서비스로 인해 해당 국가 국민들의 생활 수준이 개선됨을 통해 확인된다. 자유무역이 경제의 수입과 수출 분야에서 일자리를 창출한다는 것 역시 동일하게 중요하다. 이러한 장점에도 불구하고 개인, 기업, 로비스트들은 정부의 정책 결정자들을 압박하여 수입에 대한 무역장벽을 높이고 수출에 대한 보조정책을 펴도록 한다. 특별한 이익 집단은 고소득 직장을 보호하고 단기간이라도 자국 내의 산업경쟁이 치열해지는 것을 막기 위한 시도를 하고, 결국 기업들이 경영을 빠르게 재정비하지 못하도록 한다. **무역정책**은 국가에서 들어오고 나가는 상품과 서비스의 자유로운 흐름을 대체하려는 정부의 행동이다. 비지니스 일간뉴스를 보면 정부가 자유무역 원칙에 그렇게 집착하지 않는다는 사실을 알 수 있다. 그러므로, 한 국가의 무역정책은 수출입의 양과 총 가격에 직접적 영향을 준다. 역사적으로, 무역정책의 주 요소는 수입품에 대한 무역 장벽이었으나, 최근에는 국제경영에서 비관세 장벽과 수출에 대한 보조정책이 관세장벽과 동일하게 중요하다. 국가가 자유무역을 막기 위해 사용하는 무역정책은 다음에서 소개된다.

2-3a. 관세, 특혜 관세, 최혜국 대우

관세는 수입품에 대한 세금으로, **관부가세**라고 하기도 한다. 국내 세금과 마찬가지로 수입 관세도 정부의 수입원이다. 많은 개발도상국에서는 관세가 정부의 주 수입원이다. 관세는 크게 종가세와 종량세로 나뉜다.

종량세는 수입품의 수량에 따라 일정하게 부과되는 관세를 말한다. 2012년 1월 1일까지 미국의 에탄올 소비자 가격은 미국 정부가 산정하는 갤론 당 0.54달러의 수입 관세 때문에 세계 시장의 가격보다 갤론 당 0.54달러 높았다. 이는 미국 내의 생산자들이 에탄올을 세계 시장가격보다 갤론 당 0.54달러 높게 팔 수 있다는 것을 의미한다.

종가세는 수입품의 가격에 따라 일정한 비율로 매겨지는 관세를 말한다. 예를 들어, 미국으로 수입되는 여객 차량에 대한 세율은 2.5% 정도이다. 그러므로, 관세 액은 미국으로 들여오는 차의 가격에 따라 정해질 것이다. 만일 차량 판매자가 5만달러짜리 BMW를 독일에서 수입해 온다면, 판매자가 미국 정부에 지불해야 하는 관세는 1250달러가 된다.

특혜 관세는 특정 국가에 대해 낮은 관세를 적용하는 것으로 일반적으로 개발도상국에서 들여오는 물품에 대해 적용하는 경우가 많다. 이 체제 하에서, 외부의 다른 국가로부터 들여오는 같은 제품은 더 높은 관세를 내야 한다 그러므로, 특혜 관세는 특정 국가가 특혜를 받는 것이므로 지리적으로 차별하는 것이다. 일반특혜관세제도에서는 다수의 선진국이 특정 국가에서 생산된 일부 품목에 대해 무관세를 도입하는 것으로 이에 대한 좋은 예가 될 수 있다. **일반특혜관세제도**는 이전의 식민지 관계에 기반하거나 무역에서 개발도상국이 성공하도록 도우려는 것에 기반한다.(무역이 원조보다 나을 수 있다.) 자유무역지대에 속해 있는 국가들 사이에서는 관세를 부과하지 않는다.(지역 무역 협정의 종류는 3장에서 다뤄질 것이다.)

마지막으로, 수입 관세를 부과함에 추가적으로, 일부 국가들은 **수출 보조금**이나 **수출세**를 실시하여 자유 무역의 흐름을 방해하기도 한다. 수출 보조금은(농업과 같은) 내수경제의 특정 집단을 보호하기 위한 것이다. 수출 보조금은 마이너스 관세나 수출 가격을 낮추는 방법으로 수출을 증진시키려는 세금 우대조치를 일컫는다. 반면에, 수출세는 수출을 저하시켜서 생산을 국내에 가두려는 의도를 가지고 있다. 예를 들어, 식량 가격이 2008년 말에 급격히 올랐을 때, 인도나 태국 등지의 여러 쌀 수출 국가의 정부는 수출관세를 도입해서 쌀 수출을 줄이고 쌀의 국내 공급을 늘려서 쌀의 가격을 조정했다.

세계 2차대전이 끝날 무렵, 세 가지 중요한 국제 기구가 세계의 무역과 경제 성장을 가속하기 위해 설립되었다. 1944년의 브레튼우즈 회의는 국제통화기금(IMF)과 세계 은행, 그리고 「관세와 무역에 관한 일반협정(GATT)」을 시작했다. 이 중 관세와 무역에 관한 일반협정은 제네바 회의에서 파생된 것으로 1948년에 세워졌다.(이 3기구에 관한 자세한 내용은 1장) 관세와 무역에 관한 일반협정이 체결되었을 때, 22개의 회원국은 기구 내의 규정들을 통해 45,000개의 관세 부과율을 낮추기로 합의했다. 「관세와 무역에 관한 일반협정」은 거의 국제적 수준 국가들 간의 무역 규정을 만들기 위해 1995년 1월 1일에 공식 설립된 세계무역기구(WTO)로 명칭을 변경했다. 세계 무역 기구의 일차적 목적은 농업과 서비스 분야까지 관세 절감을 넓히고(중국의 타이어 수출의 예에서 보았듯이)회원국 간의 무역분쟁을 조정하는 것이었고, 지금도 그렇다. 2014년 6월 26일 기준, 160개국이 세계무역기구의 회원국이고 추가로 23개의 국가들이 가입을 위한 협상 중에 있다.

최혜국 대우의 원칙 하에 한 국가가 다른 나라에 제공하는 관세 절감은 자동으로 세계무역기구의 다른 회원국에게로 확대되어 적용되며 이는 무역 정책에 있어서의 비차별성을 말한다. 세계무역기구의 회원국들은 다른 회원국들에 대해 최혜국 대우의 원칙을 적용할 "의무"가 있지만, 비회원국에게도 적용할 수 있다. 세계무역기구의 회원국들은 주기적으로 모여서 일차적 목적인 관세절감과 무역 증대, 회원국들의 경제 성장을 위한 무역 협상들을 계속한다.

2-3b. 비관세 장벽

1948년부터 관세와 무역에 관한 일반협정이(나중에는 세계 무역 기구가) 관세를 눈에 띄게 낮출 수 있었다. 그러나, 같은 기간에 국가들은 수입을 제한하기 위한 여러 가지 형태의 비관세 장벽을 재건했고, 이는 결국 무역을 제한하는 효과를 낳았다. 몇 가지 중요한 형태의 비관세 장벽은 다음과 같다.

수입쿼터제는 양적 규제로도 알려져 있는데, 이는 국내로 수입될 수 있는 제품 개수나 양을 제한하는 것이다. 수입 쿼터제는 제한량이 차면 그 제품은 더 이상 수입될 수 없다는 점에서 일반적으로 수입 관세보다 나쁜 것으로 여겨진다. 수입 관세의 경우에는 수입품의 가격이 어느 정도만 오르게 된다. 그러나 수입 쿼터제에서는 수요로 인해 제품의 가격이 엄청나게 높은 수준으로 오를 수 있다.

수출자율규제는 수출국이 일정 기간내에 특정 수입국 내의 경쟁자들이 더 효율적인 생산을 할 수 있도록 그 국가로의 수출에 일시적 제한을 두는 것이다. 예를 들어, 1980년대 초반, 세계 원유 가격을 4배나 뛰게 만든 1979년의 2차 석유파동이 끝난 직후에 미국 소비자들의 소형차에 대한 수요는 엄청나게 상승했다. 그러나, 세계 시장에서 작고 연비가 좋은 차는 일본에서 생산되고 있었다. 디트로이트의 3대 자동차 회사는 일본의 자동차 회사들과 경쟁할 수 없었기 때문에 심각한 재정 위기에 직면하게 되었다. 일본과 미국 정부는 일본의 자동차 회사들이 3년 동안 연간 자동차 수출량을 자발적으로 160만대로 줄이는 수출자율규제에 대해 협상했다. 이는 미국 자동차 회사들이 3년 간 재정비하여 상대적으로 다시 효율성을 되찾고 경쟁력을 확보할 수 있게 했고, 이 기간이 끝나면서 수출자율규제는 제거되었다.

국내품 요구조건은 또 다른 형태의 비관세 장벽이다. 국가들은 수입품의 일정 부분은 국내에서 생산된 것을 사용하기를 요구할 것이다. 예를 들어, 미국 정부는 미국에 수입되는 의류가 미국산 면을 사용하거나 일정량의 미국 노동력을 사용해야 한다고 규정할 수 있다. 국내품 요구조건은 자국의 일자리를 보호하기 위한 것이다.

사실확인 LO-3

외국 차량을 판매하는 곳에 들러서 차를 수입할 때 어떤 관세장벽과 비관세 장벽을 거쳐야 하는지 알아보라. 만일 관세가 차량에 부과되었다면 종가세인지 종량세인지, 그리고 그 가격은 얼마인지 알아보아라.

경제적 관점

약탈 무역의 실행, 치킨게임?

2009년 9월, 미국의 버락 오바마 전 대통령은 중국에서 수입하는 타이어에 대해 첫해에 35%로 시작하여 마지막 해에 25%까지 줄어드는 3년간의 점진적 완화 관세를 부과 했다. 비판론자들은 이 결정이 대통령이 중국을 불공정 거래 국가로 비난해온 것을 볼 때 위선적으로 보인다고 말했다. 중국은 세계 무역기구의 갈등 해결기구에 이 문제를 보냄으로써 미국의 결정에 도전했다. 중국은 미국이 자국 시장내에서 자동차 부품들에 대해 불공정하게 덤핑을 함으로써 세계무역기구의 규제를 어겼을 가능성에 대해 조사를 시작함으로 미국에 대해 보복을 했다. 치고 받는 보복성의 무역 전쟁이 국제무역과 경제 성장의 빠른 위축과 실업 가속화를 이끌어 낼 수 있으며, 이는 국제적 불경기를 심화시킬 수 있다는 국제적 염려가 제기되었다.

중국은 수차례 약탈성 무역을 한 것에 대해 비난받고 있으며 많은 이들이 중국이 자신들의 행동에 대한 책임을 져야 한다고 믿고 있다. 먼저, 중국 통화인 위안화의 가치는 시장에 의해 결정되는 것이 아니라 정부에 의해 관리되어 의도적으로 낮게 (일부 경제학자들은 15%에서 20%까지도 이야기하고 있다) 결정되어 중국 수출업자들에게 불공정한 경쟁우위를 제공하고 있다. 추가적으로, 싼 신용대출과 토지에 대한 지원금, 싼 에너지 비용, 일괄적 임금은 세계적으로 공정 무역을 추구하는 국가들에게 손해를 입히며 중국의 경쟁력을 강화시켜주고 있다. 이러한 행동은 중국이 해외 투자에 사용 가능한 외환 보유고가 2014년 기준, 4조 달러를 비축할 수 있었다.

오바마 전대통령의 결정 전까지 미국은 일반적으로 중국이 미국 정부의 거대한 적자를 메우기 위한 국채 매입을 그만둘까봐 중국에 무역 규제를 시행하는 것을 꺼려 왔다. 만일 중국이 매입을 그만둔다면, 미국의 금리는 올라야 할 것이고, 이는 부채를 증가시켜서 미국 기업들의 자본 비용이 커지며 결국 미국의 경제 성장을 늦출 것이었다.

그렇다면 왜 타이어에 관세를 부과한 것일까? 미국은 중국의 불공정한 환율이 미국내 타이어산업에 "시장혼란을 유발할 가능성이 있기 때문에" 중국 타이어 수입에 반하는 무역법을 시행했다. 미국 타이어 시장에서 중국 점유율은 2004년에서 2008년 사이에 5%에서 17%까지 올랐고 그동안에 미국 타이어 공장은 폐업했으며 대략 5,200명의 노동자가 실직했다. 중국에서 수입되던 타이어에 대한 25% 관세가 만료된 첫 해인 2013년에 관세가 적용되던 2008년의 4650만개보다 10%나 높은 5120만개의 타이어가 수입되었다. 그리고, 2014년에서 2015년 사이에 미국은 3개의 새로운 타이어 공장이 문을 열었는데, 이는 미국 경제상황이 나아졌기 때문이었다. 2010년에 중국은 중국에서 민감하게 여기는 닭발을 포함한 닭고기 관련 제품을 미국에서 수입하는데 관세를 부과했다. 중국은 미국이 시장가격보다 싸게 닭고기 부위를 판다고 비난했다. 2013년 8월 2일, 세계무역기구는 이 관세를 부과함으로써 중국이 국제무역규정을 위반했다고 판결했고, 이는 미국의 가금류 가공업자들에게는 좋은 소식이었다.

문답

1) 중국이 공정한 무역을 하고 있는가? 중국이 얻으려는 것과 중국을 제외한 전세계에 대한 결과가 의미하는 것을 자세히 설명하시오.

2) 미국은 왜 중국의 타이어에 대해 점진적으로 완화되는 관세를 매겼을까? 이것의 결과는 어떻게 되었는가?

출처: "The China Conundrum: Using Tires to Send a Message," *Newsweek*, September 28, 2009, p. 24.

2-4. 관리된 무역의 현재 상황

LO-4
국가의 무역관리 선택의 배경 원리를 설명한다.

지금까지 자유 무역과 보호 무역에 대한 논거들을 평가하고, 관세와 무역에 관한 일반협정(GATT) (나중에는 세계 무역 기구) 하의 다자간 무역협정과 협상들을 고찰하며, 관세와 비관세 장벽들을 살펴보았다. 오늘날의 국제무역이 자유무역의 경제에 완전히 기반할 수 없으며 지정학적/사회경제적 요소에 대한 반응 역시도 포함된다는 것을 기억해야 한다. **관리된 무역**은 국가간의 특정 무역 목표를 달성하기 위한 가끔씩은 일시적인 협약을 이른다. 관리된 무역은 정부활동에 동반하는 경제력과 세계 시장을 대체하여 무역 목표치를 정하기 위한 것이다. 관리된 무역제도 하에서 정책 결정자들은 특정 기업과 산업을 보호하고 특정한 전략적 목표를 달성하기 위해서 다양한 사회경제적/지정학적 논리를 펼 수 있다.

2-4a. 사회경제적 원리

일반적으로 사회경제는 경영이나 경제 활동과 국민들의 사회적 삶의 관계를 연구하는 학문을 일컫는다. 국제 무역의 관점에서 사회경제는 자유무역이 사회의 복지에 미치는 상대적인 부정적 영향과 국가 내의 사회에 부정적인 결과를 최소화하려는 정부 정책을 다룬다. 통제된 무역의 여러 형태는 사회경제의 범주에 포함되는데 대응무역, 수출 카르텔, 유치산업 논거, 윤리와 안전의 고려 등이 있다.

2-4a-(i). 대응 무역

대응 무역은 다른 나라에 대한 제품이나 서비스의 수출업자들은 해당 국가로부터 상응하는 가치의 수입을 해야만 한다. 수출과 수입의 교환 조건은 협상에 의해 미리 정해진다. 그러나, 대부분의 대응무역 거래는 여전히 은행체제를 통해 대금이 지불되며 물물교환은 상대적으로 드물다. (그 예로는 중국의 제품과 기반 시설 서비스 수입에 대한 이란의 원유 수출이 있다.) 냉전 시대에는(일부 구 소련 지역의 국가들과 개발도상국들은 오늘날에도 그렇지만) 소련이 대응무역을 실시했다.

대응무역은 이미 상상했겠지만 극도로 비효율적이다. 국가들은 특히 외화를 충분히 보유하고 있지 않을 때 수입에 대한 대금지불을 위해 대응무역에 참여한다. 국가들은 또한 세계 수준의 제품을 생산할 능력이 없거나 금융통제가 시행 중일 때 대응 무역을 추구할 것이다. 예를 들어, 소련이 있던 시기에 인도 정부는 소련 전투기와 다른 방산 제품들을 비누나 세제, 복사기 등의 인도산 소비재 제품과 교환하였다.

2-4a-(ii). 수출 카르텔

재생 불가능한 특정 천연자원에 의존하는 부유한 개발도상국은 일반적으로 수출 소득과 경제 성장이 매우 유동적이다. 경영 순환에 의해 발생하는 일용품의 가격 변화와 하나의 공동시장에서 서로 경쟁하는 제한된 숫자의 국가들은 이 유동성을 발생시킨다. 안정적인 경제 성장을 유지하기 위해 자원이 풍부한 국가들은 모여서 수출량과 가격을 조정할 수 있는 **수출 카르텔**을 형성했다. 전세계 원유의 공급과 가격에 지대한 영향을 끼치는 석유수출국기구(OPEC)는 수출 카르텔의 좋은 예이다.

수출 카르텔이 성공적으로 운영되기 위한 특정 조건들이 있다. 모든 카르텔의 회원국이 협정을 준수하기로 동의해야 하며, 제품에 대한 대체품이 존재하지 않아야만 하며, 해당 제품의 수요가 비탄력적이여야 한다.

2-4a-(iii). 유치 산업 논거

경제학자들은 때때로 국가가 세계적으로 성장할 가능성이 있는 특정 산업에 "늦은 시작"을 할 때에 그 산업과 기업들에 대한 단기간의 보호가 정당화될 수 있다는 논리를 성공적으로 펼쳐왔다. **유치산업** 논거는 규모의 경제와 산업의 상대적 우위가 일시적 보호를 제공함으로써만 개발될 수 있다고 생각한다. 이 기간 동안에 산업과 기업들은 성장해서 세계적으로 경쟁력을 갖출 것이고 결국 장기간의 무역으로 사회의 이익을 증진시킬 것이다. 예를 들어, 과거에 한국의 여러 반도체 기업들과 자동차 기업들은 유치산업이라는 전제 하에 보호받았다.

2-4a-(iv). 잘못된 노동 활동과 자연 보호

선진국들은 종종 비윤리적인 노동자 대우와 기본권 침해를 무역통제의 이유로 삼는다. 국제노동기구의 기준은 아동 노동, 비정상적으로 장시간 노동, 수출품의 생산에 대해 충분한 수준의 임금을 지급하지 않는 것(베트남의 나이키), 그리고 위험한 상황에서 독성 화학품 사용(인도 시바카시의 불 크래커 제조) 등을 인정하지 않는다. 선진국은 이러한 규정을 위반하는 개발도상국에서의 수입을 규제할 수 있다. 예를 들어, 브라질 아마존 지역에서 에탄올을 생산하기 위해 사탕수수 밭을 개간하며 행하는 산림파괴가 가져오는 환경오염은 유럽연합이 브라질 에탄올에 리터 당 0.19유로의 관세를 부과하는 유일한 이유이다. 유럽연합은 이 규정이 브라질로 하여금 환경과 노동관련 시행을 바꾸도록 하기를 원한다.

2-4a-(v). 건강과 안전

모든 국가는 변질된 수입품으로 부터 국민들을 보호하여 건강과 안전을 보장할 주권적 권리가 있다. "수입 식품, 동물, 식물에 의한 해충과 질병의 유입을 막기 위해 도입된 식품안전규정"은 국민의 삶과 건강을 지키는 수단으로서 정당화된다. 일본은 세계의 가장 큰 농업 수입국으로서 식품안전이 특별한 주의사항이다. 예를 들어, 미국에서 2003년에 BSE에 감염된 소가 발견되자 일본 정부는 빠르게 미국산 소고기의 수입을 중단시켰다. 양국은 일본이 2005년에 미국산 소고기 수입을 재개하기까지 여러 단계의 회담을 가졌다. 이와 유사하게, 유럽연합은 유전자 조작 식물과 이를 가공한 식품의 수입을 금지하고 있다.

2-4b. 지정학적 논리

국가가 무역통제를 시행하는 데 대한 여러 가지 지정학적 이유와 전략적 이유들이 있다. 지정학적 목표는 국가 안보나 중요 산업의 보호, 국제 상업 등에 있어서 국가가 경제적 효율성을 위해 더 큰 선을 추구해야 한다는 것이다.

2-4b-(i). 국가 안보

국가안보 이유로 미국은 특정 종류의 최첨단 방위장비, 기구, 재료들의 수출을 일반적으로 동맹이나 우방국들에게만 제한하며, 이는(군사적, 일반적 목적으로 모두 사용 가능한) 다목적 기구에 대해서도 적용된다. 중국의 거대 시장을 노리는 미국 기업들이 미국 정부가 수출을 억제할 수 있고 해당 기업의 물품판매가 미국의 안보를 위태롭게 하지 않는다는 것을 보장할 수 있을 때에만 수출이 허가된다. 정부의 허가를 받아야 하기 때문에 기업들이 판매를 증대시키거나 개방적으로 경쟁하는 것은 불가능하며 이런 회사들은 그래서 특별한 대우와 보호를 받는다. 이런 회사들에는 미국의 라이테온, 제네럴 다이나믹, 보잉사와 유럽의 EADS(유럽 우주방위체제) 등이 있다.

2-4b-(ii). 전략 산업

일부 국가들은 경제의 특정 부문에 엄청난 고용효과를 지닌 "전략 산업"이 세계적으로 경쟁할 수 없을 때 이들을 보호한다. 2009년 프랑스와 미국은 자동차 산업을 보호하기 위해 이 개념을 불러 일으켰다. 또한 2011년 이탈리아는 프랑스가 2007년에 다농 그룹을 보호하자는 유사한 정서를 불러 일으킨 것처럼 몇몇 이탈리아 기업을 전략적으로 해외 인수에서 보호하는 법령을 도입했다. 2008년 미국의 투자 은행이었던 레흐먼 브라더스의 붕괴에서 시작된 심각한 불경기는 미국 내의 여러 금융 기업들이 세계 시장에서 생존하고 경쟁하기 위해 엄청난 국가 금융지원을 받도록 했다.

2-4b-(iii). 무역 봉쇄

정치적인 이유로 한 국가에 무역 제재가 내려질 때, **무역 봉쇄**가 이루어지며, 해당 국가에 대한 무역은 제한된다. 전세계적으로는 이루어지지 않을지라도 무역 봉쇄는 해당 국가의 국제적으로 용인 되지 않는 행동에 대해 "응징"하기 위한 것이다. 무역 봉쇄는 역사적으로 여러 나라에 대해 이루어졌다. 가장 최근에는 2014년 미국과 유럽 연합, 오스트레일리아가 러시아의 크림반도 합병과 서우크라이나 침공에 반발하여 부과한 다양한 무역 제재였다. 또한, 미국은 쿠바에 대해 50년 동안이나 무역 봉쇄를 시행했다. 미국은 쿠바 정부가 민주적인 체제로 바뀌고 국민들에게 더 많은 정치, 경제적 자유를 주도록 압박하길 원한다. 미국은 이란에 대해서도 이란의 핵 개발 사업으로 인해 무역 봉쇄를 시행하고 있다.

사실확인 LO-4

보잉사는 미국의 가장 큰 수출업체이지만 민감한 군사장비를 수출하는 것은 금지되어 있다. 미국 정부가 보잉사와 같은 방위 사업체들에게 정확히 어떤 제재를 가하고 있는가?

윤리적 관점

시에라리온의 파괴된 경제 재건

서아프리카의 작은 나라인 시에라리온은 라이베리아와 기니 사이에 있는 인구 6백만명의 나라이다. 2002년의 내전 종결은 자원이 풍부하지만 재정적으로 가난한 국가에 많은 희망을 가져왔다. 점진적인 민주주의와 법치로의 회귀와 함께 시에라리온의 경제는 서서히 성장하고 있었고 다이아몬드와 금, 보크사이트, 금홍석(페인트나 종이 등의 생산에 표백용으로 사용되는 광석) 등의 생산으로 내전을 위한 불법적인 재정을 마련했던 "피의 다이아몬드"의 수출에서 떠나 수출을 다양화하고 있었다. 지역 반군이 빈민들에게 캐도록 했던 피의 다이아몬드는 국제 무역에서(2003년의 킴벌리 과정으로) 금지되었고 불법적으로만 쓰일 수 있었기 때문에 세계 시장가격에 팔 수 없었다.

내전이 끝나면서 남아프리카 공화국에 본사가 있는 세계 주요 광업회사인 코이두 홀딩즈는 다이아몬드로 유명한 시에라리온 서부의 카노지역에 있는 지역 빈민 다이아몬드 채굴을 대체했다. 시에라리온 정부와 협상의 일환으로 코이두 홀딩즈는 광산업의 수익이 나기 시작하면 바로 지역민에게 수익을 나누어 주는 수익공유 협정을 협상했다. 추가적으로, 이 광산업계의 큰 손과 경쟁해야 하는 지역 소규모 광부들은 다이아몬드 판매에 3%의 세금이 부과되었다. 대략 0.75%(판매 세금의 4분의 1)가 지방정부에게 돌아와 기반시설(교육 시설, 보건소, 위생 관리, 길 등)을 개발하는데 사용되었다. 이 낙수 효과는 지역경제에 경제적 이익을 주고 반군이 창궐했던 지역에 평화와 안정을 가져오는 목적을 가지고 있었다.

2002년 말부터 시에라리온의 다이아몬드 수출은 2600만 달러에서 네 배가 되어 2008년에는 9900만 달러에 이르렀다. 그러나, 2009년의 불경기는 당 해에 다이아몬드 수출을 7900만 달러까지 떨어뜨렸고, 이는 다이아몬드 가격의 하락을 일으켰다. 코이두 홀딩즈에서 해고된 노동자들은 식량 가격이 가파르게 올랐기 때문에 농업을 시작했다. 더 나아가서, 다른 광산업체들도 코이두 홀딩즈의 수익공유를 따르고 시에라리온의 다른 광업, 즉 금이나 보크사이트, 금홍석 채굴에 투자하고 있었다. 이런 기업들은 국가의 수출을 다양화하고 소득을 올리며 더 나은 노동 환경을 제공하고 지역 노동자들에게 더 나은 사회 복지를 시행하고, 국가 내의 정치적 안정을 가져올 것으로 보인다.

문제

1) 캐나다의 포도원은 브리티시 컬럼비아의 지중해 기후 지역과 캐나다 서부의 남부 온타리오에 위치하고 있다. - 거짓

2) 시에라리온 내에서 코이두 홀딩즈가 보여준 사회적 책임인 실천을 평가하라.

출처: "Digging in the Dumps," *The Economist*, May 30, 2009, pp. 49–50.

요약

무역은 문화에 영향을 주고, 역사를 형성했으며, 생활 수준에 영향을 미치고, 사회를 새로운 방식의 생각에 노출시켰다. 무역개방과 투자는 "승자"와 "패자"를 만들지만 언제나 이익이 손실보다 크다. 무역은 소비자의 삶의 질을 높이고, 문화 및 기술적 부를 창출하며 세계 상호 의존성 때문에 세계를 더 안전한 장소로 만든다. 무역은 경제의 수출 분야와 수입 분야 모두에서 일자리를 창출한다. 무역의 파괴적 특성은 부정적 영향을 받는 노동자들을 재교육해서 그들의 생산성을 높이고 다른 직종에서 고용될 수 있도록 새로운 기술을 배우게 해주는 것으로 완화될 수 있다.

무역이론은 세 가지 주요 경제적 사고로 구성된다. 가장 오래된 중상주의는 부의 축적(국가가 무역 흑자를 만들어서 금은의 보유량을 늘리고 자국을 부강하게 만들어야 한다는 개념)에 대한 개념에 기반한다. 둘째로, 특화에 기반한 이론들은 절대 및 상대 우위에 관한 이론들을 포함한다. 마지막으로 헥셔-올린 이론과 요소 가격 균등화 이론은 경제 요소의 풍부함을 수출과 무역의 근본 이유라고 강조한다.

포터의 국가 경쟁력 우위 모델은 위의 무역이론들에 기반한 것이다. 포터의 모델이 잘 구성되었다고 평가 받는 이유는 무역 이론에 대한 기업의 행동구성을 잘 통합했기 때문으로 여겨진다. 포터는 국가 내의 기업이나 산업을 국제 무역에서 "승자"와 "패자"로 만드는 특성들을 알아내기 위해 기업과 산업에 의해 더욱 자세히 살펴보았다. 포터의 혼합이론 모델은 정부의 행동이나 예측 불가능한 외부적 사건(긍정적이거나 부정적인 외부적 충격)들을 염두에 두고 작동할 수 있도록 설계되었다.

무역정책은 국가간 자유로운 상품과 서비스의 흐름을 대체하는 정부의 행동을 일컫는 말이다. 무역정책의 일차적인 분류는 관세(종가세, 종량세, 특혜 관세)와 수출 보조금이지만, 수입 쿼터제, 수출자율규제, 국내품 요구조건 등의 비관세 장벽 역시 동일하게 중요하다.

관리 무역은 특정 무역 목표를 정하기 위해 자유로운 세계 시장을 정부의 행동으로 대체하는 것이다. 정책 결정자들은 특정 기업, 산업, 국가를 보호해서 전략적인 목표를 이룰 수 있도록 하기 위해 사회경제적 논리나 지정학적 논리를 펼 수 있다. 사회경제적 논리는 대응 무역, 수출 카르텔, 유치산업 논거, 노동이나 환경, 건강이나 안전 문제 등의 윤리적 고려 등을 포함한다. 지정학적 정당성은 국가 안보의 고려, 전략 산업 육성, 무역 봉쇄 등을 포함한다.

주요단어

국제 경영	요소 가격 균등화 이론	최혜국 대우
무역	헥셔-올린 이론	수입 쿼터제
해외 직접 투자	무역 정책	수출자율규제
외주	관세	국내품 요구조건
중상주의	관부가세	무역통제
생산 요소	종가세	대응 무역
무역 흑자	종량세	수출 카르텔
절대 우위	특혜 관세	유치 산업 논거
상대 우위	일반특혜관세제도	무역 봉쇄
요소 부존량	수출 보조	
요소 가격 균등화	수출세	

문제 풀이

1. 자유 무역과 자유로운 해외 직접 투자의 가능함이

(ㄱ) 소비자와

(ㄴ) 생산자

(ㄷ) 정부에

어떤 이익을 주는지 자세하게 설명하고 예를 들어라.

2. 최근 인도와 중국이 세계 무대에서 성장하는 것을 설명할 수 있는 무역 이론은 무엇인가? 당신의 관점을 자세히 서술해라.

3. 몇몇 사람들은 무역 이론과 무역 정책의 괴리가 있다고 믿는다. 미국이 자국의 무역 정책을 사용하는 이유는 무엇인가? 자세한 예를 들어라.

4. 프랑스와 같은 국가가 무역 정책을 사용할 때 지정학적 이유보다는 사회경제적 이유를 들 만한 때는 어떤 경우일까? 자세한 예를 들어라.

사례 국가주의

미국산 제품을 구입하세요! 스페인 물건을 사세요! 영국인을 위한 영국의 일자리! 국가주의라는 사상은 개방적 세계 무역 및 투자의 이점을 무시하고 자국의 일자리와 투자를 지키기 위한 무역 정책의 시행을 원한다. 국가주의는 1929년에서 1933년의 대공황 때 세계 무대 경쟁력을 위한 자국 산업 보호라는 이유로 매우 유명했다. 그러나, 이는 국제경영 활동의 축소와 세계 경제의 침체를 악화시키는 결과로 이어졌다. 근시안적인 정책으로 인식되었으나 국가주의는 2008년에 미국에서 시작된 세계금융위기 동안에 다시 발생했고, 이는 많은 분석가들로 하여금 대중이 국제경영사로부터 무언가 배운 것이 있는지를 의심하게 했다.

1929년의 미국 주식시장 붕괴 직후, 윌리스 하울리와 리드 스무트의 두 공화당 하원의원들은 수입 관세를 미국 역사상 최대로 올리자는 법안을 제출했다. 당시의 높은 미국내 실업률을 고려하여 해당 법안은 자국 내 일자리를 지키기 위해 통과되었다. 이는 다른 국가도 미국과 타국에 대해 관세를 올리는 보복을 하도록 유도했다. 이러한 일의 결과는 결국 세계 무역의 황폐한 추락과 세계적 불황이었다.

2008년 말과 2009년 초에 미국이 대공황 이후 가장 심각한 경제 위기를 맞은 때, 새로운 무역장벽을 세우자는 주장이 대두되었다. 그러나, 이번에는 허우적대는 미국 경제를 부양하기 위한 2009년의 미국 회복, 재투자 법의 비관세장벽 관련 내용이 쟁점이었다. "고무를 위한 법안"으로 알려진 이 법안은 미국 정부의 미국회사 대상 지출을 줄이기 위한 "국산품 애용" 조항이 들어 있었다. 그 결과로, 기반 시설 산업과 같은 공공사업은 철과 철강 같은 국내에서 생산되는 일용품을 중국산보다 비쌈에도 사용해야만 했다. 마찬가지로, 컴퓨터화된 의료기록의 개발과 운송은 인도에서 더 낮은 가격에 제공하고 있음에도 국내 IT 회사에게만 한정되도록 규제되었다.

일부 전문가들은 이런 보호무역주의가 국제 무역법을 위반하고 수출업자들이 보복 제재를 두려워해야 할 수 있다고 주장했다.

✲ 질문

1) 경제적 국가주의는 정당화 될 수 있는가?
2) 스무트-하울리 식 계획이 "국산품 애용" 보다 더 나은가 아니면 더 나쁜가? 자세히 설명하시오.

주장과 반박

"탄소 관세"가 온난화 유발 가스를 배출하는 상품에 대해 부과되어야 하는가?

중국은 총합으로 온난화 유발 가스의 최대 배출국이며, 미국은 일인당 탄소 배출량으로 최대 배출국이다. 유럽 연합의 국가들은 이 중간 어디쯤에 위치해 있다. 지구 온난화와 기후 변화를 통제하기 위해 알루미늄 및 다른 금속, 종이, 화학품, 시멘트 제조업 등의 에너지 소비량이 많은 산업에 의한 온난화 가스 배출을 규제하려는 세계적 움직임이 있다. 여기서 제기되는 문제는 "특정 국가에 대한 "탄소 관세"(예를 들어 알루미늄 생산에 의해 배출 되는 이산화탄소 1톤 당 몇 달러라는 식의)의 부과가 불공정한 경쟁을 이끌 것인가?"이다.

✻ 주장

만일 예외없이 전세계 국가들이 협정에 도달할 수 있다면, 세계무역기구에서 협상된 탄소 관세는 전세계적인 탄소 배출량이 많은 제품에 대한 수요 절감과 전력에 대한 대체 에너지에 대한 추가적 투자를 이끌어 낼 것이다. 탄소 관세는 또한 에너지를 보호하고 온난화 기체 배출량을 최소화시킬 제조 공정의 효율적 방법을 찾으려는 연구와 개발에 대한 투자를 유도할 것이다.

✻ 반박

온난화 가스 배출 산업의 수출에 탄소 관세를 부과하는 것은 이러한 회사들을 배출량이 없는 산업에 비해 불공정한 위치에 놓인다. 또한, 이런 산업의 제품은 너무 기본적이고 비탄력적인 수요를 가진 것이어서 온난화 가스 배출량을 줄일 만큼 수요가 줄지 않을 수 있다. 결국, 탄소 관세는 시행되기 어려울 것이다. 관세를 매기는 공무원들은 수입에 포함된 탄소 배출량을 정확히 측정하거나 자의적인 추정치를 사용하는 둘 중의 하나를 해야 하며 후자는 무역 전쟁을 일으킬 좋은 상황을 제공한다.

당신의 의견은?

당신은 어떤 관점을 지지하고 왜 지지하는가? 인터넷을 사용하여 이 문제에 대해 더 조사하고 논거를 정립하시오.

국제경영 뉴스 해석하기

다음은 2장과 관련된 것이다.

1. 특히 미국에서의 건강관리 비용은 지난 세기 동안 엄청나게 올랐다. 이는 "건강관리의 세계화"라는 새로운 경향을 낳았다. 인도, 중국, 태국, 쿠바와 같은 다양한 국가들은 부유한 국가들의 환자들에게 건강관리 서비스를 제공하는 전략을 발전시켰다. 이 발전이 개발도상국과 선진국에게 어떤 의미인가? 누가 이를 통해 이익을 보고 손해를 입는지 알아보자.
2. 세계 시장에서의 곡물 가격 상승으로 인해 아르헨티나 정부는 2008년 초에 새로운 점진적 수출세 축소를 도입했다. 이 수출세는 곡물과 시리얼에 대해 최대 44%의 수출세를 매겨서 세계 시장의 기록적 상승 가격으로부터 지역의 가격을 보호하려고 하는 것이었다. 아르헨티나 농부들은 2008년 3월에 21일 간의 파업시위를 했다. 왜 그랬을까? 누가 수익을 얻고 누가 손해를 보는가?
3. 국제경영의 윤리적 시행을 목적으로 서양 소매업자들은 개발도상국의 공급자들에게 국제 노동 및 환경 기준을 충족시키도록 요구한다. 그러나, 비판론자들은 이 접근이 정말 일자리가 필요한 이들을 배제할 위험이 있다고 지적한다. 이 논거가 어떤 의미를 지니는지 설명하시오.
4. 세계적 불경기가 지속되면서 중국의 수출업자들은 자국을 돌아보며 자국에서 운영 중인 다국적 기업을 위협하고 있다. 가능한 결과가 무엇일까?

포트폴리오 프로젝트

자신만의 관점에서 탐색하기: 당신 회사의 특성을 이해하기

이 장을 읽은 후에, 당신이 좋아하는 회사에 대한 몇 가지 간단한 질문들을 대답할 수 있어야 한다.

1. 당신의 회사가 서비스를 판매하는지 아니면 제품을 판매하는지 결정하라. 당신의 회사가 공급하는 주 상품이나 주 서비스는 무엇인가? 그 결과는 국내에서만 팔리는가 아니면 세계적으로 수출되는가?
2. 생산품의 일부나 전부가 수출된다면 수출량은 얼마인가? 어디로 수출되고 왜 그곳에 수출하는가?
3. 이 상품들이나 서비스가 목표 시장에서 관세 장벽이나 비관세 장벽을 맞닥뜨리는가? 이들에 어떤 관세나 비관세가 부과되는가?

4. 당신의 회사가 수출 시장에서 "관리된 무역"의 틀에 빠져 있는가? 만일 그렇다면, 어떤 방식으로 그러한가? 이 위기를 어떻게 헤쳐나갈 수 있을까?

당신의 중소기업을 위한 국제 전략을 개발하기: 수출에 대한 아이디어

앞에서 제시된 정보 출처 목록과 스스로 찾아낸 출처를 이용하여 어떤 제품이나 서비스를 생산해서 목표국에 수출하고 싶은지에 대한 전략을 개발하고 예를 들어라. 자국에서 생산되는 제품이나 서비스의 상대우위를 자세하게 알아내는 것은 중요하다. 그 상품이나 서비스의 수요와 공급 역시도 살펴보아야 한다. 그 목표국 통화의 판매량도 알아야 한다. 다음 질문들은 목적을 달성하는데 도움을 줄 것이다.

1. 자국 시장이나 해외에 어떤 제품이나 서비스를 제공할 예정인가? 그 이유와 경쟁우위는 무엇인가?
2. 목표로 삼은 해외 국가는 어디이며 그 국가를 선택한 이유는 무엇인가? 그 제품이나 서비스에 대한 수요는 어느 정도인가?
3. 관세나 쿼터제처럼 당신의 국가와 대상국 사이의 무역에 영향을 미칠 수 있는 요소를 확인하시오. 그들이 당신의 제품이나 서비스의 수요에 어떻게 영향을 주는지와 그 위기를 극복할 방법을 설명하시오.

CHAPTER

3 지역경제통합

Regional Economic Integration

* 이 장의 학습목표

LO-1 지역경제통합의 개념과 발전과정, 그리고 그 이익과 손실을 설명할 수 있다.

LO-2 경제적 지리가 어떻게 지역통합 블록을 설명하고, 촉진하며, 분할하는지를 식별할 수 있다.

LO-3 국가들이 다자간 자유무역협정을 포기하면서 지역통합을 추구하는 대표적인 이유를 확인할 수 있다.

LO-4 유럽연합을 가장 발전된 형태의 지역통합 경제블록으로 보는 이유를 설명할 수 있다.

LO-5 북미 자유무역협정(NAFTA)이 미국-멕시코 양자간 재화/용역의 무역에 끼친 영향을 설명할 수 있다.

LO-6 동남아시아 국가연합(ASEAN)의 중요성을 설명하고 아시아가 21세기에 가장 중요한 자유무역지역이 될 가능성이 큰 이유를 말할 수 있다.

LO-7 중남미의 지역통합이 어려운 이유와 남미공동시장(MERCOSUR)과 비슷한 형태의 공동체가 더 성공할 가능성이 높은지를 설명할 수 있다.

문화적 관점

환태평양 경제동반자협정(TPP)은 미국을 태평양 연안의 아시아권과 통합시키는가?

백여 년 전의 국제 무역블록을 가장 잘 표현하는 문장은 "지중해는 과거의 바다이고, 대서양은 현재의 바다이며, 태평양은 미래의 바다이다"였다. 그러나 미국의 전대통령인 버락 오바마가 2014년 11월 베이징에서 열린 21세기 아시아태평양경제협력체(APEC) 정상회담에 참석했을 때, 시대가 바뀌었음이 드러났다, 미국과 유럽 사이의 쌍방 무역량이 1970년의 200억 달러에서 2013년을 기준으로 1,300억 달러까지 증가한데 비해, 미국과 태평양 연안의 아시아와 쌍방무역은 같은 기간에 200억 달러에서 1조8,750억 달러까지 증가했다. 이제 "대서양은 과거의 바다이고, 태평양은 현재의 바다이며, 인도양은 미래의 바다이다"라는 말이 더 맞을 수도 있다. 정말 한 세기만의 놀라운 변화가 아닐 수 없다.

오바마 전대통령의 환태평양 경제동반자 자유무역협정 추진은 경제활동의 중심지가 북아메리카에서 태평양 연안의 아시아 지역으로 옮겨가고 있다는 현실을 반영하는 것이다. 적어도 향후 20년간 미국보다 3배, 유럽연합보다는 4배나 빠른 속도로 성장할 것으로 예측되는 아시아에 대해 오바마 전대통령은 제때 환태평양-아시아지역간의 자유무역에 초점을 맞추고 있다. 환태평양 경제동반자협정에 참여하는 국가들은 모두 12개 국가로 구성된다. (참고자료 3.1) 즉, 아메리카 대륙에 5개국(캐나다, 칠레, 멕시코, 페루, 미국)가, 태평양 연안의 아시아 지역에 7개국(오스트레일리아, 브루나이, 일본, 말레이시아, 뉴질랜드, 싱가포르, 베트남)가 위치해 있다. 중국은 이 협정에 포함되지 않지만 이는 회원국간의 무역과 경제성장을 촉진시키기 위한 의도적인 배제였다. 오바마 전대통령의 행동은 범대서양 자유무역협정 뿐 아니라 전세계적 자유무역협정이 직면하고 있는 교착상태를 잘 반영하고 있다. 그러나 반대론자들은 아시아 경제성장의 엔진 역할을 하는 중국을 협정에서 배제한 것이 현명하지 못한 일이라고 비판한다. 환태평양 경제동반자 협정이 구매력평가 기준 GDP가 미국의 125%를 넘어서는 중국을 포함할 수 있도록 설계된 것일까? 2014년 아시아태평양경제협력체(APEC) 정상회담을 주최한 중국의 시진핑 주석은 베이징에서 오바마 전대통령을 맞을 때 화면 오른 쪽에 해당하는 방향에 똑바로 서서 카메라를 정면으로 바라보고 있어서(자신감과 힘을 표현한 것) 오바마 전대통령이 화면 쪽으로 어깨를 보이며 왼쪽에서(마치 조공을 하는 것처럼) 다가오도록 했다. 더욱 중요한 것은, 시진핑 주석은 2년의 연구 끝에 아시아태평양경제협력체(APEC)의 21개 회원국이 아시아태평양자유무역지대(FTAAP)를 향해 나아가야 한다고 주장한 것이다. 지역적 무역블록경제인 환태평양

참고자료 3.1: 환태평양 경제동반자협정 (TPP)

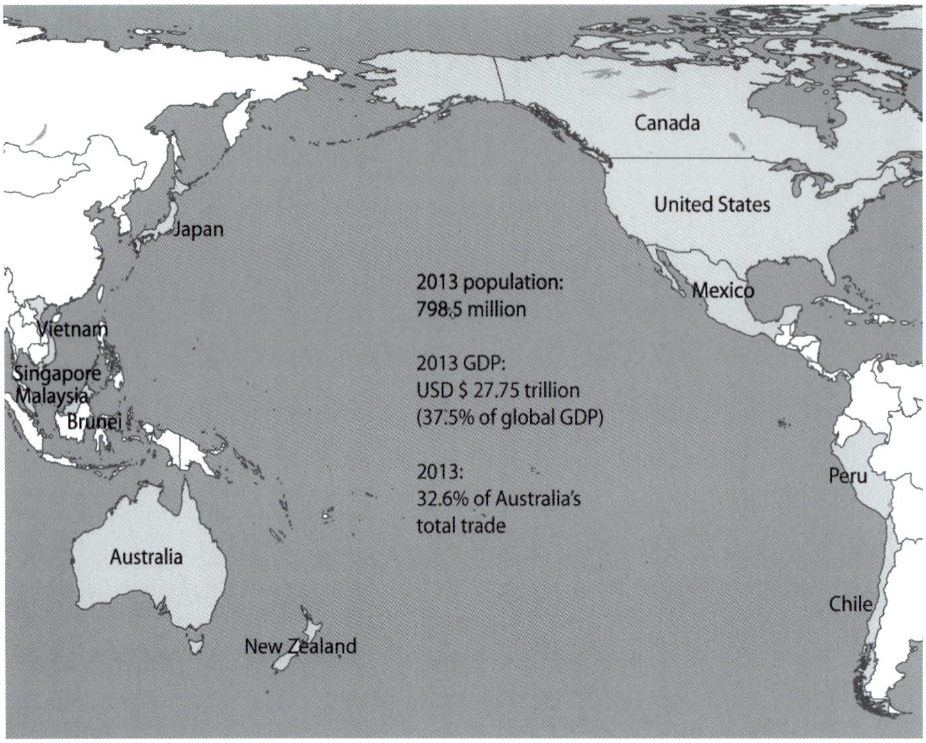

경제동반자 협정(TPP)과 아시아태평양자유무역지대(FTAAP) 간의 초강대적 세력경쟁이 시작된 것이다.

서론

앞서 이야기 했듯이 지역통합은 현재 진행중인 과정이며 지역통합의 목적은 다양하다. 단순히 경제만을 위한 통합도 있고, 완전히 정치적 통합도 있으며, 그 둘의 조합으로 나타나는 경우도 있다. 환태평양 경제동반자 협정이 성공적으로 끝날 때는 태평양-아시아 지역의 12개 회원국에 대한 영향이 가장 크겠지만, 전세계적인 영향 역시도 나타날 것이다. 회원국간의 무역과 경제협력 증대를 촉진하는 잘 설계되고 실용적인 경제정책들에 부응하려는 TPP 회원국들의 열의가 전체의 성공을 결정할 가능성이 크다. 이상적으로는 이러한 연합이 안정적 경제성장과 함께 수출 특성화와 생활수준의 평준화로 수렴될 수 있다.

이번 장에서 다루어지겠지만, 지역통합은 국경 사이에 존재하는 보호막을 넘어서서 지역내의 상호 의존성을 증대시키고 나아가서 전세계와의 상호의존을 증진시킨다. 인접한 이웃나라가 성장하고 부강해질 수 있도록 하는 진보적인 (특히 무역과 투자에 있어서의) 경제정책을 시행하는 것은 항상 조심스럽다. 따라서 지역적·세계적 통합은 서로를 대체할 수 있는 것이라기보다는 특정 지역의 개발을 위한 상호 보완적 역할을 한다는 주장도 있다.

3-1. 지역경제통합이란?

1장과 2장에서 다루어진 전세계적 무역 및 투자 자유화가 국가간 무역-투자량 증대, 경제성장 속도 향상, 일자리 창출, 세수 증대, 경쟁 심화, 소비자 복지증진 등의 전세계적 이득을 이끌어낼 수 있음에도 불구하고, 일부 국가들은 북미자유무역협정(NAFTA)이나 (이 장에서 자세하게 다루어질) 유럽연합과 같은 권역내에서 서로 더 가까이 있기를 선호한다. 더 나아가서(2001년에 시작된– 1장 참조), 자유무역의 미래인 도하라운드가 불확실함에 따라 권역내의 무역협정과 통합협정의 수가 급격히 증가했다. 여기서 필요한 질문들은 다음과 같다. 지역적 통합을 향한 동기가 무엇인가? 왜 특정 국가들은 다른 국가들보다 자신들끼리 더 친한가? 모든 지역적 무역블록경제가 동일한 경제적 또는 지정학적 원칙에 기초하여 형성되는가?

지역통합은 회원국들 간의 우선적 무역접근 뿐만 아니라 그들의 국제경쟁력을 향상시키기 위해 취해지는 여러 경제적·정치적 조치들을 포함한다. 지역통합은 국가가 권역 내에서의 생산 네트워크를 통해 공급역량을 키우고 국제적으로 더 경쟁력을 키우는 데 도움을 주는데, 이는 특히 중소국가들에게 더 효과적이다. 이러한 발전은 농업, 제조업, 서비스업 전반을 바꾸는 전 부문에 걸친 변화를 통해 이루어진다. 지역통합이 성공하려면, 회원국은 **공간적 변환**에 착수하고 국가들간의 경제활동의 효율적 분배를 하도록 허용해야 한다. 나아가서, 지역통합전략은(크기와 위치를 가장 잘 이용하기 위해서) 관련국들의 경제적 지리와 주요 세계시장들과의 상호작용에 대한 개방 정도에 맞추어질 필요가 있다.

3-1a. 지역통합의 단계

국가들이 지역통합을 하는 데는 사회적·경제적·안보적 또는 정치적 이유들이 존재한다. 대부분의 경우, 국가들은 일반적으로 경제 통합의 형식을 가지고 함께하기 시작하는데, 가장 좋은 예는 무역과 투자일 것이다. 경제 통합은 두 개 이상의 국가들이 더 큰 규모의 블록경제에 함께 가입할 때 발생한다. 이때 일차적 목표는 경제이며, 다시 말하지만 이는(국제경쟁력을 기르고 세계시장을 두드리기 위한 규모의 경제를 통해) 따로 분리되어 경제성장과 효율성을 증대시키는 것보다는 함께 협력하여 고용과 기술, 그리고 권역내의 시민들의 삶의 질을 향상시키고 평화와 풍요도 촉진하는 것이라고 할 수 있다. 참고자

참고자료 3.2: 지역통합의 형태와 단계

통합의 단계	회원국간 관세와 쿼터제 폐지	외부수입에 대한 공동된 관세와 쿼터제	경제요소의 이동에 대한 규제 폐지	경제정책과 기구들의 조화와 통합
자유무역 지대	O	X	X	X
관세 동맹	O	O	X	X
공동 시장	O	O	O	X
경제 연합	O	O	O	O

출처: *International Trade and Investment*, 7E. © 1994 South-Western, a part of Cengage Learning, Inc. Reproduced by permission. www.cengage.com/permissions

료 3.2가 보여주듯이, 일부 국가들이 지역 무역-투자 통합에 만족하는데 반해, 다른 국가들은 더 큰 규모의 경제·사회적 공동체를 통해 회원국들이 유사한 경제적·사회적 가치들을 공유하고 싶어한다. 몇몇 시나리오에서는 유사한 경제적·정치적 체계를 공유하는 국가들이 외부의 공격과 위협에 대항하여 연합을 만들기를 선택할 수 있다.

경제 통합은 여러 가지 형태를 지닐 수 있어서 다양한 단계의 통합을 나타내는데, 만일 논리적 진행이 선명하게 제시된다면 다음의 예와 유사한 형태로 나타날 수 있다. 먼저, 두 개 이상의 국가들이 고유의 외부 관세율을(WTO 지침에 따라서) 외부 국가들에 적용하는 한편, 국경 제한과 같은 비관세 부문의 장벽과 관세나 쿼터제를 포함한 무역장벽을 제거함으로써 **자유무역 지대**를 만들 수 있다. 둘째로, 자유무역지대 내의 국가들이 서로 다른 외부 관세율을 가질 때, 수입은 주로 자유무역 지대에 속한 나라 중 관세가 가장 낮고 제한이 적은 나라로 몰리게 되는데, 이에 따라 다른 회원국이 수입부문에서 손실을 보게 된다. 이는 결국 회원국들이 비회원국에 대해 같은 수준의 관세를 채택하는 **관세동맹**의 출현을 이끌어 낸다. 셋째로, 관세동맹 내의 회원국들에 대해 (사업과 일자리로 이어지는) 투자가 노동생산성이 가장 높고 자본이 적게 드는 국가로만 흘러갈 수 있다. 이는 결국 관세동맹 내의 자본과 노동력의 이동을 허용하여 장벽을 철폐하고 **공동시장 또는 단일시장**을 형성한다.

넷째로, 공동시장 내에서의 자본과 노동의 자유로운 이동은 회원국이(교육, 고용자 복지와 재교육, 보건, 은퇴 프로그램 등에 대한) 공동의 사회계획과 합의된 거시 경제학적 정책(예를 들어, 유사한 재정, 통화정책 등)을 사용하게 할 수 있고, 이는 곧 지역내의 단일 화폐의 등장과 **경제적 단일 화폐사용 연합**을 이끌어 낸다. 마지막으로, 회원국들이 여러 가지 사업과 경제적 문제에 있어서 협력하기 때문에 공동의 안보와 대외 정책에 대한 필요성은 **정치적 연합**(한 국가처럼 행동하는 국가들의 연합)의 출범을 이끌어 낼 것이다.

3-1b. 지역통합에 대한 찬반

지역통합의 이익과 손해는 전적으로 연합 내에서 회원국들이 성취한 통합의 정도에 달려있다. 회원국들은 더 나은 사업적 기회 창출, 국제 경쟁력, 소비자를 위한 향상된 가치(더 나은 선택, 가격, 서비스 등), 공동의 가치, 권역내의 평화, 외부의 위협에 대한 공동의 안보 등의 여러 가지 동기를 가지고 연합에 참여할 수 있다. 국가들의 동기가 완전히 같지는 않더라도 비슷할 수 있다 하더라도, 통합된 집단의 성공 정도는 합의된 경제정책이 얼마나 실행으로 잘 옮겨졌는지에 영향을 받을 것이다. 지역통합의 효과는 이익과 손해의 실제영향에 달려 있다.

통합의 장점에는 다음의 것들이 포함된다.

- 늘어나는 임금과 함께 비슷한 문화, 기호 그리고 사회적 가치를 지닌 소비자들이 더 큰 소비자 집단(pool)을 형성한다.
- 생산에 있어서 규모의 경제를 촉진시키고 지역 전체의 국제 경쟁력을 증진시키며, 투자의 흐름을 통해 경제성장을 향상시킨다.
- 자본, 노동, 기술의 흐름을 자유롭게 해서 지역내 가장 생산적인 곳으로 모이게 한다.
- 지역내 국가들간의 협력, 평화, 안보를 증진시킨다.
- 회원국들로 하여금 선진국 수준에 맞도록 자국의 사회보장 제도의 수준을 끌어올리도록 고무시킨다.

통합의 단점에는 다음과 같은 것들이 포함된다.

- 세계무역기구의 중요한 규칙인 최혜국 대우(한 국가에게 제공하는 최저 수준의 관세를 다른 모든 나라에 적용한다는 규정)를 무시한다.
- 단일한 법과 규제를 모두에게 적용함으로써 각국의 경제, 문화, 사회적 차이를 고려하지 않는다.
- 보호대상 산업의 일자리를 제거하고 실업률을 높인다.
- 주권, 국가 독립성, 정체성을 잃는다.
- 국가 정부의 힘을 약화시킨다.
- 국경을 넘나드는 노동력 이동을 쉽게 함으로써 불법 마약과 테러에 연관된 범죄의 확률을 높인다.

사실확인 LO-1

지역통합이 당신 국가의 시민들에게 도움을 줄지, 아니면 해롭게 할지에 대하여 논하고 자신의 의견을 피력해 보라.

LO-2
경제적 지리가 어떻게 지역통합 블록경제 현상을 설명하고, 촉진하며, 분할하는지를 구분하시오.

3-2. 지역통합의 경제적 지리

국가간 국경에 대한 관세와 비관세 장벽을 철폐하는 것은 중소기업이 견고하고, 전문화되며, 지역적·국제적 규모에서 경쟁력을 얻도록 도와줄 생산에 대한 규모의 경제를 얻게 해 줄 것이다. "경제 지형을 바꾸다"라는 제목의 세계은행(World Bank) 의 세계개발보고서(WDR, 2009)는 **경제적 지리**(시장규모, 입지, 무역에 대한 개방성 등)의 관점에서 무역과 지역통합을 분석했다. 보고서는 위의 세 가지 부문에서 긍정적 변화가 성공적인 지역통합에 필수적이라고 결론을 내렸다. 따라서 지역통합의 성공을 위해 요구되는 정책 요소들로서는 시장을 통합하는 기관, 효율적으로 시장들을 연결하는 기반시설, 교역 촉진을 위한 더 낮은 무역 장벽 등이 있다. 이러한 전략은 지역 무역블록 내에 존재하는 기업들이 생산에 규모의 경제라는 이점을 취하고 세계시장에서 자신들의 특화된 상품에 대한 수요를 높임으로써 제품과 서비스의 공급을 높이도록 해준다.

미국의 경제학자인 폴 크루그먼(Paul Krugman)은 2008년에 경제적 지리가 국제무역에 어떻게 영향을 미치는 지(예를 들어, 자유무역과 세계화가 비교우위의 이론에 기반하여 19세기에 증가한 것 등)에 대한 통찰로 노벨상을 받았다. 20세기에는 (철도와 컨테이너 선박들이 값 비싼 재적재의 필요성을 없애는 등으로) 운송비절감으로 산지에서 만들어진 제품들(맥주, 컴퓨터, 자동차 등)의 교역이 경제적의미를 지니기 시작했다. 운송비가 줄어들면서 기업들은 규모의 경제와 생산의 특화를 증진시킬 수 있었다. 세계의 주요 지역에서 나타나는 구매자와 공급자간의 정교한 네트워크는 점점 더 세계화 과정의 중요한 특징이 되어가고 있다.

3-2a. 지역통합을 향한 발걸음

일반적으로 제기되는 질문은 “상대적으로 작고 가난한 국가가 아시아나 유럽 같은 지역에서 형성되는 경제적 세력에서 이득을 볼 수 있는가? 만일 그렇다면, 어떤 방식으로?”이다. 이 작은 국가들은 독자적으로 효율적인 기관이나 정부, 정책, 숙련노동자, 또는 공급자와 대체 서비스를 유지할 능력이 부족할 수 있다. 지역통합은 이런 위기를 극복하는데 도움을 줄 수 있다. 일차적인 문제는 지역통합을 막는 장애물들을 찾아내서 적절한 기관들과 정책들이 세워지고 시행될 수 있도록 하여 장애물을 제거하고 규모의 경제와 생산의 특화를 이끌어 내는 것이다. 무역장벽을 낮추고 없애는 것은 이 목표를 달성하기 위해 중요하다.

그러나 지역통합은 국가간 무역자유화보다는 더 나아간 단계의 것이다. 세계개발보고서가 강조하듯이, (효율적인 공급과 세계시장의 수요로의 이동에 대한 방법으로서의 노동시장 자유화와 지역 기반시설 개선과 같은) 많은 단계들이 필요하다. 더욱 자세하게 국가를 위한 적절한 접근법은 작은 것부터 시작하기, 세계적사고, 최소 수혜국에 대한 보상이라는 세 가지를 포함한다.

3-2a-(i). 작은 것부터 시작하기

지역통합은 명확한 목표를 가지고 있어야 하며 초기에는 비용과 이익이 쉽게 정해지는 좁은 영역의 협력을 다뤄야 한다. 예를 들어, 오늘날의 유럽연합은 1952년에 “유럽 석탄-철강 공동체”라는 조약에서 시작되었다. 이 시작은 제2차 세계대전 직후에 유럽내의 전쟁을 피하는 최선의 방법은 당시에 무기를 생산하는 데 사용되던 주 재료들이고 “기반산업”으로 여겨지던 석탄과 철강 회사들간의 협력을 증대시키는 것이라고 믿었던 6개의 설립국에 의해서 시작되었다.

3-2a-(ii). 세계적 사고

지역통합은 단절된 고립국가를 만들어서는 안 된다. 대신에 지역통합은 역내 국가들이 다른 방법으로는 접근하기 힘들 수 있는 세계시장에 접근할 수 있도록 도와야 한다. 큰 나라들이 국제적 통합이나 지역적 또는 양자간(두 나라만의) 통합 중에서 선택할 수 있는 반면에, 작고 육지로 둘러싸인 국가들은 규모의 경제와 효율성, 국제적 통합의 달성을 위한 지역통합이 필요하다. 예를 들어, 운송의 중심지나 운송수단을 공유하는 것(예를 들어 중앙아메리카에 있는 TACA 항공사)은 이전에 도달할 수 없었던 세계시장에 접근할 수 있도록 해 줄 수 있다.

3-2a-(iii). 최소 수혜국에 대한 보상

기업들은 더 적은 장소에서 생산의 규모를 증가시켜 특화를 원하기 때문에, 경제적 활동의 집중은 일반적으로 지역통합에 뒤따라 온다. 이는 지역통합과정의 불가피한 부분인 동시에 바람직한 부분으로서, 효율성 증대와 경쟁력 향상을 이끌어낼 수 있다.

지역통합 그룹
서아프리카 경제통화동맹은 혜택을 덜 입은 회원국들을 돕는다.

그러나 이는 또한 일부 지역이 적어도 초기에는 다른 곳에 비해서 더 많은 수익을 올린다는 것을 뜻한다. 사람들은 더 효율적인 곳으로 이주해서 고향으로 돈을 송금함으로써 수익을 확산시킬 것이다. 그러나 직접적(명시적)인 보상사업은 낙후된 지역의 사회보장 제도와 기반시설에 대한 접근을 보장하도록 요구될 수 있다. 예를 들어, 서아프리카 경제통화동맹의 8개 회원국은 2000년에 공동 수익배분 형식의 외부 관세를 도입했다. 동맹내에서 경제적으로 부유한 편인 코트디부아르와 세네갈은 전체 관세의 60%를 징수했지만 12%만을 배정받았다. 그들은 나머지를 다른 국가들과 나누어서 그 다른 지역들 역시 개발될 수 있도록 도왔다.

3-2b. 지역통합의 주요 분류와 특성

글로벌 무역협정과 지역무역협정의 이점을 비교하는 토론은 수년 동안 지속되어 왔다. 글로벌 무역협정에 있어서는 제 2장에서 다루었던 관세와 비관세 장벽이 세계무역기구(WTO) 의 최혜국 대우 규정(MFN) 에 따라 모두 철폐되거나 낮아진다. 반대로, 지역무역협정 하에서는 관세와 비관세 장벽이 회원국들 사이에서만 축소되거나 철폐된다. 지역무역협정이나 양자간 무역협정은 다른 지역의 국가들과의 무역을 줄이지 않을 때 도움이 된다. 그렇지 않다면, 지역경제통합은 그다지 추천할 수 없다. 국가가 어떻게 하면 이웃나라 간의 시장이나 전세계적인 시장에 가장 잘 접근할 수 있는지는 좀처럼 사라지지 않는 화두이다. 정책적 행동의 적절한 조합을 사용하면 지리적으로 가장 불리한 국가(내륙국가 등)도 그 문제를 극복할 수 있다. 이는 시장 접근성이 새로운 정책의 시행으로 인해 눈에 띄게 증진되는 지를 통해 측정될 수 있다.

일반적으로, 무역장벽을 현저히 낮춘 무역블록 내의 국가들이 다른 국가들 보다 경제적으로 더 성장한다. 예를 들어, 키프로스는 1990년에 유럽연합 가입을 결정했고 유럽연합 수준으로 관세장벽으로 낮추는 과정을 시작했다. 키프로스가 유럽연합에 가입된 2004년부터 경제성장은 가속화되었다. 키프로스는 주요 유럽시장에 접근함에 따라 생산에서 규모의 경제를 통한 효율성과 특화를 달성할 수가 있었다.

다양한 지역통합 블록경제를 경제지리의 관점에서 분석하면 주요 세계시장과 근접한 지역블록, 거대한 지역시장을 가지고 떨어져 있는 지역블록, 작은 지역시장을 가지고 떨어져 있는 지역블록의 3가지 범주로 나눌 수 있다. 세계은행의 세계개발보고서에 따르면 세 가지 범주의 차이점은 거대 세계시장으로부터 떨어진 거리와 근처에 큰 국가가 있는지 여부이다.

3-2b-(i). 세계시장과 근접한 지역블록

시장 접근성은 경제성장에 필수적이며, 세계의 주요 거대시장과의 인접성은 적시생산(Just in Time Production)과 변질성 제품(신선과일, 채소, 꽃 등)의 수출, 그리고 마케팅/연구/IT 분야 같은 서비스 제공을 위해서는 일종의 자산이다. 주요 시장과 인접한 국가들은 시장, 공급자, 아이디어들에 연결되는 데 있어서 이점을 가진다. 덧붙여, 선진국들은 이러한 지역무역블록을 다음과 같은 이유에서 찾는다.

(1) 내수시장이 성숙함에 따라 해외로 성장 가능성을 확장하기 위해서
(2) 지역에 기반을 둔 회사들을 위해 비용 제조의 플랫폼을 제공

북미자유무역협정(NAFTA)이나 도미니카공화국-중앙아메리카간 자유무역협정(DR-CAFTA), 캐리비안 공동체(CARICOM), 또는 미국과 칠레, 콜롬비아와의 양자간 자유무역협정과 같은 세계시장에 인접한 지역무역블록은 미국 시장에 대한 접근이라는 혜택으로 이득을 보고 있는 것들이다. (참고자료 3.3 참조)

마찬가지로, 부유한 유럽시장에 대한 접근은 동유럽 국가들에게 혜택이 되어 왔기에 그들은 유럽연합이 동쪽으로 확장하는 것을 통해 연합에 가입하고자 한다. 발칸반도의 국가들은 중부유럽 자유무역협정(CEFTA)라는 역내 자유무역협정도 체결했으며, 유럽과 인접한 지역의 이점은 유럽 전체의 생산 네트워크 내에 자국 회사들이 통합될 수 있도록 했다. 동남아시아 국가연합(ASEAN)은 중국, 인도, 일본, 한국 등에 있는 거대 시장과의 자유무역 관계를 강화하고 있다. 인도는 남아시아 지역협력연합(SAARC)에서 중요한 역할을 하고 있다. 제 1장의 〈참고자료 1.2〉에서 나타나듯이, 이제는 중국, 인도, 일본이 장기적으로 모든 나라들에 이익이 됨으로써 2020년까지 세계 4대 시장이 되는

참고자료 3.3: 세계 시장과 가까운 지역들

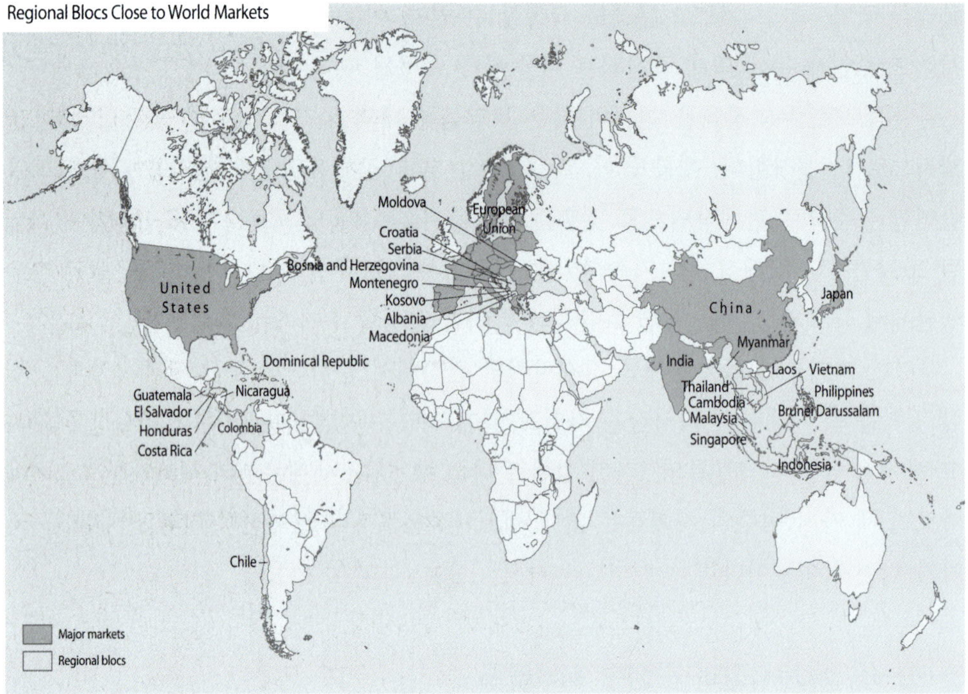

"아시아의 시대"인 것이다.

그러나 원유가 풍부한 중동과 북아프리카의 지역경제는 유럽 시장과 인접해 있음에도 불구하고 인구성장에 따른 충분한 일자리를 공급할 만큼 빠르게 성장하는 데 실패해 왔다. 지역국가들의 정부는 원유 수출에서 제조업과 서비스업으로의 변혁을 시작했지만(주로 경제/정치적 억압 때문에)이 지역의 투자 분위기는 여전히 미비하다. 범아랍권 자유무역협정(PAFTA)과 아랍 마그레브 연합(AMU)은 비(非)원유 수출실행에서 별 효력이 없었다. 전 세계로부터의 감소하는 수입과 범아랍권 자유무역협정이나 아랍 마그레브 연합 내부에서의 수출증대는 무역협정이 새로운 교역량을 만든 것이 아니라 교역을 다른 방향으로 향하게 한 것임을 말해준다. 이 지역은 고부가가치 산업인 신선한 채소와 과일과 같은 원예제품을 특히 겨울에 수출함으로써 유럽에 인접한 장점을 활용할 수 있었다.

3-2b-(ii). 거대 현지시장을 지닌 지역을 원격조정

이 두 번째 그룹의 국가들은 중국, 인도, 일본 등의 거대한 아시아 시장, 미국, 그리고 유럽연합과 같은 세계시장으로부터 멀리 떨어져 있다. 그 지역 자체의 거대한 시장이 산업활동을 유치하는 데 있어서 장점으로 작용한다. 국가의 기반시설이 세계시장과 잘 연결되어 있다면 이 장점은 강화된다. 브라질은 중앙아메리카나 캐리비언 연안 국가들보다 미국이나 유럽연합, 아시아 시장에서 멀다. 거대한 내수시장을 가진 아프리카의 주요국인 남아프리카 공화국 역시 위에서 언급한 주요 시장들과는 거리가 멀다. 호주는 거대시장에서 멀리 떨어진 또 다른 예다.(참고자료 3.4 참조)

효과적인 제도들, 좋은 정부, 그리고 굳건한 지역적 기반시설은 호주나 브라질, 남아

경제적 관점

마그레브 동맹의 상승

지정학과 상호 경제적 필요성에서의 변화는 유럽이 마그레브(북아프리카 연안) 지역을 투자의 새로운 전진기지로 만들고 있다. 마그레브 동맹은 알제리, 리비아, 모리타니, 모로코, 튀니지의 북아프리카 국가 다섯 개로 구성되어 1989년에 공식적으로 창립되었다. 마그레브 동맹의 회원국들은 리비아의 무정부 상태로부터 모로코의 군주정부 그리고 민주주의와 비슷한 튀니지에 이르기까지 전혀 다른 정치체제를 갖고 있다. 2011년에 시작된 "아랍의 봄"은 권위주의적 사회가 존재해 왔던 자리에 민주주의에 대한 기대와 낙관적 예측을 불러일으켰지만 동시에 예기치 못한 정치적 억압와 종파 갈등 및 혼돈을 야기했다. 다행히도, 진정한 민주주의와 안정적인 경제가 시간이 흐르며 발전하고 있으며, 북아프리카에 경제적·정치적 동맹을 형성하자는 같은 목표를 가지고 있다. (이 지역의 거의 3/4 사하라 사막이 차지하고 있는 만큼) 세계적으로 가장 낮은 인구 밀도를 가진 이 이슬람 국가들은 남부 유럽맞은 편의 지중해 연안에 걸쳐 전략적으로 중요한 지역에 위치해 있다. 일본의 스미토모 전자나 프랑스의 르노 앤 그루프 사프란, 유럽의 에어버스, 그리고 미국의 보잉사 같은 주요 회사들이 내수시장과 유럽시장을 공략하기 위한 다양한 생산시설을 마그레브에 짓는 데 수백만 달러를 투자하고 있다. 그러나 부패와 혈연주의는 마그레브 지역의 큰 도전과제이다. 알제리, 모로코, 튀니지는 이러한 문제들을 해결하는 데 노력하여 어느 정도 성과를 보이고 있지만, 다른 마그레브 국가들은 아직 효과적인 개혁을 안정적으로 수행하지 못하고 있다.

2008년에 미국에서 시작된 세계 재정위기와 2010년에 시작된 유럽의 국가부채 위기 때문에 마그레브를 향한 투자의 흐름은 늦어졌고 일부 사업의 착수 역시 지연되었다. 그러나 몇 가지 이유로 인해 마그레브에 대한 전망은 비교적 밝은 편이다. 알제리와 튀니지는 원유와 천연가스가 풍부하게 매장되어 있고 지중해 밑으로 깔린 송유관은 러시아산 가스의 불안정한 공급에 대한 대안으로 유럽에 천연가스를 수출할 수 있게 해주었다. 마그레브 지역의 인건비는 유럽연합에 가입한 뒤로 계속해서 인건비가 오르고 있는 루마니아나 불가리아와 같은 유럽연합 동부지역의 절반도 안 된다. 거기에다가 1주일에 44시간(5일과 반나절)을 일할 수 있는 마그레브 지역의 규정은 1주일에 35시간만을 허용하는 유럽연합에 비교하여 훨씬 매력적이다. 그리고 마그레브 지역에는 노동조합이 아직 없기 때문에 기업들이 시장의 수요와 생산을 맞추기가 더 쉽다. 마그레브 지역의 직원들은 잔업을 거절하지도 않고 유럽 사람들처럼 1년에 5주나 되는 초호화 휴가를 바라지도 않는다. (국가부채 위기 이전부터) 높은 국가 부채를 가지고 있고 심각한 채무해결 사업의 문제점을 겪고 있는(그래서 해외 투자를 끌어들이기도 불가능한) 유럽연합 주변부에 있는 국가들과는 달리 마그레브 국가들은 상대적으로 부채가 적고 계속해서 해외 투자를 유치하고 있다. 마그레브를 전체적으로 분석한다면 국제적 신용위기와 유럽의 국가부채 위기가 결과적으로 포르투갈이나 아일랜드, 그리스, 스페인, 키프로스 같은 나라들을 희생시키고 마그레브 동맹을 도와준 것처럼 보이기도 한다.

문제:

1) 유럽연합의 주변부에 위치한 국가들이 마그레브 동맹의 회원국들에 비해서 경쟁력을 잃은 이유를 설명하라.

2) 투자자들이 마그레브 지역을 앞으로의 투자에 있어서 매력적인 경제지역이라고 판단한 사업적 주요 이유는 무엇일까?

출처: Carol Matlack and Stanley Reed, "The Rise of the Maghreb," *Bloomberg Business Week*, March 16, 2009, pp. 39–41.

프리카 공화국 같은 자원이 풍부한 경제가 생산증대와 특화 그리고 세계시장으로의 접근을 통해 성장하도록 도움을 줄 수 있다. 이들 각국은 성장하는 자국의 경제에 초점을 맞춘 더 강력한 지역경제블록을 설립하려는 노력을 통해서 자국의 세계적 통합을 보완할 수 있다. 더 작은 지역블록의 경제에서 더 큰 주변 국가들과의 거리를 줄이고 그 국가들을 통로를 이용하여 세계 시장으로 나아가기 위해서는 현대적 기반시설이 매우 중요하다. 이러한 지역무역블록의 예로는 남미공동시장(MERCOSUR,)과 남아프리카 개발공동체, 호주–뉴질랜드 협력체 등이 있다.

3–2b–(iii). 작은 현지시장을 지닌 지역을 원격조정

국제적 통합은 분열되어 있고 세계시장에서 멀리 떨어져 있으며, 거대 지역경제로서의 규모의 경제가 부족한 국가들에게는 더 힘들다. 폴 콜리어(Paul Collier, 2007)가 "밑바닥 10억(bottom billion)"이라고 부른 이 지역들은 중앙아시아와 동아프리카, 중앙아프리카, 서아프리카, 그리고 태평양의 군도지역에 위치해 있다. 이런 지역의 모두는 효과적인 협력으로부터 이득을 볼 수 있다. (카자흐스탄, 키르기즈스탄, 타지키스탄, 투르크메니스탄, 그리고 우즈베키스탄이 있는) 중앙아시아는 대부분 바다와 인접해 있지 않은 국가들로 이루어져 있다. 사하라 이남 아프리카에는 상당한 내륙국가들이 있고 이들은 대부분 적은 인구와 GDP를 가진 세계에서 가장 가난하고 분쟁에 취약한 국가들이다. 태평양 지역의 작은 섬들은 대부분 지리적으로 분리된 "바다에 갇힌" 나라들이다.

이러한 국가들을 대상으로 다양한 지역통합블록이 존재한다.

(1) 독립국가연합과 상하이 협력기구; 이 둘은 모두 중앙아시아에 초점을 두고 있다.
(2) 중앙아프리카 관세 · 경제연합, 동아프리카 공동체, 서아프리카 국가경제들의 공동체, 그리고 중앙아프리카 국가들의 경제공동체
(3) 아시아–태평양 주변 문제와 태평양 군도의 문제를 다루는 아시아–태평양 경제협력체(APEC) (참고자료 3.5참조)

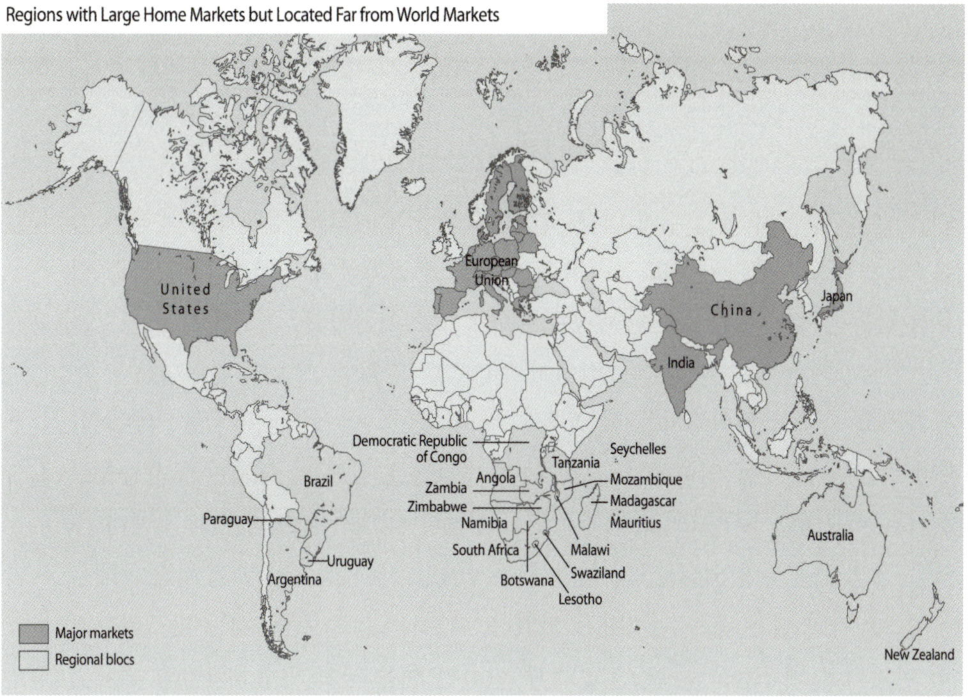

참고자료 3.4: 세계 시장에서 멀리 위치해 있지만 거대한 지역 시장을 가진 지역들

이 세 지역에게 도전과제는 지역통합과 국제적 통합을 성공적으로 이루어내는 방법을 찾아내는 일이다. 이 지역에 위치한 많은 국가들은 원유나 천연가스 같은 광물자원과 기타 천연자원도 가지고 있으며, 주요 세계시장에 도달하기 위해서는 송유관이나 철로가 주변 국가들을 반드시 지나야 하기 때문에 이들 자원은 지역단위로 개발된다.

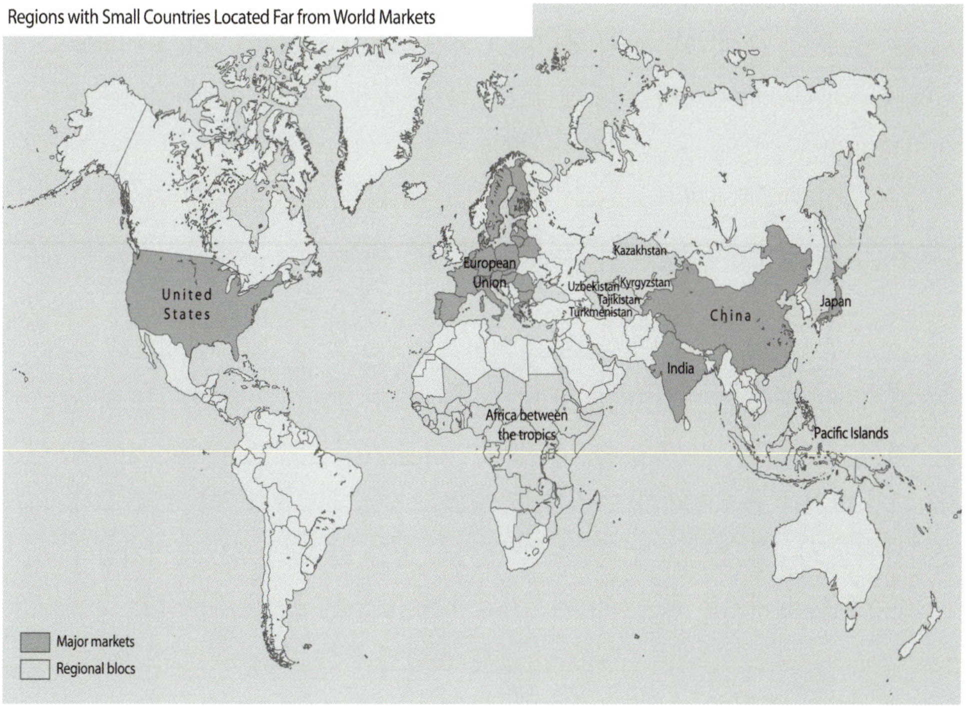

참고자료 3.5: 세계시장에서 멀리 떨어져 있고 소규모의 지역시장을 가진 지역들

윤리적 관점

중화 증후군

국제적 통합은 세계시장에서 멀리 떨어져 있으며, 거대 지역시장으로서의 규모의 경제가 부족한 국가들에게는 가장 힘들다. 넓은 영토와 풍부한 자원에도 불구하고 콩고 민주공화국이 처한 상황이 바로 이렇다. 지하자원에 대한 중국의 엄청난 욕심은 중국을 콩고 민주공화국으로 이끌었다.

중국의 거대 국유 기업들은 현금 보유량이 풍족하다는 점에서 부러워할 만하다. 그들의 늘어나는 부(富)는 그 기업들이 장기목표를 가지고 복잡한 해외투자를 떠 맡을 수 있을 뿐만 아니라 눈이 휘둥그레질 만큼의 엄청난 기업인수를 해낼 수 있다는 것을 의미한다. 그러나 그 기업들은 점점 더 불쾌한 투자자들로 인식되기 시작했는데, 특히 이는 서구지역에서 그리고 민간주도의 경제에 의해서 두드러진다. 그래서 중국 기업들은 상호간의 이익을 창출해낼 수만 있다면 그 이익이 무엇이던 간에 정부와의 협상을 통해서 지하자원에 접근할 수 있는 아프리카와 같은 곳을 선호하게 되었다. 제3자의 눈으로 볼 때는 아프리카가 불리한 입장에 서 있는 것이 아니냐고 의구심을 품을 수 있다. 전형적인 예는 콩고 민주공화국과 중국의 거대 국영 기업인 중국 철도기술공사(CREC)와 시노하이드로 사이에 2008년에 맺어진 90억 달러의 계약이다.

중앙아프리카에 위치한 콩고 민주공화국은 서유럽보다 큰, 아프리카 대륙 최대의 국가이며 풍부한 지하 자원을 가지고 있다. 벨기에가 수십 년간 이 지역을 식민지화했음에도 불구하고 콩고 민주공화국은 포장도로와 철도가 거의 없었는데 그마저도 1990년대 후반부터 지속된 내전을 거치면서 대부분 파괴되었다. BBC의 보도에 따르면 중국 철도기술공사(CREC)와 시노하이드로를 대상으로 한 2008년의 협약은 콩고 민주공화국에게 그토록 필요했던 기반시설, 즉 2,400마일의 도로와 2,000마일의 철도, 32개의 병원, 145개의 보건소, 그리고 2개의 대학교를 제공한다. 그 대가로, 중국은 구리 1천만 톤과 코발트 40만 톤을 받아서 그 급증하는 경제를 키워나갈 수 있을 것이다.

중국이 이 물물교환적 거래를 양국 모두에게 윈윈이 될 것이라고 특정지어 표현했지만, BBC는 "협약을 전체적 셈법으로 따져보면 중국이 부당하게 이익을 더 챙기고 있다"고 말했다. 콩고 민주공화국에서 일하는 인권 변호사인 조지 카피암바(George Kapiamba)는 이런 비판에 동의한다. 그러나 모나코에 주 사무소를 두고 콩고 민주공화국의 국영 광업사인 제카민(Gecamines)을 대표하는 변호사는 "중국인들 없이는 이곳[현재 사용되지 않고 있는 콩고 민주공화국의 카탕가 주의 콜웨지 광산]의 모든 것은 그저 풍경일 뿐이다."라고 주장한다.

콜웨지 광산은 검증된 바에 의하면 중국이 콩고 민주공화국의 기반시설 사업을 시작하는데 필요한 30억 달러에 달하는 1차 투자분을 내놓기에 충분한 매장량을 가지고 있다. 중국 철도공사(CREC)와 시노하이드로는 콩고 민주공화국의 구리와 코발트 광산이 조업하기 이전에 또 다른 30억 달러를 투자할 것이다. 2011년 하반기에 생산이 시작되자 마지막 30억 달러가 도로, 철도, 병원을 짓는데 지출되었다. 중국 회사들은 10년 내에 자신들의 투자금액을 회수할 것으로 기대하고 있다. 이후, 콩고 민주공화국의 국영기업의 1/3의 지분을, 중국 기업이 2/3의 지분을 가지는 공동합작 벤처기업이 이 광산을 계속해서 채굴할 것이다.

인권보호 단체들은 이 협약의 구체적 내용이 공표되지 않았기 때문에 이를 비판한다. 알려진 바에 따르면 중국의 국영 기업들은 기반시설이 다 지어질 때까지 광업을 통해 얻는 수익에 대한 세금과 수입해 오는 기계설비에 대한 관세를 면제받는다. 조지 카피암바 변호사 같은 비판론자들이 거래가 이 나라의 식민지 통치자였던 벨기에의 레오파드 2세에 의해 시행된 것과 유사하게 대주주인 중국이 자원을 합법적으로 약탈하는 것에 해당된다고 믿는다.

문제

1) 콩고 민주공화국과 중국 간의 벤쳐사업은 경제통합의 의미를 띠고 있는가? 설명해 보라.

2) 중국이 윤리적으로 행동하고 있다고 생각하는가? 아니면 중국이 단지 콩고 민주공화국의 장점을 탈취하는 것인가? 당신은 콩고 민주공화국이 자국의 지하 자원을 개발하기 위해 사용할 수 있는 다른 전략을 찾아낼 수 있는가?

출처: Tim Whewell, "China to Seal $9 Billion DR Congo Deal," *BBC News*, April 14, 2008.

지역통합은 자원 주도의 경제성장과 이 성장의 혜택을 보다 넓게 퍼뜨리는 데 있어서 최고이다. 이는 제도적 개혁을 필요로 하고, 시장 접근성을 개선하기 위한 기반시설 투자의 증대를 필요로 하며, 세계시장으로의 우선적 접근 같은 인센티브와 자유화된 원산지 규칙, 그리고 기량의 개발을 필요로 한다.

사실확인 LO-2

당신의 나라가 속해 있는 지역통합블록을 알아보라. 그러한 지역통합블록의 일부가 된 것이 당신 개인의 복지에 도움이 된다고 생각하는가, 아니면 해가 되었다고 생각하는가? 그렇다면 그 이유는?

3-3. 지역통합은 세계 무역을 혼란스럽게 하는가?

LO-3
왜 국가들은 다자간무역 자유화를 희생하면서도 지역경제통합을 추구하고자 하는지 주요 이유들을 알아보시오.

이미 보았듯이, 전세계에 걸쳐 국가 집단들은 여러 종류의 경제협력 협정을 결성했는데, 주로 이들은 단순히 교역만을 위한 것보다는 상호의 이익과제들을 제고하기 위한 것이었다. 그리고 도하라운드에서 이루어진 무역협상의 결과를 둘러싼 불확실성으로 인해 더 자세히 크고 작은 국가들이 자신들의 특수한 상황에 맞는 양자간 또는 지역 무역협정을 맺겠다고 발표하고 있다. 경제학자들은 이러한 협정들의 결과로서 모든 나라들에게 이익이 되는 진정한 의미에서 열린 세계경제 시스템에 대한 전망이 희미해지고 있다고 염려한다. 일부 국가의 정부들은(이 장의 시작부분에서 다루었던 환태평양 경제동반자협정(TPP)와 같은) 지역협정을 시작함으로써 외교적·환경적 또는 안보적 연결고리를 공고하게 하는 대신에 다자간 세계무역 자유화의 추진력을 저하시키는 위험을 범하고 있을 수도 있다.

이 문제를 조금 더 고민해 보기 위해 4개의 다양한 주요 지역통합블록들이 어떻게 수행하고 있는지에 대해 살펴볼 것이다. 이 지역통합블록들은 다음 세기 동안에 매우 중요한 역할을 맡을 가능성이 높다. 그 통합체들이 세계화를 혼란스럽게 하는가?

사실확인 LO-3

당신 국가의 정책결정자들은 지역통합이나 세계적 통합을 더 많이 추진하고 있는가? 왜 그렇게 하는가? 그러한 정책들은 당신에게 개인적으로 도움이 되는가? 만일 그렇다면, 어떤 방식으로 그러한가?

3-4. 유럽 연합(EU)

LO-4
유럽연합을 가장 발전된 형태의 지역통합블록으로 보는 이유를 설명하라.

벨기에의 브뤼셀에 본부가 있는 유럽연합은 세계에서 가장 발전된 형태의 지역통합이다. 유럽연합은 이미 경제통합 단계에서 네 번째 단계에 위치해 있고(참고자료 3.2참조) 공동의 방위 및 대외정책 제도를 가지는 정치적 동맹을 향해 나아가고 있다. 제2차 세계대전 동안에 유럽의 기반시설이 파괴 된 후, 미국은 마셜계획을 통해 유럽을 재건했다. 덧붙여, 1장에서 다루었듯이, 세계은행그룹(정확히는 국제부흥개발은행)이 1944년에 유럽의 경제를 재건하고 안정화하기 위하여 설립되었다. 이러한 계획들의 목적은 전부 자유시장 경제원칙과 개방형 경제시스템에 기반한 강하고, 민주주의적이며, 독립적인 유럽연합을 만들어 내는 것이었다.

유럽연합의 시초는 6개의 초창기 회원국인 프랑스, 서독, 이탈리아, 벨기에, 네덜란드, 룩셈부르크가 1952년에 석탄, 철강, 철광석에 대한 공동시장으로서 설립한 '유럽석탄-철강 공동체(ECSC)'의 창설에서 찾아야 한다. 이 기구의 목적은 회원국간 철강 산

참고자료 3.6: 유럽연합

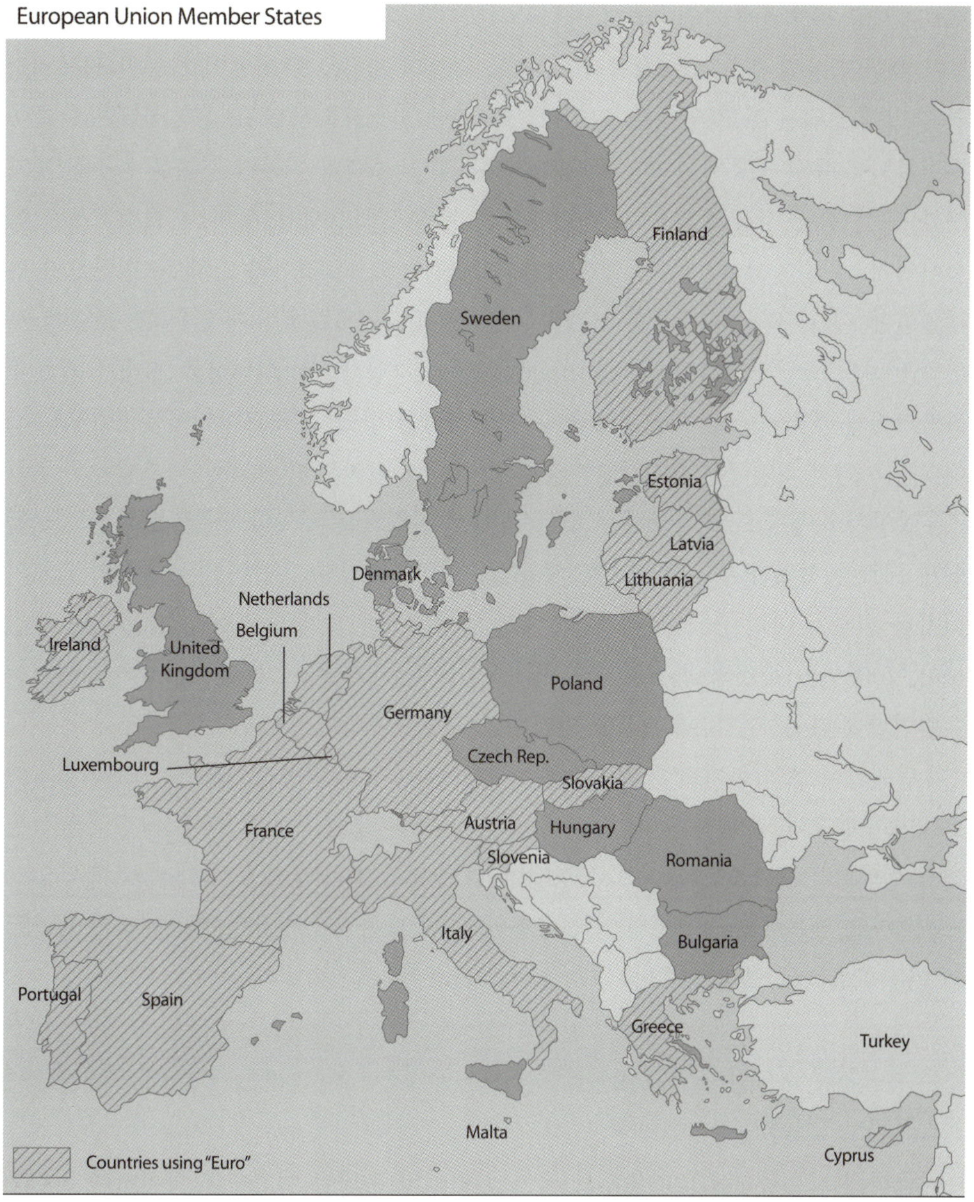

업내의 협력을 증대시키는 한편 서로 전쟁을 일으키지 않도록 하는 것이었다. 그래서 평화와 번영은 '유럽 석탄-철강공동체(ECSC)'의 창설의 주된 이유였다.

두 번째로 주요한 단계는 비회원국에 대한 동일한 외부적 관세를 매길 뿐 아니라 회원국간의 자유무역을 조건으로 하는 '유럽 경제공동체(EEC)'를 만들어낸 1957년의 로마 조약의 승인이었다. 1960년에 영국과 덴마크, 스웨덴, 핀란드, 스위스, 오스트리아, 포르투갈이 '유럽 자유무역연합(EFTA)'을 결성했다. 영국과 아일랜드, 덴마크가 1961년 8월에 유럽 경제공동체에 가입 신청을 했지만 1973년까지 이들은 가입이 허용되지 않아 전체 회원국의 수는 9개로 남아 있었다. 이러한 지연은 주로 프랑스의 대통령이었던 샤를 드골이 영국의 가입에 반감을 드러냈기 때문이었다. 드골은 영국이 "트로이 목마"라서 유럽 경제공동체에 들어오도록 하면 영국이 유럽 경제공동체의 이익보다는 미국에게 혜택을 줄 것이라고 생각했다. 1981년에는 그리스가 가입하였고, 스페인과

포르투갈은 1986년에 가입하면서 가입국의 숫자는 12개로 늘어나게 되었다.

이 때까지 유럽 공동체는 상품과 서비스, 자본의 자유로운 이동이 가능한 공동시장의 설립에 초점을 두고 있었다. 그러나 1992년에 마스트리히트 조약(Maastricht Treaty)이 이루어지면서 유럽 공동체는 회원국간의 자유로운 노동력의 이동이 가능한 완전한 경제연합, 또는 단일 시장이 되었다. 유럽연합은 회원국들의 재정, 통화, 사회정책들을 통합시키기(조화시키고 단일화하기) 시작했다. 1995년 1월에 오스트리아와 스웨덴, 핀란드가 유럽연합에 가입하면서 회원국은 15개가 되었다. 2004년 5월에 10개(소비에트 연방으로부터 독립한 8개와 키프로스, 몰타)의 새로운 국가들이 유럽연합에 가입하면서 회원국은 25개가 되었다. 불가리아와 루마니아는 2007년 1월에 가입 허가를 받았고, 크로아티아는 2013년 7월에 가입하면서 회원국은 총 28개가 되었다(자세한 것은 참고자료 3.6과 참고자료 3.7 참조).

유럽연합이 동방으로 확장하는 것은 과거를 반영하는 것이다. 이는 또한 회원국들에게 새로운 사업과 투자의 기회를 제공할 것이다. 확장된 유럽연합은 연합의 일부가 되기를 원하는 비회원국 내의 기업들에게 엄청난 도전과제와 기회를 제공한다. 예를 들어, 2008년의 세계적 신용위기가 아이슬란드를 파괴했고 그 때부터 아이슬란드는 유럽연합에 가입하는 것에 관심을 나타내기 시작했다.

유럽연합은 조약에 기반한 지역블록이다. 1957년의 로마 조약에서부터 시작해서 마스트리히트 조약, 코펜하겐 조약, 니스 조약, 리스본 조약과 같은 다수의 조약들을 통해 유럽연합은 미국과 효과적으로 경쟁할 수 있도록 연합의 제도적(경제적·정치적·사회적·방위적) 결합을 강화하고 심화시켰다. 참고자료 3.7이 보여주듯이 유럽연합은 국내 총소득과 인구 모두 미국을 앞질렀다.

3-4a. 터키

지금까지는 유럽연합의 가입후보 국가인 터키의 운명이 여전히 불확실하여 논란이 계속되었다. 지리적으로는 터키의 국토 중 5%만이 유럽에 걸쳐 있다. 거기에다 상대적으로 낮은 1인당 소득수준 때문에 비판론자들은 유럽연합의 예산 중 상당량이 터키의 가입 후에는 기반시설의 개발에 투자되어야 할 것이라고 경고한다. 유럽 사람들의 또 다른 걱정은 인권 보호에 의문점이 있고 사회적 소수(특히 쿠르드인들)에 대한 부적절한 처사를 가한(유럽인들이 믿기로는) 진정한 민주주의 국가가 아닌 곳에서 군부의 강력한 역할이다. 7400만의 터키 인구는 독일의 8200만 다음으로 유럽연합에서 많은 인구를 가지고 있고 성장률 역시 매우 높다. 2020년까지 터키의 인구가 독일의 감소하는 인구를 따라 잡을 것으로 예측된다. 더 나아가서 공개적으로 다루어지지는 않았으나 유럽연합의 가장 큰 고민은 터키 인구의 대부분이 무슬림이라는 것이다. 결과적으로 터키가 가까운 미래에 유럽연합에 가입하게 된다면 2020년까지(인구에 있어서) 가장 큰 회원국이 될 것이며, 가장 많은 투표권을 가지게 되어서 유럽연합의 성격을 잠정적으로 바꾸게 될 수도 있다. 터키가 유럽연합에 1987년부터 가입 신청을 했음에도 불구하고 터키

참고자료 3.7: 유럽연합과 미국의 비교

	인 구 (백만명)	국토넓이 (천 제곱 킬로미터)	인구밀도 (제곱 킬로미터 당 인구)	국내 총 소득 (2009년 기준, 백만달러)	1인당 국내 총소득 (2009년, 달러)	PPP 기준 국내 총 소득 (2009년 기준, 백만 달러)	PPP 기준 일인당 국내 총 소득 (2009년, 달러)
오스트리아	8.00	84	101	389	46,450	321	38,410
벨기에	11.00	31	356	488	45,270	395	36,610
불가리아	8.00	111	70	46	6,060	101	13,260
키프로스	0.80	9	86	23	28,900	21	26,370
체코	10.00	79	136	182	17,310	251	23,940
덴마크	6.00	43	130	327	59,060	214	38,780
에스토니아	1.00	45	32	19	14,060	26	19,120
핀란드	5.00	338	18	245	45,940	188	35,280
프랑스	63.00	549	114	2,751	42,620	2,191	33,950
독일	82.00	347	235	3,476	42,450	3,017	36,850
그리스	11.00	132	88	328	29,040	325	28,800
헝가리	10.00	93	112	130	12,980	191	19,090
아일랜드	4.00	70	65	197	44,280	147	33,040
이탈리아	60.00	301	205	2,115	35,110	1,919	31,870
라트비아	2.00	65	36	28	12,390	40	17,610
리투아니아	3.00	65	53	38	11,410	58	17,310
룩셈부르크	0.48	3	185	36	75,880	31	64,400
몰타	0.41	0.3	1281	6	15,310	9	20,990
네덜란드	17.00	42	490	801	48,460	657	39,740
폴란드	38.00	313	125	468	12,260	698	18,290
포르투갈	11.00	92	116	233	21,910	256	24,080
루마니아	21.00	238	93	179	8,330	312	14,540
스페인	46.00	505	92	1,476	32,120	1,447	31,490
슬로바키아	5.00	49	113	87	16,130	120	22,110
슬로베니아	2.00	20	101	48	23,520	54	26,470
스웨덴	9.00	450	23	454	48,840	354	38,050
영국	62.00	244	256	2,558	41,370	2,217	35,860
유럽 연합	496.69	4,318	115	17,129	34,485	15,560	31,326
터키	75.00	784	97	652	8,720	1,010	13,500
미국	307.00	9,832	34	14,234	46,360	14,011	45,640

출처: 세계 은행, 2011. *World Development Indicators*, 2011, pp. 10–12. © World Bank. http://data.worldbank.org/data-catalog/world-development-indicators/wdi-2011

와 유럽연합 간의 상담은 2004년부터 이어가고 있으나 터키가 유럽연합으로 받아들여 질지는 여전히 미지수이다.

3-4b. 유로화(Euro)

1992년의 마스트리히트 조약의 일부로 유럽연합의 단일 화폐인 유로화가 1999년 1월 1일에 도입되었다. 2010년의 4월에 그리스에서 시작되어 아일랜드와 스페인, 이탈리아, 키프로스, 포르투갈로 이어진 유럽의 국가부채 위기가 시작되기 전까지 유로화의 실적은(안정성 확보의 측면에서) 주목할 만 했으며 유로화는 유럽의 경제를 통합하려는 유럽연합 계획의 대(大)성공인 것으로 여겨졌다.

2010년 초에 유럽의 국가부채 위기가 시작되기 전까지 유로는 국가들이 보유하는 해외 통화(4장에서 다시 다루어질 개념)로서의 역할을 잘 해내었다. 외국 정부들이 달러에서 유로로 외화 보유량을 변화시키면서 이는 2008년 세계적 신용위기 때문에 더욱 강화되었다. 예를 들어, 1999년에 세계의 정부들이 보유하고 있는 외화에서 유로화가 18%를 차지했으나 2009년에는 30%를 차지한 반면, 달러는 같은 기간에 70%에서 60%로 떨어졌다.

재정과 통화에 관한 엄격한 기준을 맞춘 이후에 28개 회원국들 중 19개회원국이 유로화를 사용하도록 허용되었다. 참고자료 3.6은 유로존(유로화를 국가의 통화로 사용하는 국가들)의 일부 국가들을 대표하여 보여준다. 독일의 프랑크푸르트에 기반을 둔 세계에서 가장 독립적인 중앙은행인 유럽 중앙은행(ECB)은 유로존 국가들의 최상위 중앙은행으로서(19개 회원국의 중앙은행들이 시행하는) 유로존의 통화정책을 책임지고 유로화의 안정성을 유지한다. 유럽 중앙은행은 유로존 국가들의 인플레이션을 가능한 한 연간 2%에 가깝게 낮추는 것으로 유로화의 안정성을 유지하려고 한다.

영국과 덴마크, 스웨덴이 유로존에 가입하기 위한 기준을 충족시켰지만 영국과 덴마크는 가입하지 않기로 했고, 스웨덴의 경우에는 국민들이 유로화를 사용하는 대신에 자국 통화를 계속 사용하기로 결정했다. 다른 6개국은 유럽의 국가부채 위기가 해결된 이후에 유로존에 가입하기를 원하며, 새로운 가입자는 유럽연합의 제시하는 국가 재정과 통화에 대한 엄격한 기준을 충족시켜야 한다.

사실확인 LO-4

연말 기준의 연간자료를 사용하여 유로화의 가치가 (당신의 자국 통화에 비해) 지난 5년간 어떻게 변했는지를 알아보라. 유로화는 안정적인가에 대한 의견을 서술하라. 지금은 유럽연합을 가입하기에 적절한 때인가를 설명하라.

3-5. 북미 자유무역협정(NAFTA)

LO-5
북미 자유무역협정(NAFTA)가 미국-멕시코 양국간 재화/용역의 무역에 끼친 영향을 설명하라.

북미 자유무역협정은 2009년에 마침내 실행된 관세와 비관세 장벽의 철폐부터 노동자의 인권과 환경문제까지의 이슈들을 대상으로 한 캐나다, 미국, 멕시코 간의 포괄적 자유무역협정이다. (참고자료 3.8 참조) 역사적으로 캐나다는 미국의 가장 큰 교역 대상이었고, 멕시코는 2위나 3위를 기록해 왔다. 이러한 남북으로의 가까운 교역관계는 미국으로 하여금 전략적 이웃들과의 좀더 공식적인 무역협정을 원하는 것을 당연하게 하였고, 이는 결국 북미 자유무역협정으로 이어졌다. 미국-캐나다의 경제를 멕시코와 통합하려는 계획은 1988년에 조인되어 1990년에 효력을 발휘한 미국-캐나다 협정의 성공 이후에 더욱 힘을 받기 시작했다. 북미 자유무역협정의 교섭은 1990년에 시작되었고, 1992년 12월에 3개국의 정부가 서명했으며, 각국의 국회의 비준을 받아서 1994년 1월에 효력을 발휘하게 되었다.

북미 자유무역협정은 3가지의 주요 목적을 가지고 있다. 첫째는 회원국들간의 관세, 쿼터제, 인증제도 등의 모든 무역 장벽을 폐지함으로써 상품과 서비스의 교역량을 늘리는 것이다. 둘째는(특허권과 소프트웨어나 음악 등의 저작권 법을 강화하는 등의) 지적재산권의 보호이다. 셋째는 미래에 발생할 수 있는 문제들(예를 들어 불공정거래, 노동권, 경쟁에 관한 정책, 협약의 규정과 규제의 시행 등)을 해결하기 위한 제도의 설립이다. 멕시코의 노동법과 환경보호에 관한 두 가지 추가적인 부수 조약들은 멕시코로 하여금 불공정한 노동법을 시행하지 못하고 환경보호 기준을 지키도록 하기 위해 미국과 멕시코 간에 조인되었다. 북미 자유무역협정과 추가 조약들은 1994년 1월에 동시에 효력을 가지게 되었다.

북미 자유무역협정의 구조가 자세하게 짜여 있다고는 하지만 그 제도들은 유럽 내의 정치적 · 법적 · 외교적 · 안보적 문제들을 공동으로 다루는 유럽연합 만큼에는 이르지 못했다. 멕시코는 미국과 긴밀한 경제적 유대를 지녀왔기 때문에 멕시코의 경제적 전망은 그 북쪽 이웃국가가 어떻게 되느냐에 크게 좌우되어 왔다. 미국의 경제가 불경기에 빠지면 멕시코에 끼치는 영향도 심각했고, 이는 미국에 거주하는 멕시코인들이 보내 오던 송금액이 줄어든 것과 미국에 대한 멕시코의 수출이 감소한 것을 보면 알 수 있다. 1999년 초에 멕시코는 유럽연합과의 자유무역협정을 맺음으로써 이러한 위험성에 대비하며 경제를 지킬 보호막을 만들기 위한 조치를 취하기 시작했다. 미국은 멕시코에게는 여전히 가장 큰 교역 동반자이지만 저비용 제조업이 미국에서 중국으로 이전함으로 인해(특히 유럽연합과의) 무역과 해외투자를 다양화하는 일은 멕시코가 자국의 경제성장을 지속시키기 위해서 필수적이다.

2004년까지 미국의 무역(수출입) 동반자 중 상위의 두 나라는 캐나다와 멕시코였다. 2004년에 미국과 캐나다의 교역량은 4,480억 달러였고, 멕시코와의 교역량은 2,960억 달러였다. 그러나 시간이 지나면서 중국이 멕시코를 따라잡고 미국과의 교역량에서 두 번째 자리를 차지하였다(참고자료 3.9참조).

참고자료 3.8: 북미 자유무역 협정

참고자료 3.9: 상품의 수출입을 기준으로 미국과 가장 많은 교역을 한 10개국(단위; 10억 달러)

수출량							
	2004	2005	2006	2007	2008	2009	2010
세계전체	819	907	1038	1163	1300	1057	1276
캐나다	188	211	230	248	261	205	248
멕시코	111	120	143	137	152	129	163
중국	35	42	55	65	72	70	92
일본	54	55	60	63	67	51	61
영국	36	39	45	50	54	46	49
독일	31	34	41	50	55	43	48
한국	26	28	33	35	35	29	39
네덜란드	24	27	31	33	40	32	35
싱가포르	20	21	25	26	29	22	29
프랑스	22	23	24	28	30	27	28

수입량							
	2004	2005	2006	2007	2008	2009	2010
세계전체	1526	1733	1919	2017	2166	1604	1968
중국	211	260	306	340	356	310	383
캐나다	260	292	308	318	340	228	280
멕시코	158	173	201	213	218	178	232
일본	133	142	152	149	143	98	124
독일	79	87	91	97	100	73	84
영국	48	52	55	58	60	48	51
한국	48	46	48	49	50	41	51
프랑스	33	35	38	43	45	35	39
베네수엘라	26	35	38	41	53	29	33
사우디아라비아	23	29	33	37	57	23	33

출처: IMF: *Direction of Trade Statistics Database*, 2011.

사실확인 LO-5

당신이 미국에 살고 있다면 크로거나 세이프웨이 같은 지역의 식료품점 체인에 들러서 신선한 채소들이 어디서 오는지 확인해 보라. 북미 자유무역협정이 상품 및 서비스 측면에서 미국•멕시코간 양자무역에 어떤 영향을 미쳤는지 설명하라.

3-6. 동남아시아 국가연합(ASEAN)

LO-6
동남아시아 국가연합(ASEAN)의 중요성을 설명하고, 21세기에는 아시아가 가장 중요한 자유무역지역이 될 가능성이 큰 이유를 설명하라.

인도네시아의 자카르타에 본부를 둔 동남아시아 국가연합은 1967년 8월에 인도네시아, 말레이시아, 필리핀, 싱가포르, 태국의 5개 국가를 시작으로 설립되었다. 브루나이가 1984년에 가입하고, 베트남이 1995년에, 라오스와 미얀마는 1997년에, 캄보디아가 1999년에 가입하면서 동남아시아 국가연합의 현재 가입국은 모두 10개이다(참고자료 3.10 참조). 2013년을 기준으로 동남아시아 국가연합의 권역내의 인구는 6억 2,500만 명으로 유럽연합보다 많으며, 영토의 넓이는 총 440만 제곱 킬로미터로 현재의 유럽연합보다 약간 크고, 전체 GDP는 2조 4,000억 달러로 유럽연합의 14% 정도가 된다. 참고자료 3.11은 동남아시아 국가연합의 핵심 경제지표들을 보여준다.

동남아시아 국가연합의 주요 목적은 두 가지인데

(1) 지역내의 경제성장과 사회적 발전, 문화적 개발을 가속화하는 것,

(2) 지역내의 국가들간의 관계에 있어서 법치를 통해 지역적 평화와 안정을 촉진하는 것이다.

2003년에 동남아시아 국가연합의 지도자들은 3개의 기둥인 동남아시아 국가연합 안보공동체와 동남아시아 국가연합 경제공동체, 동남아시아 국가연합 사회·문화 공동체를 기반으로 동남아시아 국가연합 공동체를 설립하는데 합의했다.

참고자료 3.10: 동남아시아 국가연합 (ASEAN)

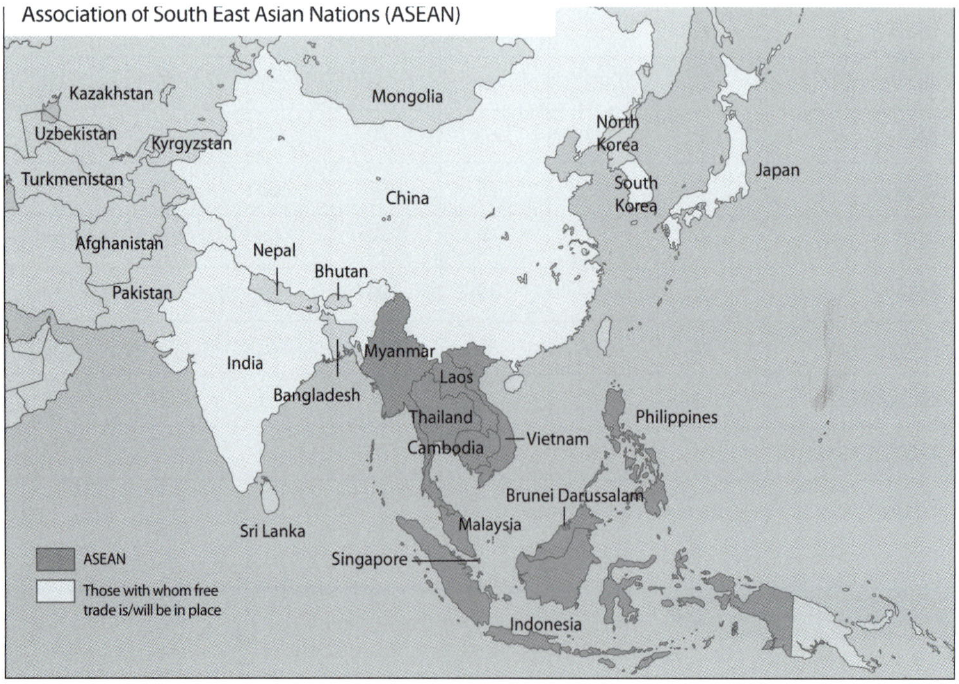

3-6a. ASEAN 안보공동체(ASC)

동남아시아 국가연합이 1967년에 설립된 이후, 회원국들 간의 군사력 대결에 대한 긴장은 더 이상 확대되지 않았다. 동남아시아 국가연합안보공동체(ASC)의 목적은 지역 내의 국가들이 서로 평화롭게 지내는 것과 역내 다양성을 인정하는 평화로운 과정에 전적으로 의존하는 것이다. 아시아-태평양 지역의 안보 상호의존성을 인식하면서 동남아시아 국가연합은 강대국들간의 관계, 핵 비확산, 반(反) 테러, 국제범죄 등의 역내 주요 안보문제를 다루기 위해 동남아시아 국가연합 지역포럼(ARF)을 설립했다.

3-6b. ASEAN 경제공동체(AEC)

이 공동체의 목적은 상품과 서비스, 투자와 자본이 자유롭게 이동하는 동시에 빈곤과 사회경제적 불균형을 줄이기 위한 안정적이고, 부유하며, 경쟁력 높은 동남아시아 국가연합 경제지역을 만드는 것이다. 동남아시아 국가연합 경제공동체가 단일의 시장과 생산거점을 세우기로 하기는 했으나, 유럽연합과는 다르게 동남아시아 국가연합 내의 노동력의 자유로운 이동은 바라지 않는다. 1992년에 시작된 동남아시아 국가연합 자유무역지대는 2007년에 자리를 잡았다. 이 자유무역지대는 회원국 간의 관세및

참고자료 3.11: 동남아시아 국가연합의 주요 경제지표들(2013년 기준)

	인 구 (백만명)	국토넓이 (천 제곱 킬로미터)	인구밀도 (제곱 킬로미터 당 인구)	국내 총소득 (2013년 기준, 백만 달러)	일인당 국내 총소득 (2013년, 달러)	PPP 기준 국내 총소득 (2013년 기준, 백만 달러)	PPP 기준 1인당 국내 총소득 (2013년, 달러)	전체 교역량 (2013년 기준, 백만 달러)
브루나이	0.41	5.8	70	16.12	39,679	21.54	53,017	15.06
캄보디아	14.96	181.0	83	15.66	1,046	39.69	2,653	18.32
인도네시아	248.82	1860.4	134	862.57	3,467	1,277.06	5,133	369.18
라오스	6.64	236.8	28	10.00	1,505	20.78	3,127	5.88
말레이시아	29.95	330.3	91	312.07	10,421	525.30	17,541	434.2
미얀마	61.57	676.6	91	56.41	916	112.97	1,835	23.45
필리핀	99.38	3000.0	331	269.02	2,707	451.79	4,546	119.11
싱가포르	5.40	0.7	7,550	297.95	55,183	351.29	65,064	783.27
태국	68.25	513.1	133	387.53	5,678	673.82	9,873	478.25
베트남	89.71	331.0	271	171.22	1,909	361.18	4,026	264.77
연합 총합	625.10	4435.6	139	2398.55	3,837	3,835.42	6,136	2,511.55

출처: ASEAN Finance and Macro-economic Surveillance Unit Database. ASEAN Merchandise Trade Statistics Database (2014). (from www.asean.org/news/item/selected-key-indicators)

비관세 무역장벽들을 제거함으로써 규모의 경제와 생산의 특화를 촉진하는 것을 목표로 한다. 다른 주요한 통합 관련 경제활동에는 금융부분의 자유화, 도로/철도/송유관/항만/공항의 연결과 현대화, 통신 서비스의 상호연결, 인적자원 개발을 포함한다.

3-6c. ASEAN 사회 · 문화공동체

이 공동체의 목적은 동남아시아 국가연합의 노동력으로 이미 진행중인 경제적 통합 과정으로부터 이익을 얻어내도록 잘 준비하게 하는 것이다. 수행사업들은 교육, 훈련, 연구개발에 대한 투자 그리고 공공 보건사업과 사회적 보호를 통해 농어촌 인구와 혜택을 받지 못하는 집단의 생활수준을 끌어 올리는 방향으로 자리잡아 가고 있다.

3-6d. ASEAN의 미래

동남아시아 국가연합의 비전 2020은 외부로 적극적으로 진출하는 경제정책을 나타낸다. 여러 개의 양자간 자유무역협정이 현재 진행중에 있다. 동남아시아 국가연합과 일본간의 포괄적 경제동반자 협정(AJCEP)은 2008년 12월 1일에 발효되었는데, 상품과 서비스 무역, 그리고 투자와 경제협력을 다루고 있다. AANZFTA라고 불리는 동남아시아 국가연합과 오스트레일리아, 뉴질랜드 간의 자유무역협정은 2009년 2월에 조인되었고, 동남아시아 국가연합과 인도간의 자유무역협정(AIFTA)은 동남아시아 국가연합-한국간 자유무역협정(AKTRA)이 현실화된 직후인 2010년 1월 1일에 조인되었다. 중국과의 초기 협정의 틀인 동남아시아 국가연합-중국간 자유무역협정(ACFTA)은 2002년 11월에 조인되어 2015년 1월 1일에 완전히 운영되기 시작했다. 모든 것이 계획대로 이루어진다면, 동남아시아 국가연합에 의한 자유무역협정은 아시아의 대부분을 차지하는 세계 최대의 자유무역 지대를 만들어낼 것이다.

동남아시아 국가연합의 증대되는 우려는 저가 제조업의 중심지로서 해외직접투자의 가장 매력적인 종착지들 중 하나가 된 중국의 경제적 우위이다. 중국은 자본주의를 받아들이고, 세계의 두 번째 강력한 국가가 되려고 노력함에 따라 자국의 정치적 근육을 유연하게 풀고 있다. 지난 20세기 중 1세기부터 18세기까지 중국은 세계에서 가장 큰 경제권이었으며 지난 두 세기도 많은 중국의 엘리트들은 저개발과 식민지화를 극복해야 하고, 결국은 극복하게 될 일시적 궤도이탈 현상이라고 생각했다. 동남아시아 국가연합의 회원국들은 일자리 손실과 중국으로의 수출하락을 막는 것과 또한 중국의 성장하는 내수시장을 두드리는 것에 중국과의 자유무역협정이 도움이 되기를 원한다. 중국의 입장에서 동남아시아 국가연합과의 자유무역협정은 지역내의 영향력을 강화하는 것을 의미한다.

사실확인 LO-6

아시아에서 활동하는 다국적 기업들의 중심지로 여겨지는 동남아시아 국가연합 국가가 있는지 알아보라. 그 국가의 1인당 소득을 미국과 비교해 보고, 어떻게 다른지, 왜 다른지를 알아보라.

3-7. 중남미의 지역통합

LO-7
중남미의 지역통합이 도전 과제인 이유와 남미공동시장(MERCOSUR)과 비슷한 형태의 공동체가 더 성공적일 가능성이 높은 지를 설명하라.

중남미(Latin America)에 있는 국가들이 인적자원이나 천연자원들은 풍부하지만 이 지역은 나중에 다시 다루겠지만 지속적으로 바뀌는 지역 무역/투자 협정들이 혼재되었다. 중남미에서 나타난 자유무역으로 나아가는 첫 걸음은 1960년에 몬테비데오 조약이 조인되어 중남미 자유무역협회(LAFTA)가 결성되면서 시작되었다. 아르헨티나, 브라질, 칠레, 멕시코, 파라과이, 페루, 우루과이의 7개국은 1972년부터 자유무역지대를 만들고자 하는 의도를 피력했지만, 이는 회원국들 사이에서 관세장벽을 낮추는 단계와 일정에 대한 합의가 이루어지지 못했기 때문에 성공하지 못했다. 1969년에 중남미 자유무역협회(LAFTA)가 더 이상 발전하지 못함에 좌절한 볼리비아, 칠레, 콜롬비아, 에콰도르, 페루는 세금감면, 공동외부관세, 자국의 관계국들 중 산업화가 더 덜된 지역에 대한 투자를 통한 경제통합을 목표로 하는 안데스 그룹(Andean Group)을 만들었다.

한편 아르헨티나와 브라질은 1985년에 양자간 무역자유화에 대한 논의를 시작했는데 이는 아르헨티나, 브라질, 파라과이가 참여한 남미공동시장(MERCOSUR)을 만들어 낸 1991년의 아순시온 조약의 조인으로 진전되었다. 이 조약은 점진적 관세인하, 부문별 협정과 단일 공동 외부관세의 수용 그리고 2005년까지의 공동시장 창설을 골자로 하였다. 베네수엘라는 2012년 7월에 회원국이 되었고 엄청난 에너지 자원의 매장량과 거대한 내수시장 때문에 중요한 회원국으로 여겨진다. 가이아나와 수리남은 2013년 7월에 남미공동시장의 기본조약들에 서명을 해서 제휴국(준회원국)이 되었다. 자국의 채무위기와 2002년 페소화의 붕괴에 따른 아르헨티나의 경제적 불확실성은 남미공동시장에 여전히 분안요소로 남아있다.

이러한 문제들은 지금까지 대부분의 중남미 무역협정들이 이행되지 못하게 했고 회원국들로 하여금 반복적으로 동맹체와 목적, 그리고 접근법을 바꾸도록 해왔다.

북미 자유무역협정의 예견된 성공과 함께 아메리카 자유무역지대(FTAA)를 설립하자는 공식적인 논의가 1994년 클린턴 행정부의 주도 하에 시작되었다. 이 생각은 쿠바를 제외한 모든 중남미 국가들인 34개국이 참여한 아메리카 정상회담에서 시작되었다. 만일 이것이 시행되어 진다면, 아메리카 자유무역지대는 8억의 인구와 거대한 지역 시장을 수용하게 될 것이다. 미국은 2005년을 기한으로 이에 합의하기를 원했으나 2005년이 되기 전 미국과 베네수엘라 사이에 내정간섭 문제로 쟁의가 생겼다. 베네수엘라의 대통령인 우고 차베스(Hugo Chavez)는 아메리카 자유무역지대에 대한 전반적인 반대

참고자료 3.12: 중남미의 지역적 통합

의견을 피력했고(이는 미국에 대한 반대라고 볼 수 있다) 자신의 의견을 지지하는 중남미의 일부 지도자들을 모을 수 있었다. 이러한 해결되지 않은 문제로 인해 아메리카 자유무역지대는 가까운 시일 내에 성사될 것 같지는 않다.

북미 자유무역협정을 멕시코 이남으로 확장하기 위한 수단으로서 2003년 6월 6일에 칠레가 자유무역협정에 서명한 이후, 부시 행정부는(코스타리카, 엘살바도르, 과테말라, 온두라스, 니카라과 등의) 5개 중미 국가들과 도미니카 공화국과의 자유무역협상을 시작했다. 그 결과로 나온 것이 도미니카공화국-중앙아메리카간 자유무역협정(DR-CAFTA)이며 이는 2005년에

도미니카공화국-중앙아메리카 간 자유무역협정(DR-CAFTA) 도미니카 공화국의 사탕수수 농부들은 미국으로의 설탕과 바이오 에탄올 수출을 늘리고 있다.

효력을 발휘했다. 미국과 중미 간의 상호 교역량은 멕시코와 미국간에 교역하는 양의 10% 정도밖에 되지 않지만, 미국과 중미의 경제에서 미국은 곡물을 생산하는 데 우위를 가지고 있고 중미의 국가들은 커피와 바나나 같은 열대과일과 관상식물, 설탕(사탕수수에서 나오는 바이오 에탄올을 포함하여)을 싸게 생산하기 때문에 비교적 상호 보완적이다.

여러 주요 지역적 무역블록에 관한 정보들을 토대로 볼 때, 다자간 무역 및 투자 자유화는 계속 실패할 것이 분명하며, 지역적 통합블록이 미래에 더 성행할 것으로 보인다.

사실확인 LO-7

당신 지역의 식료품점에 들러서 다양한 브랜드의 프리미엄 원두커피들의 원산지를 확인해보라. 어떤 무역협정이 그러한 커피 메이커를 선택할 수 있도록 했다고 생각하는가?

정리

두 개나 그 이상의 국가들이 함께 참여하여 지역적 통합블록 결성할 수 있었다. 통합의 주된 목적은 경제적, 지정학적, 사회적, 지역적 안보일 수 있었다.

그 목적이 순수하게 경제적인 것이라면, 통합과정은 지역적 경제통합이라고 불린다. 대부분의 경우에 있어서 일차적인 이유는 생산에서의 규모의 경제와 특성화를 이용하여 회원국의 효율성과 국제적 경쟁력을 키우는 것이다. 회원국들이 얼마나 서로 가깝게 협력하기 원하는지에 따라 경제적 통합도에 여러 종류가 있지만, 경제적 통합 그룹이 일반적으로 따르는 다섯 가지 진행단계가 있다. 첫 번째는 가장 기본적인 것은 회원국 간에 관세 및 비관세 장벽과 쿼터제를 철폐하는 것을 필수적으로 요구하는 자유무역지대이다. 두 번째는 관세 동맹으로, 하나의 자유무역지역이 비회원국에게 공동의 외부관세를 매기는 것을 의미한다. 세 번째는 공동시장 또는 단일시장인데, 회원국들 사이에 노동력과 자본의 자유로운 이동을 허용한다. 네 번째는 경제적 연합인데, 이는 회원국들 간에 사회/경제/통화 정책을 수렴시키는 것을 요구한다. 마지막으로, 정치적 연합은 회원국들이 하나의 국가처럼 행동하도록 공동의 대외정책과 안보정책을 사용한다.

지역적 통합의 이점은 늘어나는 소득으로 인해 하나의 거대한 소비자 집단(Pool Of Consumers)을 형성하는 것, 제품과 서비스를 국제적으로 경쟁력 있는 가격에 제공하는 것, 자본, 노동, 기술의 자유로운 흐름을 강화하는 것, 지역내의 국가들간의 협력 · 평화 · 안보를 증진시키는 것 등이 있다. 지역적 통합의 손해로는 최혜국 대우를 무시하는 것, 주권의 약화, 문화와 사회의 차이를 상대적으로 무시하는 것 등이 있다.

경제적 지리(경제지리)는 지역적 통합블록의 성공정도와 분할뿐만 아니라 국제무역의 흐름을 설명코자 시도한다. 세계은행의 2009년 세계개발보고서는 지역통합에 결정적으로 중요한 4개 요소를 식별했는데, 이는 주요 세계시장, 입지(그런 시장들과의 접근성), 지역적 블록에 속한 국가들간의 개방 정도, 지역적 블록내의 거대시장의 존재여부이다. 도하라운드의 무역협상이 답보상태에 놓임으로써 지속적인 세계화를 통해 이익을 얻고자 하는 국가들은 경제성장의 목적을 이루기 위한 수단으로서 지역적 경제통합에 호소하게 될 것이다.

유럽연합은 경제적으로 완전하게 통합되었고 정치적 연합으로 나아가고 있기 때문에 세계에서 가장 발전한, (GDP와 GNI로 보았을 때) 가장 거대한 지역적 통합블록이다.

한편, 북미 자유무역협정은 경제적 통합 단계에 있어서 첫번째 단계(자유무역)밖에 이루어내지 못했으며, 유럽연합을 따라 잡으려면(정치적 의지가 필요하겠지만) 앞으로도 갈 길이 멀다. 그러나 미국의 경제규모 때문에, 북미 자유무역협정은(GDP와 GNI로 보았을 때) 유럽연합 다음으로 큰 것으로 여겨지며, 멕시코에 엄청난 이득을 주고 있다.

미래의 모습은 상당히 변할 것이다. 동남아시아 국가연합은 오스트레일리아, 뉴질랜드, 인도, 중국, 일본, 한국과의 자유무역협정을 맺으며 확장하고 있고 이러한 확장된 자유무역협정 지대는 "아시아의 세기"를 반영하기라도 하듯 세계최대의 규모가 될 것이다.

중남미는 지역적 통합블록에 있어서 엄청난 가능성을 보여준다. 이 지역에는 천연자원들이 풍부하고, 아르헨티나와 브라질, 칠레는 뛰어난 인적자원도 가지고 있다. 그러나 정치적 통일성의 부족과 불안정한 경제/사회 정책, 그리고 국내정치에 있어서의 외부간섭 등은 중남미가 경제적 통합을 통한 세력을 구축하지 못하도록 하고 있다. 다자간 무역/투자 자유화가 계속해서 실패한 상태로 머문다면 지역적 통합블록이 미래에도 우세한 방법이 될 것 같다.

주요단어

지역적 통합	관세동맹	정치적 연합
공간적 변혁	공동시장 또는 단일시장	경제적 지리(경제지리)
자유무역지대	경제적 · 통화적 연합	

문제 풀이

1. 국가들이 다자간 경제자유화 체제와 지역적경제통합 체제의 상황 중 어느 것에서 더 잘 살게 될까? 그 이유는?

2. 지역적 경제통합의 성공을 설명하는 데 있어서 경제적 지리가 얼마나 효용이 있는가? 예를 들어보아라.

3. 국가들은 왜 지역적 통합블록의 서명에 몰려드는가?

4. 유럽연합은 가장 발전한 형태의 지역적 통합임에도 현재 힘든 기간을 겪고 있다. 어떠한 형태의 문제점이 존재하고 있는가?

5. 북미 자유무역협정이 멕시코-미국 간 무역과 투자를 증진시켰지만 미국과 중국 사이의 양자간 무역량이 멕시코보다 많다. 이러한 상황이 일어난 이유가 무엇인가?

6. 아시아의 대부분이 2020년까지 자유무역 지대가 될 것으로 보인다. 이러한 발전이 세계적으로 주는 의미가 무엇인가?

7. 중남미의 지역적 통합은 엄청난 가능성을 보이고 있다. 그러나, 경제적 달성은 상대적으로 적다. 왜 그러한가?

사례 유럽은 진정 국경이 없는 하나의 연합인가?

국경이 없는 유럽연합? 2004년에 새로운 10개의 회원국과 2007년에 또 다른 두 개의 국가, 2013년에 한 국가를 받아들이면서 유럽연합은 심각한 통합의 문제를 겪고 있다. 이는 특히 2008년 세계적 신용위기와 그 위에 겹쳐서 발생한 2010년 유럽 국가 부채 위기 이후로 더하다. 일부 유럽연합 납세자들은 새로운 회원국들이 급하게 가입허가를 받기 전에 적절한 조사가 이루어졌는지에 위심을 품는다. 아일랜드와 포르투갈에 대한 금융부문의 엄청난 긴급구제는 이후 이루어진 그리스의 국가부채와 고질적인 국가재정 문제를 재건하는 고통스러운 조치에 더해져 다른 유럽연합 국가들을 구조하고자 하는 유복한 국가들에게 한계점을 보여주기 시작했다. 소위 과거에 "스타 경제부국들"이라고 불리던 영국, 아일랜드, 스페인 등의 국가들이 국가 재정 부문에서 겪은 완전한 실패는 "시장중심" 경제의 국가들에 의해 적용되었던 영미식 자본주의의 약점을 명확히 드러냈다. 서구의 납세자들이 이익은 사유화하고 손해는 사회에 돌리는 "자본주의 체제"로 이득을 보고 있었기 때문에, 재정분야에서의 더 강하고 효과적인 규제에 대한 대중의 요구는 미국과 유럽에서 새로운 금융법을 도입하게 했다.

이 시나리오에는 많은 질문들이 있다.

(a) 유럽연합이 과연 동쪽으로 너무 빠르고 성급하게 확장했는가?

(b) 유럽연합은 연합의 관리를 기회로 삼는 "메뉴 식(la carte)" 회원자격을 부여해 매달리고 있는가?

(c) 새로운 회원국이 가까운 미래에 언제 더 받아들여져야 하는가?

(d) 유럽연합이 건너서는 안 되는 경계선(터키나 그루지야 아니면 우크라이나와 같은 국가들을 의미)이 필요한가?

유럽연합 반대파들은 소련이 공산주의를 안전하게 지키기 위해 주변국들을 적극적으로 강제 합병했던 것처럼, 유럽연합도 유럽의 민주주의를 지키기 위해 러시아의 국경에 다다를 때까지 회원국을 늘리고 있다고 주장한다. 이 과정에서 많은 국가들이 적절한 조사 없이 유럽연합에 들어왔고, 또 들어오고 있다. 러시아인들은 유럽연합 회원국들이 대부분 한 국가가 공격당하면 회원국 전체가 대응하는 규정을 가지고 있는 나토 회원국이며, 이는 곧 작은 군사분쟁이 크게 번질 수 있다는 것임을 염려하고 있다. 러시아는 이 때문에 유럽 연합과 나토에 가입 신청을 한 그루지야와 우크라이나를 유심히 지켜보고 있다. 러시아는 이 두 국가가 유럽연합에 가입하는 것을 매우 염려하고 있으며 이들의 나토 가입은 받아들일 수 없을 것이다. 2014년의 러시아의 크림반도 합병과 러시아어를 사용하는 우크라이나 동부 침공은 러시아의 인내심이 시험에 들었다는 것을 명확히 보여준다. 그루지야와 우크라이나가 나토에 가입하지 못하도록 흔드는 것이 러시아의 목적인지도 모른다.

유럽연합이 회원국들에게 반드시 따라야 하는 모범적인 가치 지향적 목표(이른 바 민주주의 준수에 대한 코펜하겐 기준 원칙, 법의 통치, 사회적 소수자의 권리 등)를 제시하기는 했지만 비판론자들은 회원국 자신들이 따르고 싶은 유럽연합 목표만을 "골라 줍기"하고 있다고 주장한다. 그래서 유럽연합은 본질적으로 차별화된 지역적 통합을 실행하고 있다. 예컨대 영국과 덴마크는 유로 가입 조건에 직면하자 유로존을 탈퇴시키는 쪽을 선택했다. 일단 어떤 한 유럽연합국가에 합법적으로 입국한 사람은 다른 유럽연합 국가로 그 나라의 비자 없이도 건너갈 수 있도록 허용하는 셍겐 국경개방 지대는 아이슬란드, 노르웨이, 스위스 등 비회원국에까지 확장되었으나 영국이나 아일랜드처럼 이 협정에서 빠진 유럽연합 회원국도 있다. 2009년에 맺어진 리스본 조약은 영국과 폴란드가 9/11 테러 용의자를 고문을 통해 자백을 받아내기 위해 제삼국으로 송환함으로써 인권을 침해했음에도 '기본권 헌장'에 대해서 면죄부를 주었다. 유럽연합 내에서 법의 통치를 일률적으로 강행하는 것이 부족하다면 회원제 정책의 다양한 순열 • 조합을 감시하는 일로서 브뤼셀의 악몽으로 되돌아 갈 수 있기 때문에 유럽연합 자체를 약화시킬 따름이다.

✻ 질문

1) 유럽연합과 러시아의 안보적 염려를 고려할 때 유럽연합의 동쪽 경계가 어디여야 하는가? 그 보호를 위한 국가들이 유럽연합 회원국일 뿐만 아니라 나토 회원국도 되어야 한다고 생각하는가? 그 이유는 무엇인가?
2) 유럽연합 내의 통일되지 않은 정책들(회원국들이 따르지를 선택할 수 있는 정책들)이 용인되어야 한다고 생각하는가 아니면 장려되어야 한다고 생각하는가? 의견을 개진해보라.

주장과 반박

온난화 유발 기체를 배출하는 상품에 대해 "탄소관세" 부과되어야 하는가?

2009년에 베네수엘라와 중국은 서로 무척이나 다른 지정학적·경제적 상황에서 서로의 결합을 더 강화하기 위한 명확한 약속으로 35년의 외교관계를 기록했다. 베네수엘라는 세계에서도 많은 석유 매장량을 가지고 있는데 이는 서구의 주변부에서는 가장 큰 수준이며 미국에 대한 원유 공급 국가 중에 최고였다. 조지 부시 대통령의 집권 동안에 베네수엘라는 석유 산업을 국유화했고 정치적 이유로 미국의 다국적 석유회사들을 내쫓았다(대통령 우고 차베스는 부시 정권이 베네수엘라에 대해 내정간섭을 하고 있다고 믿었다).

베네수엘라 정부는 자국의 석유수출과 경제를 부양하기 위해 이제 전통적인 미국 시장을 벗어나 멀리 중국과 동남아시아 국가연합, 그리고 다른 아시아 국가들로 시야를 넓히고 있다. 베네수엘라와 중국 간의 무역량은 180억 달러를 넘어섰다. 2009년의 중국 방문에서 우고 차베스 대통령은 "우리는 중국이 세계를 [세계 신용] 위기에서 건져낼 엔진임을 의심치 않는다"고 말했다. 차베스 대통령은 또한 남아메리카에서 중국의 존재는 지역의 발전을 위해 꼭 필요하다고 말했다. 중국과 풍부한 자원을 가진 기타 몇몇 남아메리카 국가들간에 무역협정이 있을 것이라는 말들이 널리 퍼지고 있다.

✲ 주장

지역적 무역협정의 지지자들은 베네수엘라가 원유 수출에 있어서 미국에 과도하게 의존하는 것을 피하기 위해 시장을 다양화 하는 것에 불과하다고 믿는다. 같은 논리로 그들은 자원이 많은 다른 중남미 국가들도 마찬가지라고 생각한다. 더 나아가서, 연구자들은 이제 시대는 성장과 개발에 있어서 세계를 선도하는 중국과 함께하는 아시아의 세기이기 때문에 미국이나 유럽 기업들이 그런 것처럼 중남미 국가들도 중국과 인도로 가는 것은 당연하다.

✲ 반박

반대자들은 이는 단지 한 때 독재자였던 우고 차베스와 그의 친구인 니콜라스 마두로의 복수극일 뿐이라고 생각한다. 그들은 베네수엘라가 엄청난 원유를 뽑아낼 기술을 가지고 있지 못하다고 믿는다. 그들은 또한(중국도 안 되며) 오직 서구의 석유 회사들만이 베네수엘라의 원유를 시추할 수 있는 기술과 재정적 자원이 있다고 믿는다. 그들은 거기에다 그들은 경제적 지리의 관점에서 석유가 항상 필요한 미국에 인접해 있는 것도 아주 좋은 일이라고 생각하기도 한다.

당신의 의견은?

인터넷이나 기타 출처를 이용하여 이 문제에 대해 자세히 알아보라. 어떤 주장을 지지하는가? 당신의 입장에 대한 이유를 개발해 보라.

국제경영 뉴스 해석하기

경영뉴스는 유명 언론과 매체 어디에나 있다. 다음에 제공되는 예들을 이 과에서 배운 내용들과 관련하여 해석하라.

1) 경영관련 뉴스를 읽을 때, 도하라운드의 무역협상이 정체되고 있으며 이는 부분적으로 미국과 유럽연합 모두가 자국의 농부들에게 주는 보조금을 줄이고 싶어 하지 않는다는 사실을 반영한 것임을 알아차릴 것이다. 보조금 삭감이 시행되지 않는 다면, 성장하고 있는 시장경제인 다른 국가들 역시도 다른 부문에서의 관세 장벽을 내리지 않을 것이다. 미국은 그 대신에 양자간 또는 다른 형태의 지역적 무역협정을 이용하고 있다. 이에 대해 당신은 어떻게 생각하는가?
2) 동남아시아 국가연합은 2010년에 인도 및 한국과 2015년에는 중국과의 협정 등을 통해 자유무역협정을 확대했다. 그러나 환태평양 경제동반자협정을 제외하고는 동남아시아 국가연합과 미국 사이에서의 자유무역협정에 대한 논의는 없다. 이러한 사태의 진전이 국제경영에 있어서 어떠한 의미를 가진다고 생각하는가?

3) 아이슬란드는 세계 신용위기 기간에 경제피폐를 겪은 후에 유럽연합에 가입하려는 움직임을 보이고 있다. 아이슬란드가 회원국이 되기 위한 기본 자격을 갖춘다면 유럽 연합은 이 사항을 고려하는데 있어서 호의적일 것이다. 아이슬란드의 경우는 터키의 경우와는 다른가?
4) 서유럽 전체보다 큰 콩고 민주공화국은 각종 광물 자원들이 많다. 그러나 언론 보도들은 콩고 민주공화국이 비참한 곤경에 처했다고 이야기한다. 콩고 민주공화국은 중앙아프리카 무역블록의 일원임에도 불구하고 어째서 자국의 경제개발을 질식시키게 되었는가?

포트폴리오 프로젝트

자신만의 관점에서 탐색하기: 지역적 통합블록이 당신이 선택한 회사에 어떻게 영향을 미쳤는지 이해하기

이 과를 읽은 후에, 당신이 좋아하는 회사에 대한 몇 가지 간단한 질문들에 대답할 수 있어야 한다.

1) 당신이 선택한 회사가 조업하고 있는 지역적 무역블록을 알아보라. 당신의 회사가 그 무역블록에 속해 있음으로써 얻는 이익을 알아보라. 당신의 회사는 그 상황의 이점을 취하고 있는가?
2) 어떤 무역블록이 당신의 회사에게 최적 장소인가? 왜 그러한가? 경제적 지리의 관점에서 그 블록의 중요성을 설명하라(예를 들어, 영업상의 밀도와 거리 및 기반 시설, 그리고 지역내 무역장벽 등).
3) 당신의 회사에게 지역적 무역블록의 이점에 대해 조언할 수 있다면, 그 회사가 차기 진출지역을 고려한다면, 당신은 어떤 무역블록을 추천하겠는가? 왜 그러한가?
4) 당신의 회사는 세계무역기구 같은 다자간 무역자유화의 체제하에서, 또는 지역적 무역블록의 환경 중 어느 쪽에서 더 잘 발전할 수 있겠는가?

자신이 선택한 중소기업을 위한 국제적 전략을 개발하기: 그 회사가 특정한 지역적 무역블록으로 진입한다는 것을 목표로 하기

당신이 먼저 자유무역지대나 지역적 경제 존을 찾아낸다면 당신의 회사를 위한 목표국가를 정하기가 더 용이할 것이다. 목표로 하는 국가가 자유무역지대에 속해 있거나 지역적으로 통합된 공동체에 속해 있다면 당신은 그 시장에 대한 특혜적 접근권의 혜택을 받게 될 것이다. 이는 해외시장에 들어가는 데 대한 부담을 현저히 낮추고, 목표국가를 찾아내는데 도움을 줄 것이다. 다음 질문들은 이러한 과정에서 당신에게 도움이 될 것이다.

1) 먼저, 당신의 고국이 어떤 지역적 경제통합체의 회원국인지 아닌지를 조사해라. 만일 그렇다면, 그 공동체는 어떤 지역적 경제통합체인가?
2) 당신의 본국이 두,세 개의 상이한 지역적 경제통합체의 회원국이라고 가정하자. 당신이 해야 할 다음 단계는 그 중 어떤 통합체가 가장 매력적인지를 결정하는 것이다. 이 단계는 본국과의 인접성, 문화적 유사성, 시장 잠재력 등의 요소에 기반하여 결정될 수 있다. 어떤 지역적 그룹이 당신의 잠재적 사업의 관점에서 가장 편안할 것 같은가?
3) 끝으로, 당신이 선택한 경제통합체를 확인한 후에, 그 중에서 목표국가를 하나 골라라. 다시, 당신이 그 특정 국가를 선택하는 데는 세밀한 분석이 요구된다. 아마 "왜 1번 국가가 아니라 2번 국가인가?"라고 물어 보는 것도 도움이 될 것이다. 이 문제에 대한 답은 당신으로 하여금 건실한 국제적 사업결정을 내릴 수 있도록 해 줄 것이다.

✲ 자료 출처들

세계은행: www.worldbank.org

세계무역기구: www.wto.org

Transparency International: www.transparency.org

United States Department of State: www.state.gov/r/pa/ei/bgn/

United States Central Intelligence Agency: www.cia.gov/library/publications/the-world-factbook/docs/profileguide.html.

CHAPTER

4 자금의 국제 이동과 환율

The International Flow of Funds and Exchange Rates

*** 이 장의 학습목표**

- **LO-1** 한 나라의 국제수지 개념을 설명할 수 있다.
- **LO-2** 외환시장과 그 구성요소를 설명할 수 있다.
- **LO-3** 국제 통화제도의 발전을 설명할 수 있다.
- **LO-4** 환율이 시간의 경과에 따라 변동하는 것을 설명할 수 있다.
- **LO-5** 여러 다른 방법을 사용해서 환율의 변동을 예측할 수 있다.

문화적 관점

안전한 피난처와 기축 통화로서의 달러

2008년부터 2009년 사이에 있었던 세계의 경제·재정 위기는 1930년대 대공황 이래로 가장 심각한 것이었다. 총체적으로 "격심한 경기침체"라고 불리는 이 위기들은 금융시장의 붕괴, 수조 달러의 자산 손실, 은행/증권/사업 분야 회사들의 파산, 적자지출을 증대시키는 정부의 급작스러운 경기부양정책, 정부의 저금리, 실업률 증가, 세계 무역량 감소 등 여러 지표들에 의해 나타났다. 금융시장을부풀리고 미국과 일부 유럽 국가들에서의 주택대출을 과도하게 확대시킨 신용버블은 마침내 폭발했다.

이 위기 속에서 미국 달러의 가치는 다른 통화에 비해 상당히 올랐다. 참고자료 4.1이 보여 주듯이, 유로화는 2007년 초의 1유로 당 1.3 달러에서부터 2008년 중반의 1유로당 1.6 달러까지 일관된 가치 상승을 보여주었다. 그러나 2008년 8월, 유로화는 달러 대비 가치가 떨어지기 시작했고, 금융시장이 붕괴된 2008년 10월에는 1.25달러까지 하락했다. 2007년에서 2008년까지의 달러 가치는 전세계의 투자자들이 주식과 상품, 그리고 다른 위험자산들을 팔고 달러를 샀기 때문에 오른 것이었다.

최근 경제위기가 닥쳤을 때 달러를 보유하는 이유는 두 가지였다. 하나는 미국이 그런 위기를 버텨낼 것이라는 믿음 때문에 달러가 세계적 금융 위기를 버틸 수 있는 자산으로 여겨졌다는 것이다. 실제로 시장은 미국 달러가 믿을 수 있다는 신호를 보내주고 있었다. 일부 전문가들은 미국 달러가 수십 년간 겪어온 막대한 무역적자를 들어 이런 신뢰성에 의문을 제기한다. 미국의 수입은 수출을 크게 넘어섰으며, 그 차액은 외국에서 빌려오는 돈으로 메워지고 있다. 해외부채가 늘어나는 것은 미국의 채무부담을 증가시키고 이는 높아가는 신용위험에 대해 채권자들이 위험 할증금을 요구할 수 있다는 것을 의미한다. 결과적으로, 이런 높은 위험도는 달러 가치의 하락을 야기할 수 있다. 그러나 경제위기들이 세계 금리를 낮추었기 때문에 미국의 채무부담은 도리어 줄어들 것이므로 시장은 당시 미국이 무역적자 부채를 견딜 수 있다고 인식했던 것이다.

둘째로, 미국 달러가 많은 국가들의 보유 자산이기 때문이다. 각국 정부와 재정기관들은 세계의 다른 자산들을 사는데 미국 달러를 쉽게 이용할 수 있는 것처럼 유동성을 유지하기 위해서 달러를 보유한다. 금이나 석유, 다른 상품들 같이 세계 시장에서 거래되는 많은 제품들의 가격이 달러로 표시된다. 더욱이 국제 채권과 은행 대출도 보통 달러로 표시되며, 이는 많은 경우에 있어서 부채 비용을 낮춘다.

참고자료 4.1: 2007년 1월부터 2009년 6월까지의 유로에 대한 달러표시의 환율 변동

출처 : Data based on the website of the Pacific Exchange Rate Service http://fx.sauder.ubc.ca/data.html.

이러한 이유로 각국 외환 보유고의 2/3은 달러인 것이다. 그래서 안전한 피난처로서의 이점과 비축 통화로서의 이점이 최근의 경제위기 속에서도 달러 가치가 상승한 이유를 설명한다.

이 경제위기가 진정되었다는 것이 언제쯤에나 확실해질까? 한 접근법은 달러의 가치를 지켜보는 것이다. 달러의 가치가 경제위기 이전 수준으로 되돌아가면 경제위기가 지나갔다고 말할 수 있다. 최근 2014년에 유럽과 일본에서 경제 활동에 가벼운 경기침체가 시작되었다. 이 국가들은 미국 경제와 밀접한 관계 때문에 유로와 엔, 그리고 대부분의 다른 국제통화 대비 달러 가치는 상승했다. 그러므로 전세계에 걸쳐 경제적 우려는 아직 완전히 끝나지 않은 셈이다.

달러가 미래의 경제위기에서도 안전한 피난처와 비축 통화로서 남을 것인가? 일부 비판론자들은 미국 정부의 막대한 무역적자가 다른 국가들로 하여금 달러 비축을 꺼리도록 할 수 있으며, 이에 따라 달러가 국제 통화시장에서 영향력을 잃을 수도 있다고 주장한다. 그러나 미국 의회는 점차 예산적자를 줄일 방법을 계속해서 강구중이다. 달러의 미래는 지켜볼 만한 가치가 있다.

서론

세계의 경제시장과 금융시장은 지난 100년 간의 꾸준한 국제교역 팽창에 의해 점점 더 통합되어 왔다. 국제수지 계정은 국가간의 무역과 금융관계를 나타낸다. 수출, 수입, 무역 재정, 해외투자, 그리고 국가간 기타 국제활동에서의 중요한 경향을 보여준다. 이러한 관점에서 소비자, 기업, 정부는 상품 및 서비스, 금융상품을 국제적으로 거래하기 위해 시장환율에 따라 통화를 환전해야 한다. 예를 들어, 미국에 있는 회사는 유럽 회사로 부터 물품들을 구매하려면 달러를 유로로 바꿔서 거래해야 할 것이다.

국제 통화체제상의 주요한 변화들은 오랫동안 외환시장에 영향을 주었다. 벤치마킹(기준) 또는 헤징(연계)통화들에 대한 금본위제도는 1973년에 시장의 수요와 공급에 의해 결정되어 자유롭게 변동하는 화폐가치를 지니는 변동환율제도로 대체되었다. 결과적으로 형성되는 화폐가치의 변동은 각국으로 하여금 화폐가치를 관리하기 위하여 제도연계 달러화(dollarization) 그리고 유럽의 유로화 같은 지역화폐의 도입 등의 다양한 노력을 하도록 이끌었다.

화폐의 가치는 여러 이유에 의해서 변할 수 있다. 한 가지 요인은 같은 상품이나 서비스에 대해 여러 나라들이 다른 수준의 가격을 매긴다는 것이다. 가격 불균형은 잘못된 가격설정이나 국가들간의 인플레이션의 차이에서 발생한다. 또 다른 요인으로는 국가들간의 서로 다른 이자율이 있다. 이 장에서 다시 다루어질 평가이론들에 따르면, 서로 다른 국가의 가격수준과 부채비용은 환율을 감안하면 같아야 한다. 만일 같지 않다면, 환율은 국가간의 가격이 더 평준화되도록 변화되어야 한다. 덧붙여, 각국의 경제전망도 그 나라의 화폐가치에 영향을 미친다.

이 장에서 우리는 국제무역 패턴과 외환시장, 국제통화의 행태를 다룰 것이다. 그리고 환율이 어떻게 예측될 수 있는지도 설명할 것이다.

4-1. 국제수지

> LO-1
> 국가의 국제수지의 개념을 설명하시오.

사업의 국제적 특성을 완전히 이해하기 위해서는 일국의 수지에 대해 기초적인 이해력을 갖는 일이 중요하다. 수지(Balance of Payment)란 일반적으로 1년 단위인 주어진 기간 동안에 한 국가의 국민 전체와 나머지 세계간의 모든 거래를 정리 요약한 계정 명세표를 말한다. 일국의 국제수지는 그 나라의 경제와 정부정책이 얼마만큼 기능을 잘 발휘하고 있는가를 보여주는 객관적 기준이다. 국제수지는 대변과 차변을 기록하는 체계에 기반하고 있기 때문에, 수지는 항상 균형이 맞아야 한다. 국제수지는 중요한 사업적 의미를 지니는 다음 두 개의 주된 구성요소 나뉘어진다.

(1) 경상계정

(2) 자본계정

국제수지 통계를 분석하는 것은 "자금의 흐름"에 기반한다. 자금흐름을 분석하는 데

참고자료 4.2: 미국의 국제수지 (단위; 10억 달러)

대변/차변	2000	2002	2004	2006	2008	2010	2012	2013
경상계정								
수출	**1,421**	**1,258**	**1,572**	**2,133**	**2,591**	**2,116**	**3,085**	**3,179**
상품	771	685	806	1,015	1,276	1,289	2,217	1,593
서비스	298	292	353	436	549	546	655	687
수취 소득	350	280	413	682	764	662	763	780
수입	**−1,780**	**−1,652**	**−2,115**	**−2,846**	**−3,168**	**−2,829**	**−3,546**	**−3,579**
상품, 서비스	−1,450	−1,399	−1,769	−2,212	−2,522	−2,330	−2,754	−2,757
수지상의 상품	−1,226	−1,168	−1,477	−1,863	−2,117	−1,936	−2,304	−2,294
서비스	−223	−230	−291	−348	−405	−394	−450	−462
지급 소득	−329	−253	−346	−634	−646	−499	−560	−580
일방적 순경상 이전	**−58**	**−64**	**−88**	**−91**	**−128**	**−137**	**−231**	**−241**
통계적 차이	−59	−39	97	−1	200	235	30	30
〈수지 요약〉								
상품수지	−454	−482	−671	−847	−840	−647	−742	−702
서비스수지	74	61	61	86	144	151	204	225
상품/서비스수지	−379	−421	−609	−760	−659	−496	−537	−476
소득수지	21	27	67	48	118	163	203	2,000
일방적 순경상 이전	−58	−64	−88	−91	−128	−137	−126	−124
경상 수지	**−417**	**−459**	**−631**	**−803**	**−706**	**−470**	**−461**	**−400**

있어서 돈이 국가 내로 유입되는 것을 대변(credit:+)이라고 부르고, 돈이 국가 밖으로 유출되는 것을 차변(debit:−)이라고 부른다. 참고자료 4.2는 2000년부터 2013년까지 간략한 식으로 정리된 국제수지를 보여준다. 숫자에 붙은 음양 기호는 미국내로 자금이 들어왔는지 아니면 나갔는지를 나타낸다.

4-1a. 경상계정

국제수지의 경상계정은 소비자와 기업들의 활동에 의해 주로 영향을 받는다. 경상계정은 4개의 하위계정으로 이루어져 있다.

(a) 무역수지

(b) 서비스수지

(c) 소득 수지

(d) 순이전 수지

이 네 가지 구성요소는 경상수지를 계산할 때 더해진다. 참고자료 4.2는 2000년부터 2013년까지 이 네 가지 요소의 미국의 국제수지 수치를 보여준다. 참고자료 4.2의 마지막 줄("경상수지")이 보여 주듯이 미국은 대체로 2006년의 8,030억 달러에서 4,000억 달러로 최근 수년 사이에 적자가 줄기는 했지만 엄청난 양의 경상수지 적자를 기록하고 있다.

4-1a-(i). 무역수지

무역수지는 상품의 수출(델 컴퓨터 같은 상품이 수출될 때 들어오는 달러로서 + 표시를 한다)과 상품의 수입(도요타 자동차 같은 상품이 수입될 때 나가는 달러로 −표시를 한다)을 더한 것이다.

비지니스뉴스 매체들은 무역수지에 기대 이상으로 훨씬 많은 관심을 기울인다. 나라가 수출보다 수입을 많이 하면 무역수지 적자를 기록한다. 무역수지는 일국의 경제가 주요 무역 상대국들에 대해 얼마나 경쟁력이 있는지를 보여주는 지표이다. 2013년

참고자료 4.3: 미국과의 무역거래 상위 10개국들

수출입 통계 (2013년 12월) 이 국가들의 무역량은 미국의 총무역량의 72.5%를 차지한다.	
국가별	10억 달러
1. 캐나다	632.4
2. 중국	562.4
3. 멕시코	506.6
4. 일본	203.7
5. 독일	162.1
6. 한국	103.8
7. 영국	100.0
8. 프랑스	77.3
9. 브라질	71.7
10. 사우디 아라비아	70.8

출처: United States Census Bureau, www.census.gov/foreign-trade/statistics/highlights/top/top1312yr.html

의 미국의 상품무역 적자는 참고자료 4.2의 "상품수지"가 보여주듯이 7,020억 달러를 기록했다. 참고자료 4.3은 2013년에 미국과 교역한 국가 중 상위 10개국의 목록이다. 무역상대국들을 아는 것은 그들이 상품무역 거래를 가장 많이 수행하는 국가들이기 때문에 의미가 있다.

4-1a-(ii). 서비스수지

서비스수지(운송, 항공, 컨설팅, 보험, 금융, 관광, 소프트웨어 개발 등)는 서비스의 수출(해외에 판매하는 것으로 +표시로 나타낸다)과 서비스의 수입(해외에서 사오는 것으로 -표시로 나타낸다)의 합계를 말한다. 상품수지의 경우와 마찬가지로 서비스수지의 흑자는 일국의 서비스 산업이 경쟁력이 있음을 나타낸다. 참고자료 4.2에서 알아볼 수 있는 미국의 서비스산업 경쟁력은 어떠한가? "서비스수지"란이 보여 주듯이 미국은 서비스업에 기초한 경제이고 해외에 있는 고객들에게 제공하는 서비스들이 수출의 대부분을 차지한다. 마이크로소프트(미국)나 SAP(독일), Infosys (인도) 같은 소프트웨어 수출 기업들도 각국의 서비스수지에 기여하고 있다.

4-1a-(iii). 소득수지

세 번째는 소득수지인데, 이는 해외로부터의 투자소득(해외에서 벌어오는 소득을 반영하는 것으로 +표시로 나타낸다)과 외국인들에게 지급하는 소득(해외로 보내지는 소득을 반영하는 것으로 -표시로 나타낸다)을 합한 것이다.

4-1a-(iv). 이전수지

마지막으로, 이전수지는 국가간 이전금액의 순액인데 이는 유출(해외원조나 퇴직금 같이 해외로 나가는 지급액으로서 -표시로 나타낸다)과 유입(해외에 제공했던 차관원조의 상환액 같이 국내로 들어오는 수입액으로서 +표시로 나타낸다)에 기반하여 상계한 순 이전금액이다.

4-1a-(v). 경상계정 수지

이 네 가지의 하위계정들을 더하면 경상계정 수지가 되는데 이는 앞에서 다루었던 상품수지보다 더 중요하다. 경상계정 수지는 특정 국가의 금융조달의 필요를 측정할 수 있기 때문에 경상수지가 흑자인지 적자인지는 매우 중요하다. 경상수지 흑자를 기록한 국가는 자본 잉여국이라고 불린다. 예를 들어 중국, 프랑스, 일본, 싱가포르, 스위스는 지난 몇 년간 지속적으로 경상수지 흑자를 기록한 국가들이다. 이런 국가들은 해외에 투자할 수 있는 잉여자금을 유지한다. 이와 대조적으로, 미국은 매년 엄청난 경상수지 적자를 기록하는데, 이는 미국이 경상수지 적자를 자본조달로 메우기 위해 해외에서 자본을 유치해야 할 필요가 생길 것이라는 의미이다. 유치할 수 있는 해외자본이 없다면 달러의 가치가 약화되고 미국의 이자율이 해외자본을 유치하기 위해 올라갈 것을 예측할 수 있다. 경상수지 흑자를 기록하는 국가들은 일반적으로 경상수지 적자를 기록한 국가들에게 돈을 빌려주는 역할을 한다.

4-1b. 자본계정

자본계정은 일국의 국제수지의 나머지 반을 설명해 준다. 이는 국가의 경상수지가 자본계정에 의해 어떻게 메워지는지를 보여준다. 참고자료 4.4는 미국내 외국인 소유 자산이 2000년부터 2013년까지 매년 1조 달러 정도였다는 것을 보여준다. 그러므로, 외국 자본이 미국의 엄청난 경상수지 적자를 금융적으로 메워주고 있다고 말할 수 있다. 대부분의 국가들에게 있어서 오랜 기간 경상수지 적자를 유지하는 것은 버텨내기 힘든 일이다. 외국들(투자자들)은 그런 국가의 경우 부채를 갚지 못 할 수도 있다는 불안감에 오랜 기간 경상수지 적자를 기록한 국가에 투자하는 것을 꺼려할 것이다. 이 경우에 투자자들이 채무국에게 **위험 프리미엄**이라는 이름 하에 이자율을 올릴 것을 요구한다.

국제수지의 자본계정은 다음의 3가지 하위계정으로 이루어져 있다.

(1) 해외의 미국 소유 자산

(2) 미국내 외국 소유 자산

(3) 순 파생금융 자산

각각의 항목은 국가로 들어오고 나가는 자금의 유입(+표시)과 유출(-표시)로 이루어져 있다.

앞의 두 항목, 즉 해외의 미국 소유 자산과 미국내 해외 자산은 국경을 넘나드는 증권투자와 **해외직접투자**(FDI)에 상당히 영향을 받는다.

4-1b-(i). 해외직접투자

해외직접투자는 해외에서 생산에 사용되는 고정자산(공장이나 장비 등)의 구매와 현지에서의 소비나 수출용으로 상품과 서비스를 판매한 것을 포함한다. 외국기업(민영화되는 기업 포함)의 인수나 해외에 새로운 제조사나 연구소를 세우는 것, 그리고 해외에 이미 존재하는 공장의 확장 등은 모두 해외직접투자에 들어간다. 해외직접투자의 흐름은 해외에서 이익을 취득하는 기회로 여겨진다.

참고자료 4.4: 미국자본 계정 (백만달러)

대변/차변	2000	2002	2004	2006	2008	2010	2012	2013
해외의 미국 소유 자산	−560	−294	−1,000	−1,285	−108	−1,024	−171	−645
미국내 외국 소유 자산	1,038	795	1,533	2,065	534	1,245	602	1,017
순 파생금융 자산	–	–	–	29	−29	15	7	2

독일의 메르켈 총리와 그리스의 조지 파판드로스 전 장관이 2008–2009 재정 위기를 해결하다.

우리 주변에 세계와 연결될 수 있는 해외직접투자의 예는 수천에 달한다. 예를 들면, 자동차산업에서는 미국내로 들어오는 해외직접투자의 유입이 상당히 많다. 메르세데스 벤츠(독일)는 앨라배마에서 M클래스 SUV를 생산하는 공장을 두고 있다. 혼다(일본)는 오하이오에서 어코드를 만들고 있으며, 현대(한국)는 앨라배마에 공장을 갖고 있다. 이와 유사하게 제네럴 모터스와 포드사는 해외의 여러 국가들에 자동차 생산공장을 가지고 있다.

해외직접투자의 결정은 소비자, 기업, 정부, 그리고 사회에 중요한 의미를 가진다. 소비자는 경쟁력 있는 가격에 다양한 상품(또는 서비스) 선택의 기회를 갖게 되고, 기업은 수익창출 기회와 더 증대된 경쟁에 직면하게 되며, 정부는 추가적인 세수를 확보하게 되며, 사회는 더 많은 일자리와 기업의 사회적 책임을 통해 이익을 얻어 누린다.

4–1b–(ii). 유가증권투자

유가증권투자 역시 국제수지의 자본계정에 있어서 중요한 역할을 한다. 자본은 더 높은 수익률을 찾아서 해외 주식과 채권의 형태로 국경을 넘나든다. 개인과 기업들은 자신들의 자산을 국내 주식과 채권을 넘어서 좀 더 다양화하려는 목적만으로도 종종 해외 금융자산들을 보유한다. 해외 투자자들이 기대되는 이익창출의 기회를 얻고자 노력함으로써 1990년대 중·후반의 기술 붐 동안에 미국주식 시장 내로 엄청난 자금 유입이 일어났다. 자본의 흐름은 일반적으로 (1년 이상의) 장기투자를 이르는 말이다. 중앙은행이나 정부기관, 거대 금융기관들은 좀 다른 금융투자를 한다. (미국의 연방준비은행 및 독일의 연방은행 등) 중앙은행들은 준비금의 일부로서 자국 통화에 추가하여(달러, 유로, 엔 등) 주요국들의 외환이나 통화도 보유한다. 외환 보유에 따른 이자를 얻기 위해서 중앙은행들은 자국의 준비금의 일부를 타국의 중앙은행에 예금한다. 특정 정부기관들(예를 들어, 국제 대출활동을 하는 수출입 은행이나 USAID 등)은 대외 정책(경제적, 군사적)의 목표를 추구하기 위하여 해외 대출을 해준다. 덧붙여, 거대 금융기관은 국제무역에 자금을 융자해 주고, 국제 기업에 대해 현금을 관리하고, 외국 정부나 지자체들에게 국제 대출을 해준다. 이러한 유가증권 투자에 의한 자금의 유입과 유출은 일국의 국제수지에 영향을 미친다.

4-1b-(iii). 통계적 차이

마지막으로, 국제수지 통계에는 **통계적 차이**라는 줄이 있다. 자본수지가 경상계정의 불균형을 상쇄시키기 위한 것이기는 하지만, 그 차감계산은 완벽하지는 않다. 통계적 차이 줄은 국제수지 통계에서의 모든 대변과 차변의 합이 0이 되도록 하기 위해 잔여 불균형을 해결해 준다. 이 줄은 대변과 차변 기재의 통계적 비일관성과 불법 무역 등을 잡아낸다.

4-1c. 세계 무역과 국제수지

참고자료 4.5는 2005년부터 2013년 사이의 특정 지역과 경제의 세계 무역 패턴을 보여준다. 이 자료에 따르면, 아시아 국가들의 수출은 2012년의 6%와 2013년의 7.5%를 제외하고는 매해 11% 이상씩 수출을 확대해 온 중국과 함께 가장 빠르게 성장하고 있다. 인도는 매년 10.5% 정도의 수출 확대를 기록하면서 두 번째였다. 미국은 2005년부터 2013년 사이에 보여준 4.5%의 수출증가율보다 더 느린 0.5%대의 수입증가를 계속했다. 이는 2006년에서 2013년 사이에 감소한 경상수지를 설명하는데 도움을 준다. 그럼에도 불구하고 미국은 상품과 서비스의 순 수입국이었고, 이는 최근의 큰 경상수지 적자를 설명해 준다. 유럽은 수입이 2%씩 수출은 1%씩 성장하는 순 수입국이다. 노르웨이 같은 일부 국가들은 수입을 더 많이 하지만, 대부분의 유럽 연합 국가들은 순 수출국들이다. 이들 국제무역 패턴은 미국의 국제수지를 설명해 주며, 특히 미국의 경상수지 적자를 메우는데 세계 국가들의 자금이 대여되고 있는가를 알 수 있다.

지난 65년간, 국제무역의 성장은 세계의 경제성장과 관세, 비관세 장벽 및 쿼터제 등의 무역장벽 철폐에 크게 영향을 받았다. 그러나 세계무역기구(WTO)는 2009년에 세계 무역량이 12.2%나 줄었다는 것을 알아냈는데, 이는 제 2차 세계대전 이후 가장 큰 감소량이다. 추가적으로 세계 수출은 2008년의 최고치에서 2009년에 최저치를 기록하며 20%나 하락하였다. 2008년과 2009년의 세계 경제위기와 금융위기는 세계의 무역활동을 위축시킨 데에 1차적 책임이 있다. 경제회복이 시작되자 세계 무역기구는 세계 무역이 증가하기 시작해서 2010년에는 9.5% 성장할 것으로 내다보았다. 예측가들은 중국, 인도, 그리고 기타 신흥시장 국가들의 경제개발이 극적으로 국제무역을 부양하고, 그 결과 여러 국가들의 국제수지에 영향을 줄 것으로 기대했다.

참고자료 4.5

수출				수입		
2005–13	2012	2013		2005–13	2012	2013
3.5	2.5	2.5	세계	3.0	2.0	2.0
3.5	4.5	3.0	북아메리카	1.5	3.0	1.0
0.0	3.5	2.0	캐나다	2.0	1.5	1.5
4.5	8.5	4.5	멕시코	4.0	7.5	3.0
1.5	0.5	1.5	미국	0.5	3.0	1.0
1.5	0.5	1.5	중남미	8.0	2.5	3.0
2.0	1.0	1.5	유럽	1.0	−2.0	−1.0
2.0	0.5	1.5	유럽 연합	0.5	−2.0	−1.0
−1.5	1.0	−5.0	노르웨이	3.0	−0.5	1.5
2.5	0.5	0.0	스위스	1.5	−1.5	−1.0
2.5	1.0	1.0	독립국가 연합	7.5	7.0	−1.5
6.5	3.0	4.5	아시아	5.5	3.5	4.5
3.5	2.5	6.0	오스트레일리아	4.5	5.0	−3.0
11.0	6.0	7.5	중국	10.0	3.5	10.0
10.5	0.0	7.5	인도	11.0	7.0	−3.0
2.0	−1.0	−2.0	일본	1.0	4.0	0.5
5.5	1.0	3.0	동아시아 6개국	3.5	2.0	3.5

출처: World Trade Organization International Trade Statistics, http://www.wto.org/english/res_e/statis_e/its2014_e/its14_world_trade_dev_e.htm

사실확인 LO–1

돈이 남았을 것이라고 생각했는데 하나도 남지 않았던 경험이 있는가? 2만원을 들고 시작해서 커피와 매일 상점에서 사는 물건들에 돈을 조금씩 쓰다 보니 영화관에 갔을 때 표를 살 돈이 없어서 친구에게 현금을 빌린 적이 있을 것이다. 이 거래에 영향을 받은 당신의 경상수지와 자본수지는 어떻게 되는가? 어떻게 돈이 부족한 것을 설명하겠는가?

4-2. 외환시장

LO-2
외환 시장과 그 구성요소를 설명하라.

세계에는 거의 200개의 국가들이 있고 그 대부분은 국제무역에 참여하며, 150가지 정도의 통화가 상품과 서비스의 대금결제에 사용된다. 결제에 있어서 화폐가 하는 중요한 역할 때문에, 우리는 이제 화폐를 사고 파는 시장 쪽으로 관심을 돌려볼 것이다.

화폐의 교환은(수출입자들과 일하는) 국제 은행들의 네트워크와(화폐를 사고 팔고 화폐에 투기하는) 화폐 거래자들로 구성된 외환시장에서 이루어진다. 1조 5000억 달러 규모의 화폐가 매일 거래된다. 세계에서 가장 큰 외환시장 3개는 런던, 뉴욕 그리고 도쿄에 있으며, 그 다음으로는 홍콩과 싱가포르, 바레인에 있는 외환시장을 꼽는다. 각각의 외환시장은 세계 특정지역의 환전 요구를 충족시킨다. 런던은 세계 최대의 외환시장인데 세계 외환거래량의 30%를 취급하며, 주로 유럽과 아프리카 지역에 대해 외환 서비스를 제공한다. 뉴욕시 외환시장은 세계 외환거래량의 20%를 취급하며, 서구의 요구를 해결한다. 도쿄는 아시아 외환거래량의 8%를 취급하며, 홍콩과 싱가포르와 경쟁한다. 바레인은 주로 중동지역을 떠맡는다. 그 밖에 더 작은 규모의 외환시장은 거의 모든 국가에 존재한다.

외환시장은 즉각적이고 실시간의 환율을 정하게 하는 정교한 전신 시스템이라는 수단에 의해 연결된 국제 금융기관의 24시간 영업시장이다. 세계의 20대 은행들이 외환거래의 약 50%를 다루고 있으며, 최대의 외환거래 은행은 시티뱅크와 JP 모건 체이스(미국), 그리고 도이치 은행(독일)이다. 외환시장의 기능은 (상품과 서비스의) 국제무역과 (해외직접투자와 유가증권 투자, 단기 자금 시장 흐름 등의) 투자를 원활하게 해주는 것이다. 따라서, 국제수지와 외환시장은 긴밀한 연결관계가 있다.

외환 시장에서의 교역

4-2a. 환율

환율은 한 통화가 다른 통화로 환전될 수 있는 가격에 지나지 않는다. 유럽에 제품을 판매하고 유로화로 대금을 결제 받는 미국회사는 일반적으로 미국은행 계좌에 예금하기 위해 유로를 달러로 환전할 것이다. 자유시장 지향의 외환시장에서는 주요 통화의 가치가 화폐의 공급과 수요에 의해 결정 되는데, 이를 **독립 변동환율 체제**라고 부른다. 예를 들어, 달러와 유로화 및 엔화 사이의 환율은 시장이 결정한다. 일부 국가의 화폐들(인도네시아의 루피아, 태국의 밧, 러시아의 루블, 인도의 루피, 싱가포르 달러 등)의 가치는 **변동환율 관리체제**에 의해 결정 된다. 이 체제에서는 화폐의 가치가 수요 공급에 부분적으로 영향을 받고 나머지는 외환시장에 대한 정부의 적극적인 개입(주로 중앙은행이 통화를 관리하기 위해 자국 화폐를 사고 파는 행동)에 의해 결정된다.

일부 국가들은 대부분의 국제 거래를 소수의 주요 무역상대국들과 수행하고, 이런 이유로 주요 무역 상대국들의 화폐에 자국들의 화폐를 연결시키기도 한다. (예를 들어 중국의 위안화, 말레이시아의 링깃, 사우디 아라비아의 리얄화 등에 연계시킨다.) 이런 체제을 고정환율 체제라고 부르는데, 여기에서는 국가가 자국의 화폐를(공식적이든 비공식적이든) 어떤 한 주요국의 화폐나 소수의 화폐들의 바스켓(묶음)에 고정된 환율로 연계시키는 것으로서 환율은 어떠한 중심환율을 기준으로 좁은 범위 안에서 변동한다.

4-2b. 외환시장의 구성 요소

외환시장은 현물시장, 선물환시장(forward market), 선물시장(futures market)으로 구성되어 있다. 현물시장은 즉시 인도를 위해 실시간 방식으로 화폐를 거래한다. 예를 들어, 영국회사는 미국 수입상에게 지불하기 위해서는 달러가 필요하다. 즉, 그 회사는 결제를 위해 런던의 은행에서 파운드를 달러로 바꿀 수 있다. 대형은행은 일반적으로 국제거래에서 자주 쓰이는 화폐를 보유하고 있으며 전자거래를 통해 이체해 줄 수 있다.

은행은 외환거래 서비스에 대해 수수료로 수익을 취한다. 어떤 사람이 다른 국가로 여행을 가게 되어서 자국의 화폐를 외화로 바꿔야 한다면 외화를 살 때의 가격과 팔 때의 가격이 은행에 게시되어 있는 것을 보게 될 것이다. 한 외화에 대한 구매가[bid/buy price]와 판매가[ask/sell price]의 차이 즉 "bid-ask spread"는 은행이 벌어들이는 수수료를 나타낸다. **직접표시환율**(Direct quote)은 외화의 가격을 달러로 표기하거나 외화 1단위당 달러를 나타내는 것이다. **간접표시환율**(indirect quotes)은 직접표시환율의 상반적 개념으로 달러의 가격을 외화로 나타내는 것이다.

예를 들어, 유로에 대한 현물시세가 1.40EUR/USD, 1 유로=1.40달러임을 나타내는 직접표시환율이다. 간접표시환율로는 아마 1/1.40=0.71USD/EUR 즉, 1달러=0.71유로라고 표기될 것이다. 현물시세가 몇 주전에는 1.40유로/달러였는데 오늘은 1.45유로/달러로 올랐다고 가정해 보자. 이 변화는 1유로로 몇 주 전보다 더 많은 달러를 살 수

윤리적 관점

중국의 인민폐(위안화)는 저평가되어 있는가?

많은 나라들, 특히 서구의 많은 국가들은 중국의 화폐인 인민폐 즉, 위안화가 저평가되고 있다고 비판한다. 1994년부터 2005년까지 위안화는 1달러 당 8.28 위안에 고정되어 있었다. 2005년에 이 고정환율은 변동환율 체제로 바뀌어서 달러를 포함한 주요 외화들에 대한 환율이 변동될 수 있도록 했다. 2013년 12월에 달러당 환율은 6.11 위안이었다. 달러에 대한 가치가 상대적으로 오르기는 했으나 대부분의 관측자들은 여전히 위안화가 저평가되어 있다고 믿는다. 환율정책이 어떻게 윤리적 문제가 될 수 있는가?

18세기에 스코틀랜드 출신의 유명한 철학자이자 정치경제학자였던 아담 스미스는 타국을 희생시켜 자국의 이익을 얻는 경제정책을 의미하는 "이웃을 거지로 만드는 전략(Beggar–thy Neighbor)"이라는 용어를 만들었다. 미국과 유럽에 있는 많은 기업들과 정책결정자들은 저평가된 위안화가 세계 무역시장에서 자국의 경쟁력을 떨어뜨릴 것이라는 우려의 목소리를 낸다. 중국의 거대한 무역흑자는 저가 수출에 의해 주도된 것인데, 이는 미국과 유럽에서 만든 수출품이 과도한 가격으로 설정되게 한다. 이러한 가격 불균형은 중국과 서구 산업경제 사이의 엄청난 경상수지 적자를 설명해 준다. 누가 손해를 보고 있는가? 미국과 유럽의 수출회사 뿐만 아니라 중국인들에게 일자리를 빼앗기고 있는 사람들이 손해를 보고 있다.

서구로의 수출 덕분에 중국 정부가 벌어들이는 수조 달러의 이익은 대부분 미국과 다른 국가들의 재무성 발행 채권이나 장기성 국·공채를 구입하는데 재사용된다. 이러한 자금의 유입은 서구의 이율을 낮은 상태로 유지시킨다. 또한 비판론자들은 미국과 유럽의 주택시장 버블은 낮은 이율과 채권자금의 흐름에 의해 충전되었고, 이 주택시장의 버블이 결국 2008년과 2009년의 금융위기와 경제위기로 진전되었다고 한다. 이러한 경제위기들에 대응하여 미국과 다른 선진국들의 이율은 훨씬 더 낮게 조정되었고 이는 중앙은행이 더 이상 이율을 낮추어 둔화된 경제에 자극을 줄 수 없을 정도에 이른 이른바 유동성 함정이라는 곤경에 봉착하게 했다.

이 주장과는 반대로, 중국은 낮은 임금수준, 빠른 경제성장, 그리고 다른 요인들이 세계무역에서 자국의 경쟁력을 향상시키는 데 있어서 위안화의 저평가 가능성보다 더 많이 기여했다고 주장한다. 더 나아가서, 해외 투자자들은 중국의 경제성장에 대해 투자함으로써 중국에 자본을 쏟아 부어 왔는데, 이는 중국이 달러, 유로, 기타 외화의 국제적 준비금 보유량을 계속 비축할 수 있게 해 주었다. 낮은 이율과 임금수준은 세계 전역의 인플레이션을 낮추었고, 기업들의 영업 및 금융비용을 줄여줌으로써, 결국 그들의 이익을 증진시켰다. 게다가, 서구의 소비자들은 중국이 수출한 저가의 상품들을 사는 것으로 혜택을 보았다. 위안이 세계 외환시장에서 불안정하게 변동했다면 이런 이점들은 반대로 나타났을 것이다.

중국의 "불공정 무역"에 반발하여 일부 미국 정치가들은 중국이 자국의 통화정책을 바꾸지 않는다면 중국산 제품에 관세를 부과해야 한다고 제안해 왔다. 그러나 보호무역주의자들의 이러한 부류의 주장은 중국이 미국산 수입제품에 대해 보복성 관세를 책정할 수 있기에 양날의 칼과 같다. 일반적으로 이러한 무역전쟁에서는 양측이 모두 피해를 입게 된다. 미국의 경상수지 적자는 다른 신생시장 국가들로부터의 수입증가로 변하지 않을 것이고, 중국의 경제성장은 수출의 감소로 어느정도 더뎌질 것이며, 중국은 이런 상황이 더 악화되지 않도록 고정환율 정책을 유지하기로 결정할 가능성이 높다.

몇몇 전문가에 따르면 가장 긍정적인 결과는 완전한 자유환율 정책을 향한 위안화의 점진적 위안화의 재평가이다. 이 방법을 통해 중국과 미국 모두는 이익을 취할 수 있다. 위안화의 재평가는 너무 빠른 속도로 성장하는 중국의 경제를 제동시킬 수 있다. 미국에서는 정부의 적자 지출을 제어하는 것과 저축을 증대시키는 것이 높은 내수시장 가격 때문에 추가적인 경상수지 적자를 초래할 수 있는 인플레이션의 위험을 줄일 수 있다. 이러한 방법으로 양국은 무역분쟁과 통화문제를 완화하기 위해 함께 노력할 수 있다.

문제:

1) 왜 위안화 저평가 문제가 윤리적 문제인가? 누가 이익을 보고 누가 손해를 보는가?

2) 위안화 평가에 대한 해결책은 무엇인가? 양측 모두가 이익을 보는 해결책이 있는가?

출처: Gene Hsin Chang and Qin Shao, "How Much Is the Chinese Currency Undervalued? A Quantitative Estimation," *China Economic Review* 15 (2004), pp. 366–371; Dilip K. Das, "The Evolution of the Renminbi Yuan and the Protracted Debated on Its Undervaluation: An Integrated Review, *Journal of Asian Economics* 20 (2009), pp. 570–579; Morris Goldstein and Nicholas Lardy, "China's Exchange Rate Policy Dilemma," *American Economic Review* 96 (2006), pp. 422–426; Anthony J. Makin, "Does China's Huge External Surplus Imply an Undervalued Renminbi?" *China and the World Economy* 15 (2007), pp. 89–102.

있다는 것을 의미한다. 곧, 유로화의 달러 대비 가치가 올랐다거나, 달러의 유로화 대비 가치가 떨어졌다는 것을 의미한다. 추가적으로, 은행이 유로화를 1.40유로/달러에 팔고 1.35유로/달러로 산다면 그 사이의 이익률은 (1.40 – 1.35)1.40 X 100 = 3.6(%)이다. 그러므로, 은행은 환전을 해주면서 3.6%의 매매차익을 벌어서 거래비용과 소정의 이윤에 충당한다.

선물환시장은 화폐의 구매와 판매가(선물환 가격이라고 불리는) 이전에 정해진 가격으로 미래 시점에 일어나도록 하는 것이다. 선물환시장은 금융기관들 사이에 운영되는 비공식적 장외/점두(OTC:over-the-counter)시장이다. 예를 들어, 유럽 회사가 상품을 수입하고 미국 회사에 달러로 결제하겠다고 계약을 맺었다고 가정해 보자. 유럽회사는 선박으로 한 달이 걸려 상품이 유럽에 올 때까지 대금지급의 책임을 지고 있을 필요가 없다. 그 회사는 은행이 정해주는 확정된 유로/달러 환율로 선물환 거래를 이용할 수 있다. 이 방법을 통해 유럽회사는 비용이 유로로 얼마인지 알 수 있고, 상품이 도착되는 동안 바뀌는 환율로 인한 리스크에 노출되지 않아도 된다. 환율은 매일 신문에서 확인할 수 있지만, 은행은 가장 최신의 현물시세와 선물환 시세를 가지고 있다. 선물환시세는 보통 미래의 30일, 90일, 120일을 기준으로 표시된다.

선물환시세와 현물환시세의 차이는 미래의 환율 변동에 대한 투자자들의 기대치를 반영한 값이다. 예를 들어, 유로에 대한 현물시세가 1.40유로/달러이고 60일 선물환 시세가 1.50유로/달러라면, 달러의 가치가 유로화에 비해 미래의 60일간 떨어질 것이라고 시장이 예측한다는 것이다. 달러가 현물시장에서보다 선물환 시장에서 더 싸게 팔리고 있기 때문에, 외환 거래자들은 달러가(현물시장에 비해) 60일 선물환 시장에서 **할인**되어 팔린다고 표현한다. 달러가 60일 선물환 시장에서 유로에 비해 가치가 오를 것으로 여겨진다면, 그것은 아마 **프리미엄 가격**으로 팔리고 있게 될 것이다. 다시 말해, 기업은 미래의 환율변동의 위험성을 없애기 위해 선물환 시장을 사용한다. 이 보험성 계약은 미래 환율변동의 위험을 줄여주고, 이에 따라서 위험을 줄이는 **울타리**(hedge:헤지)로 여겨진다. 미래의 실제 현물시세가 이전의 선물환 시세와 완전히 같지는 않을 가능성이 있으므로 이 헤지는 정확하지는 않다.

사실확인 LO-2

인터넷에서 달러/유로 환율의 현물 시세를 찾아 보시오. 한 달 선물 시세가 1.40달러/유로 라면 현물 시세에 비해 할인가에 파는 것인가 프리미엄 가에 파는 것인가?

4-3. 국제 통화 체제

LO-3
국제 통화체제를 설명하라.

시간이 흐르면서, 다양한 국제 통화체제들이 국제교역을 용이하게 하기 위해 발전해 왔다. 이러한 관점에서 전세계의 국가들은 안정적인 환율과 국제무역을 위해 함께 노력해 왔다.

4-3a. 통화와 인플레이션

많은 국가의 정부들은 경제성장을 촉진하고 국민들에게 일자리를 제공하고자 하는 정치적 목적을 이루기 위해 돈을 사용해 왔다. 화폐를 더 찍어내는 것은 경제활동을 늘릴 수 있다. 손에 돈이 더 있다면 사람들은 더 많은 상품과 서비스를 구매할 것이고, 경제는 적어도 어느 기간 동안은 혜택을 볼 것이다. 그러나 돈의 이러한 정치적 이용은 뜻하지 않은 위험을 동반하는데, 화폐의 과도한 공급은 **인플레이션**을 불러올 수 있다. 이는 화폐의 공급이 제품이나 서비스의 수요를 넘어설 때 나타나는 것으로 제품과 서비스의 가격이 상승하게 한다. 예를 들어, 한 국가내의 화폐의 총량이 두 배가 되었는데 상품이나 서비스의 생산은 그대로라면, 무역과 같은 다른 요인들이 그대로라고 가정할 때 모든 상품과 서비스의 가격은 두 배로 오른다.

4-3b. 브레튼 우즈 체제

1944년에 브레튼 우즈 협정(Bretton Woods Agreement)은 인플레이션을 제어하기 위한 노력의 일환으로 달러를 금에 일정한 교환비율로 연계시키는 금본위제도에 기반한 국제 통화체제를 창설했다. 제 2차세계대전 이후에 미국의 달러는 전 세계 통화에게는 가치의 표준이 되었고, 43개국의 통화가 달러에 고정되었다. 만약 일국의 통화가 달러에 고정된 환율에서 1% 이상 변동된다면 환율을 다시 고정시키기 위해 정부의 개입이 개시되었다.

국제통화기금(IMF)은 브레튼 우즈 협정 하에 국제 통화체제와 금융체제의 안정성을 확보하기 위해 설립되었다. 이 기관은 국제 통화체제가 잘 기능할 수 있는 환경을 조성하고, 국가들이 국제수지 문제로 위험할 때 마지막으로 의존할 수 있는 자금 대여자가 되어 긴급자금을 제공하며, 권고되는 경제적 변혁을 전제로 그런 국가들에 금융지원을 해주는 역할을 한다. 회원국들은 필요할 때 국제수지 문제를 교정하기 위해 공동 비축한 자금원에 일시 접근할 수 있도록 기금에 자금을 미리 납부한다.

시간이 지나면서 달러는 고평가되기 시작했고, 이는 세계시장에서 미국의 수출 경쟁력을 떨어뜨리기 시작했다. 이 문제는 미국으로 하여금 1971년 8월 15일 국제무역의 안정을 위해 금의 거래를 중지하도록 했다. 그 결과, 많은 국가들이 달러를 금에 연계시키는 것을 포함한 브레튼 우즈 협정의 폐기를 검토하기 위해 회의를 가졌다. 그 결과로 맺어진 1971년 12월 17-18일에 맺어진 스미소니언 협약 하에서 미국은 다른 국가의 통화에 대한 달러의 가치를 평가절하 하였다. 국제통화기금은 중심환율을 설정하고 이 환율에서 상하 2.25%의 좀 더 넓은 변동폭을 허용하는 잠정적 체제를 시행했다. 1972년 4월 24일에는 유럽통화체제가 6개국의 환율을 중심환율에서 2.25% 범위 내에서 변동하도록 하는 관리변동환율 체제를 설립했다. 이는 "터널 속의 뱀"이라고 불리며, 유로화의 선구자격인 환율이다. 1974년 8월 15일 미국은 금 태환 창구를 폐쇄했고 달러-금 본위제를 폐기했다.

그리고 1976년 1월, 국제통화기금의 회원국들은 개선된 국제 통화질서를 위한 자메이카 협정을 채택했다. **자메이카 협정**의 주요 내용은 다음과 같다.

(1) 회원국들은 자국의 환율체제를 채택할 수 있다.
(2) (브레튼 우즈 협정 하에서와 같은) 국제 고정환율체제는 전체 회원국의 85%가 동의할 때만 시행될 수 있다.
(3) 금은 더 이상 통화체제의 공통적 표시방법이 아니다.
(4) 국제통화기금이 만든 **특별 인출권**(SDR)은 국제 통화 체제의 가장 우선적인 준비자산으로 권고된다.

오늘날 특별 인출권은 무역패턴에 기반하여 국제통화기금(IMF)이 설정하는 상대적 비중에 따라서 달러, 유로, 파운드, 엔화로 구성된 통화 바스켓이다. 달러는 다른 통화의 가치를 표시할 때 중요한 역할을 계속하고 있으나, 많은 국가들은 이제 세계시장에서 자국 통화 가치가 어느 정도 변동할 수 있도록 허용했다. 1971년 브레튼 우즈 협정의 실패로 인하여, 일부 개발도상국들은 통화가치의 주기적 변동 사례와 심한 인플레이션, 경제적 정체 등의 문제를 겪게 되었다. 국제 통화체제의 안정성을 증진시키기 위하여, 국제통화기금은 세계은행과 협력하여 환율, 유동성, 경제개발, 구조적 문제에 대해 회원국들을 돕기 위해 노력하고 있다.

금은 세계에서 인기 있는 화폐이다.

4-3c. 변동환율 체제

1971년 이후 변동환율 체제가 서로 다른 화폐들의 가격을 결정하는 수요와 공급이라는 시장의 힘으로 인해 나타나기 시작했다. 화폐의 가치는 경상수지, 경제여건, 인플레이션, 이자율 기타요인 등의 여러 요인들에 의해 변할 수 있다. 이따금 중앙은행이 화폐가치가 너무 높거나 낮게 변동하는 것을 막기 위해 화폐를 매입하거나 매각함으로써 외환시장에 개입한다.

완전 변동환율제(clean float currency)에서는 몇 가지의 예외를 제외하고는 정부의 개입이 거의 없이 시장이 그 가치를 결정한다. 불완전 **변동환율제**(dirty float currency)에서는 다른 통화에 대한 자국화 가치의 적정선을 유지하기 위해 정부가 다양한 방법으로 개입하는 것이다. 그래서 매일 외환시장에서 자유롭게 변동하는 통화라고 해도 종종 관리 변동통화에 해당될 수도 있다. 일부 개도국 시장의 국가들은 자국 통화로 표시된 부채와 외국의 현지 통화로 표시된 자산에 대한 잠재적 문제들을 해결하기 위해 관리 변동통화정책을 시행하기도 한다. 자국 통화의 가치가 많이 하락할 경우에는 외화로 표시된 부채를 지불하는 데 곤란을 야기해서 국내의 금융체제와 경제에 타격을 입히기도 한다.

당연히 일부 국가들은 이러한 이유로 자국의 화폐가 자유롭게 변동하지 않도록 한다. 물론, 일부 국가들은 자국의 화폐와 함께, 또는 그 대신에 아예 달러나 다른 외화를 사용하는 **달러화**(dollarization)**제도**를 채택한다. 달러화는 그 국가내의 국민들이 비공식적으로 채택하는 경우도 있고 국가가 내수시장의 단일화폐로 지정하여 공식적으로 승인하는 경우도 있다. 에콰도르(2000)나 엘살바도르(2001), 파나마(1904) 같은 국가들은 달러를 공식 화폐로 인정했다. 달러화에 자주 사용되는 다른 화폐로는 유로화, 뉴질랜드 달러, 스위스 프랑, 오스트레일리아 달러 등이 있다. 사용빈도는 적지만 터키의 리라화나 이스라엘의 신 세겔, 러시아의 루블화, 그리고 인도의 루피를 사용하는 경우도 있다.

4-3d. 유로화

앞서 말한 환율의 문제점들은 여러 측면에서 유로화의 출현을 위한 장을 마련했다. 유럽공동체는 1979년에 유럽환율조정장치(ERM)를 설립했다. 유럽환율조정장치의 아래에서 유럽 통화단위(ECU)라고 알려진 유럽 통화의 가중 바스켓이 2.25%의 허용가치 내에서 변동하는 고정환율을 지니는 관리 변동체제에 기반해서 만들어졌다. 유럽 환율조정기구는 1992년에 독일의 통일로 인해 발생한 경제적 불균형과 서로 다른 유럽 국가들의 경제적 격차로 인해 거의 붕괴되었다. 유로화의 기반을 다지기 위해 12개의 유럽 국가들은 1999년에 유럽통화동맹(EMU)을 창설했다. 유럽통화동맹은 17개로 늘어난 유로존 내 회원국들의 화폐를 대체하는 화폐로 유로화를 도입했다.

2002년, 유로화 동전과 지폐가 보급되었다. 유로는 엔화를 넘어서서 세계에서 두 번째로 중요한 화폐가 되며 짧은 기간내에 성공을 거두었다. 유로화를 사용하는 국가들은 화폐가치 급변이나 인플레이션, 또는 이와 관련된 경제문제들이 상당히 줄어들었다. 개인 소비자들과 기업들에게 유로는 다른 나라의 상품이나 서비스를 구매하거나 기업이 국경을 넘나들며 운영될 때 필요했던 비싸고 시간이 오래 걸리는 환전과정을 제거하였다.

2009년까지 인구로는 3억 2,700백 만명에 해당하는 17개 국가들(오스트리아, 벨기에, 키프로스, 에스토니아, 핀란드, 프랑스, 독일, 그리스, 아일랜드, 이탈리아, 룩셈부르크, 몰타, 네덜란드, 포르투갈, 슬로바키아, 슬로베니아, 스페인)이 유로존에 가입하였다.

유럽중앙은행(ECB)과 유로화를 사용하는 국가들의 중앙은행내 유로 시스템들은 유로를 관리하는 일을 한다. 그들은 유로화를 찍어내고 배분하며 유로존 내의 지불체제를 총괄한다. 1992년의 마스트리히트 조약 하에 유로존 회원국들은 특정한 통화/재정 기준을 충족해야 한다. 이 기준 때문에 27개의 유럽연합 국가들 중 일부(스웨덴, 노르웨이, 영국 등)가 유로화 사용을 거부하게 되었다. 그러나 유로존 밖에 있는 일부 국가들(동유럽의 작은 국가들)은 유로를 자국의 단일화폐로 채택했다.

유로존이 불확실한 통화 동향과 연관된 환율 위험성을 제거하고, 거시경제적 안정성을 증진시키며, 세계무역에서 경쟁하는 국가들간의 물가 평형에 기여하기 위한 수단으로서 미래에도 계속 확장해 나갈 것이다. 흥미롭게도 아프리카와 남아메리카, 동남아시아의 국가들 역시도 유로와 유사한 지역단위 화폐의 창안 가능성을 논의 중이다.

4-3e. 경(硬)통화와 연(軟) 통화

달러와 유로, 엔화는 세계 경제의 60% 가까이를 차지한다. 달러, 유로, 엔화는 각 관계지역의 경제에 통화 안정성을 더해주는 세계의 3대 화폐 영역임을 말해 준다. 영국의 파운드도 세계 외화의 시장을 선도하는 또 다른 예다. 이러한 경 통화들은 연 통화들의 가치를 고정시키기 위해 사용된다. 예를 들어, 오랜 기간 아르헨티나는 페소의 가치를 달러에 고정시켜서 1달러당 페소의 가치를 일정 범위내에 유지시켰다. 그러므로 통화의 고정은 신흥시장 국가들이 자국의 통화 안정을 위해 사용하는 방법이다.

그러나 각각의 경 통화가 그 지역에서는 상당히 안정적이지만 전세계의 다른 부분에서 볼 때는 상당히 변동이 심할 수 있다는 것을 알아둬야 한다. 그래서 환율 위험은 거대 산업국가들에서조차도 국제무역 및 금융에 있어서 중요한 요소로 남아 있다.

사실확인 LO-3

중국의 통화인 "인민폐"는 위안화로 표기된다. 위안화는 세계의 통화 바스켓에 일정 가치로 고정되어 있다. 만일 중국이 위안화를 자유롭게 변동하도록 한다면 어떻게 될까? 위안 대 달러의 환율은 어떻게 영향을 받을 것인가? 이러한 가능성을 평가할 때, 미국은 중국의 수출품을 대량 수입한다는 점을 고려하라.

4-4. 상품과 자본의 국제적 흐름

LO-4
환율이 시간이 흐름에 따라 변화하는 것을 설명하시오.

국제교역과 해외투자는 지난 100년간 엄청나게 발전했다. 상품과 자본의 국제적 이동은 경제시장과 금융시장을 통합시키는 경향이 있다. 인터넷의 사용은 누구나 자전거를 어느 나라에서든 싼 가격에 구매할 수 있게 한다. 동일 가격의 원칙에 따르면 동일한 제품은 서로 다른 국가에서도 현지 통화를 기준으로 동일한 가격에 팔려야 한다. 어떤 사람이 미국에 살고 미국에서는 자전거를 150달러에 살 수 있는 데 비해, 유럽에서는 100유로에 팔리고 있다고 가정해 보자. 만일 환율이 1달러당 1.40달러/유로라면, 유럽에서의 자전거 가격은 달러로 140달러가 될 것이다. 이 비교는 그 자전거가 유럽 공급상에서 사는 것이 더 싸다는 것을 보여준다. 유럽에서 미국으로 보내는 배송비가 미국 내에서의 배송비보다 비쌀 것이기 때문에 10달러의 차이는 운송비 때문일 수도 있다. 동일 가격의 원칙이 지켜진다면 이 비교는 사실이어야만 한다. 그렇지 않다면 어떤 사람이 자전거를 유럽에서 사서 미국에서 미국내 공급상보다 더 낮은 가격에 팔아서 재정거래 이익을 얻어 챙길 수 있다. 시간이 지나며 유럽에서 팔리던 자전거의 가격은 수요증가 때문에 상승할 것이고, 미국내 자전거 가격은 수요감소에 의해 하락하게 될 것이며, 결국 유럽과 미국의 가격은 같아지게 될 것이다.

세계 시장에서의 약품 교역

4-4a. 구매력평가(PPP; Purchasing Power Parity)

동일 가격의 원칙은 **구매력 평가이론**(Purchasing Power Parity Theory)의 기본 원리이다. 가격 차이를 재정(裁定) 거래로 없애는 효율적인 시장을 가정하고, 서로 다른 국가들 사이에서 동일한 물건의 가격을 비교함으로써 실질 즉, 구매력평가 환율이 산정될 수 있다. 당연히 시장은(앞의 자전거의 예에서는 운송비가 되는) 거래비용이나 다른 비용들 같은 불완전성으로 인해 완벽히 효율적일 수는 없다. 이러한 불완전성이 그렇게 크지 않고 시장이 상당히 효율적이라면, 제품군은 서로 다른 국가들에서 대략(arbitrage profits) 동일한 가격을 지녀야 한다. 제품의 가격이 한 나라에서 바뀌는데 다른 나라에서는 바뀌지 않는다면, 그 국가의 화폐의 환율이 그에 따라서 PPP를 유지하기 위해 변해야 한다.

4-4a-(i). 빅맥 지수

1986년 이코노미스트지는 여러 제품들로 구성되는 맥도널드 식단의 샌드위치를 기준으로 **빅맥 지수**(the Big Mac Index)를 산정해 발표하기 시작했다. 빅맥이 미국에서는 3.8달러이고 프랑스에서는 2.5유로라면 어떻게 될까? 환율이 1유로당 1.4달러라고 가정할 때, 프랑스의 빅맥은 달러로 3.5달러이다. 이코노미스트지는 미국내 가격에 대한 달러 표시의 외국 가격간의 비율을 산정했는데, 여기서는 3.50/3.80 = 0.92이다. 이 비율은 구매력평가 원칙 하에서는 1이 되어야 하기 때문에 이 예에서는 유로가 달러에 비해 8% 저평가되어 있다. 다시 말하지만 운송비용이나 세금, 기타의 시장 불완전성이 이 차이를 설명할 수 있다. 시간의 경과와 국가에 따라 빅맥의 가격이 달라지는 것은 구매력평가가 동일 가격이 되도록 가격을 조정하는 성향이 있기 때문에 화폐가치의 변동에 연관되어야 한다.

이코노미스트지에 따르면 2012년 1월 11일의 미국 주요 도시에서의 빅맥 평균가격은 4.2달러였다. 같은 날짜의 유럽에서의 가격은 3.49유로였는데, 이는 유로당 1.27달러였던 당시 환율로 치면 4.43달러이다 실제 PPP 비율은 미국내 가격에 대한 외국내 가격으로 결정되는데, 이는 4.43/4.20 = 1.05다. 이 비율이 1에서 5% 높다는 것은 유로가 5% 고평가되었다는 것을 의미한다.

이같이 예증된 빅맥 지수에 기반하여 노르웨이의 크로네는 63%, 스위스의 프랑은 58%가 각각 고평가되었으나, 다른 국가의 화폐들은 달러에 비해 저평가되었다. 말레이시아의 리깃은 57%, 남아프리카 공화국의 랜드는 53%, 홍콩 달러는 52%가 각각 저평가되었다. 브라질의 레알과 이스라엘의 신 세겔은 거의 1에 가까운 수치를 보여 저평가되지도, 고평가되지도 않았다. 재정이익을 취하기 위해 빅맥을 싼 나라에서 사서 비싼 나라에 파는 것은 현실적이지는 않지만 빅맥을 만드는 데 필요한 구성 재료군을 파는 것은 가능할 것이다. 결과적으로, 가격차이는 존재한다고 해도, 단기간의 차이는 시간이 흐르면서 바뀌어질 것이다.

4-4a-(ii). 인플레이션과 구매력 평가

만약 미국에 인플레이션이 일어나 이듬해에 미국의 상품가격이 10% 상승했으나, 유럽에서는 인플레이션이 없었다면 어떤 일이 일어날까? 미국 내의 높아진 가격은 소비자들로 하여금 유럽의 물건을 사도록 유도할 것이다. 그렇게 하기 위해 소비자들은 달러를 팔고 유로를 사들일 것이며, 그 결과 유로에 대한 달러의 가치가 하락할 것이다. 이는 시간이 지남에도 계속되어 구매력평가가 다시 이루어 질 때까지 계속될 것이다. 우리는 달러의 가치가 얼마나 떨어질지를 PPP 공식을 사용해서 계산할 수 있다.

$$P_{US}\ (1 + I_{US})=(1 + p)\ P_E\ (1 + I_E)$$

P_{US} = 달러로 표시된 미국 제품의 가격지수

P_E = 달러로 표시된 유럽 제품의 가격지수

I_{US} = 달러 기준의 미국내 인플레이션 비율

I_E = 유로 기준의 유럽의 인플레이션 비율

P = 유로의 퍼센트로 표시된 변화율,이는 선물환 프리미엄과 같음

선물환 프리미엄=[(F - S)/S] × 100

F; 달러/유로의 선물환율

S; 달러/유로의 현물환율

이제 환율이 1유로당 1.40달러라고 치면, P_{US}=\$140이고 P_E=€100 즉 \$140이며, 미국의 인플레이션은 10%, 유럽의 인플레이션은 0%라고 가정하면, 위 PPP 공식에서 우리는 아래와 같은 결과를 얻는다.

$$\$140(1.10)=(1 + p)\$140(1)$$

그 결과 선물 프리미엄은 p=[($154 - $140)/$140] × 100 = 10%이다. 따라서 달러에 대한 유로의 가치는 미국의 인플레이션 때문에 내년도에 10% 오를 것이다. 환율상에 이러한 조정이 가해진 뒤에 구매자들의 구매력은 미국과 유럽 제품 양쪽에 대해 같아질 것이다.

여기서 얻게 되는 중요한 교훈은 한 국가의 인플레이션 비율이 다른 나라의 인플레이션 비율을 넘어설 경우, 그 국가는 외국화폐에 대비 자국화폐의 가치가 하락을 겪게 될 것이라는 점이다. 이 생각을 더 간단히 개략적으로 표현하는 법은 다음과 같다. $X= I_{Domestic} - I_{Foreign}$ 여기서 X는 외국화폐 대비 자국화폐의 상대적 가치하락율이다.

4-4a-(iii). PPP의 문제점

PPP는 환율이 국가간의 상대적 가격에 의해 설명될 수 있다고 단정한다. 그러나, PPP에 대한 실증분석에 의하면 혼합된 결과를 보여준다. PPP가 5년이 넘는 장기간에 대해서는 성립되지만, 그보다 더 짧은 기간에서는 성립되지 않을 수도 있다. 인플레이션율이 큰 국가들에서는 PPP가 성립되지만, 인플레이션 정도가 적은 국가들에서는 PPP의 신뢰성이 상대적으로 낮다.

다양한 문제들이 단기간에서의 PPP의 실패를 설명해준다. 이미 이 글의 초반부에서, 운송비와 무역장벽 등이 국가간 가격 불일치의 원인이 된다는 것을 논급했다. 기타의 문제들로서는 무역과 환율에 대한 정부의 개입(무역제한과 외화환전의 제한)이나 세계적으로 가격경쟁력을 쥐고 있는 다국적기업(마이크로소프트는 국가마다 가격을 다르게 정한다.), 교역이 되지는 않지만 국가의 내부 가격에 영향을 주는 제품 (장비나 자산의 대여료) 등도 포함된다. 더욱이 일국의 통화가치는 아마 국가 간의 가격 차이보다 더 영향력이 있을 수도 있다. 경제성장, 국제 경쟁력, 통화/재정 정책, 기타 요소들에 대한 시장의 기대치는 세계 외환시장에서의 자국통화의 가치에 영향을 줄 수 있다. 진실로 일국의 통화는 상대적 가격 등의 복잡한 가격결정 요소를 지님으로써 그 자체가 일종의 금융자산이다.

4-4b. 이자율평가(IRP; Interest Rate Parity)

금융 유가증권들에 있어서의 상대적 이자율은 환율의 변동을 결정하는 또 다른 요인이다. 동일 가격의 원칙 하에, 만약 어떤 투자자가 미국의 정부채권과 만기의 위험도가 비슷한 유럽의 정부채권을 구매한다면, 그 두 채권의 수익율은 개인에게 있어서는 같아야 한다. 예를 들어 1년 만기의 미국 재무성 채권의 수익율이 4%이고 유럽 국채의 수익율이 6%라고 가정하자. 미국 국채는 달러로 돈을 주고 유럽 국채는 유로로 돈을 준다는 사실은 논급할 만한 가치가 있다. 미국의 투자자는 더 높은 이율을 가진 유럽국채를 매력적인 것으로 간주할 것이다. 그러나 유럽국채를 사려면 미국의 투자자는 달러를 유로로 환전해서 유로로 유럽 국채를 사고 나중에 유럽국채로 얻는 유로 표시의 수익금을 다시 달러로 바꿔야 할 필요가 있다(예를 들어 그 투자자는 미래의 유로 대 달러의 환율을 현재의 국채 구입 시점에서 고정시켜 놓기 위해서 선물환 계약을 이용할 수 있다). 비교의 목적으로, 미국의 투자자는 유럽 국채의 달러 이율을 달러로 환산해서 계산할 수 있다. IRP 이론에 따르면, 미국과 유럽 국채의 달러기준 수익은 같아야 한다. 그게 아니라면, 투자자들은 더 높은 이율의 채권을 사고 낮은 이율의 채권은 팔아서 위험 없는 이익을 얻는 재정거래 기회가 생겨날 것이다. 만일 커버된 IRP는 재정이익의 여지가 없이 성립된다고 보면 우리는 다음의 IRP 등식을 얻을 수 있다.

$(1 + i_{US})=(F/S)(1 + i_E)$, 여기서

$F =$	유로 대 달러의 선물환율
$S =$	유로 대 달러의 현물환율
$i_{US} =$	달러로 지급된 미국 국채의 이율
$i_E =$	유로로 지급된 유럽 국채의 이율

이 등식은 미국 국채에 투자해서 얻은 달러 수익이나 달러에서 유로로 바꾸어 유럽 국채를 산 후 그 수익을 다시 달러로 바꾼 수익과 같다는 것을 의미한다. 만일 현물환율이 시간이 지나도 상당히 안정적이라면 IRP는 다음의 잘 알려진 공식에 근접할 수 있다.

$$(i_{US} - i_E)=(F - S)/S=p$$

앞서의 PPP등식에서 처럼 p=선물환 프리미엄

이전의 예를 감안하면 우리는 (0.04 − 0.06)=-0.02의 값을 얻게 되는데, 이는 F가 S보다 크다는 것을 의미한다. 만일 S가 유로당 1.40달러라면 F는 1.37달러=[−0.02 + 1]$1.40가 된다. 따라서 달러가 선물환 시장에서 프리미엄 가격에 팔리고 있으므로 내년에도 달러가 유로에 대해 2% 가치 상승을 할 것이다. 바꿔 말하면, (F-S)/S〈0이라는 산식은 유로가 달러 대비 가치가 하락할 것이라는 이야기이다. 만일 선물환율이 1.37달러가 아니라면 외환 거래자들과 채권 거래자들에게는 재정거래로 이익을 취할 기회가 생기게 된다. 이러한 시장 참여자들에 의한 재정거래는 IRP 등식이 다시 성립될 때까지 이율차이를 변동시킬 뿐만 아니라 현물환율과 선물환율간의 차이도 변동시킬 것이다.

미(未)커버된 IRP이론에 따르면 예상되는 미래의 현물환율은 현재의 선물환율과는 다를 수 있다. 이 차이는 리스크 위험 회피적 투자행동 때문에 미래의 현물환율 예상값에 리스크 프리미엄이 존재할 때 가능하다. 미래의 현물환율이 선물환율과 같지 않을 수 있다는 불확실성은 외환 거래자들로 하여금 이런 위험성에 대한 프리미엄을 요구하도록 한다. 이 경우에는 미커버된 IRP나 커버된 IRP 모두 성립될 수 없다. 투자

자들이 리스크에 대해 중립적이라면 위험성 프리미엄은 존재하지 않으며 미래의 기대 현물환율과 현재의 선물환율은 같을 것이며, 그 결과 커버된 IRP와 미커버된 IRP도 같을 것이다. 시장의 기대치는 정확히 측정될 수 없기 때문에 미커버된 IRP 이론은 간접적으로만 확인될 수 있다. 국가간 이율을 비교함에 있어서 커버된 IRP가 현물환율과 선물환율에 초점을 맞추는 데 비해, 미커버된 IRP는 현물환율과 미래의 기대 현물환율을 이용한다.

결론적으로, IRP이론은 다른 국가의 자산에 투자해서 얻게 되는 이윤은 환율을 고려한 뒤에는 같아지는 성향이 있다는 것이다. IRP가 성립되지 않는다면 국제 투자에서는 국제적 자본흐름이 일어나 재정(차익)거래를 통해 초과이윤 기회를 모두 소진시키게 될 것이다.

4-4b-(i). IRP의 문제점

PPP 이론처럼, IRP 이론에 대한 실제 증거들 역시 혼합적이다. 거래비용은 IRP 이론에 대한 장애가 될 수 있다. 투자의 기간대역이 넓어질수록, IRP 이론의 빗나감은 정치적 위험(자본흐름에 대한 정부통제)와 법적 제한, 세금의 효과, 관리 변동환율 체제, 시간이 지나면서 생겨나고 이윤차이를 재정거래로 소진시키는 거래자의 능력을 붕괴시키는 기타의 예측할 수 없는 상황들 때문일 가능성이 더 크다. 추가적으로, 시장심리학도 외환 거래자들이 화폐에 대해 투기하는 것처럼 환율 변동에 하나의 역할을 수행할 수 있다. 집단적 행동은 특정 화폐의 대량구입이나 판매를 초래하고, 이는 화폐의 가치를 정상적 범위를 넘어서게 해서 통화위기와 같은 문제들을 일으킨다.

IRP 이론이 언제나 엄격하게 성립되지는 않을 수도 있지만, 재정거래 이익을 추구하는 거래자들에 의한 시장의 효율성은 통합된 금융시장에서 국가간의 상대적인 이율과 환율을 변동시킬 것이다. 미국에서 이율이 바뀌면, IRP에 의해 해외의 이율과 환율도 바뀌어야만 한다. 그러나 외국의 중앙은행들은 이율과 환율의 변동을 저지하는 방향을 추구할 수도 있다. 그러므로 중앙은행의 개입은 IRP 이론이 적기에 철저하게 성립되지 않을 수도 있는 또 다른 이유가 될 수 있다.

결론적으로, 국제 투자자들은 투자를 세계적으로 다변화시키고, 재정거래 활동에 대해서는 수동적으로 행동할 수 있다. 서로 다른 나라의 높고 낮은 채권 수익은 시간이 지나면서 평준화될 것이고, 결국 투자자들에게 예측 불가능한 이율 변동에 부응하면서 자본을 이동하고 싶은 의욕을 감퇴시키게 될 것이다.

IRP 이론이 성립되지 않을 수도 있는 것에 대해서는 많은 이유가 있지만, 금융경제학에서는 왜 IRP 이론이 실증적 증거들에 의해 아주 약하게 뒷받침되는지는 여전히 의문으로 남아 있다. 통합된 국제 금융시장에서는 시장 참여자들이 서로 다른 이율을 가진 여러 나라의 국채에서 재정이익을 취하는 것이 상대적으로 편리함에도 그러하기 때문이다.

사실확인 LO-4

인터넷을 검색하여 최신의 빅맥 지수 자료를 찾아보자. 그 자료는 유로, 파운드, 엔에 대한 달러 가치를 기준으로 무엇을 보여주는가? 이 통화들이 달러에 비해 저평가되었는가, 아니면 고평가되어 있는가?

경제적 관점

아시아의 통화위기

1990년대에 태국, 인도네시아, 말레이시아, 필리핀, 홍콩, 대만, 한국을 포함한 아시아의 경제는 전세계 어느 지역의 국가들보다 빠르게 성장하고 있었다. 1991년 러시아에서 공산주의가 붕괴되자 동남아시아의 많은 신흥시장 국가들은 외국인 투자에 개방을 하기 시작했다. 외국인 자본유입은 쇄도하여 이 지역의 미래에 대한 새로운 낙관론을 만들어 냈다. 아시아 은행들은 이러한 선도적 추세에 따라 기업에 대한 대출을 적극적으로 늘렸다.

아시아 경제의 미래가 밝아 보였음에도, 태국에서는 그 지역 전체에 걸쳐 문제를 촉발시켰다. 태국의 과도한 신용대출 확대는 위험성이 높은 상업 개발과 기업들에 대한 분별없는 투자로 이어졌다. 많은 기업들이 은행과의 개인적·가족적 관계를 맺고 있었고, 이는 "연줄 자본주의"라는 사(私) 거래적 대출을 야기했다. 경제개발을 촉진하기 위해 태국정부는 자국의 기반시설을 건설하는 데에 국채를 세계시장에 무리하게 발행하여 자금을 너무 많이 빌렸다. 높은 신용대출 수요는 이율을 상대적으로 높게 유지했다. 기업과 은행 및 정부의 부채는 세계 금융 시장에 축적되었다.

태국의 바트화는 달러에 고정되어 있었고, 이는 바트가 고평가되게 만드는 요인이 되었다. 이러한 고평가를 인식하게 되자 투자자들과 투기꾼들은 1997년 7월 바트화를 팔기 시작했다. 태국 정부가 이 환율의 고정관계를 풀자 바트화의 가치는 한 달만에 20%가 떨어졌다. 중앙은행은 화폐가치를 유지하기 위해 바트를 사들이고 시장에 개입했지만 실패했다. 시장력은 정말 너무나도 커서 태국의 경제를 한때 과도하게 팽창시켰던 외화가 한 순간에 빠져나가도록 했다.

버블은 터지고 말았다. 은행과 기업과 정부는 바트에 비해 가치가 상승하는 외화로 표기된 부채를 갚을 수 없었다. 주식시장은 요동치더니 마침내 붕괴했다. 이 같은 경제적·재정적 하강은 이전에 요란하게 벌어들인 수익을 완전히 뒤엎어 버렸다.

불행하게도 태국의 충격은 다른 아시아 국가들로 퍼져나갔다. 달러에 대한 아시아 여러 국가들의 화폐가치는 태국 바트의 하락에 덩달아 무너지기 시작했다. 통화위기는 전염병처럼 인도네시아 루피아, 말레이시아 링깃, 필리핀 페소, 홍콩 달러, 싱가포르 달러, 한국의 원 등에 걸쳐 그들의 주식시장과 함께 연쇄적으로 파급되었다. 일부 중앙은행들은 자국화폐를 사들이는 시장개입으로 조류를 바꿔보려 했지만 고정가에 자국의 통화가치를 유지시키는 데 실패했고, 결국 환율을 변동하게 내버려둘 수 밖에 없었다. 해외 투자자들은 아시아 시장에 대한 신뢰를 잃었고 주식과 채권, 부동산, 그리고 다른 자본 자산들을 서둘러 팔았다. 외국인 투자자들이 아시아 통화들을 팔아 다른 통화를 구입함에 따라 그 통화의 가치를 떨어뜨렸으며 이 지역의 통화위기의 속도와 진폭은 전례를 찾아볼 수 없을 정도였다.

국제통화기금과 다른 국가들이 다 함께 포괄적인 구조대출을 해주면서 이 위기에 응답했다. 170억 달러의 총 대출을 받을 정도로 태국에서 작은 문제로 시작되었던 것이 인도네시아와 한국에 각각 420억 달러와 580억 달러를 대출해 주면서 훨씬 더 큰 규모로 팽창했다. 아시아 통화위기가 주는 몇 가지 교훈은 다음과 같다.

1) 인위적으로 너무 낮은 수준으로 고정시킨 환율을 가진 고평가 된 통화는 문제를 일으킬 수 있다. 고정값이 투기적 공격으로부터 정부의 개입에 의해 지켜내지 못할 정도라면, 통화 패닉이 일어나게 된다.
2) 신흥시작 국가로의 과도한 자본유입은 위험해질 수 있다. 외국 투자자들간의 시장 심리학적 행동은 집단적 행동을 일으켜서 그 국가에 투자한 자금을 빼갈 수 있고, 그로 인해 그 나라의 금융시장을 황폐화시킨다.
3) 빠르게 성장하는 경제가 반드시 건강한 것은 아니다. 신용대출 확대와 해외 자본유입에 의해 버블경제는 어느 정도는 유지되지만, 급격한 경제의 수축으로 과다했던 이익을 모두 잃게 된다. 이 원리는 개발도상 경제나 선진 산업경제 모두에게 적용되며, 미국과 일본, 유럽의 2008-2009 경제 · 금융적 위기가 이를 보여준다.
4) 개발도상국에서 정부와 경제의 안정성은 통화위기에 있어서 중요한 요소이다.

국가간의 차이와 이러한 안정성을 촉진할 수 있는 여러 요소들 때문에, 통화위기의 원인과 해결책은 국가마다 다르다. 통화위기 이후, 위기를 초래한 불균형에 대처하기 위해서는 거시경제 내에서의 주요한 구조적 변혁이 필요하다. 금융부문, 민간 및 공공부문에서의 관리 그리고 투명성은 대부분의 경우에서 변혁이 필요한 분야이다.

문답

1) 태국에서 경제버블이 일어난 주요 원인은 무엇이었는가? 그 버블에서 배울 수 있는 교훈은 무엇인가?

2) 태국의 문제가 다른 아시아 국가들에게 파급된 이유는 무엇인가? 왜 일국의 화폐가치가 붕괴가 그 나라의 주식시장도 영향을 미치는가?

출처: Steven Radelet and Jeffrey Sachs, “The Onset of the East Asian Financial Crisis,” in Paul R. Krugman, ed., *Currency Crises*, National Bureau of Economic Research (Chicago: University of Chicago Press, 1998), pp. 105–162. Craig Burnside, Martin Eichenbaum, and Sergio Rebelo, “Prospective Deficits and the Asian Currency Crisis,” *Journal of Political Economy* 109 (2001), pp. 1155–1197.

4-5. 환율의 예측

PPP 이론과 IRP 이론은 미래의 환율을 예측하는 데 사용될 수 있다. PPP 접근법인 $X= I_{Domestic} - I_{Foreign}$는 두 국가의 상대적 인플레이션 비율의 예측이 외화에 대한 자국 통화의 환율(X)을 예측하는데 사용될 수 있음을 의미한다. 인플레이션 비율의 예측은 이 예측전략을 사용하려는 민간 및 공공 출처로부터 얻을 수 있다. 또 다른 접근법은 또한 미래의 현물환율을 예측하기 위해 커버된 IRP 이론에서의 선물환율을 사용하는 것이다. 이러한 관점에서 우리는 다음과 같은 식을 쓸 수 있다.

LO-5
서로 다른 방법론을 통해 환율의 변화를 예측하시오.

$$F=S(1+p)$$

여기서 F는 앞서 정의한 바 대로 선물환율을, S는 현물환율을, p는 선물환 프리미엄을 의미한다. 선물환 프리미엄이란 환율에 있어서 예상되는 변동률을 의미한다. 현물환율이 유러당 1.40달러이고 선물환율이 유러당 1.50달러라면, 선물환 프리미엄은 (1.50/1.40 – 1) = 7%이다. 이 때, 유로는 달러 대비 가치가 오를 것으로 예상된다.

또 하나의 예측방법은 회귀분석 모델을 사용하여 현물환율의 변화와 기본요소의 변화 간의 관계를 평가하는 것이다. 달러/유로 환율에서 현물환율의 변동(ΔX로 표기)에 대한 이러한 기본적 모델의 예는 다음과 같다.

$$\Delta X=b_0 + b_1 (I_{US} - I_E)+b_2 (i_{US} - i_E)+b_3 (Y_{US} - Y_E)$$, 여기서

$\Delta(I_{US} - I_E)$=인플레이션율의 차이량
$\Delta(i_{US} - i_E)$=이자율의 차이량
$\Delta(Y_{US} - Y_E)$=GDP 성장률의 차이량

예를 들어, 월 단위로 독립변수(ΔX)와 종속 변수들(우변)에 대한 과거의 자료를 수집해서 그 일련의 자료에 적합한 회귀분석 모델을 구하여 b 계수를 예측하는 것이다. 이들 b 계수의 평가치가 정해진다면, 독립변수의 최신 값을 방정식에 넣어 미래의 대 유로 달러 환율 예측할 수 있다. 이런 종류의 환율예측 기본모델은 시간의 경과에 따라 최신화하고 수정을 가해서 환율과 독립변수 간의 변화하는 관계에 맞게 조정될 필요가 있다. 민간기업들은 이런 기본모델을 사용하여 환율예측 결과를 주기적으로 산출하여 판매한다.

사실확인 LO-5

일부 관찰자들은 미국 정부의 거대한 적자가 미래에 더 높은 인플레이션으로 이어질 것이라고 믿는다. 만일 이런 사태가 일어난다면, 인플레이션 증가가 달러의 가치에 미칠 영향을 예측하는 데에 PPP 이론은 어떻게 사용될 수 있을까?

정리

국제수지(BOP)는 기간의 경과에 따른 한 국가와 여타 국가들 간의 자금흐름에 관한 세부내용을 보여준다. 국제수지의 경상계정은 무역수지, 서비스 수지, 소득수지, 순이전수지에 대한 정보를 제공한다. 자본계정은 경상계정이 (미국내 외국인 자산, 해외의 미국인 자산, 순 파생금융 등을 통해) 어떻게 금융적으로 대출되었는지를 보여준다. 자본계정은 해외직접투자와 유가증권 투자에 의해 영향을 받는다. 자본계정은 경상계정의 대부분을 메우며, 나머지 차이는 통계적 불일치에 기인하는 것으로 여긴다.

국제무역이 시간이 지남에 따라 늘어나면서 국제통화체제가 발달하여 대금 결제가 여러 나라의 통화로 이루어줄 수 있게 했다. 외환시장은 24시간 화폐를 거래하는 국제 은행들과 화폐 거래자들로 구성된 범세계적 국제적 네트워크이다. 환율은 타국 통화에 대한 자국 통화의 상대적 가격을 나타낸다. 1944년 브레튼 우즈 협정에서 결정된 통화의 금본위제도가 1971년에 붕괴되면서, 일종의 유동적 환율 시스템이 생겨났는데 대부분의 통화에서는 자유(완전) 변동환율제가, 기타 통화에서는 관리 변동환율제가 시행되었다. 현재의 환율인 현물환율과 미래의 환율인 선물환율이 두 환율간의 차이에 바탕을 둔 할인(디스카운트)과 할증(프리미엄)을 통해 통화를 거래하는 데 사용될 수 있게 되었다.

돈은 시간이 지남에 따라 귀금속으로 만든 주화에서부터 국가의 주권과 정체성을 상징하는 지폐에 이르기까지 진화해 왔다. 이 진화에서의 주요한 사건 중 하나는 오늘날 16개의 유럽 국가들이 사용하고 있는 유로화의 탄생이다. 유로는 유로존 국가들에게 통화가치의 변동, 인플레이션, 그리고 이들과 관계 있는 위기침체들을 줄여주었다. 이러한 유로화의 성공 때문에 아프리카와 남아메리카, 동남아시아의 국가들 조차도 자신들의 지역통화를 만들 것을 고려 중이다.

동일가격의 원칙에 기반하여 만들어진 2개의 잘 알려진 이론들은 PPP 이론과 IRP 이론인데, 이들은 기간 경과에 따른 환율의 변동을 설명하는 데 도움을 준다. PPP 이론은 서로 다른 국가에서의 비슷한 제품에 대한 가격은 어느 일국의 통화를 타국의 통화로 변환시켜 보면 같아야 된다고 주장한다. 즉, 국가간 가격차이는 무역상들이 재정거래 이익을 얻기 위해 국가간의 상품을 사고 팔고 함으로써 결국 사라질 것이기 때문이다. 빅맥 지수는 PPP 검증에 널리 이용된다. 서로 다른 나라에서의 빅맥가격의 차이는 어떤 일국의 통화가 달러에 비해 고평가 또는 저평가 받고 있는지를 가늠할 수 있는 통찰력을 제공한다. 이러한 통화들은 시간이 경과하면서 가치가 변동되어 구매력을 회복해야 한다. 그러나 이러한 차이는 거래비용, 무역장벽, 세금효과, 정부의 개입, 기타 가능한 불완전성 등 시장의 비효율성으로 인해 잔존할 수도 있다.

이와 비슷하게, IRP 이론은 채권에 대한 국가간의 이율은 시간이 지남에 따라 환율로 통화를 변환시키면 같아야 한다고 말한다. 커버된 IRP 이론은 현물환율과 선물환율을 이용하는 데 비해, 미커버된 IRP 이론은 현물환율과 미래의 기대 현물환율을 사용하며, 이는 리스크로 인해 선물환율과는 다를 수 있다. 금융경제학에서의 난제는 투자자들이 통합된 금융시장 덕택에 채권을 쉽게 사고 팔 수 있는 데도 불구하고, 실증적 증거는 IRP 이론을 약하게 뒷받침한다는 것이다. 그럼에도 불구하고, PPP 이론과 IRP 이론은 환율과 관련된 기본적 요소들에 기반한 더 복잡한 다중 회귀분석 모델과 함께 환율을 예측하는 데 사용된다.

주요단어

국제수지(BOP)
경상계정
무역수지
무역적자
서비스 수지
소득수지
이전수지
자본계정
위험 프리미엄(할증)
해외직접투자
통계적 불일치
외환시장
환율
완전 변동환율제
관리 변동환율제
고정 환율체제

현물시장
(외화의) 판매 구매가격차
직접표시 환율
간접표시 환율
선물환 시장(forward market)
선물환율
할인(discount)
할증(premium)
헤지(hedge)
인플레이션
금본위제도
브레튼 우즈 협정
국제통화기구(IMF)
스미소니언 협정
자메이카 협정
특별 인출권(SDR)

완전 자유변동 환율
불완전 변동 환율
달러화(dollarization)
경(硬)통화
연(軟)통화
동일가격의 원칙
재정거래(arbitrage)
구매력 평가(PPP)
빅맥 지수(big mac index)
이자율평가(IRP)
커버된 IRP
미커버된 IRP

문제 풀이

1. 국제수지에서 경상계정의 네 가지 기본적 구성요소는 무엇인가? 한 국가의 경상계정의 차이가 어떻게 금융적으로 메워지는지에 대한 정보를 어떻게 얻을 수 있는가?
2. 완전(자유) 변동환율체제, 관리 변동환율체제, 고정 환율체제간의 차이점은 무엇인가? 직접표시 환율과 간접표시 환율의 예를 들어라.
3. 브레튼 우즈 협정, 스미소니언 협정, 자메이카 협정을 통해 시행된 국제 통화 체제를 간단하게 설명하라.

4. 빅맥 지수를 국가간의 PPP 비교에 어떻게 사용할 수 있는가? 이러한 비교를 사용하여 국가들간 미래의 가능한 환율 변동방향에 대해 무엇을 알 수 있는가?

5. 1년 만기 미국 국채의 이율이 3%이고 비슷한 유럽 국채의 이율이 5%라고 가정하자. 이들 지역의 인플레이션율을 비교하는 것으로 내년에 달러치가 유로에 비해 오를 것인지 떨어질 것인지 예상할 수 있겠는가? 현물환율이 유러당 1.50달러라면, 선물환율은 얼마나 될 것인가?

사례 그리스의 경제적 고통

2008년과 2009년에, 국제 금융시장은 세계 경제 성장을 둔화시킨 주식, 채권, 부동산 가격의 엄청난 하락으로 고통받았다. 많은 신흥시장 국가들은 시장을 부정적 영향을 받았다. 경제적 고통이 심화 됨에 따라, 전세계의 많은 개발도상국들은 금융·경제 위기 이전의 경제 성장기에 축적된 높은 국가부채로 인해 고통을 겪었다. 이 부채 문제는 더 폭넓은 파생적 영향력을 지닌 채 다른 국가들에까지 수년간이나 지속되었다.

가장 두드러진 예가 정부부채 위기를 겪은 그리스이다. 2000년에서 2004년까지 그리스는 유로존에서 가장 빠르게 성장하는 국가였다. 그러나 엄청난 정부 지출과 이에 관련된 차입 때문에 큰 재정 불균형이 발생했다. 또한, 2001년에 유로화를 도입한 이후, 그리스의 경상수지 적자는 더 심해졌다. 유로화의 높은 가치는 그리스의 수출을 감소시켰지만, 수출을 증진시키기 위한 평가절하는 불가능했다. 탈세와 부정확한 경제적 통계 문제와 더불어 기타의 문제들도 드러나게 되었다. 금융시장에 대한 투자자들의 신뢰상실은 2010년에 평가기관들로 하여금 그리스의 주권정부 채권을 정크본드 지위로까지 등급을 격하시키게 했다. 그리스의 채무 불이행을 처리하기 위해서 유로존 국가들과 유럽 중앙은행, 국제통화기금의 이른바 "트로이카"는 그리스에 1100억 유로의 구제금융 차관을 제공했다. 2010년에는 채무 구제를 제고하기 위해 또 다른 1,100억 유로의 융자가 시행되었다. 2014년 12월에는 트로이카가 추가적 재정 지원이 필요하다고 평가할 것으로 예상되었다. 그리스 정부가 가난한 사람들과 노인들을 위한 사회안전망에 대한 정부 지원을 줄이는 긴축계획을 펼쳤기 때문에, 그리스 국민들에게는 이 기간이 고통의 시간이었다. 일부 전문가들은 그리스가 유로존을 탈퇴하고 드라크마를 낮은 환율로 다시 시작해야 한다고 주장한다. 다른 이들은 그리스 뿐만 아니라 이탈리아와 스페인과 같은 국가들도 유로존을 나간다면, 유로화 자체는 생존할 할 수 있다고 주장한다. 또한 이 위기를 통해서 유럽지역통합의 개념이 심각하게 손상되었다. 그리스는 유로존에서 작은 국가들 중의 하나일 수 있지만, 이 사건은 유럽 전지역의 국가들에게 역사적인 충격을 지닌다.

✻ 질문

(1) 그리스는 어떻게 하여 정부부채에 관련된 고통으로 빠져들게 되었는가? 유로존에 가입한 것은 그들이 증가하는 정부부채를 갚는 데 도움을 주었는가? 당신 자신의 답변을 설명해 보라.

(2) 그리스가 유로에서 탈퇴해야 하는가? 탈퇴하면

어떻게 이득이 되겠는가? 아니면, 어떤 점이 잘 못 될 것인가? 당신 자신의 답변을 설명해 보라.

출처: Based on Stijn Claessens, Giovanni Dell'Ariccia, Deniz Igan, and Luc Laeven, "Cross-Country Experiences and Policy Implications from the Global Financial Crisis," *Economic Policy* 25 (2010): pp. 267–293.

주장과 반박

무엇이 아시아 통화위기를 초래했는가?

아시아의 통화위기는 세계의 한 지역내 여러 국가들에게 영향을 주었다는 사실 때문에 주목할 만하다. 1997년의 위기 이전에 아시아 지역은 부러울 정도의 성장과 경제호황을 금융적으로 성장을 뒷받침할 엄청난 해외자본의 유입을 즐기고 있었다. 안정적인 고정환율 체제는 외국인 자본과 투자를 촉진했다. 도대체 무엇이 잘못되었을까? 일부 경제학자들은 그 통화위기의 근본적 원인으로 기본적인 경제 불균형을 지적하는 반면, 다른 이들은 금융적 공황이 이 사건을 촉발시켰다고 주장한다.

✲ 주장

거시경제적 불균형이 아시아 통화위기의 근본적인 동인(動因)이었다. 환율은 고정되어 있었고, 이에 따라 경제를 내부적 및 외부적 동인에 조정되게 맡겨 놓을 수 없었다. 경상수지 불균형은 통화의 고평가로 진전되었다. 국내투자와 해외투자는 합리적인 한계점을 넘어섰고, 고위험사업 프로젝트들까지 인수하는 결과를 낳았다. 이러한 투자에 자금을 대기 위한 과도한 신용대출의 확대는 금융시장과 실물시장에 지속할 수 없을 정도의 버블로 이어졌다. 금융위기가 터지자, 시장은 과도하게 반응했고 그 결과 이 위기는 아시아 지역 전체로 퍼져나갔으며 공황을 유발했다.

✲ 반론

근본적인 경제 불균형이 존재한 것은 사실이지만, 그 불균형이 통화 위기로 발생된 피해에 상응할 정도로 심각한 것은 아니었다. 통화위기는 금융위기에 의해 촉발되었다. 방대한 해외자본의 유입, 위험한 은행대출, 부정부패, 그리고 금융사기는 합쳐져서 나중에 갑작스러운 자본유출이라는 맥락에서의 은행예금인출 쇄도로 이어졌다. 외국인 자본과 국내자본의 유출은 환전이 쇄도함에 따라 아시아의 통화들에 엄청난 부담을 주었다. 정부의 외화 보유량은 빠르게 고갈되었고, 외화시장에 공황을 일으켰다.

당신의 의견은?

주된 문제가 정말 경제위기였을까? 아니면 금융위기였을까? 만일 둘 다가 문제였다면 어느 문제가 아시아의 통화위기를 설명하는데 더 결정적일까? 당신의 답을 서술해보라.

국제경영 뉴스 해석하기

금융뉴스는 유명 언론과 매체 어디에나 있다. 다음에 제공되는 금융뉴스의 예들을 이 장에서 배운 개념들과 관련하여 어떻게 해석하겠는가?

1) 2008년과 2009년의 세계 경제위기 때, 영국의 파운드화 가치는 유로에 비해 눈에 띄게 하락했다. 어떻게 이 통화 뉴스가 중국 학생들로 하여금 영국 대학에 유학하는 것과 유로존 국가들에서 공부하는 것을 심사숙고하게 하는 데 영향을 주었을까? 영국의 수출에는 어떤 영향을 주었을까?
2) 2008과 2009년의 경제위기까지, 일본의 엔화 대출거래(yen carry trade)는 인기가 높았다. 이 대출거래를 하기 위해, 투자자들은 일본에서 낮은 이율에 돈을 빌려서 미국과 유럽에 높은 금리에 이 돈을 빌려 주었다. 최근의 경제위기는 자금의 대출을 거의 멈추게 했다. 이 대출이 풀리는 것은 일본의 대부금을 갚는 것을 동반했다. 이 일이 달러와 엔화의 공급과 수요에 어떤 영향을 주었을 것이라고 생각하는가? 달러 대비 엔화 가치에는 어떤 일이 일어났을까?
3) 2002년과 2005년 사이에, 캐나다 달러 및 유로 대비 하락했다. 달러의 가치가 하락했음에도 불구하고, 동 기간내 미국과 이들 국가간의 무역적자는 증가했다. 왜 미국은 이렇게 수입을 많이 했을까?
4) IRP 이론은 높은 또는 낮은 이율을 가진 국가는 통화의 평가절하 또는 평가절상을 겪을 것임을 시사한다. 2008년과 2009년에 미국과 일본 등 저금리 국가는 IRP 이론에 부합되게 통화절상을 겪었다. 세계 경제위기가 일어난 이 연도에 달러와 엔화가 가치절상을 겪은 데 대한 다른 이유가 있었는가?

포트폴리오 프로젝트

자신의 관점에서 사례를 적절하게 탐색하기: 통화 가치의 변동과 PPP가 당신이 선택한 회사에 미치는 영향을 이해하기

이 장을 읽은 후에는, 당신이 좋아하는 회사에 대한 몇 가지 기본적인 질문들에 대답할 수 있어야 한다.

1) 변덕스러운 통화가치의 변동은 당신의 회사에 중대한 영향을 끼칠 수 있다. 역사적으로 고찰했을 때, 당신의 회사의 비용이나 수입에 영향을 주게 된 다른 나라들에서의 통화위기가 있었는가? 최근 2008년 2009년 세계 경제위기 기간에는 어떠했는가?
2) 당신의 기업은 장차 세계 대여금융시장에 어떻게 접근함으로써 부채비용을 줄일 수 있을까? 저금리 국가에서 돈을 빌리는 것으로 비용을 절감할 수 있을까?

3) PPP 이론은 어떻게 당신의 회사가 다른 국가에서 제품과 서비스를 구매하는 데 어떻게 영향을 미칠까? 상대적으로 낮은 가격수준을 가진 국가에서 같은 공급량을 구입하는 것이 비용을 절감시켜 줄까?

당신 자신의 중소기업을 위한 국제 전략을 개발하라: 수출에 빅맥 지수를 활용하기

빅맥 지수를 이용하여 통화가치의 변동이 당신의 회사에 어떻게 영향을 미칠 수 있겠는지를 평가하라. 당신이 제품이나 서비스를 수출할 목표국가에 초점을 맞춰라. 평가를 위한 질문들은 다음과 같다.

1) 빅맥 지수는 그 외화의 가치변동에 대해 무엇을 말해주는가? 그 외화는 과대평가되어 있는가, 저평가 되어 있는가?
2) 그 외화가 과대 평가되어 있어서 미래에 가치가 떨어지게 된다면, 수출은 어떻게 영향을 받겠는가?
3) 목표국가가 통화위기를 겪을 가능성이 다소 있는가? 위험은 어느 정도라고 평가했는가? 통화위기가 발생한다면, 그것은 당신 회사가 그 나라에 수출하는 데에 어떤 영향을 주겠는가?

제2부

글로벌경영의 환경

CHAPTER

5 문화적 환경

The Cultural Environment

*이 장의 학습목표

LO-1 문화를 정의하고, 기업들이 해외에서 사업을 운영할 때 인지해야 할 필요가 있는 문화의 네 가지 특성을 알아낼 수 있다.

LO-2 문화의 여러 구성들을 열거할 수 있다.

LO-3 호프스티드와 트롬페나스가 제시한 문화적 특성들을 열거하고 구분할 수 있다.

LO-4 외국의 문화를 익힐 때 사용될 수 있는 1차적 및 2차적 자료출처들을 알아낼 수 있다.

LO-5 동아시아, 아랍 및 라틴 아메리카 지역의 국가들을 포함한 여러 나라에서의 사업을 하는데 있어서의 문화적 측면을 설명할 수 있다

LO-6 국제적 경영관리 및 마케팅에서 문화가 왜 중요한지 설명할 수 있다.

문화적 관점

해외에서 경영학 가르치기

미국인 경영학 교수 한 분이 프랑스의 경영대학원들 중 한 곳에서 7주 코스의 수업을 맡게 되었다. 이 수업을 준비하기 위해서, 그는 프랑스의 역사, 경제, 정치 및 문화를 익히려고 다양한 2차적 자료를 살펴 보았다. 학원장이 보내온 편지 한 통으로 자신의 아파트가 쥴 마세네 거리(Rue Jules Massenet)에 위치해 있을 것이라는 사실을 전해 들었다. 쥴 마세네가 누구인지 몰랐기에, 그는 백과사전을 찾아 마세네가 20세기 후반 프랑스의 저명한 오페라 작곡가라는 사실을 알게 되었다. 그의 20개의 작품들 중 가장 중요한 작품들은 마농(Manon)과 타이스(Thaïs)였다.

경영대학원에 도착한 후, 그는 자신과 다른 초빙 강사들을 주빈으로 준비된 환영 만찬에 참석했다. 그의 호스트들은 그가 Massenet에 대하여 알고 있다는 사실을 알고는 매우 놀라면서 기뻐했다. 프랑스 경영대학원에서 교수가 보낸 시간은 가장 유쾌하고 생산적인 시간으로 마무리 되었다.

같은 교수는 이후에 쿠웨이트 은행 연구원에서 5일간 워크숍을 진행하게 되었다. 주최측 사람들은 그에게 쿠웨이트 항공의 비즈니스석 티켓을 제공했으며, 비행 중 그는 샐러드, 생선, 디저트, 치즈 그리고 와인의 훌륭한 저녁식사를 대접 받았다. 식사 후에는 커피가 제공되었다. 그는 평소에 커피를 마시지 않았지만, 그는 한 잔 마시기로 했는데 그 이유는 쿠웨이트에서 커피는 일반적으로 소비되는 음료라고 생각되었기 때문이었다. 작은 잔에 제공된 커피는 터키산 커피였는데 매우 강한 맛을 지녔다. 그가 이 전에는 한 번도 맛본 적 없는 맛이었다.

쿠웨이트에서, 그는 아랍 국가들간 수출과 투자를 보증하는 조직인 인터아랍 투자보증회사(inter Arab Investment Corporation;IAIGC)에 만찬연설을 해주기로 부탁받았다. 도착하자마자, 스리피스 비즈니스 양복으로 훌륭하게 차려입은 10여명의 아랍 사업가들이 예의 바르게 그를 마중했다. 연설 직전에 그는 많은 맛깔스러운 패스츠리가 준비된 테이블로 안내받았다. 패스츠리 하나를 먹은 뒤, 그에게 커피가 제공되었다. 비행기에서 그런 커피를 경험한 뒤여서, 거절하고 싶었지만, 그는 주최측 사람들의 기분을 상하게 하고 싶지 않았기에 커피를 받아 마셨다. 두 잔을 마시고는, 그들에게 감사인사를 전하고, 그는 발표를 시작했다. 관객들은 그의 발표에 우호적인 듯 보였고, 활기찬 15분간의 질의응답 시간이 이어졌다.

서론

문화적 이해는 국제경영에서 성공하는 데 주요한 역할을 한다. 외국에서 자사의 상품과 서비스를 판매하는 회사는 문화를 포함한 외부 환경의 여러 측면에 대처해야 한다는 것이 사실이다. 이러한 외부 환경에는 비즈니스 시장, 경쟁, 기술, 경제 및 법적 및 정치적 풍토가 포함된다. 이 장에서는 기업의 국제 환경 중 문화적 측면을 살펴볼 것이다.

5-1. 문화와 문화의 특성 정의하기

LO-1
문화를 정의하고, 기업들이 해외에서 사업을 운영할 때 인지해야 할 필요가 있는 문화의 네 가지 특성을 정의하라.

문화는 정의하기 어려운 도전 과제일 수 있다. 아마도 그 한가지 이유로는 문화에는 많은 상이한 구성요소들이 있기 때문일 텐데, 여기에는 매너, 관습, 권력, 표정짓기, 이름 및 직책, 언어, 종교, 선물주기, 위험감수 등이 해당된다. 문화는 한 집단의 사람들이 어떻게 행동하는지, 그 사람들이 무엇을 귀하게 여기고 고마워 하는지, 그 사람들이 무엇을 옳고 공정하다고 여기는지 믿는지, 그리고 삶의 다양한 측면을 의미한다. 아마도 **문화**의 가장 적합한 정의는 "학습된 행동(learned Behavior)"일 것이다. 즉, 한 집단의 사람들이 단일의, 연결된, 독립된 공동체안에서 살고있는 생활방식을 의미한다.

글로벌 기업이 인지해야 하는 중요한 문화의 네 가지 특성이 있다. 첫째로 문화는 상속된 것이 아니다. 그보다는 통상 부모, 친구, 학교 및 타인으로부터 '학습'된 것이다. 둘째로 국가전체의 문화를 바꾼다는 것은 거의 불가능하다. 즉, 문화는 비교적 고정적이며 쉽게 수정되지 않는다. 특히, 외부적 압력에 의해 그렇게 되는 경우는 드물다. 셋째로 해외에서 사업을 할 때 자사가 활동하는 해외시장에서 문화의 여러 측면의 중요성 정도를 파악하고, 그것을 인정하는 것은 글로벌 기업의 책임이다. 예를 들어, 미국 공급상으로부터 기업 대 기업 상품을 구매하는 멕시코 기업의 경영진들은 그들이 어느 공급상으로부터 구매를 할 것인가를 결정하는 가장 중요한 문화적 변수는 "멕시코 사업 풍토 및 조건에 대한 지식"과 "열정"이었다고 설명한다. 넷째로 기업의 사업활동(주로 마케팅과 관리)은 자사가 활동하는 국가들에 존재하는 문화적 환경을 인지하고, 거기에 조정해 나갈 할 필요가 있다. 그렇게 하는 능력이 바로 흔히 국제시장에서의 성공을 의미한다. **문화적 적응**(acculturation)이란 자국과는 다른 문화에 적응하는 기업의 능력을 설명하는 데 사용되는 용어이다.

사실확인 LO-1

미국에서 판매되는 몇 가지 외국산 제품들을 생각해 보자. 외국 제조업체들은 미국 문화에 적절한 마케팅을 사용했는가? 몇 가지 특징있는 사례를 들어보자.

5-2. 문화의 요소

참고자료 5.1에 나타난 대로, 문화는 사회의 여러 측면에 영향을 미친다. 언어, 종교, 가치와 태도, 매너와 관습, 물질적 요소, 미학, 교육 및 사회적 제도가 여기에 해당한다. 이제 우리는 다음 본문에서 이 요소들을 개별적으로 살펴볼 것이다.

LO-2
문화의 여러 요소들을 설명하라.

참고자료 5.1: 해외 국가 문화에서 언어가 지니는 중요성

척(Chuck)은 파커 펜(Parke Pen Company) 회장의 지시로 아르헨티나의 부에노스 아이레스에 있는 거래회사를 방문하게 되었다. 그것은 미국 밖으로 나가는 그의 첫 해외 출장이었으나, 그는 스페인어를 할 줄 몰랐다.

시카고에서 출발한 14시간 비행을 마치고, 척은 거래회사에 교통편 마련을 부탁하는 전화를 하려고 전화기로 갔다. 공중전화 사용법을 읽을 수 없어서, 그는 지나가던 친절한 행인에게 도움을 요청했다. 그러자 그는 어떤 동전을 넣어야 하는지를 알기 위해서 아르헨티나의 화폐제도를 이해해야 했다. 거래 회사와 통화를 하는 중에, 그는 회사 직원들이 중요한 고객과 회의 중이어서 사무실로 택시를 타고 오라는 말을 들었다.

택시 타는 장소를 찾자마자, 척은 모든 정규 택시 운전사들이 현재 파업중이라는 사실에 아연실색했다. 그는 "정규" 운전사들이라면 자신의 부족한 스페인어 실력을 보완할 만큼의 영어를 충분히 알 것이라고 기대했기 때문이다. 예상보다 훨씬 긴 시간을 소비하고 나서야, 그는 그가 가야 하는 곳을 알아 들은 운전사를 마침내 찾았다.

거래회사 직원들과 한 시간 정도 일을 하고 나서, 그는 점심에 동행하자는 초대를 받았다. 메뉴가 스페인어로 적혀 있었기 때문에 그는 무엇을 주문해야 할지 난처한 지경에 빠졌다. 그는 "비스텍(bistec)"이라는 단어가 비프 스테이크를 의미할 것이라고 생각해서 그것을 주문했다. 그는 맞았다. 웨이터는 자랑스럽게 척에게 2파운드의 스테이크를 가져다 주었다. 나중에서야 척은 아르헨티나가 세계적으로 유명한 자국의 팜파스 비프 축우를 자랑한다는 것을 알게 되었다.

척과 그의 동료들은 거래회사의 본사에서 4시간 더 일을 했다. 대략 6시가 되자, 그는 어떤 한 그룹의 고객들과 함께 저녁에 초대받았다. 다른 식당을 찾아갔지만, 같은 문제가 발생했다. 메뉴가 전부 스페인어로 적혀 있었다. 다행스럽게도, 어쩌면 불운하게도, 척이 읽을 수 있었던 것은 '비스텍'이라는 한 가지 용어뿐이었다. 척은 두 번째로 그 자랑스러운 아르헨티나산 스테이크 32온스를 먹었다.

11시쯤 되어서, 척은 그의 호텔로 돌아갔고, 로비에는 파커 펜의 회장이 그를 기다리고 있었다. 그는 척에게 말했다. "척, 나 지금 방금 도착했네. 기내 음식은 최악이었어. 뭘 좀 먹으러 가세." 척은 그의 상사와 함께 세 번째 2파운드의 스테이크를 먹었다.

5-2a. 언어

언어적 및 비언어적 의사소통이 언어의 2개 기본유형이다. **언어적 의사소통**은 메시지의 실제적 내용(즉 무엇을 의미하는지)에 해당되는 반면 **비언어적 의사소통**은 목소리의 톤과 더불어, 제스처, 신체 위치, 표정, 시선 마주침 그리고 언어적 의사소통에 수반되는 기타의 신체적 언어를 포함한다. 언어는 직원을 평가하고, 해외 사업부들과 사내 차원에서 의사소통을 하며, 언어가 발생하는 환경(맥락) 해석에 도움을 주는 데 있어서 관리자들에게 중요하다.

언어는 또한 광고를 통해 현지시장에 접근하는 데 있어서 매우 중요하다. 국제 시장에서 언어실수가 마케팅 요원들에게 어떻게 심각한 손실을 입혔는지에 대한 사례들이 많이 있다. 예를 들어, 회사가 제품 슬로건이 어떻게 해석되는 지를 올바르게 이해하지 못해서 실수가 생긴 경우가 여러 번 있었다. 대만에서, 펩시의 슬로건인 "펩시 세대를 활기차게 하자"가 "펩시가 너희 죽은 조상들을 되돌아오게 할 것이다"로 해석된 사례가 있다. KFC의 슬로건인 "손가락을 빨 정도로 맛있는"이라는 문구가 중국에서 "손가락을 씹어 먹어라"로 번역된 적도 있었다. 또한 샐럼(Salem) 담배의 슬로건인 "샐럼 – 자유를 느끼다"가 일본어로 "샐럼을 피우면, 너무 기분이 상쾌해서 마음이 자유롭고 텅빈 것 같아진다"로 오역된 사례도 있다. 기업이 현지의 언어에 익숙하지 않을 때 발생할 수 있는 또 다른 사고의 사례가 참고자료 5.1 에 담겨 있다.

이런 실수를 없앨 수 있는 한 가지 방법은 '**역방향으로 번역을 하기**'이다. 이 테크닉을 사용하면, 어떤 메시지가 영어에서 다른 언어로 번역되고, 그 지역내 영어에 능통한 이가 그것을 다시 영어로 번역을 해서 확인하는 것이다. 이 이차적 역방향 번역이 원래 영어버전의 메시지와 비교되어 그 내용을 확인할 수 있다.

5-2b. 종교

종교는 기업들이 외국 문화 속에서 자사의 해외 생산활동을 관리하고 마케팅할 때 반드시 고려해야 하는 강력한 문화적 측면이다. 예를 들어, 이슬람 국가들에서, 미국 기업들은 여성을 고용할 것을 예상하면 안 되는데, 그 이유는 이슬람 문화권에서는 여성들이 집 밖에서 일하는 것을 권장하지 않기 때문이다. 또한, 종교는 각기 다른 휴일을 지키기 때문에, 이 또한 인지해야 한다. 이슬람 교인들은 해마다 날짜가 달라지는 한 달 가량의 라마단이라는 축전(祝典)을 지킨다. 유대인들은 부림절, 유월절, 샤벗절, 참회절, 하누카 등의 많은 연례적 휴일를 지킨다. 이들 날짜도 해마다 달라진다.

주말과 근무시간도 종교에 따라 다양하다. 쿠웨이트에서는 휴일이 대부분 서구 국가들에서의 토요일과 일요일이 아니라 목요일과 금요일이다. 이 글의 저자들 중 한 명이 쿠웨이트에 있었는데, 그는 근무일이 두 개의 파트로 나뉘어져 있다는 데 흥미를 느꼈다. 오전 8시에서 정오, 그리고 오후 4시에서 8시였다. 왜 그런 것인지 이유를 묻자, 그를 초대한 사람들중 한 사람이 쿠웨이트 시티의 "두 번 교통체증 대신 하루에 네

멕시코에서 종교적 축제는 매우 중요하다

번으로 나누고자" 이러한 조치가 이루어졌다고 대답했다. (저자가 추측하기로는 하루 중 가장 더운 시간대에 근무하는 것을 피하기 위함이 진짜 이유라고 생각된다.)

해외에서 식품을 마케팅하는 회사들은 종교적 차이를 주의해야 한다. 유대교인들과 이슬람교인들은 돼지고기를 먹는 것이 금지되어 있으며, 그들의 음식은 특정한 방법으로 준비되어야 한다. 즉, 유대인의 경우에는 코셔(kosher)이고, 무슬림의 경우에는 할랄(halal)이다. 이슬람교에서는 알코올 음료를 마시는 것이 금지되어 있다. 터키는 이슬람 국가이긴 하지만 알코올 소비는 허용된다. 하지만 2013년 리셉 테이프 엘고단(Recep Tayyip Ergodan) 수상은 알코올 음료광고를 금지하는 법령을 제정했다.

5-2c. 가치와 태도

가치는 사회에 퍼져있는 기본적 이념과 철학이다. 미국과 같은 일부 나라에서는, 외국인 및 외국 물품들이 정교함과 연관된 경우 높은 가치가 매겨진다. 예를 들어 프랑스산 와인이나 스웨덴산 자동차가 이에 해당한다. 일본이나 한국과 같은 나라에서는, 외국인 및 외국 물품에 대한 미묘한 저항감이 존재한다. 이것은 외국 물품을 구매하는 것에 대한 분노 및 자국내에서 사업활동하는 외국계 기업에 근무하는 것을 받아들이는 데 대한 그들이 저항 속에 반영되어 있다.

태도는 감정 및 의견이다. 변화에 대한 태도는 국제 기업들에 의해 고려되어야 한다. 하지만 많은 사회에서, 제안된 변화에 대해 의심을 갖고 바라본다- 특히 그것이 외국인에 의해 제안된 경우는 특히 그러하다.

경제적 관점

가치 및 태도 이해가 마케팅 기회를 제공한다

해외 시장에서 현존하는 혹은 나타나기 시작하는 가치 및 태도를 올바르게 인지하고 적응할 수 있는 기업들은 흔히 성공적인 마케팅 전략의 기반을 쌓았다.

중국의 작은 마을 및 읍내의 영화 관람자들은 대도시에 있는 그들의 또래들과는 달리 대규모 예산을 들인 헐리우드 제작 영화 대신에 중국인 배우와 지역에서 제작된 영화를 선호한다. 2008년과 2013년 사이에 시골지역에서 운영하는 영화체인의 숫자가 65% 상승했다. 전반적으로, 중국에서는, 영화관 매표소의 매출액이 2013년에 42퍼센트 증가했으며, 그것은 26억 9,000달러에 다다랐다. 중국의 참여 폭을 더 넓히기 위해 21세기사와 드림웍스는 중국인 제작사들과 제휴관계를 맺고 있다.

성형수술을 받는 데 관심을 보이는 여성들의 수용성이 증가함에 따라 한국에는 성형수술 산업이 활기를 띠는 결과를 낳았다. –서울의 강남지역에는 수백 개의 클리닉으로 구성된 "뷰티 벨트"가 형성된 것이다. 환자들은 대부분 한국, 중국, 일본에서 찾아왔으나 타 국가의 여성들 또한 환자로 찾아오고 있다. 2012년에 총15,000명의 여행객들이 성형수술 시술을 받았다. 2011년에는 60만 건 이상의 미용 시술이 시행되었다. 한국 여성들은 대체적으로 더 서구적인 외관을 원하는 반면, 다른 아시아 여성들은 한국의 유명 연예인들의 얼굴을 본뜨고 싶어한다.

월마트는 브라질에서 성공적이지 못했다. 월카트는 브라질내 사업활동에서 적자를 겪고 있다. 전문가들의 분석에 따르면, 이 실패는 EDLP(every day low price:날마다 저가격) 전략이 브라질의 쇼핑객들을 끄는 데 실패했기 때문으로 보고 있다. 즉, 브라질의 쇼핑객들은 월마트의 가격이 제일 낮은 가격이라고 믿지 않으며, 가능한 최저 가격을 열심히 찾아 다닌다. 브라질 구매 고객들에게는 그들이 구매하고 싶어하는 물건에 관하여 가장 낮은 가격을 찾기 위해서 2~3개의 가게를 찾아나서는 것은 일상적이다. 그들은 급격한 가격인하를 제시하는 가게들에 특별히 매력을 느낀다.

중국인들은 매우 검소하다. 그들은 자신들의 월급의 31%에 가까운 금액을 저축하는데, 이는 세계에서 가장 높은 비율 중 하나이다. 이러한 수치는 중국인 소비자들의 연간 저축금액이 1조 달러에 달하는 결과를 낳았다. 이러한 높은 수준의 저축은 그 나라의 가계소비가 GDP의 약 36%에 달한다는 것을 의미한다. 다른 많은 국가들은 GDP의 약 50%에서 60%를 소비한다.

중국 정부는 소비자의 지출을 증가시키기를 원한다. 이는 중국 내에서 소비제품을 판매하는 국내 및 국제 기업들의 매출과 이익을 개선시키게 될 것이라는 목적 때문이다. 제시된 해결책들 중 하나는 더 많은 중국인들에게 건강관리 및 연금계획을 가용하게 해주어서 그들의 노후자금과 의료비용에 충당하기 위해 많은 금액을 저축할 필요가 없게 하는 것이다.

인도의 남성과 여성 사이에는 하얀 피부가 더 높은 계급과 우월한 혈통에 연관되어 있다는 믿음이 오랫동안 지속되어 왔다. 이 믿음은 피부미백 크림에 대한 수요를 증가시키는 결과를 가져왔다. 인도 여성들은 이 미백 제품들을 1970년대부터 구매해 왔다. 최근 들어서 미백 제품에 대한 남성들의 관심이 증가하자 유니베라와 로레알과 같은 고급 기업들은 그들의 마케팅 노력을 남성에 증가시키기에 이르렀다. 기업들은 도시지역보다는 지방시장에 집중했는데, 이는 지방이 도시보다 숫적으로 더 중요하다고 생각하기 때문이다.

2013년, 전세계의 스킨케어 판매액(3억 달러)의 25%는 미백 제품으로 집계되었다. 그 수치의 10퍼센트는 남성들에게 판매된 것으로 이루어졌다. 로레알의 남성을 위한 파워 라이트 제품은 2009년도에 소개되었다. 피부 미백광고를 비판하는 비평가들은 이 광고들이 인종편견을 강화시키고 피부색을 기초로 한 사회적 차별을 촉진한다고 꼬집는다. 그들은 미백제품 사용이 반점과 같은 피부 문제를 일으켰다고 주장한다. 기업들은 미백제품의 사용이 서양인들이 그들의 피부색을 어둡게 하기 위하여 제품을 사용하는 것에 불과하다고 주장하면서, 피부 질병이 이 때문에 발생한 것은 사실이 아니라고 반박하고 있다.

5-2d. 예절과 관습

국제 기업은 외국에 널리 퍼져 있고 한 사회가 매사를 처리하는 방식인 **매너와 관습**을 이해해야 한다. 매너와 관습은 기업의 경영 및 마케팅 활동 모두에 영향을 미친다.

아랍 국가에서 기업 간부들은 회의의 우선적 목적에서 자주 벗어날 것이다. 하지만 결국에는 처음에 논의한 주제로 돌아올 것이다. 멕시코인 기업 간부들은 멕시코의 역사와 건축에서 미국인 판매원들의 흥미를 평가하고 싶어 할 것이다. 러시아 협상가들은 막판에 느닷없이 요구조건을 변경하려는 경향이 있다. 이 책의 저자들중 한 사람이 센트 피터스버그의 대형 백화점들 중 어떤 곳이 총지배인과의 미팅에서 확인한 것처럼, 러시아의 기업 간부들은 외국인에게 보드카를 집요하게 권할 것이다. 일본인 협상가들은 종종 방에 있는 해외 사업가들을 무시한 채 자기들끼리만 주변적인 논의를 하거나, 긴 시간 동안 침묵하기도 한다.

캠벨(Cambell)의 수프가 브라질에서 실패한 이유는 해당 기업이 브라질의 가정 주부들이 완제품으로 가공되어 있는 수프를 사기보다는 기본 육수에 자신들만의 재료를 첨가하여 요리한다는 관습을 인지하지 못했기 때문이다. 한편, 크노르(Knorr)는 이 거대시장에서 성공을 거두었는데, 그 이유는 기본적인 수프 육수만을 판매했기 때문이다. 일부 국가에서, 도넛은 미국에서는 습관적으로 그렇게 되어 있는 것처럼 아침에만 소비되는 식품인데 비해 다른 나라에서는 하루 종일 어느 때나 소비될 수 있는 간식 품목으로 간주된다. 중국에서는 소비자들이 수프를 마시는데, 대부분 쌀이 함유되어 있고, 숟가락을 사용하지 않는다. 어떤 한 직접판매 기업은 미국에서 중국인 중요 정치가들과 입법자들을 접대할 때 이러한 관습을 인지하지 못했다. 수프를 쌀 없이 만들고, 숟가락과 함께 내놓았던 것이다. 일본에서는 수프를 전형적으로 아침에 먹는다.

선물 주기도 매너와 관습을 설명하는 한 가지 측면이다. 대체로 작은 선물들이 적당한데, 큰 선물들은 국제법에 위배되는 뇌물로 간주될 수도 있다. 예를 들어, 이슬람 국가에서, 다른 남자의 아내에게 선물을 주는 것은 부적절하다. 언제 선물을 주는 것이

경제적 관점

물질적 문화에서 기반시설(infrastructure)은 중요한 요소이다.

다음 3개 국가의 기반시설 부족은 진취적인 기업들에게 마케팅 기회를 제공한다.

이스라엘의 수도 텔 아비브는 공간 부족으로 인한 주차문제와 도시의 불충분한 수송체제로 골머리를 앓아왔다. 몇 개의 신설기업들이 첨단기술의 해결책을 개발했다. 노이너(Tomer Neuner)는 더운 여름 날 주차 장소를 찾을 수 없자 Parko 앱을 만들었다. Parko는 운전자들의 휴대폰을 모니터링함으로써 그들의 운전 습관을 추적하여 주차공간이 비었을 때 다른 운전자들이 알 수 있도록 한다. 노이너는 이 앱이 샌 프란시스코나 파리에서도 성공적으로 사용될 수 있다고 믿는다. 구글은 텔 아비브 교외의 교통상황에 대한 분 단위까지의 정보를 제공하는 웨이즈(Waze)를 인수하기 위해 11조 달러를 투자했다. 무빗(Moovit)은 이스라엘의 대중 교통 시스템을 모니터하기 위하여 개발되었는데, 버스와 기차의 도착시간에 초점을 두고 있으며, 브라질, 호주, 미국 등 타 국가들로의 확장이 고려되고 있다.

중국의 수돗물 공급은 안전하지 않다고 계속 인식되어 왔으며, 그에 따라 많은 중국인들은 병에 담긴 물을 마시기 시작했다. 이러한 발전은 세계 3위의 병에 담긴 물 판매자인 네슬레 및 이와 비슷한 브랜드의 소유사인 폴란드의 스프링, 비텔, 퓨어 라이프로 하여금 세계에서 가장 큰 소비자 시장에 각사의 진출을 증대시키도록 했다. 유럽에서 점차 감소하는 시장점유율 또한 중국에서의 시장점유율 증대를 위한 네슬레의 최근 늘어나는 관심에 원인을 제공했다. 예상되는 중국에서의 병에 담긴 물 판매액은 2017년에는 160억 달러로, 2012년의 수치의 78% 증가한 기록이다. 2012년, 네슬레는 중국에서 1.7 %의 시장점유율을 가졌는데, 이는 2009년의 0.7% 점유율과 비교된다. 황저우 와하하 브랜드가 2012년에는 14%로 선두였다. 중국의 생수 시장에서의 네슬레의 시장점유율은 수입, 지역 공급업체들의 인수, 샘과 대수층 투자 등으로 달성되었다.

인도의 많은 지역이 낙후된 도로로 불편을 겪는다. 만한(Manmohan) 수상의 빈곤 저감을 위한 10년간의 노력은 국내의 도로를 개량하려는 열의에 이해 뒷받침 되었다. 이 10년 동안, 37만 마일의 흙길이 포장 도로로 거듭났다. 카이나드와 다하부를 연결하는 유료도로 건설이 개선된 기반시설의 혜택을 보여준다. 농작물을 행상인들 흙길을 걸어서 3시간 걸려 배송하던 여정이 이제는 자동차로 25분만에 배송하게 되었다. 한 농부는 말하기를 훨씬 빠른 시간에 더 많은 비료와 종자 그리고 기타 공급품들을 구할 수 있게 되었다고 했다. 더불어 더 큰 시장과 더 많은 판매자와 접촉할 수 있게 되었으며, 그에 따라 수입이 3배나 증가했다고 말했다. 국가적으로, 도로개량은 인도 식량 생산량의 신장률을 배가시키고 빈곤선 이하에서 생활하고 있는 가구의 수를 줄이며, 식자율(識字率)을 향상시키는 데 기여했다.

출처 : David Wainer, "The Upside to Traffic Snarls in Tel Aviv," *Business Week*, June 24–30, 2013, p. 40; Dermot Doherty, "China's Unsafe Water is Nestlé's Opportunity," *Business Weekk*, January 28–February 3, 2013; and Kartik Goyal, "India's Farmers Benefit From Better Roads," *Business Week*, January 20–26, 2014, pp. 11–13.

좋은가를 아는 것이 중요한 것처럼 포장지의 종류, 리본, 색깔 등도 선물 주기의 다른 요소들로서 중요하다.

5-2e. 물질적 요소들

한 사회내의 **물질적 문화**는 대부분 기술의 직접적 결과이다. 아마도 그 국가의 기반시설로 가장 잘 나타난다. 즉, 그 사회가 기능할 수 있도록 하는 기본적인 경제, 사회, 금융 및 마케팅의 틀을 의미한다. 경제적 기반시설로는 교통, 에너지 및 통신수단이 있다. 사회적 기반시설로는 주택, 의료 서비스 및 교육제도 등이 있다. 금융적 기반시설은 1차적으로 은행을 의미하며 마케팅 기반시설은 마케팅 조사기업 및 광고기업을 가리킨다.

이러한 형태의 기반시설이 가용하지 않다면, 국제 기업들은 그들의 생산활동을 재정적으로 뒷받침할 자금를 확보할 수 없으며, 시장에 제품을 운송할 수도 없으며, 현지의 마케팅 조사 및 광고 기업의 전문적 조언을 얻을 수도 없을 것이다.

아프리카와 일부 아시아 지역에서는 "등 짚고 뛰어넘기" 기술을 향한 움직임이 일어나고 있다. 산업화 국가들이 이미 경험한 중간단계를 건너 뛰는 기술적 진보를 의미한다. 예를 들어, 타자기는 한 번도 사용해 본 적 없이 종이와 연필로만 글을 쓰던 사람들이 이제는 타자기라는 기술을 건너 뛰고 바로 랩탑 컴퓨터를 사용하는 것이다.

5-2f. 미학

색, 모양 및 음악이 **미학**의 주요 요소들이다 (예컨데 한 사회가 이해하는 취향과 아름다움).

색상은 포장의 중요한 변수이다. 국제 시장을 대상으로 공급하는 기업들은 색상의 선정에 주의해야 하는데, 색상은 흔히 나라마다 다른 것을 표현하기 때문이다. 예를 들어, 미국에서 검정은 슬픔을 나타내지만, 일본에서는 흰색이 슬픔의 색상이다. 초록색은 이슬람 국가들에서 허용되는 색상이다. 이슬람 국가들의 국기에는 모두 초록색이 포함되어 있다. 한국적 미학은 어두운 측면을 강조하는 경향이 있는 반면, 많은 서구 국가들에서는 파스텔 톤이 인기가 있다. 오페라와 교향악은 미국보다는 이탈리아와 프랑스와 같은 유럽 국가들에서 더 칭송을 받는는 성향이 있다.

5-2g. 교육

외국에서 국민들의 교육수준은 경제성장을 설명하는 주요 요소이다. 국외거주 관리자가 현지 국가의 인력을 고용하여 복잡한 생산기계류에 근무시키려 하거나, 훈련 프로그램에 투입하려 하거나, 사무직에 배치하려 할 경우 등에서는 교육 수준이 고려되어야 한다. 고도기술 제품들은 시장이 그 사용법을 알아야 받아들여질 수 있기 때문에

이 역시 교육수준이 고려되어야 한다. 광고의 내용 또한 일국의 교육수준을 고려해야 한다.

일부 국가들은 서로 다른 교육적 전문성을 강조한다. 한국과 일본은 과학 및 엔지니어링 교육을 강조한다. 러시아는 수학과 컴퓨터 프로그래밍에 강세를 보이며, 인도는 엔지니어링과 소프트웨어 개발을 강조한다.

프랑스, 일본, 인도, 그리고 어느 정도는 영국도 유명 단과대학과 종합대학을 특색으로 하는 단계별 고등 교육체제를 가지고 있다. 이들 국가에서 활동하는 외국 기업들은 이러한 대학들 출신의 인재만 채용하는 모습을 띠기도 하는데, 하지만 그 대신, 학력과 관계없이 자질이 가장 우수한 인재를 채용해야 한다.

5-2h. 사회적 제도

사회적 제도란 한 사회의 집단 환경내에서 사람들이 서로 관계하는 방식을 가리킨다. 가족, 교회, 직장 및 친구들이 1차적 예이다. 사회학자들은 개인에게 중요한 집단을 **소속집단**(Reference Group)이라고 부른다. 소속집단은 해당 개인이 이미 일원이 된 집단, 혹은 참여하고자 열망하는 집단일 수 있다.

일부 국가들은 높은 수준의 **사회적 계층화**를 유지하기도 한다. 즉, 이는 사회적 피라미드의 최상층부에 있는 집단이 그 피라미드의 낮은 수준에 속한 다른 집단들에 엄청난 양의 지배력을 행사함을 의미한다. 인도가 이러한 높은 정도의 사회적 계층화를 유지하고 것으로 인용된다. 그 반면, 스칸디나비아 국가들은 매우 평등한 것으로, 즉 "중산층"이 배려되는 것으로 여겨진다.

사실확인 LO-2

어떤 소속집단이 당신에게 가장 중요한지 생각해 보자. 외국에서 사업을 운영할 때 이들 소속집단이 어떻게 중요한가? 그 이유는?

5-3. 문화로 국가와 지역을 묶어보기

문화적 특성과 유사성에 따라서 세계의 지역들과 국가들을 묶어보고자 하는 몇몇 시도가 있었다. 그 목적은 국제적 관리자들에게 유사한 마케팅 및 경영전략을 사용해도 될 문화적 집단(Cluster)을 정리제공해 주는 데 있다.

LO-3
호프스티드와 트롬페나스가 제안한 문화적 차원의 종류를 열거하고 그것을 구분해 보라.

5-3a. 호프스테드의 연구

네덜란드 연구자 호프스테드(Geert Hofstede)는 64개국의 IBM 직원들을 대상으로 문화에 관한 연구를 진행하는 데 앞장섰다. 이 연구는 이후에 더 많은 나라와 다른 대상집단으로 확대되었다. 호프스테드의 연구결과는 5개의 문화적 단계 또는 차원에 따라서 국가와 지역의 집단을 구분하기에 이르렀다.

- **개인주의 대 집단주의**는 한 개인의 가치 와 그 개인이 속해 있는 집단의 가치가 맞설 때를 의미한다 ("나 대 집단"). 예를 들어, 일본과 멕시코는 고도로 집단적인 즉, 집단 지향적인 사회인 반면, 미국과 영국은 지극히 개인주의적이다.
- **권력의 거리**(Power Distance)는 평등주의(평등성) 대 권위를 의미한다. 권력의 거리가 높은 국가들은 상사와 연장자들이 복종과 존중의 대접을 받는 곳인 반면, 권력의 거리가 낮은 국가들은 관계가 더 평등하다. 예를 들어, 권력의 거리가 높은 문화에서는 한 개인이 자신의 상사를 그(혹은 그녀)의 이름으로 부르지 않는다. 예를 들면 호주와 미국은 권력의 거리가 낮은 국가이며 반대로 러시아와 베네수엘라는 권력의 거리가 높은 국가이다.
- **남성성 대 여성성** 또한 호프스테드의 구분 특성 중 하나이다. 이 특성은 사회내 여성의 역할이나 지위를 의미하지 않는다는 사실을 기억하는 것이 중요하다. 오히려, 이것은 한 사회가 전통적으로 남성적인 특성(확신성, 경쟁심)을 귀중하게 여기는지, 아니면 전통적으로 여성적인 특성(겸손, 타인배려 등)을 소중하게 여기는지를 의미한다. 일본, 그리스, 벨기에, 멕시코는 매우 남성적인 문화로 설명되어 왔고, 덴마크, 스웨덴, 노르웨이는 좀더 여성적인 문화로 묘사되어 왔다.
- **불확실성 회피성향**은 사회가 얼마나 리스크를 회피하는지, 얼마만큼 리스크를 감내하는 지에 대한 정도를 살펴본다. 예를 들면 포르투갈, 브라질, 스페인, 유고슬라비아 그리고 터키와 같은 나라보다 핀란드, 스웨덴, 노르웨이, 그리스가 덜 위험에 대한 감내력이 적은 것으로 확인되었다.
- **시간에 대한 관념**은 호프스테드가 살펴본 마지막 문화적 변수이다. 그것은 한 사회가 단기적 혹은 장기적 시간대역(TimeHorizon)을 강조하는 정도를 의미한다. 예를 들어, 중국과 일본은 대부분의 서구 국가들보다 더 긴 시간대역을 가지고 있다. 일본 기업이 해외시장에 진출하는 경우, 그들은 수익을 내기까지 4년에서 5년을 기꺼이 기다린다. 이에 비해 미국 기업들은 1년 내로 새 해외시장에서 수익을 생

남아메리카 남성들은 다른 문화의 남성들보다 일반적으로 더 표현이 과시적이다.

성하기를 기대한다.

5-3b. 트롬페나스의 문화적 특징

호프스테드의 연구를 기반으로, 트롬페나스(Fons Trompenaars)는 그 이론에 여러가지 문화적 변수를 더했다.

- **보편주의 대 특별주의**는 한 사회내에서 규칙의 중요성 대 관계의 중요성을 의미한다. 이 내용은 한 이야기를 통하여 설명되곤 한다. 자신의 가장 친한 친구가 운전하는 차의 옆 자리에 앉아서 차를 타고 가고 있는 한 사람의 이야기이다. 운전자는 규정속도를 10마일을 넘게 운전하고 가다가 경미한 접촉사고를 냈다. 이 경우, 조수석에 타고 있던 친구는 경찰에게 자신의 친구가 규정속도를 위반했다는 사실을 말해야 할까(규칙의 중요성) 아니면 그렇지 않다고 해야 할까(관계의 중요성)?
- **중립적 대 감성적 변수**는 한 사회내에서 개인들이 감정적으로 스스로를 얼마나 표현하는지를 의미한다. 브라질과 아르헨티나와 같은 남아메리카 국가들의 경우 미국보다 조금 더 감성적이라고 간주된다.
- **특정적 대 확대적**(Specific vs Diffuse) **변수**란 역할의 구분(분리)을 의미한다. 예를 들어, 한 사회내에서 사람들은 기업간부, 아버지, 남편, 사교클럽 회장 등의 복수적 역할로 묘사되는가(확대적)? 혹은 한 대체로 사업가 등의 한 가지 차원에서만 묘사되는가(특정적)? 자녀를 키우면서 일을 하고 있는 여성들은 어머니와 기업간부라는 양 개 역할에서 설명되는가, 아니면 어머니라는 한 개 역할로만 묘사되는가?
- **업적 대 귀속성**(Achievement vs Ascription)은 한 사회내에서 "보상"이 어떤 방식으로 주

어지는지를 의미한다. 주류의 미국 문화에서 그런 것처럼 보상이 성과와 업적을 기준으로 주어지는가? 아니면 생득권(출생)이나 그가 어떤 학교를 졸업했는지 등에 기인하는 사회내 지위 같은 귀속성에 기반을 두는지? 후자는 많은 라틴 아메리카 문화에서 더 일반적이다.

5-3c. GLOBE 프로젝트

글로벌적 리더십과 조직행동 효율성(the Global Laedership and Organizational Behavior Effectiveness;–GLOBE) 프로젝트는 9개의 문화적 특성에 대하여 61개국의 수천 명의 기업간부들을 대상으로 조사한 내용이 포함되어 있다. 이 문화적 특징들은 참고자료5.1에 표시되어 있

참고자료 5.2: Globe 요소 및 해당 설문항목

문화의 특정개념에 대한 정의	세부 설문항목
권력의 거리(Power Distance): 집단의 구성원들이 권력이 동등하게 배분될 것으로 기대하는 정도	부하 직원들이 자신들의 리더에게 질문하지 않고 복종해야 한다
불확실성 회피(Uncertainty Avoidance): 사회, 조직, 집단이 미래 사건의 불확실성을 감소시키기 위해 사회적 통념, 규칙, 그리고 절차에 의존하는 정도.	대다수의 사람들이 미래의 예상되지 않은 일을 거의 생각지 않고 매우 구조화된 삶을 살아야 한다
인간 중심적(Human Orientation): 사람이 공정하고, 이타적이고, 관용적이며, 배려하고, 타인에게 친절하게 하도록 집단이 장려하고 그것을 보상하는 정도	사람들은 일반적으로 실수에 매우 관대해야 한다
집단주의(Collectivism) 조직적 및 사회의 제도적 관행이 자원의 집단적 배분 및 집단적 행동을 장려하고 보상하는 정도	개인의 목표가 희생되더라도 리더는 집단의 충성심을 권장한다
집단주의 II: 개인들이 자신들의 조직과 가정내에서 자긍심, 충성심, 응집력을 표현하는 정도	직원들은 조직에 대하여 큰 충성심을 느낀다.
확신성(Assertiveness): 개인이 타인과의 관계에서 확신적이고, 대면적이며, 적극적인 정도	사람들은 일반적으로 타인과의 관계에서 주도권을 가지고 있어야 한다.
성적 평등(Gender Egalitarianism): 집단이 성적 불평등을 최소화하는 정도	여자 아이들에게보다는 남자 아이들에게 고등교육이 더 권장된다.
미래 지향성(Future Orientation): 개인이 미래 지향적인 행동에 참여하는 정도. 예를 들어 만족 표시를 미루고, 계획하고, 미래에 투자하는 것 등.	더 많은 사람들이 미래보다는 현재를 위하여 살아야 한다.
성과 중심(Performance Orientation): 집단이 성취도 개선과 완벽을 얼마나 장려하고 어떻게 보상하는지에 대한 정도	학생들은 지속적으로 성과 개선을 위해 노력하도록 권장되어야 한다.

출처 : Robert House, Mansour Javidan, Paul Hanges, and Peter Dorfman, "Understanding Cultures and Implicit Leadership Theories across the Globe: An Introduction to Project GLOBE," *Journal Of World Business* 37 (2002), pp. 3–10. Reprinted with permission from Elsevier Limited via the Copyright Clearance Center.

참고자료 5.3: 6개 지역집단에 관한 9개 개념특성에 기반한 GLOBE 조사결과 (6점 만점을 기준으로 한 점수)

지역집단	불확실성 회피	미래 지향성	권력 거리	제도적 집단주의	가족 집단주의	인간 중심	성과 중심	성적 평등	확신성
라틴계 유럽 (스페인, 포르투갈, 이탈리아, 프랑스계 스위스, 프랑스 그리고 이스라엘)	4.18	3.68	5.21	4.01	4.80	4.09	4.10	3.37	4.14
동유럽 (알바니아, 그루지아, 그리스, 헝가리, 카자흐스탄, 폴란드, 러시아, 그리고 슬로베니아)	3.57	3.37	4.08	3.84	5.53	3.84	3.71	3.84	3.51
게르만계 유럽 (오스트리아, 독일, 네덜란드 그리고 독일계 스위스)	5.12	4.40	4.95	4.03	4.21	3.55	4.41	3.14	4.55
아랍계 (이집트, 모로코, 터키, 쿠웨이트 그리고 카타르)	3.91	3.58	5.23	4.28	5.58	4.36	3.90	2.95	4.14
앵글로계 (오스트레일리아, 캐나다, 영국, 아일랜드, 뉴질랜드, 남아프리카공화국, 그리고 미국)	4.42	4.08	4.97	4.46	4.30	4.20	4.37	3.40	4.14
남아시아 (인도, 인도네시아, 이란, 말레이시아, 필리핀, 그리고 태국)	4.10	3.99	5.39	4.35	5.87	4.72	4.33	3.28	3.86

출처 : Special Issue on GLOBE, Journal Of *World Business* 37 (2002): pp. 1–89.

으며, 이와 함께 각 문화별 특징을 측정하기 위하여 사용된 주체적인 설문항목도 나타나 있다. 이 항목들 중 일부는 호프스테드의 연구를 기초로 하며, 나머지는 사업운영상의 문화적 특성을 더 풍요롭고 포괄적으로 나타낸다고 본 개발자들이 생각한 내용이 추가되었다. 예시 5.3는 6 개의 상이한 지역집단에 대한 9 개의 문화적 변수에 대한 GLOBE 연구결과를 보여준다. 게르만계 유럽(오스트리아, 독일, 네덜란드, 독일계 스위스)는 불확실성 회피를 가장 선호한 집단으로 나타났다(리스크 회피). 동유럽(알바니아, 그루지아, 그리스, 헝가리, 카자흐스탄, 폴란드, 러시아 및 슬로베니아)은 리스크 회피를 가장 적게 하는 문화로 나타났다. 게르만계 집단은 가장 미래 지향적 관점을 가진 것으로 확인되었으며, 동유럽은 미래 지향성이 가장 적은 것으로 드러났다. 남아시아(인도, 인도네시아, 이란, 말레이시아, 필리핀 및 태국)이 권력거리에서 1위를, 그 뒤를 아랍계 집단(이집트, 모로코, 터키, 쿠웨이트, 카타르)과 라틴유럽 집단(프랑스, 프랑스계 스위스, 이스라엘, 이탈리아, 포르투갈 및 스페인)이 근접하게 뒤따랐다.

앵글로계 집단(호주, 캐나다, 영국, 아일랜드, 뉴질랜드, 남아프리카 공화국 및 미국)은 제도적 집단주의의 가장 높은 수준을 보였다(집단주의 I). 그 뒤를 남아시아 집단과 아랍계 집단이 가깝게 뒤따랐다. 제도적 집단주의가 가장 낮은 수준으로 나타난 집단은 동유럽이다. 가족 집단주의(집단주의 II)는 남아시아 권역에서 가장 높은 수준을 보였고, 게르만계 및 앵글로계 집단은 가장 낮은 수준를 보였다. 남아시아는 인간중심 면에서 가장 높은 수준을 기록했으며, 이 개념에서 가장 낮은 점수를 보인 집단은 게르만계 유럽으로 확인되었다. 게르만계 유럽, 앵글로계, 남아시아 집단이 성과 지향성에서 첫째를 기록했고, 동유럽이 가장 낮은 수준에 들었다. 성적 평등주의에서는 동유럽이 1위를 차지한 반면, 아랍계 집단이 가장 낮았다. 게르만계 유럽 집단이 확신성에서 가장 높은 수준을 기록했고, 동유럽이 가장 낮은 순위를 차지했다.

5-3d. 개논(Gannon)의 문화적 은유(Metaphors)

개논(Martin Gannon)은 해외에서 사업을 운영하는 기업의 간부들이 "해야 할 것"과 "하지 말아야 할 것"을 통해서 여러 국가의 문화에 대해서 많이 배운다는 것이 극도로 어렵다고 믿는다. 그래서 그는 특정 문화에 속한 사람들이 어떻게 생각하고 행동하는지를 묘사하는 이미지(은유)를 활용하여 특정 문화를 평가하는 것이 국제활동 간부들에게 더 생산적일 것이라고 제시한다. 그가 제시하는 은유들 중의 일부는 아래와 같다.

- 프랑스 와인 – 순수성, 등급분류, 배합(합성), 호환성(친화성), 성숙(원숙)
- 독일 교향곡 – 오케스트라, 지휘자, 공연, 사회, 교육 및 정치
- 영국 주택 – 기초 놓기, 벽돌 집 짓기, 벽돌에서 살기

사실확인 LO-3

익숙하지 않은 국가를 선택하여 그 나라가 호프스테드의 특성들 기준에서 어느 순위에 위치하고 있는지 살펴보라. 그 순위에서는 그 국가에서는 어떤 특유의 사업관행을 발견하게 되리라고 기대하는가? 그 국가에 대한 사업관계 문헌을 몇 가지 읽고 당신의 예측내용이 충족되는지를 살펴보라.

5-4. 문화적 정보의 출처

LO-4
외국의 문화를 배우는 데 사용될 수 있는 1차 및 2차 자료 출처들을 찾아보라

해외사업 수행을 고려하고 있거나 이미 해외에서 사업을 수행하고 있는 기업들은 여러 외국의 문화에 대해서 더 많이 학습할 수 있도록 접근할 수 있는 수많은 자료출처들을 가지고 있다. 그들의 1차 자료들 중 일부는 해외에서 살았거나 근무한 적이 있는 직원들이나 다른 나라로로 여행을 다녀온 적 있는 간부들과의 대화, 훈련 프로그램, 그리고 컨설팅 기업들이다. 국제 사업과제를 떠맡을지도 모르는 사람들은 그들이 맡은 국가에서 발생할 수 있는 다양한 문화적 특성들을 어떻게 다룰 것인지를 질문받는 형태로 문화적 특이성에 노출될 수 있다.

다양한 2차 자료들 또한 매우 유용하다. 아래의 내용들이 포함된다.

- 미 상무성의 국가 상업지침(Country commerce Guide)은 133개국의 문화적 정보를 제공한다.
- 이코노미스트지의 정보실은 180개국에 관한 정보를 국가 보고서에 동일한 유형으로 정리하여 수록해 놓았다.
- 브리검 영 대학(Brigham Young University)의 국제 및 지역연구센터의 문화 그램즈(Culture Grams)는 174개국에 존재하는 관습을 기술하고 있다.
- 크레이그스헤드(Craigshead)의 84개국에 대한 국제경영, 여행(출장), 기업 재배치 가이드는 해당 국가별 문화정보를 제공한다.
- 프라이스 워터하우스 쿠퍼스(Price Waterhouse Coopers)의 118개국에서 사업하는 118개국에 관한 유용한 정보를 담고 있다. [Reality Check LO-4] 위 자료들 중 하나를 선택하여 원하는 다섯 개의 나라에 대한 보고서를 읽어라. 그들의 문화에 대하여 어느 정도의 정보가 제공되어 있는가? 5개의 선택 국가들 사이에 유사성이 있는가?

사실확인 LO-2

위의 출처 중 하나를 선택하여 당신이 원하는 어느 5개 국가의 기록내용을 읽어보라. 그들의 문화에 관해 얼마나 많은 정보가 제공되어 있는가? 당신이 선택한 국가들간에 어떠한 유사점이 있는가?

5-5. 개별국가내 사업 수행상의 문화적 특성

"해야 할 것과 하지 말아야 할 것"의 리스트를 외우는 것보다는 외국 문화에 대하여 전반적으로 유연하고 열린 자세를 취하는 것이 더 중요하다고 강조되어 왔지만, 개별 국가들은 특유의 사업상 관습을 지니고 있으니 그것들을 배울 가치가 있다. 본 장에서 우리는 미국 기업들이 사업하기를 열망하는 몇개 국가와 그들의 문화에 대해 조명해 볼 것이다.

LO-5
동아시아, 아랍 및 라틴 아메리카 지역의 국가들을 포함한 여러 나라에서 사업을 수행함에 있어서의 문화적 측면을 설명하라.

5-5a. 일본내 사업 수행상의 문화적 특성

소프트웨어와 컴퓨터 회사를 소유하고 경영하는 기업가 존스(Jones)씨는 그의 가장 중요한 국제시장인 일본에 20회 이상 출장을 다녀왔다. 이 경험을 통해 그는 일본에서 사업을 수행함에 있어서의 문화적 측면을 인정하는 일련의 사업 전략을 개발할 수 있었다.

존스씨는 미국 서부에서 14시간 정도나 걸리는 도쿄까지의 대부분의 비행편이 오후 늦게 도착한다는 것을 알게 되었다. 그의 일본인 주최측 사람들에게 환영을 받으며, 그들과 함께 저녁 식사를 하고 도쿄의 여러 바에도 가게 되었다. 존스씨는 이러한 "환대" 가 그의 시차로 인한 극심한 피로를 이용하여 그 다음 날의 미팅에서 그들에게 양보를 해줄 가능성이 더 높도록 계획되었다고 믿게 되었다. 이러한 관행에서 얼마간 경험을 얻고난 뒤, 존스씨는 도쿄로 날아가 며칠간의 휴식을 취해 시차로 인한 피로를 푼 뒤에, 일본인 사업 대표들에게 그가 도착했음을 알리기로 작정했다.

그와의 회의에서 일본인 임원들은 장시간의 침묵을 지키곤 했다. 존스씨는 이것이 그가 협상에 동의하도록 바라면서, 그가 먼저 이야기를 꺼내도록 하는 전술이라고 믿었다. 마침내, 존스씨는 이러한 침묵의 시간을 기다리고 일본인 임원들이 먼저 말하도록 기다리기로 결정했다. 어느 때는, 30분간의 침묵이 흐르곤 했지만, 그 전략은 실효가 있었다.

또한 존스씨는 그가 미국으로 돌아가기로 예정되어 있는 날 바로 전날 저녁까지는 협상중에 별로 진전이 이루어지지 않는다는 사실을 알아냈다. 즉, 그때는 무언가를 이루어내야 한다는 부담감이 가장 클 때이고, 그래서 그들은 그가 "기억장치를 그들에게 그저 넘기기를" 바란 것이다. 존스씨는 모든 협상과 회의가 마친 후에야 돌아가는 비행기 표를 구매하는 예정계획을 수립함으로써 이러한 책략에 대처했다.

존스씨는 이와 더불어 일본에서 사업을 수행할 때의 기타 문화적 특성들에 대해 배운 것들이 있는데 그것은 아래와 같다.

- 일본인 기업간부들과 회의를 할 때는 고개를 약간 숙이는 인사와 악수가 적절하다.

- 업무용 명함 에티켓이 중요하다. 명함의 한 쪽에는 사업정보가 영어로 쓰여야 하고, 다른 한 쪽에는 동일한 정보가 일본어로 적혀 있어야 한다.
- 일본인 주최측 사람들의 눈을 직접적으로 바라보는 것은 적절하지 않다.
- 당신의 직책과 직위를 일본인 주최측 사람들이 아는 것이 중요하다. 그들은 높은 직위의 사람들과 사업을 상담하는 것을 선호한다.
- 일본기업들은 개인주의적이기라기 보다는 집단 중심적이다. 일본의 오랜 격언 중 하나는 "튀어나온 못은 망치질을 당한다"이다.
- 그들은 외국기업 대표들이 준비된 상태로 도착하기를 기대하며 의사결정을 내릴 수 있는 권한을 지니고 있기를 기대한다.
- 새로운 사업파트너가 될 기업들은 제 3자를 통해 일본 기업 대표들에게 소개되어야만 한다.

5-5b. 한국내 사업 수행상의 문화적 특성

한국은 풍부한 문화적 전통을 지니고 있으므로 외국기업 대표자들은 그것에 친숙해야 한다. 한국의 가치, 태도 및 관습 중 가장 두드러진 내용들은 아래와 같다:

- 위 세대는 그들이 지닌 지식과 지혜로 인애 존경받는다. 흰 머리가 긍정적으로 여겨진다.
- 숫자 1은 좋은 반면, 숫자 4는 죽음 혹은 실패를 상징한다.
- 자녀들은 그들의 부모의 이름을 말하면 안 된다. 지위를 붙여서 말해도 그렇다.
- 연하의 형제 자매들은 그들보다 나이가 많은 형제 자매들을 이름으로 불러서는 안 된다.
- "양반"은 귀족계급을 지칭한다. 양반문화는 명예와 평판과 위엄이다. 배고플 때라도 절대 구걸하지 않고, 비가 올 때도 뛰지 않는 것으로 묘사된다.
- "나"보다는 "우리"가 더 중요하다.
- 식탁에서는 위 세대, 상사, 부모가 아랫 세대, 부하, 어린이들보다 먼저 식사를 시작한다.
- 동료와 만날 때는 등 뒤를 보이지 않는 것이 중요하다. 그러므로 뒤로 홱 돌아서 떠나기보다는 그의 사무실을 조심스럽게 뒷걸음쳐서 나와야 한다.
- 스승에 대한 존경심이 지극하여 그들의 그림자를 밟는 것도 무례하다고 여겨진다.
- 바위와 나무와 구름과 하늘은 한국 문화의 중요한 요소들이다.
- 자녀가 있는 기혼 성인들도 흔히 자신들의 부모와 함께 산다.
- "**인화**(人和)" 는 동등하지 않은 사람들 사이의 조화를 의미한다. 즉, 부모와 권위자들에게 충성할 의무가 있고, 윗 사람들은 그들을 따르는 사람들의 윤택한 삶에 책임을 진다.

- 외국인들과는 사업문제를 논의하기 전에 개인적인 관계가 형성되어야 할 필요가 있다.

5-5c. 중국내 사업 수행상의 문화적 특성

중국내 사업 수행상의 가장 중요한 문화적 특성은 "꽌시(관계)" 이다. 꽌시를 무시하는 외국기업 대표들은 중국시장에서 성공할 확률이 매우 낮다.

꽌시는 부하와 상사 간의 관계를 지칭한다. 꽌시는 서로 호의를 제한없이 주고 받는 등 평등하지 않은 사람들 사이의 우애를 의미한다. 이것은 감상(감상)에 기초하지 않는다. 이것은 감상적인 것이 아니고, 실용주의적인 것이다. 이것은 집단지향적인 것이 아니라, 개인지향적인 것이다.

꽌시 관계에서 교환은 흔히 동등하지 않은데, 관계내의 더 약한 멤버들에게 이득이 가도록 작용한다. 그러므로 겸손과 불충분성에 대한 요구는 관대함을 미묘하게 요구하는 것으로 간주된다. 즉, 더 강력한 개인은 더 자애로워야 한다는 의무가 있음을 상기시키는 것이다. 이 개념은 사업 거래 중에 중국인 기업대표들에게 어떤 부분을 양보할 것으로 기대되는 더 강하고 부유한 외국인들과의 관계에도 적용된다.

더 낮은 직위의 사람들이 상사와의 꽌시 관계 때문에 더 강하고 영향력이 있을 수도 있다. 그러므로 중국에서 사업을 수행하기를 원하는 외국인은 이 낮은 직급의 사람들을 찾아 그들의 호의를 얻어서 의사결정자들인 더 강력한 상사에게 접근하는 것이 필요할 수 있다.

할아버지에게 존경을 표현하는 동양인 가족

5-5d. 아랍국가내 사업 수행상의 문화적 특성

아랍국가에서 사업을 수행할 때 기업 대표들이 인지해야 할 "하지 말아야 할 것"이 여러 가지 있다.

- 신발의 바닥이 보이지 않도록 앉아야 한다.
- 왼손은 "불결하다"고 여겨진다. (이 책의 저자들중 한 사람은 쿠웨이트 은행업 연구원(the Kuwait Institute of Banking Studies)에서 5일간의 워크숍을 시행하고 돌아온 후에, 그는 자신의 유인물 자료들을 나누어 줄 때 매번 왼손을 사용했다는 사실을 깨달았다!)
- 바른 자세를 취하는 것은 필수적이다.
- 외국기업 대표들은 아랍인 기업대표들의 아내에 대하여 질문하지 말아야 한다.
- 아랍 주최자들의 소유물에 대하여 칭찬할 때, 과도하게 하지 말아야 한다. 그 물건을 그들이 당신에게 주기를 기대한다는 인식을 초래할 수 있기 때문이다.
- 아랍계 기업대표들은 아마도 여성과 사업거래를 하는 것을 꺼릴 것이다. 만약 여성과의 사업상 미팅을 받아들였다면, 수수한 옷차림이 적절하다.
- 아랍계 기업대표들은 처음에 논의된 주제에서 자주 벗어날 것이다. 하지만 결국 그 주제로 다시 돌아올 것이다.

5-5e. 라틴 아메리카내 사업 수행상의 문화적 특성

라틴 아메리카는 외국기업들에게 매우 매력적인 시장이다. 브라질, 멕시코, 아르헨티나, 콜롬비아는 인구가 많은 국가들이다(브라질이 2억 300만, 멕시코가 1억 2100만, 아르헨티나가 4300만, 콜롬비아가 4600만). 그들은 생존 가능한 1인당 GDP에 도달했다. (브라질 $12,000, 멕시코 $16,000,

라틴 아메리카에서 춤은 중요한 문화적 특성이다.

윤리적 관점

옳은가 그른가? 그것은 문화에 달려 있다.

세계 각처의 문화는 해외시장에서 사업을 수행할 때 무엇이 윤리적이고 비윤리적인지를 설명하는 서로 다른 패러다임을 지니고 있다.

프랑스에서 자사의 제품을 판촉하고자 하는 외국기업들은 경쟁사들이나 그들 업체의 제품을 폄하하는 광고를 하는 것을 프랑스인들은 비윤리적이라고 간주한다는 사실에 종종 놀라곤 한다. 이러한 문화적 규범은 이러한 관행을 불법으로 규정하는 법률의 제정으로 구체화되었다.

윤리적 고려는 계약상의 합의점들에도 스며들어 있다. 악수로 이루어진 계약이든 서명된 계약이든, 일부 국가의 사업가들은 만약 "조건이 변경된 경우" 해당 조항들을 일방적으로 수정하는 것을 윤리적이라고 생각하기도 한다.

미국인들은 라틴 아메리카에서 사업을 할 때, 현지의 거래 상대자들이 사업 이야기로 들어가기 전에 자신들의 조국에 속하는 예술, 역사, 건축 및 음악 등 문화적 이슈들을 논의하는 데 많은 시간을 보내는 것을 보게 된다. 반면에 미국인 사업가들은 이러한 문제들은 중요하지 않고, 거래를 성사시키는 것과는 관계가 없다거나, 양해각서와 협약이 이루어진 후에만 논의되어야 한다고 믿는다.

이슬람 국가에서는 사업 대출금에 이자를 부과하는 것은 비윤리적인 것으로 간주된다. 비(非)이슬람 국가에서는 이자가 부과되고 상환되어야 하는 것이 수용된다.

누가 기반시설 계약을 따내게 될 것인지를 인가하는 해외 관리들에게 뇌물을 주는 것은 해외에서 사업을 하는 데 있어서 하나의 윤리적인 수수께끼이다. 미국 기업들은 자신들이 주지 않으면, 뇌물을 준 다른 나라의 기업들이 계약을 따내기 때문에 불평하곤 한다. 이 문제에 대처하기 위해, 미 상무성 내에 변호인 센터(the Advocacy Center)가 개설되었다. 이 기구로 인해 이들 채산성 있는 일부 거래들을 확보하기 위한 노력에서 상무성 장관 같은 미국 정부의 고위 관리들이 미국 기업의 임원들을 동행할 수 있게 되었다.

아르헨티나 $19,000, 콜롬비아 $11,000). 칠레는 인구는 적지만 (1700만) 1인당 GDP는 $19,000이다. 우루과이는 인구가 300만명으로 작지만 1인당 GDP는 $17,000에 달한다.

라틴 아메리카에서 사업을 영위할 때는 현지의 잠재적 고객들이 외국기업의 대표들과 사업을 하기 전에 개인적인 관계를 발전시키고 싶어한다는 사실을 이해하는 것이 중요하다. 저녁식사 모임이나 점심식사 모임은 쌍방의 대표들이 서로를 더 잘 알게 되는 좋은 시간을 제공한다. 종종 매매와 계약과 거래조건들에 관한 대화는 특정 라틴 아메리카 국가의 문화, 역사, 건축, 현재의 경제적 여건, 그리고 이와 유사한 화제들 보다 순위가 뒤쳐진다. 만찬은 흔히 저녁 늦게 오후 9시나 10시에 이루어진다. 공식적인 매너와 적절한 사업용 복장이 인정을 받는다.

라틴 아메리카인들은 북 아메리카인들만큼 시간에 대해 신경을 쓰지 않는다. 그들은 미국인들처럼 서두르지 않는다. 비록 어떤일이 오늘 완료되지 않는다 하더라도 언제나 내일이 있고, 또 그 다음 날이 있는 것이다. 라틴 아메리카에서 사업을 하고 싶어하는 회사들은 회합 시간이나 일자나 마감시한들에 관해 유연해질 필요가 있다.

라틴 아메리카인들은 미국내 기업인력만큼 자신들의 일에 빠져 있지 않다. 그들의 모토는 "우리는 살기위해 일하는 것"이지, "일하기 위해 사는 것이 아니다"이다.

사실확인 LO-5

어떤 외국 태생의 사람이고 미국(혹은 당신의 모국)에서 일하고 있는 누군가를 찾아 보아라. 그 사람에게 미국내 관습과 사업 관행이 어떤지 물어 보아라. 그것이 자신의 모국에서의 관습과 사업 관행에 비해 어떻게 다른지 물어 보아라. 만약 당신이 그 사람의 나라에서 근무하게 된다면 그것에 얼마나 쉽게 적응하리라 생각하는가?

5-6. 해외 시장에서의 경영 및 마케팅에 미치는 문화의 중요성

LO-6
국제경영 및 마케팅에서 문화가 왜 중요한지 설명하라

외국에서 인력과 자원을 관리할 때, 현지 국가의 문화에 대한 세밀한 관심이 중요하다. 그것에 실패할 경우 이들 시장에서 그 기업의 사업성과에 심각한 손해를 끼칠 수 있다. 최근 많은 기업들이 자사의 해외 사업활동을 관리하는 데 있어서의 문화적 측면을 언급해 왔다. 흔하게도, 국제경영 성공의 핵심 요소는 소통이었다.

일국의 문화는 근로에 대한 그 나라의 태도에 영향을 미친다. 이들 태도는 타국에서 그의 나라로 일하러 온 근로자들에게 영향을 미치는 것은 물론이고, 자신이 선택한 나라에서 근로를 둘러싼 규범들을 인지할 필요가 있고 그런 규범을 어쩔 수 없이 바꾸어야 하는 관리자들에게도 영향을 미칠 수 있다.

5-6a. 경영방식

미국 기업은 다른 문화에서 선호되는 경영방식과 상충되는 경영 방식을 갖고 있는 경우가 많다. 예를 들어, 나이와 성급한 성격이 일본의 경영문화와는 맞지 않았던 젊은 임원이 펩시코의 최초 일본 진출을 이끌었다. 다른 사례로서 맥도날드는 100% 외국인인 국제 매니저들에게 더 많은 의사결정 권한을 주기 위해 분권형 모델을 사용한다.

마이크로소프트사는 인도의 면직물 산업의 사업가들이 재고, 고객, 원가계산서, 제안서, 주문 등에 대한 민감한 정보들을 여러 장부에 기록하거나 그들의 머리 속에 가지고 다닌다는 사실을 발견했다. 갑작스럽게 관리자들이 일을 그만두게 되는 경우 이렇게 무척이나 중요한 데이터들이 분실되거나 흥정거리가 되기도 했다. 마이크로소프트사는 직물회사들이 문자를 통해 웹 상에서 접근할 수 있는 주문추적시스템의 이용을 권장했다.

타타(Tata)는 자동차 생산을 전문으로 하는 인도의 거대 복합기업인데 다양한 경영방식을 사용하는 것의 중요성을 인정한다. 타타는 재규어와 랜드로버를 인수했고, 영국의 테트리 티(Tetley Tea)와 유럽의 강철회사인 코러스(Corus)를 인수했다(120조 달러에). 분석가들은 타타의 전망을 밝게 보는데, 그 이유는 "인도에 창립기원을 둔 회사이면서도 다른 선진국 경쟁사들보다 문화적 차이에 더 민감하게 반응할 수 있는 능력"을 지녔기 때문이다.

레노버(Lenovo)는 중국의 PC 생산업체이다. 진정한 글로벌 기업으로 거듭나기 위한 노력에서 레노버는 본사를 없애기로 결정했다. 대신에 세계 각지의 상급 관리자들과 윤번제의 회의를 갖기로 했다. 이 회사는 다음과 같은 철학을 통하여 다양한 국제적 결정에 존재하는 상이한 경영 방식을 통합하기 위해 일치된 노력을 기울여왔다. "어떠한 상황에서건 좋은 의도가 있다고 생각하라. 다른 이를 이해하고 이해받기 위해 노력하라. 문화적 차이를 존중하라."

한국의 자동차 생산기업 현대는 미국내 사업활동에서 미국식 경영방식을 인지하는데 실패하여서 미국 시장에서의 판매목표를 충족시키지 못했다.

- 본사는 "코디네이터"를 파견하여서 미국인 관리자들을 감시하는 책임을 지게 한다. 코디네이터들은 미국인 관리자들의 의사결정과 그 결과들을 면밀하게 감시한다. 현대의 국제 조직은 고도로 중앙집권화되어 있다. 미국인 관리자들의 환경보다 훨씬 더 권위주의적이다.
- 미국인 간부들의 의견이 거의 반영 되지 않은 채 판매목표가 수립되었다. 수요예측에 기초하여 목표를 수립하는 대신에, 생산 할당량에 맞추어 판매목표를 추진되었다. 이로 인해 알라배마주 몽고메리 생산 공장에는 3만 2,000대의 소나타가 재고로 쌓이게 되었다.
- 사소한 것을 과도하게 관리한다. 본사는 미국인 관리자들의 충고를 거의 듣지 않고, 충고를 듣는다 해도 이의 제기는 거의 허용되지 않았다.

위의 사례는 경영방식이 문제를 일으키기도 하고 성공에 이르게 한다는 사실을 심도있게 엿볼 수 있는 기회를 제공한다. 경영방식에 대하여 기업들의 다양한 경험들로부터 압도적으로 우월한 결론을 도출하는 것은 어려울 수 있으나, 다양한 경영방식을 낳게 하는 일부 태도와 신념들은 주목받을 가치가 있다. 그리고 그런 다양한 경영방식에 대한 일부 코멘트와 주의 사항들도 제공받을 수 있다.

- "운명의 주인(Master of destiny philosophy)" 철학: 근로자와 기업이 미래에 영향을 미칠 수 있다는 생각. 즉 열심히 일하는 것, 기업 목표에의 헌신, 효율적 시간관리는 이러

한 경영적 인식의 중요한 측면들이다.

- 회사란 독립적인 사업체이다. 즉, 지극히 중요한 사회적 기관이다. 그래서 근로자들은 그들의 정부나 가족을 위한 최선의 것 대신에, 기업을 위한 최선의 것을 행할 것이다.
- 보상은 성과에 기초한다. 하지만 우정과 혈연관계가 더 중요한 다른 문화에서는 이러한 경영방식이 문제가 될 수도 있다.
- 결정은 객관적인 분석을 기반으로 한다. 즉, 정확한 정보와 시의성 고려가 의사결정의 중요한 측면이다. 하지만 일부 문화에서는 직관과 판단력이 더 중요하다고 간주될 수도 있다.
- 의사결정에 있어서의 폭넓은 공유, 효과적 의사결정은 흔히 부하직원들을 평가하는 1차적으로 중요한 방법으로 간주된다. 그러므로 의사결정은 분권화되고, 더 낮은 단계의 관리층으로 위임된다. 그러나 중동과 같은 다른 문화에서는 오직 최고 경영진들만 가장 중요한 결정을 내린다.
- 개선을 위한 내부적 요청. 여기에는 더 높은 판매와 수익과 시장점유율을 달성하기 위하여는 자사를 둘러싼 환경상의 변화에 적응할 필요가 있는 것 등이 포함된다. 하지만 이러한 방식은 그저 현 상태를 유지하는 데 더 관심이 있는 다른 문화에서는 문제가 될 수도 있다.
- 경쟁이 필요하다. 이는 직원들 사이의 경쟁과 기업들간의 경쟁에 반영된다. 하지만 중국과 일본에서는 경쟁보다는 협력이 강조된다.

5-6b. 제품의 개발과 관리

신제품을 개발할 때 경영방식과 더불어 마케팅 전문성의 많은 측면들이 고려되어야 한다. 자국의 시장에서 크게 성공한 제품들도 국제 시장을 위해서는 변용되어야 할 필요가 있을 수도 있다. 예를 들어, 마텔(Mattel)의 바비 인형은 미국에서 엄청난 인기였지만, 일본에서는 인형의 다리를 짧게하고 가슴을 작게 바꿀 때까지는 별로 인기를 끌지 못했다. 일본에서 미국으로 수출된 자동차들은 운전대를 왼쪽 대신에 오른쪽으로 바꾸어 설치해야 받아들여졌다.

하나의 국가 내에서도 기업들이 인지해야 할 다양한 문화 집단이 있다. 예를 들어, 중국의 경우 도시마다 소비자의 선호도가 눈에 띄게 다르다. 상하이의 여성들은 국제적이고 세련되어 있어서 P&G(Procter & Gamble)는 올레이 오일 스킨 크림을 이 지역에서 판매한다. 하지만 중국 위구르 지역의 대도시인 우룸키에서는 세이프가드 비누와 크레스트 치약이 여성 시장에서 가장 잘 팔린다.

맥도날드의 매출액 절반은 해외에서 발생하며, 해외에서의 성장속도도 미국의 성장속도를 앞질렀다. 이러한 성과는 이 회사가 자사의 제품을 현지의 입맛에 맞게 맞추는 데에 주로 기인한다. 아래에 몇 가지 사례가 있다:

- "더 빅 테이스티(the Big Tasty)"(자이언트 햄버거)는 독일의 테스트 키친에서 개발되어 스웨덴으로 출시되었다. 이 햄버거는 라틴 아메리카와 호주에서 큰 인기를 끌었다.
- 프랑스의 "크로케 맥도(Croque McDo)"는 전통적인 크로케 몽쥬를 기반으로 하여 토스트 위에다 햄과 녹으 치즈를 얹어 석쇠에서 구운 샌드위치다.
- 네덜란드의 "맥크로켓(McKroket)"은 기름을 듬뿍 넣어 튀긴 전통적인 고기튀김 크로켓을 기반으로 기름으로 진하게 튀긴 소고기 패티이다.
- 영국에서는 맥도날드 아침 메뉴로 포릿지(Porridge)라는 죽이 제공된다.
- 인도의 "마하라자 맥(Maharaja Mac)"은 훈제 마요소스를 곁들인 두 개의 치킨 패티로 구성되어 있다.
- 대만의 "라이스 버거(Rice Burger)"에는 두 개의 라이스 패티 사이에 잘게 썬 고기가 들어 있다.
- 한국의 "불고기 버거"는 간장 소스에 절인 돼지고기 패티 샌드위치이다.

회사를 좀더 훌륭하게 홍보하기 위한 새 포장지와 박스와 가방이 유럽에서 개발되었는데 2008년에 맥도날드가 이를 미국에 도입했다. 동시에, 맥도날드는 프랑스에서 인기있는 바게트 스타일의 샌드위치 롤인 "장인의 빵(Artisan Bread)"이 미국 시장에 프리미엄 제품으로 도입될 것이라고 발표했다.

이름이 문화적으로 수용되지 못하여 해외시장에서 성공적이지 못했던 미국의 브랜드 사례가 많이 있다. 콜게이트(Colgate)는 자사의 치약 "큐(Cue)"가 프랑스에서는 유명한 포르노그래피 잡지의 이름인 것을 발견하고는 깜짝 놀랐다. 슈웹퍼스 토닉 워터(Schwepps Tonic Water)는 슈웹퍼스 화장실 토일렛 워터로 해석되었다. 코카 콜라는 원래 중국에서 '커-코-커-라'로 읽혔는데, 불행하게도 그것은 왁스로 만들어진 암말" 혹은 "왁스 올챙이를 물어뜯어라"의 의미로 해석되었다. 그래서 이름이 "코-커-코-러"로 바뀌었는데, 이는 "입 안의 행복"을 의미한다. 쉐보레가 체비 노바(Chevy Nova)를 라틴 아메리카에 처음 도입했을 때, 회사는 "no va"가 스페인어로는 "나가지 않는다"라는 의미임을 빠르게 알아차렸다. 그래서 이름이 "카리브(Caribe)"로 바뀌었다. IKEA는 2012년 태국에서 자데브라(Jattebra) 화분이 고객들에게는 섹스를 의미하는 조잡한 용어로 해석된다는 것을 알고는 억울해 했다.

5-6c. 광고 캠페인

브랜드와 마찬가지로 광고 캠페인 또한 현지문화에 세심하게 맞춰져야 한다. 실패한 광고 캠페인의 리스트는 잘못 명명된 브랜드의 리스트에 뒤지지 않을 정도로 많다. 멕시코에서 파커 펜(Parker Pen)의 광고는 "그 펜은 절대 당신의 주머니에서 새지 않을 거에요. 당신을 낭패시키지 않아요."라는 의미였다. 안타깝게도, 광고 작성자들은 스페인어 "embarazar"가 영어의 "embarrass(낭패시키다)"를 의미한다고 믿었다. 그래서 그 광고는 "그 펜은 절대 당신의 주머니에서 새지 않을 거에요. 당신을 임신시키지 않아요." 라고 읽혀지고 말았다. 일본 여행사가 영어권 시장에 진입했는데, 그들은 비정상적 섹스 투어냐고 캐묻는 수많은 문의전화를 받고 당황했다. 그 이유를 설명하면 이렇다. 즉, 그 회사의 이름이 Kinki Nippon Tourist Company(일본 환희 여행사)였기 때문이다('Kinki'는 영어로 '성적으로 변태적인'을 의미). 나이키의 "두려움의 방(Chamber of Fear) 광고에는 NBA 스타 르브론 제임스(LeBron James)를 주연으로 하여, 컴퓨터로 생성된 쿵푸 마스터를 무찌르는 내용이 담겼다. 중국인 시청자들은 그 광고를 불쾌하게 여겼고, 그 광고는 취소되었다. 중국내 토요타의 한 광고에는 랜드로버 크루저 SUV가 군용 트럭을 끌고 가고, 다른 광고에는 돌 사자가 토요타의 프라도(prado) GX에 절을 하는 장면이 나왔다. 중국에서는 사자가 권력의 상징이다. 중국인 소비자들은 그들의 군대를 부정적으로 그린 것과, 더불어 일본산이면 그 어떤 것에든 절하는 그 내용에 모욕을 느꼈다. 나이키의 "Just Do It" 캠페인은 중국에서 실효를 거두지 못했는데, 그 이유는 개인적이고, 젊은이들의 불손함을 강조했기 대문이다. 이슬람교도들은 개를 불결한 것으로 보기 때문에, 타코 벨(Tacobell)은 말하는 치와와 개의 마스코트인 기젯(Gidget)을 싱가포르의 자사 광고에서는 사용하지 않았다.

5-6d. 소통

소통은 사업에 있어서는 핵심적 기능이며, 문화는 그 기업이 작든 크든, 다국적이든, 국내 기업이든 의사소통 방식에 영향을 미친다. 해외 사업활동을 운영하는 외국 인력을 고용한 기업들은 명확히 소통하는 것에 대하여 특히 주의해야 한다.

뜻이 모호하거나 난해한 용어를 사용하는 것은 특히 오해의 위험을 증대시키므로 부적절하다. 참고자료 5.4가 이러한 몇 가지 사례를 보여준다. CAD, CAM, COO, CEO 및 CFO와 같은 약자는 외국인 인력이 이해하지 못할 수 있고, 특히 라틴어와 프랑스어로 된 구절도 그렇다.

사업상의 회합에 직접 참석하는 관리자들이 사전에서 단어를 찾아볼 기회를 가지지 못할 수도 있다. 그런 경우, "얕은 지식은 위험한 것이다"라는 격언이 사실이 될 수 있다. 이 책의 저자들 중 한 명이 다른 대학교 교수들과 멕시코에서 점심을 먹었을 때의 일이다. 스페인어를 약간은 알고 있었음에도 불구하고, 그는 메뉴를 읽는 데 어려움을 겪었다. 메뉴 온통 스페인어로 적혀 있었던 것이다. 마침내 그는 "cordero"(양고기)라는 단어를 알아 봤고, 그래서 "sesos de cordero"를 주문했다.

웨이터가 그들의 주문을 받은 후에, 그 자리에 동석했던 다른 사람들중 스페인어가 유창했던 한 사람이 그에게 물었다. "무엇을 주문했는지 알고 계십니까?"

- "당연하죠. 양고기 몇 덩어리를 주문했잖아요."
- "아뇨, 당신은 양의 뇌를 주문했답니다."

참고자료 5.4: 외국 비즈니스 대표가 이해하지 못하는 미국 비즈니스 전문 용어의 예

1. "Flying by the seat of my pants."
2. "On the same wave length."
3. "Shotgun approach."
4. "Run it up the flag pole."
5. "100 k."
6. "Belly up."
7. "Overview."
8. "If it ain't broke, don't fix it."
9. "Let's throw it on the wall and see if it sticks."
10. "Let's see how it plays out."
11. "It ain't over until the fat lady sings."
12. "Reinvent the wheel."

사실확인 LO–6

미국 잡지나 웹사이트에서 3~4개의 광고를 골라 각 광고가 어필하고 있는 문화적 요소를 설명하라. 문화적 관점에서 볼 때 그 광고들은 성공적이라고 생각하는가? 왜 성공적인지, 아닌지 그 이유는 무엇인가?

정리

해외에서 사업을 수행하는 기업들은 그 나라에 퍼져 있는 문화와 조화를 이룰 필요가 있다. 문화는 학습된 것으로, 외국 기업이 그것을 바꾸는 것은 거의 불가능하다.

문화의 주요 요소에는 언어, 종교, 가치와 태도, 매너와 관습, 물질적 요소, 미학, 교육 그리고 사회제도들이 포함된다.

호프스테드(개인주의 대 집단주의, 권력 거리, 남성적 대 여성적, 불확실성 회피성향, 및 시간에 대한 성향), 트롬페나스(보편주의 대 특별주의, 중립적 대 감성적, 특정적 대 확대적, 업적 대 귀속성), 그리고 개논(국가별 은유들)는 다양한 구성개념을 사용하여 세계 각국의 문화를 포착하려고 했다. GLOBE 프로젝트는 어쩌면 9 개의 다른 특성들을 기준으로 세계의 여러 지역과 국가들의 문화를 살펴보기 위한 가장 공격적인 노력이었다. 그는 61개국의 수천 명의 기업간부들을 대상으로 설문 조사를 했다.

다양한 컨설팅 기업과 더불어, 다른 국가들의 문화를 학습하는 데 사용 가능한 여러 2차 자료들이 있다. 그 일부 예로서는 미국 상무성의 국가 비지니스 지침, 이코노미스트지 정보실의 국가 보고서, 그리고 프라이스 워터하우스 쿠퍼의 118국에서 사업하기 등이 있다.

외국에서 사업을 할 때, 유념해야 할 특정한 구체적 내용이 있다. 일본 기업들은 집단으로 결정을 내리는 경향이 있다. 그들은 의사결정 권한이 있는 사람들과 거래하기를 원하며 제3자를 통하여 소개받기를 원한다. 한국 문화는 연장자에 대한 존경심을 강조하며, 개별주의적 지향이라기보다는 집단 지향적이며, 인화(동등하지 않은 사람들 사이의 조화)를 중시한다. 더불어 부하들의 복지에 대한 상사들의 책임감, 그리고 사업관계가 발생하기 이전에 개인적 관계를 발전시키는 것을 중시한다. 중국에서 사업을 수행함에 있어서 꽌시가 가장 중요한 문화적 특성이다. 꽌시는 평등하지 않은 사람들 사이의 우애을 특징으로 한다. 중국 기업의 낮은 직급의 사람들은 의사결정 권한이 있는 상급자들과 꽌시 관계가 있을 수 있으므로, 외국 사업가들은 낮은 직급의 사람들의 호의도 표시하여 함양해 둘 필요가 있을 수 있다.

아랍 국가로 사업차 출장을 간 사람들은 왼손이 불결하게 여겨진다는 것, 아랍인 사업가의 아내에 대해 질문하는 것은 부적절하디는 것, 아랍인 사업가들은 일반적으로 여성과 거래를 하는 것에 대해서 불편함을 느낀다는 것, 그들은 논의중인 우선적인 주제로부터(일시적으로) 벗어나는 경향이 있다는 점도 인지할 필요가 있다.

라틴 아메리카 임원들은 외국인 기업간부들과 사업을 진행하기 전에 개인적인 관계를 발전시키기를 원한다. 그들은 북 아메리카인들처럼 시간을 중시하거나, 일에 몰두하지 않는다.

해외 인력 및 자원의 관리, 제품 개발 및 광고는 현지 국가의 문화에 크게 영향을 받는다. 명확한 이사소통은 이들 3개 분야에서 경영 의사결정의 성과를 향상시켜 줄 수 있다.

주요단어

문화(culture)
문화 적응(acculturation)
언어 소통(verbal communication)
비언어 소통(nonverbal communication)
역방향으로 번역(backward translation)
가치(values)
태도(attitudes)
매너과 관습(manners and customs)
물질 문화(material culture)
미학(aesthetics)
사회 제도(social institutions)
참고집단(reference groups)
사회 계층(social stratification)
개인주의 대 집단주의(individualism vs. collectivism)
권력의 거리(power distance)
남성성 대 여성성(masculine vs. feminine)
불확실성 회피성향(uncertainty avoidance)
시간에 대한 성향(time orientation)
보편주의 대 특별주의(universalism vs. particularism)
중립적 대 감성적(neutral vs. emotional)
특정적 대 확대적(specific vs. diffuse)
업적 대 귀속성(achievement vs. ascription)
인화(inwha)
꽌시(관계, guanxi)

문제 풀이

1. 글로벌 마케팅 요원들이 인지해야 하는 문화의 네 가지 특성은 무엇인가?

2. 문화의 4 가지 요소를 들고, 왜 그것들이 제품과 서비스를 국제적으로 마케팅하는 데 중요한지 간략히 설명하라.

3. 개논의 문화적 은유는 호프스테드가 국가들을 분류하기 위하여 문화를 사용한 것과 어떻게 다른가?

4. 타국의 문화에 관하여 기업들이 배우는 데 사용할 수 있는 중요한 2차 자료에는 어떤 것이 있는가?

5. 라틴 아메리카에서 사업을 진행할 때 미국 기업이 인지해야 하는 문화적 요소에는 어떤 것이 있는가?

6. 외국에서 사업을 할 때 어떤 유형의 경영 의사결정들이 문화적 요소에 의해 주도적으로 결정되는가?

사례 에콰도르 수출의 문화적 측면에 대하여 주(主)거래처에게 조언하기

졸업 후, 당신은 다양한 해외시장으로의 수출에 관하여 미국 단골 거래처들에게 조언을 해주는 대형 전문 컨설팅업체에 취업하게 되었다. 당신의 회사는 유럽과 아시아 시장에 특화되어 있는데, 현재 라틴 아메리카 시장에 관하여 단골 거래처들에게 조언할 기회를 맞았다. 당신과 당신의 동료 7명은 라틴 아메리카의 각 나라를 지정받았고, 그중 당신은 에콰도르를 맡게 되었다.

먼저 당신은 그 국가에 대한 기초적 사실들을 구득하는 것으로 조사작업에 착수한다. 국명 "Ecuador"는 "적도(equator)"의 스페인어 표기이므로, 이 나라가 적도에 위치해 있다는 사실에서 연유되었음이 분명하다. 수도는 퀴토(Quito)이고 해발 9,300 피트에 위치해 있다. 기온은 비교적 균일하게 연중 75° (높을 경우) 내지 55°(낮을 경우)를 유지한다.

에콰도르의 인구는 1,600만으로, 평방마일당 134.8명이다. 66%가 도시 지역에 살고 있다. 스페인어가 공식적 언어이며, 인구의 95%가 가톨릭교도이다. 면적은 10만 9,000 마일이다.

에콰도르의 주요 산업은 석유, 식품가공, 직물, 목제품과 화학제품이다. 이 나라의 주요 농작물은 바나나, 커피, 코코아, 쌀, 감자, 카사바, 플랜테인 바나나, 그리고 사탕수수이다. GDP는 2013년 기준 1,580억 달러이며, 1인당 GDP는 1만 1.000달러이다. 화폐는 미국 달러이다. 수입의 28퍼센트가 미국에서 들어오고, 수출의 37%가 미국으로 나간다.

상사가 당신에게 에콰도르의 문화 지형도를 만들어서, 당신의 회사가 이것을 사업 안내서에 수록하여 잠재 고객들에게 보내기를 원한다. 그러면 당신은 이 나라의 공식적 언어는 스페인어이고, 인구의 95%가 가톨릭교도임을 기술하는 것으로 이 작업을 시작할 수 있다.

✻ 질문

(1) 당신의 문화 지형도에 포함될 필요가 있는 이 국가에 대한 문화적 정보를 얻기 위해서 에콰도르에 대한 어떤 자료를 참고해야 할까?

(2) 주요 종교와 언어를 제외한 에콰도르 문화의 어떤 다른 측면들이 국가의 문화에 영향을 미칠 수 있을까?

주장과 반박

당신의 회사의 주요 판매계획에 손실을 입힌다고 해도 자국 문화에 대한 비판으로부터 자국을 변호해야 할까?

어떤 해외시장에서 주요한 판매 계약을 마치려는 참인데, 최종 결정을 내리게 될 상대방이 미국의 문화에 반대하는 통렬한 비판을 쏟아놓는다. 음악, 미술, 낙태와 포르노그래피가 명확하게 거론되었다.

✻ 주장

자신의 국가와 문화를 변호하는 것이 판매계약을 맺을 가능성보다 우선되어야 한다. 심지어 그 판매계약이 크고 중요한 것이라고 해도 말이다. 당신은 조국인 미국을 격렬하게 변호해야 한다. 비록 미국문화 중에서 대체적으로는 비난을 받아야 할 만한 일부 측면이 있을 수 있기는 해도, 그것은 풍부한 문화를 가지고 있으며, 이는 선택할 수 있는 자유가 존재하기 때문에 발전해 왔던 문화라는 점을 설명하면서 말이다. 상대방 국가의 문화에도 단점이 있음을 지적함으로써 상대방의 공격에 반격을 가해야 한다.

✻ 반박

모든 사람은 자신의 의견을 표출할 권리를 갖고 있다. 그러므로 그 잠재고객의 미국 문화 비난에 대하여 반박하지 말아야 한다. 사실인즉, 그가 말하고 있는 내용에 동의하고, 그 비판을 뒷받침할 수 있는 몇 가지 추가적 예시를 제공해야 한다. 외국인이 미국에 대해서 어떻게 생각하는지와 같은 그러한 사소한 일 때문에 왜 주요한 판매계약 건을 왜 위험에 빠뜨려야 한단 말인가?

국제경영 뉴스 해석하기

금융 뉴스는 유명 언론과 미디어 어디에서든 나와 있다. 이 장의 개념들과 관련하여 아래의 금융뉴스 예들을 당신은 어떻게 해석하겠는가?

1) 프랑스는 문화 상품의 거래에 반대하는 중앙기관을 가지고 있다. 이 기관은 왜 필요한가?
2) 비평가들은 2008-2010년에 미국이 겪은 경제금융적 문제들은 미국인은 누구나 주택을 소유할 수 있어야 한다는 정부의 믿음에 원인이 있다고 문책했다. 이러한 믿음은 다른 국가들에 존재하는 믿음과 문화적으로 상호 양립가능한가(모순이 안 되는가)?
3) UBS와 Credit Suisse와 같은 스위스 은행들은 자사의 예금주에 대한 비밀을 지키는 문화를 지니고 있는데, 이러한 문화는 스위스의 정부정책에 의해 뒷받침되어 왔다. 이러한 정책은 은행들과 예금주들에게, 특히 미국의 그것에 어떤 문제들을 야기했는가?

포트폴리오 프로젝트

당신 자신의 적절한 사례를 탐구하기: 당신의 회사는 외국 문화를 어떻게 관리하고 있는가

이 장을 읽은 후, 당신은 자신이 선호하는 기업에 대한 몇 가지 기본적인 질문에 답할 수 있는 준비가 되어 있어야 한다.

1) 당신의 회사가 사업을 하고 있는 나라들을 그들 국가가 호프스테드의 문화적 특성을 기준으로 했을 때 어떤 등급에 위치하고 있는지에 따라 검토해 보라. 미국인 관리자는 이들 외국 출신의 동료들과 소통할 때는 자신의 행동을 어떻게 변용할 필요가 있는가에 대해 몇 가지 사례를 생각해 보라.
2) 당신이 만약 이 회사를 대표하여 어떤 거래를 협상하기 위해 어느 외국을 방문하게 된다면, 방문 이전에 구득해야 할 필요가 있는 문화적 지식은 어떤 것일까? 그런 정보를 어디서 어떻게 구득할 수 있을까?
3) 당신의 회사가 아직 사업을 수행하지 않고 있는 어떤 외국 출신의 기업대표가 제안서를 가지고 당신에게 접촉을 했다면, 그 국가의 문화적 특성에 비추어 그 제안서를 어떻게 평가할 것인가?

유럽에 쿠키를 수출하는 당신 자신이 소유한 중소기업을 위한 국제 전략을 개발하기

당신은 자신의 제과회사에서 성공을 거두기 위해 열심히 노력해 왔다. 지금까지는 오직 미국과 캐나다 시장만을 상대로 자사의 제품을 판매해 왔다. 당신의 마케팅 전문가는 회사가 이제는 유럽 수출의 가능성을 탐색해 볼 필요가 있다고 결정했다. 만약 회사가 이 수출전략을 추진할 경우, 고려해야 할 유럽시장의 문화적 측면에 대한 예비적 평가서를 준비할 필요가 있다.

1) 평가서에서는 문화의 어떤 주요한 측면이 고려되어야 하는가?
2) 이러한 문화적 측면들은 유럽내 특정한 국가나 지역에 관련하여 확인될 필요가 있는가?
3) 쿠키의 소비와 판매에 영향을 미치는 문화적 측면에 대해 당신이 예상하는 전경(全景)이 미국내에서 두드러지게 나타나고 있는 현상에 비해 같은 것이라고 기대하는가, 아니면 그것과는 다를 것이라고 기대하는가?

CHAPTER

6 글로벌경영의 법적 및 정치적 환경

The Legal and Political Environment of Global Business

*이 장의 학습목표

LO-1 세계의 상이한 정치체제가 국제경영에 미칠 잠재적 영향에 대한 개요를 마련할 수 있다.

LO-2 공산주의, 자본주의, 사회주의 간의 차이점을 설명하고, 이들 상이한 경제적 이데올로기가 국제경영의 수행에 어떻게 영향을 미치는지를 설명하라

LO-3 주요 정치적 및 경제적 리스크를 논의하고 국제경영의 수행에 있어서 부패의 역할을 논할 수 있다.

LO-4 다양한 유형의 법적 제도를 분석하고, 형사법, 계약법, 세법, 제품 안전법 및 분쟁조정법에 관련되는 주요 원칙들을 설명할 수 있다.

LO-5 오늘날의 국제경영 환경에서 지적재산권 보호의 중요성을 논하고, 특허, 상표, 저작권을 포함한 지적재산권 보호의 주요 유형을 논할 수 있다.

문화적 관점

범죄에 합당한 처벌

오, 이런? 속도위반에 걸렸군요! 당신은 시속 60마일 구역에서 시속 80마일로 운전을 하고 있었고, 그래서 경찰이 당신의 차를 길가에 붙여 세우고는 위반 딱지를 뗐습니다. 티켓의 청구 비용은 $103,000−네, 그렇습니다. $103,000의 벌금입니다!

핀란드에 오신 걸 환영합니다! 핀란드에서 교통 범칙금은 일반적으로 2 가지 요소에 근거하여 부과합니다. 즉, 운전자의 소득과 위반행위의 심각성이다. 만약 매우 낮은 소득의 대학생이 속도위반으로 걸린 경우, 그 학생은 최소의 벌금만 지불하게 됩니다. 아마도 100달러 정도이다. 하지만 만약 속도위반을 한 운전자가 연봉 3,000만 달러의 노키아(Nokia)의 최고경영자라면, 동일한 행위에도 벌금은 10만 달러가 넘을 수 있다.

1999년까지, 범칙자들은 자신의 소득을 정확하게 보고하도록 "명예제도"에 등록되었지만, 그 이후로는 모든 세금 기록이 공공 기록물로 온라인에 기재 되었습니다. 경찰은 즉각 순찰차에 장착된 컴퓨터에 속도위반 운전자의 신분증명 자료를 입력하여 그 운전자의 신고된 소득정보를 확인 후, 정확한 속도위반 범칙금을 계산할 수 있다.

핀란드와 몇몇 다른 스칸디나비아 국가들은 이러한 소득연계 범칙금 부과라는 진보적 제도를 유가증권법 위반과 상점 도둑질과 같은 넓은 범위의 민사 및 형사 범죄들에도 적용하고 있다. 이 개념은 고정된 범칙금의 액수는 덜 부유한 이들에게는 불균형적인 충격을 주며, 고소득의 사람들에게는 충분한 억제력이 될 수 없다는 데 기초하고 있다. 예를 들어, 80달러의 속도위반 딱지가 연간 3,000만 달러를 버는 최고경영자에게 정말로 과속을 못하게 억제하는 데 실효가 있겠는가? 하지만 만약 부유한 임원이 10만 달러의 범칙금 딱지를 떼받는다면 그는 앞으로 좀 더 주의해서 운전하지 않겠는가?

서론

핀란드의 교통 범칙금 사례와 같이, 세계의 다양한 국가들은 각기 다른 법적 정치적 제도를 가지고 있다. 스칸디나비아의 진보적 형벌제도는 범칙자의 재원에 따라 매겨진다. 더 일반적으로는, 다양한 종류의 법들이 일부 국가에서는 더 엄격하고 다른 국가에서는 더 느슨하다. 어떤 나라에서 엄중하게 처벌받을 범죄가 다른 국가에서는 매우 가볍게 처벌되거나 어쩌면 아예 범죄가 안 될 수도 있다. 예를 들어, 스위스와 같은 일부 국가들은 전통적으로 기업과 개인의 사적 권리에 대해 상당한 법적 비중을 두는 반면, 핀란드와 같은 다른 국가들은 개인의 정보를 공적으로 이용 가능하도록 요구하는 규정을 갖고 있다.

일부 국가들에서 사업을 하는 것은 법적/정치적 리스크 투성이다. 이집트와 리비아와 같이 수십 년간 장기 집권하던 체제가 최근에 무너진 국가들이 이러한 점을 설명해 준다. 부패가 만연하고 심지어 정부가 개인의 재산을 강제 수용하는 일도 일부 국가에선 흔하게 발생하며, 특히 개발도상국들에서 그런 현상이 두드러진다. 반면 다른 국가들에서는 법적 및 정치적 상황이 매우 안정적이다. 이 장의 목표는 전세계에 걸쳐 정치적 및 법적 환경을 개관하고, 이러한 환경들이 국제경영의 수행에 어떻게 영향을 미치는지를 살펴보는 데 있다.

6-1. 정치 제도

LO-1
다양한 글로벌 정치 제도와 그것이 국제경영에 미치는 잠재적 영향에 대한 개요를 작성해 보아라.

전세계에 걸쳐 각국은 서로 다른 정치 제도를 가지고 있다. 앞서 논의한 핀란드의 정치제도는 **민주주의**다. 민주주의는 그리스어로 "시민에 의한 통치"이다. 즉 모든 시민이 투표권이 있는 정부 형태를 가리킨다. 예를 들어, 미국에서는 18세 이상의 시민들이라면 모두 미국 대통령 선거에 투표할 자격이 있으며, 대통령은 이렇게 선출되어 4년 임기로 집무하지만, 한번 연임할 수 있다는 제한이 있다. 민주주의의 가장 순수한 형태는 아테네와 같은 고대 그리스의 도시국가에 존재했는데, 이는 **아테네식 민주주의**로 알려져 있다. 기원전 500년경에 발전된 아테네식 제도는 아테네의 모든 비노예 성인 남성 시민들이 정기적으로 모여서 공동체에 영향을 미치는 안건들에 대한 투표를 하도록 규정되었다.

시간이 지나면서 세계의 도시(그리고 국가들)들은 더 크게 성장하였고, 오늘날 모든 민주주의는 이른 바 '**대의 민주주의**'로 발전하였다. 안건마다 투표하기 위해 모든 시민들이 모이는 것은 사실상 불가능하기 때문에, 민주주의 국가들은 대표자를 선출하는 제도를 만들었는데, 그런 대표자로서는 미국 의회의 의원들, 주의회의 의원들, 주 지사들, 그리고 물론 국가의 일을 수행하는 데 있어서 자신들의 대표자로써 복무할 미국 대통령 같은 사람 등도 여기에 해당된다. 대의 민주주의에서의 선거는 사실상 항상 비밀투표로 진행되며, 언론과 표현의 자유에 대한 시민의 권리가 법적으로 보호받을 수 있다. 민주주의는 그 정의상 당연히 어느 정도 불안정하다. 왜냐하면 정기적인 간격으로 선거가 치러지고, 그 때마다 시민들의 새로운 대표가 선정되어 정치적 영향력을 갖게 되기 때문이다.

강력한 대의 민주주의를 지닌 영국, 일본, 스페인, 태국, 노르웨이와 같은 일부 국가들은 영속적인 국가의 수장으로서의 역할을 수행하는 의전용 군주(왕과 왕비)를 갖고 있지만 이들은 실질적인 정치적 권력을 갖고 있지 않다. 이러한 종류의 군주들은 정치제도 전반에 어느 정도 안정성을 제공하는 데 도움이 된다. 물론 이러한 모델을 따르는 국가들은 순수한 대의 민주주의 국가들은 아니다. 그들은 입헌 군주제로 일컬어진다.

민주주의 정반대의 스펙트럼에 자리하고 있는 형태는 전체주의 국가들이다. **전체주의 정부**는 시민들의 동의나 지지 없이 개인들이 통치하는 제도이다. 예를 들어, 군사독재에 의해 운영되는 국가는 전체주의 정부를 대표한다. 또 다른 예로써 냉전시기에 동유럽에 만연했던 독재주의 정권들이다. 다른 국가들은 당연히 본질적으로 신정주의적 전체주의인데, 이는 선출되지 않은 종교 지도자가 국가에 대한 정치적 통제권을 지닌 경우를 의미한다. 당신은 이러한 국가들중 어느 국가이든 떠올릴 수 있겠는가? 또 다른 전체주의의 변형은 절대군주제인데, 왕 혹은 왕비가 정치적 권력을 쥔 경우이다. 매우 드물지만 오늘날에도 여전히 존재한다.

민주주의와 전체주의의 극단 사이에 오늘날의 중국과 같은 나라의 정부도 존재한다. 아래에서 논의되는 바와 같이, 정당 지도자들이 시민들과 일부 권리를 나누어 갖는 경우이다. 핀란드와 같은 민주주의 국가들의 개방성과 이러한 나라들이 일반적으로 재산권 및 표현의 자유를 제공하는 성향이 있는 보호장치 등이 전체주의 혹은 준(준)전체주의 정권을 유지하고 있는 국가들보다 국제경영을 수행하기에 더 쾌적한 장소

싱가포르는 고도의 친기업적인 정치제도를 유지해 왔다. 타르만 샨무가라트남(Shanmugaratnam Tharman)은 싱가포르의 부수상이자, IMF의 위원회인 정책자문위원회의 회장이다.

가 되게 해준다는 점을 주목해야 한다. 즉, 항상 그런 것은 아니지만, 이러한 정치 제도를 가진 국가들이 특히 강력한 친기업적인 접근방식을 취한다. 그러나 전체주의 국가에서의 재산권 및 기타 권리들은 완전히 지배정권의 통제하에 있는 반면, 이러한 국가들의 정치제도는 수 십년간 한 독재자가 권력을 장악하고 있을 수도 있기 때문에 민주주의 국가들보다 실제로는 더 "안정적"일 수 있다. 예를 들어, 사우드 가문은 강력한 정치권력을 지닌 한 사람의 왕을 두고서, 1931년부터 사우디 아라비아의 친기업적인 경제를 확고하게 지배해 왔다. 또 다른 사례로 싱가포르는 1959년부터 한 여당이 집권한 상태로 의회주의적 모델의 맥락에서 역사적으로 고도의 친기업적 정치제도를 유지해 왔다. 그런 제도의 안정성이 싱가포르에서 국제경영 활동이 번창할 수 있도록 했다. 민주주의 제도에서도 정기적으로 권력과 규정이 불가피하게 바뀌며, 때로는 기업에게 호의적이지 않은 방향으로 바뀌기도 한다는 점을 기억하는 것이 중요하다.

사실확인 LO-1

당신은 대의 민주주의가 시행되지 않는 국가에서 살아본 경험이 있는가? 만약 그렇지 않다면, 그런 경험이 있는 사람을 찾아서 그들의 경험에 대하여 이야기를 나눠보라.

6-2. 국가의 경제 이데올로기

LO-2
공산주의, 자본주의, 사회주의 간의 차이점을 설명하고, 다양한 경제 이데올로기들이 국제경영의 수행에 어떻게 영향을 미치는지 설명하라

일국의 정치제도가 그 나라에서 국제경영을 수행하는 데에 중요한 역할을 하지만, 이 점에 있어서 거의 틀림없이 더 큰 역할을 하는 것은 그 국가에 퍼져 있는 경제 이데올로기이다. 예를 들어, 어떤 2 개의 국가가 모두 "대의 민주주의"를 시행한다고 하더라도, 만약 한 국가는 경제 이데올로기 측면에서 조금 더 사회주의적이고 다른 국가는 더 자본주의적이라면, 이 두 국가내의 사업수행은 상당히 서로 다를 것이다. 오늘날의 복합적인 경제세계에서, 거의 모든 국가들은 하나의 경제 이데올로기만을 따르지는 않는다. 예를 들어, 미국은 근본적으로는 자유시장, 개인의 창의성, 사유재산권을 강하게 지지하는 경제 이데올로기를 지닌 자본주의 국가이다. 하지만 미국은 연방의 최저임금제, 연방의 소득세 제도, 그리고 1930년부터 연방 퇴직 플랜(사회보장제도)을 가지고 있다. 1960년부터 미국은 또한 빈곤을 감소시키기 위한 복지 "안전망" 제도와 노인들을 위한 국영의 건강관리 프로그램(Medicare)을 갖고 있다. 이 점을 염두에 두고, 아래에서 오늘날 세계에 퍼져 있는 기초적 경제 이데올로기들에 대한 전반적 개요를 살펴보자.

6-2a. 공산주의

공산주의는 정부 혹은 국가가 기본적으로 주요 생산요소를 모두 소유하고 통제하는 경제 이데올로기를 의미한다. 근로자 노동조합이 이런 국가에도 존재하지만 근본적으로는 국가에 의해 통제된다. 공산주의 경제 이데올로기 아래에서는, 개인의 권리가 집단 권리에 의해 극단적으로 무시된다. 사실상 칼 마르크스의 고전적 견해에 의하면 공산주의 국가는 경제적으로는 계급이 없는 국가이다. 지난 20-30년은 세계에서 공산주의 경제 이데올로기의 상당한 감소를 가져왔고, 이러한 점에서 구 소련이 공산주의에서 이탈한 점이 가장 주목할 만하다.

현재 공산주의 경제 이데올로기를 가진 가장 큰 나라는 중국이며, 세계에서 가장 경제적으로 강한 국가들 중의 하나로 부상하고 있다. 그러나 이러한 성공을 거두기 위해서, 중국은 100%의 완전 공산주의 경제 이데올로기 접근법에서 매우 천천히 변화해야 할 필요를 확인하고 있다. 예를 들어, 비록 기업들이 대체적으로 80% 이상은 정부가 소유하고 통제하고 있지만, 오늘날 특정 중국 주요 기업의 사적 소유권(사실은 외국인의 소유권 마저도)이 허용되어 있다. 더욱이 노동조합에 대한 국가통제의 완화조치도 일부 있었다. 또한 이전에 만연했던 개별적 임금/인센티브 차이의 완전한 부재 또한 개선되어 왔다.

6-2b. 사회주의

사회주의는 국가 혹은 정부가 경제에서 강력한 역할을 하며 특정 기업들의 지분을 소유할 수도 있는 경제 이데올로기를 의미한다. 하지만 공산주의 국가들과는 달리, 사회주의 경제를 가진 국가들은 "무(無)계급"을 열망하지는 않는다. 즉, 이러한 경제들은 개인주의 보다는 다소 집단주의 성향을 다소 선호하는 경향이 있어서 자본주의 국가들보다 소득과 부의 불평등이 덜 극단적이다. 많은 유럽 국가들(예: 프랑스, 영국, 그리고 스페인)은 강한 사회주의 성향을 가지고 있으며, 이러한 국가들의 정부는 역사적으로 주요 항공사나 석유회사와 같은 다양한 기업의 지분을 소유해 왔다.

사회주의 경제는 노동자의 권리와 노동권에 높은 수준의 중요성을 두며, 강력한 자유 노동조합의 존재를 중시한다. 당연히 스웨덴, 노르웨이, 덴마크와 같이 경제적으로 사회주의 성향을 띠는 국가에서의 노동조합 조합원 수와 참여율이 세계에서 가장 높은 경향이 있다. 이들 국가들은 또한 전통적으로 세계에서 가장 높은 1인당 국민순소득을 기록해왔다. 그런 국가들은 여러 관점에서 국제경영을 수행하기에 매우 적당한 장소가 되어 왔다.

경제적 관점

중국 정부의 "한 자녀" 정책은 중국 사회에 어떤 영향을 미쳤는가?

1979년을 시작으로, 중국의 공산주의 정부는 "한 자녀" 가족계획정책을 공식적으로 채택했다. 이 정책은 비록 시골 지역에 사는 부부나 형제 자매 없이 홀로 사는 부모의 경우에는 예외가 적용되긴 했지만, 공식적으로 중국인 부부가 결혼하여 가질 수 있는 자녀 수를 하나로 제한한 것이다. 이 프로그램의 목적은 중국의 과다인구 문제를 완화하는 데 도움을 주기 위함이었다. 이 프로그램은 목표를 달성했지만, 아들에 대한 강한 문화적 선호도 때문에 중국인 부부들이 여자 아이들을 낙태시키거나 심지어 죽이기도 하는 논쟁거리의 "성(性) 학살(Gendrcide)"이라는 결과를 낳기도 했다. 오늘날 중국에는 남성과 여성의 비율이 대략 남성 125명 대 여성 100명에 달하는데, 이는 성비가 1:1의 비율에 근접하는 "자연적" 질서와는 매우 동떨어진 것이다. 이와 관련한 어떠한 윤리적 혹은 도덕적 문제를 차치하고라도, 이러한 중국의 정책은 상당한 경제적 영향을 끼쳤다.

치우쳐진 중국의 성비 때문에, 젊은 중국 남성들은 결혼하는 것이 매우 어려워졌다. 중국에서는 "맨 가지(Bare Branches)"라고 불리는 이 같은 뿌리 없는 젊은 청년들이 범죄행위에 관계하는 비율이 높아지고 있고, 이는 경찰병력을 고용하는 데 추가비용이 들게 하는 현상으로 진전된다. 나아가, 중국의 초경쟁적 결혼시장은 외아들을 둔 부모들로 하여금 혼수를 마련하는 데 도와주거나 짝을 찾아주려고 더 많은 돈을 저축하게 만들었다. 관찰자들은 실제로 지난 25년간 중국의 저축률이 50%나 증가한 것은 이 나라의 한 자녀 정책 때문이라고 보고 있다. 중국의 이러한 저축률 급증은 중국인 소비자들의 소비를 촉진시키고자 노력한 중국 정부의 다른 정책들의 효과를 상쇄시키는 결과를 초래했다. 중국인 소비자들의 소비감소는 코카 콜라, 프록터앤겜블, 콜게이트, 팜올리브 같은 미국 소비제품 회사들의 대(對) 중국 수출감소와, 이로 인한 이 회사들의 수익 감소와 미국의 일자리 감소를 의미한다. 아이들 출생에 대해 중국의 "맨 가지" 접근이 전세계의 거시경제에도 상당한 영향을 미쳤다.

문제:

1) 어떤 종류의 범죄에 중국인 "맨 가지들"이 참여했을 확률이 높을 것이라고 생각하는가?

2) 중국의 한 자녀 정책이 국가의 노후 정책에 어떤 종류의 영향을 미치겠는가? (힌트: 평균적으로 중국 부모들은 나이가 들었을 때 그들을 부양할 자녀가 하나뿐이다.

출처: "Gendercide," *The Economist*, March 6, 2010, p. 13; "The Worldwide War on Baby Girls," pp. 77–80.

6-2c. 자본주의

자본주의는 강력한 개인주의 성향을 갖고 기업이 사적으로 소유되는 경제제도를 의미한다. 순수한 자본주의 또는 "자유시장" 경제제도에서는 정부의 역할이 거의 존재하지 않는다. 이 이데올로기를 추구하는 정부는 본질적으로 이 경제제도가 방해되지 않는 바깥에 머물고 그에 따라 개인적인 성패가 일어나기 때문에, 부의 개인적인 이득과 손실이 매우 커질 수가 있다. 개인적 인센티브화가 자본주의 경제 이데올로기의 핵심이다.

강력한 개인주의/기업가/자유시장 정신의 미국은 역사적으로 세계에서 경제적으로 선도적인 자본주의 경제로 간주되어 왔다. 하지만 위에서 언급한 바와 같이, 미국에서도 연방정부가 경제분야에서 역할을 담당해 왔다. 예를 들어, 부실자산 구제 프로그램과 기타의 프로그램을 통해 정부는 이 나라의 최대 자동차 제조회사, 보험사 및 은행 등 다수의 기업들에서 큰 몫의 소유지분을 가지고 있다. 최근에는, 일반적으로 모든 미국 시민들에게 건강관리 범위를 보장해 주는 "환자보호 및 적절 관리법안"을 통과시켰다. 이것은 정부가 개인들에게 건강관리 비용을 저감시키고, 보장범위를 증대시키는 것이 목표였다. 이것은 오랫 동안 미국 정부가 지속적으로 시행해온 많은 프로그램들의 한 예에 불과하다. 즉, 그런 프로그램들에는 개인별 소득 불균형과 경제적 성공 및 실패를 완화하기 위하여 지속적으로 시행해온 식량 배급표를 비롯하여, 의료보조금제, 농업 보조금제, 장학금 및 연구 보조금제 등이 있어 왔다. 세계 각국의 경제 이데올로기는 매우 다양하고, 오늘날에는 어느 정도 "혼합된" 경제/이데올로기를 지니고 있지만, 앞에서 논급된 이데올로기들의 존재가 주어진 환경과 규제내에서 국제경영을 수행하는 데 영향을 미치는 것은 분명하다.

사실확인 LO-2

미국의 경제 이데올로기에 대한 당신의 의견은 어떠한가? 완전히 순수한 자본주의 경제 이데올로기를 옹호하는가, 아니면 훨씬 더 많은 정부의 개입과 심지어 정부의 소유권 까지를 포함하는 자본주의 경제 이데올로기를 지지하는가? 당신의 의견을 뒷받침하는 이유를 설명하라

6-3. 정치적 리스크, 경제적 리스크, 그리고 부패

6-3a. 경제적 리스크

LO-3
주요 정치적 및 경제적 리스크를 논하고 국제경영 수행에 미치는 부패의 역할을 논하라.

국제경영에 종사한다는 것은 필연적으로 **경제적 리스크**를 감수하게 한다. 경제적 리스크란 특정 국가의 경제적 문제나 비효율적 운영이 그 나라에서의 사업활동에 의미있는 부정적 영향을 미치게 될 위험이다.

이러한 경제적 리스크에는 어떤 것이 있을까? 예를 들어, 이러한 리스크의 한 가지는 특정 외국 화폐의 송금이나 교환에 대한 제한, 또는 그 화폐의 평가절하를 의미한다. 만약 러시아에서 사업을 수행하는 어떤 주요 국제 기업이 5,000 만 루블을 구매하는 데 1대 1의 "평가(Par)"로 통화거래를 하여 5천만 달러를 지출했다면 어떻게 될까? 그리고서 러시아의 심각한 경제침체로 인해 루블의 가치는 평가 즉, 1달러당 1루블에서 달러 대비 고작 10센트로 급락하고, 그래서 이제는 5,000만 달러가 500만 달러에 불과해 진다면 어떨까? 나아가, 이러한 화폐가치 하락이 루블을 달러로 환전하는데 대한 제한을 수반할 수도 있다. 예를 들어, 이 기업은 특정한 하루 동안 10만 루블 이하만 달러로 환전하는 것으로 제한받을 수 있다. 그래서 이 기업이 러시아 루블을 구매하는 데 사용한 초기 투자금 5,000만 달러는 현재 500만 달러의 가치밖에 되지 않으며, 하루에 1만 달러씩만 환전하여 되찾을 수 있다. 이것이 바로 이 기업이 러시아내 사업수행에 따른 경제적 리스크에 희생이 되고만 명백한 상황이다.

화폐가치의 하락과 환전의 제한은 명백히 기업들이 국제경영에 종사할 때 떠안을 수 있는 수많은 경제적 리스크들 중의 일부에 불과하다. 세계의 많은 국가에서 기업이 다른 기업들에게 빌려주는 어떤 대출금이든 그것이 상환될 지는 의문시 되는데, 계약상 의무의 실행에 관한 법적 구조가 취약하기 때문이다(법적 구조에 관한 문제는 이 장의 뒷 부분에서 더 깊이 논의할 것임).

기타의 잠재적인 경제적 리스크에는 인적자원과 노동관계가 있다. 예를 들어, 어떤 국가에는 특별히 투쟁적인 노동조합이 있어서 무계획적이고 난폭한 파업을 자주 일으킨다거나, 심지어 자신의 요구 사항이 충족될 때까지 회사 임원들을 인질로 잡아 두는 것으로 알려져 있다. 기업들이 국제적으로 사업활동을 하면서 직면하는 또 다른 잠재적 경제리스크는 인플레이션이다. 브라질과 페루와 같은 일부 국가들은 최근 수십 년간 초(超) 인플레이션을 경험했다. 이는 그런 국가들에서 사업을 운영하는 비용을 급격하게 증가시킬 수 있다. 부패 또한 매우 중요한 경제적(그리고 정치적) 리스크로서 국제경영 세계에서 기업이 직면하는 리스크이다. 매우 중요하기 때문에, 이 문제에 대해 아래에서 별도의 학습단원이 할애되어 있다.

국제경영에 참여하는 기업들이 직면하는 경제적 리스크에 대하여는 2 개의 최종적 핵심 요점으로 정리될 수 있다. 첫째로, 주의깊은 계획과 조사를 통해 기업이 잠재적으로 리스크를 피하거나 최소한 완화시킬 수 있는 여러 방법들이 있다. 예를 들어, 전세계적으로 화폐의 안정성에 관한 상당한 양의 자료와 연구가 존재하며, 기업들은 우선 안전한 화폐를 가지고 있는 것으로 알려진 국가들에서 사업을 운영함으로써 이러한 연구결과를 이용할 수 있다. 예를 들어, 스위스는 세계에서 가장 경제적으로 안정된 국가들 중 하나로 널리 알려져 있으며, 이는 대체적으로 스위스 프랑 즉, 그 화폐의 높은 안정성 때문이다. 나아가, 기업이 화폐 리스크에 관련하여 스스로를 보호하기 위해 미리 계획하고 관여한다면, 활용할 수 있는 정교한 금융적 헤징과 기타의 기법들이 있다. 이와 유사하게, UN의 국제노동기구와 기타 기관들도 기업이 계획단계에서 사용할 수 있는 세계의 투쟁적 노조에 대한 상당한 정보를 갖추고 있다.

두 번째의 최종적 요점은 경제적 리스크가 아래에서 논의될 정치적 리스크에서 완전히 분리되지 않는다는 것이다. 초 인플레이션과 같은 경제 문제들은 대개 정치적 불안 및 이와 관련된 문제들로 진전된다. 그와 반대로, 민주적으로 선출된 체제를 군사위원회가 전복시키는 경우와 같은 정치적 변화는 일국의 경제상황에 빠르게 영향을 미칠 수 있다. 따라서 해외사업에 종사하고 있거나 그럴 의도가 있는 기업들은 경제적 리스크와 정치적 리스크 양쪽 모두에 대하여 미리 계획할 필요가 있다.

6-3b. 정치적 리스크

정치 리스크는 특정 국가내의 정치적 세력이나 문제들이 그 국가에서 사업을 수행하는 데 미칠 수 있는 의미있는 부정적 영향을 의미한다. 정치 리스크는 당연히 거시적일 수도 있고 미시적일 수도 있다. 미시적 정치 리스크는 해당 국가의 특정한 산업이나 기업 집단에만 영향을 미치는 정치적 리스크이다. 예를 들어, 일국내 석유산업 기업들이 국유화될 가능성이 있는 것을 미시적 정치 리스크라고 한다.

거시적 정치 리스크는 특정 국가내의 모든 사업들에 근본적으로 영향을 미치는 정치적 리스크이다. 예를 들어, 위에서 언급된 것과 같이 민주적으로 선출된 정치체제가 군사위원회에 의해 전복될 가능성은 일국의 정치 지배권의 급변이 그 국가내 모든 산업과 기업들에 영향을 미칠 가능성이 있다는 점에서 거시 정치적 리스크이다. 앞서 언급한 바와 같이, 이집트와 리비아의 최근 정권변동은 이 국가들에서 사업을 수행하는 다국적의 석유 및 기타 기업들에게 상당한 경제적 리스크를 초래했다.

정부의 변동 가능성, 내전, 사회적 불안, 그리고 정부에 의한 자원몰수 가능성은 모두 국제경영의 세계에서 기업들이 직면하는 정치적 리스크 유형의 예들이다. 이러한 정치적 리스크의 가능성에 관해 세계적으로 국가들의 순위를 매겨보면, 노르웨이, 스웨덴, 스위스, 룩셈부르크, 덴마크와 같은 스칸디나비아 및 유럽 국가들이 리스트의 거의 맨 꼭대기에 놓이는 데, 이러한 국가들에서 사업을 하는 것이 정치적 리스크를 가장 적게 직면하게 된다는 의미이다. 러시아, 크로아티아, 브라질과 같은 국가들이 이 리스트의 끝부분에 자리하고 있는데, 이러한 나라들에서 사업을 수행하는 기업들

해적은 국제적 정치관계의 안정성과 안전에 점차 더욱 심각한 위협을 초래하고 있다.

은 상당한 정치적 리스크를 겪는다.

최근 들어서, 특히 2001년 9월 11일 이후부터 **테러행위**(Terrorism)나 운송선박에 대한 해적 행위와 같은 신체적 안전에 대한 기타의 위협들은 전세계적으로 점차 중요한 정치적 리스크가 되어가고 있다. 테러리즘은 타인의 신체적 안전을 위협하는 불법적 폭력행위들을 의미한다. 2001년 9월 11일, 외국의 극단주의자들이 미 국방성과 세계무역센터를 항공기로 공격한 것은 바로 유례없는 세계적 테러행위의 사례를 나타낸다. 더 최근에는, 이슬람의 ISIS 집단이 세계의 정치체제를 무너뜨리겠다는 희망을 가지고 전세계에 걸쳐 무자비한 살인을 자행함으로써 세계의 위협이 되었다. ISIS는 현재 미국이 중동의 공중폭격을 통하여 물리치고자 하는 주요 테러집단으로 여겨져 왔다. 이것은 다른 가능한 미래의 테러 위협과 함께, 미국에서 그리고 미국 기업들과 사업을 수행하는 것의 정치적 리스크를 증가시켰다.

하지만 그럼에도 불구하고, 미국은 여전히 사업을 수행하기에 상대적으로 안전한 장소이다. 최근 세계에서 가장 위험한 국가들에 대한 조사를 통하여 상당한 정도의 해적 위협과 전반적인 불안으로 소말리아가 세계에서 가장 위험한 국가임이 드러났다. 최근 연구를 통해 뽑힌 세계에서 가장 위험한 국가들("TOP-10")이 예시 6.1 에 제시되어 있다.

9.11 테러공격에 대한 대응의 일환으로, 그 해 11월 26일 부시(George W.Bush) 대통령이 법안으로 제청한 "**2002 테러 위험 보험법**"을 미 의회가 통과시켰다. 이 법령은 미 정부가 "외국인 혹은 외국의 이익단체"에 의해 공격받는 미국의 기업 및 재산의 리스크에 대해 피해자의 특정한 자기부담금을 공제한 후 보험담보를 제공할 수 있게 규정하고 있다. 이에 따라 미국 정부는 테러사건을 당한 기업들에게 보험을 제공하고 있다.

더욱이 해외에서 사업을 수행하고 있는 미국기업들이 겪는 일반적인 정치적 리스

참고자료 6.1: 세계에서 가장 위험한 국가들–2013

1.소말리아
2.아프가니스탄
3.이라크
4.시리아
5.예멘
6.수단
7.아이티
8.짐바브웨
9.온두라스
10.나이지리아

출처 : List of 10 Most Dangerous Countries in 2013, June 22, 2013, www.listtoptens.com [specific URL location is http://listtoptens.com/list-of-10-most-dangerous-countries-in-2013/].

크에 대하여, 해외 민간투자공사(Overseas Private Investment Corporation; OPIC)라는 정부기관이 관련 기업들에게 보험을 판매한다. 이 보험은 반란, 혁명, 정치적 폭력, 국유화 같은 것들로부터 그들을 보호한다. OPIC은 그 보험에 대하여 매우 구체적인 위험 할증률을 적용하고 있다. 예를 들어, 석유 및 가스 탐사산업의 기업들은 해외에서 사업을 할 때의 "정치적 폭력" 리스크 보험금 100달러당 연간 보험료를 65센트에서 85센트 지불한다. 그래서 이 보험을 1000만 달러치 구입을 원하는 석유 기업은 여러가지 다른 기준에 따라 매년 OPIC에게 6만5,000달러 내지 8만5,000달러의 할증보험료를 지불해야 한다. 그러나 이러한 OPIC 보험은 미국이 양자 투자협정을 맺은 국가들에서 사업을 수행하는 기업들에게만 제한되어 있다는 점에 주목해야 한다. 다른 경우에서는 기업들이 세계은행이나 민간 보험사를 통해 정치적 리스크 보험을 구매할 수 있다.

6-3c. 부패

이 책의 앞에서, 그리고 이 장의 위에서 언급된 바와 같이 국가, 주(州), 지방내 부패의 존재 여부는 기업들이 그 관할지역내에서 국제경영을 수행할 수 있는 능력에 매우 중요하고 특별한 영향을 미친다. 부패는 기업들이 뇌물, 리베이트, 강요, 공갈 및 기타 관련활동들의 수법을 통해 관련된 민간 혹은 공적 의사결정을 불법적으로 바꿀 수 있는 상황을 의미한다.

기업부패에는 기본적으로 민간 부패와 공적 부패라는 두 가지 유형이 있다. 민간부패는 다른 민간기업이나 개인 또는 집단과 관련된 기업부패이다. 예를 들어, 조직화된 범죄조직(예; 마피아)에게 판매 리베이트 혹은 "보호비"를 지불하는 것이 민간 부패의 사례라고 할 수 있다. 유사하게, 어떤 공급업체가 자사 제품의 구매가 "가능하게" 도와

참고자료 6.2: 국제투명성재단의 조사: 뇌물 제공업체 인덱스 2011

(점수는 0부터 10까지다. 점수가 높을수록, 그 국가의 기업들이 해외에서 사업을 할 때 뇌물에 관계할 확률이 낮음을 의미한다. 국제투명성재단은 28개의 개발도상국 및 선진국의 고위 기업간부들을 대상으로 2011 뇌물 제공업체 인덱스을 작성했으며 조사대상국들은 수입 및 해외직접투자의 크기를 기준으로 선정했다.)
(뇌물이 제공될 확률 "10"이 "가장 낮음"을 의미하며, 그럴 확률이 매우 낮음을 의미)

1	네덜란드	8.8
2	스위스	8.8
3	벨기에	8.7
4	독일	8.6
4	일본	8.6
6	호주	8.5
6	캐나다	8.5
8	싱가포르	8.3
8	영국	8.3
10	미국	8.1
11	프랑스	8.0
12	스페인	8.0
13	대한민국	7.9
14	브라질	7.7
15	홍콩	7.6
15	이탈리아	7.6
15	말레이시아	7.6
19	남아프리카공화국	7.6
20	대만	7.5
21	인도	7.5
22	터키	7.5
22	사우디 아라비아	7.4
23	아르헨티나	7.3
23	UAE	7.3
25	인도네시아	7.1
26	멕시코	7.0
27	중국	6.5
28	러시아	6.1

출처 : Transparency International, Bribe Payers Index 2011. Accessed November 27, 2014, at http://www.transparency.org/bpi2011/results.

달라고 그 상품을 구매하는 회사의 간부에게 뇌물을 주는 것도 민간 부패의 사례가 된다. 민간 부패는 대개 추적하기가 매우 어려우며, 세계 일부 국가에서는 부패방지법을 실행하는 정부 관료들이 모른 체 하기도 한다(혹은 그들마저도 뇌물을 받고 있을지도 모른다! ; 아래 참조). 예를 들어, 러시아의 "러시아 마피아"의 보편화된 역할과 기업들에게서 보호비 명목으로 돈을 갈취하는 능력들은 2000년 푸틴(Vladimir Putin)이 러시아의 대통령이 되기까지 정부의 어떤 제재도 받지 않고 존재했다.

더욱이 민간부패는 다소 정의하기 어려울 때가 종종 있다. 예를 들어, 만약 월마트의 공급업체가 사업권을 따내기 위해 월마트의 고위 임원에게 현금 1만 달러 뇌물을 주었다면 이는 민간부패의 명백한 사례이다. 하지만, 만약 공급업체가 수퍼 볼 경기에서 박스석을 예매해서 그 월마트의 고위 임원으로 하여금 신나게 경기를 즐기게 해준 상황이라면 어떨까? 아니면 좀 더 일반적인 차원에서, 비즈니스 로비스트를 고용하는 행위나 자사의 사업이익에 우호적인 법률 제정을 바라는 마음에서 선출직 관료들을 위한 기업 후원금 운동을 벌이는 경우는 어떠한가?

덧붙여, 민간 부패의 정의는 세계적으로 매우 다양할 수 있다. 예를 들어, 2013 조사에서 지난 12개월간 개인 혹은 가정 내의 누군가가 뇌물을 준 적이 있는지를 확인했다. 호주, 노르웨이, 스페인을 포함한 16개국에서 5퍼센트 미만의 뇌물비율을 확인했다. 미국의 뇌물비율은 이것보다 약간 높았는데 5 퍼센트에서 9.9 퍼센트 사이였다. 하지만, 시에라리온과 라이베리아는 75퍼센트가 넘는 뇌물비율을 보이고 있다.

좀더 일반적인 관점에서, 2011말 국제투명성재단은 세계의 선진국들내 기업들의 뇌물에 대한 종합적 연구결과를 발표했는데, "뇌물 제공업체들의 인덱스"상에 국가별 순위를 매겼다. 예시 6.2에 나타난 연구의 순위는 네덜란드, 스위스, 그리고 독일이 가장 높은 수치를 기록하는 것으로 나타났는데, 이는 가장 낮은 기업 뇌물제공을 의미한다. 인도네시아, 멕시코, 중국, 러시아는 세계의 가장 경제적으로 성장한 28개국들 중에서 기업 뇌물제공이 가장 높은 것으로 드러났다(저 개발국인 캄보디아와 같은 국가들은 본 연구에서 제외되었음). 결과는 예시 6.2에 나타나 있다(그리고 국제투명성재단의 연구는 제7장에서 더 심도있게 논의될 것임).

6-3d. 공적 부패

공적 부패는 정부계약을 따내거나 사업 활동에 대한 정부의 인허가를 취득하기 위하여 정부 관료에게 불법적인 금품을 제공하거나 협박과 강요, 기타 관련활동에 관여하는 행위를 의미한다. 예를 들어, 어떤 국가에서 특정한 종류의 사업을 수행하기 위한 인허가를 취득하기 위한 목적으로 정부 관료에게 뇌물을 제공하는 것은 공적 부패에 해당한다. 또한 정부 사업계약을 따내기 위해 관료를 협박하는 것도 공적 부패에 해당한다.

1977년 미국에서 해외 부패방지법이 제정되었다. 이 법은 미국 기업이 외국정부의 계약을 따내거나, 그들의 사업에 외국정부의 지원을 얻기 위하여 외국정부의 관료들에게 뇌물을 제공하거나 기타의 부패행위를 하지 못하도록 한다. 최근 미 법무성은 이

법을 더욱 적극적으로 강화하여 미 증권거래위원회(SEC)내에서 특별팀을 설립하여 해당 업무를 강화하도록 했다. 예를 들어, 2013년 11월 26일 증권거래위원회는 유전 서비스 기업인 웨더포더 인터내셔널(Weatherford International)을 중동 및 아프리카 지역에서 자사의 사업취득을 위해 정부 관료에게 뇌물, 여행 및 향응을 제공함으로써 해외 부패방지법을 위반한 혐의로 고발했다. 증권거래위원회는 웨더포드가 장부를 조작하여 이러한 불법적 뇌물제공 사실을 감춘 것을 발견했다. 이를 통하여 회사는 2002년부터 2011년까지 5,930만 달러의 수익을 얻었다. 웨더포드는 이 사건을 해결하기 위해 여러 기관에 총 2억 5,000만 달러 이상을 지불했다.

하지만 이러한 점에 대해서 모든 국가가 미국처럼 강력한 법률을 가지고 있는 것은 아니라는 사실을 기억해야 한다. 그리고 심지어 이런 법률이 제정되었어도, 이렇게 적극적으로 시행되지 않거나, 전혀 시행되지 않는 경우도 있다. 실제로 세계의 많은 국가와 문화에서는, 뇌물이 단순히 기대보상의 일부로 이해되곤 한다. 이는 특히 명령권을 가진 개인들이 이러한 방법으로 상당한 개인의 부를 축척할 수 있는 전체주의 체제에서 사실일 수 있다. 확실한것은 세계에는 부패규정에 관한 다양한 기준이 존재한다.

사실확인 LO-3

누군가에게 뇌물을 준 적이 있는 사람을 알고 있는가? 한 쪽에서는 사업적 "호의", 다른 한 쪽에서는 혹은 뇌물, 리베이트, "보호비"가 있을 때 이 양쪽의 어디에서 경계선을 그을 것인가?

6-4. 법적 환경

LO-4
다양한 유형의 법적 제도를 분석하고, 형사법, 계약법, 세법, 제품 안전법 및 분쟁조정법 관련 주요 원리를 분석해 보라.

6-4a. 법적 제도

세계 각국에는 기본적으로 세 유형의 법적 제도가 있다. 민법 제도, 관습법 제도 그리고 신정법 제도이다. 민법제도는 일련의 성문법전에 있는 법적 규정들의 종합적 목록에 기초를 둔 법적 제도이다. 예를 들어, 민간국가의 법전은 그 특정 사회에서 허용될 수 있는 여러 유형의 포르노 작품과 함께, 어떤 유형의 포르노 작품이 허용될 수 없거나 불법인지의 목록도 구체적으로 열거할 수 있다.

민법국가에서 실질적 권력은 주어진 법전내에서 구체적 법령이나 규칙을 제정하여 공표하는 정부의 법규 제정기관에 있다. 민법국가의 재판관들은 비교적 적은 권력을 가지고 있는데, 그 이유는 법전이 구체적 규정을 명시하고 있어서 판사들의 직무는 단

영국의 대법원과 같은 관습법 제도는 재판관과 법정에 상당한 정도의 법률 해석을 허용한다.

순히 이들 구체적 법규를 강행시키는 것이기 때문이다. 민법국가에서는 재판관에 의한 "해석" 이나 법규를 변경할 수 있는 여유가 거의 없다. 즉, 법규들이 특정한 법전에 구체적이고 망라식으로 명시되어 있어서 정부의 법제기관만이 특정 법전을 바꿀 수 있는 새 법률을 통과시킴으로써 이들 법규를 변경할 수 있다.

문화적 관점에서 볼 때, 민법 제도는 상당한 불확실성 회피를 제공한다. 시민들은 해당 규정을 분명하게 알고 있고, 재판관들은 곧장 이 명문화된 규정들을 시행한다. 그러므로 독일과 같이 불확실성 회피를 강하게 문화적으로 선호하는 국가들이 민법국가에 해당된다는 것은 놀랍지 않다. 실제로 독일의 1896 민법전과 이 나라의 전반적인 민법 제도는 다른 대다수의 유럽국가들에게 흘러갔을 뿐 아니라(예: 스위스와 오스트리아) 아시아로도 퍼져갔다. 실제로, 독일의 1896 민법전의 영향을 크게 받은 일본은 같은 해에 유사한 민법전을 채택했다. 이어서 일본의 민법제도는 다른 아시아 국가들(즉 중국, 한국, 대만)에게도 어느 정도 영향을 미쳤다. 민법법도의 국가에서 사업수행을 계획중인 기업 및 개인은 자신이 수행할 사업의 특성에 적용되는 현존하는 법령과 법전을 면밀하게 검토할 필요가 있다. 현재 세계에서 80개 이상의 국가들이 민법 제도의 국가들이다.

민법제도를 시행하는 국가들과는 대조적으로, 미국은 관습법 제도를 따른다. **관습법 제도**는 입법기관이 일반적으로 덜 구체적인 법률을 제정하므로, 판례와 기타 요소를 기초로 이러한 법령을 해석하는 데 있어서 재판관과 법정에 상당한 권한이 주어진다. 예를 들어, 관습법 제도는 기본적으로 시민들에게 정부의 간섭을 받지 않고 "자유로운 발언"을 할 수 있는 권리를 제공한다. 판례와 기타 증거와 고려사항들을 기초로 하여 "자유로운 발언(언론의 자유)"이라는 용어에 대하여 해석하는 것은 재판관들에게 달려 있게 된다(예: 포르노성 재료로 구성된 특정한 작품이 허용 가능한 "자유로운 발언"에 해당하는가?).

관습법은 정복자 윌리엄이 영국의 왕위에 취임한 1066년 영국에서 생겨났는데, 윌리엄 왕은 중앙집권화된 강력한 사법 및 재판 제도를 신봉했다. 오늘날 주요 관습법 제도를 시행하는 국가들은 영국과 그의 이전 식민지 국가들이다(예: 미국, 호주, 인도, 캐나다).

관습법적 접근법의 한 가지 핵심적 장점은 입법부가 새로운 법을 통과시키거나 헌법을 수정하는 것을 기다릴 필요없이, 재판관들이 변화하는 사회 발전에 맞추어서 법률을 자유재량으로 해석할 수 있는 충분한 정도의 권한을 갖는다는 데 있다. 예를 들어, 1990년대부터 미국과 기타 관습법 국가들에서는 인터넷의 발달과 그것의 증가하는 광범위한 사용이 이미 상당한 정도로 "언론의 자유", 지적 재산권, 그리고 기타 문제들의 법리적 해석을 변화시켰다.

그러나, 관습법적 접근방법의 단점이 될 수 있는 한 가지는 그것이 재판관과 법정에 상당한 정도의 권력을 부여한다는 데 있다. 성문화된 구체적 법규를 강행시키기 보다는 관습법 제도 국가의 재판관들은 그들이 적합하다고 보는 대로 법률을 해석할 수 있는 상당한 기회를 갖고 있다. 이는 일부 사람들로 하여금 관습법 국가들에서 "법을 만드는 사람들"은 선출된 입법자들이 아니라 임명된 재판관들이라고 비판하게 만든다.

신정법 제도는 종교적 문서와 종교적 가르침에 기초한 법적 제도이다. 오늘날 세계에서는 이슬람교의 법률이 이란과 사우디아라비아와 같은 나라에서 준수되고 있으며, 이는 현재 시행되고 있는 신정법 제도의 1차적 사례이다. 이들 국가에서, 예언자 무하메드의 종교적 가르침은, 특히 이슬람의 신성한 경전인 코란에 명시된 바의 가르침은 국가 법 제도의 토대를 이룬다. 예를 들어, 코란은 이자를 지불하고 받는 것을 불법적인 고리대금으로 보기 때문에, 이란과 같은 국가의 은행들은 빌려준 대출에 대하여 공식적인 이자를 부과하거나, 받은 예금에 대한 이자를 지급할 수 없다.

6-4b. 형법

형법은 어떤 한 나라의 법률들 중 어떤 위반을 하면 감금 등으로 처벌받을 수 있는 범죄가 되는지를 제정한다. 그러나 어떤 행동이 범죄에 해당하는지는 세계적으로 나라마다 광범하게 다를 수 있다는 사실을 인지할 필요가 있다. 예를 들어, 불륜을 저지른 여성은 미국에서 감금으로 형벌될 범죄가 아니지만, 이슬람 신정법을 따르는 특정 국가들에서는 처벌받을 수도 있다.

더욱이, 해당 국가에서 무엇이 범죄에 해당하는지에 관한 정의는 일국의 사회적 도덕 및 규범이 변하면서 시간에 따라 상당히 변할 수 있다. 즉, 예를 들어 1920년대 및 1930년대의 금주의 시대 동안에는 미국에서도 술 판매가 불법이었지만, 이 점에 있어서 오늘날에는 어느 연방 주에서도 제한이 존재하지 않는다. 미국에서는 역사적으로 마리화나의 소유 및 판매가 많은 경우에서 명백하게 처벌받게 되는 범죄였다. 오늘날 미국내 50개 주의 절반이 마리화나를 의료용으로 판매하고 사용하는 것을 합법화했다. 실용적인 의미로 이것이 의미하는 바는 이들 주의 의사들은 불안, 두통, 불면증 및 항암치료의 부작용 완화 등의 광범한 범위의 의료문제를 해결하는 데 마리화나를 자유롭게 처방할 수 있음을 의미한다. 그 결과, 2014년에 이르자, 캘리포니아에는 대략 50만 명이 넘는 의료용 마리화나 사용 환자들이 자신의 처방전을 마리화나로 채우게 되었다(일부 사람들은 이러한 약국을 "항아리 가게"라고 부르기까지 한다!). 이러한 일들의 최종결과로 캘리포니아 주의 형법이 바뀌어서 마리화나는 이제 어떤 의도와 목적으로든 판매가 "합법적"이 된 것이다.

6-4c. 계약법

계약법은 경제적 거래에 참가하는 당사자들 사이에 법적으로 강행시킬 수 있는 협약을 관장하는 일단의 법령이다. 예를 들어, 어떤 상업용 부동산 한 건을 상대방에게 판매하기를 원하는 측은 그 상대방과 부동산 계약에 들어간다. 민법국가에서, 계약서들은 비교적 짧고 상세하지 않은데, 그 이유는 관련문제들의 많은 부분이 이미 주어진 민법전에 망라되어 있기 때문이다. 하지만 관습법 국가에서는 민법국가들과는 다르게 다양한 방법으로 계약서를 해석할 수 있는 상당히 많은 재량을 재판관이 가지고 있기 때문에, 계약 당사자들은 자신의 계약서에 대한 사법적 해석이라는 논란을 피하려면 매우 상세하고 긴 계약적 용어를 사용할 필요가 있다.

계약서는 근본적으로 성공적으로 실행이 되지 않으면 무의미하다. 전세계적으로 법정들은 사건으로 넘쳐나기 때문에, 점차 많은 숫자의 계약서들이 오늘날 중재와 같은 대안적 분쟁 해결방법을 통하여 사법적 절차의 바깥에서 실행되도록 허용하는 조항들을 넣고 있다. 이는 아래에서 더 깊이 다뤄질 예정이다.

국제경영에 참여하는 혹은 참여를 계획하는 기업들과 개인들은 자신들이 사업을 수행할 다양한 국가들의 계약법의 특이성에 친숙해질 필요가 있다. 예를 들어, 특정 국가에서는 특정 집단의 시민(예. 여성)은 실제로 계약에 참여할 수 있는 완전한 "능력"을 갖고 있지 않기도 하다. 다른 국가에서는 기본적으로 "제시(Offer)" 및 "수용(Acceptance)" 혹은 계약적 "상호 합의(Mutual Agreement)"라고 기술적으로 나타내는 규정들이 미국내에 존재하는 규정들과는 상당히 상이할 수 있다. 일반적으로, 해외 관할지역이 포함되는 계약서라면 어떤 것이든 현지 변호사를 선임하여 작성하는 데 도움을 구할 것을 추천한다.

6-4d. 세법

세법은 개인과 기업에 정부가 세금을 부과하는 것을 다루는 법률을 말한다. 세율과 규정은 세계 각국별로 다양하며, 국제 기업들이 어디에서 사업을 할 것인지를 결정하는 데 상당한 역할을 한다. 하지만 때로는 특정 지역에서 사업을 수행하는 이득이 너무 클 때는 높은 세율과 복잡한 세금 규정에도 불구하고 기업들이 그 곳에서 사업을 수행하기를 원하기도 한다. 예를 들어, 영국이 최근 국내의 상층부의 개인 세율을 50퍼센트로 올렸고, 매우 복잡한 구조의 세법과 관련규정을 가지고 있음에도 불구하고, 극소수의 금융기업과 기타의 기업들은 그들의 영국 런던내 사업활동 본부를 남겨두고 싶어한다. 이들 기업은 단순히 "개인적 및 전문적인" 측면에서 런던에 체류하는 이점이 세금비용보다 더 크다고 생각하기 때문이다.

하지만 영국의 런던은 많은 기업들에게 뭔가 좀 특별한 상황에 해당한다. 세율이 25.9퍼센트인 것과 미국을 비롯한 많은 선진국에서 기업세금에 관한 법령과 규정이 매우 복잡함에 따라, 최근 몇 년 사이에 많은 기업들이 좀 더 세율 친화적인 사업활동 본부를 찾아 나서고 있다. 이러한 점에서 다수의 주요 미국 기업들이 선택한 곳을 스위스였다. 매우 안정적인 정치 제도와 비교적 덜 복잡한 세금 구조로, 스위스는 문자 그대로 주요 미국 기업들이 다시 통합하고 그 관할지역에 공식적으로 재배치 하도록 유인하고 있다. 예를 들어, 연간 매출총액 720억 달러를 기록하는 미국의 최대 약품 소매기업인 월그린스(Walgreens)는 최근 스위스의 제약회사 앨리언스 부츠(Alliance Boots)를 인수해 본사를 스위스로 옮기는 논의를 시작했다. 스위스의 기업 세율은 17퍼센트까지 최대 낮아질 수 있는데 이는 평균 국제 기업세율인 23.6퍼센트, 그리고 미국에서 만연한 35퍼센트 세율에 비해 현저히 낮다.

미국 기업이 스위스로 옮기는 것은 완전히 합법적이고, 해당 기업의 주주들의 이익에도 혜택이 된다는 점을 짚고 넘어가야 한다. 예를 들어, 만약 월그린스가 그렇게 옮겨간다면, 연간 세금에서 연간 10억 달러 이상을 아낄 수 있게 된다. 그런 이유로, 미국과 다른 선진국의 일부 기업들은 해당 국가의 과세를 불법적으로 피하기 위한 방법으로 세금 투명성이 거의 없거나 아예 없는 **조세피난 국가**들에서 사업본부를 설치하기도 한다. 예를 들어, 악명 높은 엔론은 이러한 방법으로 아프리카 동부 해안에서 떨어진 작은 섬 마리티우스에 43개의 계열사를 두고서 수년간 미국의 국세청을 피할 수 있었다. 조세회피 기업들이 선호하는 또 다른 조세피난 국가들로는 벨리즈, 케이먼 군도, 안티구와, 바르부다, 맨 아일 (영국 기업들의 오랜 단골)이 있다.

6-4e. 독점 금지법

독점 금지법(Antitrust Law)은 기업들간의 "공정한 경쟁"을 촉진하기 위하여 고안된 법이다. 예를 들어, 독점 금지법은 전형적으로 기업들이 공모(Collusion;담합)에 참여하지 못하도록 규제한다(예; 그들 사이의 경쟁을 비밀리에 공모하는 방식으로 행동하는 것). 담합의 한 사례로는 기업들이 특정 지리적 시장과 위치를 나누어 갈라서 서로 경쟁하지 않도록 합의하는 것이 있다. 예를 들어, 애플 컴퓨터와 기타 기업들은 아마존닷컴이 수익을 취하는 것에 대항하기 위해 "ebook"의 가격을 올려서 고정시키려고 한 시도가 적발되어 독점금지법 위반으로 고발되었다. 이러한 불법적 독점 담합은 상품과 제품에 있어서만 아니라 서비스에 있어서도 많은 다양한 산업에서 발생할 수 있는 비교적 흔한 사례이다(예; 특정 항공여행 루트에 대한 가격을 고정하여 이 루트에서의 항공여행 가격에 대한 경쟁을 줄이기 위하여 담합하는 특정 항공사들).

가장 기본적인 형태로 독점 금지법들은 "반독점법(Antimonopoly Law)"으로 알려져 있다. 반독점법은 어떤 산업에서 어떤 제품에 유일한 판매자만 있는 상황으로서, 이 산업에 진입하는 데에 매우 높은 장벽이 쳐져 있는 경우를 가리킨다. 예를 들어, 20세기 전환점에 미국에서는 단 하나의 아주 중요한 석유회사가 존재했는데 그것은 록펠러(JohnD. Rockefeller)의 스탠다드 석유회사였다. 이 기업의 석유산업 장악은 많은 이들에게 독점, 즉 트러스트(Trust)로 여겨졌다. 1890년 셔먼 독점 금지 법안의 통과를 시작으로 장기간에 걸쳐, 주정부와 연방 정부의 조정관들은 스탠다드 석유사를 고소해서, 결국 그 회사를 여러 개의 작은 기업으로 쪼개는 데 성공했다(예; 본래 스탠다드 석유사의 동부 사업본부는 스탠다드 오일 뉴저지가 되었으며, 오늘날의 엑손모빌(ExxonMobil)에 해당한다; 서부 사업본부는 스탠다드 오일 캘리포니아가 되었으며, 오늘날의 셰브론(Chevron)이 되었다). 그때부터 미국의 독점금지 조정관들은 다른 미국 산업에서도 유사한 분리를 강요해 왔고, 아마 최근에 가장 기억할 만한 사례는 1980년대의 원래의 AT&T 독점 전화통신사를 벨 아틀란틱, 벨 사우스, 퍼시픽 벨과 같이 다수의 "베이비 벨" 기업들로 나눈 사례이다. 이처럼 워싱턴 DC내 미국 정치 당국들은 셔먼법을 다른 이들보다 더 엄격하게 해석하는 경향이 있음을 또한 눈여겨 봐야 한다.

글로벌 레벨에서 보면, 많은 나라들의 독점금지 조정관들은 미국에서 보다 훨씬 덜 공격적이었다. 예를 들어, 멕시코에서, "카를로스 슬림(Carlos Slim)"이라는 이름의 한 인물이 멕시코 정부의 유래 없는 최소한의 규제만 받으며 2 개의 다른 통신회사 형태의 준독점을 확립함으로써 세계에서 가장 부유한 인물들 중의 한 사람이 되었다. 카를로스 슬림의 "텔멕스(Telmex)"는 멕시코내 고정 및 광대역통신산업의 약 80% 점유율을 가지고 있으며, 그의 "텔셀(Telcel)"은 2010년 아메리카 모빌에게 팔릴 당시에 멕시코 이동통신 산업의 75% 점유율을 갖고 있었다. 이 기업인수는 MCI, WorldCom, AT&T와 같은 많은 주요 통신회사들이 수십억 달러를 쏟아 부어서 멕시코에 사업거점을 수립하려고 시도했다가 슬림의 우세한 시장 장악력과 멕시코 정부의 그의 연결관계 때문에 거의 성공을 거두지 못한 이후에 생겨났다. 2008년에 멕시코 정부는 카를로스 슬림의 몇 개 사업본부들에 대하여 1,800만 달러의 독점 금지법 위반 범칙금을 부과했지만, 억만장자인 슬림에게 이는 극히 가벼운 교통위반 딱지에 불과했다. 그러나 니에토(Enrique Pena Nieto) 대통령이 2012년 집권한 후부터는 독점금지 규제가 강화되었고, 아메리카 모빌은 상당한 시장가치를 잃었다. 슬림 또한 결국 일부 규제압력에 반응하도록 압박을 받을 지도 모른다. 분명한 것은, 독점금지법이 세계의 대다수의 선진국에서 불법일지는 모르겠으나, 그 법률이 항상 유의미하게 그리고 쉽게 강제된다는 것은 아니라는 사실이다.

6-4f. 제품 안전법

제품 안전법은 제품의 생산자와 판매자가 지켜야 할 제품 안전의 기준을 설정한다. 이러한 기준들은 세계적으로 나라마다 상당히 다양하다. 일부 국가는 기본적으로 "매입자 위험부담", 즉 "구매자 주의의무"의 체제에서 활동하는 제품 생산자들과 판매자들에게 비교적 느슨한 안전책임을 부과한다. 이러한 관할지역에서는 제품의 안전수준을 결정하는 책임은 제품 구매자들에게 돌아간다. 예를 들어, 스리랑카, 우크라이나, 파키스탄과 같은 개발도상국에서는 담배 회사들이 정부의 어떠한 간섭이나 규제 없이 담배 제품을 자유롭게 판매할 수 있다. 이러한 제품들을 사용하는 것으로부터 발생할 수 있는 어떠한 건강 및 관련 위험요소들을 "인지"할 책임은 이러한 제품을 구매하는 구매자에게 있다.

제품 안전 우려로 리콜 진행 _ 제품 안전법은 국가별로 다양하므로 판매자가 판매하는 해당 국가내의 기준에 대해 면밀하게 인지할 것이 요구된다.

미국을 비롯한 다른 국가들은 이러한 제품 안전법 스펙트럼에서 거의 정 반대편으로 움직여 왔는데, 이들 국가는 기본적으로 "매도자 위험부담" 즉, "판매자 주의의무" 체제를 채택해 있다. 이러한 국가에서는 그들이 판매하고 있는 제품이 적어도 안전한지를 확인하고, 해당 제품의 잠재적인 안전 위험성에 대하여 소비자들에게 매우 명료하고 뚜렷하게 경고해야 하는 책임은 생산자와 판매자에게 있다. 그러므로 예를 들어 미국에서 담배 및 관련품목 판매자는 잠재적 건강위험에 대하여 소비자들에게 뚜렷하게 경고하도록 요구된다. 제품 생산자와 판매자는 그들이 활동하는 국가내에 존재하는 다양한 제품 안전법 기준에 대해 상세하게 이해할 필요가 있다.

6-4g. 분쟁 조정법

분쟁 조정법은 국제경영 과정에서 발생하는 분쟁들을 어떻게 조정하는지를 다루는 법이다. 예를 들어, 미국의 IBM과 핀란드의 노키아 같은 2 개의 주요 국제 기업이 계약을 맺는다고 가정해 보자. 그런데 IBM에 의해 이 계약의 위반혐의가 발생했고, 노키아는 이 위반에 대한 시정 및 보상을 얻어내려 한다. 그렇다면 이 분쟁을 해결할 수 있는 2가지 가능한 방법이 있는데 하나는 공적 옵션이고 하나는 민간 옵션이다.

공적 옵션은 소송을 통하여 사건을 해결하는 것인데, 사건을 해결하기 위하여 그것을 공적 즉, 정부 운영의 법정으로 가져오는 것이다. IBM과 노키아 같은 주요 국제 기업간의 계약에는 그들 사이에서 발생하는 분쟁에 대하여 어느 법원에 기소할지를 상세히 적은 조항들이 있을 것이다(예: 계약서에는 아마도 관련 분쟁들이 미국내 뉴욕 주 법원에서 기소될 것이라고 적혀 있을 텐데, 그 이유는 IBM 의 본사가 뉴욕에 있기 때문이다). 그러나 이러한 종류의 분쟁을 법원에 가지고 가는 것의 중요한 문제들 중의 하나는 전세계적으로 법정은 대개 상당한 미결 사건 적체가 있기 때문이다. 그러므로 그 사건을 심리하기 시작하는 데 1년 이상이 걸릴 수 있다. 더욱이 법정 소송은 공식적 절차로 인해 흔히 사건 등록서에 올린 뒤에도 실제 재판이 개시되기까지는 수개월이 걸린다. 결과적으로, 많은 국제 기업들은 이제 중재(Arbitration)라는 민간적 절차를 통해 분쟁을 해결하기를 선택하고 있다.

중재는 제 3자인 중립적인 민간이 사건을 심사하여 결정을 언도하는 식으로 관련 참여자들이 동의하여 시행되는 대안적 분쟁해결 절차이다. 예를 들어, IBM과 노키아 사이의 계약서가 그 계약서 하에 생기는 분쟁들은 법원에 기소하는 대신 독립적인 민간 중재자에 의해 심사되고 결정되어야 한다고 명시한 조항이 있을 수 있다. 실제로 계약서에는 심지어 분쟁을 심사할 중재자를 구체적으로 명시할 수도 있다(예: 저명한 전직 법관). 중재사건들은 비교적 빠르게 심사되고 결론이 내려지는데 이는 국제경영상의 계약의 시간 민감성을 고려할 때 명백한 장점의 하나이다. 나아가, 중재자 측에 명백한 실수가 있는 것이 아니라면(예를 들어 한 쪽에서 뇌물을 받는), 중재결정은 언제나 거의 대부분 최종적인 것으로 간주되며, 양측 모두에게 효력이 있다. 즉, 그들은 법원에 기소할 수 없다. 하지만 중재결정의 최종성과 귀속성 때문에, 그들의 분쟁에 대하여서 심사를 내릴 중재자에게 양측 모두 충분한 신뢰를 갖는 것이 매우 중요하다.

사실확인 LO-4

하드웨어 가게, 식료품 가게, 할인점에 가서 다양한 제품들의 포장에 적혀 있는 제품안전 경고를 읽어보라. 당신은 이러한 경고들이 어느 정도까지 적절하고 필요하다고 생각하는가? 가능하다면, 다른 나라에 거주했던 누군가와 함께 해당 국가의 제품안전 경고에 대하여 이야기를 나누어보자.

LO-5
오늘날 국제경영 환경에서 지적 재산 보호의 중요성을 논하고, 특허, 상표, 저작권을 포함한 지적 재산 보호의 주요한 여러 유형들을 논의하라.

6-5. 지적 재산 보호

지적 재산은 물리적 활동이라기보다는 지적 활동의 제품을 의미한다. 지적 재산의 예시로는 대장암을 치료하는 신약의 화학식, 오바마(Barack Odama) 전대통령의 새 자서전, 새로운 컴퓨터 소프트웨어 비디오 게임, 새 영화의 악보 등이 있다.

오늘날의 "지식경제"에서 지적 재산은 그 어느 때보다 훨씬 중요하다. 대부분의 지적 재산이 직면하는 공통적인 문제는 바로 그것이 만들거나 고안하는 것은 일반적으로 매우 어렵지만 상대적으로 복제하기는 너무 쉽다는 것이다. 예를 들어, 제약회사는 수억 달러의 돈을 앞에서 언급한 대장암 치료약의 새 화학식을 연구개발하는 데 사용했을 것이다. 하지만, 이 화학식이 발견되고 나면, 다수의 타 제약회사들이 그것을 쉽게 복제하여, 그들 자신의 대장암 치료약을 생산할 수 있다. 이와 유사하게, 성공적인 새 컴퓨터 소프트웨어 비디오 게임을 고안하고 개발하는 데 많은 노력과 돈이 소요 될 수 있지만, 개발된 후에 해당 컴퓨터 소프트웨어는 극히 일부의 비용으로도 타인들에 의해 복제될 수 있다.

지적 재산의 창조를 보호하고, 이 분야의 혁신, 창조 그리고 투자를 장려하기 위해서, 대다수의 국가들은 특정한 지적 재산 특별 보호를 제공하는 법을 가지고 있다. 지적 재산 보호는 기본적으로 지적 재산의 창출자에게 국가가 법적으로 독점권을 제한적으로 허용하는 것을 의미한다. 특허, 상표, 그리고 저작권이 모두 지적 재산 보호의 예들이다. 특허, 상표, 저작권 법을 상세히 다루면 대학의 전 과목 교과과정을 채우고도 남지만, 우리는 각각에 대해 간략한 기술만을 할 것이다.

6-5a. 특허

특허는 다른 사람들이 일정 기간 동안 그 발명품을 판매하거나, 제조하거나, 사용할 수 없도록 하는 권리를 그 제품 혹은 공정의 발명자에게 부여하는 것을 의미한다. 특허권은 일반적으로 국가와 발명품에 따라서 5년에서 20년까지 효력이 있다. 위에서 언급한 바와 같이, 기본적으로 제품의 발명가는 정해진 기간 동안 그 제품에 대한 독점권이 주어진다(예; 다른 누구도 정해진 기간 동안에는 이 발명품을 복제하거나, 만들거나 팔 수 없다). 그러므로 미국에서 신약을 개발하는 제약회사는 일반적으로 그 약의 판매와 제품에 대한 17년간의 독점권 혹은 특허권이 주어진다. 이 17년의 독점권은 특정 제약회사에게 연구개발비와 그 혁신에 대해 상당한 보상을 하는 것이다. 17년 후에, 제약회사의 화학식은 일반 대중에게 공개되어, 다른 기업들이 이제 그 약품의 "상표 미등록(Generic)" 버전이라고 불리는 약들을 생산 할 수 있게 허용된다.

20세기 후반의 대부분 동안, 일본과 미국은 다른 어느 국가보다 더 많은 특허 건을 등록한 세계의 특허 강국이었다. 실제로 1985년까지 중국은 법전에 공식적인 특허보호법률을 가지고 있지 않았다. 하지만 그 때부터 중국은 지적 재산 및 특허 "붐"을 겪었다. 오늘날, 중국은 연간 100만 건의 특허를 등록하며, 앞으로 미국과 일본을 완전히 앞지를 수 있도록, 2년내에 200만 건를 등록할 목표를 갖고 있다.

6-5b. 상표

상표는 특정 기업의 서비스나 제품의 정체성을 확인하는 분명한 구절, 이름, 단어, 그림, 상징, 디자인, 혹은 이들의 조합이며, 해당 기업이 소유한다. "코카 콜라(Coca Cola)"가 아마도 세계에서 가장 유명한 상표일 것이며, 그것의 분명한 로고는 그 기업이 사실상 세계 모든 곳에서 실제로 제작하여 판매하는 음료임을 명확하게 확인해 준다. 유명한 나이키의 "스우쉬(Swoosh)" 상표나 맥도날드의 잘 알려진 "금색 아치", 그리고 "로날드 맥도날드" 상징들도 이에 해당한다. 상표에 대한 위대한 아이러니는 바로 기업

맥도날드의 "황금 아치"는 전 세계적으로 이 회사의 유명한 상표 역할을 하고 있다.

윤리적 관점

멍청한 스타벅스 커피

이 책의 앞에서 언급한 바와 같이, 스타벅스는 전세계적으로 자사의 상표를 지키려고 싸우는 잘 알려진 브랜드이다. 하지만, 최근에 "멍청한 스타벅스 커피"라는 이름의 커피숍이 로스 앤젤레스에서 문을 열었다. 단어 "멍청한"만을 추가해서 최고 커피숍의 로고와 이름을 동일하게 사용했다.

멍청한 스타벅스 커피의 소유주들은 그들의 가게가 "패러디 예술" 작품으로 분류되어야 한다고 확신했다. 커피가 커피숍이라는 "아트 갤러리"에서 구매되는 아트로 고려되어야 한다는 주장이다. 소유주들에 따르면 패러디는 수정 제조에 의해 보호되는 형태이므로, 이는 그들로 하여금 상표 침해로부터 자유롭도록 해준다.

스타벅스는 이러한 최근 사건들에 대하여 당연히 행복하지 않으며, 자사의 다음 행보를 현재 고심중이다. 이러한 유형의 상표침해 소송을 위해 맞춰진 명백한 선례가 없는데, 그 이유는 패러디 사건이 법정에서 완전히 다른 방향으로 흐르기 때문이다. 소송이 발생되는 경우, 법정에서 이기기 위하여 어떤 적절한 주장을 펼쳐야 할지는 스타벅스의 법적 대리인들에게 달려 있다.

문제

1) 왜 거대기업 스타벅스는 왜 로스 앤젤레스의 극히 작은 커피 숍의 활동에 대해 신경쓰는가?

2) "패러디 예술"은 어느 정도 상표권 침해 책임으로부터 면제될 수 있다고 생각하는가?

출처: David Hochman, "Dumb Starbucks in Los Angeles Tests Parody Laws," *Forbes*, February 9, 2014, www.forbes.com.

들이 대중관계 홍보 캠페인과 유명인 협찬 등을 통하여 상표를 최대한 유명하게 만들려고 노력하면서도(나이키 제품을 협찬하여 신는 모든 유명 운동선수들을 떠올려 보라!) 그것이 너무 유명해져서 "일반화된 유명상표"가 되지 않게 하려고 애쓴다는 데 있다.

"일반화된 유명상표"는 너무 잘 알려지거나, 일상화되어 그 상표의 소유자가 의도한 특정 상품이나 서비스가 아니라 이제 제품 혹은 서비스의 일반적인 부류를 묘사하는 데 사용되는 상표를 의미한다. 이러한 일반화의 좋은 사례로는 "아스피린", "에스컬레이터", "지퍼"등이 있는데, 광범한 사용을 통하여 현재 일반 영어단어가 된 경우이다(이들은 본래는 각각 Bayer AG, Otis Elevator, 그리고 B.F. Goodrich의 상표였다). 포스트 잇(Post-It) 브랜드의 메모지(3M)나 풀업스(Pull-Ups) 배변훈련 바지(Kimberly-Clak)와 같은 상품들은 유명세에도 불구하고 그들의 상표 지위를 잘 유지했는데, 그 이유는 제조사들이 브랜드 네임으로서의 상표

보호에 세심하게 노력한 덕분이다.

상표가 일반화될 수 있는 위험과 더불어, 상표 주인들은 또한 자신의 상표화된 제품이나 서비스를 모방하려 하거나, 때로는 심지어 공공연히 복제나 위조하려는 끊임없는 리스크에 직면한다. 예를 들어, 스타벅스는 최근에 성공적으로 중국에서 커피 하우스 상표를 지켜냈다. 중국에서 상하이 커피 하우스가 "Xingbake"라는 이름으로 개점했던 것이다. 상해에서 쓰이는 중국어의 지방 사투리로, "Xing"은 별, "bake"는 "바-커"로 발음되어 "벅스"와 유사하게 들린다. 스타벅스는 성공적으로 1996년에 중국에서 상표 등록을 마쳤고, 모방꾼 상하이 커피 하우스는 손해 배상금으로 6만 2,000 달러를 스타벅스에 지불하도록 명령 받았다.

하지만 맥도날드는 말레이시아의 쿠알라 룸프에서 어떤 가족경영 식당이 "맥커리(McCurry)"라는 이름을 사용하는 것을 막는데 실패했다. 말레이시아 대법원이 맥도날드가 접두사 "Mc"에 대한 독점권이 없으며, 말레이시아의 다른 식당들이 맥도날드의 음식과 그들의 음식을 다르게 만든다면 그 접두어를 사용하도 된다는 판결을 내렸다. 이렇게 맥도날드와 스타벅스 같은 글로벌 기업들은 세계적으로 서로 다른 여러 유형의 상표 시행체제에 직면하고 있음이 분명해 보인다.

6-5c. 저작권

지적 재산 보호의 마지막 주요 카테고리는 저작권이다. 저작권은 작가, 극작가, 출판사, 예술가, 작곡가, 공연가, 사진사 및 타 창작자들이 그들이 합의하는 내에서 자신들의 작품을 발표하고 배포할 수 있는 배타적인 법적 권리를 의미한다. 당신이 대학 수업에서 사용하고 있는 이 교과서와 기타 교과서들은 저작권이 등록되어 있으며, 이 저작권들은 일반적으로 저자의 동의 없이는 이들 책의 내용을 복사하지 못하도록 막고 있다.

미국의 저작권법은 일반적으로 창작작품의 창작자에게 그의 평생 플러스 70년 동안 판매, 전시, 출판할 수 있는 독점권을 보장한다. 많은 선진국가의(대부분이 아니라면 거의 대부분) 저작권 기한 또한 유사하다. 세계 190개국 중 162개국이 국제 저작권 보호를 위해 마련된 베른 협약(Berne Convention)이라고 불리는 서류에 서명했다.

하지만, 베른 협약에도 불구하고, 오늘날 세계에서 저작권 침해는 주요한 문제라고 말할 수 있다. 특히 이 문제는 컴퓨터 소프트웨어 테크놀로지에 관하여 극심하다. 실제로, 오늘날 여러 국가에서 컴퓨터에 설치되는 소프트웨어 대부분은 "침해된(Pirated)" 것이거나 불법적(해적판) 으로 취득한 것이다.

사실확인 LO-5

다음에 슈퍼마켓에 가면, 유명한 상표 브랜드를 몇 가지 찾아보라 ("Green Giant"와 같은 상품!). 소비자들이 이러한 여러 브랜드에 대해 가지고 있는 신뢰를 감안해 보라. 그리고 만약 지적 재산 보호가 존재하지 않는다면 이러한 신뢰가 어떤 영향을 받게 될지 생각해 보라.

요약

국제 기업들이 직면하는 법적 및 정치적 환경은 그들이 어떻게 사업을 수행하는지에 주요한 역할을 한다. 정치적 스펙트럼에서, 민주주의 정부 체제를 가진 나라는 전체주의 혹은 반(半)전체주의 체제를 가진 나라와는 다른 문제점과 다른 장점을 제시한다.

다양한 경제 이데올로기들, 예를 들어 공산주의, 사회주의, 자본주의는 세계의 다양한 지역에서 사업이 어떻게 수행되는지에 영향을 미친다. 나아가 정치적 리스크와 경제적 리스크 및 부패 또한 해외지역에서 사업을 수행하는 것을 평가하는 중요한 요소이다. 일부 국가들(예: 미얀마, 소말리아, 이라크, 및 아프가니스탄)은 문자 그대로 사업을 수행하기에 위험한 장소가 될 수 있으며, 이들 지역에서 공장을 열거나 이들 지역에 기타 시설을 짓기 전에 관련 리스크와 보상을 평가할 필요가 있다. "부패"에 대한 기준 또한 나라별로 매우 상이하다.

구속력 있는 강행적 계약에 접근할 수 있는 능력과 같은 법의 규정들은 또한 국제경영에서 중요한 고려사항이 된다. 법적 고려사항에는 국가가 민법을 사용하는지 관습법을 사용하는지가 포함된다. 그래서 국제 기업들은 그들이 일하는 모든 장소에서 관련세법이나 독점 금지법과 같은 법적 구조를 인지하고 있는지 확인할 필요가 있다.

마지막으로, 오늘날의 지식경제에서, 지적 재산보호의 역할은 점차 더욱 중요해지고 있으며, 지적 재산 보호의 침해와 표절이 세계적으로 늘어나고 있는 것이 명확하다. 그러므로 글로벌 기업들은 그들이 일하는 국가의 특허, 상표, 및 저작권 규정에 매우 친숙할 필요가 있다.

주요단어

민주주의(democracy)
아테네식 민주주의(Athenian democracy)
대의 민주주의(representative democracy)
전체주의 정부(totalitarian government)
공산주의(communism)
사회주의(socialism)
자본주의(capitalism)
경제적 리스크(economic risks)

정치적 리스크(political risks)
미시정치적 리스크(micropolitical risk)
거시정치적 리스크(macropolitical risk)
테러리즘(terrorism)
2002 테러 리스크 보험법(terrorism Risk Insurance Act of 2002)
해외민간투자공사(Overseas Private Investment Corporation, [OPIC])
부패(corruption)
사적 부패(private corruption)
공적 부패(public corruption)
해외부패방지법(Foreign Corrupt Practices Act)
민법 제도(civil law legal system)
관습법 제도(common law legal system)
신정법 제도(theocratic law legal system)
형법(criminal law)
계약법(contract law)
세법(tax law)
조세피난 국가(tax haven countries)
독점 방지법(antitrust laws)
공모(담합)(collusion)
독점(monopoly)
제품 안전법(product safety law)
매입자 위험부담(caveat emptor)
매도자 위험부담(caveat venditor)
분쟁 조정법(dispute settlement law)
소송(litigation)
중재(arbitration)
지적 재산(intellectual property)
지적 재산 보호(intellectual property protections)
특허(patent)
상표(trademark)
일반화된 유명상표(genericized trademark)
저작권(copyright)

문제 풀이

1. 전반적으로 세계의 국가들이 더 민주적으로 변하고 있다고 생각하는가? 혹은 덜 민주적으로? 그 이유는?

2. 오늘날 "순수한" "자유시장" 자본주의가 존재하는 곳이 세계에 있는가? 그렇다면, 이러한 사상적 접근이 발휘되도록 허용하는 이 지역들의 특징은 무엇인가?

3. 사업 수행에는 어느 정도의 "부패"가 허용된다는 세계의 만연한 주장에는 어떤 것이 있는가?

4. 형사법은 세계 국가별로 매우 다양하다. 한 국가에서는 "불법"인 것이 다른 지역에서는 허용 가능한 행위일 수 있다. 이 점에 대하여 이렇게 광대한 세계적 차이가 존재하는 이유는 무엇이라고 생각하는가?

5. 국가가 관할지역에서 지적 재산을 더 효율적으로 강화하기 위해서 취할 수 있는 조치에는 무엇이 있는가?

사례 왕이 된다고?

서아프리카의 가나라는 국가는 대의 민주주의를 시행한다. 그럼에도 불구하고, 많은 소도시와 지역은 여전히 왕과 왕비로 불리는 부족장을 가지도록 허용되며, 그 지역내에서 실제로 상당한 권력을 행사한다. 이러한 소도시 중 하나는 가나의 오타움으로 수도인 아크라에서 한 시간 정도 떨어진 남쪽 끝에 위치해 있다. 2008년, 90세의 왕이 오타움에서 사망했고, 엄청난 기도와 술이 포함된 전통적인 의식이 마을 장로들에 의해 치러졌다. 이 의식을 통해 그들은 죽은 왕의 25명의 살아 있는 친족들 중 누가 새 왕이 될지를 결정했다.

그들은 미국의 동부시간 기준으로 새벽 4시에 결정을 내렸고, 그 소식을 갖고 메릴랜드 실버 스프링에 살고 있는 55세의 미혼 비서 바텔스(Peggie-lene Bartels)에게 전화를 걸었다. 바텔스는 사망한 왕의 먼 친족으로 오타움의 새 왕으로 선택된 것이다! 바텔은 1,000에이커가 넘는 왕실 토지를 관리하고, 소도시의 분쟁을 해결하며, 장로를 임명할 수 있는 권력을 갖게 된다.

바텔스는 처음에는 그 전화가 장난이라고 생각하고는, 만약 진짜라면 "왕비라고 부르세요"라고 말했다. 대답은, "시대가 변하고 있으므로" 가나의 여성들도 이제는 "왕"이라고 불린다는 것이었다. 바텔스는 3개월간 그 상황에 대해 고심하고, 그 제안을 받아들이기로 결심했다. 하지만 적어도 처음에는 그녀가 제안한 조건에 따라 일하기로 했다. 대관식을 위해 가나로 비행한 후, 그녀는 비서로서의 자신의 자리로 돌아왔다. 자신이 퇴직하기까지 향후 5~6년간 그녀는 "출퇴근하는 왕"이 되기로 한 것이다. 몇 주간 왕으로서 자신의 의무를 수행하기 위하여 해마다 자신의 휴가 때를 이용하여 오타움에서 보냈다. 비서 일에서 퇴직한 후에는, 그녀는 가나로 이사를 가서 완전히 왕이 되기로 계획하고 있다. 최근 미국의 주요 신문사와 인터뷰를 하면서, 그녀는 "모든 사람이 왕이 되는 건 아니에요. 아마 이건 제 운명인 듯해요"라고 말했다.

✲ 질문

(1) 가나의 민주주의가 왜 지방의 소도시와 지역들에게 부족장, 왕, 등을 유지하도록 허용한다고 생각하는가? 이 전통이 미래에도 지속될 것이라고 생각하는가?

2) 당신이라면 바텔스 왕과 같이 그러한 왕의 직위를 받아들이는 결정을 하겠는가? 그렇다면, 비서로 퇴직할때까지 5~6년을 기다렸다가 가나로 가서 전일제 왕이 되겠는가?

Mini Case based on Paul Schwartzman, "Secretary by Day, Royalty by Night," Washington Post, September 16, 2009, www.washingtonpost.com

주장과 반박

미국 정부는 세금절감 목적으로 해외로 이주하는 기업들을 규제해야 할까?

이 장에서 살펴본 대로, 수 많은 주요 기업들이 세금절감 목적으로 스위스와 같은 국가들로 기업의 본사들을 옮기거나 재통합하고 있다. 질문은 이와 같다. 미 의회가 관여하여 미국에서 중요하게 사업활동을 수행하기를 원하는 미국 기업들이 다른 곳으로 이주하는 것을 강력하게 제한하는 법안을 통과시켜야 할까?

✲ 주장

주요 미국 기업의 이러한 움직임은 미국 노동자들의 일자리와 상당한 양의 미 정부의 세금을 희생시킨다. 이러한 거래의 일부는 "주식 매각"의 구조를 띠고 있는데, 이는 또한 기업의 주주들이 예기치 않은 세금에 직면하게 됨을 의미한다. 만약 이 기업들이 미국내에서 계속 유효하게 사업을 수행하기를 원한다면, 그들은 미국내에 본사를 그대로 유지하고 기업을 꾸려 나가야 한다.

✲ 반박

미국의 법인 세율 30% 플러스는 스위스와 같은 다른 선진국들보다 훨씬 높다. 이는 오늘날의 국제경제에서 미국의 대기업들로 하여금 경쟁적으로 불리한 위치에 처하게 만드는 요인이다. 기업들의 1차적 책무는 그들의 주주들에게 있고, 이러한 낮은 세율은 기업의 수익을 증대시키는데 도움이 되며, 그에 따라 주주들에게 있어서 비록 단기적으로는 이 움직임에 관련하여 세금 책임에 직면하지만 장기적으로는 그들의 이익에 도움이 된다. 이러한 유형의 법은 미 헌법하에서 난제에 직면할 수도 있다.

국제경영 뉴스 해석하기

1) 미 정부는 스위스와 기타 국가들로 하여금 미국 기업들에게 세금 이점과 해택을 주라고 비난하는 반면, 실제로 멕시코 정부는 미 정부에 대하여 비슷한 불만을 가지고 있다. 미 정부는 미국 은행들로 하여금 멕시코 정부나 미국 국세청에게 지급하는 이자를 보고하지도 않고 멕시코 출신의 비거주 외국인들에게 예금을 받고 이자를 지급할 수 있도록 허용하는 것으로 보인다. 멕시코는 과세가능 소득을 보고하지 않는 마약상들을 퇴치하는 데 도움이 되기 위한 방편으로, 미국과 소득 및 세금정보 교환 프로그램을 원한다. 이 문제에 관련하여 멕시코 정부의 입장에 동의하는가?

2) 유럽 국가인 룩셈부르크는 벨기에, 프랑스, 독일의 국경에 끼어 있는 나라이고, 세계에서 아직도 대공제(Grand Duke)를 유지하고 있는 유일한 국가이다. 룩셈부르크

의 "그랜드 듀크"는 다른 어떤 유럽의 군주들보다 훨씬 더 큰 권력을 계속해서 가지고 있는데, 의회에서 통과된 법안을 가결 혹은 부결할 수 있는 권한까지 여기에 포함된다. 그는 룩셈부르크 군대 최고 사령관의 역할도 맡고 있다. 하지만, 최근 들어서 그랜드 듀크의 권력을 상당히 줄여야 한다는 목소리가 룩셈부르크에서 커지고 있다. 이 점에 있어서 장점과 단점에는 무엇이 있다고 생각하는가?

3) 모조상품이 계속해서 엄청난 수량으로 미국에 들어오고 있다. 최근 들어서, 미국의 관세 국경보호청은 옷, 시계, 핸드백 등 해 마다 다양한 1만 5,000개의 모조상품 적하물을 압수했다. 미 정부가 이러한 모조상품을 퇴치하기 위하여 취할 수 있는 효과적인 방안에는 무엇이 있을까?

4) 1985년, 중국은 10억 명 이상의 인구를 단 5,000명의 변호사가 책임졌다. 오늘날 중국에는 15만명의 변호사가 있으며 그 숫자 또한 기하급수적으로 증가하고 있다. 중국의 이러한 변호사 수에서 급격한 성장이 주는 이익과 비용에는 무엇이 있을까?

포트폴리오 프로젝트

적절한 사례 탐구하기: 당신의 기업에 영향을 미치는 법적 및 정치적 요소들

이 장을 읽은 후, 당신이 좋아하는 기업에 대한 몇 가지 기본적 질문에 대하여 답할 수 있는 준비가 되어 있어야 한다.

1) 당신의 기업은 정치적으로 혹은 경제적으로 매우 위험하다고 생각되는 나라에서 사업활동을 하고 있는가?

2) 당신의 기업은 기본적으로 민법 혹은 관습법 국가에서 일하고 있는가? 이것의 의미는 무엇인가?

3) 당신의 회사는 미국 해외 민간투자공사(OPIC)에서 보험을 구입했는가?

4) 만약 있다면, 당신의 기업이 소유하고 있는 주요 지적 재산 보호에는 어떤 것이 있는가? 이들 보호(예:특허)가 만료되는 시점은 언제인가? 이러한 특허 혹은 다른 지적 재산 보호가 만료됨으로써 발생하는 수익 손실을 어떻게 메울 계획인가?

당신의 중소기업을 위한 국제적 전략을 개발하라: "OPIC" 활용하기

중소기업은 때로 재치를 발휘해 대기업들이 두려워하는 리스크를 감수하기도 한다. "정치적 리스크"가 있는 국가에서 사업을 하거나 해외의 모험사업에 투자할 때, 미국의 해외 민간투자공사(OPIC)는 합리적인 가격의 보험을 판매하여 이 부분에서 그들을 보호한다. 정치적으로 위험한 국가에서의 모험사업을 찾아서, 이러한 리스크를 보호하기 위한 OPIC 보험의 비용을 분석하라. 특정한 리스크를 상쇄하기 위하여 OPIC 보험을 구입할 계획을 세워라.

CHAPTER

7 글로벌경영에서 부패와 윤리

Corruption and Ethics in Global Business

***이 장의 학습목표**

LO-1 윤리가 무엇인지에 대해 간단히 설명할 수 있다

LO-2 윤리와 경제발전이 어떻게 연결되는지 설명할 수 있다

LO-3 기업의 사회적 책임(CSR)이 어떠한 기능을 하는지 간단히 설명할 수 있다

LO-4 유명한 기업의 금융 스캔들에 대해 이야기할 수 있다

LO-5 윤리가 어떻게 학습될 수 있는지 설명할 수 있다

LO-6 내부통제가 어떻게 도덕적 행동을 촉진하는지, 그리고 어떻게 재무적 부정행위를 막는데 도움을 주는지 설명할 수 있다

문화적 관점

사람들에게 무엇이 옳은지 일깨워주는 것은 긍정적인 결과를 불러온다.

듀크 대학교 애릴리(Dan Ariely)경제학교수는 인간행동에 대해 연구하고 있다. 애릴리교수는 연구의 일환으로, 실험 참가자들이 시험에서 답을 맞출 때마다 돈을 지급받는 계획을 세웠다. 동시에 이 실험에서 참가자들에게 답을 맞추기 위해 들키지 않고 부정행위를 저지르는 것이 가능하다는 인상을 심어준다. 물론 참가자들은 애릴리교수가 자신들의 지식을 평가하려는 것이 아니라, 기회가 주어졌을 때 부정행위를 저지르는지를 실험하려 한다는 사실을 모른다.

시험을 치기 전, 한 그룹은 십계명을 기억나는 대로 적어보라는 요청을 받았다. 놀랍게도, 시험을 치기 전 십계명을 적은 그룹에서는 부정행위를 저지른 사람이 단 한 사람도 나오지 않았다. 하지만 다른 그룹에서는 부정행위자가 나왔다. 애릴리교수의 실험은 사람에게 도덕적 기준을 일깨워 주었을 때, 그것이 인간의 행동에 엄청난 영향을 끼친다는 것을 보여준다. 사람들이 올바른 선택을 하기 위해서는 도덕적 안내가 필요한 것이다.

기업에서 직원들은 자신들의 윤리적 관점을 기업의 최고경영층에서 끌어낸다. 한 예로, 미국의 내부감사인 협회에서는 기업의 상급 경영진과 이사회를 위하여 "정상의 목소리(Tone at the Top)"라는 소식지를 발행하고 있다. 이 소식지의 목적 중 하나는 윤리에 관한 최첨단 정보를 전달하는 것이다. "정상의 목소리"를 구독하고 있는 조직에 속해 있는 사람들의 윤리적 관점에 커다란 영향을 미칠 것이다. 윤리규약을 만들어서 그것을 고수한다면, 이는 그 회사에서 일하는 사람들의 행동에도 긍정적 영향을 미칠 것이다. 하지만, 만일 어떤 회사의 지도층에서 사원들에게 이익을 남기는 것이 제일 중요하다는 메시지를 보내기 시작하면, 사원들은 이익을 추구하기 위해 자신과 회사의 청렴성까지 희생하려고 할 것이다.

이익을 추구하는 것이 적절하고 가치있는 목표이긴 하지만, 기업들은 그와 동시에 스스로의 윤리적 책임을 다하기 위해서도 노력해야 한다. 품질 좋은 물건과 서비스를 제공하는 것, 회사 내/외부의 사람들을 존중하는 태도, 환경을 돌보는 일, 그리고 자사간 사업을 벌이고 있는 나라와 지역사회에서 좋은 시민이 되는 것 등이 이에 포함된다. 회사내의 직원들에게 무엇이 올바른 것인지 일깨워주는 것은 그 회사로 하여금 이익 측면에서든 다른 측면에서든, 정상 궤도로 가게 유지시켜주는 좋은 방법이다.

서론

윤리란 사람들이 사업을 어떻게 수행하고, 다른 사람을 어떻게 대하며, 환경을 어떻게 돌보는가 등을 비롯하여 이 세상에 대하여 관계를 가지는 지침을 말한다. 사람은 역사나 문학을 공부하면서, 종교적 원리를 따르면서, 그리고 직접적인 경험이나 관찰을 통해 자신의 윤리적 시각을 발전시킨다. 윤리는 한 인간이 세상을 보는 관점을 규정한다. 윤리에 관한 철학적 원리에는 명령적 원리, 공리주의적 원리, 그리고 일반화 논증이 있다. 이들 세 가지 원리는 다음과 같이 요약될 수 있다.

명령적 원리: 옳은 일을 하라. "거짓말은 옳지 않다"와 같은 절대적 도덕규범에 따라 행동해야 한다. 명령적 원리하에서 윤리는 도덕적 규범과 원칙의 기능이고, 상황에 따른 행동이나 결과의 고려를 포함하지 않는다.

공리주의적 원리: 가장 큰 선(善)을 행하라. 예를 들어 정부는 수용권을 정당화한다. 즉, 정부는 도로를 개통하여 전체 대중에게 이득이 되게 하기 위하여 한 개인에게 그의 땅을 팔라고 강요할 수 있다. 그래서 공리주의적 원리에서는 다수의 이익이 개인의 이익보다 더 높은 비중을 갖는다.

일반화 논증: 일반화 논증은 명령적 원리와 공리주의적 원리가 합쳐진 것이다. 옳은 일을 하되, 결과를 고려하여 행동을 선별하여 취하라는 것이다. 일반화 논증을 따르자면, 모든 사람들이 비슷한 상황에서 같은 선택을 했다면 사람들은 결과를 고려하여 결정을 내리는 것이 될 것이다. 예를 들어, 어떤 사람들은 인터넷에서 옷을 사서 하루 동안 입고 그 다음날 환불을 받는 것에 대해서 도덕적으로 받아들여질 수 있는 행동이라고 생각한다. 하지만 모든 사람들이 하루만 옷을 입고 환불을 받는다면 과연 옷 가게에서 환불정책을 펼 수 있을까? 우리는 이러한 "하루 공짜 렌트"는 비도덕적이라는 결론을 내릴 수 있을 것이다.

7-1. 윤리란 무엇인가?

LO-1
윤리가 무엇인지를 간단히 설명하라.

윤리란 인간의 행동에 관한 가치를 행위의 "옳음"과 "그름", 그리고 그러한 행위의 의도와 결과에 대한 "좋음(선)"과 "나쁨(악)"에 관해 특정한 관점을 가지고 논하는 철학의 한 지류라고 정의될 수 있다. 윤리적인 문제나 딜레마는 어떤 한 개인이 대체적인 행동을 취해야 할 때 옳은 선택이 명확하게 드러나지 않아서 생긴다. 흔히 그러한 선택은 다른 사람들의 행복에도 영향을 미치게 된다.

윤리와 긴밀하게 연결된 것은 "진실성"일 것이다. 진실성은 윤리적 도덕적인 원칙을 고수하는 성질, 건전한 도덕적 품성, 정직함 등으로 정의할 수 있다. 실제 문제로서, 진실성을 갖춘 사람은 두 가지의 중요한 성격을 갖고 있다. 첫째, 무엇이 도덕적으로 옳은 것인가에 대한 지식이다. 둘째, 옳은 일을 할 수 있고, 그러한 행동을 실행할 수 있는 용기이다. 비도덕적인 행동은 옳은 일이 무엇인지 알지 못해서 일어나는 경우는 드물고, 옳은 일을 행할 용기가 부족한 결과로 일어나는 경우가 흔하다. 하지만 때때로 사람들은 어떤 것이 옳은 방향인지 확실하지 않은 상태, 다시 말해서 '회색지대'에 놓이게 된다. 만일 그런 상황에 놓인 사람에게 진실성이 있다면 그는 '회색지대'에 머물러 있지 않고, 무엇을 해야 할지를 찾아 나설 것이다.

윤리적인 결정을 내리는 데에는 근본적으로 네 가지의 기본적인 단계가 있다. 1단계는 모든 사실과 여건들을 정의한다. 2단계는 결정에 의해 영향을 받는 사람들을 확인하는 것이다. 3단계는 대안 결정과 그에 따른 결과를 밝히는 것이다. 그리고 4단계는 결정을 내리는 것인데, 여기에는 옳은 행위를 밝혀내는 것과 그것을 실행하는 단계이다. 윤리적 결정을 내리는 4단계는 자료 7.1에 요약되어 있다.

우리가 목적과 목표를 평가하려면 다음과 같은 필수적 질문이 제기되어야 한다. 즉, 우리가 꿈꿀 수 있는 가장 높은 열망은 무엇일까? 부, 명성, 지식, 인기, 혹은 성실성 등이 이 질문에 답이 될 수 있을 것이다. 하지만 성실성이 앞에 열거한 다른 요소들보다 덜 중요해진다면, 선택해야 하는 상황에서 희생의 대상이 되게 마련이다. 이러한 상황은 모든 사람들의 삶에서 필연적으로 일어난다. 선택이 반드시 이루어져야 하는 상황일 때, 성실성을 유지하기 위해 필요한 용기가 부, 명성, 인기 등을 포기할 때에도 요구될 것이다.

기업세계에서 윤리의 목적은 기업인들이 그들의 상품과 서비스에 대한 대중의 신뢰를 높여줄 행위규범을 따르도록 지도하기 위함이다. 많은 기업들은 사업을 수행하는 방법에서 사내 근로자들에게 지침을 제공하는 행위규범이 존재한다. 또한 미국경영개선협회(BBB), 공인회계사협회(AICPA), 재무담당 경영자협회(FEI)와 같은 기업 및 회계 조직들은 그들의 회원사들에게, 윤리 지침을 제공함으로써 자신들의 전문가적 책임을 인지하고 있다.

경영개선협회 윤리규범의 핵심 구성요소는 참고자료 7.2에 요약되어 있다. 경영개선협회의 사업 행위규범은 사업에서 고객의 신뢰를 높여줄 좋은 광고, 판매 그리고 고객

참고자료 7.1: 윤리적 결정을 내리는 기본적인 4단계

1. 누가, 언제, 어디서, 무엇을, 어떻게를 비롯한 모든 사실과 여건들을 정의한다
2. 현재 상황에 의해 영향을 받는 사람들, 그리고 그들의 권리와 의무를 확인한다
3. 대안 결정과 결과를 식별한다
4. 결정을 내린다: 해야 할 옳은 일을 결정하고, 그것을 실행한다

참고자료 7.2: 경영개선협회 사업수행 규범

1. 신뢰를 쌓아라: 시장에서 긍정적인 실적을 쌓고 유지해야 한다.
2. 정직하게 광고하라: 광고, 판매에 있어서 기존의 확립된 기준에 따라야 한다.
3. 진실을 말하라: 제품과 서비스를 정직하게 설명하라. 이 정직함에는 모든 자재 품목에 대해 명백하고 충분하게 밝히는 것도 포함된다
4. 투명하라: 기업의 성격, 위치, 그리고 소유권에 대해서 확실히 밝힌다. 그리고 고객의 상품 구매에 영향을 줄 정책이나 품질보증, 그리고 절차 등도 확실히 밝힌다.
5. 약속을 소중히 하라: 서면으로 한 약속이나 구두로 한 표현도 반드시 지킨다.
6. 대응을 늦추지 마라: 시장에서 일어나는 분쟁들을 최대한 빠르게, 전문적으로, 성실하게 해결한다.
7. 프라이버시를 보호해라: 수집된 어떤 자료라도 부주의나 사기로부터 보호한다. 개인정보는 꼭 필요할 때에만 수집하고, 자신의 정보가 어떻게 쓰여질 것인지에 대해 고객의 선호를 존중한다.
8. 진실성을 구현하라: 모든 사업 관계의 취급, 시장에서의 거래, 그리고 약속에 대해 진실성을 가지고 접근한다

출처 : Better Business Bureau, www.bbb.org/us bbb-accreditation-standards/.

서비스를 의미한다. 이 규범은 "경영개선협회의 신뢰기준"에 기초하고 있으며, 이 신뢰의 기준은 사업수행에 있어서 신뢰를 쌓고 유지하는 8가지의 가치를 포함하고 있다. 미국과 캐나다에 본부를 둔 기업들로서, 이 기준들에 부합하고 준수하는기업들은 경영개선협회의 인정을 받는다.

사실확인 LO-1

인터넷에서 기업윤리에 관련된 기사를 찾아보라. 사업을 어떻게 수행할 것인지에 대한 가이드라인을 찾아보라. 어떤 사람들은 기업윤리가 모순된다고 냉소적으로 이야기하곤 한다. 사람들이 그렇게 말하는 이유는 무엇인가?

7-2. 기업과 사회의 윤리

LO-2
윤리와 경제발전이 어떻게 연결되어 있는지 설명하라.

윤리와 경제발전은 긴밀하게 얽혀있다. 사업활동이 이루어지기 위해서 신뢰가 필수적이다. 사람들이 윤리적으로 행동하지 않는다면, 신뢰가 쌓이기란 불가능할 것이다. 상호 신뢰를 필요로 하는 매일 이루어지는 수백만 건의 사업거래를 생각해 보라. 고용주가 봉급을 줄 것이라는 보장이 없는 직장에 갈 사람이 누가 있겠는가? 개인 금융거래 정보가 확실하게 지켜지리란 보장이 없는 웹사이트에서 누가 쇼핑을 하려고 하겠는가?

아담 스미스와 같은 고전 경제학자들은 경제학을 도덕의 한 분야라고 생각했다. 그들의 견해에 의하면 사업활동에서 신뢰와 공정한 거래, 정직한 의사소통이 없다면, 그

것은 삐걱거리다가 서서히 멈추게 될 것이라고 보았다. 그리고 현대의 경제학자들 또한 이 의견을 지지한다. 존스 홉킨스 대학의 후쿠야마(Francis Fukuyama) 교수는 1995년 자신의 책 "신뢰: 사회적 덕목과 번영의 창조(Trust:The Social Virtues and The Creation of Prosperity)"에서 "경제생활을 관찰하면서 우리가 얻을 수 있는 가장 중요한 교훈이 있다. 한 국가의 경쟁력과 그 국민들의 복지수준을 결정하는 조건은 사회에 만연한 한 가지 문화적 성격인데, 그것은 바로 그 사회에 내재된 신뢰의 수준이다."

7-2a. 윤리와 경제

문명사회는 통상적으로 수용되는 도덕 가치에 그 토대를 두고 이루어져 있다. 이러한 토대가 없다면 그 문명은 무너지게 된다. 영화 "월 스트리트(1987)"는 증권거래에 관계하는 사람들이 비공개 정보를 이용한 부도덕한 거래 모습을 묘사하고 있다. 이 영화의 클라이맥스에서는 더글라스(Michael Douglas)가 연기하는 한 부유한 기업의 이사가 그의 사업동료들로 구성된 대규모 청중에게 "탐욕은 좋은 것이다!"라고 이야기하는 장면이 나온다. 이 장면은 탐욕이란 용인될 수 있는 하나의 동기이며, 사업가들은 이익을 내기 위해 비윤리적인 방법을 포함하여 가능한 모든 수단을 사용하게 됨을 시사했다. 사실은 탐욕이 용인될 수 없는 것이고, 비윤리적인 행위는 결국 한 기업이 돈을 벌 수 있는 능력을 상실하게 할 것이다. 어느 회사에서든 그 소유주의 부를 증대시키는 것이 자사의 목표가 되어야 하지만, 그렇게 하기 위해서는 대중의 신뢰를 필요로 한다. 장기적으로 신뢰는 그 회사의 윤리적 사업실행에 달려 있다.

미국과 같은 자유로운 사회에서 사는 사람들에게는 해야 할 "옳은" 일에 관해 직접 결정할 수 있는 자유가 주어진다. 미 공화국이 세워지기 전, 사람들은 스스로를 다스릴 수 있는 능력이 없기 때문에 자유가 주어지면 무정부 상태가 될 것이라는 통상적 믿음이 있었다. 하지만 미국이라는 나라가 세워지자, 사람들은 자유로웠고 훌륭하게 행동했다. 어떻게 해서 이런 일이 가능했을까? 20세기 초, 영국의 유명한 작가인 체스터튼(G. K. Chesterton)은 미국이 신조로 세워진 세계에서 유일한 나라라고 말했다. 그는 그러한 신조가 미국 독립선언서에서 교리적 그리고 심지어 신학적 명석함으로 표명되어 있다고 말했다. 체스터튼은 미국의 건국역사에서 가장 중요한 문서의 두 번째 문단에 대해서 언급하였는데, 그 내용은 다음과 같다.

"우리는 다음과 같은 것을 자명한 진리라고 생각한다. 즉, 모든 사람은 평등하게 태어났고, 창조주는 몇 개의 필연적인 양도할 수 없는 권리를 부여하였으며, 그 권리들 중에는 생명과 자유와 행복의 추구가 있다. "

미국 사회는 개인의 자유와 그들의 생명과 재산에 대한 존중에 관한 윤리적 가치 위에 세워졌다. 사회와 문화는 거기에 속한 사람들의 성실성이 결여되어 있다면 재앙의 가장자리에 서있게 될 것이다. 국가는 사람들이 용기, 의무를 위한 헌신, 타인의 생명과 재산에 대한 존중, 그리고 더 큰 동기를 위해 개인의 이익을 흔쾌히 희생할 줄 아는 마음가짐과 같은 공통된 가치를 공유하는 시민이 없이는 아주 오랫동안 살아 남기는 어렵다. 사회의 윤리적 가치들이 악화되기 시작할 때, 사람들은 흔히 정부의 도움을 바라게 된다. 하지만 윤리적 가치들이 무너지게 되면, 정부가 사회를 유지하기 위해서 할 수 있는 일이 매우 제한적이다. 특히 그 사회가 자유로운 사회라면 더더욱 그렇다. 러시아의 반체제 인사인 솔제니친(Aleksandr I. Solzhenitsyn)은 1978년 하버드 대학교에서의 연설 중 다음과 같이 말했다.

"파괴적이고 무책임한 자유는 끝없는 여백을 부여 받았습니다. 사회는 지금 인간 타락의 심연에 대해 방어할 능력이 부족하게 변해버렸습니다. 예를 들어, 우리는 포르노, 범죄, 그리고 공포 등으로 가득 찬 영화등 청소년들에게 가해지는 윤리적 폭력에 대한 자유의 오용에 대해 방어할 능력이 없습니다. 이 모든 것들은 자유의 일부로 여겨지고, 이론적으로는 청소년들이 그러한 폭력물이나 음란물 등을 보지 않고, 받아들이지 않을 권리에 의해 그 영향이 상쇄적으로 균형화되는 것으로 간주 했지만 그러지 못했습니다. 따라서, 법적으로 조직화된 삶은 악의 부식으로부터 자신를 방어할 수 없다는 것을 보여 주었습니다."

솔제니친은 정부가 자신의 국민들로부터 자유로운 사회를 구할 수 없을 것이라고 결론지었다. 만일 사람들이 스스로 긍정적인 윤리적 가치를 유지하고 살지 않는다면, 법과 규정만으로는 사회를 유지하기 어려울 것이다. 사람들이 법과 규정를 회피하게 될 것이기 때문이다. 이런 사회에서는 경제활동이 지속적으로 이루어지기 힘들다.

7-2b. 부패인지 지수와 국제투명성기구

어떻게 하면 기업들은 자사가 사업수행을 검토하고 있는 곳의 부패 수준을 분석할 수 있을까? 자문단체 중의 하나인 국제투명성기구에서는 **부패인지 지수**(Corruption Perception Index: CPI)를 조사하여 발표하고 있다. 부패인지 지수는 1995년 처음 발표되었고, 각 나라의 잠재적인 부패위험 측정치를 제공한다. 부패인지 지수는 전문가들의 평가와 의견 조사를 토대로 결정된 부패 인지수준에 의해 측정된다. 예를 들어 2014년에는 174개 국가의 부패 정도에 순위가 특정된다. 부패인지 지수의 지수는 0부터 10까지의 범위로 배열되는데, 부패 위험도가 높게 인지되는 국가들에게 더 낮은 CPI가 할당된다. 이 장의 뒷 부분에서 자세히 다루게 될 해외 **부패행위 방지법**(the Foreign Corrupt Practices Act:FCPA)과 같은 법을 어기는 행위는 부패 위험도가 높은 국가에서 일어날 가능성이 높다. 미 증권거래위원회(SEC)와 미 법무부에서 진행하는 범죄수사에는 종종 CPI 지수가 낮은(부패위험이 높은) 국가들이 포함되곤 한다. 아래에 보이는 참고자료 7.3은 일부 CPI가 낮은 국가들의 해외 부패행위 방지법을 위반한 횟수를 보여주는 표이다. 어떤 국가에서 사업활동을 시작하려고 계획하기 전, 해당 국가의 CPI를 조사하는 것은 위험평가를 위한 훌륭한 출발점이다.

부패는 CPI가 낮은 국가(부패가 일어날 가능성이 높은 나라)에서만 한정되어 일어나지 않는다.

국가	해외 부패행위 방지법 위반횟수 (2002 – 2007)	부패인지 지수 (CPI)
이라크	8	1.3
중국	5	3.6
인도네시아	4	2.6
나이지리아	3	2.7
카자흐스탄	2	2.2
러시아	2	2.1

참고자료 7.3: 일부 국가들의 해외 부패행위 방지법 위반횟수와 부패인지 지수(CPI)

국제 투명성 기구는 각 나라에서 만들어진, 그리고 만들어지고 있는 90여 개의 지부로 이루어져 있다. 국제 투명성 기구는 매년 부패인지 지수(CPI)에 따른 국가들의 순위를 발표하고 있다.

독일 뮌헨에 거점을 두고 있는 다국적 기업인 지멘스는 불과 얼마 전 통신장비를 납품하는 계약에서 노르웨이 국방부의 뇌물에 연루된 한 사건을 마무리 지었다. 흥미롭게 노르웨이는 부패 위험도가 높은 나라가 아니다. 당시, 노르웨이의 CPI는 8.7로서, 부패 위험도가 아주 낮은 국가였다. 이 예로 볼 때 CPI 위험평가의 한계점을 염두에 두어야 한다. 즉 부패 위험도가 낮은 국가라고 해서 부패가 전혀 없음을 보장하지는 않는다는 것이다. 위험평가는 빈틈없이 이루어져야 하며, 고위험 국가들에 초점을 맞추되, 저위험 국가들에 대해서도 소홀히 여겨서는 않된다.

사실확인 LO-2

당신이 전적으로 믿지 못하는 사람, 혹은 당신을 믿지 못하는 사람과 사업을 해 본 적이 있는가? 당신의 경험을 설명해 보라. 두 사람 사이에 믿음이 있었다면 그 거래가 어떻게 달라졌을까?.

7-3. 기업의 사회적 책임이란 무엇인가?

LO-3
기업의 사회적 책임이 어떤 기능을 하는지 간단히 설명하라.

2000년대초에 발생한 기업의 재무 스캔들은 사람들에게 기업은 긍정적인 평판이 중요하다는 것을 상기시켜 주었다. 기업이 주위의 평판을 잃으면, 전자적 의사소통을 통해 그 소문이 빠르게 퍼져나간다. 이 과정에서 기업이 신뢰를 잃는 것은 피할 수 없다. 신뢰는 고객, 공급자, 대출기관, 투자자 등을 포함한 사업활동을 하는 데에 있어서 핵심적인 요소이다. 긍정적인 기업 평판은 회사 경영진의 윤리적인 회계와 원칙에 따른 사업수행에 대한 열의를 의미한다. 기업 평판의 가장 핵심적인 요소는 근로자들을 공정하게 다루고, 환경을 돌보는 등 책임성 있게 행동하는 것이다. 기업의 사회적 책임에 관련된 다른 요소들에는 자산의 현명한 사용, 재무적의 견실성, 그리고 투자 가치 등이 포함되는데, 이 모든 요소는 정직한 재무보고에 달려 있다.

기업의 사회적 책임(Corporate Social Responsibility; CSR)이란 기업이 지는 사회에 대한 의무이다. 이 의무에는 기업의 활동에 의해 영향을 받는 사람들과 장소, 즉 넓은 범위의 이해관계자들에 대한 복지가 포함된다. 사람들에는 고객들, 근로자, 공급자들, 채권자들, 대출자들, 투자자들, 그리고 그 기업의 상품과 서비스와 어떤 식으로든 상호 영향을 주고 받는 누구든 다 포함된다. 장소에는 기업들이 사업을 수행하는 지역 사회와 국가들이 포함된다. CSR은 환경오염을 최소화하거나 제거하기 위해 환경(땅, 공기 그리고 물)을 보호할 의무도 포함하고 있다.

기업의 사회적 책임은 새로운 것이 아니다. 산업시대가 시작되면서부터 위험스러운 근로조건, 낮은 임금, 지나치게 긴 근로시간, 그리고 아동노동 등 도덕적으로 문제가 될 수 있는 기업들의 난행이 올리버 트위스트, 크리스마스 캐롤, 그리고 데이비드 코퍼필드와 같은 찰스 디킨스의 몇몇 고전소설에서 영국의 대중들에게 소개되었다. 1843년에 처음 출판되었고, 2009년에 짐 캐리를 주연으로 하는 헐리우드 영화로 제작된 크리스마스 캐롤에서는, 이 소설의 주인공인 에벤저 스크루지가 자기 중심적이고 구두쇠적인 사업 수행의 결과에 은유적으로 직면하게 된다. 즉 스크루지는 고인이 된 자신의 사업 파트너였던 제이콥 말리의 유령으로부터 방문을 받는다.

"하지만 자네는 사업의 귀재이지 않았나, 제이콥," 스크루지가 더듬거리며 말했는데 그는 이제 이 말을 자신에게 적용시키기 시작했다.

"사업이라고!" 유령이 손을 괴롭게 크게 흔들며 소리쳤다. "사람들이 내 사업이었어. 공동 복지가 내 사업이었지. 자선, 자비, 관용, 박애, 이 모든 게 내 사업이었어. 내 거래 관계들은 내 사업이라는 거대한 바다에서 물 한 방울에 불과 했다고!"

스크루지는 성공적인 사업가였을지는 몰라도, 그는 그가 속한 공동체에 책임을 다하는 데는 실패했던 것이다. 그의 실패에는 자신의 근로자들의 근로조건에 무심했음과 가난한 사람들에게 도움을 주기를 거절한 것이 들어 있었다. 크리스마스 캐롤은 크리스마스라는 종교적 휴일을 묘사함과 동시에, 그 이야기의 중심에는 윤리적 책임을 곁들이고 있다. 유대교와 기독교의 종교적 윤리는 다음과 같은 필연적 의무를 제시하고 있다. 즉, 정직하라, 타인의 생명을 존중하라, 타인의 재산을 존중하라, 그리고 타인에게 친절하라 등이다. 기독교, 유대교, 이슬람교, 힌두교, 그리고 불교와 같은 세계의 주요 종교들은 모두 많은 핵심적 윤리적 가치에 대한 지침을 제공하고 있다. 종교란 사회가 도덕에 대해 가질 수 있는 가장 폭넓은 기반임에 거의 틀림없다. 종교는 안전한 근로 조건, 근로자들에 대한 정당한 대우, 그리고 환경 보호 등 여러 윤리적 행위에 대한 내재적(근본적)인 정당성을 제공한다. 널리 보도되었던 텍사스 A&M 대학의 메이스 경영대학원 연구진의 연구에 따르면 신앙심이 돈독할수록 금융 사기의 가능성이 줄어든다는 사실을 알아냈다.

윤리적 가치가 역사나 문학작품에서 파생되었든, 종교적 원리에서 파생되었든, 혹은 개인적 경험이나 관찰에서 파생되었든, 거기에는 모든 사람들이 반드시 동의해야 하는 몇 가지의 기본적인 가치가 있다. 기업의 사회적 책임은 기업들에게 다음과 같이 노력하도록 지시한다.

- 고객에게 질 좋은 상품이나 서비스를 제공하라.
- 주주들에게 적절한 수익을 제공하라
- 근로자들에게 존엄성과 존경심으로 대하라.
- 환경을 돌보라.
- 법적 의무를 지켜라
- 공급자, 대출자, 그리고 기타 이해 관계자들과 정당하게 거래하라.

7-3a. 규칙, 정책, 그리고 가이드라인

법적 규칙을 따르는 것은 도덕적인 선택을 하는 첫 걸음이다. 예를 들어, 사업수행 과정에서 어떤 특정한 응용을 위해 소프트웨어 제품을 하나 사용하고 싶다면, 당신은 허가나 대가지불이 필요한지의 방침을 정하기 위해 현존하는 저작권 보호법을 적용해 볼 수 있을 것이다.

윤리적인 문제를 해결하기 위한 두 번째 방법으로는 당신이 속한 기업이나 적절한 전문기관의 공식적인 정책을 적용해 보는 것이다. 예를 들어, 미국 컴퓨터기계류협회의 윤리규범과 직무행위 규칙에는 개인의 프라이버시와 기밀성을 존중해야 한다는 조항이 포함되어 있다. 협회에 속해 있는 사람들은 이 규칙을 무시해도 법적으로 아무런 문제가 되지 않는다. 하지만 협회 구성원들은 어떤 행동방침이 윤리적인 것인가를 결정할 때 도움이 되도록 이들 조항을 이용할 수 있을 것이다.

도덕적 선택을 하기 위한 세 번째 방법은 도덕적 직관과 같은, 비공식적인 가이드라인을 따르는 것이다. 사람은 자기 자신에게 다음과 같은 질문들을 고려할 수 있다.

- 당신이 이런 식으로 행동한다면 어머니 혹은 아버지께서는 뭐라고 하실까?
- 지금 당신이 처한 상황이 신문에 기술되어 있는 것을 보게 된다면 어떤 느낌이 들까?
- 지금 이 상황은 "수상한 냄새"를 풍기지 않는가?
- 당신은 당신의 행동을 일종의 마케팅 도구로 사용하려 하지는 않는가?

윤리적 결정을 내려야 할 때 당신을 도와줄 수 있는 두 가지 원칙은 일관성의 원칙과 존중의 원칙이다. 앞에서 제시된 일반화 논증에서 파생된 일관성의 원칙을 적용하려면 자기 자신에게 "이 행동을 모든 사람들이 했다면 어떻게 될까?"하고 질문하면 된다. 그리고 같은 결정에 직면한 모든 사람들이 같은 행동을 했을 때의 결과가 어떨지 검토해 본다. 예를 들어, 당신이 소프트웨어를 복제하는 것이 소프트웨어를 구매해서 사용하는 것보다 더 윤리적이라고 생각한다면, 소비자들이 소프트웨어를 복제하는 행위가 어떠한 의미를 띠는지 검토해 보라.

존중의 원칙을 적용하려면, 사람들을 최고의 수준으로 존중할 수 있는 선택을 하면 된다. 이는 타인이 행동해 주었으면 하고 타인에게 해준다는 것을 시사한다. 이 원칙은 "황금률(Goiden Rule)"이라고 일컬어진다. 즉, 남에게 대우 받고자 하는 대로 남을 대우하라는 이야기이다. 이는 페니(J. C. Penney)씨가 처음 회사를 설립했을 때, 그의 회사의 지도원칙이기도 했다. 페니사의 공동경영자들은 광명의 첨병 재단(Points of Light Foundation)과 제휴하여 자원봉사 분야에서 탁월한 사람들에게 매년 "황금률상(Golden Rule Award)"을 수여하여 그 공적을 인정해 주고 있다. 황금률상에는 성인, 청소년, 단체 자원봉사, 그리고 교육 자원봉사의 네 가지 부문이 있다. 수상자들은 수정으로 만든 트로피를 받게 되며, 상금은 수상자들이 봉사했던 비영리단체에 전달된다.

7-3b. 일부 회사들의 윤리 강령

많은 회사들이 기업 윤리규약을 설정해 두고있다. 엑슨 모빌(ExxonMobil)사의 업무행위 기준과 회사지침에는 다음과 같은 말이 서술되어 있다. "엑슨 모빌 조직에서는 어느 누구도 이러한 정책들 업무행위 기준에 예외를 범할 수 있는 권한을 갖고 있지 않다. 우리가 직무를 수행함에 있어서 봉착하는 어려움이나 직면하는 압력이 아무리 크다해도, 어떠한 상황도 고의적인 기준 위반을 정당화하지 못한다." 사업가들에게는 정보 보안, 개인적 프라이버시, 회사 자원의 이용, 환경 돌보기, 직업상의 행동 등의 윤리적인 문제에 대해 결정을 내릴 수 있는 기반이 되는 공식적인 기준이 필요하다. 회사 내 구성원들에게 성실성을 확보하기 위해 엑슨 모빌사가 취한 추가적 조치들이 참고자료 7.4에 열거되어 있다.

헬리버슨(Halliburtion)사는 1919년에 설립되었고, 석유 및 가스 산업에 제품과 서비스를 공급하는 세계 최대의 공급업체들 중의 하나이다. 단 2 개의 사업만을 운영하는데도, 헬리버슨사에서는 80개국의 7만 명의 근로자들을 고용하고 있다. 헬리버슨사의 업무행위 규약에는 모든 이사진과 근로자들(비록 이들에게 제한되는 것은 아니지만)에게 기대되는 다음 사항들이 담겨있다.

- 모든 사업거래에서 최고 형식의 개인적 윤리를 준수하라.
- 주주들 및 이해관계자들과 거래를 함에 있어서도 공정성 준수를 열망하라.
- 불법적인 행동으로 귀결될 회사에의 충성을 허용하지 말 것이며, 그렇게 될 이익을 추구하지 말라.

잘 만들어진 기업윤리규약은 최고 경영층이 감시하고 강력하게 실행한다면 근로자들이 어려운 상황에서 올바른 행동을 하는데 도움이 될 것이다. 그렇다고 해서 윤리규약이 항상 사람들이 옳은 선택을 하게 보장하지는 않을 것이다. 하지만 윤리규약과 윤리교육훈련은 비윤리적인 행동을 최소화하는 데에 도움이 될 것이다. 윤리적 딜레

참고자료 7.4: 엑슨 모빌사의 성실성 확보를 위한 조치들

이사회 사람들 중의 상당수가 외부인이다.
이사회 감사위원회는 자신의 관심사항으로 초치된 어떤 문제들에 대해서도 조사할 수 있는 권한이 부여되어 있으며, 외부인 회원으로 구성된다.
독립적인 내부감사 인력이 정책과 절차의 준수를 평가하고, 모든 사업부에 걸쳐 수행된 매년 약 300건의 감사사항에 관해 통제의 효율(과)성을 평가한다.
내부 감사자와 외부 감사자 양쪽의 독립성을 보장하기 위한 조치가 취해진다.
근로자들은 기대사항들에 대해 정기적으로 검토하고 토론하며, 질문이나 관심을 제기하는 것이 권장된다.
위반사항은 즉각적으로 검토되고 상부로 전달되며, 상응항 조치가 취해진다.

마는 회계, 재무, 인적자원 관리, 마케팅, 생산 등 기업의 모든 기능분야에서 언제든 발생할 수 있다. 기업내 모든 사람들이 윤리적 판단이 요구되는 결정과 상황에 직면할 수 있다는 것이다.

사실확인 LO-3

회사의 주주들은 자신들이 투자하는 기업이 기업 내외부의 사람들과 기업이 속한 지역사회, 그리고 환경의 최대 관심 속에서 행동하기를 기대할 권리가 있는가? 아니면 이러한 관심들은 투자에서의 이익을 얻기 위해 간과해도 되는 부분인가?

경제적 관점

월마트 캐나다(Walmart Canada)의 환경 관리

기업은 기업 시민의식이라고도 불리는 기업의 사회적 책임(CSR)을 실행함으로써 고객에게서 더 높은 관심을 받을 수 있고, 또 그 고객들은 기업과 사업을 진행하고 싶어할 것이다. CSR은 사업운영에 통합된, 일종의 기업 자율규제 형태로서 기능을 발휘한다. 경제활동은 기업들이 책임있게 운영되고, 고객 및 다른 관계자들과 좋은 관계가 유지되는 사업환경에서 번창할 수 있다.

2010년 봄, 월마트 캐나다(Walmart Canada)는 캐나다 소매업 평의회(Retail Council of Canada)로부터 환경부문 CSR 상을 수상했다. 월마트 캐나다는 온타리오 주 미시소가에 본부를 두고 있고, 캐나다 전국에300여 개의 소매점을 운영하고 있으며, 매일 100만 명 이상의 고객들을 맞이하고 있다. 월마트 캐나다의 목표는 폐기물, 에너지 및 제품에 초점을 맞춘 전(全)사적 프로그램뿐 아니라 지역환경을 보호하고 향상시키는 전사적 프로그램을 통해 자사의 사업활동이 생태계에 주는 영향을 줄임으로써 환경리더십을 실천하는 것이다. 이 기업의 범 세계적 목표는 폐기물을 만들지 않는 것, 재생 에너지를 100프로 사용하는 것, 그리고 고객들에게 환경과 사람을 지속 가능하게 하는 제품을 제공하는 것이다.

월마트 캐나다는 온타리오주 벌링턴에 환경 시범사업점을 운영하여 환경부문 CSR 상을 수상하게 되었다. 벌링턴 매장은 캐나다내 한 대형소매 사업장에서 최초로 지열(지열) 기술 및 에너지 보존조명 혁신기술을 적용하여 크게 보도되었다.

신문보도에서 월마트 캐나다는 벌링턴 매장이 기존 매장 구조보다 60% 더 에너지 효율적이라고 설명했다. 매장에서 나오는 85% 정도의 폐기물이 매립지와 같은 전형적인 처리 방식으로 처리되지 않는다고 설명하였다.

그 초대형 시제점을 본따서 만들어진 이 회사의 점포들은 기존 에너지 효율을 30%나 향상시키는 것을 목표로 한다.

월마트 캐나다의 최고경영자 겸 사장인 치즈라잇(David Cheesewright)은 환경부문 CSR 상을 수상하면서 월마트 캐나다는 지역사회에 기여하고, 쇼핑경험을 보다 쉽고 더 적절한 가격에 구입할 수 있게 만드는 데에 전념하고 있다고 밝혔다.

캐나다 소매업 평의회는 1963년에 시작하였다. 이 평의회는 업계가 후원하는 비영리단체 단체인데 캐나다 전역의 백화점, 할인상점, 명품점, 독립상점, 온라인점 등모든 소매업 유형의 4만 개 이상의 점주를 대표하고 있다.

문제:

1) 월마트 캐나다가 환경을 돌보고 있다고 생각하는가? 당신은 월마트 캐나다의 고객들이 이 회사가 좋은 기업시민인가에 대해 신경을 쓸 것이라고 생각하는가?

2) 당신은 캐나다 소매업 평의회와 같은 업계 단체들이 기업의 사회적 책임을 실천한 기업에 상을 주는 것이 적절하다고 생각하는가? 당신은 이러한 상들이 기업들로 하여금 더 책임있게 행동하게 하도록 동기를 부여한다고 생각하는가?

출처 : Karin Campbell, "Walmart Canada Awarded Two Excellence in Retailing Awards," CNW, www.newswire.ca/en/releases/archive/June2010/01/c8808.html, June 1, 2010.

7-4. 재무 스캔들

LO-4
보다 악랄한 일부의 기업의 재무 스캔들에서 나타난 사건들을 설명해보라.

기업의 재무 스캔들은 새로운 일이 아니며, 이러한 일들은 기업이 생겨 났을 때부터 있어 왔다. 1600년 엘리자베스 1세 여왕에 의해 특허된 동인도 회사(East India Company)는 그들의 원정과 관련된 회사의 손익을 명확히 밝힐 수 없는데 대하여 종종 재무적 논란에 휘말리곤 했었다. 좀 더 최근의 스캔들은 기업이 주식시장과 재무보고서에서 주주들로부터 신뢰를 잃는 결과를 낳았다. 일부 국가의 입법부에서는 사기와 기업 재무보고서에 관한 새로운 법령을 제정했다. 지난 10년 동안에 일어났던 가장 악명 높은 기업 재무 스캔들에는 엔론(Enron), 월드컴(WorldCom), 비번디(Vivendi), 그리고 파멀렛(Parmalat)등이 포함되어 있다. 이들과 기타 회사들에 대해서는 아래에 간략히 설명되어 있다.

7-4a. 엔론(Enron)

엔론사는 미국 역사상 가장 악명 높은 재무 스캔들이라고 많은 사람들이 생각하고 있다. 엔론사의 스캔들로 인해 사람들은 공개 거래되는 기업들의 재무보고서 수행의 신용도에 대해 의문을 품기 시작했다. 엔론사의 일은 미 의회가 2002년 사베인스 옥슬리법(Sarbanes–Oxley Act) 이라고 불리는 새로운 연방 증권법제정을 통과시키도록 하는데 영향을 미친 핵심적 사건이었다. 사베인스 옥슬리법(Sarbanes–Oxley Act), 줄여서 SOX라고도 불리는 이 법에 대해서는 이 장의 후반부에 좀더 깊이 논의하게 될 것이다. 회사의 상황이 악화되던 2001년도 후반 이전까지만 해도 엔론사는 텍사스 주 휴스턴에 위치한 명망 높은 에너지 기업이었다. 엔론사는 당시에 미국 역사상 가장 큰 규모로 파산하였고, 그 결과 약 2만 명의 사람들이 일자리를 잃었다. 그리고 많은 직원들이 자신이 일생 동안 모아서 엔론사 증권에 투자한 돈을 잃었다.

엔론사는 파산하기 전에 전기, 천연가스, 펄프, 종이, 그리고 통신 서비스 분야에서 세계적인 주요 공급업체였다. 2002년에 기업 수익은 1000억 달러를 넘어섰다. 포춘지는 엔론을 6년 연속 "미국의 가장 혁신적인 기업"으로 인정했다. 하지만, 2001년 말에 들어서 엔론사는 "장부 조작"에 있어서 가장 혁신적 기업으로 입증되었다. 2005년에 만들어진 다큐멘터리 영화 "엔론: 세상에서 제일 가장 똑똑한 자들" 에서도 설명하듯, 이 회사의 그 방대한 자산과 이익은 과장하여 기술되었고, 몇몇 경우에서는 통째로 속이거나 아예 존재하지도 않았었다. 기업의 많은 재무상의 부채와 손실은 역외에서 발생한 것으로 치부되었고, 재무 보고서에는 드러내지 않았다. 엔론사는 관계 기업들과의 사이에 기술적으로 복잡한 회계거래를 이용하여, 수익이 나지 않는 사업들을 재무기록에서 지울 수 있었다.

엔론사의 재무 스캔들은 지난 2002년, 미의회의 사베인스 옥슬리법이라고 불리는 새로운 연방 증권법의 제정을 통과시키게 만든 핵심적 사건이었다.

엔론사의 전 최고경영자였던 레이(Kenneth Lay)는 엔론의 몰락을 야기한 재무 스캔들을 총괄했다. 그는 2001년 후반, 자사의 주식가격이 떨어지자 자신이 가지고 있던 엄청난 양의 엔론사 주식을 팔았다. 그리고 직원들에게 주식가격이 급등할 것이라고 확신시키며 회사 주식을 사도록 재촉했다. 또 전직 최고경영자였던 스킬링(Jeffrey Skilling)은 시가평가 회계(Mark–To–Market Accounting)라고 불리는 회계관행을 남용하기도 했다.

시가평가 회계란 일반적으로 자사의 가치를 현재 시장수준에 맞게 조정하는 회계실무이다. 시가평가 회계는 이상적으로는 투자자들, 대출 기관 혹은 다른 관계자들이 결정을 내릴 때 더 유용한 정보를 제공해야 하는 것이다. 하지만 다른 회계관행에 있어서와 마찬가지로, 시가평가 회계 또한 부도덕한 기업 경영자들에 의해 남용되고 조작되기 쉽다. 엔론사는 미래의 기대수익을 이미 번 것처럼 즉각 기록하였다. 결과적으로 그들은 몇몇 경우에서는 결국 손실이 나게 될 것을 이익으로 기록하게 되었다. 회사 경영진은 점점 기울어가는 회사의 실제 재무 상태를 위장하기로 결정하고, 월스트리트의 분석가들과 투자자들을 속였다. 그래서 엔론사의 주가는 계속해서 상승했다.

이러한 기만은 몇 년 동안이나 계속되었고, 결국 2001년에야 엔론사에 대한 진실이 세상에 드러났다. 고위 경영자 2명을 비롯하여 다수의 엔론사 직원들이 범죄로 고발되었다. 2004년, 기소 배심은 엔론사의 전 최고경영자인 레이를 11회에 걸친 증권사기와 그에 관련된 범죄로 기소했다. 같은 해에 전 최고경영자였던 스킬링 역시 35회에 걸친 사기, 내부자 거래 그리고 그 밖의 다른 범죄로 기소당했다. 2006년, 레이씨의 10개 기소건이 유죄로 판명되었다. 이는 20년에서 30년 형을 받을 수 있는 죄목이었다. 하지만 레이씨는 판결이 내려지기 전 심장마비로 사망하여 수감되지는 못했다. 같은 해에 스킬링씨도 공모(담합), 내부자 거래, 회계감사인들에게의 거짓 진술, 그리고 증권 사기 등19개의 기소조항이 유죄로 판결되었다. 2006년 12월, 그는 24년 4개월의 형을 받고 수감되어 있다.

7-4b. 월드컴(Worldcom)

월드컴사는 1983년 " 장거리 통화 할인 서비스사(Long Distance Discount Services, Inc:LDDS)"로서 시작했는데 미국 미시시피 주 해티즈버그라는 중규모 도시에 본부를 두고 있었다. 에버스(Bernard Ebbers)는 1985년 이 회사의 최고경영자가 되었다. 그리고 그 다음 해에 회사의 이름이 LDDS 월드컴으로 바뀌었고, 그 다음에는 월드컴으로 바뀌게 되었다. 월드컴은 1999년부터 2002년까지 사기적 회계방식을 사용하여 수익을 조작해 왔었다. 이를 통해 회사가 성장하고 번영하고 있다는 거짓 이미지를 내보였다. 그 결과, 월드컴 주가는 하락했어야 했을 때에도 계속해서 상승했다.

장부 조작에는 두 가지 기술이 이용되었다. 첫 번째로는 제품비용(line cost)을 올바르게 손익계산서에 비용으로 기록하는 대신, 대차대조표에 자산으로 기록하여 과소 보고하는 방법이었다. 두 번째로는 전사적인 비할당 수입계정에 있어서는 없는 거래를 기록하는 방법으로 수익을 과장기술하는 방법이었다. 2002년, 월드컴의 소규모의 내부 감사인들이 수시로 야간에 비밀리에 조사한 결과 38억 달러 규모가 사기인 것으로 드러났다.

월드컴사는 2002년 미국 파산법 11장에 따라 파산 신청을 했다. 이는 당시 미국 역사상 가장 큰 규모의 파산이었다. 월드컴은 2004년에 들어서 파산에서 벗어났지만 57억 달러의 빚과 60억 달러의 현금만 남았다. 보유한 현금 중 약 30억 달러는 각종 재무부채를 해결하기 위한 자금으로 쓰이게 되었다. 예를 들어, 이전의 채권을 소지한 사람들은 결국 새로운 MCI 회사의 채권과 주식으로 달러당 0.357 달러를 받았다. 이전 주주들은 월드컴의 주식이 휴지조각이 되면서 자신들의 투자액을 모두 잃었다. 지난 2005년 월드컴의 최고경영자였던 에버스는 모의, 사기, 그리고 조정관들에게 거짓 서류 작성 보고한 것 등의 혐의로 25년 징역형을 선고 받았다.

7-4c. 비벤디(Vivendi)

비벤디 전에는 비벤디 유니버셜(Vivendi Universal)은 프랑스에 본부를 둔 다국적 기업으로 음악, 텔레비전, 영화, 출판, 통신, 인터넷 그리고 비디오게임 사업을 하고 있다. 본부는 프랑스 파리에 위치하고 있다. 2000년 10월부터 2002년 4월까지 비벤디는 몇 건의 기업인수를 추진하기 위해 장부를 조작하여 그들의 재무성과가 실제보다 더 나아 보이게 했다. 비벤디 이사회는 최고경영자인 메시에이(Jean-Marie Messier)가 이러한 행동을 하는 것을 발견하였고, 이 때문에 메시에이는 사임해야 했다.

2003년, 비벤디는 법정 해결을 거치지 않고 미 증권거래위원회와 협의하여, 5,000만 달러의 벌금을 지불하는 것에 동의했다. 또한 메시에이의 2,500만 달러 상당의 퇴직금 일체를 몰수하고, 그에게 100만 달러의 벌금을 물도록 요구했다. 그리고 메시에이는 10년 동안 공개 거래되는 기업에서 임원직을 맡는 것이 금지되었다. 후에 메시에이는 미 증권거래위원회와 동격인 프랑스 금융안전위원회에서 100만 유로의 벌금형을 받았다.

법정 밖에서 해결된 비벤디의 사기사건에서 증권거래위원회는 일련의 반복된 행동이 비벤디의 현금흐름과 유동성 문제를 숨기는 데 이용되었다는 것을 입증했다. 제대로 조정되지 않은 회계상의 보유액이 이자, 세금, 감가상각비, 그리고 부채의 부분상환 목표에 충당하지 않고 이익과 합치는데 사용되었고, 물질적인 재무적 부채가 공개되지 않았던 것이다. 비벤디의 주가를 올리기 위해 메시에이는 비밀리에 회사자금을 이용하여 회사의 주식을 다시 사들였다. 자사주 재매입은 비벤디의 현금 보유량을 낮추었고, 이는 기업을 파산 직전까지 몰고 갔다.

7-4d. 파멀랫(Parmalat)

파멀랫은 이탈리아계 다국적 기업으로, 유제품과 식품을 전문적으로 취급하는 회사이다. 이 회사는 초고온 용법 우유 생산에 있어서 세계적인 선도기업이 되었다. 초고온 용법으로 생산된 우유는 용기를 봉인한 상태에서 상온에 9개월 가까이 안전한 상태로 남아 있다. 유럽의 소비자들은 전형적으로 미국의 소비자들보다 더 작은 냉장고를 사용하기 때문에 파멀랫의 초고온 용법으로 처리한 우유는 유럽에서 즉각적으로 인기를 얻게 되었다.

1990년대 후반, 파멀랫은 특히 서반구에서 부채로 자금을 조달하여 몇 건의 국제 기업인수를 하는 주목할 만한 방식으로 세계 금융시장에 진입했다. 하지만 파멀랫은 2001년 즈음에는 몇 건의 신규사업에서 돈을 잃어가기 시작했다. 그 결과, 회사는 자금 조달을 위해 파생상품을 광범위하게 이용하기 시작했고, 이는 회사의 금융 부채 및 손실 규모를 위장하기 위한 노력을 용이하게 했다. 파멀랫은 자사의 크레딧 라인 전표를 구매하는 방법으로 장부를 조작했고, 이는 실제로 존재하지 않는 자산을 만들어냈다.

2003년이 되자, 파멀랫은 빚을 갚거나, 채권을 지불할 수 없는 상태가 되었다. 140억 유로 부족 사태는 이 기업의 붕괴를 초래했고, 이는 유럽에서 일어난 가장 큰 파산으로 기록 되었다. 파멀랫이 무너지기 전, 이 회사의 최고경영자였던 탄지(Calisto Tanzi)는 엄청난 경제적 성공의 상징이자 어쩌면 사업영웅이 된 것 같았다. 이탈리아인들은 강력했던 한 회사가 어떻게 한 순간에 분해될 수 있는지 놀라워했다. 이 회사 붕괴의 여파로 탄지는 금융 사기와 자금 세탁 혐의로 기소되었고, 사기죄로 10년간의 구금형을을 선고받았다.

파멀랫이 공식적으로 파산상태에 들어가자, 이탈리아 정부에서는 이탈리아의 트레이드마크와도 같은 이 회사를 구조하기 위해 코마사리아멘토(Commissariamento) 즉, 정부 파견 관리인에 법적인 수단을 동원했다. 파산 이후, 파멀랫은 다시 시작하여 유럽, 라틴 아메리카, 북아메리카, 호주, 중국, 그리고 남아프리카 공화국 등 여러 국가로 자사의 국제 사업활동을 확대해 나가고 있다.

7-4e. 그 밖의 재무 스캔들

티팟 돔(Teapot Dome) 스캔들은 1920년대 미국에서 일어났다. 티팟 돔은 미국 정부 소유의 유전으로 와이오밍 주에 있었다. 미국 하딩 대통령 시절 내무장관을 지냈던 폴(Albert Fal)은 티팟 돔 유전의 매장량을 자신에게 몇 천만 달러를 무이자로 빌려준 한 사업가에게 비밀리에 임차해 주었다. 결국 폴 내무장관은 기소되었고, 유죄 판결을 받았다. 그는 미 내각의 구성원으로서 감옥에 수감된 첫 번째 인물이 되었다.

1930년대에는 한때 전력회사의 사장을 지냈던 인슐(Samuel Insull)은 규모있는 공익회사의 지주회사 대표가 되었다. 1932년 주식시장이 하락했으며, 인슐의 회사도 붕괴했다. 이 과정에서 투자자들에게 입힌 손해는 약7억 달러였는데, 그 당시에 이는 기록적인 것이었다. 인슐은 우편 사기와 횡령죄로 고발되었으나 해외로 도피했다. 그렇게 재판을 피해 도망을 다니는 범인으로서 한 동안을 보낸 인슐은 다시 미국으로 돌아와 재판을 받았고, 무혐의로 풀려났다. 법원은 공익사업 지주회사는 자사가 통제하는 회사들의 잘못된 행위에 대해서는 책임이 없다고 결정을 내린 것이다. 인슐은 후에 사실상 무일푼 신세로 사망했다.

금융 스캔들은 세계 각국에서 지속적으로 일어났다. 때때로 어떤 사기들은 매우 악명이 높아서, 그 사기꾼의 이름이 그 친 사기의 유형을 지칭하기도 하는데, 폰지(Charles

이탈리아의 파멀랫은 자사의 크레딧 라인 전표를 구매하는 방법으로 장부를 조작하였고, 그 결과 실제로는 가치가 없는 자산을 만들어냈다.

Ponzi)가 가장 좋은 참고자료라고 할 수 있다. 폰지는 상습적으로 가장 악명 높은 사기를 유형들 중의 하나를 범한 사람으로 꼽힌다. 그는 1920년대에 뉴잉글랜드에 거주하는 수 천명의 사람들에게 우표 투기계획에 투자하도록 속임수를 썼다. 폰지는 3개월 내에 40%의 수익을 보장한다면서 투자자들로부터 돈을 엄청나게 받았다.

폰지는 후발 투자자들로부터 받은 돈을 사용하여 초기 투자자들에게 그들의 투자액에 대한 수익을 제공함으로써 이처럼 엄청난 수익률을 달성했으며, 그 결과 채산성있는 투자라는 느낌을 그들 모두에게 주었다. 하지만 당연하게도 종래에는 수익을 내는 척 할 수 없었기 때문에, 그의 사기는 들통나고 말았다. 이러한 유형의 사기를 피라미드 계략, 혹은 **폰지형 계략**이라고도 한다. 폰지형 계략은 폰지가 처음으로 저지른 후, 그 뒤로도 수없이 일어났다.

1990년대 초반과 2008년 사이에 자금 관리자인 매도프(Bernard Madoff)는 650억 달러 규모의 폰지형 사기를 저질렀다. 2009년 3월 미 법무성은 대언론 보도자료에서 증권 사기, 메일 사기, 돈 세탁, 거짓 진술, 위증, 근로자 급부제도에서의 절도, 그리고 증권거래위원회 분식자료 제출 등의 연방법 위반으로 고발 되었다고 밝혔다. 매도프는 그 고발건에 대하여 유죄를 인정했기 때문에, 그의 투자회사가 고객을 어떻게 속여 횡령했는지, 모두 어디로 갔는지, 그리고 추가로 연루된 사람들이 있는지에 대해 증언할 필요가 없었다. 그는 법정 최대 150년 형을 선고 받고 2009년 6월부터 70세의 나이로 복역하기 시작했다.

사실확인 LO-4

당신의 신뢰를 얻으려는 비윤리적인 사람들을 일컬어 사기꾼(Con Man)이라고 한다. 폰지 또한 그런 악랄한 사기꾼 중의 한 사람이었다. 당신은 너무 좋아서 진실같아 보이는 어떤 제안에 유혹 당한 적이 있었는가? 그것은 어떤 것이었는가?

7-5. 윤리는 학습될 수 있는가?

LO-5
윤리가 어떻게 학습될 수 있는지 설명하라

학계의 연구에 따르면 윤리수업은 사람들의 행동에 긍정적인 영향을 미친다. 도덕을 가르치지 않는 것의 결과를 생각하며, 루즈벨트(Theodore Roosevelt) 대통령은 다음과 같이 논급했다. "사람에게 지성을 가르치고 윤리를 가르치지 않는다는 것은 사회에 대한 위협을 가르치는 것이 된다". 학생들에게 윤리을 가르친다는 것이 윤리교육을 받은 모든 학생들이 반드시 당면한 윤리문제에서 능숙하게 된다는 것을 의미하지는 않는다. 그래도 윤리를 가르치는 것은 가르침을 받고 있는 사람들의 윤리적 관점과 행동에 다소나마 영향을 미치게 된다.

경영대학원 발전협회(The Association to Advance Collegiate Schools of Business; AACSB)는 2000년대 초, 경영대학원들이 윤리적 책임에 대한 헌신을 재확인하고 활성화할 때가 왔다고 선언했다. 경영대학원 발전협회는 21세기의 비즈니스 리더들을 육성하기 위한 다섯 가지의 근본적인 윤리교육을 제안했다.

- 개인의 진실성
- 사회 내에서의 기업의 책임
- 윤리적인 의사결정
- 윤리적인 리더십
- 기업 지배구조

사업활동에서 높은 윤리적 기준에 따라 행동하는 것은 도전 과제일 수 있다. 어떤 사람들은 이렇게 질문 할 것이다. "다른 사람들이 모두 속이고 있다면 윤리적인 행동을 하는 사람이 어떻게 성공할 수 있겠어?" 그러나 이 질문은 잘못되었다. 참고자료 7.5는 부와 권력의 축적 정도에 의해 성공의 수준을 측정하는 어리석음에 대한 신랄한 에세이 한 편을 보여준다.

세상은 여러 사람들로 이루어져 있고, 이 각각의 사람들은 선(善)에 대해 서로 다른 차이를 나타낼 수 있다. 한 사람이 옳은 일을 옹호함에 있어서 지닐 수 있는 힘을 과소평가해서는 안 된다. 세상에는 개인이 변화적 차이를 만든 사례를 얼마든지 찾아볼 수 참고자료 7.5: 성공은 어떻게 측정할 수 있는가?

1923년 시카고에 위치한 엣지워터 비치(Edgewater Beach) 호텔에서 열렸을지도 모르는 회의에 대한 흥미있는 이야기가 회자되고 있다. 이 회의가 실제로 열렸는지에 대한 논쟁은 여전히 계속되고 있지만, 한 가지 확실하게 알 수 있는 것은 이 이야기에 등장하는, 당시에 세계에서 가장 부유했던 아홉 사람의 성공과 몰락이다.

1) Charles Schwab: 세계에서 가장 큰 독립 철강회사의 사장
2) Samuel Insull : 세계에서 가장 큰 공익회사의 사장
3) Howard Hopson: 대규모 가스회사의 사장
4) Arthur Cutten: 미국내 최대 밀 투기업자
5) Richard Whitney: 뉴욕 증권거래소 대표
6) Albert Fall: 대통령 자문위원회(장관급으로 구성) 의원
7) Leon Frazier: 국제 결제은행 사장
8) Jessie Livermore: 주식시장의 최대 투기업자
9) Ivar Kreuger: 가장 폭넓게 분산된 증권을 보유한 회사의 최고책임자

25년 뒤 이 사람들은

1)Charles Schwab: 파산 상태로 사망했으며, 사망하기전 5년 동안 돈을 빌리며 살았다.
2)Samuel Insull: 재판을 기피한 도망자로서 상당기간을 보내다가 사실상 무일푼 신세로 사망했다.
3)Howard Hopson: 미치광이가 되었다.
4)Arthur Cutten: 해외에서 무일푼 신세로 사망했다.
5)Richard Whitney: 싱싱 교도소(뉴욕주 오시닝 소재)에서 수감생활을 했다.
6)Albert Fall: 교도소에서 풀려나 집에서 죽을 수 있었다.
7)Leon Frazier, 8) Jessie Livermore 9) Ivar Kreuger 는 각각 자살로 생을 마감.

부와 권력만으로 측정했을 때, 그들은 적어도 일시적으로 성공을 달성했었다. 돈을 벌어들이는 것은 좋은 목표가 될 수 있다. 돈이 가장 확실하게 진실로 성공적인 인생을 보장하지는 않는다.
많은 사람들은 성공을 측정할 수 있는 기준으로 부와 명예를 떠올린다. 하지만, 대부분의 사람들은 인생의 어느 순간에서 내면의 평화와 깊은 심적 만족은 부와 명예에서 오는 것이 아니라, 진실되고 고결한 인성에 바탕을 둔 인생을 삶으로써 나온다는 것을 깨닫게 된다. 링컨 대통령은 그것을 이런 식으로 표현했다 "명예로운 것이 우등한 것 보다 낫다". 지난 2002년 7월에 열린 윤리에 관한 의회 청문회에서 Chick-Fil-A의 창업자인 캐시(Truett Cathy)는 잠언 22장 1절을 인용하여 이렇게 말했다 "많은 재물보다 명예를 택할 것이요, 은이나 금보다 은총을 더욱 택할 것이니라". 결론적으로, 진실로 명예로운 삶을 사는 것은 부와 명성을 쫓는 것 보다 더 만족스럽다. 당신은 어떻게 성공을 측정하겠는가?

윤리는 학습될 수 있는가? 루즈벨트 대통령은 "사람에게 지식을 가르치고 윤리를 가르치지 않는다는 것은 사회에 위협이 된다"고 말했다.

있다. 환경자문 위원인 브록코비치(Erin Brockovich)는 마을의 상수도를 오염시켰다고 퍼시픽 가스전기(Pacific Gas & Electric)를 고소했다. 소비자 옹호자인 네이더(Ralph Nader)의 저서인 "어느 속도에서도 안전하지 않다"는 자동차 업계의 안전기능에 대한 반감을 폭로했다. 때로는 한 사람의 용기가 역사의 흐름을 바꿔놓을 때도 있었다. 한 국가, 직업, 그리고 기업의 성공은 각 개인이 자신의 파트를 얼마나 잘 수행하느냐에 따라 결정된다. 각 개인이 자신의 임무를 잘 수행할지 아닐지는 각 개인의 성실성에 달려있다.

많은 사람들이 오랜 시간에 걸쳐 개인의 성실성에 대해 연구해 왔다. 기업과 사회의 윤리에 관한 몇 가지 인용구들이 참고자료 7.6에 소개되어 있다.

참고자료 7.6: 기업과 사회에서의 윤리: 인용구

자신의 명성을 소중하게 생각한다면 훌륭한 품격을 가진 사람과 어울려라. 질 나쁜 사람들과 어울리는 것보다는 차라리 혼자 있는 것이 낫기 때문이다. (George Washington)

"영예로운 것이 우등한 것 보다 낫다" (Abraham Lincoln)

"사람에게 지성을 가르치고 윤리를 가르치지 않는다는 것은 사회에 위협을 가르치는 것이 된다" (Theodore Roosevelt)

"많은 재물보다 명예를 택할 것이요, 은이나 금보다 은총을 더욱 택할 것이니라" (Solomon 왕)

"옳은 일을 알고 그것을 행하지 않는 것은 용기가 부족하기 때문이다" (공자)

"기업의 진실성의 토대는 기업내 개개인의 진실성이라는 사실이 너무나도 확실해졌다" (Sam DiPiazza, PricewaterhouseCoopers사 최고경영자)

"원칙보다 특권을 중요시하는 사람은 곧 두 가지 모두를 잃게 될 것이다." (Dwight D. Eisenhower)

"지금이야말로 성공에 대한 이상을 봉사에 대한 이상으로 대체해야 할 적기이다."(Albert Einstein)

"누구에게도 적의를 품지 말고, 모든 사람들에게 자애심으로 대해야 한다. 하느님께서는 우리로 하여금 옳은 것을 알게 해주시기에, (옳은 것에 대한 견고한 믿음을 가지고) 우리가 시작한 일을 끝내야 한다." (Abraham Lincoln)

"넓은 하늘은 얼마나 아름다운가…… 자유를 위한 싸움에서 자신보다, 인생보다, 나라를 사랑한 증명된 영웅들은 또 얼마나 아름다운가! 아메리카! 아메리카! 하느님이 당신의 금을 정련시켜 주시기를, 모든 성공이 고결해지고, 모든 이익이 신성해질 때까지!" (Katherine Lee Bates; 미국의 시민, 작사가)

"일곱 가지의 끄찍한 죄악: 원칙 없는 정책, 노동 없이 일군 부, 양심 없는 쾌락, 인성 없는 지식, 도덕 없는 사업, 인간성 없는 과학, 그리고 희생 없는 예배이다." (E. Stanley Jones, 감리교 선교사)

"민주주의 문화의 가치를 공유하는 사람들을 길러내고 싶다면, 그러한 가치들을 우연히 습득하게 내버려둘 것이 아니라 이러한 가치들을 교육해야 한다." (Cal Thomas, 칼럼니스트)

"당신이 먼저 이 세상에서 보고 싶은 바로 그 변화가 되어야 한다." (Mohandas K. Gandhi)

"사람이 온 세상을 얻고 생명을 잃으면 이것이 그에게 어떤 이익이 되겠는가? 사람이 그의 생에 대한 대가로 무엇을 줄 수 있겠는가?" (Jesus of Nazareth)

"천년의 명성은 한 시간의 행동으로 결정될 수 있다." (일본 속담)

사실확인 LO–5

대부분의 사람들은 어린 나이부터 윤리에 대한 학습을 시작한다. 당신 윤리적 행동에 관해 배운 첫 번째 내용은 무엇이었는가?

윤리적 관점

인신매매

21세기의 가장 큰 사회적 문제는 인신매매라고 하는, 국제적으로 이루어지는 노예매매이다. 인신매매 사업은 매년 300억 달러 이상의 수익을 내는 것으로 추정되고 있고, 이 과정에서 희생되는 사람은 2,700만 명 이상이며, 그 희생자들 중 80퍼센트 정도가 여성이고, 50퍼센트가 미성년자이다.

200여년 전, 영국 의회의 의원이었던 윌버포스(William Wilberforce)는 자국에서의 노예 매매를 금지하는 운동을 주도했다. 불과 스물 한 살부터 정계에서 활동하기 시작한 그는, 처음에는 사회정의나 종교문제에는 별로 관심을 가지지 않았었다. 그에게는 많은 돈이 있었고, 많은 친구들이 있었다. 그에게는 사교모임, 저녁만찬, 무도회, 친구들과 신나게 떠드는 일이 그의 관심의 초점이었다. 정계에서 더 높은 자리로 올라가는 것이 그의 가장 큰 야망이었다.

그의 친구이자 개인교사였던 밀러(Isaac Milner)의 영향으로 윌버포스는 종교적 믿음의 가치에 대해 다시 생각하기 시작했다. 이는 그의 영적인 재탄생으로 이어졌고, 이후 그는 자신의 소중한 시간과, 기회와 재능을 개인의 영달을 위해서만 사용해 왔다는 것에 대해 한탄했다. 그는 이제 자신의 남은 인생을 세상을 더 나은 곳으로 만드는 데에 쓰겠다고 결심했다. 그는 종교와 정치는 공존할 수 없다고 생각하여 정계에서 은퇴하려 했으나, 그의 동료인 피트(William Pitt)와, 한 때는 노예선 선장이었다가 성공회 신부가 된 뉴턴(John Newton) 등 다른 사람들이 그에게 계속 공직에 있으라고 강력히 충고했다.

윌버포스는 성경에 나오는 착한 사마리아인 이야기에서 많은 영향을 받았다. 이 이야기는 위기에 처해 도움을 필요로 하는 타인을 도울 책임에 대해 가르치는 이야기이다. 이 이야기를 읽고 윌버포스는 "우리는 우리가 처해 있는 이 특별한 상황을 고려해야 하며, 이러한 상황에서 우리는 우리가 할 수 있는 모든 선(선)을 베풀어야 하는 것이 분명하다"라고 주장 했다. 그의 상황과 개인적인 능력을 고려한 후, 윌버포스는 공직생활에 계속 남기로 했다. "운명이 안겨준 이 직위에서 도피한다는 것은 직무유기나 다름 없는 행동이다" 라고 그는 서술했다. 하지만 그의 행동에선 큰 변화가 일어났다. 윌버포스는 이기적인 야심에 의해 쫓기는 대신 교도소 개혁, 사형 제한, 동물 학대 금지, 그리고 그 무엇보다도 노예매매 금지 등의 대의를 위해 일하는데에 자신의 경력을 집중했다.

노예매매에 수반된 상당한 사업적 이익을 생각할 때, 노예매매 이 거래를 금지하는 것은 말처럼 쉬운 일이 아니었다. 근 20년에 걸쳐 반(반) 노예 법안에 호응하는 사람들을 모으기 위한 성공적이지 못한 시도 끝에, 의회는 1807년 국제적으로 노예매매를 끝내고 1833년, 대영제국 내에서 노예제를 금지하는 것에 동의하게 되었다. 안타깝게도 윌버포스의 가장 친한 친구였던 피트는 이 같은 승리가 이루어지는 것을 보지 못하고 세상을 떠났다.

만일 당시에 윌버포스가 공직생활을 끝냈었다면 어땠을까? 그의 영향이 없었다면 노예제도는 세대를 이어서 계속 되었을 것이다. 게다가, 이 일은 윌버포스의 나라 사람들뿐만 아니라 다른 나라 사람들에게도 영향을 미쳤을 것이다. 영국은 전 세계에서 노예매매를 금지하는 데에 주요한 역할을 했다. 1808년부터 1860년까지 영국 해군의 서아프리카 함대는 약 1,600척의 노예선을 포획했고, 15만 명의 노예를 해방시켰다.

미국 남북전쟁 중에는 남(南)군은 상호 경제적 이익을 내세우며 군사동맹을 맺으려 노력했다. 그러나 이는 영국 정부가 대중의 의견을 거슬러 노예 소유권을 주장하고 있는 남군을 도울 생각이 없었기 때문에 아무 소용이 없었다. 만일 영국이 제국내에서 노예제를 폐지하지 않고, 미국 남북전쟁에서 노예제를 찬성하는 남군을 지원하였다면, 전쟁의 결과는 달라졌을 지도 모른다.

윌버포스라는 한 사람은 타인에게 도움의 손길을 주는 것을 인생의 야망으로 삼았다. 그는 자신의 나라에 선(선)을 위한좋은 변화를 이끌었고, 그것은 전 세계 사람들에게 영향을 미치게 되었다. 2세기 전의 윌버포스와 마찬가지로 21세기의 인신매매 폐기론자들도 사람들의 관심을 끌기 위해 노력하고 있지만, 사람들은 자신의 삶을 위해 바쁘게 살아가느라 국제적인 사회문제에 관여하기가 힘든 실정이다.

오늘날의 세계적 인신매매는 위버포스시대에 대서양에서 이루어지던 노예매매보다 훨씬 더 많은 사람들이 연루되어 있다. 오늘날 인신매매 폐기를 위해 노력하는 단체들 가운데는 폴라리스 프로젝트(Polaris Project), 국제 정의사절단(International Justice Mission) 등이 있다. 지난 2010년 블룸버그(Michael Bloomberg)뉴욕 시장은 인신매매를 타파하기 위해 관련 포스터와 인터넷을 비롯한 캠페인을 시작했다.

문제

1) 윌버포스는 노예제 종식 이외의 다른 어떤 일들에 자신의 시간과 에너지를 소모할 수 있었을까? 윌버포스의 시대나 오늘날에 정치인이나 기타 어떤 사람이건 노예제나 인신매매 해결 같은 고귀한 대의를 위해 얼마나 많이 노력해야 한다고 생각하는가?

2) 현재 정치계에서 한 사람이 변화를 만들어내는 것이 가능한가?

3) 역사가 반복되어 국제적인 인신매매가 멈출 수 있을 것인가?

출처: Kevin Belmonte, *William Wilberforce: Hero for Humanity*, Grand Rapids, MI: Zondervan Press, 2007; Charles Colson, “Our Peculiar Situations,” BreakPoint Commentary, Radio Broadcast, November 14, 2002; Rebecca Migirov, “Human Trafficking: Our Global Slave Trade,” Virtual Village, http://my.hsj.org/Schools/Newspaper/tabid/100/view/frontpage/articleid/363723/newspaperid/101/Human_Trafficking_Our_Global_Slave_Trade.aspx, May 25, 2010; Liz Rhoades, “Campaign to End Human Trafficking,” Queens Chronicle, www.zwire.com/site/news.cfm?newsid=20432189&BRD=2731&PAG=461&dept_id=574902&rfi=8, May 27, 2010; Katherine T. Smith, Hannah Martin, and L. Murphy Smith, “Human Trafficking: A Global Multi-Billion Dollar Criminal Industry,” *International Journal of Public Law and Policy*, 4(3), 2014, 293–308. Available at: http://ssrn.com/abstract=2316169.

7-6. 내부통제

LO-6
내부통제가 어떻게 윤리적 행동을 촉진하는지, 그리고 어떻게 재무적 부정을 막는데 도움을 주는지 설명하라.

내부통제란 재무와 회계상 정보의 정확성과 신뢰성을 확보하기 위해 고안된 규칙과 절차들의 시스템으로 구성된다. 내부통제의 개념은 아주 오랜 역사적 기원을 갖고 있다. 고대 이집트인들과 로마인들 역시 내부통제 절차를 사용했었다. 예를 들어 고대 로마시대의 가족들은 흔히 지배인이나 대리인이라고도 불리는 회계관리자에게 의뢰하여 재무적 일들에 대한 집사업무를 관장토록 했다, 성경에서도 집사의 업무수행과 자산의 이중관리를 감시하기 위한 회계보고서의 사용 등 내부통제 절차에 대해 언급하고 있다. 사도 바울은 "우리는 이러한 후한 선물을 관리하는데 있어서 가해지는 어떠한 비판도 피하고 싶습니다. 우리는 주님의 눈에서 뿐만 아니라 사람의 눈에서도 옳은 일을 하기위해 고심하고 있기 때문입니다"라고 기술하였다. 바울은 내부통제가 정직하지 않은 사람들이 부정한 일을 저지르는 것을 방지하고, 정직한 사람이 의심과 무고의 대상이 되지 않게 해준다는 것을 알아차렸던 것이다.

내부통제에 대한 개념은 예전부터 있어 왔다. 예컨대 사도 바울도 자산의 이중관리에 대한 내용과 함께, 내부통제가 어떻게 의심과 무고에서 정직한 사람들을 보호하는지에 대하여 기술한 바 있다.

하지만 오늘날에는 이와 대조적으로 기업의 보편적인 형태가 소유주들(주주들)이 전문적인 경영자들에게 의뢰하여 기업을 운영하는 회사이다. 그리고 전문 경영자들은 효과적인 의사결정을 내리는데 필요한 재무정보를 자신들에게 제공해 주는 회계정보 시스템에 의존한다. 따라서, 좋은 정보들이 있으면 좋은 결정이 나온다. 예를 들어, 회계기록상 지출이 예산에 계상했던 수준을 초과하는 것으로 나오면, 경영자들은 지출을 줄이기 위한 적절한 대책을 세울 수 있다.

내부통제 절차는 두 가지 범주로 수렴된다. 첫 번째는 우연적인 과실과 고의적인 허위 진술(부정행위라고도 불린다)이 일어나는 것을 방지하는 것이다. 두 번째는 과실과 부정이 일어난 뒤 교정조치가 취해질 수 있도록 그것들을 확인하는 것이다. 그리하여 내부통제는 예방적 통제와 피드백 통제로 그 유형을 분류할 수 있다. 두 범주의 회계통제는 모두 기업의 통제구조에 꼭 필요하다. 예방적 통제에는 유능하고 윤리적인 근로자를 고용하는 것, 문서화된 정책과 절차를 보유하고 준수하는 것, 회사 자산에 대한 물리적 보안대책을 강구하는 것, 충분한 기록과 서류를 작성 유지하는 것 등이 있다. 피드백 통제의 사례로서는 생산품질 통제와 내부감사 등이 있다.

7-6a. 미국의 해외 부패행위방지법

최근에 들어서 **해외 부패행위방지법**(the Foreign Corrupt Practices Act, FCPA)이 더욱 주목을 받고 있고, 이에 따라 기업들은 더 정밀한 조사를 받고 있다. 미 의회는 미국 기업의 경영자들에 의한 외국정부 관리들의 부패와 뇌물수수 문제에 대응코자 1977년 해외 부패행위방지법을 통과시켰다. 아마 사람들은 해외부패방지법과 같은 오래된 법이 현재 미국 기업들에 많은 영향을 미치지 않을 것이라고 기대하지만, 최근 일어난 사건들은 이러한 생각이 사실이 아님을 보여준다. 미 증권거래위원회와 법무성은 지난 5년 동안 해외 부패행위방지법을 위반한 기업들과 개인들에 대한 조사와 기소 횟수를 높였다.

해외 부패행위방지법은 두 부분으로 구성된다. 첫 번째 부분은 반(反) 뇌물수수 규정이고, 두 번째 부분은 재무 장부와 기록에 대한 충분한 내부통제 시스템 요구이다. 뇌물수수에 관해서 해외 부패행위방지법은 고위간부나 이사 또는 근로자를 비롯한 미국 기업이 우편이나 기타 어떤 수단, 또는 주간 상무행위상의 방편을 부정하게 사용하여 제안, 지급, 지급약속, 혹은 자금 지급 인가, 또는 선물, 선물제공 약속, 혹은 가치있는 어떤 것을 다음과 같은 사람들에게 지급하는 행위의 조성을 금지한다.

1) 외국 공무원
2) 외국의 정당
3) 외국 정당의 고위간부
4) 외국 정치간부 후보자
5) 사업을 얻거나 유지하고, 사업을 어떤 사람에게 쏠리게 결정이나 행동에 영향을 미칠 목적으로 앞서 언급한 개인이나 단체에 돈이나 어떠한 귀중품이든 제공하는 사람 모두

위와 같은 행위가 유죄로 판명시의 형벌로써는 벌금과 구금이 있다.

내부통제에 관해서 해외 부패행위방지법은 주식회사들로 하여금 내부 회계통제 시스템을 만들고 유지할 것을 요구하는 조항을 만들어 1934년에 제정된 증권거래법을 개정했다. 이러한 내부통제 시스템은 다음과 같은 내용에 합당한 확신을 심어줄 만큼 충분해야 한다.

1) 거래들이 경영진의 일반적인 혹은 구체적인 허가(권한의 부여)에 따라서 이루어지도록
2) 거래들이 일반적으로 받아들여지는 회계원칙이나 해당 장표에 적용 가능한 기타 어떤 기준에 부합되게 재무재표를 준비할 수 있게 하는데 필요한 만큼, 그리고 자산에 대한 회계설명서를 유지하는데 필요한 만큼 기록되도록

로마의 여신인 유스티티아(Justitia)의 동상은 법원 청사나 법정에서 흔히 볼 수 있다. 유스티티아는 한 손에는 어떤 사건의 반대편의 힘을 측정하는 저울을, 다른 한 손에는 합리와 정의를 나타내는 칼을 들고 있다.

3) 자산에의 접근이 경연진의 일반적인 혹은 구체적인 허가에 부합될때만 허용되도록
4) 자산에 대한 회계설명서가 실제 존재하는 자산과 적절한 기간 간격으로 비교가 이루어지고, 기록과 다른 부분에 대해서는 적절한 조치가 취해지도록

의회의 원래 목적은 해외 부패행위방지법의 내부통제 규정을 사용하여 반뇌물수수 조항을 강화하는 것이었다. 하지만 이 규정은 해외 뇌물수수의 감지와 예방뿐만 아니라, 국제 무역에 관여하든 않든 상관없이 모든 주식회사들에게 영향을 미치게 되었다.

일부 사람들은 해외 부패행위방지법이 타국 기업들과 경쟁하는 미국 기업들을 불리한 상태에 처하게 한다고 불평한다. 하지만 이 불만은 중요한 점을 놓치고 있다. 만일 뇌물이 옳지 않은 것이라면, 뇌물을 주어서는 안 된다. 만일 사업에서 성공하기 위해 비윤리적인 방법을 써야 한다면, 성공하지 않는 것이 더 낫다. 진정한 성공은 이윤에 바탕을 두고 있는 것이 아니라 결과에 개의치 않고 옳은 일을 하는 올바른 품성의 사람이 되는데 바탕을 둔다는 것이다. 승리를 쟁취하기 위해서는 무엇이든 해야 한다는 주장은 기업 경영자들로 하여금 의문이 제기될 만한 회계수단을 사용하고, 때로는 훌륭한 재무상태를 유지하기 위해 범하게 만드는 전제를 깔고 있다. 이러한 비도덕적인 전략은 단기적으로는 주가를 올려줄 수 있겠지만, 결국에는 진실이 드러나게 마련이다.

해외 부패행위방지법은 미국의 법이기 때문에 미국 기업들에만 적용되고 따라서 법령의 정의 밖에 있는 외국 기업들에게는 적용되지 않는다. 그러나 이 법은 미국 유가증권법이 정의하는 증권발행업체 미국내에 자회사를 둔 외국 기업체, 그리고 미국내에서 일어나는 뇌물의 조성을 위한 어떤 행위에도 적용된다. 전세계적으로 30여 개국 이상이 미국의 해외 부패행위방지법과 비교될 만한 법을 만들었지만, 대부분 적극적으로 시행되지 않고 있으며, 법 조항들에 미국의 해외 부패행위방지법과 같은 실질적 내용을 담고 있지 않다.

2000년대 초반에 일어났던 기업의 재무 스캔들로 인해 새로운 규제조치들이 생겨났고, 그 중에서 특히 중요한 것은 2002년에 제정된 사베인스-옥슬리 법(Sarbanes-Oxley Act), 흔히 줄여서 "SOX"라고 불리는 법이다. 투자자들은 엔론(Enron), 월드컴(WorldCom), 타이코 인터내셔널(Tyco Internationa)l, 아델피아(Adelphia), 그리고 글로벌 크로싱(Global Crossing)과 같은 기업들에서 일어난 스캔들로 수 십억 달러를 잃었다. 때문에 투자자들은 증권시장에 대한 신뢰를 잃어버리게 되었다. 결국 재무정보가 신뢰할 수 없다면 사람들이 공개거래되는 회사의 주식을 사겠는가?

SOX법은 기업 이사회, 경영진, 그리고 공인 회계 법인들에 대한 새롭고 더 엄격한 기준을 수립했다. SOX법은 사기죄의 경우 최대 25년까지의 구금형을 받을 수 있도록 형량을 늘였다. 또한, SOX법은 따르면 기록을 파기, 변경, 날조한 주주들을 사취하려는 어떠한 계획이나 시도에 대해서는 최대 20년 구금형을 받을 수 있는 새로운 범죄를 설정했다. SOX법은 공개 거래회사(상장기업)의 최고경영자와 최고 재무책임자가 재무제표가 포함된 매 기말의 보고서에서 1934년의 증권거래법을 준수하고 있는지, 그리고 그 보고서에 담긴 정보가 회사의 재무상황과 사업실적을 공정하게 나타내고 있는지를 확인할 것을 요구하고 있다.

해외 부패행위방지법과 그 이후의 SOX법이 제정된 결과로 인해 일부 사람들은 강력한 기업 지배가 실행되고 기업들이 기업의 사회적 책임을 다하는 모델이 될 것이라고 생각하였다. 불행하게도, 뉴스 미디어들은 으슥한 곳에서는 기업들의 뇌물수수 의혹이 제기되고, 벌금이 늘어나고 있으며, 이에 대한 통제를 강화하기 위해 더 많은 시간과 돈이 투자되고 있음을 계속 보도하고 있다. 시장점유율 확대를 위하여 많은 기업들이 개발도상국 시장을 성장시키기 위해 노력하고 있는데, 개도국들은 높은 성장력과 잠재력을 지니고 있지만, 또한 개도국들은 해외 부패행위방지법에 관련된 추가적인 도전과제도 지니고 있다.

7-6b. 컴퓨터 보안과 회계 정보

기술의 발전은 기업과 사회의 다른 측면에 대해서도 혁명을 가져왔다. 전자상거래(e-business) 라는 전자적 기반시설을 이용한 상품과 서비스 거래를 뜻하는데, 이는 1950년대의 초기 컴퓨터들과 함께 시작되었다. 하지만 이비즈니스는 월드 와이드 웹(World Wide Web)이 개발된 1990년대 전까지만 해도 그렇게 흔한 것이 아니었다. 기술은 사업활동을 더 용이하게 만들었지만, 부정적인 면들도 존재했다. 기업 경영자들은 e비즈니스와 관련된 잠재적인 문제를 파악하고 있어야 한다. 기업은 컴퓨터 범죄의 희생이 되는 것을 회피하기 위한 예방대책을 강구해야 한다.

컴퓨터 범죄에는 컴퓨터를 이용하여 불법적인 행동을 저지르거나 용이하게 하는 것이 포함된다. 컴퓨터 범죄는 평균적으로 대략 20만 달러의손실을 초래하게 하는 것으로 평가되었는 데 비해, 무장강도는 평균적으로 이보다 훨씬 더 적은 돈인 불과 250달러가 관여되었다. 통계에 따르면 범죄를 저지른 금액이 클수록 기소당할 확률이 오히려 적다고 한다.

재무기록을 유지하기 위한 컴퓨터 사용이 증가하면서 컴퓨터 범죄의 기회가 더 늘어나는 결과를 초래했다. 컴퓨터를 이용한 사기로 인한 손실 추정액은 연간 몇 십억 달러에 달한다. 가장 널리 알려진 컴퓨터 범죄들 중의 하나에 주식형 펀딩 사기가 있었다. 회사의 1964년부터 1973년까지 9년에 걸친 고객의 마스터 파일에 실제로 존재하지 않는 보험증권 기록이 덧붙여져 있게 된 사건이었다. 이는 정상적인 데이터 처리작업의 일환이 아닌, "예정되지 않은"파일 업데이트를 수행하고 있다고 주장하는 많은 수의 직원들이 벌인 혐의가 짙다.

당신은 아마도 컴퓨터 보안의 가장 큰 위협은 영화나 텔레비전 프로그램에서 목격한 내용에 근거해서, 고의적인 사보타쥬나 누군가가 데이터나 장비에 허가되지 않은 접근을 해온 것일 거라고 생각할지도 모른다. 하지만 대부분의 조직의 경우, 이는 사실이 아니다. 컴퓨터 보안에 가장 큰 위협이 되는 다섯 가지는 다음과 같다.

- 자연재해
- 정직하지 않은 직원들
- 반감을 가진 직원들
- 해당 조직에 직접 관련이 없는 외부자들
- 우연적인 오류 및 누락

컴퓨터 보안 문제의 대부분은 우연적인 오류 및 누락 때문에 일어난다. 오류 및 누락은 설계와 실행 및 작업활동이 엉성한 시스템에서 특히 흔하게 나타난다. 하지만 시스템 개발 프로세스가 적절하게 진행된다면 오류 및 누락은 최소화된다. 동시에, 더 나은 컴퓨터 보안은 직원들과 외부자들의 데이터에 대한 고의적인 허위 표현을 방지할 수 있다. 컴퓨터 보안을 포함하는 효과적인 내부통제 조직는 신뢰 가능한 정보 시스템의 필수 불가결한 일부이다.

사실확인 LO-6

예방적 통제는 근로자들이 그릇된 일을 하고싶은 마음을 들지 않게 해줄 수 있다. 개인은 자신의 행동에대해 궁극적으로는 직접 책임이 있기는 하지만, 기업에서 직원들이 옳은 일을 하는 데 도움이 되도록 통제책을 수립해 주는 것이 더 낫지 않을까? 이러한 통제는 어떻게 만들어지고 실행될 수 있겠는가?

요약

윤리는 사람들이 세계와 상호작용하는 데 있어서 지침이 된다. 이 지침에는 사업을 어떻게 운영할 것인지, 타인을 어떻게 대해야 하는지, 그리고 환경을 어떻게 돌보아야 하는지 등의 내용이 포함되어 있다. 윤리적 관점은 역사나 문학에서, 종교적 원칙에서, 그리고 개인적 경험과 관찰에서 나올 수 있다. 성실성은 도덕적 및 윤리적 원칙을 고수하는 성질, 건전한 도덕성, 정직함 등으로 정의된다. 성실한 사람은 두 가지의 중요한 특성을 지니고 있다. 첫째로는 무엇이 윤리적으로 옳은 일인가에 대한 지식이다. 둘째로는 옳은 일을 할 수 있는 용기이다.

윤리와 경제 발전은 긴밀하게 뒤섞여 짜여져 있다. 매일 수백만 건의 상호신뢰를 요하는 사업거래가 발생하고 있다. 고전 경제학자들은 경제를 윤리의 한 분야라고 보았다. 사업활동에 있어서 신뢰, 공정한 거래, 정직한 의사소통이 없다면 삐거덕 거리다가 멈추게 될 것이다.

기업의 사회적 책임(CSR)은 기업들이 자사가 사업활동을 벌이고 있는 그 사회에 의무를 지고 있다는 생각이다. 즉, 기업은 그들의 이해당사자인 고객, 근로자, 공급자, 그리고 지역사회와 국가에 대한 의무를 지닌다는 생각이다. CSR에는 환경에 대한 책임도 포함된다.

기업의 재무 스캔들은 새로운 일이 아니다. 최근에 일어났던 몇몇 스캔들들은 투자자들로 하여금 주식시장에 대한 신뢰를 잃게 했으며, 기업 재무보고서에 대한 신뢰를 잃게 만들었다. 일부 국가들에서는 입법부가 사기와 기업 재무보고서와 관련하여 새로운 법을 제정했다. 최근의 가장 악명 높았던 금융 스캔들이 일어났던 회사들로는 엔론, 월드컴, 비벤디, 그리고 파멀랫를 꼽을 수 있다.

윤리수업은 사람들의 행동에 긍정적인 영향을 미친다. 윤리교육을 한다고 해서 모든 사람들이 윤리적인 사람이 되지는 않는다. 그렇지만 윤리교육은 적어도 피교육자의 윤리적 관점에 다소나마 영향을 줄 수 있다.

내부통제란 재무정보의 정확성과 신뢰성을 확보하기 위한 규칙과 절차를 말한다. 기업 경영자들은 필요한 재무정보를 제공해주는 회계정보 시스템을 이용하여 효과적인 결정을 내린다.

주요단어

윤리(Ethics)

성실성(Integrity)

부패인지지수(Corruption Perceptions Index ; CPI)

기업의 사회적 책임(Corporate Social Responsibility ; CSR)

시장평가회계(Mark to market accounting)

폰지 피라미드형 계략(Ponzi scheme)

내부통제(Internal controls)

해외 부패행위방지법(Foreign Corrupt Practices Act ; FCPA)

문제 풀이

1. 진실된 사람이 가지는 핵심적 특성이 무엇이라고 생각하는가?

2. 윤리적 품성을 지닌 사람들이 기업과 사회에 매우 중요한 이유는 무엇인가?

3. 기업의 사회적 책임(CSR)은 성공적인 사업활동에 어떻게 기여하는가?

4. 엔론,월드컴,비벤디, 그리고 파멀랫의 재무 스캔들에 대하여 간단히 설명하라. 이외에 최근에 다른 어떤 스캔들이 발생했는가?

5. 윤리는 어떻게 학습될 수 있는가?

6. 내부통제가 성공적인 기업활동에 왜 그렇게 중요한가?

사례

엑슨모빌(ExxonMobil): 기업의 윤리 규약이 왜 그렇게 중요한가?

어떤 배관공이 훌륭한 실력을 가졌지만, 자신이 일한 시간에 비해 돈을 고객들에게 요구한다면 어떻게 될까? 그는 아마 얼마 안 가서 그의 사업에서 살아남아 있지 않을 것이다. 엑슨모빌은 사업수행 방식 역시 획득되는 결과만큼이나 중요하다고 생각한다. 엑슨모빌은 지난 40여 년 동안 "사업행동 기준"이라고 불리는 12 페이지 정도의 소책자를 통해 기업윤리와 성실성을 촉진하고 있는 회사로 유명하다. 이 책자에는 윤리, 반(反) 독점, 이해의 상충, 환경, 제품안전, 그리고 알콜과 약물의 이용 등에 관한 몇 가지 주제들이 들어있다.

지난 1999년, 엑슨과 모빌은 통합되어 엑슨모빌 주식회사가 되었으며, 에너지와 석유화학 사업의 모든 부분에서 거대 다국적 기업으로 성장했다. 전세계 7개 대륙 중 6개 대륙에서 석유와 가스 탐사사업을 벌이고 있는 엑슨모빌은 업계 최대의 비정부 가스판매 기업이자, 가스/ 석유 매장량 보유업체이다. 전세계의 연료는 대부분 엑슨, 모빌 혹은 에소라는 브랜드로 판매된다. 엑슨모빌은 신중하고 양심적인 거래로 잘 구축된 평판이야말로 소중한 기업자산이라고 생각한다.

✲ 질문

1) 사업수행에 있어서 왜 그렇게 윤리가 중요한가?

2) 모든 기업이 기업윤리 규약을 수립한다면, 기업의 재무 스캔들을 제거할 수 있을까?

주장과 반박

사업을 수행할 장소를 정하는 옳은 방법은 무엇인가?

기업이 수익성을 향상시키고, 그렇게 함으로써 자사의 주주들에게 돌아갈 투자 수익을 증대시키기 위한 방법을 찾을 때, 기업들은 흔히 사업을 수행 새로운 다른 장소들을 물색한다. 그리고 이 장소로써는 자사가 현재 사업을 수행하고 있지 않는 국가가 될 수도 있다. 이제 한 기업이 새로운 국가에서 사업활동을 수행하기로 했는데, 어느 국가로 할 것인지는 정해지지 않았다고 가정해 보자. 이 기업은 A국과 F국 사이에서 결정하려고 검토하고 있다. 사업을 착수하는 비용은 두 국가 중 어느 쪽에서든 거의 비슷하다. A국 부패인지 지수(CPI)가 8.5로 부패가 일어날 가능성이 매우 낮다. 반면에 F국은 CPI가 1.4로 부패가 일어날 가능성이 무척 높다. A국은 F국보다 시장이 작다. A국에서의 예상 판매수익은 10억 달러이고, F국에서의 예상 판매 수익은 20억 달러이다.

✲ 주장

기업은 이익을 내고 소유주들에게 투자수익을 돌려줄 의무가 있다. F국의 예상 판매 수익이 A국의 예상 판매수익의 2 배이므로 이 기업은 F국에서 사업활동을 시작해야 한다.

✲ 반박

F국의 예상 판매수익이 A국의 두 배이기는 하지만, F국의 부패인지 지수는 A국보다 몇 배나 더 높다. 이 기업이 F국에서 새로운 사업을 시작하고 난 뒤, 부패에 연루되면 이 회사는 법정소송을 해결하고 벌금을 무느라 자사의 모든 초과이익을 상실하게 될 수도 있다. 이러한 것들을 따져볼 때, 부패 위험성이 낮은 A국에서 사업을 시작하는 것이 더 안전한 길일 것이다.

당신의 의견은?

새로운 사업을 시작할 국가를 선정함에 있어서 어느 주장이 더 타당한가? 부패에 대한 위험성을 감안한 뒤에, 당신이라면 A국과 F국 중에서 어느 국가에서 사업을 수행하겠는가? 왜 그렇게 생각 하는가?

국제경영 뉴스 해석하기

1) 한 새로운 기사에서 소규모 기업에서 일어난 사기 사건을 다루었다. 낮은 직급에 있는 어떤 관리자가 수 년 동안 기업의 돈을 횡령했다. 그 관리자는 회사가 자신의 역량 가치 만큼의 대가를 지불하지 않았기 때문에 자신이 회사의 돈을 횡령한 것은 정당한 것이라고 말했다. 게다가 그 관리자는 회사가 자신의 노력으로 막대한 이윤을 남겼기 때문에 횡령한 돈 때문에 난처해 하지 않을 것이라고도 이야기했다. 이에 대해 어떻게 생각하는가? 회사가 그가 돈을 아쉬워할 것이라고 생각하는가? 관리자가 자신의 능력 이하의 임금을 받고 있었다고 가정했을 때, 그녀가 사기를 친 것은 정당화될 수 있는가?

2) 한 뉴스는 기업의 윤리규약이 기업의 행동에 아무런 영향을 주지 못했다고 말하면서, 기업 윤리규약을 비판했다. 당신은 윤리규약이 기업과 그 기업에 속한 근로자들의 행동에 영향을 미치고 있다고 생각하는가?

3) 한 기자가 해외 부패행위방지법에 대해 쓴 새로운 기사에 따르면, 해외 부패행위방지법은 미국 기업들이 비(非) 미국 기업들과 경쟁할 수 있는 능력을 저해한다고 말했다. 그 기자는 또한 말하기를 이제 미국 기업들이 세계시장에서 경쟁을 더 잘할 수 있도록 의회가 해외 부패행위방지법을 폐지할 때가 다가왔다고 했다. 이에 대해 당신은 어떻게 생각하는가?

포트폴리오 프로젝트

사례 탐색: 부패인지 지수 (Corruption Perceptions Index ; CPI)

당신이 선택한 회사가 사업을 수행할 두 국가들에 대한 부패인지 지수를 알아보라. 한 국가는 상대적으로 높은 지수를 가진 국가이고, 다른 한 국가는 상대적으로 낮은 지수를 가진 국가이다. 이들 두 국가에서 일어난 기업의 재무 스캔들에 관한 새로운 뉴스거리에 대해 탐색해 보라. 이들 국가들에서의 재무 스캔들에 관한 뉴스거리에 관해 짧은 요약서를 작성해 보라. 당신이 생각하기에 당신이 선택한 회사가 이들 국가에서 직면할 수도 있는 뇌물수수 등 부패 위험성에는 어떤 것들이 있겠는지를 간단히 설명하라.

문제

1) 부패인지 지수의 지수가 한 국가의 재무 스캔들 발생 가능성을 정확하게 예측한다고 생각하는가?

2) 기사에 언급된 사람들 이외에, 재무 스캔들로 인해 손해를 보았을 가능성이 있는 사람들은 누구인가?

3) 기사에 언급된 스캔들의 재발을 막을 수 있는 방법에는 무엇이 있는가?

본인 선택한 중소기업을 위한 국제 전략 개발하기: 기업 윤리규약

몇몇 주요기업들의 윤리규약에 대해 조사하고, 당신이 생각하기에는 윤리규약의 핵심적 측면에는 어떤 것들이 있는지 식별해보라. 당신이 알아낸 결과에 근거하여 당신 자신의 중소기업에 사용할 윤리규약을 작성해 보라

.

제3부

글로벌경영의 전략과 조직

CHAPTER

8 글로벌경영의 진입전략

Entry Strategies in Global Business

*이 장의 학습목표

LO-1 세계화 과정에서 기업들이 사용하는 시장진입전략, 특히 신흥경제권 기업들이 사용하는 주요 진입전략을 요약할 수 있다.

LO-2 다국적 기업들(MNEs)의 진화과정을 설명할 수 있다.

LO-3 다국적 기업들(MNEs)이 해외에 투자하는 주요 전략적 이유를 설명할 수 있다.

LO-4 투자를 받는 나라의 관점에서 외국인 직접투자(FDI)의 찬성과 반대를 설명할 수 있다.

LO-5 어떤 나라가 외국인 직접투자를 성공적으로 유치할 수 있는지 설명할 수 있다.

문화적 관점

인도 기업의 글로벌화

2010년 3월 31일 인도 최대의 휴대전화 운영 사업체인 바르티 에어텔(Bharti Airtel)은 쿠웨이트에 본사를 둔 자인그룹(Zain Group)의 모로코와 수단을 제외한 15개국에 있는 아프리카 자산을 107억 달러에 인수할 것이라고 발표했다. 이것은 개발도상 세계의 두 다국적기업간 최대 규모의 인수였고, 이로 인해 바르티 에어텔은 세계 수준의 다국적기업이 되었다. 이 인수로 세계의 5대(大) 휴대전화 운영사업체가 생겨났는데, 이 회사는 2014년 경에는 아프리카와 아시아의 20개국에 걸쳐 약 2억 8,700만 명의 고정 및 유무선 가입자를 갖게 되었다. 이와 같은 유형의 해외 기업인수는 현금이 풍부한 인도의 다른 기업들 사이에서도 점차 보편화되고 있다.

1991년에 시작된 경제자유화 과정의 일환으로 인도의 규제당국은 자국 기업들이 해외 사업활동을 확장하기 위해 사용할 수 있는 외환의 양을 점차 늘렸다. 해외투자는 한때 인도의 부족한 외환 보유고를 고갈시키고 국내투자를 유출시킨다고 간주되었으나, 지금은 인도의 국가대표급 기업들이 세계 시장에서 경쟁하고자 할 때에는 그들을 지원하는 쪽으로 방향을 틀게 되었다. 사실, 국제 금융시장에서 해외 차입은 인도 기업들로 하여금 해외 기업 인수에 필요한 자금조달을 가능케 해주었다.

인도 회사들은 2000년부터 시작된 저금리 기조(post-dotcom 시대)가 되면서 엄격한 규제한도 내에서 자금을 빌리게 되었다. 인도에서 가장 오래되고 규모가 큰 복합기업인 타타그룹(Tata Group)의 일부인 타타스틸(Tata Steal)은 2007년 영국-네덜란드 철강 제조업체인 코러스(Corus)를 120억 달러에 인수하기 위해 상당한 자금을 빌렸다. 타타그룹의 또다른 사업부인 타타모터스(Tata Motors)는 2008년 포드사(Ford Motor Company)로 부터 유명한 재규어 랜드로버(Jaguar Land Rover)를 인수하기 위해 30억 달러를 빌리기도 했다. 인도 최대 알루미늄 제조 회사인 힌달코(Hindalco)는 캐나다의 알루미늄 제조업체인 노벨리스(Novelis)를 인수하기 위해 30억 달러를 빌렸다. 풍력발전 터빈 제조업체인 수즈론(Suzlon)은 독일의 레파워(REpower)를 인수하기 위해 전환사채를 매각했다.

이러한 인수는 모두 기본적으로 완벽했는가? 아니다, 일부는 계획대로 효과를 발휘하지 못했다. 이러한 인수는 대담한 것처럼 보일 수 있지만, 대부분의 경우 방어전략이었다. 세계화가 진행중인 데다가 인도가 외국과의 경쟁에 자국의 경제를 개방했기 때문에, 많은 인도 기업들은 국내 터전을 보호하고 그럼에도 성장할 수 있는 가장 좋은 방법은 신기술을 습득하고 전문화하며, 규모의 경제를 이루는 1차적 동기를 가지고 해외에서 벤처사업을 벌이는 것이라고 믿는다. 국제적 기업인수를 벌이지 않았다면, 인도 기업들은 국내에서 외국 기업과의 증대된 경쟁에 직면했거나 다른 기업에 의해 인수되었을 것이다. 인도 기업은 외국의 노하우와 기술을 찾고 있기 때문에 인수된 기업의 관리자와 핵심인력을 그대로 유지한다.

서론

본 장에서는 기업들은 무엇 때문에, 그리고 어떤 방식으로 국제경영에 참여하는지에 대해 탐색해 볼 것이며, 생산요소(토지, 노동, 자본 및 기술)의 국제적 이동에 대해 연구해 볼 것이다. 전통적으로 우리는 생산요소들이 한 국가 내에서만 이동할 수 있다고 생각하지만, IMF와 세계은행 및 WTO(모두 1장에서 논의되었던 것임)와 같은 국제기구의 출현으로 볼 수 있듯이 생산요소는 상대적으로 이동성이 좋아졌다. 이러한 이동성은 특히 지역경제통합 블록(3장에서 논의되었음)내에서 특히 그렇다.

세계에서 무슨 일이 일어나고 있는지 관찰함으로써 우리는 국제경영의 중요성을 알 수 있다. 전 세계의 기업가들은 다른 나라에서 재화, 서비스, 부동산, 심지어는 광산과 기술까지도 구매한다. 예를 들어, 2010년 중국의 국유 알루미늄 제조회사인 차이날코(Chinalco)는 호주에서 보크 사이트 광산 채굴권을 인수했다. 같은 해에 미국 부동산 거물인 도널드 트럼프(Donald Trump)는 10억 달러 규모의 골프장과 리조트 건설을 기대하면서 스코틀랜드의 부동산을 사들였다. 또한 서비스의 세계적인 수출현상을 분석해보면, 수백만명의 멕시코 및 중미 노동자들이 있는 것처럼, 수백만 아시아인이 중동에서 일하고 있음을 볼 수 있다. 또한 미국과 일본 및 유럽의 수천명의 경영 컨설턴트 및 엔지니어들이 서비스를 수출한다. 즉, 다음으로 본 장에서는 합법적인 기술수출이 상대적으로 수월하게 이루어지는 것을 보여준다. 마지막으로 이 장에서는 국제 경영의 주요 방법의 하나인 외국인 직접투자(FDI)를 자세히 알아볼 것이다(2장과 3장에서 간략하게 논의되었음). FDI는 해외 자산을 구매하기 위해 자본이 한 국가에서 다른 국가로 자본이 이동하는 동기를 설명하며 외국자산들(제조시설, 지사 등)의 소유와 관리 및 통제에 대해서 다룬다. 이는 다국적 기업(MNC/MNE), 또는 초국적 기업(TNC/TNE)이라고도 불리는 다국적 기업을 통해 이루어 진다.

이전 장들에서 언급했듯이, 세계화는 주로 선진경제에서 개발도상경제로 사업이 확장된다는 사실을 의미하는데 사용되곤 했다. 그러나 본 장의 앞 서언에서는 인수합병 활동이 양 방향으로 흘러서 한 개발도상국에서 다른 개발도상국으로 활동 흐름이 증가한다는 사실을 보강하여 설명해준다. 신흥시장의 다국적기업은 이제 부국의 다국적 기업과 격렬하게 경쟁하고 있다. 서구의 기존 비즈니스 및 브랜드를 인수하는 신흥시장 기업의 수가 급격히 증가하면서 세계화가 양 방향으로 진행되고 있다는 사실을 뚜렷하게 보여준다(참고자료 1.3 참조). 또한 미국의 몇몇 금융기관은 2008-2009년의 세계 신용위기에서 오로지 페르시아만 연안 국가와 중국 정부의 국부 펀드(국유 투자펀드)의 재정 지원을 받아 파산을 피했다.

8-1. 국제화 전략의 선택과 실행

LO-1
세계화 과정에서 기업의 시장 진입전략 중에서, 특히 개발도상국에서 사용하는 주요 진입전략을 요약해보라.

국내 기업들이 국제적 사업활동에 참여하여 수익을 창출할 수 있는 몇 가지 방법이 있는데, 대부분의 경우 그들 기업가가 기꺼이 감수해야 하는 위험(소유권, 운영, 또는 이전)의 크기에 따라 좌우된다. 비즈니스에서 근본적으로 고려해야 할 위험 · 수익 균형관계이다. 일반적으로는 기업가가 감수코자 하는 위험(투자자본의 손실)이 클수록 거둘 가능성이 있는 보상(수익)이 커진다. 그 반대도 마찬가지다. 따라서 참고자료 8.1에 제시된 바와 같이 기업이 국제 진출을 결정할 때, 광범위한 기회가 있을 수 있으며, 기업가는 자신의 위험 프로필(즉, 기꺼이 떠맡을 잠재적인 재정적 손의 양)에 적합한 접근방식을 선택할 수 있다. 국내 기업이 외국 문화에 대한 불확실성 등의 우려로 해외 진출을 자제할 경우, 반대로 외국 기업이 자국의 국내시장에 진출할 수 있는 기회를 가질 수 있다. 자유기업제도 내에서 글로벌 경쟁은 피할 수 없으며, 기업들은 성공하고 성장하기 위해서는 국내와 해외에서 기회를 동시에 탐색해야 한다. 사업을 국제적으로 수행하는 것은 재무적으로나 이미지적으로 보상을 받을 수 있다. 국제화로 나아가는 후속적 접근방법들에서는 참고자료 8.1에서 설명된 바와 같이 기업이 떠안아야 할 사업 리스크의 양이 증가한다. 그러나 조금 전에 언급했듯이 위험이 증가하면 더 큰 이익을 창출할 수 있는 기회도 증가한다. 따라서 기업들은 투자대상 국가로 진입하기 전에 적소 지역으로의 출구전략을 매우 신중하게 검토하는 일이 중요하며, 그것은 외국기업들의 진입이 이루어진 뒤가 아니라야 한다.

8-1a. 수출/수입사업

2013년 세계의 상품무역(수출과 수입)의 총 가액은 약 36조 달러에 달했다. 따라서 국제무역은 수출을 통한 해외시장 진출에 관심이 있거나 경쟁력있는 가격으로 내수 소비용 상품을 수입하는 데 관심이 있는 기업가들에게 엄청난 기회를 제공한다. **수출입사업**은 자본이 묶이지 않는다는 것을 감안할 때 상대적으로 위험 부담이 적은 활동이며, 이 사업에 진출하거나 퇴장하는 것이 상대적으로 쉽다.

더욱이 이 사업에는 무역 원활화와 재무위험 최소화를 목표로 하는 잘 정립된 기업들이 있다. 쉽게 말해서 무역금융 시스템에서 수출자는 수입자가 명시된 상품을 양호한 상태로 인수한 직후에 대금을 지급받을 것이라고 확신하게 된다. 이는 수입업자 거

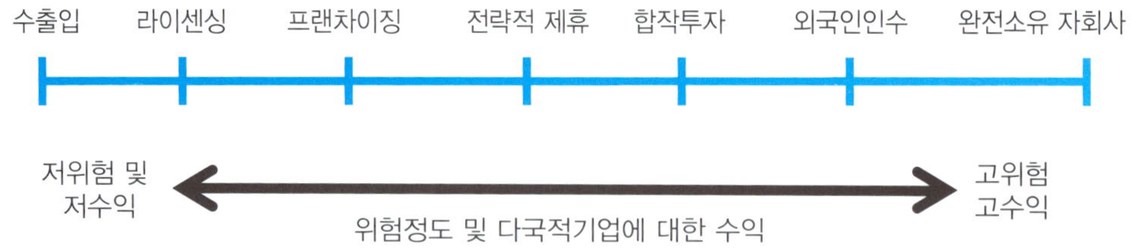

래은행이 합의된 문서들(수출송장, 상품보험, 선적서류, 외국 항구의 통관서류 등)을 입수·확인한 후에 대금지불이 이루어짐으로써 완성된다. 그 다음에 수입업자는 명시된 서류를 수령하여 은행에 대금지불을 이행한 후 상품을 인수할 수 있다. 따라서 이 사업에서는 상업적 위험이 거의 없으며 은행이 국제무역을 촉진하는 데 중요한 역할을 수행한다.

기업은 외국에서 향신료, 식료품 또는 수공예품을 수입할 때처럼 3~4명의 적은 직원으로도 수출입 업무를 수행할 수 있다. 그러나 큰 규모의 무역회사들 (특히 미쓰이사 : Mitsui & Co. 와 같은 일본 무역회사)은 고가 대량의 내구재(자동차, 세탁기, 가전제품 등)와 산업제품(화학, 원유 등)을 거래하기 때문에 수십만 명의 근로자를 고용할 수 있다. 미국에서는 카길(Cargill), ADM(Archer Daniels Midland)와 같은 회사가 농산물의 주요 수출기업이다. 또한 보잉(Boeing), 제너럴 일렉트릭(General Electric) 및 인텔(Intel)과 같은 대기업에서도 자체적으로 수출입사업을 영위하고 있다. 그럼에도 불구하고 아직 미국 국제무역의 약 20%는 중소기업에 의해 수행된다.

수출입사업에 참여하는 기회는 매우 중요하며, 다양한 정부 및 비정부 기구들이 어떻게 해외시장을 찾아내고 거기에서 상품을 판매할 것인지에 대한 전문적인 세미나 및 프로그램을 제공한다. 예를 들어, 미상무부서의 인증 같은 경우는 세계시장 시리즈 수출인증 프로그램에 등록한 개인에게 부여된다. 미국 정부(국제개발청)는 중소기업이 신

수출입 기업: 콘아그라 푸즈

흥시장에 진출하는 것을 촉진하고 장려하기 위해 국내외 파트너 네트워크인 글로벌 기술 네트워크(Global Technology Network)를 설립했다. 더욱이 미국 정부는 기업가에게 잠재적 해외사업 기회를 식별할 수 있도록 다양한 국가의 비즈니스 여건에 대한 많은 정보를 제공한다.

인터넷의 급부상으로 국제무역을 행하는 것이 훨씬 더 쉽고 흥미롭게 되었다. 크든 작든 모든 회사들이 자사가 제공하는 모든 제품과 서비스를 상세히 설명해 줄 수 있는 웹사이트를 만들었다. 세부사양, 사진, 가격, 선적정보 등을 포함한 제품 카탈로그를 웹사이트에서 볼 수 있게 되었으며, 웹사이트는 즉시적으로 업데이트 될 수 있기 때문에 자사의 상품에 관심이 있는 고객은 현재 어떤 상품이 나와 있고 어떤 가격에 구매할 수 있는지를 인터넷의 발달로 인해 브로셔를 인쇄할 필요가 거의 없어졌다. 인쇄 브로셔는 이제 인쇄된 순간에 구식의 방법이 되고 만다. 제품은 공급망을 따라 이동하기 때문에 일단 주문이 이루어지면 구매자와 판매자 양측 모두그 제품의 위치를 인터넷을 통해 쉽게 확인할수있다. 이렇게 수출입 사업에 비교적 쉽게 참여할 수 있기 때문에 경쟁은 치열해지고 한계수익은 그렇게 높지 않을 수 있다.

8-1b. 라이센싱

국제무역에서 수출업자와 수입업자와의 관계는 매우 가까운 사이이다. 그렇지만 양당사자는 서로에 대해 알지 못하거나 만나지 못할 수도 있다. 상품이 운송되고 대금이 수취된다. 이는 직접적인 방식이다. 그러나 해외 파트너와의 관계는 라이센싱에 더 가깝다. 라이센스를 제공하는 회사(Licensor)는 해외 파트너를 적절히 평가하고 이해 및 신뢰해야 한다. 왜냐하면 이와 같은 관계는 일반적으로 수년간 지속되기 때문이다. **라이센싱**은 순수 국제무역 사업에서보다는 라이센서에게 좀 더 많은 위험이 따른다. 라이센싱에서는 회사나 개인이 외국 파트너에게 연간 라이센스 대가(License Fee)를 받고 표적 국가에서 자사의 제품을 제조하고 판매하는 데 필요한 수단들(특허된 기술, 저작/모방권, 공정/절차, 상표 등)을 제공한다. 라이선스 대가는 제품의 최종 비율 또는 판매량(판매된 단위 수)을 기반으로 정해진다.

어떤 제품에 라이센스가 허용되면, 외국 파트너는 합의한 대로 라이센서의 표준(라이센서의 세계적 명성을 훼손할 수 있는 표준 이하 제품의 판매를 막기 위함)에 맞는 제품을 제조 및 판매하기 위해 라이센서의 특허기술을 사용한다. 예를 들어 사노피 아벤티스(Sanofi-Aventis)와 메리크(Merck) 및 타케다(Takeda)와 같은 제약회사들은 흔히 외국 회사들(예; 인도의 시플라(Cipla))에 대가를 받고 자사의 라이센싱 해주어 특정 의약품을 현지에서 생산하고 판매하도록 한다.

왜 회사들은 약국에 약품을 수출하거나 해외에서 직접 제품을 제조하지 않고 해외 파트너에게 기술을 라이선스 할까? 그 이유는 아주 간단하다. 대상국가내 특정 의약품에 대한 시장 규모가 크다면, 운송과 노동 및 원자재 비용이 낮은 점을 이용하기 위해 그 표적 국가에서 제품을 제조하는 것이 합리적일 수도 있다. 또한, 라이센서는 공장과 장비에 대한 해외투자를 하는데 필요한 재무적 자원을 보유하지 못했을 수도 있으며, 아니면 라이센서가 이들 자원을 활용할 더 좋은 용도를 갖고 있을지도 모른다. 경우에 따라 기업은 외국 파트너에게 목표국가 및 해당지역 내 다른 국가들에서 특허 제품을 제조하고 판매할 수 있도록 라이선스를 제공할 수도 있다. 그러나 라이센서에게 중요한 점은 라이센시를 신뢰해야 하는 것이므로 라이센서를 보호하기 위해서는 일반적으로 라이센서와의 계약서에다 구체적인 벌칙조항을 수록하는 것이다.

이러한 조치들은 진출대상국 혹은 표적 국가들로부터의 출구전략으로도 실효가 있다. 파렴치한 라이센시는 라이선스 받은 제품을 제조하여 다른 브랜드로 이름을 붙여 판매한다고 알려져 있다. 이 경우 라이센서는 이런 제품들로 판매가 분산되면서 특허료의 일부를 잃게 된다.

8-1c. 프랜차이징

프랜차이즈 사업에서 모회사는 라이센싱의 경우보다 상대적으로 더 많은 위험을 감수한다. **프랜차이즈 사업**은 모회사가 프랜차이지(Franchisee)에게 전문 장비 또는 서비스(예: 제품의 사양 및 개조, 가격책정, 판촉 및 유통 전략)를 제공하고 때로는 일부 창업비용도 대출해 준다. 그 대가로 프랜차이지는 연회비를 지불하는데, 이는 일반적으로 창출된 매출액과 창업에 제공된 착수금을 기반으로 계상된다.

패스트푸드 산업은 국내 및 국제적으로 대표적인 프랜차이즈로 잘 알려져 있다. 유명한 국제 패스트푸드 프랜차이즈 기업에는 맥도날드, 버거킹, 피자헛, KFC, 서브웨이, 스타벅스와 도미노가 있다. 프랜차이즈의 대부분은 일반적으로 사업을 시작하기 위한 현지자본을 확보하고 있는 지역주민이 소유하고 운영한다.

라이센싱과 마찬가지로 프랜차이징도 일반적으로 모회사가 해외에 큰 자본을 투자하지 않고도 국제시장에 진출로 이어진다. 프랜차이즈 요금에 대한 대가로 프랜차이지는 매장의 위치 및 배열, 사업을 수행하는 데 필요한 장비의 유지보수 및 사용, 소비자에게 효율적으로 서비스를 제공하고 프랜차이즈를 위생적으로 관리하는 방법에 대한 교육을 비롯한 기술지원을 받는다.

모기업이 추구하는 목적은 소비자가 어느 국가의 가맹점을 방문해도 제공되는 상품 및 서비스의 품질이 유사하다고 확신하는 것이다. 예를 들어, 호주 시드니의 맥도날드 매장을 방문한 소비자는 미국, 독일, 싱가포르, 또는 사우디 아라비아에서 동일한 품질의 상품과 서비스를 제공받을 수 있다고 기대할 수 있다. 하지만 전세계 여러 나라의 맥도날드 매장에서 제공되는 메뉴와 서비스는 현지 문화적 기준에 부응하기 위해 조금씩 개조된다. 예를 들어, 대다수 국민이 채식주의자이고 소가 신성한 동물로 간주되는 인도에서는 맥도날드에서 소고기 햄버거를 전혀 내놓지 않고 그 대신에 그들만의 맥베지(McVeggie)와 마하라자 맥치킨(Maharaja McChicken) 버거가 인기가 많다. 마찬가지로 보수적 사회인 사우디아라비아의 다란에 위치한 맥도널드 매장을 방문하면 여성과 가족은 "싱글"(남성) 섹션과 다른 별개의 섹션에서 서비스가 제공되며, 메뉴에는 어떤 돼지고기도 포함되어 있지 않음을 알 수 있다.

MTV 문화의 확산과 더불어, 그리고 편의성 및 표준화로 인해 패스트푸드 및 이와 관련된 프랜차이즈가 전 세계에 퍼져 나갔다. 예를 들어, 켄터키주 루이스빌에 본사를 둔 Yum! 브랜드는 5개 핵심(KFC, Pizza, Hut, Taco Bell, A & W All American Food Restaurants, Long John Silver's)를 중심으로 구성되어 있다. 국제적 수익이 Yum! 브랜드의 성공을 가져다 준 핵심이다. 중국은 미국 외에서는 Yum! 브랜드의 가장 빠른 성장과 가장 수익성이 높은 시장이다.

8-1d. 전략적 제휴

전략적 제휴란 특정 목표를 위해 일정한 기간 동안 서로 협력하여 수익(또는 시장점유율)을 획득하고자 하는 입장에 있는 2개 이상의 회사간 편의상의 결합을 말한다. 따라서 전략적 제휴는 협력적 벤처사업이라고 할 수 있다. 여러 면에서 합작투자와 유사하지만(다음 섹션에서 설명), 전략적 제휴는 한 가지 주요한 특성 면에서 합작투자와 큰 차이가 있다. 즉, 전략적 제휴는 비자본 협약정을 내포하고 있는데, 이는 전략적 제휴가 공동 소유권을 가진 별도의 법인을 창설하는 것이 아니라는 의미이다.

전략적 제휴는 주로 매출 증대를 목표로 한다. 그리고 전략적 제휴는 협정을 기반으로 하기 때문에 서로 다른 나라의 회사가 다양한 방법으로 협력하여 제휴관계를 형성할 수 있다. 예를 들어, 기업은 각 제휴 파트너가 틈새시장을 확보하고 있을 때 마케팅 분야에서 전략적 제휴를 결성할 수 있다. 글로벌 항공산업은 이러한 유형의 전략적 제휴로 좋은 실례이다. 이 업계에는 3가지 주요한 전략적 제휴가 있다. 즉 Star Alliance는 2013년 매출액 1,700억 달러와 27개 회원사(그중 Lufthansa와 United가 매출로 가장 큰 항공사)를 보유하고 있다. Sky Team은 2013년 매출 1,520억 달러, 회원사 20개(그중 Delta와 Air France-KLM이 가장 큰 항공사)를 보유하고 있다. One World는 2013년 매출 1,430억 달러와 17개 회원사(매출액 대비 가장 큰 항공사는 American과 JAL)를 보유하고 있다. 회원들은 각 제휴사의 항공편 코드를 공유한다(예: 루프트 한자 항공편 #11은 유나이티드 항공편 #2011로 나타낼 수 있다). 이를 통해 각 회원 항공사는 다른 항공사의 항공편을 예약할 수 있게 된다.

이러한 전략적 항공제휴는 2가지 방법으로 승객의 편의를 돕는다. 첫째로 다른 국가의 두 도시를 여행하는 승객은 먼저 유나이티드 항공을 이용하고 나머지 구간을 루프트 한자 항공을 이용하여 여행을 마칠 수 있다. 유나이티드가 최종 목적지에 항공편을 가지고 있지는 않지만, 루프트 한자는 거기로 가는 항공편이 있을 수 있다. 두 번째로 유나이티드의 마일리지 누적 서비스 프로그램에 등록된 루프트 한자 구간에서도 마찬가지로 마일지리 적립혜택을 받을 수 있다. 동일한 내용이 루프트 한자의 마일리지 프로그램에 등록된 회원들에게도 적용된다. Star Alliance의 회원사들도 자사의 좌석용량을 더 잘 활용할 수 있고, 그래서 수입을 극대화할 수 있기 대문에 이득을 보는 입장이 된다. 세계항공업계의 전략적 제휴는 항공사 매출 및 이익을 극대화하는 것이 궁극적인 목표로 모든 항공편에서 좌석 수용 능력을 최대화하는 것이 목표다.

전략적 제휴가 직면하는 도전 과제는 어떤 회원이든 제휴를 조기에 종료할 수 있고, 이로 인해 일부 또는 전체 다른 파트너들에게 부정적인 영향을 미칠 수 있다는 것이다. 예를 들어 콘티넨탈 항공과 유나이티드 항공의 합병이 2011년에 이루어지면서 콘티넨탈 항공은 Sky Team에서 Star Alliance로 이전하게 되었다. 이는 산업이 통합되고 더욱 집중되면서 경쟁에 중요한 영향을 미친다. 적절한 제휴 파트너를 선택하는 것이 전략적 제휴의 성공으로 진전될 수 있는 관건이다. 이와 유사하게 기업은 생산부문에서도 전략적 제휴를 형성할 수 있는데, 여기서 파트너는 각각 특화된 주성품을 제조하고 그 구성품을 다른 파트너(예: 자동차 구성품 제조업체)와 교환한다. 여기서도 결국 주요 목적은 생산능력의 활용을 극대화하고 수입과 이익을 향상시키는 것이다.

8-1e. 국제 합작투자

국내시장이 포화상태이고, 해외에서 판매와 수익을 얻을 기회가 클 때 일부 국내 기업은 해외에 주요한 투자를 해서 자사의 사업을 확장하는 것을 고려할 수도 있다. 잠재적 이익이 크기 때문에 이러한 기업들은 더 큰 재무적 위험을 기꺼이 감수할지도 모른다. 그러나 기업들은 해외에 공장을 완전히 소유하고 운영해야 하는 위험은 흔쾌히 감수하려 하지 않을 수도 있다. 이들은 현재 업체와 함께 수익뿐만 아니라 위험의 증가도 공유하는 것을 선호할 수도 있는데, 이것이 바로 합작투자가 달성코자 목표로 하는 점이다. 대부분 합작투자의 궁극적인 목적은 생산 및 판매 유통망을 공동으로 이용하여 수입(또한 시장점유율)과 이익증대를 창출하는 것이다.

국제 합작투자란 서로의 자원(노동, 자본, 기술 및 경영)을 공동으로 사용하는 2개 이상의 기업들(통상 그 중 하나는 현지 국가의 기업이고 다른 회사는 타국의 기업임)이 공동으로 소유하고 (지분을 나눠 갖고 있다는 의미), 공동으로 운영해서 현지국가로는 물론이고 다른 외국 시장으로까지 진출하여 이익을 창출분할하며 상업적 위험을 공유하는 사업형태를 지칭한다. 예를 들어, 2011년 7월 미국의 다우 케미칼(Dow Chemical)과 사우디 아라비아의 사우디 아람코(Saudi Aarmco)는 200억 달러 규모의 세계 최대규모 중 하나인 석유화학단지를 사우디 아라비아의 동부에 위치한 주바일(Jubail)에 건설하여 (아시아, 중동 및 동유럽 공성장 시장)의 포장, 자동차, 자동차 및 기타 산업들에 사용될 고부가가치의 플라스틱을 생산할 계획을 공표했다. 2016년에 완공되면 사다라 케미컬(Sadara Chemical)이라고 지칭되는 이 합작투자는 자본이 70억 달러가 되며 두 제휴기업이 공유하게 될 것이다. 이와 유사한 프로젝트로 카타르의 페르시아만 지역에서 액화천연가스(LNG)를 생산하는 카타르 가스(Qatar Gas)가 발효되었다.

고도로 자본 집약적인 자동차 산업은 국제 합작투자의 훌륭한 사례가 된다. 상하이 GM은 1997년에 제너럴 모터스(General Motors)사가 SAIC(Shanghai Automotive Industry Corporation)와

국제 합작 투자 : 중국의 여러 코카콜라 보틀링 공장 중 하나이다.

의 합작투자로 설립했는데, 전세계적으로 가장 빠르게 성장하고 있는 GM이다. 또 다른 예로, 코카콜라는 1979년에 중국에 다시 진출하여 중국에 3개의 별도 합작투자를 통해 43개의 병입(Bottling)공장과 2개의 농축 공장을 건설했다. 코카콜라는 중국에 이미 50억 달러 이상을 투자했고 병입 파트너사와 함께 5만명의 직원을 두고 있으며 지난 12년간 줄곧 수익을 내고 있다.

합작투자의 형성은 자본투자 필요액이 매우 크기(수십억 달러)때문에 어느 기업도 모든 필요자금을 기꺼이 감당하려 하지 않을 것이다. 더욱이 설혹 어느 한 기업이 투자에 필요한 자본을 보유하고 있다 하더라도 하나의 모험적 사업에 그렇게나 많은 자본을 출자하는 위험을 감수하려 하지 않을 것이다. 즉, 기업은 다각화를 해서 위험을 줄이려 할 것이다. 국제 합작투자는 또는 각 제휴사로 하여금 자사의 비교우위의 이점을 활용해서 합작 사업활동의 향상을 추구할 수 있게 해준다.

대부분의 경우, 국제 합작투자는 적어도 하나의 현지 기업(진출대상/자본유치 국가의 회사)이 필요하다. 그 이유는 간단하다. 현지 제휴사는 자국내 경제와 문화 및 정치 환경에 대해 가장 잘 파악하고 있기 때문이다. 따라서 현지 제휴사는 그 나라 특유의 물류 및 관료 체계를 극복하는 데 도움을 줄 수 있다. 현지 기업들과의 국제 합작투자는 종종 장기간에 걸쳐 관리 및 기술적 전문성의 이전으로 이어지게 된다. 또한 이러한 국제 합작투자로 창출된 기업이익 중 일부는 그 나라 국내 경제에 남게 될 것이다.

8-1f. 국제 합병 및 인수

명확하게 확인할 수 있는 핵심역량이나 경쟁우위를 가진 국내 기업이라면 해외의 기틀이 잘 잡힌 기업과 합병하거나 그것을 인수(구매)하여 해외시장으로 진출할 수 있다. 바르티 에어텔(Bharti Airtel)이 제인(Zein)의 아프리카 자산을 인수한 것은 이 장의 서두에서 소개한 바와 같이 아주 좋은 사례이다. 그 장점은 아주 명백하다. 즉, 현지 자본유치 국가(host country) 또는 진출목표국가(aim country) 기존 기업들은 이미 훌륭한 유통망 또는 가치있는 기술과 함께 매우 안정적인 생산이나 마케팅 사업활동을 하고 있을지도 모른다. 본국 기업의 강점과 현지 기업의 장점을 융합시킴으로써 새로운 기업은 보다 더 한 국제 경쟁력을 갖게 될 것이다.

기업인수에 있어서는 본국 회사는 현지 국가의 회사를 인수하여 자사의 국제 사업전략(즉, 어떤 제품과 서비스를 생산할 것인지, 어떻게 가격을 책정하고 마케팅 할 것인지, 새 회사를 어떻게 관리 할 것인지 등)을 실행할 것이다. 그러나 합병의 경우에는 두 회사의 경영진이 사업의 개발 및 집행에서 적극적인 역할을 수행할 것이다. 잘 검토된 국제 합병과 인수는 새로 설립된 기업으로 하여금 그 회사의 국제 전략에 부합되는 외국시장으로 즉각적인 접근을 허용 해 줄 것이다.

기업신용도와 시장점유율은 그 효과가 인수합병에 동반하여 나타난다. 예를 들어, 1993년 코카콜라가 인도에서 팔레 엑스포츠(Parle Exports)사의 주요 자산을 인수했을 때, 팔레(Parle)사의 거대한 전국적 병입과 유통망 접근력을 바로 활용할 수 있다. 인도에서는 12억 인구의 약 70%가 농촌 지역에 거주하고 있기 때문에 이러한 소비자에게 쉽게 접근하는 것이 코카콜라의 가장 큰 핵심적인 성공요인이었다. 코카콜라는 인도내 기존 생산 및 유통시설을 업그레이드하여 자사의 글로벌 제품을 소개하고 판매하게 되었다. 이와 유사하게 중국의 레노보(Lenovo)사가 IBM의 개인용 컴퓨터 사업을 인수했을 때도, IBM이 보유한 13억 소비자 시장과 함께 IBM의 글로벌 공급망 및 유통 네트워크 접근력을 접수하여 바로 활용할 수 있었다.

인수되는 기업은 현지 시장에서 좋은 평판을 얻고 있어야 한다. 지금까지 알아본 다른 유형의 해외시장 진입과 비교할 때, 인수합병은 해외시설을 취득하고 업그레이드하는 데 상당한 자본이 필요할 수 있기 때문에 상대적으로 위험하다. 더욱이 기업의 문화적 차이는 국적, 관습, 가치가 상이한 두 조직의 원활한 통합을 저해할 수도 있다.

어떤 불행한 이유(예: 노동문제 등)로 신규 회사의 실적이 부진한 경우에는 본국 기업으로 하여금 현지국(host country)을 떠날 수 있고, 큰 손실을 초래하지 않으면서 합리적인 가격으로 처분할 수 있도록 출구전략을 마련할 수 있게 해야 한다. 출구전략은 합병 또는 인수가 이루어진 후가 아니라, 현지 국가에 진입할 때 마련되어야 한다는 점을 기억해 두는 것이 중요하다.

8-1g. 완전 자회사

해외 기업인수의 대안으로 국내 기업 또는 본국기업은 자체적으로 새로운 시설("그린필드" 공장이라고도 함)을 해외에 건설하고 운영할 수도 있다. 그러나 이러한 본국기업이 자체적으로 설립하는 완전 소유의 자회사는 일반적으로 대규모의 자본투자가 필요하다.

경제적 관점

의료관광

미국은 보건의료에 GDP의 18% 이상을 사용하고 있지만, 약 4,500만 명의 건강보험에 가입하지 못했고, 3천만 명이 저(일부) 보험 상태에 있다. 미국의 보건의료 비용은 2조 6,000억 달러(2010년 1인당 약 7,800달러)로 세계에서 가장 비싸다. 미국의 보건의료비 상승률은 소득증가율은 말할 것도 없고 소비자 물가상승률을 지속적으로 능가해 왔다. 이는 미국인 가정 월간 예산의 증가액이 고스란히 보건의료로 지불되고 있음을 즉, 현행 증가율 상태에서는 더 이상 가계의 의료비 충당이 지속될 수 없을 것임을 의미한다.

해외에서의 의료와 휴식 및 레크레이션을 결합한 의료관광은 1990년대 말부터 시작되었다. 이런 현상은 미국내 의료비용을 줄이고 건강관리의 질을 향상시킬 수 있는, 대안적이고 경쟁적인 시장동력이 될 것이 같다. 외국의 의료기관, 특히 코스타리카와 아시아(인도, 싱가포르, 태국 등)의 외국 의료기관의 서비스는 비효율적인 미국의 의료시스템에 더 큰 가격경쟁을 불러올 가능성이 있다. 미국의 의료시스템은 특수이익단체와 과점 및 인센티브, 그리고 더나은 의료서비스를 얻기 위한 것이 아니라 의료행위 수행절차를 제공하는 자에 대해 보상하는 "서비스 요금(fee-for-service)"과 같은 왜곡된 인센티브로 뒤엉켜 있다.

의료관광은 환자를 아시아로 수출하는 것이 아니라 아시아로부터 경쟁을 주입함으로써 미국내 의료개혁을 위한 촉진제가 될 수 있을 것이다. 치료를 목적으로 해외여행을 하는 미국인은 2014년에 75만명에서 2020년경에는 천만명으로 증가할 것이 예상되며, 이로 인해 개발도상국에 연간 약 210억 달러의 가치가 발생할 것이다. 점점 많은 미국인들이 관절대체, 미용성형, 자궁적출 및 기타 비응급 처치를 받기 위해 자체 비용으로 해외에서의 건강관리를 모색하고 있다. 이들은 비용 때문에, 그리고 아시아 내 염두에 두고 있는 병원도 서양에 있는 병원만큼 좋기 때문에 의료관광을 떠난다.

향후 아시아의 병원체인이 가장 큰 승자가 될지도 모른다. 인도의 Wockhardt 및 Apollo 병원체인, 싱가포르의 Parkway Health, 태국의 Bumrungrad Hospital이 대표적인 예이다. 이 병원들은 전 세계적으로 의료 서비스 제공자의 품질과 안전성을 평가하는 비영리단체인 Joint Commision Internatioanl의 인증을 위한 엄격한 요구조건을 모두 만족시켰다. 이 병원들이 누리는 혜택은 미국인 환자들로부터의 수익을 비롯하여 서비스 및 위생의 질을 국제수준으로 높여 현지의 고급환자들 뿐만 아니라 외국인 환자들을 유치할 수 있다는 것이다.

문제:

1) 미국내 보건의료 위기는 의료관리의 세계화에 어떤 영향을 미쳤는가? 미국내 보건의료 비용을 줄이기 위해서는 무엇을 할 수 있다고 생각하는지 설명하라.
2) 아시아는 서구, 특히 미국으로 의료 서비스의 순수출국이 될 것으로 전망된다. 미국 기업들이 이 분야로 모험적 사업을 벌일 기회가 있겠는가? 어떻게 가능할까?

출처: "Globalization and Health Care," The Economist, August 16, 2009, pp. 74–76; www.patientsbeyondborders.com.

따라서 이러한 벤처사업의 위험과 보상은 상당히 높다. 그러나 새로운 자회사는 현대적이고 효율적이며 환경적으로 건실하며 최근의 국제 표준에 맞춰 설계될 가능성이 커서, 공급망 관리면에서 최신방식을 취급할 수 있게 해줄 것이다.

그러나 자회사는 새롭고 시대적으로 알려지지 않고 문화적 차이가 존재하기 때문에 국제시장에 진출하기 위해서는 주요한 마케팅에 노력이 필요하다. 자회사는 잘 조화된 마케팅 캠페인을 통해 새로운 고객기반을 구축할 필요가 있다.

사실확인 LO-1

당신이 거주하는 도시나 지역에서 이루어지고 있는 국제 사업활동의 유형을 식별해보라. 어떤 유형이 가장 인기가 있는지, 그 이유는?

8-2. 다국적 기업

LO-2
다국적 기업(MNEs)의 진화과정을 설명하라.

다국적 기업(Multinational Enterprises: MNEs)은 한 나라에 본사를 두고 있지만 외국 영토에 제조, 서비스, 연구개발 시설 또는 기타 사업체를 소유하고 관리하는 기업이다. 제너럴 일렉트릭(미국), 마이크로소프트(미국), 소니(일본), 도요타(일본), BMW(독일), 지멘스(독일), 쉘(영국-네덜란드), 현대(한국), 레노보(중국), 타타(인도) 및 페트로 브라스(브라질)는 기업이 한 국가에 본부를 두고 있지만 다른 국가들에 사업체를 소유하고 운영하는 것으로, 앞의 기업들은 수백개의 대규모 다국적 기업들 중 일부일 뿐이다.

일반적으로 다국적 기업은 막대한 규모의 자원(자본, 경영능력 및 기술)을 보유한 대기업이다. 이러한 자산을 바탕으로 다국적 기업은 세계적으로 운영하는 데 수반되는 막대한 위험을 기꺼이 감수할 의지와 운영할 역량을 갖고 있다. 참고자료 8.2는 시장가치나 주식상장(기업주가 세계시장에서 공모되는 총 주식수)을 기준으로 세계 상위 10개 다국적 기업(2013년 말 기준)리스트를 보여 준다. 그 표에서 미국계와 중국계 다국적 기업들이 10개 서열을 석권하고 있다.

파이낸셜 타임스지(Financial Times)는 해마다 500개 세계최대 기업들의 리스트를 발표한다. 역사적으로 2013년말에 미국의 다국적 기업들은 파이낸셜 타임스지(Financial Times) 글로벌 500 리스트에서 총 500개의 기업들 중에서 184개(2003년 240개에서 하향)를 차지하여 우세를 보였으며, 그 다음으로 영국계의 36개 기업들이 리스트에 뒤따랐다. 최근(2000년 이후) 전략적 개발을 통해 신흥시장의 다국적 기업들이 부상했는데 중국(23개), 인도(12개), 브라질(10개), 러시아(8개), 한국(5개), 남아공(5개)의 다국적 기업들이 파이낸셜 타임스 글로벌 500 리스트에 이름을 올렸다. 세계경제에서 이러한 국가들의 중요성이 증대되고 21세기에 이들이 수행할 것으로 기대되는 역할이 긴요함에 따라, 신흥시장의 다국적 기업들은 미래에 중추적이고 더욱 두드러진 지정학적 역할을 수행할 가능성이 크다고

서열	회사명	국적	시장가치 (10억 달러)	부문
1	Apple	미국	416	하드웨어 기술
2	ExxonMobil	미국	404	석유 및 가스
3	Berkshire Hathaway	미국	257	비생명 보험
4	PetroChina	중국	255	석유 및 가스
5	Walmart	미국	246	소매일반
6	General Electric	미국	240	산업일반
7	Microsoft	미국	240	소프트웨어 및 컴퓨팅
8	IBM	미국	238	소프트웨어 및 컴퓨팅
9	Nestle	스위스	234	식품제조업
10	Chevron	미국	231	석유 및 가스

출처 : "FT Global 500 Companies," from www.ft.com/intl/indepth/ft500.

참고자료 7.3: 일부 국가들의 해외 부패행위 방지법 위반횟수와 부패인지 지수(CPI)

간주된다.

다국적 기업의 출현은 20세기 초반에까지 소급될 수 있지만, 다양한 국제기구(그리고 국제적 경쟁의 규칙)가 설립되고 국제 무역 및 투자의 규칙과 규제가 자유화 과정(제1장에서 논의된 바처럼)을 발생시킨 제2차 세계대전 이후에야 비로소 빠르게 가속화되었다. 그 당시 대부분의 다국적 기업들은 주로 원유 및 기타 광물(철광석, 구리, 보크, 사이트, 금, 석탄 등)과 같은 원재료를 구하는 입장에 있던 유럽과 북미의 산업국 또는 개발국의 기업들이 주를 이루었다. 그리고 이러한 원재료들은 대부분 아프리카, 아시아, 호주, 중동 및 라틴 아메리카와 같은 개발도상지역들에서 찾아볼 수 있었다.

제조분야는 1903년 미국의 포드사가 조립라인 방식을 도입하면서, 포드와 제너럴 모터스 같은 미국 기업들이 유럽 내 많은 소규모 자동차 회사를 인수함으로써 유럽시장에 적극적으로 진출하려고 했다. 1950년대 초에 조립라인 생산은 자동차 산업을 넘어 가전제품(세탁기, 냉장고, 스토브 등) 및 소비재 전자제품(라디오 및 텔레비전, 축음기 등)과 같은 거의 모든 내구성 소비제품을 제조하는 것으로까지 확산되었다. 최근 수십년 동안에는 항공기 제조 및 스마트폰 조립사업에서도, JIT(just-in-time) 및 JIS(just-in-sequence) 제조, 공급망 관리와 ERP(enterprise resource planning) 시스템과 같은 기법을 실행하기 시작했다.

미국, 유럽과 일본의 다국적 기업들이 여전히 세계 경제에서 주도적인 역할을 수행하고 있지만, 이들은 신흥경제권인 중국, 인도, 브라질, 러시아, 한국 및 남아프리카계 다국적 기업들의 부상으로 인해 현재 및 장래에도 계속하여 21세기동안 다국적 기업의 부상은 외국인 직접투자가 뚜렷한 특징이 될 것이다.

사실확인 LO-2

당신의 거주지역 또는 인근지역에 사업활동 시설을 갖추고 있는 신흥시장의 다국적 기업을 찾아보라. 그 기업의 국적과 그곳을 선택할 동기를 결론지어 보라.

8-3. 다국적 기업과 글로벌 전략적 동기

LO-3
다국적 기업이 해외로 투자하는 주요 전략적 이유를 설명하라.

이 장(章)에서는 다국적 기업이 무역업자로서 라이센서로서, 프랜차이저로서, 합작 기업으로서, 또는 전략적 파트너로서, 그리고 합병과 인수 또는 완전소유의 자회사를 통해 해외시장에 진입할 수 있음을 논의해 왔다. 이제 여기서는 다국적 기업이 국제적으로 진출하게 되는 동기에 관한 정보를 제공하게 될 것이다. 중국계 다국적 기업의 전략적 동기는 미국이나 유럽계 다국적 기업들의 전략적 동기와는 매우 다르다. 같은 미국의 다국적 기업들도 해외 진출을 원하는 각각의 이유가 있을 것이다. 모든 다국적 기업들은 각자의 경쟁우위와 핵심역량을 활용하여 특정한 국가적 목표나 기업적 목적을 달성하고자 할 것이다.

자유기업 시스템 내에서 해외투자를 원하는 최우선 목표는, 주주의 부(富)를 극대화하는 것(즉, 환율 변동에 조정된 해외 투자의 미래 현금흐름의 순 현재가치를 극대화하는 것)이다. 즉, 쉽게 말해 이익을 극대화하여, 주주들이 더 큰 배당금을 받을 수 있게 하고 시간이 지남에 따라 주가가 상승하도록 해주기 위해 해외를 진출한다.

그렇다면 해외에 투자할 때 기업은 어떻게 이익을 극대화하려고 할까? 그리고 투자할 국가는 어떻게 선택할까? 이 두 가지 질문에 대한 대답은 다음과 같은 세 가지 전략적 동기들에 숨겨져 있다. 즉, 기업은 수익을 사업주기나 정치적 변화가 기업의 현금흐름에 미치는 충격을 줄이기 위해서 첫째, 수익을 극대화하고 둘째, 비용을 줄이고 셋째, 위험을 최소화하기 위한 다각화를 위해(사업주기나 정치적 변화가 기업의 현금흐름에 미치는 충격을 줄이기 위해) 해외로 진출한다. 이제 이들 세 가지 전략에 대해 좀 자세히 논의해 보자.

8-3a. 수익 극대화 전략

수익을 극대화하기 위해 해외로 진출할 때, 다국적 기업들은 일반적으로 두 가지의 주요 이유 때문에 그렇게 한다. 먼저, 국내시장에서 경쟁이 매우 치열해질 수 있고, 이는 자사의 상품 또는 서비스에 대한 이익마진 감소와 시장포화에 반영될 것이다. 두 번째로 기업은 생산과 기술, 그리고 경영에서의 경쟁우위를 기반으로 하여 진정으로 해외에서 새로운 사업 기회를 찾을 수도 있다. 이제 우리는 잠재적 해외시장을 알아보고 세분해 볼 것이다.

8-3a-(i). 고성장 시장으로의 진출

고성장 잠재력을 지닌 국가는 1인당 소득이 증가하고 상품과 서비스에 대한 높은 수요를 가진 중산층이 늘어나는 상황을 맞게 될 것이다. 외국의 투자자들은 이러한 고성장과 수익성이 높은 시장에 진입하여 이러한 개발상황의 이점(利 點)을 취하고자 할 것이다. 제1장의 서두에 언급된 참고자료 1.2에서는 저자가 개발한 세계 10대 경제권의 성장 예측치를 제공하고 있다. 미국의 투자금융회사인 골드만 삭스(Goldman Sachs)의 수석 이코노미스트인 짐 오닐(Jim O'Neil)이 만들어낸 용어인 이른 바 BRIC 국가들인 브라질, 러시아, 인도 및 중국에 대해서는 특히 주의를 기울일 필요가 있다. 이들 국가는 21세기에 가장 빠르게 성장하는 경제권이 될 것으로 기대된다. 또한 제2장의 참고자료 2.3에서 볼 수 있듯이, 외국기업들이 이들 수익성 높은 시장으로 진입하려고 노력함에 따라 BRICs로의 순 해외투자 유입 증가율이 가속화되었다. 중국과 인도는 각각 인구가 10억이 넘고, 미국의 전체 인구보다 많은 것으로 평가되는 높은 소비, 그러나 중국과 인도는 반대로 중산층에 비해 훨씬 더 많은 빈민층 인구를 보유하고 있으며, 이들은 종종 1인당 소득과 관련하여 "피라미드의 바닥(Bottom of Pyramid)"이라고 불린다. 이러한 어구를 만들어 낸 프랠러드(C. K. Prahalad) 교수에 의하면, 빈민층에 속하는 인구도 하위 수준의 차별화된 상품의 소비자로서 수익성 있는 사업 기회를 제공한다고 말한다. 이는 다국적 기업들이 무시해서도, 무시할 수도 없는 사실이다.

8-3a-(ii). 안정적인 고수익 시장으로의 진출

안정적인 고소득 국가들(참고자료 2.3 참조)에는 미국, 일본, 캐나다, 그리고 유럽연합(EU) 같은 지역들이 포함된다. 비록 BRICs와 같은 신흥 경제권에 비해 이들 안정적인 경제

BRIC: 브라질은 러시아, 인도 및 중국과 함께 21 세기 가장 빠르게 성장하는 경제 중 하나가 될 것으로 예상됩니다.

권의 성장률이 비교적 낮을 수는 있지만, 이들 경제권의 높은 1인당 소득수준은 결국 높은 구매력으로 변환될 수 있고, 참고자료 2.3을 자세히 살펴보면 신흥 경제권으로의 외국인 투자유입 증가율이 훨씬 큼에도 불구하고, 해마다 대부분의 외국인 투자 흐름이 이들 안정적인 개발된 시장으로 유입되었음을 보여준다.

8-3a-(iii). 독점적 시장구조를 지닌 국가들로의 진출

시장구조는 한 국가 내 특정 산업에서의 경쟁의 정도를 나타낸다. 독점적 시장 구조는 한 나라의 특정 산업에 참여기업이 거의 없는 경우를 말한다. 이것은 무엇을 의미하는가? 독점, 복점, 또는 독점적 경쟁과 같은 독점적 시장구조를 가진 산업에서는 경쟁자가 거의 없기 때문에 이윤마진이 일반적으로 상당히 높다. 예를 들어, 1980년대에 반도체 및 휴대전화 사업에서 미국의 주요 회사인 모토롤라가 중국시장에 진출했을 때 당시 중국내 반도체 산업에서는 이렇다 할 경쟁사가 없었다. 모토롤라는 중국시장을 거의 독차지했으며 자사의 제품에 대한 가격을 높게 책정할 수 있었다. 이 과정에서 IBM, 인텔, 노키아, 삼성, 토시바와 같은 경쟁업체들이 중국에 들어오기 시작한 1990년대 후반까지의 오랜 기간 동안 탄탄한 수입과 상당한 이익을 창출했다. 한편 모토롤라는 미국에서보다 수익성이 더 높은 중국에서 오랫동안 확고하게 자리 매김을 했다.

8-3a-(iv). 무역제한 분야로의 진출

앞에서 언급했듯이 국가들은 종종 특정 대표적 산업을 글로벌 경쟁으로부터 보호하기 위해 관세, 쿼터 및 보조금과 같은 다양한 유형의 무역장벽을 부과한다. 이러한 무역 장벽은 해외로부터의 경쟁을 감소시키고 국내 기업의 가격과 이익을 증대시킨다. 시간이 지남에 따라 이러한 보호는 종종 저품질의 국내 상품 및 서비스로 이어질 것이다.

외국기업이 이러한 무역제한 시장에 수익성 있게 진입할 수 있는 유일한 방법은 수출을 통해서가 아니라 FDI를 통한 방법이다. 따라서 보호받는 시장에 진출하고자 하는 외국기업은 자사가 그 국가에서 기꺼이 장기적으로 사업을 벌이고 투자를 할 정도로 진출대상 국가의 시장규모가 크고 수익성이 있는지를 결정할 필요가 있다.

이에 대한 좋은 예가 1979년에 이란에 혁명이 일어나 이란산 석유의 수출이 억제되고 원유가격이 2배 이상 오르게 된 직후에, 미국과 일본이 함께 1980년대 초에 체결한 자발적 수출억제 협정이다. 이 협정에 따라 일본은 3년 동안 미국으로의 자동차 수출을 연간 약 160만 대로 제한했다. 이 협정의 목적은 디트로이트의 “Big Three” 자동차 제조사들(GM, 포드, 크라이슬러)을 그들로 하여금 설비를 재정비하고, 연비가 좋은 소형차 생산을 할 수 있게 3년간의 시간을 제공하기 위함이었다.

일본의 자동차 제조업체들은 품질과 가격 양면에서 디트로이트(미국 자동차 제조업체들)에 대해 효과적으로 경쟁할 수 있음을 알고 있었다. 더욱이 일본 제조업체들은 당시 세계에서 가장 크고 수익성 높은 자동차 시장을 포기하고 싶지 않았다. 그래서 일본 자동차 기업들은 다음과 같은 두 가지 옵션 중 하나를 결정해야만 했다.

(1) 국내(일본)에서 자동차를 생산하여 미국으로 연간 최대 160만대를 수출하는 것
(2) 미국내에 제조공장을 설립하여 현지에서 가능한 한 많은 자동차를 생산해 판매함으로써 무역제한을 우회하여 피하는 것

혼다는 1982년부터 미국내에서 자동차를 조립하는 옵션을 추구한 최초의 일본 기업이었다. 1987년에 이르자 6개의 다른 일본 자동차 제조업체들도 미국내에서 생산공장을 가동하거나 건설하겠다는 계획을 발표했다. 이것은 일본 자동차의 미국 진출의 시작이었다. 오늘날, 도요타는 미국 및 글로벌 사업을 성공적으로 축소하고 재편했으며, 제너럴 모터스 보다도 미국에서 더 많은 자동차를 제조 및 판매하고 있다.

8-3b. 비용 최소화 전략

다국적 기업이 해외로 진출하는 또 다른 이유는 비용을 최소화하기 이다. 예를 들어, 어떤 한 제품에 대한 국내시장이 극도로 치열한 경우, 다국적 기업은 많은 이익을 내기가 어려울 수 있다. 그러한 환경에서 다국적 기업에게 유일한 대안은 비용을 절감하는 것이다. 다국적 기업이 여러가지 이유로 국내에서 비용을 절감할 수 없다는 사실을 깨닫게 되면, 해외로 생산기지를 옮기거나 해외로부터 자사의 일부 구성품을 아웃소싱하여 주주들에게 분배할 상당한 이익을 실현하기로 결정할 것이다. 따라서 국내 생산요소(토지, 노동, 자본 및 기술)의 비용이 증가하면 기업은 전사적인 한계이윤을 유지하거나 높이기 위해 해외에서 더 낮은 요소비용을 찾아야 할 압력을 느끼게 된다. 글로벌 차원에서 비용을 최소화하는 몇 가지 중요한 전략적 방법은 다음과 같다.

8-3b-(i). 생산에서의 규모의 경제

대부분의 제조시설은 생산에서의 규모의 경제를 나타낸다. 이는 기업이 생산량을 지속적으로 늘리면 고정자산(공장 및 기계류)을 효율적으로 사용하기 때문에 최적수준에 도달할 때까지 단위당 평균비용이 감소한다는 사실을 의미한다. 이는 또한 일정한 판매가격에 대해 생산이 적정수준에 도달하고 규모의 경제가 달성될 때까지 단위당 이익(이윤마진)이 지속적으로 상승할 것을 의미한다.

1890년대에 영국의 레버 브러더스(Lever Brothers)는 미국과 인도의 두 거대한 비누 및 세제 시장에 진출하여 생산에서의 규모의 경제를 달성할 수 있다는 것을 알게 되었다. 마찬가지로 미국의 프록터앤겜블(Procter & Gamble)은 1980년대 중국시장으로 진출하여 규모의 경제의 이점을 활용했다. 따라서 목표로 하는 해외시장이 크다면, 다국적 기업들은 규모의 경제 방식에 입각해서 FDI를 그 나라 시장에 진출하고 동시에 거기에서 수출도 할 수 있는 하나의 모델로서 FDI를 이용하려는 결정을 내릴 수도 있다.

8-3b-(ii). 요소투입 비용의 최소화

생산요소(토지, 노동, 자본 및 기술)의 단위비용은 요소별 부존자원 및 생산성 때문에 국가마다 다르다. 브라질과 같은 나라는 농업과 광물 자원이 풍부하고 상대적으로 저렴한 노동력을 보유하고 있다. 이러한 이유로 브라질은 세계에서 가장 저렴한 비용의 에탄올과 콩 생산국가 중 하나이기도 하다. 일본 기업들은 자국으로 재 수출할 콩을 재배하기 위해 광대한 면적의 토지를 임차하는데 많은 투자를 했다. 두부(콩 두부), 간장, 두유, 콩기름, 닭 사료와 같은 제품을 생산하여 만드는 데 사용된다.

유사하게, 제너럴 모터스와 월마트 같은 미국의 다국적 기업들은 중국의 저렴하고 생산적인 노동력의 이점을 취하기 위해 중국에 막대한 투자를 했다. 제너럴 일렉트릭(General Electric), IBM, 마이크로 소프트와 같은 기업들은 서비스 부문 일자리에 충당한 그 나라의 생산적이고 저렴하며 영어를 말하는 교육받은 노동력을 보유하고 있는 인도에 막대한 투자를 했다.

8-3b-(iii). 환율변동에 대한 대응

특정 국가의 통화가 시간이 지남에 따라 가치가 높아질 것으로 예상될 때, FDI는 그 국가로 옮겨가서 상대적으로 덜 비싼 비용으로 플랜트 및 장비와 같은 자산을 구입할 수도 있다. 이렇게 해서 미래에 이익이 창출되면, 초기투자를 한 다국적 기업은 그 이윤을 자국 통화로 환전할 때 더 큰 수익을 얻게 된다.

예를 들어, 미국 기업들은 현지시장과 수출시장을 위한 제품을 생산할 제조시설을 건설하기 위해 중국으로 투자를 쏟아부어 오고 있다. 경제학자들은 중국 위안화가 미래 달러에 대한 평가를 절상할 것으로 예상하기 때문에, 중국 위안화로 달러를 환전할 때 향후에 중국 위한화로부터 얻는 이익은 높을 것이다. 예상대로 위안화의 가치가 높아지면 미국 기업들과 그들의 투자자는 상당한 보상을 받게 될 것이다.

8-3c. 위험 최소화 전략

다국적 기업이 수입을 극대화 하고 비용을 최소화하는 것 말고, 수익을 극대화하는 또 다른 방법은 위험을 최소화하는 것이다. 위험을 최소화하기 위한 핵심적 접근법은 해외로 사업을 다각화(분산화)하는 것이다. 따라서 먼저 다각화의 의미에 대해 상세히 살펴본 이 후에, 다국적 기업이 세계적 다각화로의 접근법을 인지할 수 있는 하는 두 가지 중요한 방법에 대해 알아볼 것이다.

8-3c-(i). 다각화

다국적 기업이 해외에 사업시설을 설립하는 주된 이유는 사업을 다각화하고 위험을 최소화하여 세계적 차원에서의 전사적 현금흐름과 수익이 상대적으로 안정적으로 되게 하려는 것이다. 성장지향적이거나 전향적인 시각을 지닌 다국적 기업은 일반적으로 자사의 모든 투자를 현지시장이나 국내시장에서만 하기를 원하지 않는다. 그들은 "자신들이 가진 모든 달걀"을 국내의 바구니에 넣고 싶어하지 않는다. 모든 국가가 동일한 비율로 성장하지 않으며, 동일한 사업주기를 따르지 않기 때문에 그들은 해외에 투자하기를 원한다. 따라서 기업들은 국내경제가 하강국면에 처해 있을 때, 투자가 이루어진 외국의 경제들(예: 중국, 인도, 브라질, 인도네시아, 남아프리카)은 잘 될 수도 있으므로 다각화하고자 한다. 이런 식으로, 전 세계에서 창출하는 그 기업의 총 이익은 안정적으로 잘 유지될 수 있을 것이다.

예를 들어, 코카콜라사는 140개국 이상에 사업시설을 두고 있으며 자사의 전체 이익 중 55% 이상을 자사의 해외시설에서 창출하고 있다. 따라서 코카콜라의 연간 이익은 미국 시장에만 집중하는 기업의 이익보다 더 안정적이라 볼 수 있다. 결과적으로 기업이 장기적인 이익을 극대화하기 위해 노력하고 있다면, 다각화는 필수적이다. 국제적 다각화는 다국적 기업의 중요한 목표이기 때문에 기업은 효율적으로 사업을 다각화(분산화)하는 방법을 결정해야 한다.

8-3c-(ii). 국내 · 외 수익간의 상관성

다각화로 나아가기 위한 상대적으로 단순한 접근방법은 높은 성과수준(환율변동에 조정된 연간 세후 현금흐름)을 보여주는 해외 프로젝트를 파악하는 것인데, 이는 시간 경과에 따른 국내의 현금흐름이나 프로젝트 수익과는 크게 관련이 있지는 않다. 그러나 이는 스프레드시트 시뮬레이션을 통해 가능한데, 이 시뮬레이션은 시간 경과에 따른 프로젝트의 연간 현금흐름을 개발하여 세후 현금흐름 및 투자수익을 결정한 다음, 국내 사업활동에서의 해당 자료들과 비교할 수 있게 해준다. 만약 상관계수가 1 또는 1에 가까울수록 국제 프로젝트의 수익이 국내 프로젝트의 수익과 매우 밀접한 상관관계가 있다. 이는 위험이 분산화되어 있지 않으므로 그 기업은, 국제 프로젝트의 고려를 중지하고 국내에 투자하거나 확장해도 좋다는 것을 의미한다. 한편 상관계수가 낮거나 마이너스라면 국제 프로젝트와 국내 프로젝트는 상호 보완적이어서 위험을 줄일 수 있다.

8-3c-(iii). 제품 수명주기 이론

다각화에 대한 또 다른 접근법은 제품 수명주기 이론의 도움을 받아 설명될 수 있다. 안정된 기성 시장에서는 거의 모든 제조품이 그 제품의 탄생과 죽음으로 끝나는 라이프 사이클을 거친다. **제품 수명주기 이론**은 어떤 한 제품이 여러 단계에서 단계별로 어떤 일이 발생하는지를 설명한다. 도입(순전히 국내시장); 성장(수출과 함께); 성숙 (아웃소싱 및 해외생산 강조); 쇠퇴(제품이 단종되기 전).

소니가 일본 시장에 처음으로 비디오 카세트 레코더(VCR)를 내놓았을 때의 예를 생각해보자. 도입단계(1970년대) 기간에는 일본의 소비자들이 제품의 효용가치에 대해 확신하지 못했기 때문에 수입과 이익이 모두 낮았다. 비록 가격은 연구개발 비용을 벌충할 수 있을 만큼 높게 책정되었지만, 두번째 단계인 성장단계(1980년대)에서는 제품이 국내에서 큰 호응을 얻었고(수출도 시작되었다), 수익은 급격히 증가했으며, 이익은 최고치를 기록했다. 세번째 단계(1990년대)에서는 제품이 성숙해지고 다른 제조업체들로부터의 경쟁이 치열했다(비용을 절감하기 위해 해외생산으로 이어짐). 일본의 소비자들은 집안의 다른 방들에 놓을 여러 대를 구입할 필요가 있음을 깨닫게 되었다. 이 단계에서는 수입은 극대화되었으나 경쟁으로 인해 이익이 감소하기 시작했다. 최종단계(2000년와 그 이후)에서는 새로운 제품인, DVD가 시장에 진입하고 VCR을 대체함에 따라 수입과 이익 모두 더 떨어졌다.

제품 수명주기는 다각화와 어떤 관련이 있을까? 버논(Raymond Vernon)의 제품 수명주기 이론에 따르면 3단계(성숙기)에서 국내시장에서 경쟁에 직면하는 다국적 기업은 효율적으로 운영되어야 한다. 따라서 다국적 기업은 해외투자를 통해 다각화하고 전사적 현금흐름을 안정화하고자 한다. 그래서 다국적 기업은 해외 소비뿐만 아니라 본국으로의 수출을 위해 해외에서 제품을 생산하여 총체적인 기업이익을 극대화할 것이다. 그렇지 않으면 국내에서 기업은 그 사업을 철수하게 될 것이다.

8-3d. 외국인 직접투자에 대한 더닝의 절충이론

이 책의 제1장에서는 기능을 잘 발휘하는 제도적 구조와 훌륭한 정부통치가 국제화를 어떻게 원활하게 해주는가를 분석했다. 제2장에서는 국제무역에 대한 여러 이론들이 논의되었다. 그리고 제3장에서는 경제적 지리가 무역과 투자의 흐름에 어떻게 영향을 미치고, 지역경제블록의 창설을 어떻게 촉진하는가를 설명했다. 본 장에서는 기업들, 특히 다국적 기업들이 주주의 부(富)와 이익을 증대화하려는 목적으로 국제경제에서 어떻게 행동하는가를 분석하고 있다.

영국의 경제학자인 더닝(John Dunning)은 국제경제학의 제반 이론들을 고찰한 뒤, 1980년 외국인 직접투자에 대한 자신의 '절충적 이론'에 도달했다. 더닝은 다음과 같은 질문에 답하기 위해 그러한 이론들(비교우위 이론, 헥셔-올린 정리, 요소가격 균등화 정리, 국가 경쟁우위에 대한 포터의 '다이아몬드 모델', 그리고 일국 경제에서의 정부통치와 제도의 효율성)을 통합했다. 즉, 기업들은 왜 해외생산에 투자하는가? 다시 말해, 기업들은 자사로 하여금 외국인 직접투자나 기타 해외진출 방식에 참여토록 동기를 불어넣는 어떤 핵심적 경쟁역량과 우위들을 가져야 하는가?

이 절충이론의 근본원리는 해외에 생산기지를 두려고 모색하는 기업들의 구조와 핵심역량이다. 덧붙여, 더닝은 외국인 직접투자를 일으키기 위해 기업들이 갖춰야 하는 다음과 같은 3가지의 핵심적 경제적 '우위들(advantage)'을 찾아냈다. (1) 오너쉽 우위, 즉 기업특유의 우위 (2) 입지 우위 즉, 국가특유의 우위, 그리고 (3) 내부우위이다.

오너쉽 또는 기업특유의 우위란, 위치에 상관없이 매우 저렴한 비용으로 다국적 기업내에서 이전될 수 있는, 그 기업에 내재된 것들이다. 즉, 브랜드 네임, 상표, 또는 특허, 공급망 및 생산공정, 기업가적 및 관리적 기량, 그리고 재무적 강점이다. 다국적 기업이 수입을 극대화하거나 비용을 최소화하여(또는 둘 다 달성하여) 이익을 증대시키려면 상기 우위들이 해외의 목표국가에 위치한 다른 경쟁업체들의 우위를 능가해야 한다. 예를 들어, 특별한 브랜드 네임의 약품을 생산하는데 필요한 특허를 가진 기업은 그 브랜드 네임을 해외에서 사용할 독점권을 가져서 그 약품을 수익성 있게 생산하게 될 것이다.

입지 우위, 즉 국가특유의 우위는 특정 국가의 경제적, 정치적, 사회적 시스템들에 관련이 있다. 이 장의 앞에서 논의되었 듯이, 여기에는 생산요소들(즉, 노동의 질과 생산성, 토지와 지하자원, 자본의 비용, 기반시설의 질)은 물론이고 정치적 환경(즉, 양호한 기능의 제도들, 법규, 통치의 투명성)도 포함된다. 예를 들어, 인도와 같은 민주적 국가는 거대하고 우수한 자질의 영어를 말하는 노동력을 갖고 있어서 제네럴 일렉트릭과 IBM 같은 회사들로부터 엄청난 양의 외국인 직접투자를 끌어들이고 있다. 사실, 이들 2개 다국적 기업은 인도에 자사의 두번째로 큰 연구개발 시설을 두고 있다.

끝으로, 내부화 우위는 해외 진출의 방식을 지칭한다. 예컨대, 어떤 기업은 해외에서 사업활동을 할 수 있는 유일한 방법은 자사의 해외 사업활동에 대한 전면적 통제를 통해서라고 결론내릴 수 있다. 이것은 계약상의 이행의무들을 감시하는 비용에 대한 관심이나, 기술이나 거래기밀의 부정한 유용에 대한 관심에 관련이 있을지도 모른다. 그래서 외국인 직접투자는 어떤 외국 회사에다 제조 라이선스를 주는 것보다 더 적절한 방식일 수도 있다. 요컨대, 특정 외국 파트너 회사와 협상하고 그 회사를 감시하는 비용이 높을 때에는 외국인 직접투자가 더 선호되는 해외진출 경로일 것이다. 예를 들어, 코카콜라는 자사의 콜라 생산방식 기밀이 상실되는 것을 방지하기 위해 대부분의 국가들에서 외국인 직접투자 경로를 따르는 쪽을 선호한다.

위의 분석에서 보았듯이, 더닝의 절충이론은 다국적 기업들이 선진국이든 신흥국이든 관계없이 왜 사업활동 시설들을 국제적으로 두고 있는지를 설명하는데 대한 일종의 종합적 접근방법을 제시하고 있다.

사실확인 LO-3

당신이 살고 있는 국가나 지역에서 조업하고 있는 어떤 외국계 다국적 기업을 찾아 보라. 앞서 논의된 4가지 전략들 중에서 어느 것이 그 외국 투자자가 당신 지역에서 사업을 벌이는 선택을 하는 데 있어서 주된 동기인지를 결정지어 보라.

8-4. 외국인 직접투자에 대한 현지국의 관점

LO-4
현지국 관점에서 외국인 직접투자 (FDI)에 대한 찬·반 주장을 설명하라

현지 국가들은 일반적으로 외국인 직접투자(FDI)가 국내투자를 보완하거나 대체하는 것으로 간주한다. 투자는 건설, 플랜트 및 장비, 기술, 자산활용 및 지원조사 같은 다양한 형태를 취한다. 이러한 투자는 일반적으로 국내 저축을 통해 이루어지며 아시아 국가들 같이 저축률이 높은 국가에서는 높은 경제 성장률로 이어질 가능성이 크다.

모든 투자가 반드시 국내저축을 통해서만 자금이 조달될 필요는 없기 때문에, 일부 국가들은 국내성장에 필요한 자금조달의 중요한 대안으로서 FDI를 적극적으로 유치하는데 바람직한 투자환경을 조성해 왔다. 좋은 투자환경은 정부정책이 기업가정신, 고용창출, 환경보호, 지속 가능한 경제성장, 빈곤 줄이기를 통해 총 사회를 유익하게 하는 것 등을 고무시키는 것이다. FDI는 또한 중국에서와 같이 효율적인 물리적 기반시설의 가용성에 의해, 또한 더 나은 교육 및 건강관리를 통해 사람들에 대한 투자에 의해 촉진되기도 한다. 투자는 경제를 성장하게 하지만, 또한 사례 2,3의 BRICs와 미국 및 영국을 통해 볼 수 있듯이 지속 가능한 성장을 가져 온다.

8-4a. 외국인 직접투자의 혜택

FDI는 방대한 금융적 유입과 함께 새로운 일자리를 창출하고 신기술에 접근할 수 있게 해주며 중요한 경영(및 직원)상의 기량 이전을 촉진한다. 또한 국내시장에서의 경쟁과 선택의 폭을 증대시킨다. 또한 FDI는 정부 서비스에 필요한 세수(법인세, 소득세 및 판매세)를 창출하고, 빈곤을 줄이며 경제발전을 가속화한다.

특히 미국의 경우, 1990년대 중반 이후 해외로부터 거대한 FDI 유입이 이루어지지 않았다면 일자리 창출과 경제성장은 훨씬 지체되었을 것이다. 제4장에서 논의되었던 것처럼, 미국은 매년 국제수지에서 큰 경상수지 적자를 기록해 왔다. 경상수지 적자 규모는 한 국가의 자금 조달의 필요성 또는 그 국가가 해외에서 자금을 얼마나 많이 끌어들이거나 차용해야 할 필요가 있는지를 나타낸다. 다행스럽게도 상대적으로 개방적이고 유연한 미국의 경제체제는 해외로부터 대규모의 FDI를 유치할 수 있게 만들었다. 최근까지도 미국은 세계에서 가장 큰 FDI 수혜국으로서 2005년 이후 매년 평균 2,000억 달러의 순 외국인직접투자 유입이 지속적으로 이루어져 왔다. 미국은 그러한 FDI 유입의 결과로 세계적인 경쟁력을 갖게 되었다. 구체적 사례로는 외국 자동차 기업들이 FDI를 통해 진출하여, 디트로이트 자동차 제조사들로 하여금 제조방식을 바꾸어 미국 소비자가 허용할 수 있는 수준의 자동차를 만들 수 있게 했다.

8-4b. 외국인 직접투자의 비용

위에서 시사한 바와 같이 FDI가 현지국에 엄청난 긍정적인 영향을 미치지만, 다국

적 기업에 의해 특히 개발 도상국들이 착취당할 지도 모른다는 우려가 있다. 일부 현지국은 다국적 기업들이 천연자원 개발에 다투어 몰려들어 환경의 질과 보건 및 현지국의 사회 구조를 희생시킬 수 있음을 우려하고 있다.

예를 들어, 캐나다의 환경보호론자들은 외국의 석유회사들이 앨버타 지역의 사암에서 원유 추출사업에 뛰어들어 외국이 청정한 캐나다의 경관을 악화시켰으며, 또한 그 지역의 물을 오염시켰다는 사실에 우려를 나타내 왔다. 이와 유사하게 환경보호론자들은 나프타 협정에 서명한 이후, 일부 미국 기업들이 자사의 오염 시설과 사업을 국경을 넘어 관련 법률의 집행이 느슨한 멕시코로 옮겨 왔다고 불평했다.

인권단체들은 다국적 기업들이 현지국의 노동력을 착취함으로써 인적자원의 개발을 저해하고 관련 국가들의 이미지를 훼손한다고 비난했다. 예를 들어, 1990년 나이키(Nike)사는 캄보디아, 인도네시아 및 파키스탄을 비롯한 여러 국가의 생산시설에서 아동노동력을 사용한 것으로 유죄판결을 받았다. 이 후, 나이키는 각 사건에서 그런 상황을 바로잡았다고 발표했다.

현지국 정부들의 세번째 걱정거리는 다국적 기업의 사회적 책임의 결여이다. 제7장에서 언급했듯이, 기업의 사회적 책임의 개념은 기업이 진출한 해당 국가나 지역에서 오랜 기간에 걸쳐 생산적인 관계를 유지하려면 자사의 사업관련 의사결정이 미칠 사회적 결과를 진지하게 고려해야 한다는 것을 의미한다. 외국의 다국적 기업들은 종종 현지 정부 지도자들과 국가적 차원에서 협력하지만, 때때로 그 과정에서 자원이 이용되고 있는 해당 지역주민의 복지에 대해 고려하지 못하는 경우가 있다.

나이지리아의 나이저 델타 지역내 셸 오일(Shell Oil)사의 원유 탐사 및 생산 활동은 그 좋은 예이다. 수십년 동안 니이저 델타지역 주민들은 나이지리아 연방정부가 셸사의 사업활동 기업 운영에서 얻은 수십억 달러의 수입에서 아주 적은 '트리클 타운 혜택'

인권단체들은 아동 노동문제와 같은 다국적 기업에 의해 현지국의 노동력 착취를 감시한다.

을 볼 수 있었다. 그들은 또한 수많은 크고 작은 기름 유출로 인한 토지 및 물의 오염에 대해 불평했다. 그래서 시간이 지남에 따라 나이저 델타에서 반란단체들이 발전하게 되었으며, 이들은 정기적으로 이 지역을 통과하는 원유 송유관을 파괴하여 세계시장으로의 석유공급을 방해했다. 이에 나이지리아 경제에 가장 큰 공헌을 한 기업 중 하나인 셸은 나이지리아 정부와 나이저 델타지역 주민의 이익을 위해 더 나은 협상을 진행하고 환경 훼손을 방지함으로써 지역 주민들이 반란단에 가입할 동기를 감소시켰다.

마지막으로, 현지국은 또한 외국기업들이 원하는 방식대로 진행되지 않을 때, 자국의 국내 문제에 그들이 정치적 간섭을 할 것에 대해 대한 우려해 왔다. 예를 들어, 2000년 초 우고 차베스 베네수엘라 대통령이 대통령직 재선에 들을 때 너무 사회주의적인 존재가 되어버린 그를 두려워하여 미국 정부는 차베스 대통령의 경쟁자에게 정신적인 지지를 보냈다. 미국에게는 유감스럽게도 차베스 대통령은 베네수엘라에서 가난한 사람들 다수의 유권자를 구성하는 빈민들에게 다양한 형태의 보조금을 그들을 결집시켜 재선에 성공했다. 2002년 쿠테타 기도가 일어나 차베스를 간단히 내려오게 하고 보수파 관료를 대통령으로 임명했을 때, 미국은 이 반란군 정부(단, 2일 동안)를 인정한 극소수 국가 중의 하나였다. 결과적으로는, 차베스 대통령이 다시 권좌에 돌아오자, 그는 베네수엘라 내 모든 미국계 석유회사의 사업활동을 금지하는 대신에 유럽, 러시아 및 중국 기업들을 통해서 서반구에서 가장 큰 석유 매장량을 지닌 자국내에서 사업하도록 했다. 우고 차베스(Hugo Chávez) 대통령은 자신을 옹호하는 말로 자신은 단순히 원유시장을 다각화하기 위해 노력하고 있을 따름이라고 밝혔다.

사실확인 LO-4

당신의 지역에서 조업하고 있는 크고 작은 외국계 다국적 기업이 있는지 알아보라. 앞서 약술된 다국적 기업의 사업활동에 대한 당신이 우려하는 가장 큰 걱정거리는 무엇인가?

8-5. 현지국의 투자환경 개선

LO-5
성공적으로 FDI를 유치하기 위해 국가는 무엇을 할 수 있는지 설명하라.

FDI 유치에 성공한 국가는 적절한 경제개혁, 투명한 통치구조, 법규(제1장 참조)를 개선한 국가들이다. 좋은 투자환경은 정부정책이 기업(국내 및 다국적 기업) 및 기업가들로 하여금 수익성있게 투자하고 일자리를 창출하며 경제성장에 기여하고 빈곤을 줄일 수 있게 해주는 것이다. 그 궁극적인 목표는 장기적으로 사회전체에 이익이 되는 지속가능한 투자환경을 조성하는 것이다.

그러나 국가들은 국내외 신규 사업진출을 규제하는 방식이 크게 다르다. 제 1장에서 논의된 통치(governance)는 국가가 권력을 어떻게 행사하고 기업공개 뿐만 아니라 민간기

지배구조(Governance) : 싱가포르는 적절한 견제, 균형 및 책임에 대해 투명한 시스템을 갖추고 있어서 최소부패 국가들의 축에 끼었다.

업을 위해 관료들이 기본 인프라 서비스(물, 위생, 도로, 전기, 보안 등)를 어떻게 효율적으로 제공해야 하는지를 설명한다. 올바른 통치는 공무원의 책임성 뿐만 아니라 투명성, 그리고 적절한 견제와 균형 체제도 필요로 한다. 한 국가에서 사익을 위해 관공서를 이용하는 부패수준은 통치의 취약성 정도를 나타내는 좋은 지표가 될 수 있다.

지배구조는 교육 및 보건과 같은 사회적 서비스의 투자 제공에 영향을 미치며, 이는 다시 일국내 노동 생산성, 사업활동의 비용, 그리고 투자환경에 영향을 미친다. 앞에서 설명한 바와 같이 **국제투명성기구**(Transparency International)는 매년 최소 부패를 반영하는 순위의 부패수준에 따라 각국의 순위를 매긴다. 2014년에는 덴마크, 뉴질랜드, 핀란드, 스웨덴, 노르웨이, 스위스, 싱가포르가 최소부패 국가로서 1~6위를 차지했는데, 이들 국가는 위법행위에 높은 수준의 처벌을 받게 하는 투명한 정부 시스템을 갖추고 있다. 한편, 미국은 17위를 차지한 반면, 중국과 인도는 각각 100위와 85위를 차지했다.

사실확인 LO-5

당신의 지역에서 조업하고 있는 크고 작은 외국계 다국적 기업이 있는지 알아보라. 앞서 약술된 다국적 기업의 사업활동에 대한 당신이 우려하는 가장 큰 걱정거리는 무엇인가?

윤리적 관점

재벌 : 대마불사인가?

한국의 재벌은 과거에 집착하고 세계화에 적응하지 못한다고 비난을 받고 있다. 세계화는 세계적으로 유명한 다국적 기업들이 더욱 투명성 있게 발전하고, 충성도나 친족주의 보다는 성과에 따라 직원의 발전을 촉진하며 공급업체들의 관심사항에 대해 지원해 줄 것을 요구한다.

한국의 재벌은 일본의 케이레츠(keiretsus)와 같이 거대하고 다각화된 상층부의 기업집단이며 1960년대부터 한국의 뛰어난 산업화에 적극적으로 기여했으며, 한국을 아시아에서 네 번째로 큰 경제대국으로 만들었다. 한국정부는 다양한 산업분야의 진입장벽을 제거함으로써 그러한 거대기업이 경제의 여러 접근 및 통제를 용이하게 했기 때문에 그러한 성장이 가능하게 되었다. 이에 따라 삼성, 현대, LG, SK그룹, 한화와 같은 재벌들은 독창적인 지배구조에 의해 창의성 혹은 개인의 역량보다는 직원의 충성도를 선호함으로써 막무가내식으로 뻗어나가는 자신의 제국으로 한국 경제를 주도하고 있다. 한국 노동인구의 약 80%가 중소기업과 연관되어 있지만, 대부분의 중소기업은 재화와 서비스의 공급업체로서 그들 거대기업의 영향하에 놓여 있다. 재벌은 지배의 투명성이 중소기업들의 이익을 쥐어짜고 그들의 혁신이나 개발을 훔친 일로 비난을 받는다.

2008년 2월부터 2013년 2월까지 이명박 전대통령은 본래 현대건설(Hyundai Construction Company)에 적을 두었었는데, 대기업의 사업활동 방식을 바꾸어 놓는데 공적이 있다. 하지만 한국인들은 2013년 2월 이후 한국의 첫 여성 대통령인 박근혜 전대통령이 세계화된 경제에서 재벌을 개혁하고 그들로 하여금 보다 개방적이고 주주 친화적으로 만들 수 있을지 의구심을 갖고 있다. 많은 이들이 우려하는 것은 이들 다국적 기업 상층부의 부패수준과 정부가 이들 간부에 대한 법적 심판을 꺼리는 것이다.

예를 들어, 2007년 현대자동차 정몽구 회장은 기업의 자금 1억 달러를 횡령하여 유죄 판결을 받았지만, 정부는 기업을 운영하는데 그가 필요하다고 생각하고 이에 대해서 감형이 내려졌다. 2008년 초에는 삼성의 회장이 비자금을 이용하여 자신의 아들에게 경영권을 넘겨주려 했다고 비난을 받았다. 이러한 사건들은 한국의 기업 지배구조, 투명성, 한국 내 법적 심판의 역할에 대해 의문을 갖게하고, 한국의 미래 성장을 재벌들이 국내 및 세계에서 효과적인 경쟁을 할 수 있게 어떻게 개혁될 수 있는지에 대해 의문을 제기한다.

문제:

1) 재벌들은 덩치가 커서 망하지는 않을 것인가? 그들은 사회적 책임에서 면제되어야 할까?

2) 재벌을 보다 경쟁력 있고 윤리적으로 바꾸기 위해 할 수 있는 일이 무엇인지 토론해 보자.

출처 : Anna Fifield, "Korea's Bulldozer Must Clean Up the Chaebol," *Financial Times*, March 28, 2008.

요약

전 세계의 기업가들은 끊임없이 자사의 사업을 성장시킬 수 있는 방법을 모색하고 있는데, 신흥 경제권에서의 경제개혁은 기업을 자유롭게 만들고 활기를 불어넣었으며, 세계경제에서 위험을 감수하고 경쟁하도록 고무시켰다. 그 결과, 신흥 경제권의 기업들이 개발국의 기업을 인수하는 횟수가 크게 증가했다. 개별 기업의 리스크 프로파일에 따라 글로벌 사업을 수행하는 기회는 낮은 위험(그리고 낮은 수익률)의 수출입 사업에서부터 라이센스, 프랜차이즈, 전략적 제휴, 합작투자, 인수 및 합병, 그리고 완전 소유자회사(최고 수익률과 최고 위험률)가장 높은 수익률로 가장 위험)에 이르기까지 다양하다.

다국적 기업은 20세기 초반부터 중요한 역할을 담당해 왔지만, 특히 제2차 세계대전 이후에는 세계은행, IMF 및 WTO와 같은 국제기구를 통해 다차원적으로 조치된 세계무역 및 투자 자유화와 함께 그들의 역할이 더욱 가속화었다. 신흥시장의 다국적 기업들 특히 그 중에서도 중국과 인도 기업의 부상은 파이낸셜 타임즈(Financial Times)의 글로벌 500대 기업의 순위에서는 물론이고, 자산가치 기준으로 세계 10대 대기업들 속에 중국의 페트로차이나(PetroChina)가 끼인 것은 괄목할 현상으로 들어난다.

기업은 1차적으로 주주의 부(富)를 극대화하기로 해외 투자를 한다. 이 목표를 달성하기 위해 다국적 기업이 사용하는 세 가지 주요 전략은 수입의 극대화, 비용의 최소화, 해외로 사업 분산화/다각화를 통한 위험의 최소화이다.

현지국의 관점에서 볼 때 FDI는 비록 상당한 금융 유입, 새로운 일자리, 신기술에의 접근, 중요한 경영(및 종업원) 기법/기술, 국내 경쟁 및 선택폭 증대를 가져 오지만, 다음과 같은 단점도 있다. 일부 현지국은 외국인 기업들이 자원개발에 다투어 뛰어드는 과정에서 현지국의 환경의 질을 희생시키고 노동력을 착취할 수 있다고 우려하고 있다. 현지국은 또한 외국 기업들이 적절한 기업의 사회적 책임을 이행하지 않고 현지국의 국내정치에 간섭할 수도 있다는 것에 우려를 갖고 있다. FDI 유치에 성공한 국가들은 적절한 경제개혁과 투명한 지배구조를 통해 투자환경을 개선한 국가들이다.

주요단어

위험 프로파일(risk profile)

수출·입 사업(export-import business)

라이센싱(licensing)

프랜차이징(franchising)

전략적 제휴(strategic alliances)

국제 합작투자(international joint venture)

인수(acquisition)

자회사(subsidiaries)

다국적 기업(MNEs: multinational enterprises)

주주의 부(富) 극대화(maximizing share holder wealth)

제품수명주기 이론(product life cycle theory)

구조/지배(governance)

문제 풀이

1. 신흥경제권의 다국적 기업은 금세기에 계속해서 국제 사업에서 보다 큰 역할을 수행할 것으로 예상된다. 그들은 어떤 국제 사업활동을 선택할 것이라고 생각하는가? 그 이유는 무엇인가?

2. 다국적 기업의 진화과정에서 최근에 발전된 부분은 무엇이며, 그 발전이 세계화에 어떤 영향을 미치는가?

3. 다국적 기업은 이익을 극대화하려고 노력한다. 다국적 기업은 어떻게 수익을 극대화하는가? 동시에 수익 변동성을 최소화할 수 있는가?

4. 아주 흔하게 현지국은 다국적 기업과 애증의 관계를 갖는다. 왜 그런가?

5. 미국은 경상수지 적자를 부분적으로 해결하기 위해 경제성장을 촉진할 수 있는 FDI를 유치해야 한다. 미국이 FDI를 자국내로 계속 유치하기 위해 취해야 할 정책적 조치는 무엇인가?

세계의 사업소식 분석하기

1) 영국의 컨설팅 회사인 롤란드 버거(Roland Berger)가 실시한 2009년 조사에 따르면 국제적 제약대기업은 판매 및 생산성을 향상시키는 방법으로 국제 전략적 제휴와 라이센싱에 집중할 계획임이 알려졌다. 빅 파머(Big Pharma)사 역시 전 세계의 의료 시스템이 고가의 치료법에 대해 부담하기를 점점 꺼리고 있기 때문에 연구개발과 제품혁신을 더 저렴한 비용으로 활성화하기 위해 해외 인수 및 합병을 강조함으로써 고가의 중앙집중형 연구개발에서 탈피하고 있다. 빅 파머(Big Pharma)의 접근 방법에 대해 어떻게 생각하는가?
2) 2009년 6월 22일 블룸버그 비즈니스위크(Bloomberg Businessweek)지의 기사에 따르면 1970년 초 미국의 자동차 생산량은 GDP의 5.1%였지만 2% 미만으로 떨어졌다. 게다가 미국인들은 미국의 빅 3 자동차 제조사에서 만든 자동차보다 일본 및 유럽에서 제조한 자동차를 더 선호한다. 성공 가능성을 높이려면 빅 3는 국내 및 세계적으로 무엇을 해야 할 것인가?
3) 정유 회사인 시노펙(Sinopec)에서부터 가전제품 대기업인 하이어(Haier)에 이르기까지 중국 기업들은 이라크 내 유전, 뉴질랜드의 가전업체인 피셔 앤 페이켈(Fisher &

사례 아셀로미털(Arcelormittal) : 무국적 기업?

세계 최대의 철강회사인 아셀로미털(ArcelorMittal)은 2013년 기준으로 60개국에서 약 23만 2,250 명의 직원이 일하고 있었다. 이 기업의 등록된 본사는 룩셈부르크시에 위치하고, 사업경영 및 금융 본부는 런던에 있으며, 마케팅 및 유통 센터는 "Steel Solutions and Services" 네트워크를 통해 전 세계에 퍼져 있다. 아셀로미털은 2013년 조강 생산량 9,120만 톤(세계 철강 생산량의 약 8 %를 차지)으로서 세계에서 두 번째로 큰 철강회사인, 일본 니폰 스틸(Nippon Steel)의 거의 3배나 되는 양의 철강을 생산했다. 아셀로미털의 가장 큰 지역시장은 유럽(총 매출의 46 %)이고, 뒤이어 북미(27 %), 남미(11 %), 아프리카 및 CIS(독립국가연합)가 나머지 16 %를 차지했다. 이 기업에게는 유럽 및 북미의 성숙시장이 수익의 기반이 되고 있는 반면에, 중국, 인도 및 브라질과 같은 신흥시장에 막대한 신규투자를 하고 있는 중이어서 미래의 성장 가능성은 이들 지역이 더 클 것 같다. 아셀로미털의 직원은 57%가 유럽에, 아시아 지역에 16%, 북미 지역에 12%, 남미 지역에 9%, 아프리카 지역에 6%가 거주한다. 아셀로미털은 매우 수직적으로 통합된 철강기업이다. 즉, 철광석과 석탄 광산을 소유하고 있어서 철강 제조에 필요한 상당한 양의 원료 투입분을 제공한다. 또한 세계 4대륙의 여러 국가에 건설산업에 쓰이는 기본적인 철강봉에서 가정용품 및 자동차 제조에 사용되는 정제된 철강에 이르기까지 모든 종류의 철강을 제조할 수 있는 생산공장을 소유하고 있다. 또한 아프리카, 미주 및 유럽에서의 강력한 입지를 통해 아셀로미텔은 자사의 세계적인 사업활동들(제조, 금융 및 판매)을 통합할 수 있었기 때문에, 세계에서 가장 효율적인 철강 생산업체 중 하나로 만들고 있다. 미털 가족은 원래 인도계인데, 회사전체 지분의 41%를 소유하고 있으며 나머지 주식은 공개적으로 보유되고 있다.

아셀로는 2002년에 3개의 유럽 기업(룩셈부르크의 Arbed, 스페인의 Aceralia, 프랑스의 Usinor)의 합병을 통해 나타나서 철강업계의 글로벌 리더로 등장했으며, 매년 4,700만톤의 고품질의 철강을 생산했다. 한편, 미털 스틸사(Mittal Steel)은 미털 계열의 자매회사인 LNM 홀딩스 및 ISPAT 인터내셔널이 2004년 합병된 기업인데, 저가 전략의 글로벌 경쟁사가 되는 것을 주요 목표로 약 6,300만 톤의 철강을 생산했다. 아셀로와 미털의 합병은 2007년에 완결되었으며, 이로 인해 세계최대의 철강기업인 아셀로미털이 탄생하게 되었다. 미털스틸링사의 성공의 열쇠는 철강기업들(특히 카자흐스탄, 루마니아, 우크라이나와 같은 국가에서 민영화된 기업)을 인수하고 이들 실적이 저조한 기업들의 자산을 재구성하는 데 이 회사가 보여준 전문성이었다. 이는 무수익 자산을 성공적으로 제거하고 인수한 기업을 통합하여 사업활동 관리에서 "모범경영" 접근방식을 구현하여 수익성을 향상시킴으로써 운영되었다. 아셀로미털의 통합된 사업활동에서 나오는 규모 및 제품 구성이 글로벌 시장에서 필요한 것을 제공할 수 있도록 유연성을 제공한다. 그리고 카자흐스탄과 라이베리아 등의 석탄 및 철광석 광산을 소유함으로써 이 기업은 가격을 통제할 수 있고, 이로 인해 아셀로미털의 현금흐름과 수익성이 안정화된다.

✻ 질문

1) 당신의 문화 지형도에 포함될 필요가 있는 이 국가에 대한 문화 정보를 얻기 위해서 에콰도르에 대한 어떤 자료를 참고해야 할까?

2) 주요 종교와 언어를 제외한 에콰도르 문화의 어떤 다른 측면들이 국가의 문화에 영향을 미칠 수 있을까?

Paykel) 그리고 아르헨티나의 석유회사인 YP에 투자했거나 투자 또는 인수할 계획이다. 주식회사 중국은 정말로 "세계를 인수"하려 노력하고 있는가?

4) 인도에서는 "의료관광"이 크고 성장하는 사업이며 당분간 지속적으로 매년 두 자릿수의 속도로 성장할 것으로 예상된다. 인도의 사립병원들은 숙련된 의사로 의료진이 구성된 현대적 시설을 갖고 있으며, 저렴한 비용으로(예. 미국에서 10만 달러인 심장 수술 비용이 인도에서는 6,000달러) 양질의 진료를 제공하기 때문에 해외 환자들, 특히 미국인들의 수요가 증가하고 있다. 이런 상황에서 국제 전략적 제휴나 합작투자를 할 기회가 있겠는가?

포트폴리오 프로젝트

당신이 선정한 회사를 위한 적합한 해외 진입전략을 찾아내보라.

이 장을 읽은 후에는 당신이 선정한 기업에 관한 몇 가지 기본적인 질문에 답할 준비가 되어 있어야 한다.

1) 당신 회사의 해외시장 진출방식을 분석하고 결정하라. 이것은 위험·수익의 균형관계에 대한 신중한 분석을 기반으로 해야 한다. 자신이 생각할 때, 당신의 회사는 올바른 접근방식을 취했는가?

2) 당신의 회사는 출구전략을 갖고 있는가? 출구전략은 진출한 후가 아니라, 진입하기 전에 결정되어야 한다는 것을 상기해야 한다.

3) 당신의 회사에 대한 현지국의 태도는 어떤가? 정부 차원에서는? 고객 입장에서는? 그 현지국은 당신 회사의 사업에 대해 얼마나 수용적이고 달갑게 생각하는가?

4) 당신 회사의 사업활동들이 글로벌 운영 방식이 얼마나 윤리적인지를 비판적이고, 객관적으로 평가하고 그러한 사업활동들이 그들이 훌륭한 기업시민인지 결정지어 보라. (예 : 장기적인 관점에서 잘 고안된 기업의 사회적 책임 프로그램을 갖고 있는가?).

당신이 선정한 중소기업이 올바른 해외 진입방식을 달성할 수 있도록 국제 전략을 개발해 보라.

당신이 사업을 수행하고자 하는 표적 경제지역(제3장)과 국가를 정한 다음으로는 당신이 취해야 할 조치는 외국시장으로의 진입방식을 결정하는 것이다. 다음 질문은 올바른 전략을 수립하는 데 도움이 될 것이다.

주장과 반박

콩고 민주공화국내 광물채국의 인적 비용

콩고 민주공화국 남쪽 키부의 동부지역은 동아프리카의 부룬디, 르완다, 우간다와 국경을 접하고 있다. 남쪽 키부에는 주요 다국적 기업들이 휴대전화 및 내구성 소비전자 제품을 만드는 데 사용되는 주요 원재료인 콜탄(coltan) 및 커시터라이트(cassiterite)가 풍부하다. 1970년대에 국내 불안이 시작한 지 수십 년 후, 상업적 광산의 사업 운영자들이 남쪽 키부에서 옮겨갔고, "프리랜서" 광부(최소한의 채굴장비를 갖고 자영하는 가난한 사람들)들이 자리 잡았다. 초반에는 지방 민병대가 이들 프리랜서가 운영하는 광산에 세금을 부과하고 통제했다. 그 이후에 콩고 정부는 민병대를 몰아내고 국민군을 끌여들어와 광산을 통제하기로 결정했다. 이 과정에서 국민군과 민병대가 교전에 들어갔고, 그 사이에 시민들이 인질이 되었다. 약탈적인 민병대와 육군은 모두 프리랜서 광부들이 채광하는 부분의 일부를 떼어내 줄 것을 요구했다. 세금의 강제 징수가 제대로 안 되면 무장한 사람들이 마을로 들어와 지역 주민들을 약탈하고, 살해하며 강간을 하여 공포에 쌓이게 했다.

휴대전화 및 가전제품에 대한 세계 수요가 높아지고 있는 오늘날, 다국적 기업들은 불편한 질문에 직면해 있다. 즉, 그들은 군사구역에서 광물을 공급받아 범죄행위를 무심코 지원하고 있는 셈이 아닌가? "킴벌리 프로세스 (Kimberly Process)"(피의 다이아몬드 채굴품의 판매를 막는 조치)와 유사한 협약을 통해 다국적 기업이 군사지역에서 콜탄과 커시터라이트 같은 광물을 얻는 것을 불법화해야 되지 않겠는가?

✲ 주장

남쪽 키부의 광산 채굴은 그 탐욕스런 성격을 감안할 때, 다국적 기업은 세계무역기구(WTO)와 국제노동기구(ILO), 유럽이사회 와 같은 국제기구와 협력하여 인권침해를 막을 수 있는 정책 틀을 신속하게 마련하기 위한 선제적 조치를 취해야 한다.

✲ 반박

이는 본질적으로 콩고의 주장이다. 콩고 민주공화국 정부는 자국의 시민들을 지키기 위해 행동을 취하고 군대를 전문화해서 그들이 더 이상 시민들을 착취하지 않도록 해야 한다. 실행력 없는 제도와 열악한 통치가 콩고의 법과 질서가 무너진 근본적 원인이다. 다국적 기업들이 가난한 콩고의 시민들에 대해 연민을 느낄지라도 그들은 거래를 광부가 아니라 딜러와 하기 때문에(광부들은 조직화된 광산업체를 갖고 있지 않기 때문)다국적 기업들이 해줄 수 있는 일은 거의 없다.

당신의 의견은?

인터넷을 통해 이 문제에 대해 자세히 알아보라. 어떤 주장을 지지할 것인가? 당신의 입장에 대한 이유를 제시하고 데이터가 있다면 인용해 보라.

1) 먼저 당신은 국제적 사업에서 위험을 어느 정도 감수할지 결정하라. (즉, 최악의 시나리오를 생각했을 때, 당신은 얼마만큼의 자본을 상실할 여유가 있는가?). 해외로 진출하는 데 있어서 가장 위험이 적은 진출방법은 수출입 사업을 통해서이다. (참고자료8.1참고)

2) 당신의 야망이 국제 사업을 통해 높은 수익을 창출하는 것이 목표라면, 당신은 다음과 같이 할 필요가 있다. (a)당신 회사의 경쟁우위가 무엇인지를 결정하고 (b)해외사업활동을 하려는 이유를 확인해야 한다. 수입을 극대화하려고? 비용을 최소화하려고? 모두 다 취하려고? 아니면 위험을 다각화/분산화하려고?

3) 얼마나 많은 위험을 감수하려 하고, 왜 해외사업에 투자하기를 원하는지에 대해 숙지하고 나면 국제시장 진입방식을 결정하는 일은 상대적으로 쉽다. 참고자료 8.1을 이용하여 당신의 해외 진출방식을 결정해 보라.

CHAPTER

9 글로벌경영의 통제

Control of Global Business

＊이 장의 학습목표

LO-1 임무선언의 중요성을 논의하고, 그러한 임무선언과 전사적 전략표명에 있어서 주주(Shareholders)와 이해관계자(Stakeholders)간 지향성의 차이점을 논의할 수 있다.

LO-2 기업전략을 시행하는 데 있어서 전술계획과 운영계획을 설명하고, 장기 전략적 실행에 있어서 네 가지 기본적 유형을 설명할 수 있다.

LO-3 국제경영에서 존재할 수 있는 전략 실행의 조정에 장애가 되는 다양한 요소들을 분석하고, 이러한 면에서 지식경영과 시스템이 적극적으로 할 수 있는 역할을 분석할 수 있다. 특히, 암묵적 또는 드러난 지식의 역할과 인터넷의 역할을 논의할 수 있다.

LO-4 대인관계 통제, 생산통제, 6 시그마 조치 같은 측정 시스템 등 국제경영에서 활용되는 통제 시스템의 다양한 유형을 논의하고 분석할 수 있다.

LO-5 조직활동들을 통제하는 데 조직문화의 역할을 분석하고 어떻게, 그리고 필요시 조직문화가 어떻게 변화할 가능성이 있는지 분석할 수 있다.

문화적 관점

월마트와 걸스카우트 쿠키

세계에서 가장 큰 소매업자인 월마트 기업은 "훌륭한 가치(Great Value)" 라는 자가(自家) 라벨이 달린 얇은 민트(박하)와 땅콩버터로 된 패티(쿠키)를 팔기 시작했다. 많은 소비자들에게 이것은U.S.A.의 걸 스카우트(GSUSA)가 파는 얇은 민트와 땅콩버터 패티 쿠키와 거의 맛이 비슷하게 느껴진다. 걸 스카우트가 쿠키 한 박스에 3~4 달러에 파는 반면, 월마트는 한 박스에 2.38달러로 팔았다. 월마트는 "Fudge민트", 그리고 "Fudge로 덮인, 그리고 땅콩버터로 채워진" 그들의 걸 스카우트의 쿠키의 "모조품"으로 주장되는 쿠키를 내놓음으로써 걸 스카우트와 전략적으로 경쟁하기를 시도하는 것일까? 이것이 공정한 경쟁일까?

전통적으로 월마트는 GSUSA를 월마트 재단을 통해 지원해 왔다. 그러나 걸 스카우트는 쿠키판매를 통해 연간 약 5억 달러의 순이익을 올렸다. 그들이 월마트의 기업의 사회적 책임 지원으로부터 받은 것 보다 훨씬 더 많은 액수이다. 어떤 의미로 보면, 월마트의 이러한 쿠키 판매는 자사의 이익을 창출하는 것과 사회적으로 책임있는 시민이 되는 것 사이의 자사의 전략적 목표에서 어떤 긴장 같은 것을 나타낸다.

흥미롭게도 월마트는 지금까지 "모조품" 쿠키를 캐나다에서는 팔지 않기로 결정해 왔는데, 걸 스카우트 쿠키에 있어서 캐나다는 국가 구조상으로는 미국에서보다 훨씬 더 큰 부분을 차지하는 것 같다. 그러나 잠깐, 수백만 달러의 캐나다 내 걸스카우트 쿠키 마켓은 월마트가 저항하기엔 정말 너무나 유혹적이다!

서론

위에서 잠깐 언급한 걸 스카우트 쿠키의 사례는 아마 많은 방법에서 현실상 다소 간단할 수도 있지만, 실제로는 "국제경영의 통제"에 관한 많은 중요한 부분을 암시한다. 우리가 다음에 더 다루게 되는 바와 같이 국제 기업들은 자사의 전략 서술에 있어서 종종 걸 스카우트 등 지역사회 단체 이해관계자에 대한 자사의 열의를 정의할 필요가 있다. 회사의 중요한 역할이 주주들을 위한 이익을 창출하는 것인가? 아니면 회사의 직원들, 고객들, 그리고 기타 넓게는 커뮤니티에 이르는 이해관계자들에 까지, 그들을 향한 똑같이 정말로 중요한 의무가 있는가? 더욱이 금전적 이익에 관한 "성공"이 상대적으로 관리하고 통제하기 쉬운 반면에, 기업의 사회적 책임 같은 기타 부문에서의 성공은 어떻게 측정될 수 있나? 이익 손실로 인해 걸 스카우트 조직에 입혀질 잠재적 손해에 비해 비싸지 않은(2.38달러 대 3~4달러) 맛있는 쿠키들을 살 수 있는 것이 월마트 고객들에게 비싸지 않은 걸 스카우트 쿠키 "모조품"의 판매는 월마트의 조직 문화에 대해 무슨 의미를 띠는가?

결국, 몇몇 결과들 중에서, 월마트가 미국에서 쿠키 판매를 시작했을 때 월마트는 캐나다에는 팔지 않기로 하는 전략적 결정을 내렸다는 사실을 논급하는 것이 중요하다. 자사가 영업하는 나라별로 다른 전략적 접근과 통제 메커니즘을 수립하는 것이 성공적인 국제경영에 직면하는 중요한 도전적 과업이다.

9-1. 전략 수립

> LO-1
> 임무선언의 중요성, 그리고 그러한 임무선언과 전반적 기업전략의 수립에 있어서 주주 지향과 이해관계자 지향간의 차이를 논의하라.

전략을 수립하는 데에 있어서, 국제 기업들은 자사의 전반적인 목표를 세운다. 이는 흔히 전사적 임무선언에서 먼저 이루어진다. 하나의 주요한 전략적 목표수립은 선반적인 주주 또는 이해관계자들의 지향성을 채택한다. 주주들은 기업의 소유주들이다. 이해관계자들은 비록 그들이 소유주는 아니더라도 그 기업에 확정된 이익이나 이해관계를 가지고 있는 개인 또는 그룹이다.

9-1a. 임무선언(Mission Statement)

대부분의 국제 기업은 자사의 일반적 목적의 개념을 임무선언에 표현하는데, 임무선언에는 그 회사가 왜 존재하며 무엇을 이루기 위해 노력하는지 적혀 있다. **임무선언**은 특정회사의 전략수립과 의사결정을 하는데 있어서 일반적인 지침을 제공한다. 예를 들어서 주주를 위한 이익창출 또는 어쩌면 기업의 사회적 책임 같은 다른 목표를 달성하는 데 그 회사가 매우 집중되어 있는가? 그 회사는 독립적으로 남아있고 싶어 하는가? 그렇지 않으면 다른 회사에 의해 인수되고 싶어 하는가? 그 회사는 어떻게 국제적 또는 글로벌화 되려 하는가? 그 회사가 상품의 품질과 가능한 최저가격 중 어디

스타벅스 커피 숍 고객들은 고품질의 커피를 살 수 있다고 기대할 수 있다.

에 중요성을 두는가?

예시로, 월마트의 임무선언은 이렇게 기술한다. "우리가 하는 모든 것에서 우리는 공통적 임무에 의해 이끌려진다: 사람들로 하여금 돈이 절약되게 해서 그들이 더 유복하게 살게 한다." 이 글의 맥락으로 보아, 걸 스카우드 쿠키 '모조품'을 한 박스에 2.38 달러의 가격으로 팔기로 한 그들의 결정은 매우 의미가 있다. 그러한 가격에 쿠키를 팜으로써 월마트는 고객들에게 그들이 보통 걸 스카우트의 쿠키를 살 때보다 1달러 정도 덜 내면서 질 높은 쿠키를 살 수 있는 기회를 제공하면서 더 잘 살 수 있게 했다. 비슷하게, 월마트의 웹사이트 "walmart.com"은 베스트 셀링 책으로 선정된 하드 커버의 책 판매에 대해 최근 가격전쟁을 선포했다. 그 책들은 단지 권당 8달러 99센트 만의 가격으로 팔릴 예정이다. 이 가격은 스티븐 킹(Stephen king)이나 바바라 킹솔버(Barbara Kingsolver)같은 유명한 작가들의 책이 반스 앤 노블(Barnes and Noble)같은 전통적인 서점에서 팔리는 가격의 절반보다 낮은 가격이다. 월마트 경영진들은 자사가 이 분야에서 "가격 리더십"을 확립하길 바란다고 논급했다.

이 논의의 다른 범위에 있어서, 스타벅스의 임무선언은 훨씬 더 폭 넓은 품질 지향의 입장을 취하고 있다. 스타벅스의 임무는 "인간의 정신에 영감을 주고 육성하는 것 - 한 사람, 한 잔, 한 이웃을 동시에" 라고 말하며, 그들의 커피에 대해서는 "품질에 대해서는 지금까지 그랬고, 앞으로도 항상 그럴 것, 질 높은 커피"라고 말하고 있다. 따라서 스타벅스는 그들이 전 세계에 걸쳐 사업활동을 하고 있는 지역사회에 대해 그리고 그 사회 내의 고객들에게 최고 품질의 커피를 제공하는 데에 강렬한 관심을 가지고 있다.

그러나 스타벅스나 월마트의 임무선언 모두 회사의 주주나 재정적 책임에 대해선 말하고 있지 않다는 것에 주목해야 한다. 그러나 대부분의 기업 임무선언들은 우선

순위들을 강조한다. 예를 들어 연 130억 달러의 세계적 석유탐사 회사인 아나다코 사(Anadarko Petroleum Company)는 이렇게 선언한다. "우리의 임무는 세계의 건강과 복지를 위해 필수적인 석유와 가스 자원을 개발·획득·탐사함으로써 주주들에게 지속 가능한 수익률을 주기 위함이다." 아나다코의 임무는 세계적 지향성과 견실하고 지속적인 "수익률"을 주주들에게 제공하는 것에 대한 강한 집중, 이 두 가지를 가지고 있다. 마침내 그리고 어느 정도 비슷하게 말보로, 벤슨 앤 헷지스 그리고 기타의 권연 제조업체인 알트리아(Altria Corporation)의 임무선언은 자사의 임무가 "성인 담배 소비자들에게 최상의 브랜드 제품을 책임감 있게 제공하는 리더들인 재정적으로 단련된 기업을 개발하고 소유하기 위함이다."

결과적으로, 기업의 임무선언은 어떤 의미에서는 자사의 전략수립과 통제기능에 대해 해당 기업들에게 청사진을 제공한다. 회사는 사업을 수행하기 때문에, 당해 회사의 간부들은 자사의 공표된 임무와 목표에 견주어 실적을 모니터 할 수 있다. 회사별 임무선언들 사이에 가장 중요한 하나의 차이점은 이해관계자보다 주주지향인지, 그 반대로 주주보단 이해관계자 지향인지 표현하는 정도의 차이인 것이다.

9-1b. 주주 대 이해관계자

전략 수립의 주주 모델은 사업의 주요 전략적 목적이 그 회사의 오너들과 주주들을 위해 재무적수익을 극대화하기 위함이라는 기본적 전제부터 작동된다. 최근 노벨상 수상 경제학자이자 이 관점의 지지자 밀턴 프리드먼(Milton Frideman)은 회사 간부들의 가장 중요한 전략적 목적은 "그들의 주주들을 위한 돈을 가능한 많이 벌어들이기 위함"이어야 한다고 말함으로써 이를 요약했다. 참고자료 9.1에서는 전략수립의 주주 모델

참고자료 9.1: 전략수립의 주주 모델

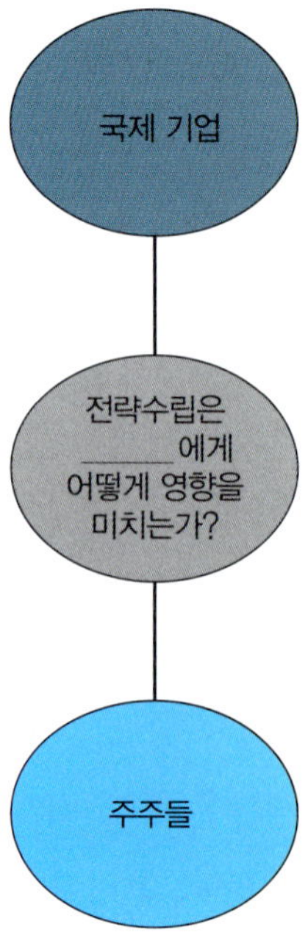

경제적 관점

로열 더치 셸(Shell)- 석유산업에서의 셸(shell)

최근 (이 장의 후반에서 또한 언급하겠지만) 석유(가솔린)의 가격은 이전에 바렐당 100달러 이상의 상시적 고가(高價)로부터 점점 떨어져 왔다. 많은 소규모 석유회사들, 특히 상당한 재무적 레버리지(차입)를 가진 회사들은 사라졌거나 파산이 진행중이다. 그러나 이러한 혼란의 와중에서도 로열 더치 셸(Royal Dutch Shell) 석유회사는 강하게 지속적으로 살아 남았다. 이는 석유와 다른 투자자들에게 있어서 진정한 조개껍질인 셈이다. 셸사의 강점은 여러 자료출처로부터 나왔다. 첫째로, 이 회사는 총자산 대비 순부채를 약 11퍼센트만 보유함으로써 매우 견실한 재무상태를 유지했는데, 이는 매우 낮은 재무 레버리지(차입)을 의미한다. 둘째, 셸사의 사업운영은 상대적으로 매우 다각화되어 있다. 예를 들어, 이 회사는 사실은 (자사의 석유탐사 사업활동과는 달리) 저유가로부터 이익을 얻는 대규모 정유사업을 보유하고 있다. 마지막으로, 다른 석유회사와는 달리 셸사는 거시결제적 사안에 대해 상대적으로 "기다리고 지켜보는" 접근방법을 취함으로써, 어떠한 주요한 신 프로젝트들도 대개 2017년 이후로까지 미루었다. 이 모든 조치들의 최종결과는 이 회사가 국제경영의 변덕스럽고 위험한 분야에서 정말로 안전한 회사로 남아 있다는 사실이다.

문제:

1) 코노코 필립스 사(Conco Phillips Corporation)와 기타 일부 주요 석유회사들은 자사 정유사업본부들의 주식을 별개의 회사로 하여 주주들에게 분배했다. 이러한 주식분배(stock spin-off)의 일부 긍정적인 측면으로는 어떤 점이 있을 수 있는가?

2) 로열 더치 셸 사(Royal Dutch Shell Corporation)는 사실상 네덜란드와 영국의 두 나라에 본부를 두고 있다. 이렇게 양국에 이중적으로 본부를 두는 것은 이 회사가 자사의 사업활동에 대한 "조심스러운(cautious)"접근방법에 대해 어떻게 기여할 수 있을까?

출처: Helen Thomas, "A Shell for Fearful Oil Investors in 2015," *Wall Street Journal*, www.wsj.com, January 4, 2015; Investor, Royal Dutch Shell Corporation/Shell Global, www.shell.com, last accessed February 12, 2015.

이 도식으로 설명되어 있다.

이와 대조적으로 전략수립의 이해관계자 모델은 기업은 단지 그들의 주주들 뿐만 아니라, 자사의 사업활동에 의미있는 이해관계를 갖고 있다고 볼 수 있는 다양한 집단들 혜택을 주기 위해 존재한다고 믿는다. 예를 들어서 그와 같은 집단에는 아마 회사의 직원들, 고객들, 그리고 회사가 사업활동을 벌이고 있는 곳인 지역사회가 포함될

참고자료 9.2: 전략수립의 이해관계자 모델

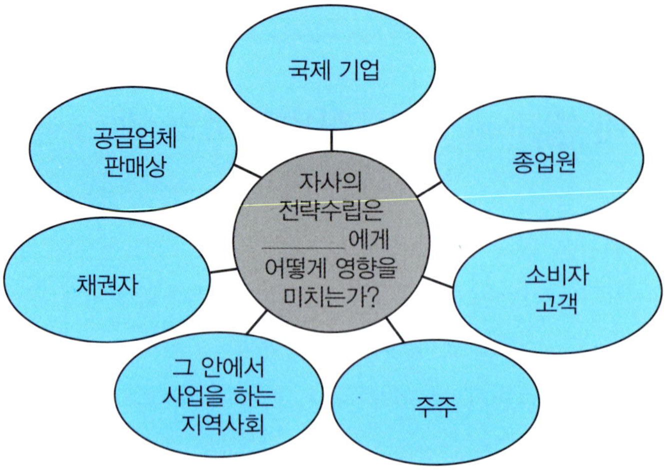

것이다. 사실 기업은 자사에 돈을 빌려주는 은행과 기타 기관들(즉, 채권자들)이해관계자로 다루어야 한다고 논의 될 수도 있다. 왜냐하면 그런 존재들도 그 기업과는 분명하고도 확정된 이해(利害)와 관계를 가지고 있기 때문이다. 참고자료 9.2에서는 전략수립의 이해관계자 모델이 도식적으로 설명되어 있다.

우리가 이 장 앞에서 논의한 회사들의 임무선언의 경우, 스타벅스는 명백히 전략수립에 접근하는 데에 있어서 이해관계 접근방법을 택했다. 전략수립에서 자사의 사업활동 결정들이 주주들에 부가하여 자사의 고객들과 이웃들, 그리고 자사가 사업활동을 벌이고 있는 지역사회에 어떻게 영향을 미치는지에 대해서 상당한 중점을 둔다. 이와는 대조적으로 석유탐사 대기업인 아나다코(Anadarko Peroleum Corporation)는 이러한 점에서 주주 접근방법을 더 많이 취하여, 전략수립에 있어서 자사의 사업활동 결정이 주주들에게 지속적이고 경쟁적인 수익률을 가져다 주는데 도움이 되겠는지에 대해 매우 분명한 강조점을 둔다. 전략수립에 있어서 주주와 이해관계자 지향 사이의 차이를 이해하는 것을 특정한 국제 기업에 있어서는 적절한 "통제 시스템"을 결정짓는 데에 있어서 중요하다. 예를 들어서 만약 기업이 사업을 하고 있는 지역사회에 공헌하는 것이 이해관계자 접근에 따른 중요한 전략적 목표라면, 회사의 자선적 기여와 기타 기업의 사회적 책임(CSR) 지표는 매년 측정하고 재검토하는 일이 중요할 것이다. 그러나 만약 국제 기업이 이러한 점에서 근본적으로 주주 접근방법을 택한다면, CSR 관련 실적치는 상대적으로 덜 중요할 것 이다.

사실확인 LO-1

당신이 자주 접촉했던 일부 회사들의 임무선언을 찾아내서 읽어보라. 당신은 그 각사의 임무선언을 어떻게 특징짓겠는가? 몇몇은 수익에 더 지향되어 있고, 다른 몇몇은 CSR에 더 지향되어 있는가?

9-2. 전략실행

어떤 국제 기업이 성공적으로 전략을 수립했다고 가정하자. 그 전략이 뭐든지 간에 그러나 지금은? 이 과정의 다음 순서는 수립된 전략을 명백하에 행동으로 이행하는 일이다. 우리는 이것을 "전략실행"이라고 부르겠는데, 국제 기업이 이제 이 전략을 실행해야 한다는 것을 의미한다.

LO-2
기업전략을 시행하는 데 있어서 전술계획과 운용계획을 설명하고, 마일스와 스노우의 장기 전략 실행의 네 가지 기본 유형을 설명하라.

9-2a. 전략실행의 예 : 월마트

전략실행이 어떻게 작용하는지에 대한 예시를 살펴보자. 만약 월마트의 전략이 가능한 가장 낮은 가격의 제품을 고객에게 제공하는 것이라면, 이 전략을 달성하기 위해 월마트는 어떻게 나아갈까? 예를 들어 미국 제조업체보다 더 낮은 가격으로 생산하고 팔 수 있는 중국 제조업체들의 의류를 더 많이 사는가? 사실, 한 걸음 더 나아가서 중국 섬유제조 회사를 사거나 자사 소유의 섬유제조 시설을 세움으로써 자사의 사업활동을 수직적으로 통합하는가? 월마트는 비누, 세제, 종이타올 같은 제품의 공급업체를 확보해서 이들 제품을 다른 소매상들에게 팔 때보다 좀더 낮은 가격에 대량판매 방식으로 팔기 위해 자사의 엄청난 구매력을 영향력으로 활용할 수 있을까? 아니면 사업수행 비용(예컨대 노무비)이 상대적으로 싼 지역에 새 점포를 개설해야 하는가?

자사의 전략들이 잘 작동되게 함에 있어서, 월마트는 비교적 단기간에 운용적·전술적 계획들을 실행할 것이다. 운용계획은 전술적 목표를 실행하기 위해 수립된 매우 단기적(1년 이하) 계획이다. 예를 들어서, "낮은 가격"이라는 장기적 전략목표를 달성하기 위해, 월마트는 앞에서 논의되었듯이 좀더 비싼 미국내 의류 제조업체들보다는 더 낮은 가격의 중국 제조업자로부터 의류제품을 더 많이 구매하기 위한 향후 다음 6개월 동안의 운용계획을 가질 수 있을 것이다. 이러한 점에서 월마트는 또한 전술계획도 발전시킬 것인데, 이는 전략적 목표를 실행하기 위해 수립되는 1~3개년 계획이다. 앞에서 논의되었듯이 이 영역에서 월마트의 전술계획은 어쩌면 향후 2년 반 이내에 중국에 섬유 제조공장을 건설하여 보유하고 운영하는 것일지도 모른다.

월마트에 의해 실행될 운용 및 전술 계획은 월마트의 전략적 틀에 잘 맞겠지만, 아마도 다른 회사의 전략적 틀에는 맞지 않을 것이라는 점을 논급하는 것은 중요하다. 예를 들어, 가장 낮은 가격보다는 높은 품질에 강조점을 두는 소매업체들은 아마도 높은 품질의 의류로 알려진 이탈리아나 영국 같은 나라들로부터 구매하길 선호할 것이다.

마지막으로, 운용계획과 전술계획은 단기적인 전략실행을 내포한다. 장기전략실행은 국제 기업들이 "탐사자", "방어자", "대응자" 또는 "분석자"가 되고 싶은지를 결정하는 것을 내포한다. 결정하는 글로벌 회사를 포함한다. 다음 섹션에서 우리는 이러한 의사결정 과정에 대해 탐구하게 될 것이다.

9-2b. 탐사자, 방어자, 대응자 그리고 분석자

1978년 "조직의 전략(Organization Strategy), 구조 및 절차(Structure and Process)"라는 제목의 고전적 클래식 책에서, 마일스(Raymond E. Miles) 와 스노우(Charles C. Snow)교수는 국제적(그리고 기타의) 기업들이 어떻게 전략실행에 노력하고 있는지에 관해 4부분의 유형을 개발했다. 그런 점에서 마일스와 스노우는 회사들을 다음과 같이 특징지었다.

1) 탐사자
2) 방어자
3) 대응자 또는
4) 분석자

탐사자들은 국제적 확대와 새로운 시장기회를 찾아냄으로써 자사의 성공을 확장하는 것을 포함하는 기본적 전략실행을 하는 조직들이다. 예를 들어서 아나다코 사는 아마도 주주들에게 재무적 수익을 제공한다는 자사의 전략적 목표를 실행하기 위한 가장 좋은 장기간 방식은 현재까지 탐사된 적 없는 아프리카 등 세계의 어느 지역을 탐사하는 것이라고 결정할 것이다. 이러한 상황에서, 아나다코 사는 아마 말 글대로 세계의 어떤 새로운 지역에서 석유를 탐사할 것이고, 이러한 노선에 따라 단기의 운용 및 전술 계획을 실행한 뒤에는 아마도 아프리카 대륙에 영구적인 사업활동 기지를 설립할 것이다.

이와는 대조적으로 **방어자**들은 현존하는 사업활동에 집중하고 일반적으로 자사의 텃밭을 방어하는 기본적인 시장전략을 실행한다. 예를 들어, 알트리아 사는 자사의 선언된 임무 내에서의 "재정적 규율"의 중요성이 자사의 생산시설들을 엄격히 통제하고

Hershey 기차는 세계의 주요 초콜렛 회사들 중 하나임을 상징한다.-The Hershey Corporation.

미국내 본점을 두고 있는 기존의 말보로, 벤슨 앤 헷지스, 그리고 기타 생산시설들을 단순히 가능한 한 효율적이고 수익성이 있게 하는 데 집중하도록 당연히 요구해야 한다고 느낄지도 모른다. 요컨대 알트리아는 대체로 기존의 지위를 방어하는 데 집중할 것이다. 사실 이 노선을 따라, 알트리아 사는 아주 최근에 자회사 주식을 모회사 주주들에게 분배함으로써 이 회사보다 탐사자 지향적인 모든 국제적 시설들을 필립 모리스 사(Phillip Morris Corporation)라는 하나의 완전한 별개의 회사로 통합하여 단순히 자사의 기존 미국 브랜드들에 집중시키는 것을 허용했다.

대응자인 회사들은 전략실행이 경쟁자로 인해 시작된 전략적 조치에 대해 특별한 방식으로 반응하는 것을 내포하는 회사들이다. 이런 접근방법은 다소 일관성이 없고 불안정한 것으로 비춰질 수 있다. 예를 들어서, 일부 비평가들은 목표 회사가 경쟁자인 월마트의 최저가 지향의 전략적 조치에 대한 "대응자"라고 비판해 왔다. 목표회사는 우리가 앞서 언급한 "가격전쟁" 에 포함되기 위한 주된 경쟁자였고, 매우 인기있는 하드 커버의 책을 할인된 가격으로 팔기 위한 월마트의 온라인 계획은 8달러 99센트라는 엄청나게 싼 가격으로 제공함으로써 경쟁상를 격파하는 방향으로 진화했다. 그러나 다른 소매업자들과는 달리(예; Costco), 목표회사의 기본적 전략은 "최저가격"과는 약간 달랐다. 만약 목표회사가 다른 제품 말고, 일부 제품에 대해서 월마트의 가격과 경쟁하기 시작한다면, 이제 목표회사는 점점 더 "저가" 구매업자로 자사에게는 잠재적으로 불안정한 상황이 만들어 질 수 있다. 이것은 결과적으로 목표회사의 점포로 쇼핑하러 가기로 결정하는 "고소득층"의 고객들이 점점 줄어드는 결과를 초래할 가능성이 높다.

마지막으로, **분석자**들은 탐사자와 대응자가 되는 것의 중간위치를 택하는 회사들이다. 분석자 전략을 실행하는 회사들은 자사의 시장을 넓히기 위해 몇몇 단계를 밟는다. 한편 동시에 과도한 위험을 피하는 것과 기존의 사업활동을 방어하는 것에 많은 강조점을 둔다. 자사의 전략실행 정책들이 이러한 범주로 나뉘는 국제 기업에는 허쉬 초콜렛 바와 기타 과자류 제조업체인 허쉬 사(the Hershey Corporation)이다. 허쉬 사는 부지런히 새로운 제품과 국제적 영역증대의 양 면에 걸쳐 확대하고 넓혀왔지만 매우 조심스러운 태도로 해왔으며, 지나친 위험은 피하고 회사의 기존 사업활동을 보호했다.

이러한 접근방법을 취했던 이유들 중의 일부는 그 회사의 약간 흔치 않은 기업의 사회적 책임 의무와 관련이 있다. 이 회사의 설립자 밀턴 허쉬(Milton Hershey)와 그의 아내 캐더린(Catherine)은 자녀가 없었고, 그래서 자신이 허쉬사의 주식을 펜실베니아 주 허쉬에 있는 밀턴 허쉬 학교를 지원하는 어떤 수탁자에게 맡기기로 결정했다. 밀턴 허쉬 학교는 매우 질 높은 초 · 중등 교육을 제공하면서, 미국 전역에 걸쳐 최저 소득계층의 건강관리를 제공한다. 이 학교에는 최근 약 1,800명의 학생들이 있으며, 허쉬사가 "분석자"적 전략실행 접근방법 같은 것을 취하는 이유 중의 일부는 이 학교와 학생들에 대한 진행중인 재정적 의무와 관련이 있다. 허쉬사가 언제나 밀턴 허쉬 학교를 넉넉하게 지원하는 데 쓸 가용자금을 보유하기 위해 과도한 사업 위험을 인수하는 것을 피하고, 그래서 회사의 설립자 밀턴 허쉬의 유산을 보호하려는 것임이 명백하다. 허쉬사는 밀턴 허쉬 학교에 대한 자사의 의무라는 맥락에서 끊임없이 전략적 사업 필요를 분석하고 균형을 맞추고 있다.

전략적 목표를 수립한 뒤, 국제 기업들은 그러한 목표를 실행에 옮길 필요가 있다. 그들은 자사가 취할 수 있는 여러 가능한 접근방법들에 대한 모든 찬·반을 비교해야 할 필요가 있다. 그들은 또한 여러 전략적 조치들이 특정한 관련 주주들과 이해관계자(밀턴 허쉬 학교 등)에게 어떻게 영향을 미칠 것 같은지도 고려할 필요가 있다. 그러나 일단 전사적 전략이 실행되면, 다음 과제는 어떻게 그것을 훌륭하게 조정하는 것이다.

사실확인 LO-2

당신은 이 4가지 접근방법들 중 하나가 다른 것들보다 더 안전하다고 생각하는가? 아니면 네 가지 모두가 위험성을 띄고 있는가? 전략수립에 대한 이들 접근방법의 각각을 택함으로써 회사가 직면하게 될 주요한 위험은 뭐라고 생각하는지?

9-3. 조정

LO-3
국제 기업들에게 존재할 수도 있는 전략실행을 조정하는 데 대한 각종 장애들을 분석하고, 지식관리와 시스템이 수행할 수 있는 적극적인 역할을 분석하라. 특히 암묵적 대(對) 명시적 지식의 역할과 인터넷의 역할을 논의하라.

운동선수들이 더 빨리 달리는, 더 힘 쌔게 던지는, 또는 표적을 공격하는 목표를 달성하기 위해서 자신의 동작을 조정화할 필요가 있는 것처럼, 기업들도 자사의 임무선언에 제시된 목표들을 달성하기 위해 자사의 행동(조치)들을 조정할 필요가 있다. 이 책에 앞서 논의했듯이, 예를 들어 기업들은 아마 외국에서 사업을 함에 있어서의 다양한 법적, 정치적 그리고 경제적 위험들을 조정할 필요가 있을 것이다. 더욱이, 예를 들어 기업들은 새로운 기술이나 새로운 사건들이 자사의 사업모델에 미치는 영향을 조정해야 할 것이다. 비지니스를 하는 것의 다양한 법적, 정치적 그리고 경제적 위험을 조직화해야 할 필요가 있을 것이다. 더욱이, 예를 들어 그들은 새로운 기술의 영향 또는 그들의 비지니스 모델에 닥치는 새로운 사건들을 조직화해야 한다.

9-3a. 조정의 장애

전략의 수립과 실행을 조정하는 것은 이론적으로는 비교적 쉬운 것 같을지도 모르지만, 실제로는 통상 전혀 그렇게 쉽지는 않다. 현실세계에서는 전략적 실행의 장애들은 많은 경향이 있다. 법적, 정치적, 경제적, 기술적, 그리고 기타 장애들은 오늘날의 고도로 복잡한 국제적 사업환경에서는 아주 흔하다.

아나다코 석유회사의 사례를 예로 들자. 믿거나 말거나, 아나다코는 이미 아프리카에 있는 석유를 탐사해 왔다. 좀더 구체적으로 말하면, 아나다코는 아프리카 가나의 국내 주빌레 유전에 상당한 지분을 소유하고 있다. 주빌레 유전은 세계에서 가장 최근에 발견된 유전으로서 18억 배럴의 원유가 매장되어있다. 주빌레 유전의 총 가액은 약 170억 달러에 달한다.

그러나 불운하게도 아나다코 석유회사는 주빌레 유전을 완전 소유하고 있지는 않았다. 큰 돈을 벌어들이는 다국적 기업에서 종종 일어나는 일이지만, 아나다코는 오직 다른 기업들과 합작투자를 통해서만 이 기회를 이용할 수 있었다. 이 합작투자에 아나타코의 파트너들은 다양한 비공개주식투자 펀드(equity private funds), 다른 석유회사들, 그리고 가나정부가 소유한 가나 국영 석유회사(Ghana National Petroleum Corporation ; GNPC)였다. 아나타코는 주빌레 유전의 약 23.5 퍼센트 지분을 소유했다.

아나타코가 가나내 자사의 투자 (비록 매우 성공적이기는 하지만)에 관해 직면하고 있는 일부 조정문제들은 무엇일까? 우선, 가나는 텍사스 주 휴스턴 외곽에 있는 아나타코의 본사로부터 엄청 멀리 떨어져 있다. 가나에 있는 사람들은 택사스에 있는 사람들(미국내 사람들보다)과는 다른 언어를 쓴다. 간단히 말해서, 아나다코는 텍사스로부터 매우 먼 곳에 있는 바구니에 많은 "계란들"(이 회사가 가진 주빌레 지분은 대략 40억 달러의 가치에 달한다)을 가지고 있다. 더욱이, 아나다코가 주빌레 유전의 많은 지분을 소유하고 있는 투자자들 중 하나이지만, 그 지분은 상대적으로 여전히 작다(약 23.5퍼센트에 불과). 이 유전의 다른 소유주들은 아마 그 아나다코와 다른 관심을 가졌을지도 모른다. 예를 들어, 그들은 아마 그 유전의 자원을 아나다코가 개발하고 싶은 것보다 더 느리게 또는 더 빠르게 개발하고 싶었을지도 모른다. 따라서, 합작투자 파트너들과의 이견을 조정하는 것은 회사에 주요한 과제를 제시한다.

그런 점에서 가장 중요한 것은 아마 아나다코가 가능한 한 자사와 가나 국영석유회사(GNPC)와의 관계를 긍정적인 관계로 유지하는 것이다. GNPC가 오직 주빌레 유전의 13.8퍼센트를 소유하고 있지만(아나다코의 약 23.5퍼센트 지분에 비해), 모든 주빌레 합작투자 참여자들은 자신들의 활동을 GNPC에 맞춰 확실히 조정하기 위한 방책을 찾으려고 노력해왔다. 왜 이것이 특히 중요할까? 당신도 아마 짐작하고 있겠지만, 아나다코는 가나정부와의 갈등에서 비롯될 어떠한 정치적 위험이나 장애들을 피하고 싶어한다. 예를 들어 극단적으로는 그쪽 정부가 아나다코가 그 나라에 투자한 수십억 달러의 투자를 실제로 몰수할 수도 있는 위험도 있다.

아나다코-주빌레의 예시는 단지 국제적 기업이 자사의 전략적 조치들을 조정하기 위해 노력하려 할 때 존재할 수 있는 수많은 장애들 중 일부를 나타내고 있다. 우리가 아래에서 더 논의하겠지만, 오늘날 인터넷과 기타 기술적 진보는 불과 20년 전보다 그러한 조정을 훨씬 더 쉽게 만들어 주고 있다.

9-3b. 지식의 관리와 시스템

불과 20년 전에 가나와 같은 지역에서 사업을 수행하는 아나다코 석유회사 같은 미국의 다국적 기업들을 생각해 보라. 그리고 오늘날에는 모든 것이 어떻게 다른지 생각해 보라. 20년 전 아나다코는 가나에서의 사업활동을 감시하고 통제하기 위해 텔렉스와 팩스로 된 보고서를 주고 받고 하는 것에 의존해야만 했었을 것이다. 아마 미국과 가나 사이의 전화라인은 당연히 작동하고 있었을 것이라고 생각된다.(하지만 그것은 언제나 그렇지는 않았다). 아나다코의 경영간부가 휴스턴에서 가나까지 빈번히 날아가지 않는 이상 어떠한 "직접적인"감독은 불가능했을 것이다. 오늘날, 장거리 화상회의 시스템 같이 인터넷과 기타 주요한 발전이 아나다코 같은 회사들로 하여금 훨씬 더 나은 자사의 아프리카 사업활동에 무슨 일이 일어나고 있는지에 대한 나날의 훨씬 더 나은 지식을 얻을 수 있도록 해주었다. 부속서류가 딸린 이메일이 미국 본사와 가나 사이에서 거의 지속적으로 교환될 수 있다.

여러 면에서, 국제적 기업의 지식관리는 인터넷과 같은 새로운 기술에 의해 변혁을 일으켜 왔다. 아프리카, 러시아 또는 중국 같이 멀리 떨어져 있는 기업의 현장에서 무슨 일이 일어나고 있는지 아는 것은 상대적으로 요즘 훨씬 더 쉽다.

새로운 기술들은 회사들이 암묵적 지식과 명시적 지식 모두를 그들의 자회사나 국제적 계열사들에게 더 넓게 퍼뜨리는 것을 쉽게 해준다. 암묵적 지식은 가족으로부터 나오는 특별한 케이크 제조법에서 "이거 한줌" 그리고 "저거 한줌"이라고 요구하는 것과 같이 보통 비공식적이고 소통하기 어려운 지식이다. 산업적 측면에서 **암묵적 지식**은 아마 차를 제조하는 데 있어서 도요타 자동차 회사 "방식"이라고 특별하게 뉘앙스를 띠는 것을 내포한다. 이와 대조적으로 **명시적 지식**은 체계화할 수 있고 명시하거나 풍부함을 거의 잃지 않은 채 기록하기 쉬운 지식을 말한다. 조직적 통제는 흔히 암묵적 지식을 명시적 지식으로 전환해서 해외 사업활동들로 하여금 자신들에게 무엇이 기대되고 있는지 충분히 이해할 수 있게 하는 능력에 달려 있다.

전통적으로 암묵적 지식을 형식적 지식으로 필요한 변환을 하는 것은 국제 기업에게는 일종의 주요한 도전적 과업이었다. 예를 들어서, 역사적으로 도요타 자동차 회사는 빈번히 새로운 나라에서 개업중인 공장에 고용된 수백 명의 근로자들을 몇 개월 간에 걸친 특별한 도요타식 자동차 제조 훈련을 받도록 일본에 보냈다. 그러나 요즘에는 웹 비디오나 기타 인터넷 기반의 훈련 도구들이 이전에 대한 그런 방법의 필요성을 덜어준다. 더욱이 만약 앨러바마 주의 헌츠빌 교외의 도요타 공장에 근무하는 어떤 사람이 도요타식 접근법에 대해 일본에 있는 사람에게 질문할 일이 있으면 이메일을 보내기만 하면 된다. 요컨대, 새로운 기술은 도요타와 기타 국제 기업들이 암묵적 지식을 세계 도처로 전파하고, 나아가 적절한 경우 그것을 보다 명시적인 지식으로 변환시키는 것을 훨씬 더 용이하게 해주었다.

끝으로, 인터넷과 같은 새로운 기술은 국제 기업들의 흡수능력, 즉 새로운 지식의 가치를 인지하는 것은 물론이고, 그것을 동화시키고 적용하는 능력에 관해 그들에게 도움을 주었다. 이것은 특히 기업의 연구개발(R&D) 노력과 관련이 있다.

전통적으로 회사의 한 부분에서 연구개발에 의한 발견은 회사의 다른 부분에 의해 공공연히 "흡수될"(즉 사용될) 것이라고 꼭 의미하는 것은 아니다. 만약 그 회사의 다른 부분(즉, 자회사)이 다른 나라에 있다면 특히 그렇다. 새로운 지식과 정보를 인터넷이나 기타 새로운 기술들을 통해서 교환하는 능력은 어느 정도 그러한 상황들을 개선해 왔다. 예를 들어, 아나다코 석유회사의 미국 내 생산시설에서 이루어낸 연구개발 발견은 공정하고 쉽게 가나내 아나다코 생산시설에 소통되고 그것에 의해 흡수될 수 있다.

사실확인 LO-3

당신이 취업했던 직장에서 배운 습득한 암묵적 지식의 예에는 어떤 것들이 있는가? 당신은 신입직원에게 이러한 지식을 어떻게 소통해 주겠는가?

9-4. 통제시스템

LO-4
관료적 통제, 대인관계 통제, 산출 통제와 식스-시그마 이니셔티브 같은 측정 시스템을 포함하여, 국제 기업이 활용하고 있는 통제 시스템의 다양한 유형을 논의하고 분석하라.

기업들은 자사의 사업활동들을 조정하거나 통제하기 위하여 몇개 종류의 통제 시스템에 의존한다. 이들 종류에는 관료적 통제, 대인관계 통제, 산출 통제 및 측정이 있다. 예를 들어 회사는 아마 그들이 달성하기 바라는 분명한 재무적 또는 기타의 목표들과 이 목표들의 달성을 주의깊게 모니터링과 통제하기 위한 시스템들을 가지고 있을 것이다.

9-4-1. 관료적 통제

관료적 통제는 국제 기업내에서 공표된 규정의 시스템이다. 이러한 통제는 종종 조직 내에서 지속적인 절차를 유지하는 것을 돕기 위해 실행된다. 예를 들어, 조직 내에 모든 직원들(최고경영자도 포함해서)은 상용 항공편을 통해 여행할 때 반드시 2등석을 이용해야 한다는 규칙은 한 조직내에서의 일관된 관료적 통제를 나타낸다. 어떤 회사는 또한 직원들이 사업용이나 회사 환불, 그리고 저녁을 위해 한 사람등 500달러 이상 쓰지 못하게 하는 규칙도 있을 것이다. 비슷하게 어떤 회사는 아마 회사 전화의 개인적 사용에 대한 규칙도 두고 있을 것이다.

관료적 통제는 조직위험 관리에 대해 중요한 역할을 할 수 있다. 예를 들어, 은행은 아마 5만 달러 이상의 대출에 대해선 반드시 적어도 2명의 은행간부에게 승인을 받아야 하고, 승인하는 간부 중 한 명은 부회장 또는 그 이상급의 직책을 보유해야 한다는 사규가 있을 것이다. 이러한 관료적 통제는 보다 큰 재무적 위험(예: 5만 달러 이상 대출)은 적정한 정밀조사에 의해서만 이루어지도록 확실히 하기 위해 고안되었다. 물론 두 명의 은행 간부가 의도적 또는 비의도적으로 충분한 자격이 되지 않는 사람에게 빌려주는 대출을 승인할 가능성도 있지만, 이것이 일어날 수 있는 가능성은 오직 간부 한 명의 승인이 필요한 때보다 훨씬 더 적다.

국제경영 내에서 실행될 재무예산은 관료적 통제의 전형적인 유형이다. 특정한 조직단위의 재무예산은 그 조직단위가 돈 얼마나 쓸 수 있는가에 대한 할당액 규칙을 나타낸다. 몇몇 경우에서, 그 기업의 고위 경영진은 단순히 연간 총예산을 특정한 조직단위에 할당할 것이다. 예를 들어, 연구개발 단위는 주어진 1년 동안에 8,500만 달러라는 예산을 받고 이 돈을 사용해야 하는지에 대해서 상당한 자유을 갖는다. 그러나 다른 경우에서는 고위 경영진은 아마 예산 할당에 대해 훨씬 더 구체적일 수도 있다. 예를 들어 이것은 아마 연구개발 부서에 연간 8,500만 달러 중에서 1,200만 달러는 반드시 특정 신제품을 위한 연구개발에 쓰여야 한다고 지시할 수도 있을 것이다. 이 후자의 접근은 그 회사의 고위 경영진이 더 강한 관료적 통제를 사용함을 의미한다.

9-4-2. 대인관계 통제

대인관계 통제는 기업간부들이 조직을 관리하는 한 방법으로서 부하들과 개인적 접촉에 관여하는 것을 의미한다. Dell 컴퓨터 회사의 설립자 미첼 델(Michael Dell)은 유명하게도 회사의 초창기부터 직원들 개개인과 직접적으로 상호 작용했다. 이런 방식으로 델은 회사에서 일어나고 있는 모든 일에 대해 대인관계를 직접적으로 통제했다. 완전한 대인적 통제는 작은 조직에서 가장 실효가 있다. 수만 명의 종업원을 가진 델 컴퓨터 회사의 경우에서도 그렇지만, 어떤 간부 한 사람이 그 조직내의 각 종업원과 직접적이고 지속적인 대인 접촉을 해나가는 것은 실제로 불가능할 것이다. 그렇지만 아직

Dell 컴퓨터회사 설립자 미첼 델은 언제나 매우 "실제적/직접적" 접촉이라는 경영 스타일을 유지했다.

도 많은 최고경영자들은 규칙적으로 모든 고위간부와 사업단위 책임자들을 정기적으로 한 사람씩 만나기 위해 많은 노력을 한다. 전임 최고경영자 잭 웰치(Jack Welch)는 이러한 노력으로 잘 알려져 있다. 덧붙여, 많은 경영자들이 모든 종업원들과의 직접적인 소통라인을 현재 진행적 방식으로 유치하기 위해 인터넷 기술이나 이메일 등을 활용하고 있다. 이러한 소통은 아마 쌍방향은 아닐 것이지만(즉, 모든 직원들이 최고경영자에게 직접적으로 답변하기 위해 초대되는 것은 아니다), 그래도 이것은 낮은 직급의 종업원들도 최고경영자로부터의 의견 투입을 경험할 수 있는 직접적인 방법이다. 회사 사택에서의 만남과 기타 방법들도 중요한 경영의 개인적 접촉이 조직 내에 존재한다는 것을 확실히 하기 위해 사용될 수 있다.

9-4-3. 산출 통제 및 측정

조직통제의 또 다른 측면은 산출(output)과 측정이다. 산출 통제 및 측정은 어떤 주어진 측정치를 기준으로 구체적 목표를 세운 다음에, 특정한 기간 간격 동안에(예: 분기별, 연간) 어느 정도 이 목표들이 달성되고 있는지를 측정하는 것을 내포한다. 여기에는 산출 통제와 측정이 실행되는 몇 개 분야가 있는데 이익, 성장, 생산성, 시장 점유율, 품질 통제, 그리고 기업의 사회적 책임 등이 포함된다. 이들 각 분야에 대해 살펴보기로 하자.

9-4-3a. 이익

재무적 이익과 특정한 재무적 목표들은 국제 기업에 의해 사용되는 산출 통제와 측정의 한 종류이다. 예를 들어, 세계 최대의 돼지고기 생산업체인 스미스필드 푸즈 사(Smithfield Foods Corporation)는 역사적으로 아머(Armour) 훈제 베이컨 같이 자사의 가공된 돼지고기 제품의 파운드당 판매로부터 10센트의 이익을 얻는 분명한 조직목표를 세웠다. 이 회사의 최고경영자 래리 포프(C. Larry Pope)는 지금은 "10센트를 위한 시간이다"는 문구를 만들어냈고, 조직내 도처에 이 슬로건의 스티커를 붙였다. 그는 한때 돼지고기 산업에는 하버드인들이 많지 않기 때문에 "간단하고 전달 가능한 "수익성 메시지를 유지하는 것이 중요하다고 말했다.

스미스 푸즈 사의 "10센트를 위한 시간"이라는 목표는 자사내 모든 조직의 가공된 돼지고기 판매에는 적용되었지만, 통돼지와 기타 비가공 제품의 판매에는 적용하지 않았는데, 중국내에서 특히 그랬다. 중국인들이 세계 돼지의 거의 반을 소비하기 때문에 지난 2009년 스미스필드 푸즈 사는 는 중국시장에 반드시 진입해야 겠다고 느꼈다. 그래서 스미스 필드가 중국에 진입했을 때는 상당히 다른 산출 통제의 기준을 적용했던 것이다.

9-4-3b. 성장

스미스필드 푸즈가 자사의 제품을 중국에 팔기 시작했을 때, "10센트를 위한 시간"

이라는 즉각적인 이익을 기대한 것은 아니었다. 대신에, 전격적인 중국시장 진출이 아마 자사의 주가가 향후 “5년 내지 10년” 내내 성장하는 데 도움이 될 수 있다고 미리 생각하고 있었다. 사실, 이런 점에서 스미스필드 사에 다가온 긍정적인 영향은 중국 내 최대 육류회사인 샹하이 인터내셔널(Shuanghi International)이 2013년 6월 29일 현금으로 한 주당 34달러에 스미스필드를 사들이기로 결정하면서 훨씬 더 빠르게 왔다. 이는 이 회사의 이전 주가보다 31퍼센트 더 할증된 가격이었다. 그 합병은 또한 세계 최대의 돼지고기 회사 중 하나로 만들었다.

성장에 집중하고 있는 또 다른 회사는 라스베가스의 호텔 경영업체인 MGM 미라지(Mirage)다. 엄청난 도박(재담 섞인 표현이지만)으로서 MGM 미라지사는 최근 새로운 시티센터 리조트에 85억 달러를 섰는데, 이는 공급과잉이라는 일부 논쟁이 있었던 호텔 객실 시장에 새로 4,800개 이상의 객실을 추가하는 셈이었다. 이 새로운 모험적 사업은 MGM 미라지에게 100만 달러가 아니라 120억 달러라는 빚을 남겼다. 비판가들은 MGM사의 그 엄청난 시티센터 개발 프로젝트는 이 회사가 신 시티(Sin City)의 장래를 두고 건 정말 장기적 도박이라고 경고한다. 이 회사는 자사의 현재적 산출을 동사가 재무적으로 얼마나 수익성이 있느냐에 두지 않고, 얼마나 많이 성공적인 성장을 성취하고 있느냐에 바탕을 두어 측정하고 있다. 도박자들의 용어로, MGM 미라지는 베가스에 2배의 베팅을 건 셈이다.

스미스필드와 MGM의 사례는 성장이 중요한 통제측정 기준이고, 자신의 주식보유 가치가 기간이 경과되면서 점차 상승되기를 바라는 주주들에게는 특별히 중요한 사안이다. 구제적 기업은 지속적으로 자사의 사업이 성장하고 있는가 아닌가를 검토하고 있다. 특정한 사업의 맥락에서 본다면, 만약 그 사업이 성공적으로 성장하고 있지 않다면, 아마 그 사업은 소멸되는 것으로 결말이 날 것이다. 따라서 효과적인 성장을 측정하고 통제하는 것은 요즘의 국제경영 환경에서 지극히 중요할 수 있다.

9-4-3c. 생산성

국제 기업이 자주 사용하는 산출 통제 측정은 생산성 또는 효율성이다. 예를 들어, 은행산업에서 ‘효율성 비율’(즉, 얼마나 적은 비용 또는 얼마나 적은 간접비가 필요한가)은 면밀히 감시 되는 측정기준이다. 만약 한 은행이 90명의 직원으로 연간 200만 달러의 수익을 달성하고, 다른 은행은 이와 같은 수준의 수익을 달성하기 위해 200명의 직원이 필요하다면, 첫 번째 은행의 직원들은 두 번째의 은행직원들 보다 상당히 생산적이고 효율적이다. 이것은 아마 첫 번째 은행이 더 잘 운영되는 조직이라는 신호일 수 있다.

기술은 계속해서 직원과 기업의 전반적 생산성 증가에 있어서 매우 중요한 역할을 수행한다. 단순히 컴퓨터와 전화응답기가 근로자들을 어느 정도 더 생산적이고 효율적이게 해왔는지를 생각해보라. 예를 들어, 전화응답 시스템 이전에는 걸려온 전화에 응답하고 전화 메시지를 받기 위해 직원들을 특별히 채용해야 했다. 더욱이, 가끔 기록해 둔 전화 메시지는 잃어버리거나 놓아둔 곳을 모를 수도 있었다. 오늘날의 전화응답 시스템은 흔히 통화내용의 영구적 기록을 유지한다. 결과적으로, 생산성에 강한 강조를 두는 국제 기업은 또한 직원 및 기타의 기업 생산성을 증대시키기 위해 기술적 진보에 엄청난 투자를 흔쾌히 하려고 할 가능성이 많다.

9-4-3d. 시장점유율

일부 국제적 기업에게 있어서 핵심적 산출측정 기준은 시장점유율, 즉 그 조직이 공급하는 어떤 제품이나 서비스가 장악한 특정한 시장에서 그 기업이 차지하는 비율이다. 시장점유율은 성장과는 별개로서 독립된 하나의 기업 목표일 수 있다. 예를 들어, 스미스필드 푸즈는 상하이 인터내셔널과의 합병을 통해 거의 즉각적으로 중국의 돼지고기 시장에서 방대한 점유율을 달성했다. .

구글사(Google Corporation)는 전통적으로 시장점유율을 달성하는 데 중점을 두어 온 기업들 중의 하나이다. 사실 구글은 자사의 초창기에는 검색엔진 시장의 점유율 장악에 너무 열중한 나머지, 어떤 수익을 내는 데는 정말 관심을 두지 않았다. 그렇지만 구글의 이러한 점에서의 노력(대부분의 다른 신생 인터넷 기업들과는 대조적으로)은 명확하게 보상을 받았다. 오늘날 구글은 미국내 서치 엔진의 66퍼센트 이상의 점유율을, 그리고 세계적으로는 70퍼센트라는 놀라울 정도의 점유율을 가지고 있다. 이런 점에서 구글은 완벽히 마이크로소프트나 야후 같은 경쟁자들을 굴욕적인 처지로 밀어넣었다.

그러나 높은 시장점유율 산출통제 측정치를 수립 할 때, 국제 기업이 염두에 두어야 할 필요가 있는 가장 중요한 우려사항이 있는데, 그것은 바로 "독점금지법(antitrust law)"이다. 제6장에서 논의되었듯이, 독점금지법은 기업 세력의 반(反)경쟁적인 집중(예: 독점과 과점)에 대해 우려하고 있으며, 매우 높은 기업 시장점유율이 이러한 세력의 지표가 될 수 있다. 사실, 시장점유율 장악에 있어서 자사의 엄청난 성공 때문에 구글은 최근 수

구글은 세계 인터넷 검색엔진 시장에서 엄청난 시장점유율을 확보하고 있다.

윤리적 관점

미국내 프랜차이즈가 가맹점에 대한 맥도널드사의 의무

한국의 재벌은 과거에 집착하고 세계화에 적응하지 못한다고 비난을 받고 있다. 세계화는 세계적으로 유명한 다국적 기업들이 더욱 투명성 있게 발전하고, 충성도나 친족주의보다는 성과에 따라 직원의 발전을 촉진하며, 공급업체들의 관심사항에 대해 지원해 줄 것을 요구한다.

한국의 재벌은 일본의 케이레츠(keiretsus)와 같이 거대하고 다각화된 상층부의 기업집단이며 1960년대부터 한국의 뛰어난 산업화에 적극적으로 기여했으며, 한국을 아시아에서 네 번째로 큰 경제대국으로 만들었다. 한국정부는 다양한 산업분야의 진입장벽을 제거함으로써 그러한 거대기업이 경제의 여러 접근 및 통제를 용이하게 했기 때문에 그러한 성장이 가능하게 되었다. 이에 따라 삼성, 현대, LG, SK그룹, 한화와 같은 재벌들은 독창적인 지배구조에 의해 창의성 혹은 개인의 역량보다는 직원의 충성도를 선호함으로써 막무가내식으로 뻗어나가는 자신의 제국으로 한국 경제를 주도하고 있다. 한국 노동인구의 약 80%가 중소기업과 연관되어 있지만, 대부분의 중소기업은 재화와 서비스의 공급업체로서 그들 거대기업의 영향하에 놓여 있다. 재벌은 지배의 투명성이 중소기업들의 이익을 쥐어짜고 그들의 혁신이나 개발을 훔친 일로 비난을 받는다.

2008년 2월부터 2013년 2월까지 이명박 전 대통령은 본래 현대건설(Hyundai Construction Company)에 적을 두었었는데, 대기업의 사업활동 방식을 바꾸어 놓는데 공적이 있다. 하지만 한국인들은 2013년 2월 이후 한국의 첫 여성 대통령인 박근혜 전 대통령이 세계화된 경제에서 재벌을 개혁하고 그들로 하여금 보다 개방적이고 주주 친화적으로 만들 수 있을지 의구심을 갖고 있다. 많은 이들이 우려하는 것은 이들 다국적 기업 상층부의 부패수준과 정부가 이들 간부에 대한 법적심판을 꺼리는 것이다.

문제:

1) 맥도널드, KFC, 던킨도너츠와 같은 대형 레스토랑 체인은 왜 그들의 미국내 레스토랑들에 프랜차이즈(가맹점 영업권)을 주는가?

2) 노동조합과 종업원들은 왜 맥도널드 (모회사가 특정 맥도널드 레스토랑의 현재 프랜차이즈 오너의 뜻에 반대되는 것으로서, 레스토랑 노동과 고용관행/위반 등에 대해 책임을 질 수 있기를 바라는가?

출처 : U.S. National Labor Relations Board Press Releases, Office ofGeneral Counsel, July 29, 2014 and December 19, 2014, www.NLRB.gov; Melanie Trottman and Julie Jargon, "Joint Employer' at Its Franchisees,"Wall Street Journal, www.wsj.com, December 19, 2014.

년간 법무성 및 연방무역위원회의 여러 독점금지 조사의 대상이 되어 왔다. 그래서 만약 국제 기업이 시장점유율을 중요한 산출측정기준으로 삼기로 결정한다면, 그 회사의 자문 변호사들은 이러한 접근방법을 택하는 것이 잠재적 독점금지의 의미에 대해 명확한 이해를 제공하는 일이 매우 중요하다

9-4-3e. 품질/6 시그마 이니셔티브

대부분의 국제 기업들은 품질에 대해 가장 강한 강조를 두고서 이 산출의 측정과 통제를 탐색한다. 품질은 제품, 고객 서비스, 또는 양쪽 모두에 적용될 수 있다. 예를 들어, 이 장의 앞에서 언급했듯이, 스타벅스는 전세계에 걸쳐 일반대중에게 판매하는 자사 커피의 품질과 커피 잔에 대해 신경을 많이 쓴다.

최근 수년간 많은 관심을 받은 한 가지 흥미로운 품질통제 기능의 유형은 6 시그마 이니셔티브이다. 기술적으로 말하자면, 이것은 문제나 결함을 100만 단위당 3·4까지로 제한하는 것을 추구하는 조직적 이니셔티브이다. 통계적으로 "시그마"라는 용어는 어떤 주어진 문제가 특정 표준으로부터 얼마나 벗어나는가를 측정하는 것이며, 6 시그마 과정은 완벽한 것으로부터 거의 벗어나지 않는다. 예를 들어 어떤 주요한 국제 항공사가 연간 300만 개의 고객 짐을 다루고, 연간 약 5만 개의 짐이 분실되거나 잘못 놓여진다고 하자. 이 회사는 약 2만 개 정도로 분실되거나 잘못 놓여지는 짐을 줄이는 품질통제 측정치를 채택할 수 있다. 그러나 이 항공사는 이것으로 만족하지 않고, 더 이상을 원할 것이다. 효과적인 6 시그마 프로그램은 그 국제 항공사에서 분실 또는 잘못 놓여진 짐의 수를 연간 약 10개로 줄일 것이다. 이것은 현실적인 목표인가? 그리고 만약 이것이 달성될 수 없다면, 어떤 타당한 대안책이 있을까?(즉, 그 국제적 항공사에서 분실 또는 잘못 놓여진 짐들을 연간 약 2,000개로 줄이는 효과적인 이니셔티브들)

9-4-3f. 기업의 사회적 책임

이 장의 앞에서 논의되었듯이, 일부 국제 기업들은 전략수립에 대해 '이해관계자' 접근방법을 취하고 있으며, 자사가 그 안에서 사업활동을 하고 있는 지역사회로 되돌려주는 것이 바로 자사가 측정하고 통제하고자 할 수도 있는 것이 하나의 중요한 산출이다. 그러한 회사들에게 있어서, 기업의 사회적 책임(CSR)은 중요한 산출통제이다. 구글사의 기업 모토는 "악마가 되지 말라"이며, 이 회사는 말 그대로 자사 초기 공개주식매각과 진행중인 이익 양쪽으로부터 나오는 수억 달러를 개별적 지역사회와 세계적 무대에 걸쳐 다양한 CSR 이니셔티브들에 기증해 왔다. 특히, 구글은 대중의 건강과 환경 프로그램들과 목적들을 위한 기금에 공헌하는 데에 있어서 매우 적극적이었다.

몰론, 모든 국제 기업이 CSR에 있어서 구글처럼 활동적이지는 않다. 하지만 최근 수년간에 지역사회와 환경 등에 대한 활동과 기여의 수준에 의해 회사들의 순위를 매기는 다양하고 광범위한 연례적 조사와 포상 리스트들이 나타나고 있다. 수 많은 국제 기업에게 이러한 조사에서 더 높은 순위를 달성하는 것은 중요하고 측정 가능한 산출

목표가 되었다.

더욱이, 일부 산업에서는 정부 기관들이 기업들을 그들의 CSR활동에 대해 공식적으로 점수를 매긴다. 예를 들어, 지역사회 재투자법(Community Reinvestment ACT ; CRA)이라 불리는 미국 은행법에 의해, 미국내 모든 은행들은 연방 은행 조정관들로부터 그들의 지역사회 재투자와 CSR활동에 대해 연간 등급(즉, 훌륭함, 만족스러움, 불만족스러움)을 부여받는다. 이러한 활동들은 은행들이 저소득 지역에 지점을 가지고 있는지, 그리고 저소득 개인을 위한 대출을 해주는지 등을 포함한다. 거기에는 또한 자사가 영업활동을 벌이고 있는 지역사회내의 자선단체와 자선활동에 기부를 하는지도 포함될 수 있다. 낮은 등급을 받은 은행들은 부정적인 규제결과에 직면해야 될지도 모르기 대문에 적어도 CRA 등급에서 "만족스러운"이라는 결과를 받기 위해 열심히 노력한다.

사실확인 LO-4

이 수업의 교수님을 평가하는 데 적절한 산출통제와 특정은 뭐라고 생각하는가?

9-5. 조직 문화와 변화통제 기능

LO-5
조직 활동들을 통제하는 조직 문화가 수행하는 역할을 분석하고, 그리고 필요한 경우, 조직문화가 어떻게 변화될 수 있는지 분석하라.

앞서 제3장에서 논의된 바와 같이, 조직문화는 조직의 공유된 규범 및 가치를 의미한다. 조직문화는 특히 어떤 기업의 문화의 규범이 완전히 그 조직의 근로인력에 의해 받아들여졌을 때는 그 조직에게 매우 효과적인 통제 메커니즘(기구/장치)이 될 수 있다. 그러나 매우 흔하게, 그러한 규범은 완전히 받아 들여지지 못하고, 그래서 조직 통제에 도전적 과업을 제기할 수 있다. 이러한 도전에 부응하기 위해 조직은 자신의 문화를 바꾸려고 모색할 수도 있다.

9-5a. 조직문화의 유형

만약 어떤 국제 기업이 종업원들로 하여금 최고 품질의 작업을 하게 해주는 강력하고 수용되는 문화적 규범을 가지고 있다면, 감독자가 직원들의 작업품질을 끊임없이 감시하는 것은 필요하지 않을 것이다. 예를 들어, 수세대에 걸쳐 뉴욕타임즈 신문에서는 "최고 품질의 저널리즘"이라는 문화적 규범이 있어 왔다. 이러한 조직문화 문제와 관련해서 이 신문의 기자들은 언론사 직무를 훌륭히 수행하는 데에 있어서 밀착 감독이 필요하지 않다. 미국 내 최고의 신문사에서 저널리스트로 재직한다는 것에 대한 기자들의 자존심은 자신들로 하여금 매우 높은 품질의 일을 하게 하는 동기를 부여하는 일종의 내부적 자동통제 제커니즘으로 작용할 것이다.

이와 비슷하게, 구글의 "악마가 되지 말라"라는 모토도 그 회사에 없는 행동을 위한 전반적 규범을 만들어 냄으로써 조직문화에 기여한다. 다른 표현으로 설명해 보면, 구

유죄선고를 받은바 있는 금융 사기꾼 버나드 매도프는 BMIS 사에서 "성적 일탈 문화"를 조성했다.

글의 직원들에게 윤리적 태도로 행동하라는 사회적 압력이 있고, 이러한 사회적 압력은 어떠한 다른 공식적 규칙과 규정과는 별개로 일종의 통제 시스템으로 작용한다.

어떤 긍정적이지 못한 상황으로서, 2009년 8월 전 매도프(Madoff) 투자자들이 제기한 소송에 따르면, 유죄선고를 받았던 금융 사기꾼 버나드 매도프(Bernard Madoff)는 그가 한때 이끌었던 BMIS사(Bernard Madoff Investment Service Company)에서 일종의 코카인 주입에 의한 "성적 일탈의 문화"를 조성했다. 1970년대 중반부터 그후의 30여년에 걸쳐 회사의 종말에 이르기까지 매도프는(회사의 돈으로!) 직원들을 회사용 마약을 사려 내보냈다는 혐의가 있다. 코카인 사용은 BMIS에서는 널리 퍼져서 업계 내부자들은 곧잘 그 회사를 "북극"이라고 지칭했다. 매도프는 또한 회사의 파티를 위해 상반신을 드러낸 엔터테이너들을 고용했고, 직원들의 불륜적인 정사를 장려했으며, 회사의 돈으로 성적 "동반"과 마사지에 비지급용으로 사용했다. 아이러니하게도, 이 같은 조직문화는 또한 어떤 통제 메커니즘 같은 것으로 작용했고, 매도프가 수년동안 체포되지 않게 도왔다. 그 이유중의 하나는 직원들이 만약 매도프를 밀고했다면, 매도프도 직원들의 행동을 밀고할 수 있을 것 같아 두려웠기 때문이었다. 수 십년 동안, 어떤 일이 BMIS에 일어났는지는 정확히 알려지지 않았다.

뉴욕 타임즈, 구글, 그리고 (역사적으로) BMIS는 명백하고 통일된 조직문화를 가졌지만, 이러한 종류의 문화규범의 조성은 흔히 성취하기가 매우 어려운데, 다국적 기업이나 국제 기업에게는 특히 더 어렵다. 한 가지 예로서 대부분의 대기업들은 매우 다른 유형의 운영부서와 사업단위들을 갖고 있어서 그 조직 전체에 걸쳐 하나의 통일된 문화를 갖는 것을 어렵게 한다. 예를 들어, 전구와 동력터빈, 그리고 항공기 엔진의 제조업체로 잘 알려진 제너럴 일렉트릭사는 1986년 NBC(National Broadcasting Company)를 매입했다. 대부분의 비평가들에 의하면 NBC는 이것을 매입한 모회사와는 문화적으로 "이상한 조화" 였다고 한다. 다양한 "명사(名士)"들을 둔 텔레비전 방송 회사의 "현란하고 황홀한" 문화는 항공기 엔진제조 회사의 문화와는 너무나 달라서, 한 내부 비평가는 "TV 네트워크는 GE와 같이 회사 안에 아무런 사업이 없다"고 지적했다. 사실 GE는 최근 NBC 사업활동에서 철수했다. 이와 어느 정도 비슷한 역학관계가 워싱턴 포스트 사(Washington Post)와 이 회사가 1984년에 매입한 SAT 시험준비 회사인 스탠리 캐플런 교육센터즈(Stanley Kaplan Educational Center)에도 적용되었다. 빨리 움직여 일일 보고해야 하는 필요를 지닌 "스타" 기자들을 보유한 신문사와, 고등학생들이 SAT시험을 준비하는 것을 돕기 위해 대학원 학생을 고용하고 있는 천천히 움직이고 매일의 사건 압력이 적은 시험 회사 간의 문화적 차이는 최근 더욱 가슴 아프게 통렬해졌는데, 이는 캐플런 센터즈의 재무적 성공이 상승하는 반면에 워싱턴 포스트 신문의 재무적 성공은 가파르게 감소함에 따른 것이었다. 사실, 이러한 역학관계는 결국 이 회사로 하여금 2013년 자사의 그 유명한 신문을 아마존 닷컴(Amazon.com)의 설립자 베조스(Jeff Bezos)에게 그레이엄 홀딩스(Graham Holdings)라고 새로 이름 지어졌다.

특정 조직의 문화 안에서 충돌이 있거나, 만약 미래에 이러한 문화에 위협이 있을 것으로 예견된다면, 그 문화는 일반적으로 효과적인 조직 통제 시스템으로 작동하지 않을 것이다. 이러한 상황에서는, 어떤 종류의 조직변화를 실행해 보라고 조언하고 싶다.

9-5b. 조직 변화

조직변화는 상이한 사업이나 문화적 방향을 하나의 조직을 위해 적합화 하는 변화가 무척 필요하더라도 종종 이러한 변화에 상당한 저항이 있을 수 있다. 예를 들어 BMIS의 종업원들은 비록 자사의 "자유로운 코카인 문화"가 불법적이고 궁극적으로는 역효과적이라는 사실임에도 불구하고 어쩌면 그것을 바꾸고 싶지 않았을 것이다. 만약 1990년대에 매도프 사에 효과적인 변화가 일어났다면, 수십억 달러에 말하는 주민들의 저축금이 잘 보존되었을 것이고 회사는 아마 아직 귀속적인 사업체로 존속했을 것이다.

흔한 한 기업내 조직변화는 그 회사의 최고경영자나 기타에 의해 위에서부터 강하게 밀어붙일 때 가장 효과적이다. "The CEO Within"이라는 표제로 아주 최근에 발간된 책에서, 하버드 경영대학원의 바우어(Joseph L. Bower)교수는 흔히 긍정적인 조직문화를 가져오는 것과 관련하여 가장 효과적인 최고경영자의 유형은 "내부자 겸 외부자

(insider - outsider)"라고 불리는 유형이라고 주장했다. 이는 그 회사내에서 내부적으로 올라갔지만 전통적이지 않은 행로를 따라서 간부진에 합류한 최고경영자들을 지칭한다. 예를 들어서, 바우어는 제너럴 일렉트릭사의 유명한 전(前) 최고경영자 잭 웰치(Jack Whlch)를 전형적인 "내부자 겸 외부자"로 인용한다. 웰치는 전기/기계, 엔지니어링 회사의 화학 엔지니어였었고, 전통적으로 일종의 주변사업 같은 것으로 간주되었던 제네럴 일렉트릭사의 플라스틱 사업부문 출신이었기 때문이었다. 물론 최고경영자 잭 웰치는 결국 GE사에 상당히 긍정적인 조직변화를 불러 일으켰다.

약간 더 최근에, 또 한 명의 전형적인 "내부자 겸 외부자"인 낸시 매킨스트리(Nancy Mckinstry)가 네덜란드계 대형 출판회사인 볼터스 클루베르(Woltres Kluwer)의 최고경영자로 임명되었다. 매킨스트리는 클루베르사의 북미 사업본부의 사원을 거쳐 승진한 사람인데, 최초의 여성이자 최초의 미국인으로서 그 200년이나 된 유서깊은 네덜란드 회사를 운영하게 되었다. 2013년 최고위직을 맡으면서, 매킨 스트리는 이미 상당히 긍정적인 조직변화를 그 회사로 가져왔는데, 특히 그 출판회사를 더욱 "개방적인 글로벌 문화"로 이동시키는 것에 관련해서 특히 그러했다. 예를 들어, 그는 한 스페인계 사람을 자사의 프랑스 사업본부를 운영하도록 임명했는데, 이는 일찍이 역사적으로 들어본 적이 없는 의미있는 그 무엇이었다. 요컨대, 신뢰받는 내부자이면서 외부의 또는 상이한 시각의 어떤 것을 경영의 좌중에 가져오는 최고경영자는 아마도 긍정적 조직변화를 고정하는 데에 가장 효과적인 개인의 유형인 것 같다.

사실확인 LO-4

당신이 고용된 적 있는 곳(직장)의 "조직문화"는 무엇이었는가?

요약

전략적 통제는 모든 국제 기업의 심장과 같다. 이런 점에서 기업의 임무선언은 전사적 방향설정에 있어서 훌륭한 청사진을 제공한다. 전략수립의 주주 대 이해관계자 모델들은 국제 사업의 수행에 대한 두 가지 다른 접근방법을 나타낸다. 후자의 모델은 기업이 자사의 직원, 고객, 지역사회, 그리고 기타 관련된 이해관계자에 대한 의무가 있다는 것을 의미하는 데 비해 전자의 모델은 국제 기업의 역할을 자사의 주주들에게 돌아갈 수익을 최대화하는 것으로 본다.

전략적 목표를 수립한 뒤에는, 국제 기업은 그 목표들을 조치로 이행할 필요가 있다. 단기 전략적 실행은 일반적으로 운용적 및 전략적 계획의 실행이라는 형식을 띤다. 장기적으로, 회사들은 전략적 실행을 위해 더 총체적인 유형체계를 채택하는 경향이 있다. 마일스와 스노우는 자신들의 대표적인 연구에서 회사들을 탐사자, 방어자, 대응자, 또는 분석자로 그 범주를 분류한다.

어떤 접근방법을 채택했느냐에 상관없이, 국제 기업들은 기술과 국제적 지식관리 시스템을 가능한 한 효과적으로 사용해서 각종 장애들을 헤치고 조정을 향해 나아가야 한다. 그들은 또한 관료적 대인관계적 통제, 그리고 산출통제를 포함하는 여러 상이한 통제 시스템을 활용해야 한다.

조직문화는 특히 문화적 규범이 그 조직의 근로인력에 의해 완전히 받아들여 지는 곳에서는 매우 유력한 통제 시스템이 될 수 있다. 그러나 불행하게도, 강력하고, 명확하고, 통일된 조직규범의 확립은 종종 매우 달성하기 어려운 일이 될 수 있다. 조직의 문화와 규범에 관해 충돌이 있는 경우에는, 회사가 몇몇 종류의 조직변화를 시도하고 실행하도록 조언해 주고 싶다.

주요단어

임무선언 (mission statement)

전략수립의 주주 모델 (shareholder model)

전략수립의 이해관계자 모델 (stakeholder model of strategy formulation)

운용계획 (operational plans)

전술 계획 (tactical plans)

탐사자 (prospectors)

방어자 (defenders)

대응자 (reactors)

분석자 (analyzers)

암묵적 지식 (tacit knowledge)

명시적 지식 (explicit knowledge)

흡수능력 (apsorptive capacity)

관료적 통제 (bureaucratic controls)

대인관계 통제 (interpersonal controls)

산출 통제와 측정 (output controls and measure-ment)

조직 문화 (organizational culture) / 조직 변화 (organizational change)

문제 풀이

1. 어떤 점에서 기업의 임무선언은 단순한 "공공관계(홍보)" 이상의 의미가 있는가?

2. 당신은 국제 기업들이 운영계획과 전술적 계획 중 어느 것에 더 강조를 두어야 한다고 생각하는가? 그 이유는?

3. 어떤 긍정적 또는 부정적 방법으로 인터넷은 국제경영의 수행과 조정을 변화시켰는가?

4. 6 시그마 품질 통제 이니셔티브는 정말로 실효성이 있다고 생각하는가?

5. 버나드 매도프 투자 서비스(Bernard Madoff Investment Service ; BMIS)사의 조직문화는 정말로 어떻게 수년 동안 매도프의 성공으로 이어지도록 도움을 주었는가?

사례 버크샤이어 해더웨이사의 투자전략

버크샤이어 해더웨이사(Berkshir Hathaway Coporation)는 근본적으로 한 사람과 그의 투자기량을 중심으로 운영하는 거의 "개인 숭배" 적인 조직문화를 가지고 있다. 그 사람의 이름은 워렌 버핏(Warren Buffeit), "오마하의 현자(賢者)이다. 역사적으로 버크샤이어 해더웨이의 사업모델은 보험회사들을 사들이는 것이었다. 버크샤이어 더에이의 사업 모델은 보험회사들을 사들이는 것이었다. 보험회사가 지닌 하나의 훌륭한 점은 "Cash float(소핵현금)"이고 이것은 다음과 같이 작용한다. 예를 들어, 당신의 부모님이 버크샤이어 해더웨이로부터 10만 달러 짜리의 종신 보험증권을 사고, 이 증권에 대해 연간 4,000달러의 보험료를 버크샤이어에 낸다고 가정하자. 만약 한, 두명이 죽는다면 버크샤이어 해더웨이는 그 죽음에 대해 10만 달러의 보험급부를 지불할 의무가 있다. 반면, 버크샤이어 해더웨이는 연간 4,000달러의 "잔돈(float)"을 투자하게 된다. 매우 재치있는 투자자 워렛 버핏은 이 "잔돈(float)"을 투자하는 것으로부터 엄청난 행운을 창출해 왔다. 그러나 최근에는 버크샤이어 해더웨이는 이처럼 훌륭한 "잔돈(float)"을 가진 보험구입 회사의 사업모델에서 멀리 벗어나 있었고, 그 대신에 주요 산업형 회사들을 사들이고 있다. 예를 들어 이 회사는 아주 최근에 미국내 최대 철도회사들 중의 하나인 벌링턴 노던사타페(Burlington Northern Santafe)를 440억 달러에 구매거래를 완료했다. 버크샤이어는 이 매수 거래를 위해 자사가 수준에 갖고 있던 현금 158억 달러와 그 나머지는 자사의 주식으로 지불했다. 1930년생인 버핏씨는 지금 대부분의 근로자들이 퇴직하는 나이를 훌쩍 지났다.

✲ 질문

1) 버핏씨의 나이는 버크샤이어 해더웨이가 최근 또 다른 큰 보험회사를 매수하는 대신에 벌링턴 노던 산타페를 매수하는 것과 같은 전략적 움직임에서 어떤 작용을 할까?

2) 버크샤이어 해더웨이의 벌링텅 노던산타페 매입은 세계적인 에너지 보존 추세에 대해 버핏이무슨 생각을 하는지에 대해 무엇을 말해주는가? (힌트 ; 트럭이나 항공에 의한 화물운송과 철로로 화물은 운송하는 것의 에너지 효율성은 어떠한가?

주장과 반박

우유 가격과 스타벅스

최근, 우유 가격의 하락은 스타벅스 커피 체인에 도움이 되고 있다. 사실, 낮은 우유 가격은 거의스타벅스사의 최근 연간 수입에 대해 주당(株當) 대략 5센트 기여한다. 문제는 스타벅스가 이같이 중요한 주당 5센트 관계를 여분의 "낙농우유" 관련 연간 수입에 고착시켜 놓기 위해 상품시장에서의 우유가격을 헤지(hedge; 연계매매)해야 하는가이다.

✲ 주장

스타벅스는 여분의 주당 5센트 관계를 연간 수입에 고착시켜 놓기 위해 상품시장의 우유 가격을 반드시 헤지해야 한다. 스타벅스의 주식은 전통적으로 매우 높은 가격/수익 비율로 거래되어 왔고, 여분의 연간 수입에서 주당 5센트는 스타벅스 주가에 많은 영향을 준다. 스타벅스는 현재 커피 가격을 헤지해 두고 있는 것과 똑같이, 상품시장에서 우유 가격을 헤지하지 않는다면, 높은 우유 가격이 자사의 이익을 해치게 될 것이다

✲ 반박

상품 투기업자들은 치즈 제조에 쓰이는 유형의 우유를 헤지할 수 있지만 (예컨대, 벤치마크 클라스 III 우유 선물시장), "음료용 우유"에 대한 잘 발달된 선물시장은 현재 존재하지 않는다. 그래서 "치즈용 우유"를 사용하는 피자 회사들과는 달리, 스타벅스는 자사의 음료용 우유의 필요를 위한 완전한 헤징수단을 갖지 못한다. 더욱이 미국내에는 젖소의 공급과잉이 계속 존재하므로 가까운 기간내 어느 때에 낙농우유 가격이 폭등할 것 같지는 않다. 덧붙여, 음료용 우유의 가격은 아직도 스타벅스사의 제품들 가격의 비교적 작은 부분에 불과하지만, 그것 자체로 우유 가격의 어떤 조그만 앙등도 소비자들(즉 스타벅스의 고객들)에게는 유효하게 전가될 수 있을 것이다.

당신은 어떻게 생각하는가?

이러한 문제(이슈)들을 인터넷과 기타 출처를 통해 조사해 보고, 헤징과 상품시장에 대해 더 나은이해에 도달해 보라. 당신은 스타벅스를 방문했을 때 우유 가격에 대해 생각해 보는가?

국제경영 뉴스 해석하기

다음은 9장과 관련이 있다.

1) 레이놀즈 아메리칸 주식회사(Reynolds American Inc.)는 미국에서 두 번째로 큰 권연제조업체이다. 이 회사는 카멜, 팔몰, 코디악(연기 없는 담배)같은 잘 알려진 브랜드를 생산한다. 레이놀즈 아메리칸은 최근 사람들에게 담배를 그만 피게 돕는 제품을 만드는 니코노범(Niconovum) AB라는 스웨덴계 회사를 하나 매수했다. 니코노범의 제품은 주로 니코틴 대체요법 범위에 속하며, 니코틴 대체 껌을 포함한다. 당신은 레이놀즈 아메리칸 사의 이 전략적 동향을 어떻게 특징지을(예: 탐색자, 방어자 등) 것 인가? 그리고 그 이유는?

2) 긍정적인 조직변화에 영향을 미치는 데에 성공적인 리더들은 흔히 IQ에 의해 측정되는 보다 분석적 지능 유형에 반대되는 것으로서 "감성적 지능(EQ)"에서 매우 높은 점수를 받는다. 리더들은 성공적인 조직변화의 매개자로 만드는 데 있어서 EQ의 어떤 자질이 가장 중요하다고 생각하는가?

3) 어떤 주요 금융잡지가 한때 "오마바 & 구글(러브 스토리)"라는 제목으로 표제기사를 게재했다. 그러나 구글의 수많은 간부들이 오바마 행정부에서 일자리를 얻었고, 오바마 전 대통령은 정기적으로 구글 설립자들인 브린(Sergey Brin)과 페이지(Larry Page)를 만났고, 뿐만 아니라 구글의 최고경영자 슈미트(Eric Schmidt)를 만났다. 이 장에서 당신은 구글에 대해 무엇인가 알아냈다고 가정하고 당신은 오바마 전 대통령이 구글과 구글의 간부들을 왜 그렇게나 좋아한다고 생각하는가? 구글과 오바마 대통령의 "포근한(cozy)" 관계에 대해 당신은 어떤 우려를 가질 수 있는가?

4) 최근 많은 기업들이 그들의 에너지 수요를 전통적인 석유/가솔린에서 전통적으로 더 싸고, 더 깨끗한, 그리고 더 풍부한 천연 가스로 이동해 왔다. 예를 들어, AT&T는 최근 자사의 정기적 서비스 밴 8,000대를 천연가스 충전 차량으로 대체

했다. AT&T사는 천연가스 서비스 밴으로의 이러한 전환이 향후 이러한 변환은 자연 가스 서비스 밴이 정기적 가솔린의 약 49밀리언 가솔린 정도의 년에 걸쳐 보통휘발유 4,900만 배럴의 비용을 절감해 줄 것이라고 믿는다. 그러나 이런 비용통제 측정기준의 일부 부정적인 측면은 무엇일까? 이런 점에서 현재 미국내 16만 2,000개소의 자동차 서비스 스테이션(주유소) 중에서 1,500개소 이하가 천연가스를 팔고 있다는 사실은 AT&T사의 전략적 전환에 어떤 의미를 띠고 있는가? 최근 유가가 상당한 정도로 하락했다는 사실에 대해서는 어떻게 생각하는가?

포트폴리오 프로젝트

당신 자신의 적절한 사례 탐색하기 : 국제경영의 통제

이 장(章)을 공부한 뒤에 당신은 당신이 좋아하는 회사에 관한 몇 가지 기본적인 질문에 답변할 준비가 되어 있어야 한다.

1) 당신 회사의 전사적 임무선언은 무엇인가?(있다고 가정하고 – 없다면, 어떻게 그것을 작성해 보지 않겠는가?) 그 회사의 조치들은 자사의 선언된 임무를 어느 정도 잘 실행하고 있는가?

2) 자사의 전략수립과 관련하여, 당신의 회사는 주주 모델을 가지고 있는지 아니면 이해관계자 지향에 더 가까운지 분류해보라. 그렇게 분류한 이유는?

3) 최근 당신 회사가 추구하고 있는 일부 현재적 또는 단기 운용계획과 전술적 계획에는 어떤 것들이 있는가? 이 계획들은 회사의 장기 전략적 자세와 어떻게 부합되는가?

4) 현재 당신 회사가 관여하고 있는 품질통제 즉, 시그마형 이니셔티브에 대해 설명하라. 만약 당신 회사가 어떠한 이니셔티브에도 관여하지 않고 있다면 관여해야 되는가? 관여해야 되지 않는가? 관여해야 될 이유는? 안 해도 되는 이유는?

당신 자신의 중소기업을 위한 국제 전략을 개발해 보라 : 당신 기업에서의 전략적 통제

전략적 통제 문제는 모든 기업들에게 매우 중요하지만, 국제 사업활동을 이미 갖고 있거나 그런 열망을 가진 중소기업들에게는 특별히 중요하다. 다음의 질문들은 당신 자신의 중소기업에 적용될 수도 있는 이들 관심사항에 대해 당신의 이해를 더 깊게 하는데 도움이 될 것이다.

1) 당신의 중소기업은 최근에 다른 회사와 어떤 합작투자에 관여되어 있는지, 아니

면 그러한 합작투자를 계획하고 있는가? 그렇다면 당신의 합작투자 파트너들 대비 당신 기업의 이익을 보호하기 위해서 당신은 어떤 긍정적인 유형의 통제 메커니즘을 갖고 있는지, 아니면 가지려고 계획하고 있는가?

2) 당신의 중소기업의 국제 사업활동들을 조정하는 것을 돕는 데 있어서 인터넷이 어떤 역할을 하고 있고, 역할을 할 가능성이 있는가?

3) 당신의 중소기업은 당신의 지역사회에서 자선적 활동이나 기타 기업의 사회적 책임 활동들을 하는 데에 적극적인가? 이런 점에서 당신은 당신 기업의 활동들의 효과성을 어떻게 측정하고 있는가?

4) 당신은 당신 중소기업의 조직문화 또는 "개성"을 어떻게 특정지을 것인가? 당신은 그런 문화에 대해 좋게 느끼는가? 그리고 그런 문화는 당신의 조직(회사)를 위해 긍정적인 통제 메커니즘으로 작용하는가? 만약 그렇지 않다면, 당신 회사의 문화를 변화시키고자 하는 것에 대해서는 어떻게 생각하는가?

CHAPTER

10 글로벌경영의 조직

The Organization of Global Business

*이 장의 학습목표

LO-1 “무국적 기업(Stateless Corportion)”의 개념에 대해 논의할 수 있다.

LO-2 국제 기업에 있어서 조직 구조의 중요성을 설명할 수 있다.

LO-3 국제 기업의 조직에서 수출부와 국제 사업부가 수행하는 역할에 대해 논의할 수 있다.

LO-4 기능적 구조, 사업부제 구조, 혼성 구조, 그리고 매트릭스 구조를 정의하고, 국제 기업에서 그러한 조직 유형들의 장점과 단점에 대해 예를 들어 설명할 수 있다.

문화적 관점

로열 더치 셸의 조직 재편

2009년 여름, 로열 더치 셸 주식회사(Royal Dutch Shell PLC)는 자사의 조직재편 계획이 가속화될 것이라는 것과, 그 결과는 상당한 직무 감축일 것이라는 점을 자사의 직원들에게 공표했다. 이러한 감축은 셸의 최고경영자 보저(Peter Voser)가 2009년 5월에 실행했던 비용절감 프로그램의 확대를 나타낸다. 비용절감 프로그램의 주된 목표는 앵글로 더치(Anglo-Dutch)석유 가스 회사를 저(저)유가에 적응시키는데 도움을 주기 위함이었다.

셸은 이 발표를 내부 이메일을 통해 상류 업무에 종사하는 중간관리자들에게 전달했는데, "다가오는 시대는 셸의 조직재편에 관해 더 많은 정보를 가져다 줄 것이다"라고 말했다. 셸의 상방 업무는 다음을 포함하고 있다 : 즉, 탐사와 생산, 오일 샌드(유사/사암), 그리고 가스와 동력이다.

보저는 2009년 7월 1일 최고 경영자가 되기 전에 3개 상방업무 단위를 2개의 새로운 지리적으로 집중된 사업부로 합하는 것을 포함하는 조직개편을 발표했다. : 업스트림 인터내셔널(Upstream International)과 업스트림 아메리카(Upstream Americas)이다. 조직 재편은 또한 셸의 하방업무 사업부를 확충할 것인데, 여기에는 1차적으로 석유제품을 정제하고 판매하는 업무 그리고 무역, 생물연료, 태양 에너지를 포함한다. 모든 주요한 업스트림과 다운스트림 프로젝트들의 디자인을 관리하기 위해 새로운 사업부와 프로젝트와 기술 또한 창출될 것이다.

셸의 조직 재편은 관리계층 몇 개를 없앨 것인데, 이는 엑손모빌(Exxon Mobil)의 중앙집중화된 모델에 필적할 만하고, 2년 전 BP(British Petroleum PLC)에서 시작된 비슷한 노력을 닮은 것이다.

엑손모빌의 중앙집중화된 모델은 정제, 탐사, 그리고 운송과 같은 국제 기능들에 의해 조직되어 있다. BP의 조직구조는 이와 대조적으로 큰 유전이나 기타의 자산을 운영하고 고도의 자율성을 누리는 개별 사업단위들에 의해 주도되었는데, 이는 사업단위 리더들이 때때로 서로의 이니셔티브들을 중복해서 모방해 쓰기 때문에 종종 낭비로 이어졌다. 2007년 BP는 엑손모빌의 모델과 비슷한 중앙집중화된 모델로 전환하겠다고 발표했다. 이러한 전환은 BP가 몇몇이 지나치게 복잡한 조직 구조를 비난했던 일련의 불운과 문제들로부터 회복하기 위해 시도함으로써 나왔다.

셸은 느린 의사결정, 비용의 초과운용, 그리고 세간의 이목을 끌었던 석유-가스 벤처사업에서의 지체 등으로 혹독하게 비난받아 왔다. 자사의 조직 구조를 단순화함으로써, 셸은 이러한 몇가지 병폐들을 모면할 수 있었다.

주 : 2014년 1월 2일 버던(Ben van Beurden)은 보저(Peter Voser)대신에 셸의 최고경영자로 임명 되었다.

서론

국제 기업들은 전세계적 기준에서 지속 가능한 경쟁 우위를 달성하기 위하여 자사의 병기고에 있는 가장 기본적 무기들 중의 하나 즉, 사람과 자원을 조직화하는 능력에 의존해 왔다. 이러한 능력은 조직구조에 반영된다. 셸, 제너럴 모터스, 프록트 앤 갬블(Procter & Gamble), 그리고 펩시코(PepsiCo)와 같은 국제 기업들은 지속 가능한 경쟁우위를 달성하기 위해 상이한 유형의 조직구조를 사용해 왔다. 본 장에서는 국제 기업들이 세계 도처의 사람과 지원을 어떻게 조직화하는 가에 대한 미래비전을 구성하는 무국적 기업의 개념이 제시 될 것이다. 그 다음에는 조직과 조직구조의 개념이 정식으로 소개 될 것이다. 우리는 또한 조직구조가 회사들이 성공하거나 실패하는 데 영향을 미칠 수 있다는 사실을 주장할 것이다.

본 장에서는 국제 기업들이 사용해 온 여러 상이한 유형의 조직구조를 설명하게 될 것이다. 본 장에서는 또한 수출부를 갖고 있고 국제화를 향해 나아가는 첫 걸음으로 수출을 이용하고 있는 회사들도 살펴볼 것이다. 이 첫 걸음에는 통상 하나의 국제 사업부에 집중되는 국제적 노력을 포함하는 조직구조가 수반된다. 일단 회사가 국제 기업이 되면, 그 조직구조는 기능적이고 사업부적인 것으로 될 공산이 크고, 그 사업부들은 제품, 시장, 또는 지리적 지역과 관련될 수 있다. 혼성구조와 메트릭스 구조는 또한 기능적 구조와 사업부적 구조의 중요한 변형으로써 이 범주에 포함될 수 있다. 이런 모든 조직구조들의 특성들이 그들의 장점과 단점과 함께 표로 정리되어 있다. 현실세계 국제 기업들의 조직구조들이 본 장의 전체에 걸쳐 사례로 사용되었다.

10-1. 무국적 기업

LO-1
무국적 기업의 개념을 논의해 보라

일부 회사들은 국제적이고 그들이 진출해 있는 나라들에 아주 잘 융합되어 있어서 어떤 나라를 그 기업의 본국이라고 정하기가 어렵다. 이러한 이유로, 국제적 경계을 초월하는 이러한 회사들을 "**무국적 기업**(Stateless Corportion)"이라고 부른다. 예를 들어, 중국의 컴퓨터 제조업체인 레노보(Lenovo)가 미국의 가장 잘 알려진 회사들 중 하나인 IBM을 2005년에 17억 5,000만 달러로 사들여 글로벌 브랜드가 된 것을 생각해 보자. 중국과 미국 근로자들의 통합을 돕고자, 레노보의 회장 양 왕췽(Yang Yuanquing)은 미국 문화와 관습에 대한 자신의 지식을 넓히기 위해서 노스 케롤라이나로 가족과 함께 이사했다. 기업매수 협약의 일부로서, 레노보는 IBM브랜드를 5년 동안 이용할 권리을 얻었지만 레노보는 자사 소유의 브랜드에서 가진 자신감 때문에 그 권리를 3년간만 사용했다. 2007년 레노보는 포춘 500대 기업 리스트에 포함되었는데, 전 세계적으로 168억 달러의 매출로 499번째 지위를 차지했다. 레노보의 회장은 "이것은 단지 시작일 따름이다. 우리는 엄청난 성장계획을 가지고 있다"라고 말했다. 이제는 미탈(Arcelor Mittal and Lakshmi Mittal)에 대해 생각해 보자, 런던에 본부를 둔 이 회사의 인도인 대표는 말하기를 그의 회사는 국적이 없지만 "정말 글로벌적"이고, 자사의 고위 간부들로 구성된 다국적 팀은 너무나 잘 어울려서 회의를 할 때면 그 회의실에 상이한 국적이 존재한다는 것을 이따금 까먹게 된다고 한다.

레노보와 미탈은 국제 기업의 진화에 있어서 가장 새로운 측면의 두가지 예이다. 즉, 무국적 기업의 예이다. 기업들은 수출부를 시작으로 국내에서 생산된 제품을 판촉하기 위해 해외 판매 사무소를 뒤이어 개설함으로써 국제화가 될 수 있다. 현지 수요에 부응하기 위해 세계 도처에 제조시설을 건설하는 것은 그 다음 단계일 것이다. 오늘날 기업들은 IBM의 최고경영자 샘 팔미사노(Sam Palmisano)가 언급한 것처럼 "전세계적으로 통합된 기업" 즉, 가장 효율적인 지역으로부터 일거리를 구득하는 기업조직을 만들어내는 것을 목표로 한다. 기업 리더들에게는 상이한 문화와 시간대역을 원활하게 통합할 수 있는 회사를 만드는 것이 주요한 도전 과제이다. 예를 들어, 다국적 근로자들로 구성된 표면적인 팀이 결합될 수 있는가? 하나의 답은 그들이 반드시 많은 시간을 대화하며 보내야만 한다는 사실이다. 그리고 그들은 어색한 문화적 차이를 가진 채 어떻게 일하는가? 예를 들어 레노보는 부끄러움을 타는 중국 근로자들을 미국인 동료와의 회의에서 솔직하게 말하도록 장려했다.

대부분의 주요 기업들이 국제 면모를 지니고 있지만, 무국적 기업들은 국적을 다 함께 하려 시도하기 때문에 다르다. 이 분야의 전문가이자 미시간 대학교 경영대학원 교수인 프랠러드(C.K. Prahalad)는 무국적 기업은 국제화의 4번째 단계를 나타낸다고 주장한다. 첫번째 단계에서, 국제 기업들은 한 나라에서 제품을 생산하고 그것들을 다른 나라로 수출한다. 두번째 단계에서, 국제 기업들은 자사의 본국에서 들어오는 수출품을 다루기 위해 외국 자회사를 설립한다. 세번째 단계에서는, 국제 기업들은 다른 나라에 생산시설을 세운다. 네번째 단계에서는, 무국적 기업들이 재능, 자본, 저비용 또는 그들의 가장 중요한 고객들에 대한 접근을 통한 경쟁우위를 달성하기 위해 그들의 전사적인 핵심 기능과 고위 간부들은 다른 나라에 배치시킨다. 예를 들어 소프트웨어 회사인 트랜드 마이크로(Trend Micro)는 도쿄에 재무본부를 두고 거기에서 주식을 공개했으며, 박사 학위를 가진 근로자들이 많은 대만에 제품개발 본부를 두었고, 실리콘 벨리에 판매본부를 두어 거대한 미국 시장에 접근하도록 했다. 무국적 기업들이 이러한 방식으로 조직되면, 그들은 더 이상 어느 한 나라에서의 강점에 제한되지 않거니와 어느 한 나라에서의 단점에 구속되지도 않게 된다. "이것은 매우 새롭고, 중요하다"라고 프랠러드는 말한다. "다국적 기업이 무엇인가에 대해 근본적으로 재고할 것이 있다." "그 기업은 본국이 있는가? 본부의 의미는 무엇인가? 당신은 당신 회사의 전사적 기능을 국제적으로 쪼갤 수 있는가?" 라고 프랠러드는 묻는다 .

사실확인 LO-1

점점 더 많은 국제 기업들이 무국적 기업이 되고 있다. 당신은 이것이 세계 경제에 이익을 준다고 생각하는가? 그런가? 왜 그렇지 않은가?

10-2. 국제 기업의 조직화

LO-2
당신은 개별 회사에 맞는 "적정한" 조직구조가 있다고 생각하는가? 아니라면, 왜 아닌가? 그렇다면 어떻게 회사는 자사에 적정한 조직구조를 찾아낼 수 있을까?

조직은 한 집단의 사람들로 하여금 동일한 목표를 달성하기 위해 자신들의 노력을 효과적으로 정할 수 있게 하기 위해 존재한다. 바꿔 말하면, 한 **조직의 구조**란 조직의 역할과 관계, 그리고 조직의 구성원들에 의해 조정된 행동을 가능하게 하는 절차 등의 패턴을 말한다. 결과적으로, 조직은 사람들이 추구하거나 소중하다고 여기는 어떤 것을 얻기 위해 자신들의 행동을 조정하기 위해 사용하는 도구라고 정의될 수 있다. 동시에 조직구조는 조직 목표들을 달성하기 위해 사람들이 자신의 행위를 어떻게 조정하고 자원을 어떻게 사용할 것인지를 통제하는 과업과 권한의 공식 시스템이라고 정의될 수 있다. 조직구조는 다음 목적에 기여한다.

- 조직구조는 조직의 구성원들로 하여금 기능과 업무의 부문화, 표준화, 그리고 전문화로 진전되는 노동의 분할에 기반을 두고 광범하고 다양한 활동을 수행하도록 해준다.
- 조직구조는 조직 구성원들에게 위계에 의한 감독, 공식적 규칙과 절차, 그리고 훈련과 사회화 같은 통합 메커니즘에 의한 자신들의 활동을 조정하도록 해준다.
- 조직구조는 조직의 경계를 결정하고, 환경의 접속 및 다른 조직과의 상호작용을 규제한다.

조직구조는 회사의 성공과 실패를 좌우할 수 있다. 사실, 제 11장에서 GM이 파산 보호를 신청 한 이유 중 하나는 1980년대 최고경영자 스미스(Roger Smith)가 단행한 불운한 조직재편 때문이었다. 스미스의 조직구조 하에서는, 8개 사업 단위가 대형차 사업부

미시간주 미트로이트 시내에 있는 GM 르네쌍스 센터 본부의 건물. GM은 아직도 많은 도전적 과업에 직면하고 있다.

와 소형차 사업부의 2개 사업부로 뭉쳐졌다. 이 두 부서가 생산성을 올려주고 전사적으로 결속을 촉진시켜 주도록 의도되었지만, 불행하게 결과는 내부갈등이었으며, 다른 브랜드로 판매되는 자동차들 같아 보였다. 예를 들어, 2만5,000 달러 짜리 캐딜락과 5,000 달러 짜리 폰티악 간을 차별화 하는 것이 힘들었다. GM은 더 양호한 성능의 엔진과 기계 시스템, 전자 및 안전장치, 그리고 연료 효율성과 같은 경쟁 우위보다는 이국적인 색과 범퍼 연장 같은 외향적이고 장식적인 것에 대한 차이점을 선택했기 때문에, 고급차 시장이 심하게 영향을 받았다. GM의 시장점유율이 급락하자 그들의 공장은 상당한 과잉 설비로 남겨졌다. 1989년 무렵, 새롭게 재편된 GM은 팔리는 차마다 2,000 달러 이상의 손실을 발생시켰다. 새로운 모델이 더 빠르게 생산에 돌입했지만, 새 모델의 품질수준은 표준 이하였다.

스미스의 계승자 와고너(Rick Wagoner) 역시 너무 많은 사업부를 가진 잘못된 조직구조를 유지하는 것 때문에 비판을 받았다. 한 사업부 즉, 사업체의 하위단위는 특정한 제품이나 서비스의 생산에 대한 책임을 공유하는 부서나 기능의 집합으로 구성되어 있다. GM의 경우 몇몇 사업부에는 북미 사업 운영본부, GM 어음 인수회사, 국제사업 운영본부, 그리고 휴지스(Hughes) 전자가 포함되어 있다. 와고너는 GM이 어쩔 수 없이 파산을 선언하게 되고 미국 정부에 의해 인수되었을 때의 최고경영자였다. 와고너는 GM을 잃은 사람으로 기억될 것 같다.

조직구조가 회사의 성공에 어떻게 영향을 끼치는 가에 대한 또 다른 예로서 캐롤 바르츠(Carol Bartz)와의 편집 인터뷰 발췌내용을 생각해 보라. 바르츠는 마이크로 소프트사로부터 적대적인 인수 제안, 회사의 공동 설립자인 제리 양(Jerry Yang) 전임 최고경영자가 이임을 한 해 뒤인 2009년 1월 야후의 회장직을 떠맡았다. 월 스트리트 저널의 카라 스위셔(Kara Swisher)에 의한 인터뷰는 바르츠가 야후의 조직구조가 혁신을 제한했다고

캘리포니아주 서니베일에 있는 야후의 본부. 야후는 18년 동안 6명의 최고경영자를 배출했다.

믿고 있다는 사실을 보여 준다.

미스 스위셔: 당신에게 묻고 싶어요 야후는 무엇인가요?

미스 바르츠: 우리는 수백만 사람들이 매일 들어와서 그들이 관심 있어 하는 사물과 사람들을 체크하는 곳입니다. 미국내 70퍼센트의 독자들이 야후에 들어옵니다. 전세계 50퍼센트의 독자들이 야후에 오지요. 사람들이 관련있고 같은 맥락상의 정보를 찾는 곳입니다.

미스 스위셔: 무엇에 관한 거죠?

미스 바르츠: 그들이 관심있는 것에 대한 거죠. 그들의 친구들이든, 그들의 동료든지 간에요. 그것은 뉴스나 스포츠이기도 합니다. 우리는 11개 주요 사이트를 갖고 있어요 : 뉴스, 스포츠, 금융, 홈페이지, 메일 등- 차순위 경쟁업체의 2배나 많은 메일 계정 수를 갖고 있지요.

미스 스위셔: 당신은 야후에 오기 전 야후에 대해 어떻게 생각했고 어떻게 여기로 오게 됐나요?

미스 바르츠: 제리 양 씨가 자기집에 와서 자기와 이야기하지 않겠느냐고 물었어요. 야후의 최고경영자 자리를 제안하고 싶다고요. 저는 제리 씨에게 좋다고, 알았다고 했으며, 도착하자마자 저는 그에게 야후의 조직도를 그려달라고 부탁했어요. 그는 지갑에서 작은 도해용 카드(플립 차트)를 한 장 꺼내더니 야후의 조직구조를 그려줬고, 저는 그것을 보고 있었어요, 이것이 정말 야후의 조직 구조라고요?

미스 바르츠: 저는 이 조직에서 누가 큰 결정 즉, 최고경영자 차원의 탐사적 결정을 내리는지를 보여주지 않겠냐고 물었죠. 그러자 그는 화살표를 그리기 시작했어요. 그리고 그건 마치 디버트(Dilbert) 만화 같았어요. 매우 이상했죠. 저는 이곳에는 더 나은 조직구조가 필요하다고 말했어요. 저는 누가 어떠한 것에 책임이 있는지 짐작할 수 없었고, 그도 그 부분에 대해 잘 설명하지 못했어요. 저는 걸어 나오며, 말했죠. 아마 저는 당신의 일자리 제안에 대해 아주 조금, 10퍼센트 정도 관심이 있는 것 같습니다 라고요..

미스바르츠: 야후! 야후는 아주 중요한 자산이고 훌륭한 이름이며, 조직구조가 좀 필요했어요. 그리고 그런 일에는 제가 사실 꽤 능숙하기 때문에, 최고경영자 직무를 떠맡기로 결정했어요.

미스 스위셔: 야후에는 어떤 조직구조가 필요하다고 생각하나요?

미스 바르츠: 만약 모든 사람들이 속박되어 있다면, 만약 그들이 또는 다른 누군가가 결정하게 되는지를 모른다면, 그리고 그들에게 어떤 일이 일어나는지 등등을 모른다면/모르기 때문에, 조직구조는 혁신의 방식으로 당신이 명백히 책임이 있고 그것을 위해 해나간다는 생각을 중심으로 조직할 때 당신은 진정으로 자유로운 것이다.

주: 야후의 이사회는 2011년 9월 미스 바르츠를 최고경영자 자리에서 퇴임시켰다.

이 장의 다음 부분에서, 국제 기업들이 국내 기업에서 무국적 기업으로 진화하면서 사용하는 다양한 조직구조가 제시될 것이다.

사실확인 LO-2

당신은 개별 회사에 맞는 "적정한" 조직구조가 있다고 생각하는가? 아니라면, 왜 아닌가? 그렇다면 어떻게 회사는 자사에 적정한 조직구조를 찾아낼 수 있을까?

경제적 관점

마힌드라 새티암의 부풀린 수치

마힘드라 새티암(Mahindra Satyam)은 공식적으로는 새티암 컴퓨터 서비스 주식회사로 알려져 있는데, 1987년 라마링가 라주(B. Ramalinga Raju)에 의해 설립되었다. 이 회사는 다양한 분야에 걸쳐 컨설팅과 정보기술 서비스를 제공하며, 뉴욕 주식시장과 인도의 전국 주식시장, 그리고 뭄베이 주식시장에 상장되어 있다. 2009년 1월, 이 회사의 회장 라주는 이사회 회원들과 인도 증권거래 위원회(SEBI)가 새티암의 회계가 조작되었다고 통고한 뒤 사임하였다. 라주는 10억 7,000만 달러에 달하는 현금과 은행예금의 부풀려진 수치가 2008년 9월 30일자 자사의 대차대조표에 포함되었다고 자백하였다. 라주와 새티암의 전 관리 이사였던 그의 남동생 라마 라주(B. Rama Raju)는 사기와 기타 범행에 대한 재판을 기다리며 현재 감옥에 수감되어 있다. 특이하게도 새티암은 산스크리트어로 "신뢰"를 의미한다.

2009년 6월, 이 회사는 마힌두라 그룹의 IT 부문이 매입한 이후 "마인드라 새티암"이라는 새 브랜드를 발표했다. 새 관리자들은 라마링가 라주의 사일로 시스템에 기초했던 조직구조를 재설계 했다. 그 시스템은 각 사업부의 리더들로 하여금 독립된 사업체로 기능을 발휘하도록 허용함으로써 그들에게 동기를 부여하기 위해 의도되었다. 그러나 그 시스템은 라마링가 라주에 의해 그가 아닌 다른 누구도 회사 운영활동의 전모를 완전히 들여다볼 수 없도록 하는 데 사용되었다. 결과적으로, 그러한 조직구조는 라주가 자신의 사기혐의를 감추고 회사에 엄청난 경제적 손실을 입히는 데 도움을 주었다.

문제:

1) 당신은 라주 재임시의 조직구조가 사기행위를 저지르는 데 길을 터주었다는 것에 동의하는가?

2) 미래에 이러한 사기를 방지하기 위해 당신은 어떠한 조직구조 변경을 제안하겠는가?

3) 회사의 조직 구조는

a) 사업 성과에 영향을 주지 않는다.

b) 결정하기에는 사소한 일이다.

c) 전혀 중요하지 않다.

d) 회사의 성공 또는 실패로 진전될 수 있다.

4) 라주는 ____로 설명될 수 있는 조직구조를 사용하였다.

a) 명백하고 투명한

b) 사업 생산성으로 이끈

c) 각 사업부의 리더들이 독립된 사업체로서 기능을 발휘하도록 허용해 주는

d) 사일로의 시스템이 아닌

5) 라주에 의해 사용된 조직구조는

a) 사업 생산성 제고로 이끌었다.

b) 명백하고 투명했다.

c) 개선될 수 없었다.

d) 그가 자신의 사기혐의를 감추는 데 도움이 되었다.

출처 : Eric Bellman, "Mahindra Satyam's New Owner Tries to Move Beyond Disgraced Founder," *The Wall Street Journal*, July 23, 2009.

10-3. 수출부와 국제사업부

전세계의 글로벌 국제 기업들이 조직화되는 것을 살펴 봤을 때, 광범위한 종류의 조직구조를 발견하게 된다. 국제화가 되기 위해 기업이 지향하는 과정의 초기 단계는 수출부와 국제사업부로 나타난다.

LO-3
국제 기업들의 조직에 있어서 수출부와 국제 사업부가 하는 역할에 대해 이야기 해라.

10-3a. 수출부의 형성

국제무대에 들어설 때 국내 기업이 취하는 첫 단계는 보통 자사 제품들 중의 일부를 수출하는 것이다. 비록 가끔 수출을 다루는 직원들이 주로 마케팅이나 생산활동과 같은 다른 기능 내에서 일하지만, 수출되는 상품에 대한 수요가 증가하게 되면, 그 직무를 다루는 데 필요한 사람 수도 마찬가지로 증가하는데, 이러한 현상은 수출부의 형성으로 진전된다.

수출부를 가진 조직구조는 참고자료 10.1에 나타나 있는데, 이는 판매기능의 일부로 표시된다. 수출부를 가진 회사의 예로는 B.N.W. 인더스트리(Industries), 지포 제조사(Zippo Manufacturing Company), 맥 트럭스(Mack Trucks), 그리고 매글라이트(Maglite)가 있다.

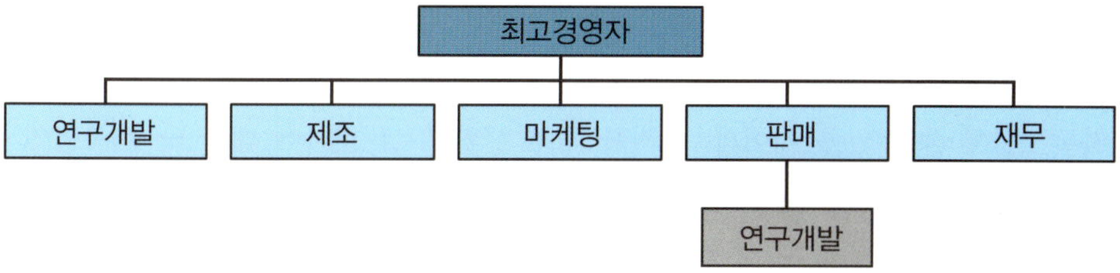

참고자료 10.1: 판매 기능 아래에 수출부를 가진 조직구조

10-3b. 국제사업부

수출의 양이 증가 함에 따라, 회사는 수출품이 운송되고 있는 나라들에서 그 제품을 제조하고 판매하는 것이 실현 가능하게 될 것이다. 현지의 문화와 취향에 제품을 조정하는 것 또한 가능할 것이다. 해외시장에서는 전문지식 또한 중요하게 된다. 그 결과 수출부는 국제사업부가 된다.

국제사업부는 국제 기업이 모든 국제 노력과 전문지식을 한 지역에 집중할 수 있도록 해주기 때문에 장점이 많다. 이러한 이유로, 많은 국제 기업들은 국제사업부를 자사의 전세계적 확대를 위한 디딤돌로 사용한다. 만약 국제사업부가 국내 사업활동과 같은 수준에 도달해 있다면, 그것은 국제 고객들에게 그들의 그 회사에 대한 중요성이 그만큼 크다는 신호를 보내는 것이 된다. 국제사업부의 세번째 장점은 그 사업부에서 일하는 사람들의 내면에 국제적 사고방식을 육성해 주고 현지의 취향과 문화에 부응하는 제품을 디자인하는 중요한 과정을 촉진하게 된다.

참고자료 10.2: 국제사업부를 가진 조직구조

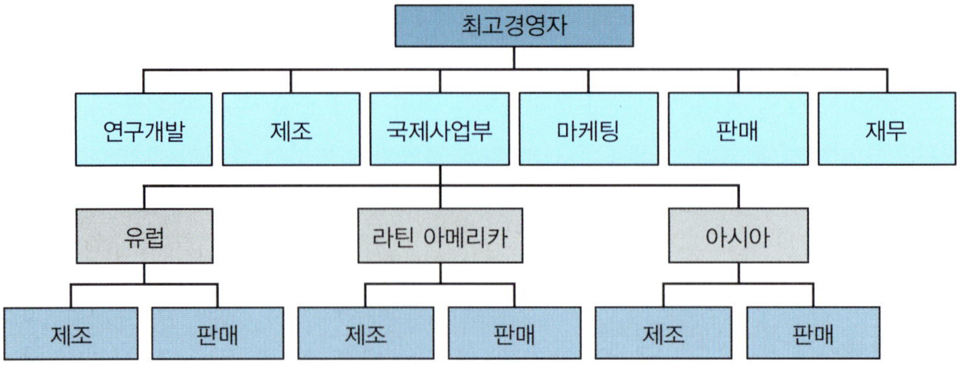

참고자료 10.3: 월마트의 조직 구조

그러나 국제사업부는 또한 불이익도 가질 수 있다. 그 한 가지 주요한 불이익은 국내 사업활동과 국제 사업활동 사이에서의 갈등 가능성이다. 즉, 국제사업부 관리자들이 만약 그들이 국내 사업활동의 관리자들과 동등한 위계서열에 위치해 있지 않으면 아마도 “2류(second class)의” 사람같게 느낄 수도 있다. 예를 들어, 참고자료 10.2에서 유럽의 제조 관리자는 아마 조직구조에서 4번째 줄에 있을 것이고, 반면 국내 제조의 관리자는 2번째 줄에 있을 것이다. 이러한 내부 상황은 그 회사에 대한 국제 사업의 중요성과 모순된다. 국제사업부의 기타 불이익은 국내 사업활동과 국제 사업활동을 분리시키는 데서 나오는데, 이는 소통과 조정의 결여를 초래한다. 특정한 국내 사업활동과 국제 사업활동을 분리시키는 조치의 결점에는 아마 다음과 같은 결과가 포함될 것이다 :

- 국내적 매력과 국제적 매력 모두를 가진 제품의 설계(구상)를 막는다.
- 핵심 역량과 지식의 공유를 배제하게 되며
- 세계 각지 제조공장들의 생산을 통합(결합)하는 결과에서 나오는 학습곡선 절감효과의 획득을 저해한다.

사실확인 LO–1

수출부를 가지고 있는 기업과 국제사업부를 가진 기업을 찾아보자. 그런 회사들은 어떻게 비슷하고 어떻게 다른가?

10-4. 국제 기업의 네 가지 조직구조

LO-4
기능 구조, 사업부제 구조, 혼성 구조, 그리고 매트릭스 구조를 정의하고, 그러한 구조들이 국제 기업에 미치는 장점과 단점을 예를 들어 설명하라.

어떤 회사가 국제사업부의 필요를 넘어서 진화할 때, 그 회사는 국제 기업으로 간주될 수 있다. 그 회사의 발전과정 상의 이 단계에서는, 그 회사는 수개의 조직구조들 중 어느 것이든 가질 수 있다. 4가지 흔한 구조와 그런 조직들의 관련 장점이 아래에서 검토된다.

10-4a. 기능적 구조

대부분의 국내 기업들은 기능적 조직구조로 시작한다. 회사가 하나의 그룹과 한 명의 보스에 의해 다루어질 수 있는 일을 넘어서 성장할 때, 그 회사는 보통 기능적 구조를 채택한다. 이것은 사업을 계속 수행하기 위해 그 조직이 반드시 수행해야 하는 주된 활동들에 관련하여 최초의 노동부서를 만들어 낸다. 기능적 구조에서는, 조직의 밑에서부터 위에 까지 업무활동들이 공통된 기능에 의해 그룹화된다. 예를 들어 모든 구매 담당자들은 구매기능의 한 부분이고, 구매 관리자는 모든 구매활동에 책임이 있다. 근로자들은 그들 각자의 업무영역의 목표를 달성하는데 전념하다. 계획수립과 예산편성 기능별로 수행되고, 각 업무영역에서 사용되는 자원의 비용을 반영한다. 경력은 보통 기능내에서의 경험에 기초하여 규정된다. 간단히 말해서, **기능적 구조**는 사람들이 한 회사에서 비슷한 직책을 가지고, 비슷한 부류의 과업을 수행하거나, 비슷한 종류의 기술을 사용하기 때문에 사람들을 다 함께 그룹으로 묶는 조직구조이다. 참고자료 10.4는 국제 기업에 대한 기능적 구조를 보여 준다.

기능적 구조를 사용하는 국제 기업들은 전형적으로 항공기 제조업체나 석유와 가스회사 같이 좁은 범위의 생산라인을 가지고 있거나 고도의 통합된 제품믹스를 가지고

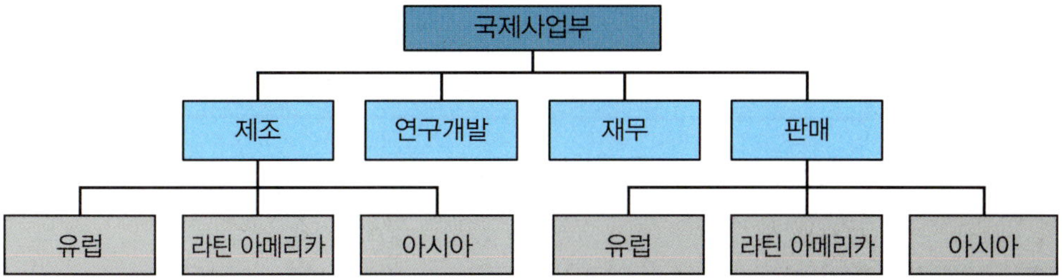

참고자료 10.4: 글로벌 비지니스에서 기능 구조

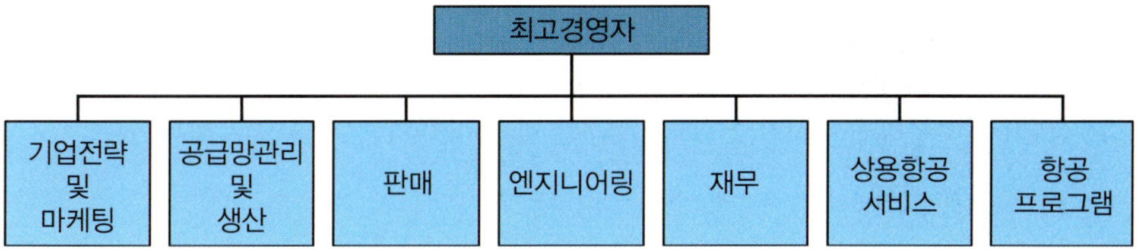

참고자료 10.5: 보잉 상용 항공기 제작사의 조직구조

있다. 보잉 상용항공기회사(Boeing Commercial Airplanes)는 기능적 구조를 가진 국제 기업의 예를 보여 준다. 참고자료 10.5는 보잉의 조직구조를 나타낸다. 광산업과 에너지 산업에 있어서 국제 기업들 또한 기능적 구조를 갖는 경향이 있다.

기능적 구조는 몇가지 장점을 지니고 있다. 첫째, 기능적 구조는 규모의 경제를 촉진한다. 예를 들어, 모든 제품을 하나의 공장에서 제조하는 것은 그 조직으로 하여금 최신의 그리고 가장 규모 집약적인 기계를 획득할 수 있게 한다. 각각의 생산라인을 위해 별개의 시설 대신에 오직 하나의 생산시설을 건설하는 것은 중복과 낭비를 줄인다. 둘째, 기능적 구조는 근로자들에게 그들 자신의 기능적 전문성 내에서 다양한 활동에 노출되게 해주는 잘 정의된 경력 사다리를 제공함으로써 근로자들의 깊이 있는 기량 개발을 촉진한다.. 셋째, 기능적 구조는 그 기능 안에서 협동, 효율성, 그리고 품질을 장려한다.

비록 기능적 구조가 국제 기업에 장점을 제공하지만, 일부 기업들은 몇가지 이유로 인해 자사에 적절하지 않기 때문에 채택하지 않는다. 우선, 기능적 분야 간에 조정을 요하는 환경적 변화에 대응함에 있어서 무능할 수 있다. 이러한 경우, 기능들간 조정 메커니즘이 과중될 수 있다. 업무는 밀릴 수 있고, 상위 관리층은 충분히 빠르게 대응하지 못할 수 있다. 이러한 의사결정에 있어서의 속도의 결함은 이 장의 서두에서 "로열 더치 셸의 조직재편"이라는 글로 언급했던 것처럼 일부 국제 기업들에게는 치명적이었다. 둘째, 근로자들 각자는 조직의 1차적 목표라는 제한된 관점만 가질 수 있다. 이것은 국제적 최적화를 희생하고 국지적 최적화로 진전될 수 있다. 바꿔 말하면, 근로자들은 전체로서의 국제 기업을 최적화하지 않고, 그 대신 특정 기능(예: 판매)을 최적화하는 결정을 내릴 수 있다. 셋째, 손익계정은 결국 각 기능에 대해서가 아니라 회사 전체로 계상되기 때문에 책임 소재가 흐트러지게 된다.

10-4b. 사업부제 구조

사업부제 구조는 제품, 시장, 또는 지리적 지역의 수요에 부응하기 위해 기능들이 함께 묶이는 조직구조의 한 유형을 말한다. 기능적 구조가 한 조직으로 하여금 자사의 제품과 서비스를 생산할 수 있도록 해주는 다양한 투입요소(Inputs)에 따라 조직되는 반면, 사업부제 구조는 그 대신에 국제 기업의 산출요소(Outputs)에 따라 조직된다. 3개 사업부를 가진 국제 기업의 사업부제 구조는 참고자료 10.6에 나타나 있다.

비록 각 사업부가 별개의 사업체로서 관리됨에도 불구하고, 이들 사업부는 사업부들간에 자원을 배분하고 회사의 장기적 전략을 결정하는 데 책임을 진 기업본부(Corporta Headqartes)에 있는 관리자들 그룹에 의해 감독된다. 기업본부는 또한 참고자료 10.6에 포함되어 있다. 사업부제 구조에서 주요한 문제들 중의 하나는 전략적인 결정을 할 때와 상당한 양의 자원이 관여될 때 사업부들에게 허용되는 자율성의 정도이다.

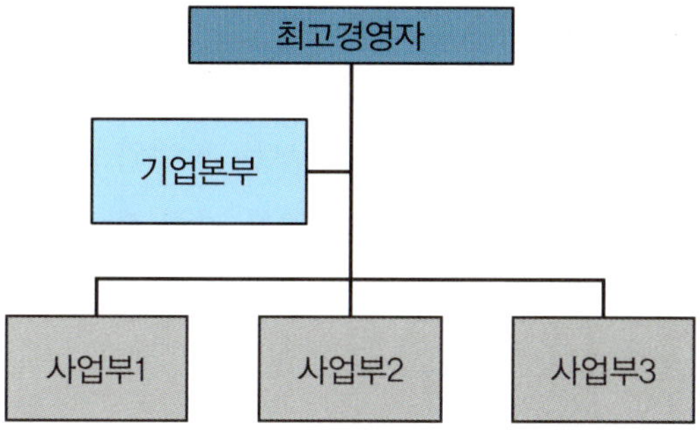

참고자료 10.6: 3개 사업부를 가진 국제 기업의 사업부제 구조

사업부제 구조가 지닌 하나의 장점은 기능들의 특정한 종류의 제품, 시장, 또는 지리적 지역에 자신들의 활동들에 집중할 수 있다는 것이다. 이러한 좁은 범위에서의 집중은 그 사업부로 하여금 고품질의 제품을 만들어 내게 하고 고품질의 고객 서비스를 제공해준다. 둘째, 사업부들은 공통된 주체성(Identity)과 문제해결 접근방법을 개발하며, 이는 조직의 응집력을 증대시키고 의사결정 및 수행성과의 개선을 가져다 준다. 셋째, 각 사업부는 기능적 자원의 전 구성요소를 다 갖추고 있기 때문에, 개별적 제품, 시장, 또는 지리적 지역의 요구에 대응할 수 있으며 이들 요구 변화에 빠르게 적응할 수 있다. 게다가 각 사업부는 자신들의 성과에 대해 완전히 책임을 질수 있고, 이는 더 나은 통제를 가능하게 해준다. 사업부제 구조의 또 한가지 장점은 근로자들의 자기 사업부와의 일체감이 자신들의 헌신, 충심, 그리고 직무만족을 증대시켜 준다는 것이다.

사업부제 구조의 주요한 단점은 운영비와 관리비가 많이 소요된다는 것이다. 이는 사업부제 구조가 유급의 새로운 관리층을 부가시키게 되는 기업본부가 있다는 사실에 덧붙여, 사업부마다 자신의 기능들 일체를 갖고 있는 데서 나오는 결과이다. 사업부제 구조는 정상적으로는 기능적 구조보다 관리자들과 관리계층을 더 많이 가지고 있기 때문에, 다양한 사업부들 내의 다양한 관리자들이 자신의 활동에 맞춰 조정하려고 할 때 소통의 문제가 야기될 수 있다. 사업부제 구조의 세번째 단점은 사업부들이 조직 자원을 놓고 서로 경쟁하기 시작할 수 있고, 전체로서 국제 기업의 목표를 희생시키고 대신에 사법부적 목표를 추구할 수 있다는 것이다.

제품 구조(Product Structure)는 제품별 유사성 또는 차이점에 따라 제품들을 별개의 사업부로 그룹화하는 사업부제 구조의 특별한 유형이다. 참고자료 10.7은 4개 제품 사업부를 가진 어떤 국제 기업의 제품 구조를 나타낸다.

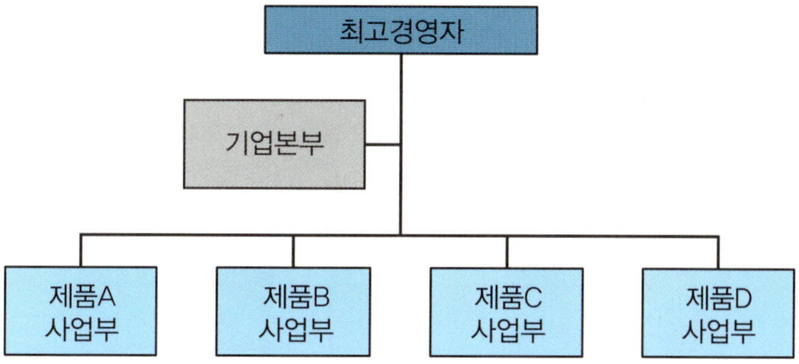

참고자료 10.7: 4 개의 제품 부서를 가진 국제 기업의 제품 구조

엑슨모빌은 제품구조를 가진 국제 기업의 한 예이다. 이 회사의 제품별 사업부는 상방, 하방, 그리고 화학 사업부가 포함되어 있다. 상류 사업부는 탐사, 개발, 생산, 그리고 가스와 동력 마케팅을 포함한다. 하류 사업부는 정제와 공급, 연료 마케팅, 그리고 윤활유와 특제품을 포함한다. 혼다는 제품 구조를 가진 또 다른 국제 기업의 예이다. 이 회사의 제품 사업부는 자동차, 오토바이, 그리고 동력제품이 있다. 세번째 예시는 IBM인데, IBM의 5개 제품 사업부는 다음을 포함한다.

- 국제 기술 서비스: 이는 정보기술 하부구조 서비스와 사업절차 서비스를 제공한다.
- 국제 사업 서비스: 이는 전문적인 서비스와 응용 아웃소싱 서비스를 제공한다.
- 소프트웨어: 이는 미들웨어와 운영 시스템 소프트웨어로 구성되어 있다. 미들웨어 소프드웨어는 고객들로 하여금 표준 소프트웨어 플랫폼에 걸쳐 시스템과, 절차 그리고 응용을 통합할 수 있게 해준다.
- 시스템과 기술: 이는 고객들에게 발전된 연산력과 저장능력을 요하는 사업 솔루션을 공급해 준다.
- 글로벌 자금조달(Global Financing)

시장 구조(Market Structure)는 상이한 고객들의 요구에 따라 제품을 별개의 사업부로 묶는 사업부제 구조의 특별한 종류이다. 시장 구조는 또한 고객 구조 또는 고객계층 구조로 불린다. 참고자료 10.8은 3개의 시장 사업부를 가진 어떤 국제 기업의 시장 구조를 예를 들어 설명한다.

힐튼호텔은 시장 구조를 가진 국제 기업의 한 예다. 이 회사는 다음과 같은 사업부들로 조직되었는데, 이는 전세계적으로 상이한 시장 또는 고객계층에 서비스를 제공한다. 즉, Hilton, Hilton Garden Inn, Doubletree, Embassy Suites, Homewood Suites by Hilton, Hampton, Scandic, Conrad, and Timeshares 등이다. 힐튼호텔은 80개국가와 지역에서 도합 약 50만개의 객실을 가진 대략 3,000개의 부동산을 관리하고 있다.

지리적 지역구조(Geographical Region Structure)는 그 회사가 서비스를 제공하는 상이한 지리적 지역의 수요에 따라 제품을 별개의 사업부로 묶는 사업부제 구조의 특별한 유형이다. 지리적 지역구조는 영역구조(Area Structure)라고도 불린다. 참고자료 10.9는 3개의 지리

참고자료 10.8: 3개의 시장 사업부를 가진 국제 기업의 시장 구조

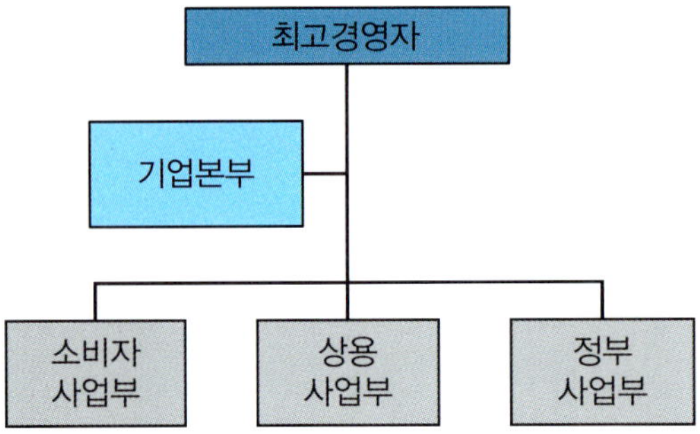

힐튼호텔: 힐튼이라는 이름을 가진 첫 호텔은 댈러스 힐튼이다. 텍사스 주 댈러스에 1,925에 문을 연 한 고층건물.

적 지역 사업부를 가진 어떤 국제 기업의 지리적 구조를 예시하고 있다.

세멕스(Cementos Mexicanos S.A.B. de C.V.: CEMEX)는 지리적 지역 구조를 가진 국제 기업의 한 예이다. 회사의 3개 사업부는 다음 내용을 포함하고 있다.

1) 북미

2) 남미와 케러비안

3) 유럽, 아시아, 그리고 중동

각 지역의 관리자는 그 지역을 포함하는 나라에서 이루어지는 모든 사업활동을 감독하고 그것에 대해 책임을 진다. 이러한 활동에는 생산, 유통, 마케팅, 그리고 시멘트와 제조된 콘크리트와 골재의 판매가 포함된다. 세멕스의 기업본부는 각 지리적 지역의 결과와 실적을 평가하고, 이러한 데이터에 따라 경제적 자원을 배분한다. 세멕스는 세계 최대의 건설자재 공급업체이며 세번째로 큰 시멘트 생산업체이다. 이 회사는 50개국 이상의 나라에서 활동중이다.

10-4c. 혼성구조

국제 기업은 범위와 깊이 면에서 성장해 나감에 따라, 가끔 그들은 자사의 수요에 최적화한 조직구조의 조합을 채택한다. 이러한 조직구조의 조합을 **혼성구조**라고 부른다. 혼성구조를 가진 국제 기업은 상위 계층에서 하나 이상의 차원에 의해 조직된 것을 뜻한다고 한다. 혼성구조를 가진 국제 기업이 참고자료 10.10에 나타나 있다.

참고자료 10.10에서 볼 수 있듯이, 이 국제 기업은 제품 구조(제품A 와 제품B 사업부)와 기능적 구조 (국제적 연구개발과 국제마케팅)의 혼합 방식을 사용하고 있다.

펩시코는 혼성구조를 사용하는 회사의 한 예인데, 다음과 같이 3개 사업단위로 구성

참고자료 10.9: 4 개의 제품 부서를 가진 국제 기업의 제품 구조

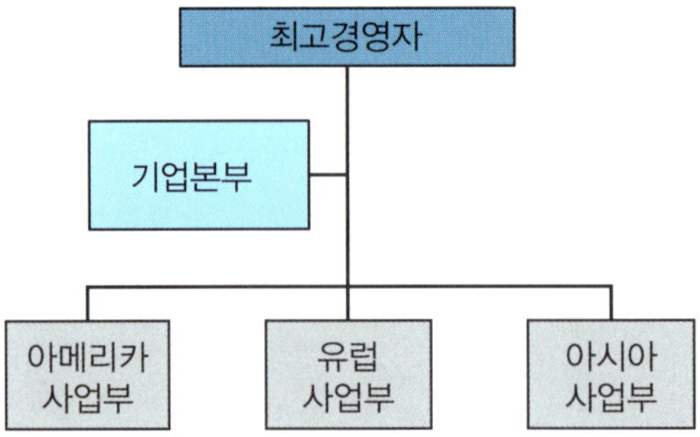

되어 있다.

- PepsiCo Americas Foods: Frito-Lay North America, Quaker Foods North America, 그리고 자사의 모든 Latin American food 및 Sabritas 와 Gamesa 같은 멕시코내의 스넥사업들을 포함한다.
- PepsiCo Americas Beverages: PepsiCo Beverages North America와 자사의 모든 Latin American 음료 사업들을 포함한다.
- PepsiCo International: 영국, 유럽, 아시아, 중동, 그리고 아프리카에 있는 모든 펩시코 사업들을 포함하고 있다.

혼성구조를 가지고 있는 국제 기업의 또 다른 예는 프록터 앤 갬블(Procter & Gamble :P&G)이다. 이 회사는 다음과 같은 사업부를 따라 조직되어 있다.

- Beauty(미용): P&G는 미용제품 산업에서 세계시장의 선두업체인데 소매 매출액이 2,300억 달러로 추산된다. 헤어 케어에서 P&G는 세계시장 점유율의 20 퍼센트 이상을 차지하고 있다. 스킨 케어에서는 Olay 브랜드는 세계에서 최고의 얼굴 피부 케어 소매 브랜드인데, P&G가 바로 이 브랜드를 소유하고 있다. P&G는 고급 방향제 분야에서는 Gucci, Hugo Boss, and Dolce & Gabbana brands와 경쟁하고 있다.
- Grooming(남성용품): 이 사업부는 면도날과 면도칼, 얼굴과 면도준비 제품(쉐이빙 크림 같은), 전기 모발제거 장치, 그리고 작은 가정용구들로 구성된다. P&G는 수동 면도날과 면도칼 시장에서 세계시장 점유율 선두업체이다. P&G는 또한 자사가 참여하고 있는 거의 모든 세계 지역에서 세계시장 점유율 선두업체이다. P&G는 자사가 국제 및 지역 회사로부터 경쟁에 부딪히는 몇몇 전세계 시장에서 브라운

참고자료 10.10: 혼성구조를 가진 국제 기업

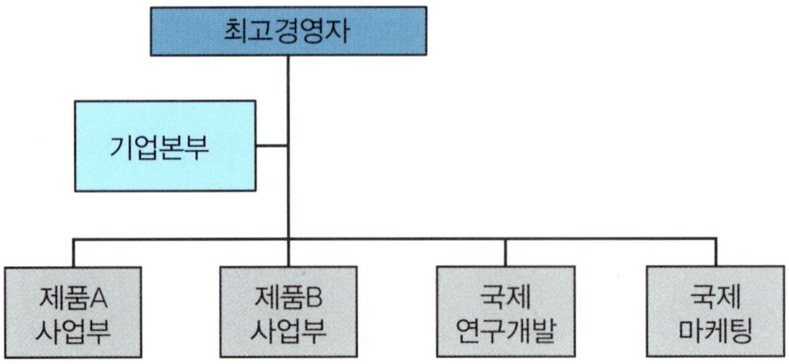

(Braun)이라는 브랜드로 전기면도기 그리고 작은 가정용구들을 판매한다.

- Health Care(건강관리): 이 분야는 구강 케어, 여성 케어, 제약, 그리고 개인 건강 제품으로 구성되어 있다. 구강 케어에서 P&G는 세계시장의 약 20 퍼센트로서 시장점유율 제2위를 유지하고 있다. 여성 케어에서 P&G는 세계시장 점유율의 약 1/3을 가진 세계시장 선두업체이다. 제약과 개인건강에서 P&G는 처방전 없이 합법적으로 팔리는 가슴앓이 약과 호흡기 치료약 분야에서는 각각 프릴로섹(Prilosec)OTC와 빅스(Vicks)다음으로 시장 선두업체이다. 동시에, P&G는 골다공증 치료제인 비스포스포네이트(Bisphosphonate) 시장의 1/3을 악토넬(Actonel)이라는 브랜드하에 점유하고 있다.
- 스넥커피, 그리고 애완 동물관리: 스넥 분야에서 P&G는 세계적으로 국제 및 지역 경쟁업체들에 대응해 경쟁하고 감자칩 시장에서 프링글스(Pringles)라는 브랜드하에 약 10 퍼센트의 세계시장 점유율을 가지고 있다. 커피 사업에서는, P&G가 대부분 북미 지역에서 경쟁하고 있는데, 폴저스(Folgers)라는 브랜드로 미국시장의 약 1/3로 선도적 지위를 유지하고 있다. P&G의 애완동물 케어 사업부 역시 대부분 북미에서 이루어지고 있는데, 이 회사는 거기에서 약 10 퍼센트의 시장점유율을 갖고 있다.
- Fabric Care and Home Care(직물 및 홈 케어): P&G의 이 부분은 세탁제품과 섬유 컨디셔너 같은 각종 섬유케어 제품, 접시 케어, 표면 세척제, 공기 청정제 같은 홈케어 제품, 그리고 베터리류를 포함하고 있다. 섬유 케어에 있어서 P&G는 세계시장 점유율의 거의 3분의 1을 가진 세계시장 선도업체인데, 자사가 경쟁하는 시장에서 1위 또는 2위의 시장점유율 지위를 유지하고 있다. 홈 케어 제품에 있어서 P&G의 세계시장 점유율은 자사가 경쟁하는 전체 범주에 걸쳐 대략 20%를 차지하고 있다. 베터리류에서, P&G는 주로 Duracell브랜드에 뒤져서 경쟁하고 있는데 세계 알카리 전지시장에서 40 퍼센트 이상의 점유율을 차지하고 있다.
- Baby Care and Family Care(유아 및 가정 관리): 유아 케어에서, P&G는 세계시장 점유율의 1/3 이상을 가지고 있고, 대부분 기저귀, 속 팬츠, 그리고 유아용 위생 수건 분야에서 경쟁한다. 유아 케어에 있어서 P&G의 최대 브랜드는 펨퍼스(Pampers)인데, 연간 순 매출액이 대략 80억 달러에 달한다. P&G는 자사가 경쟁하는 주요 시장의 대부분에서 1위 또는 2위를 차지하는 유아 케어 경쟁업체이다. 가정 케어에 있어서, P&G는 대체로 바운티(Bounty) 종이 타올과 차민(Charmin) 화장지 브랜드에 의해 뒷받침되는 북미에 집중하고 있는데, 미국시장 점유율이 각각 40 퍼센트 이상과 20 퍼센트 이상을 차지한다.
- Market Development(시장개발): 이 분야는 지역 수준에서 시장진출(go-to-market) 계획을 개발하는 데 책임이 있다. 시장개발은 헌신적인 소매고객, 거래 채널, 그리고 국가별 특화팀들을 포함한다. 사업부는 7개 지리적 지역에 따라 조직된다. 즉, 북미, 서유럽, 동북 아시아, 중동부 유럽/ 중동/ 아프리카, 라틴 아메리카, 호주/인

도, 그리고 중국이다.

- Global Business Services(국제경영 서비스): P&G의 이 분야는 위에서 열거된 다른 부분들이 해당 사업을 더 잘 이해하고 고객 서비스를 향상시키도록 도와주기 위한 정보기술, 절차 그리고 데이터 도구들을 제공한다. 국제경영 서비스는 최저의 비용과 자본투자로 세계 수준의 해결책을 제공해줄 책임이 있다.

P&G의 조직단위들에 대한 자세한 설명을 살펴보고 나면 독자 여러분들에게 P&G가 매우 다양한 제품을 공급하고 있고, 다각적인 시장을 상대로 영업을 하고 있으며, 세계도처에 진출하여 활동하고 있다는 사실이 분명해질 것이다. 결과적으로, P&G는 자사에게 가장 적절한 조직구조를 혼성구조라고 결정했던 것이다.

10-4d. 매트릭스 구조

대부분 회사들에게 있어서, 기능적 구조와 사업부제 구조를 결합시킨 결과인 혼성구조는 그들에게 조직의 목표를 달성하기 위한 충분한 유연성을 제공한다. 하지만 특별한 경우에는 회사들이 기능적 구조와 사업부제 구조 모두로부터 효익을 동시에 얻어내야 할 필요가 있다. 즉, 기능들 내부의 기술적 전문성과 기능들 전체에 걸친 수평적 조정이다. 예를 들어, 방위산업 수탁 업체는 깊은 기능적 기술뿐만 아니라 각 계약이나 프로젝트 전체에 걸쳐서 조정하는 능력도 필요할 것이다. 이와 비슷하게, 국제기업은 기능별, 제품별, 그리고 지리적 위치별 요구사항을 전체적으로 조정할 필요도 있을 것이다. 이러한 특별한 경우들을 위한 해답이 바로 "**매트릭스 구조**(Matryx Structure)"인데, 이는 사람들을 기능과 사업부에 의해 동시에 그룹화하는 조직구조이다. 매트릭스 구조를 가진 국제 기업은 참고자료 10.11에 나와 있다.

기능적 관리자들과 사업부 관리자들은 그 조직내에서 동등한 권리를 갖고 있으며, 근로자들은 이 두 매니저들에게 보고한다. 예를 들어, 어떤 판매원은 특정 제품 사업부에서 근무하도록 임명되었을 수 있다. 이러한 이유로 이 판매원은 판매기능을 1차적 일터로 갖고 있지만, 제품 사업부에서 상근으로 일한다. 보고관계는 이중적이다. 즉 그 판매원은 판매 관리자와 제품 사업부의 두 관리자에게 보고한다. 참고자료 10.11에서, 교점A는 사업부 I 에서 일하는 모든 제조기능의 근로자를 나타내는 반면, 교점D는 사업부 II 에서 일하는 모든 제조기능의 근로자를 말한다.

매트릭스 구조는 회사로 하여금 환경으로부터 나오는 복합적 요구에 부응하도록 해주기 때문에 유리하다. 자원이 유연하게 배분될 수 있으며, 회사는 변화하는 외부 여건에 적응할 수 있게 된다. 이 구조는 또한 근로자들에게 기능 및 사업부 관련 기량 모두를 획득할 수 있는 기회를 제공한다. 또 하나의 장점은 이 구조가 혁신과 창의성을 촉진하며, 상이한 기능적 전문성을 가진 근로자들이 비(非) 계획적 의사결정 문제를 해결하기 위해 서로 협력할 수 있도록 해주는 근로여건을 제공한다.

매트릭스 구조의 기본적 문제는 기능적 관리자와 사업부 관리자 간의 책임과 권한

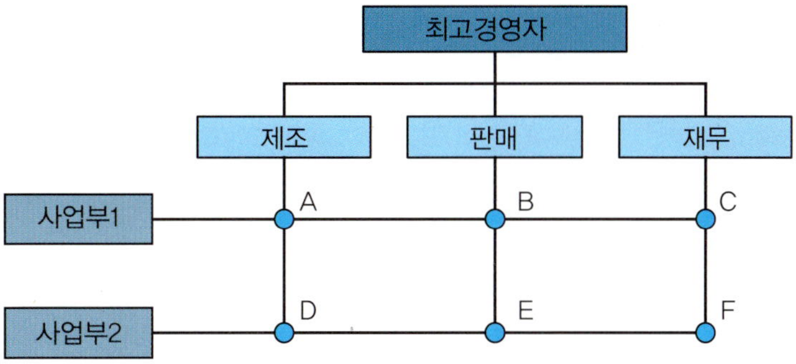

참고자료 10.11: 매트릭스 구조를 가진 국제 기업

관계를 결정하는 일이다. 설계상, 거기에는 역할의 모호성이 존재한다. 두 관리자가 같은 근로자에게 상충되는 요구를 하달함으로써 역할 대립을 야기할 수 있다. 매트릭스 구조는 또한 대부분의 근로자들이 사업부에서 사업부로 측방으로 이동하지, 상위 관리직으로의 수직으로 이동하지 않기 때문에 승진의 기회를 제한한다.

이러한 범주의 문제들은 매트릭스 구조가 왜 오로지 자사의 생존을 위한 빠른 제품 개발에 의존하는 회사들에 의해서만, 또는 특정 고객의 수요에 부응하기 위해 설계된 제품을 생산하는 회사들에 의해서만 사용되는지에 대한 이유를 설명해 준다. 매트릭스 구조가 실패할 때, 그것은 보통 권한 구조의 어느 한 쪽(기능 또는 사업부) 때문이거나, 조정의 방식으로 일하는 것을 배우지 않았기 때문이다. 매트릭스 구조는 특별히 고도기술 및 생물공학 회사들에서 특히 공통적이다.

1863년 독일 바르멘(Barmen)에서 설립된 화학 및 제약회사인 바이엘(Bayer) AG는 아스피린의 오리지널 브랜드로 전 세계적에 잘 알려져 있다. 1984년 바이엘은 1980년대 초의 상당한 판매수익, 특히 해외에서의 판매수익이 현저히 증가한데 부응하여 자사의 조직구조에 대해 주요한 변화를 적용한다고 발표했다. 그때까지, 바이엘은 성공적으로 기능적 구조를 사용해 왔었다. 변화하는 여건 때문에, 바이엘은 자사로 하여금 다음 3가지 주요 목표를 달성하게 해줄 새로운 조직구조를 찾고 있었다.

1) 관리 통제를 모회사인 then-West German로부터 해외 사업부와 자회사로 전환
2) 사업활동 사업부들의 의무를 더 명확히 규정하기 위해 그들을 재정렬한다.
3) 하급 관리자들에게 더 많은 책임을 줌으로써 권한을 부여하고, 고위 관리자들의 책임을 덜어주어 그들로 하여금 전략적 문제에 대해 집중토록 한다.

바이엘이 채택했던 새로운 조직구조는 매트릭스 구조였는데 이는 자사의 사업활동들을 바이엘 월드(Bayer World)라고 불리는 하나의 지주회사 밑의 6개 그룹으로 묶었다. 이 6개 그룹은 각각 염료, 섬유, 또는 화학품 같은 제품 범주들로 이루어진 수개의 하위 그룹을 가졌다. 동시에 이 회사의 행정 및 서비스 기능의 각각은 바이엘 월드 아래에 마케팅, 인적자원(인사), 공장 관리, 또는 재무 같은 몇몇 기능적 그룹들 중의 하나에 귀속 되었다. 게다가 과거에 기능적 그룹을 이끌었던 고위 간부들에게는 여러 상이한 지리적 지역들에 대한 권한이 주어졌는데, 이로 인해 지리적 지역들은 기능적 그룹들

바이엘의 첫 주요 제품인 아스피린은 1897년 발명되었다

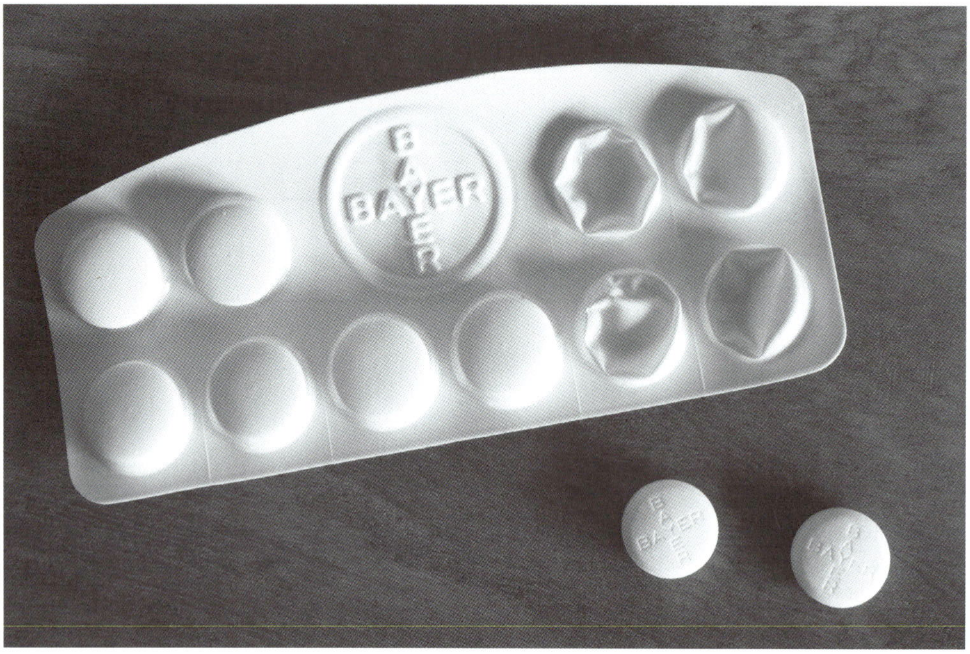

의 지원을 받기도 하고 그들과 뒤엉키기도 했다. 이 새로운 조직구조의 최종 결과로 원래의 9개의 기능적 부문들이 19개의 여러 분야에 걸치고 서로 관련된 사업그룹으로 나뉘어졌다.

1985년 무렵, 바이엘은 매트릭스 구조가 회사가 3가지 주요한 목표에 더 가깝게 다가가도록 해주었기 때문에 이 새로운 구조가 훌륭한 성공이었다고 공표했다. 게다가 바이엘은 새로운 매트릭스 구조는 회사가 시장의 변화와 새로운 사업기회에 더 잘 대응하는 데 도움이 되었던 반면에, 공장 관리와 서비스 사업부의 활동을 간소화해 주었다는 사실을 알게 되었다.

사실확인 LO-4

경제신문에서 자사의 조직구조를 변경하는 회사의 최근 사례를 찾아보라. 변경하기 이전과 이후의 조직구조를 식별해 보라.

윤리적 관점

코노코필립스(ConocoPhillips)는 텍사스주 휴스턴에 본부를 둔 국제적 에너지 회사이다. 코노코필립스는 포춘 500대 기업이고, 6개 "슈퍼메이저"급 석유 가스 회사들 중의 하나이다. 코노코필립스는 코노코(Conoco Inc.)와 필립스(Philips) 석유회사가 2002년 8월 30일 합병함으로써 탄생 되었다.

기업 조직들은 종종 조직구조 상에서 윤리 사무소를 어디에 두어야 하는가 하는 딜레마에 직면하곤 한다. 종종, 윤리 담당자들은 참모직으로 간주되어 인적자원 기능의 한 부분이 되거나, 법무 부서의 일원이 될 수도 있으며, 또는 독립된 윤리사무소로 자리잡을 수도 있다. 기업들은 윤리 부서를 라인(계선) 직위에 두기보다는 참모(보좌진)내에 통합시켜 조언자 역할로 활동할 수 있게 하는 데 목표를 둔다.

그러나 코노코필립스는 다른 접근방법을 택하여 윤리사무소를 회계감사 및 재무부에 두기로 결정했다. 이 방법으로, 윤리는 회사의 모든 다른 부문에까지 확장되는 영역을 가진 회사의 1개 사업부로써 운영될 수 있다. 코노코필립스는 셰크(SteveL. Scheck)를 총괄 감사관 겸 윤리 최고 책임자로 임명했으며, 최고경영층이 아니라 이사회에 보고토록 했다. 셰크에 의하면 윤리기능은 전통적 내부 회계감사 기능에 연관되게 하는데 도움이 된다. 즉 "윤리가 내부 회계감사와 같은 힘을 갖는 다는 것은 정말 중요하다. 나의 선언문은 나와 나의 직원들이 회사 내 어떤 곳이든 갈 수 있고 볼 수 있다고 말한다. 우리는 회사 내 어떠한 것에도 자유롭고 규제받지 않고 접근할 수 있다."

문제:

1) 당신은 윤리가 참모(보좌)직의 일부이어야 한다고 생각하는가 라인(계선)직의 일부이어야 한다고 생각하는가? 아니면 둘 다 인가?

2) 윤리를 회계감사와 재무 부문에 윤리를 두는 것의 장점과 단점은 무엇인가?

3) 윤리 담당자는 흔히 직원 참모(보좌)직의 하나로 간주되어 _ 의 일부가 될 수 있다.

a) 기술 공학 기능　　b) 인사 기능

c) 마케팅 기능　　d) 판매기능

4) 기업들은 윤리를 참모(보좌)직 내로 통합시켜_로 활동할 수 있게 하는데 목표를 둘 수 있다.

a) 조언자 역할　　b) 합법적 역할

c) 다른 역할　　d) 관련 없는 역할

5) 코노코필립스는 윤리 사무소를 _에 두기로 결정했다.

a) 법무 부서에　　　　b) 인적자원 부서에

c) 회계감사 와 재무부서에　　　　d) 엔지니어링 부서에

출처 : Vanessa Hill et al., "Implementing Ethics in a Corporate Environment: A Conversation with Steve L. Scheck," *The Journal of Applied Management and Entrepreneurship* 11, no. 1, 2006.

요약

국제 기업들은 지속 가능한 경쟁우위의 기본적 원천의 하나로써 조직구조를 사용해 오고 있다. 예를 들어 이 장의 앞 부분에서 설명 했듯이, 셸은 자사의 조직구조를 단순화 할 때, 자사의 3개 상류단위가 2개의 지리적으로 초점이 맞춰진 사업부로 합병될 것인 바, 이는 자사의 가장 중요한 프로젝트들에서 의사결정 과정을 빠르게 하고 지연과 비용과잉을 피하게 해줄 것으로 기대된다. 이 장에서, 우리는 국제 기업에 있어서 조직구조의 중요성을 설명했으며, 국제 기업들이 국내 기업에서 무국적 기업으로 진화할 때 사용하는 여러 가지의 상이한 조직구조들 즉, 어떻게 국제 기업들이 어떻게 세계의 사람들과 자원을 조직할 것인가에 대한 미래적 비전을 살펴 보았다.

국제화로 나아가는 노정에서의 첫 단계는 수출부를 만드는 것이고, 뒤이어 수출부가 국제 사업부로 되는 현상이 일어난다. 일단 회사가 자사의 국제 사업부를 한껏 키우고 국제 기업이 되면, 그 회사는 4가지의 보편적인 조직구조들 중의 하나를 채택할 수 있다. 즉 기능적 구조, 사업부제 구조, 혼성구조, 매트릭스 구조가 그것이다. 사업부제 구조는 3가지의 특수한 변형이 있다. 즉, 제품구조, 시장구조, 지리적 지역구조가 그것이다. 각 조직구조의 유형의 장점과 단점은 분석되었다. 이 장은 또한 기타 상이한 조직구조들을 실제 세계의 국제 기업을 통해 예시했다.

주요단어

무국적 기업
조직
조직구조
사업부
기능적 구조
사업부제 구조
제품구조
시장구조
지리적 지역구조
혼성구조
매트릭스 구조

문제 풀이

1. 국제적 기업들은 무국적 기업으로 진화하고 있는가?

2. 조직구조는 회사의 성공과 실패에 영향을 미칠 수 있다. 왜 그런 일이 실제로 일어난다고 생각하는가?

3. 수출부와 국제 사업부 간의 차이점은 무엇인가?

4. 다음의 조직구조들를 비교하고 대조해 보라 : 기능적 구조, 제품구조, 시장구조, 지리적 지역구조

5. 어떤 유형의 회사들이 종종 혼성구조를 채택하는가?

6. 매트릭스 구조는 기능적 구조와 사업부제 구조의 장점을 제공할 수 있다. 그러나 이 구조는 또한 이들 두 구조의 단점도 제공할 수 있다. 이 주장에 찬성하거나 반대하는 입장에서 토론해 보라.

사례 로얄 더치/셸 그룹을 위한 최상의 조직구조는?

흔히 “셸(Shell)”이라고 알려져 있는 로얄 더치 셸 주식회사(Royal Dutch Shell p.l.c)는 세계에서 두번째로 큰 에너지 회사이고 11번째로 큰 회사이다. 포브스에 2014년 리스트에 따르면 실린 것에 따르면 6대 ‘수퍼메이저’급 석유 및 가스 회사들 중의 하나이다. 셸의 순 매출은 2014년 4,210억 달러였고 9만 2,000명 이상의 근로자를 고용하고 있다. 셸은 다른 수퍼메이저급 석유 및 가스 회사와 비교하여 독특한 방법으로 시작했다. 로얄 더치 셸 주식회사는 1907년 2월 로얄 더치 석유회사(법적 사명은 Koninklijke Nederlandche Petroleum Maatsxhappij)와 영국의 “Shell” (“”이것은 법적 이름의 한 부분이다.) 운수 및 무역 주식회사의 합병으로 설립되었다.

그 합병은 당시 록펠러(John D. Rockefeller)가 소유했던 지배적인 석유회사 Standard Oil과 경쟁하기 위한 노력의 일환이었다. 합병의 조건에 따라, 더치그룹은 새로운 회사의 60 퍼센트를 소유했고, 영국의 셸 그룹은 40 퍼센트를 소유했다(비율을 현재도 같다). 셸은 세계에서 가장 크고 오래된 합작투자 기업이다. 로얄 더치 석유회사는 1890년에 설립된 네덜란드 회사이고, “Shell” 운수 및 무역회사는 1897년에 설립된 영국 기업이다.

셸은 또한 자사의 조직구조와 그 국제적 존재에서 특별하다. 셸은 세계에서 가장 국제적인 세 조직 중 하나로 특징지어져 왔다. 다른 둘은 로마 카톨릭 교회와 유엔이다. 동시에 셸의 조직구조는 로마 카톨릭 교회와 유엔보다 훨씬 더 복합적하다. 소유와 법적 관점에서 보았을 때, 셸은 4가지 유형의 회사를 구성한다. 즉, 모회사들, 그룹 지주회사들, 서비스 회사들, 그리고 사업운영 회사들이다. 이 셸의 이 같은 공식적 구조는 참고자료 10.12에 나타나 있다.

1960년대 초 동안 매킨지(McKinsey & Company)의 도움으로, 셸은 ‘셸 매트릭스’로 알려진 3차원적인 매트릭스 구조를 만들었고, 이는 기능, 지역 그리고 분야(Sectors)를 가지고 있다. 셸 매트릭스는 참고자료 10.13에 나타나 있는데, 이 매트릭스 조직은 1990

참고자료 10.12: 셸의 공식적 구조

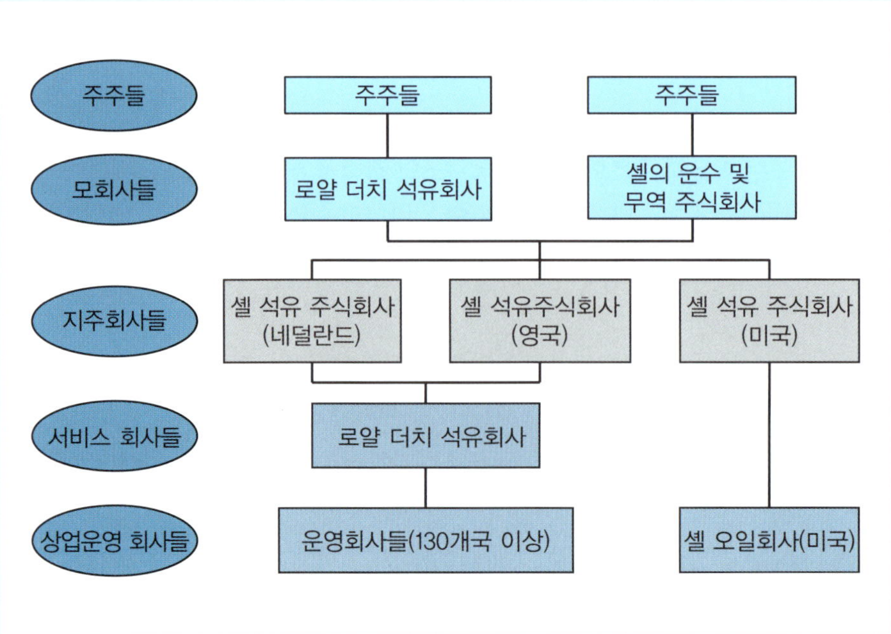

년대에 들어서도 계속되었다.

셸은 1985년과 1993년 사이에 급진적인 조직재편을 겪지 않은 유일한 주요 석유회사이다. 셸에서 재 조직재편이 없었던 것은 2가지 요소를 반영하는 것으로 나타났다.

1) 셸의 유연성은 비 연속적인 변경을 시도할 필요도 없이 변화하는 석유산업 환경에 조정하는 것을 가능하게 했다.
2) 셸의 경영구조 때문에, 특히 최고경영자의 독재적인 힘이 없기 때문에 셸이 엑손의 로월(Larry Rawl) 또는 텍사코(Texaco)의 키니어(Jim Kinnear) 같이 강력한 최고경영자들에 의한 톱다운식 조직재편 같은 것에 착수하는 것을 쉽게 단행할 수 없게 했다.

반대로, 셸의 경영제어는 경영이사위원회(Committee of Managing Directors;CMD)의 권한에 속해 있었다.

1995년 3월 29일, CMD의 회장 허크스트뢰터(Cor Herkströter)는 회사의 1996년 초에 실행될 예정인 근본적 조직재편의 주요한 측면에 대한 윤곽을 작성해 전 세계 직원들에게 연설했다. 4년 후, 셸은 자사의 창설 이래 가장 야심적이고 원대한 조치가 될 조직재편을 마무리지었다. 새로운 조직구조는 지리적 기반 방식의 회사에서 사업 부문에 기반을 두는 회사로의 전환을 나타낸다. 그 조직재편은 또한 1,000개 이상에 달하는 기업 소재지들의 제거와 런던에 있는 기업본부의 방대한 부분을 매각, 그리고 정밀 통제 시스템의 재 설계를 포함한다.

참고자료 10.13: 셸 매트릭스

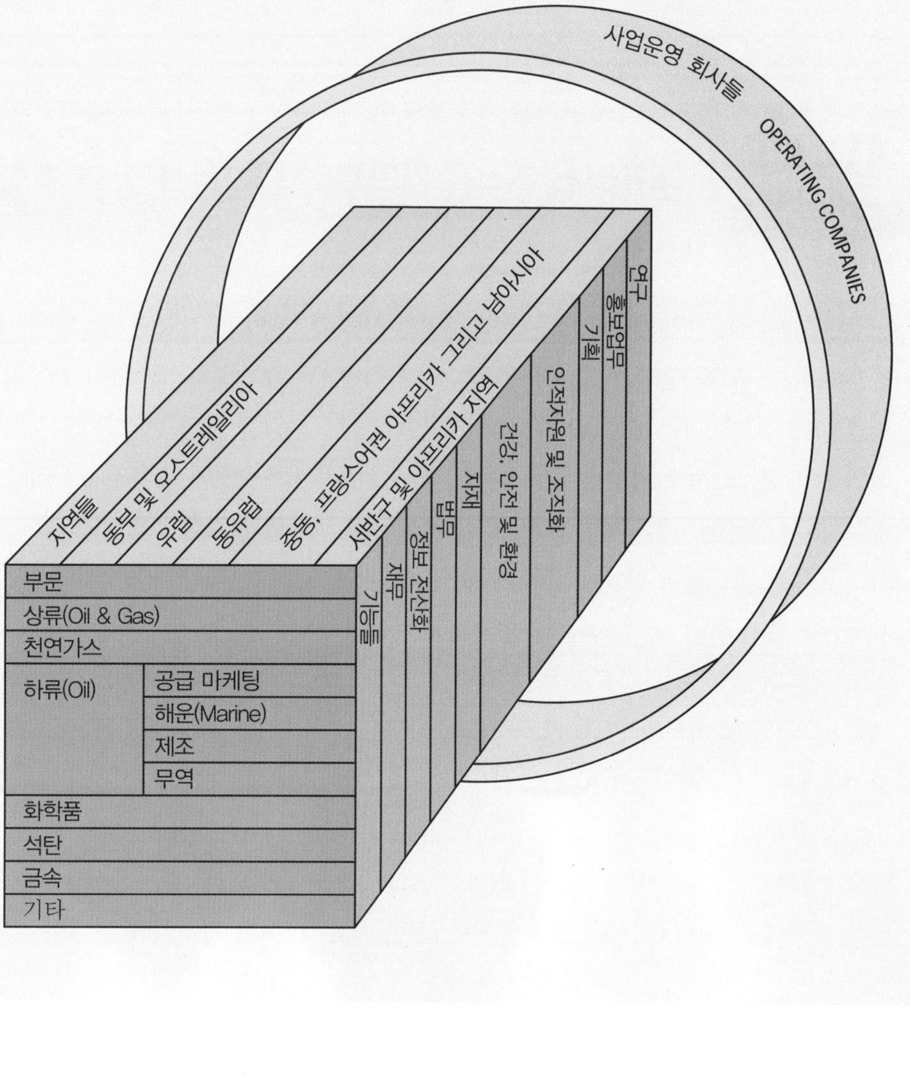

동시에, 셸의 최대 경쟁자인 엑손이 모빌과 합병되고 있었기 때문에, 셸은 더 이상 세계 최대의 에너지 회사가 아니었다. 게다가 몇몇 다른 주요 석유와 가스 회사들도 합병과 조직재편 추세를 따르고 있었다. 예를 들어 셸의 두 국유의 유럽 라이벌업체들이 민영화와 합병에 의해 재 활성화되는 중이었다. 1999년 Total, Fina, 그리고 Elf Aquitaine의 합병은 엑손모빌, 셸, 그리고 BP 다음으로 석유와 가스분야의 4번째 세계적 메이저를 탄생시켰다. 또한 1990년대에는 이탈리아의 다국적 석유/가스 회사인 Eni S.p.A가 자사의 주식 자본의 대부분을 연이어 4차례나 공모방식으로 시장에 내놓자 공개기업에서 합자기업으로 전환됐다. 마지막으로, 이 장의 앞에서 말했듯이, 2009년은 셸에게 또 다른 조직재편의 흐름을 가져다 주었다 .

✲ 질문

1) '셸 매트릭스'의 장점과 단점은 무엇인가?

2) 왜 셸은 그렇게나 많은 조직재편 작업을 겪었다고 생각하는가?

3) 셸에게 있어서 어느것이 가장 좋응 조직구조라고 당신은 어떻게 결론을 내릴 것인가?

출처 : Robert M. Grant "Organizational Restructuring within the Royal Dutch/Shell Group," *Cases to Accompany Contemporary Strategy Analysis*, 5th ed., Hoboken, New Jersey: Blackwell Publishing, 2005.

주장과 반박

매트릭스 조직은 기업을 재편하는 최상의 방법일까, 아닐까

많은 회사들에게 있어서, 조직구조의 분명한 선택은 매트릭스 구조이다. 이들 회사들은 다수의 사업단위를 여러 국가들에서 운영하고 자사의 제품들을 상이한 고객 부문으로 다양한 경로를 통해 유통시킬 필요가 있다. 이러한 사업단위들, 나라들, 고객 부문들, 그리고 유통 경로들과 같은 조직적 차원들은 회계와 제조같은 전통적인 사업기능들로부터 나오는 목소리와 똑같이 강한 목소리로 말하는 주장들이 있다. 예를 들어, 만약 회사가 연구개발에 상당한 돈을 지출하고 있다면, 국제적 사업 단위의 책임자는 수익성 있는 연구개발에 투자를 하게 해줄 국제적 규모의 경제를 달성하기 위해 강해질 필요가 있을 것이다. 동시에 만약 회사가 멕시코, 인도, 중국에서 사업을 수행하고 있다면, 그 회사는 강한 정부관계를 발전시킬 수 있는 국가 관리자가 필요할 것이다. 원칙적으로, 강한 사업과 강한 정부관계 모두가 필요할 때는, 매트릭스 구조가 필요하다. 그러나 매트릭스 구조가 정말 실효성이 있는가?

✲ 주장

그렇다, 노키아(Nokia), 시스코(Cisco), 그리고 슐럼버그(Schlumberger)같은 성공적인 회사들로 예시가 된 것처럼, 이 회사들은 더 이상 점선(예정행동)에 관하여 아무 쓸모없는 토론에 사로잡히지 않으며, 원만한 해결을 위한 생산적인 계획 과정을 가지고 있다. 현지 지역적 최적화에 반대되는 것으로써 국제적 최적화는 그들의 공통된 목표이다. 협동으로 일하는 팀들에 의해 계획들이 다듬어 지고 있다. 단체 정신을 가진 사람들은 보상을 받고 승진되는 반면, 전통적인 명령-통제형 관리자들은 탈락한다. 예를 들어, 시스코에서는 관리층 집단의 20 퍼센트가 물러났다. 이러한 시작은 바른 방향으로 가는 첫 단계이며, 명령과 통제자들에 대한 협동자들의 승리로 간주된다. 매트릭스 구조에서는 조직이 역할과 책임을 규정하고, 그러고는 사람들에게 책임지게 한다. 근시적 접근과 기능적 사일로를 막기 위해, 매트릭스 구조는 단위들 간에 관리자들의 순환배치를 촉진한다. 더욱이, 성공적인 매트릭스 구조를 가진 기업들은 강한 리더십 팀들을 통해 내부 분쟁을 해결하는 고위 간부들을 가지고 있다. 국제적 사업을 가진 회사들에게, 매트릭스 구조는 그들이 가야 하는 길이다.

✲ 반박

회사의 성장을 둔화시키는 가장 확실한 방법은 매트릭스 구조를 채택하는 것이다. 회사의 성공에 있어서 핵심 요소는 리더십이고 그 리더십이 효과적이도록 하려면, 회사는 조직적 명료성이 필요하다. 즉, 극소수의 위원회, 짧은 의사결정 경로, 그리고 자원과 책임의 명확한 배분이다. 불행하게도 매트릭스 구조는 정확히 조직 명료성의 반대측면을 갖고 있어서 끊임 없는 위원회와 비생산적인 합의과정, 길고 명확하지 않는 의사결정 경로, 그리고 특히, "누가 성공과 실패를 소유하는가"에 대한 혼동으로 이어지는 불투명한 책임들을 초래한다.

■ COUNTERPOINT

ABB그룹과 유니레버(Unliever)같은 예시들은 매트릭스 구조가 가끔 이롭기보다는 해를 더 끼칠 수 있음 입증한다. 세계에서 최대의 전기 그리드 제작업체인 ABB는 매트릭스 구조에 의해 망가졌다. 그래서 2010년 ABB는 5개의 사업부(동력제품, 동력 시스템, 분리 자동자와 동작, 전압제품, 공정 자동화)를 가진 제품 구조로 재 조직되었다. 유니레버은 식품, 음료, 세제, 그리고 케어 제품 등의 대부분 소비제품 브랜드를 소유한 영국-네덜란드계 다국적 기업이다.

비록 매트릭스가 논리적인 조직구조인 것처럼 보이지만, 굴드(Goold)와 캠벨(Campbell)이 시사했듯이 "대부분의 관리자들은 매트릭스 구조가 쉬운 구조임을 알지 못했다. 관리자들은 애매한 책임과 보고관계로 어려움을 격어 왔고, 합의적 의사결정을 모색하느라 업무가 부진했으며, 그리고 모든 상이한 단위들로 하여금 다 함께 건설적으로 일하게 한다는 것이 어렵다는 것을 깨달았다. 이제 많은 회사들이 매트릭스 구조에 대해 깊이 의심하고 있으며, 심지어 셸과 ABB 같이 이 구조의 선도적인 지지자들조차 이러한 조직구조가 자사에 더 이상 실효성을 발휘하지 못하고 있다고 결론지었다. "

당신은 어떻게 생각하는가?

당신은 어느 관점을 지지하며, 지지하는 이유는? 매트릭스 구조가 일부 국제 기업들에 최상이었지만 다른 기업들에게는 그렇지 않다는 것이 사실일 수 있는가?

국제경영 뉴스 해석하기

파이낸셜 타임즈, 월 스트리트 저널, 이코미노스트, 그리고 비즈니스 위크같은 비지니스 신문과 잡지는 조직구조에 대한 뉴스로 가득 찼다.

이 장을 읽고 나서, 당신은 출판중인 관계 기록들을 해석할 수 있어야 한다. 다음은의 뉴스의 각 예시에 대해 당신에게 그렇게 하도록 요청할 것이다.

1) 웨스트팩 뱅킹(Westpac Banking)은 다국적 서비스 회사인데, 오스트레일리아의 "4대(Big Four)" 은행들 중의 하나이다. 웨스트팩의 최고 경영자 켈리(Gail Kelly)는 회사의 조직구조를 재설계하기로 계획한다. 새로운 조직구조 아래에서는 주주 대면 소비자와 기업 금융서비스가 새로운 사업부로 합쳐질 것이다. 웨스트팩 소매 및 기업금융(Westpac Retail and Business Banking)이라고 불린다. 피터 핸른(Peter Hanlon)이 새로운 사업부를 이끌 것이며, 모든 소비자들, 중소기업, 그리고 상용고객들에 대해 책임을 질 것이다. 두번째 새로운 사업부는 피터 클레어(Peter Clare)가 이끌 것인데 제품 및 사업활동이라고 지칭될 것이며 피터 클레어의 사업을 합리화하고 단순화하는 데 강조점을 두고서 제품과 절차를 재설계하는 데에 도움을 줄 것이다. 세 번째로 "웨스트팩 기술"이라는 잠정적 명칭의 새로운 사업부는 작동중이다.

   자료: "Westpac Banking to Overhaul Structure" *The Wall Street Journal*, July 18, 2008, page B7.

웨스트팩이 채택하고 있는 조직구조의 유형이 무엇인지 설명하라.

2) 엘리 릴리 앤 컴퍼니(Eli Lilly and Company)는 2014년 매출액이 200억 달러에 달하는 국제적 제약회사이다. 릴리는 관료주의를 최소화화할 목적으로 경영층의 수를 줄이기 위해 자사의 조직구조에 변화를 주고 있다. 이 새로운 조직구조 하에서, 릴리는 국제적 규제 사업단위, 메디컬 사업단위, 그리고 환자보호 사업단위를 "릴리 조사 연구소(Lilit Research Labs)라는 이름의 새로운 사업부로 통합 할 것이다. 릴리는 또한 유럽의 하부지원 사업단위와 국제마케팅 사업단위를 간소화하고 통합할 것이다.

   자료: "Lilly Alters Structure" *The Wall Street Journal*, May 22, 2008, Jenny Park.

릴리는 미래에 어떤 유형의 조직구조를 사용할 것인가?

3) 스타벅스는 50개 이상의 국가에 2만 1,000개 이상의 점포를 가지고 있고 18만 2,000명의 직원을 두고 있는 세계 최대의 커피하우스 회사이다. 스타벅스의 최고경영자는 고객만족을 향상시키기 위해 자사의 매트릭스 구조의 확대를 선언했다. 회사는 현재 미국에서 4개 사업부 하에서 운영될 것이다. 즉, 서부/태평양, 북서부/산간, 남동부/평야, 북동/대서양. 스타벅스는 새로운 조직 구조로 인해 제품을

더 빠르게 개발할 수 있을 것이고 고객에게 더 어필할 수 있을 것이라고 믿는다. 스타벅스의 새로운 조직구조의 두번째 단계는 미국내 및 국제 사업부를 도울 중앙 집중화된 지원기능의 창설이다.

자료: "The Organizational Structure of Starbucks, Unilever, and Wal-Mart" www.associatedcontent.com/article/782963/theorganizationalstructureofstarbucks.html, May 28, 2008.

당신은 스타벅스의 매트릭스 구조의 확장이 위에서 열거된 장점을 가져다 줄 것이라는 데에 동의하는가?

4) 머크(Merck & Co., Inc.)는 세계 최대 제약회사 중 하나이다. 머크는 2009년 411억 달러로 경쟁업체인 쉐링 플라우(Schering-Plough)의 인수작업을 완료한 뒤 5개 사업부로 재편되었다. 5개 사업부에는 국제적 인간건강, 동물건강, 소비자 건강케어, 머크 조사 연구, 그리고 머크 제조 사업부가 있다. "새로운 머크를 위한 조직구조는 머크와 쉐링 플라우 제품들의 통합을 통해 창출될 더 깊고 넓은 직렬적 제약 프랜차이즈들에서 기회를 잡기 위해 설계되었다."라고 머크가 선언문에서 밝혔다.

자료: "Merck to Form 5 Divisions after Schering Buyout," *BusinessWeek*, August 31, 2009.

새로운 머크의 조직구조를 그려보라. 어떤 유형의 조직 조인가?

포트폴리오 프로젝트

당신 자신의 적절한 사례를 찾아라: 국제적 조직구조

이 장을 읽고 나서, 당신은 당신이 좋아하는 국제 기업에 대한 몇가지 기본적인 질문에 답할 준비가 되어 있어야 한다.

1) 그 회사는 무국적 기업인가? 그렇지 않다면, 그 회사는 무국적 기업이 되기 위한 과정에 있는가?

2) 최근 그 회사는 어떤 유형의 조직구조를 사용하고 있는가?

3) 경쟁업체들은 당신의 회사에 비해 같은 조직구조를 사용하고 있는가/다른 조직구조를 사용하고 있는가? 당신은 경쟁업체들이 왜 당신의 그 회사와 같거나 다른 조직구조를 사용하고 있다고 생각하는가?

4) 당신은 그 회사가 혼성구조 또는 매트릭스 구조로부터 효익(Benefits)을 얻을 것 이라고 생각하는가?

당신 자신의 중소기업을 위한 국제 전략을 개발하기 : 조직구조의 선택

조직구조 관점에서, 당신이 해야 할 첫번째 주요한 의사결정은 당신의 회사에 적용할 최상의 조직구조를 결정하는 일이다. 다음 질문들은 당신이 그러한 결정을 하는 데에 도움이 될 것이다 :

1) 수출부 또는 국제 사업부가 당신의 회사에 적절한가?

2) 만약 당신이 당신의 회사에 기능적 구조를 채택한다면, 어떠할 것 같은가?

3) 만약 당신이 당신의 회사에 사업부제 구조를 채택한다면, 어떠할 것 같은가?

4) 만약 당신이 당신의 회사에 혼성구조를 채택한다면, 어떠할 것 같은가?

5) 만약 당신이 당신의 회사에 매트릭스 구조를 채택한다면, 어떠할 것 같은가?

6) 당신의 회사에 가장 적절한 조직구조는 무엇일까? 왜 그러한가?

제4부

글로벌경영의 관리

CHAPTER

11 글로벌 인적자원 관리

Global Human Resource Management

*이 장의 학습목표

LO-1 아웃소싱과 오프쇼어링을 포함하여 국제 인사관리에 해당하는 기본적인 문화적, 규제적 문제들에 대해 설명하시오.

LO-2 해외영업에 필요한 인사를 지정하고 그들의 훈련과 역량향상의 필요성을 평가하고 이를 충족하기위한 적절한 전략을 고안하는 것에 수반되는 어려움들에 대해 설명하시오.

LO-3 문화적 차이, 생활비, 주재원의 문제가 어떻게 다루어지는지를 포함해 전세계의 업무평가와 보상에 관한 이슈들에 대해 토의하시오.

LO-4 NAFTA가 제안한 자유무역, 노사문제와 노조의 기능을 포함해 국제근로기준과 자유무역간의 상호작용에 대해 설명하시오.

문화적 관점

사우디아라비아에서 "유리천장"을 깨다

사우디아라비아의 외국노동에 대한 과도한 의존과 대학을 나온 여성인구의 증가는 남녀 모두에게 더 높은 수준의 고용을 기대하게 만들었다. 사우디의 회사들은 전통적으로 남성만 고용하였으나 현재 고용주들은 여성 직원을 고용하는 방법들을 검토하고 있다. 여성이 운전하는 것조차 최근에 허용된 나라에서 이는 꽤나 어려운 문제이다.

사우디의 관습과 전통 때문에 여성을 고용하고 싶은 회사들은 여성을 남성과 분리시켜 놓기 위해 여성 전용 출입구, 화장실, 기도실, 사무실을 만들어야만 한다. 또한 기존의 사무실들도 창문을 통해 여성이 보이지 않도록 개조되어야 한다. 관습상 여성들은 남성들보다 근무 시간이 짧고 졸업 후 얼마 지나지 않아 결혼을 하고 아이를 낳기를 바라는 분위기 때문에 경력도 짧다. 따라서 고용주들은 여성을 고용 할 때 이러한 점들을 감안해야 한다. 또한 여성이 직장에서 일을 하기 위해서는 그들의 남성 보호자로 부터 동의를 얻어야만 한다.

이에 더해, 성희롱과 같은 문제에서 여성들을 보호하기 위해 사규도 새로 개정되어야 한다. 사우디아라비아에는 이미 여성들이 위험한 상황에서 근무하거나 야간에 근무하는 것을 금지하는 강력한 법이 있다. 또한 이러한 법들은 여성들이 임신기간과 출산 후에 사용할 수 있는 대규모 숙소를 제공해 준다. 세계의 다른 나라들에 비해 사우디아라비아의 직장 여성인구가 적은 것은 사실이지만, 그 수를 늘리고자 하는 고용주들의 노력은 올바른 방향으로 나아가고 있다.

서론

The World Is Flat(평등한세계)이라는 책에서, Thomas L. Friedman은 인터넷이 어떻게 전 지구의 노동세계를 "평등하게" 만들었는지에 대해 이야기한다. 예를 들어, Nighthawk Radiology라는 회사는 방사선 전문의를 고용할 때 호주 등 외국에서 의사들을 고용한다. 시차로 인해 미국이 방사선 전문의들이 잠을 잘 때도 호주의 의사들은 환자를 진료를 할 수 있다. 미국의 병원들이 환자의 엑스레이 사진을 인터넷을 통해 이른 새벽에 보내고 나면 얼마 지나지 않아 이 엑스레이에 대한 진단을 신속하게 받아볼 수 있다. 또한 외국의 방사선 전문의들은 미국의 전문의들보다 고용비가 적기 때문에 병원 측에서는 엑스레이 진단 비용을 줄일 수 있고 미국 내에 의사들을 24시간 대기시켜 놓지 않아도 된다. 오늘날에는 많은 방면에서 노동과 인적자원에 있어 세계시장은 열려있다.

기술의 변화는 전세계적으로 인사관리에 많은 중요한 변화들을 가져왔다. 우선, 미국을 기반으로하고 있는 회사들은 적어도 한 두 개 이상의 사업을 타국에서 운영하려고 한다. 인터넷, 컴퓨터, 비행기로 인해 쉬워진 나라간 이동, 핸드폰과 같은 모든 기술적 발전들이 미국의 회사가 다른 나라에서 활동하는 것을 편리하게 해주었다. 타국의 지사에 직원을 배치하는 과정에서 미국 회사들은 다양한 문화적 문제들과 인사 결정에 직면하게 된다. 이에 더하여 기술적 발전은 몇몇의 사람들이 "지식경제"라고 불렀던 경제를 가능하게 했다. 기술이 발전함에 따라 이전에 사람이 하던 일들을 기계가 대체하기 시작했고 그로 인해 사람은 더 높은 수준의 지적 능력을 요구하는 일을 하게 되었다. 예를 들어, 기계들은 세금신고, 임금지불관리, 직원 근무시간 체크 등과 같은 일상적인 기업 업무를 처리한다. 이에 따라 회계직원들이나 인사관리자들은 사전과세, 경영자교체 계획과 같은 더 전략적이고 높은 수준의 지식 활용을 요하는 일들을 처리할 수 있게 되었다. 따라서 오늘날의 글로벌경제에서는 인적자원의 역할과 그 자원을 관리하는 역할이 점점 더 중요해지고 있다.

11-1. 국제 인사관리 전략

LO-1
아웃소싱과 오프쇼어링을 포함하여 국제 인사관리에 해당하는 기본적인 문화적, 규제적 문제들에 대해 설명하시오.

인사관리(HRM)를 다루는 방식은 각 나라마다 완전히 다르고 타국에서 사업을 하는 미국의 기업들은 이렇게 현저히 다른 인사관리 환경에 놓이게 된다. 대부분의 차이는 문화적 요소에 기반해 있지만 그 외에도 근로기준법, 세법, 이주법, 국경 수호 등의 규제적 요소 또한 존재한다. 또한 국제 인사관리 전략은 아웃소싱과 오프쇼어링을 수반한다.

11-1a. 국제 통계적 개요

글로벌 규모의 인사관리 전략을 이해하는 방법 중의 하나는 최근의 통계적 분석을 살펴 보는 것이다. 예를 들어, 문화적 요인과 기타 다른 요인들로 인해 나라마다 일자리가 있는 여성 인력의 비율은 다르다. 스웨덴이나 노르웨이 같은 스칸디나비아의 나라들에선 여성의 노동 비율이 76.1%로 대부분 매우 높은 편이다. 대조적으로 터키의 여성 노동 비율은 고작 27.3% 뿐이다. 더구나 무슬림이 지배하는(정치적으로는 세속적일지 몰라도) 이 나라의 여성 고용 비율은 지난 10년 동안 지속적으로 감소해 왔다. 이외에 멕시코. 폴란드 미국의 여성 노동 비율은 각각 46.7%, 56.5%, 69.9%를 기록했다.

이 외에도 나라마다 업무의 성격도 상이하다. 예를 들어, 농업, 산림업, 수산업에 종사하는 영국과 미국의 민간 노동 인구는 각각 1.3%, 1.5%밖에 되지 않는다. 이에 반해, 멕시코와 폴란드에서 위의 부문에 해당하는 노동인구는 각각 14.1%, 15.8%를 차지한다. NAFTA와 같은 국제무역규칙과 조약들은 농업무역장벽과 보조금에 영향을끼치는데, 이 부문의 고용을 증대시키거나 감소시킬 만큼 그 영향력이 크다. 사실, 농업에 종사하는 멕시코의 민간 인력은 NAFTA의 비준 이후로 상당히 감소해 왔다. 통계 역시 이민법과 외국인의 업무 능력이 나라마다 얼마나 다른지를 보여주고 있다. 예를 들어, 호주에서는 외국인 근로자의 비율이 25.7%나 되는데 비해 일본은 1%에도 채 미치지 못하고 있다. 자영업과 기업가 정신도 나라마다 다르다. 그리스 노동 인구의 36.3%가 자영업자인 것에 반해 노르웨이의 자영업인구는 8.5%밖에 되지 않는다. 정규직과 아르바이트(시간제 일자리)의 비중에 따라 규범들도 상이하게 다르다. 네덜란드에서는 아르바이트의 비율이 36.1%나 되는데 반해 체코에서는 3.5%일 뿐이다.

마지막으로, 2008년에 시작된 경제 침체가 전세계적으로 실업률을 높였음에도 불구하고 몇몇의 나라들은 다른 나라들에 비해 훨씬 더 높은 수준의 실업률을 경험했다. 예를 들어, 폴란드나 슬로바키아 같은 동유럽국가들의 실업률은 15%였는데 이 중 24세 이하의 청년층 실업이 20%를 차지했다. 이 정도의 실업률은 덴마크나 네덜란드 같은 다른 유럽 나라들에 비해 두배나 높은 수치였다.

국제 인사관리 전략을 짜는데 있어서 이러한 것들이 무슨 의미를 가질까? 아마도 그 의미가 클 것이다. 예를 들어, 아주 풍부한 젊은 노동 인구를 필요로 하는 사업은 폴란드에서 사업하는 것이 아주 유리할 것이다. 반대로, 시간제 일자리를 더 선호하는 지역을 찾는다면 네덜란드(시간제일자리비율 36.1%)가 폴란드(10.1%)보다 나을 것이고, 또한 체코(3.5%)보다도 훨씬 좋은 선택지가 될 것이다. 국제 인사관리 통계는 우리가 다양한 문화의 다양한 나라에서 활동하는데 유용한 정보들을 줄 수 있다.

11-1b. 문화적 이슈들과 차이점

앞서 언급 했듯이, 나라간의 문화적 차이는 상당하고 그 차이들은 인사관리에 지대한 영향을 미친다. 예를 들어, 몇몇의 아시아 국가들이나 다른 나라들은 여성이 정규직 일자리를 가지지 않을 것이라고 생각하는 것에 비해 스칸디나비아의 나라들은 정확히 그 반대로 생각한다. 또 어떤 나라에서는 보수가 좋고 존경받는 직업이 다른 나라에서는 그렇지 않을 수도 있다. 예를 들어, 미국에서 의사들이 상당히 높은 지위를 차지하지만 러시아에서는 평범한 직업 중 하나이다. 몇몇 나라에서는 장기 근무자를 높이 쳐주는데 반해 다른 나라들에서는 단기 근무자를 선호하기도 한다.

나라별 문화에 대한 전통적 연구중, 독일 의사회 과학자 길트 호프스테드는 전세계적으로 일에 영향을 미치는 다섯 가지 주요한 문화차원들을 구분하였다. 그는 이 다섯 가지 요인을 권력, 불확실성 회피 성향, 개인주의/집단주의, 남성성/여성성, 장기/단기 지향성으로 구분지었다. (표 11.1참조). 각 항목을 좀 더 살펴보자면

11-1-2a. 권력

이 차원은 한 사회나 직장의 권력 분배의 평등함 정도와 이에 따른 직원들의 기대를 다룬다. 평등주의적인 나라(권력의 영향이 작은)에서는 직원들이 직장 상사를 이름으로 부르고 상급 관리자를 위해 특별히 주차 공간을 마련 한다든지 하는 직장 내의 명시적인 위계 질서 차이를 없애기 위해 노력할 것이다. 덴마크나 네덜란드와 같이 권력 권한이 작은 나라들은 직원들의 조직이나 어떤 다른 형태의 체계가 기업 전체의 경영이나 운영에 직접적인 의견을 제시하는 것이 흔한 일이다. 대조적으로 권력 권한이 큰 멕시코, 일본, 그리고 러시아 같은 나라들은 더 중앙 집권적이고 위계질서가 명확하며, 심지어는 다소 독재적인 의사결정 구조를 가지고 있다. 이런 상황에서는 상사와 부하직원간의 관계가 훨씬 더 형식적이다.

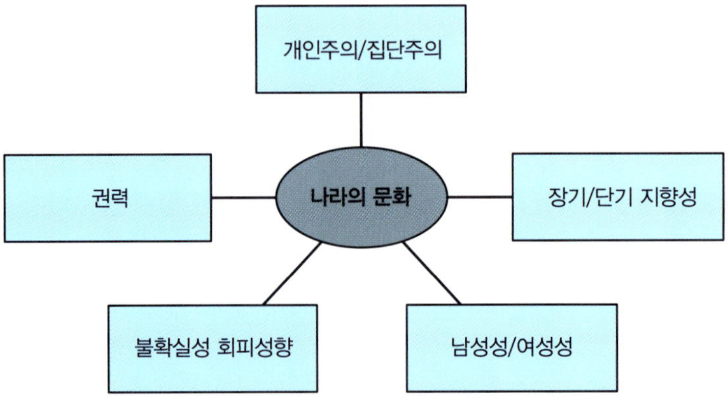

참고자료 11.1: 호프스테드의 문화적 측면으로 본 다섯 가지 업무 관련 가치관 모형

11-1-2b. 불확실성의 회피 성향

이 차원은 직장 내 혹은 기타의 경우에서 확실성 혹은 불확실성에 대한 사회의 지향성과 관련이 있다. 불확실성의 회피 성향이 높은 독일이나 오스트리아 같은 나라에서는 사람들이 명확한 규칙, 절차 그리고 구조를 원한다. 그들은 질서와 예측 가능한 것을 선호한다. "자유로운 영혼"을 가진 직원들은 이러한 나라에 적응하는 것이 힘들 것이다. 불확실성의 회피 성향이 낮은 자메이카 같은 나라는 "느긋하게 여유를 즐기고", "하든지 말든지"의 태도를 지닌다. 예를 들어, 자메이카의 고용주들은 직원들의 지각을 덜 심각하게 생각하는 것에 비해 독일의 회사들은 지각을 매우 심각한 문제로 생각한다.

11-1-2c. 개인주의/집단주의

이 차원은 개인들이 본인이 스스로 느끼는 그룹이나 집단에 포함 되어 있는 정도, 그리고 스스로 느끼는 자립성의 정도를 다룬다. 예를 들어, 미국과 같은 매우 개인주의적인 문화에서는 직원들이 각 개인의 성취와 업무 능력에 따라 평가 받고 보상받기를 원한다. 사람들은 '자수성가' 하기를 기대하고 개인의 성공에 대해 많은 가치를 둔다. 대조적으로 한국, 일본, 대만과 같은 많은 아시아 국가들은 집단주의적 성향이 강하다. 이러한 나라에선 사람들은 스스로를 한 단체의 일원으로 여기는 경향이 있고 자신이 속한 단체의 성공을 기준으로 스스로의 성공을 평가 한다. 이러한 국가들에서 개인은 그 자신의 업무성과보다는 자신이 속한 팀의 성과에 따라 보수를 받는 것이 더 흔한 일이다. 이러한 나라들의 직원들은 자신이 공동체의 일원들을 위하 듯, 그들도 자신을 위할 것이라고 기대한다.

11-1-2d. 남성성/여성성

이 차원은 남성 우월주의 혹은 여성의 권리 같은 문제들과 혼동 되어서는 안 된다; 그 보다는 전통적으로 각 성별이 가지는 가치들에 좀 더 관련 되어 있는 차원이다. 남성성이 높은 문화들은 경쟁, 자기주장, 성취 같은 것들에 높은 가치를 둔다. 일본, 오스트리아, 멕시코 같은 나라들이 남성성이 높은 나라들이다. 스웨덴이나 노르웨이 같은 나라들은 여성성이 강한 나라로써, 약자를 위한 배려, 관계를 중요시 하는 성향 등에 높은 가치를 둔다. 예를 들어, 여성성이 더 높은 나라의 직장은 병가, 일시적 노동 불능 급여, 정년 퇴직 같은 사항에 관해 남성성이 높은 나라들보다 더 자유로운 정책을 가지고 있다.

11-1-2e. 장기/단기 지향성

이 차원은 한 사회의 구성원들이 장기적인 계획과 미래를 보는 것에 가치를 두는 정도와 더 즉각적인 단기적 관점에 가치를 두는 정도에 관한 것이라고 볼 수 있다. 중국과 일본 같은 대부분의 아시아 나라들은 장기적인 지향성을 가지고 있다. 대조적으로 미국이나 영국 같은 경우, 훨씬 더 단기적인 지향성을 보인다. 장기적 지향성을 가진 나라들에서는 미국보다는 퇴직금이나 연금과 같은 사항들에 대해 더 중요도가 높다.

이러한 문화적 차원들을 고려해보면 왜 이 차원이 국제 인사관리에 큰 영향을 끼치는지, 특정 나라에서 행하는 인사관리의 적합성이 어떠한지에 대해 쉽게 이해할 수 있다. 예를 들어, 집단주의 성향이 높은 나라들에서는 개인을 기준으로 하는 계층주의적 성향의 보상 패키지는 적용하기 어려울 것이다. 그러한 나라들에서는, 팀의 업무성과 또는 연공서열을 기준으로 하는 보상 구조가 훨씬 더 효과적일 것이다. 전세계에서 사업을 하는 다국적 기업은, 특히 직원을 해외에 배치하는 것과 관련하여 반드시 위의 사안에 대해 자세히 알고 있어야 한다. 예를 들어, 권력 거리가 높은 멕시코나 일본에서 태어나고 자란 경영진은 "Mr" 나 "Ms" 등으로 불리는데 익숙할 것이다. 이 사람은 권력의 권위가 낮은 덴마크나 네덜란드 같은 곳에서 직원들이 자신을 이름으로 부르는 것에 적응하기 어려울 것이다. 훌륭한 인사관리를 한다면, 적어도 그러한 변화를 겪게 될 경영진을 새로운 나라의 문화에 맞게 훈련시켜야 한다.

11-1c. 이주와 국경 수호를 포함하는 규제적 쟁점

전 세계의 나라들은 인사관리에 관해 수 많은 서로 다른 법적, 정치적 규제 체계와 구조를 가지고 있다. 이 장의 후반부에서 다루게 될, 이러한 몇 가지의 규제들 중에는 직원이 노동조합을 만들거나 집단 협상을 할 수 있는 권리에 관한 것들이 있다. 예를 들어, 캐나다에서 노사관계는 국가적 차원의 문제가 아니라 기본적으로 각주(예: 온타리오주)의 문제로 취급된다. 이는 노사관계를 다루는 미국의 연방 규제방식과 비교했을 때, 주 규제들이 일반적으로 근로자들이 노동조합에 가입하는 것을 상대적으로 쉽게 만들어 준다.

근로시간과 관련하여 프랑스는 1999년에 잘 알려진 주당 35시간 근무제를 도입했다. 프랑스는 근무 시간을 줄이는 것이 고용주들이 더 많은 직원들을 고용하게 만들어 프랑스의 만성적인 높은 실업률 문제를 해결해 줄 수 있을 것이란 생각으로 이 방법을 시작했다. 이러한 방법을 통해 실제로 일자리가 늘어났다는 증거들이 있었고 부분적으로나마 프랑스의 이 작은 실험을 모방한 몇몇의 나라들이 있었다. 예를 들어 벨기에는 2003년에 근무시간을 주당 38시간으로 줄였다. 35시간 근무시간과 관련하여 최근에 프랑스에서는 조금 더 보충된 법이 생겨났는데 프랑스 대통령 니콜라스 사르코지는 고용주들이 근로자들과 협상하여 35시간 이상을 일하게 하는 것을 허용해 주었다. 그럼에도 불구하고 프랑스의 근로자들은 여전히 미국의 평균 근무 시간인 42시간보다 적게 일하는 것으로 나타났다.

이주와 국경 수호에 관한 정부의 규제는 국제 인사관리에 있어서 가장 중요한 부분 중의 하나이다. 싱가포르와 같이 몇몇의 나라들은 비교적 자유로운 이주법을 채택하고 있어 타국의 근로자들이 반영구적 혹은 영구적으로 이주해 일하기 쉽다. 예를 들

멕시코와 애리조나 사이에 있는 미국의 국경 구분 펜스

어, 최근 많은 미국의 과학자들이 싱가포르에서 일자리를 찾았다.

이와 비슷하게, EU 가입국 중 하나인 영국도 2004년폴란드, 체코, 이외의 다른 여섯 개 EU국가가 '승인'을 받자 이 후 즉시 근로자에게 이주를 허용했다. 허용 이후 5,000,000명이 넘는 근로자들이 해당국가들에서 영국으로 합법적으로 이주해 왔다. 인구 6천만명의 섬국가인 영국의 규모에 비해 엄청난 수였다.

이와 대조적으로 미국은 외국인 근로자들이 국경을 넘어 미국으로 일하러 오는 것에 상당한 제한을 두었다. 그러나 많은 사람들의 미국의 이러한 정부 규제를 무시하고 미국에서 일하기 위해 불법으로 들어왔다. 사실상, 200만명 이상의 불법 외국인 노동자가 미국으로 이주해왔고 그들 중 대부분이 서비스업과 건설업에 종사해왔다. 이러한 불법체류자들을 고용하는 것은 명백히 미국의 연방법(그리고 몇몇의 주 법에도)에 위배되는 것임에도 불구하고 실제로 이법을 적용하기는 굉장히 어렵다. 이 때문에, 오바마 전대통령은 미국 시민권을 가지는 자식을 낳고 적어도 5년 이상 미국에 살았던 불법 이민자를 대상으로 그 처벌을 면제해 주는 행정명령에서 명했다. 오바마 전대통령은 또한 어렸을 때 불법 이민자로 미국에 들어온 사람들을 대상으로 그들의 법적 권리를 확대해주었다. 이 조치로 인해 거의 500만명에 이르는 이민자들이 미국에서 합법적으로 일자리를 구할 수 있게 되었다.

11-1d. 아웃소싱과 오프쇼어링

아웃소싱은 한 회사가 특정한 생산기능을 제 3자와 하도급을 맺는 것을 의미한다. 다른 장들에서 언급했듯이, 많은 회사들이 직원 리크루팅을 인터넷 기반의 Career-builder.com같은 곳에 부분적으로 아웃소싱 하고있다. 오프쇼어링은 기업의 특정 기능이, 그 기능이 아웃소싱으로 진행 되든 같은 회사나 기업 내에서 진행 되던, 다른 나라로 이전하는 것을 의미한다. 예를 들어, 한 미국의 기업이 임금 지불에 관한 모든 기능을 자동데이터 처리기업(ADP) 같이 다른 미국의 회사로 넘긴다면 이는 아웃소싱이다. 만약 GM이 Saturn 자동차의 제조를 미시간 디트로이트에 있는 본사의 제조공장에서 멕시코의 몬터레이로 옮긴다면 이는 오프쇼어링이다. 운동화 회사인 리복이 운동화 제조를 베트남이나 태국에 있는 제 3 제조사에게 이전하는 것은 아웃소싱과 오프쇼어링 모두에 해당한다. 앞서 말했던 미국의 Nighthawk 엑스레이 전문병원도 호주에 있는 제 3의 엑스레이 전문의에게 하도급 계약을 체결하기 때문에 아웃소싱이자 오프쇼어링이다.

오프쇼어링과 아웃소싱 현상은 미국의 근로자와 노동조합에서 그 간 논쟁의 대상이 되어 왔는데, 위의 두 현상이 기본적으로 미국 기업의 일자리를 해외로 옮겨 버리기 때문이었다. 그럼에도 불구하고 왜 회사들은 아웃소싱과 오프쇼어링을 하는 것일까? 이와 관련한 분명한 근거 중 하나는 비용이다. 운동화 제조를 하는 근로자들에 대한 월급은, 특히 최근에 있었던 미국의 최저 임금인상을 감안했을 때, 미국보다 베트남이나 태국이 훨씬 더 저렴하다. 더욱이 두 국가의 노동의 질이 크게 차이 나지 않을 수도 있다. 예를 들어, 미국의 Nighthawk 엑스레이 병원은 충분한 자질을 갖춘 호주의 의사들에게 훨씬 저렴한 값을 지불하고 엑스레이 결과를 진단할 수 있다. 만약 회사들이 거의 비슷한 질의 제품을 더 싼 노동력을 사용해 생산할 수 있다면 미국의 노동자들을 끌어들이는 것보다 앞의 방법으로 상품가격을 더 싸게 낮출 수 있다. 더 싸고 고품질의 엑스레이나 리복 운동화를 구매할 수 있는 것은 궁극적으로 미국의 소비자들과 환자들에게 이득이 되는 것이다. 그러므로, 논쟁의 여지가 있음에도 불구하고, 이러한 방식의 경영은 미국의 노동자들에게는 피해를 줄 수 있어도 고품질의 상품과 서

사실상 거의 모든 미국의 자동차 회사들은 자동차 제조를 멕시코와 기타 국가들에 오프쇼어한다.

비스를 저렴하게 제공할 수 있다는 점에서 전반적인 미국경제에 도움이 되는 일이다.

그러나 위의 분석에 대한 반박 주장에도 많은 근거들이 있다. 첫 번째로, 그렇게 아웃소싱 되거나 오프쇼어링 된 제품들의 "질"은 미국본사 근로자들이 만든 제품들보다 떨어질 수 있다. 인도로 아웃소싱된 항공 예약 접수 콜센터의 직원들은 아이오와의 Sioux 씨티의 직원들만큼 일을 훌륭히 처리해 내지 못할 수도 있다. 당연하게도 항공사는 미국내의 콜센터를 모니터 하는 것만큼 인도에 있는 콜센터를 관리하기가 쉽지 않다. 더하여, 몇몇의 아웃소싱된 오프쇼어 공정들이 비윤리적으로(예를 들어, 매우 불공평한 근무환경) 운영 된다는 의혹이 제기되었다. 그럼에도 불구하고, 글로벌화가 점차 심화되고 기술이 발전하고, 값싼 제품에 대한 소비자의 요구가 증가함에 따라 아웃소싱과 오프쇼어링의 트렌드를 오늘날 이 위치까지 오게 만들었다.

사실확인 LO-1

자신의 업무였던 것이 아웃소싱되거나 오프쇼어링 되어 일자리를 잃은 사람을 알고 있습니까?

11-2. 직원채용정책

LO-2
해외 영업에 필요한 인사를 임명하고 그들의 훈련과 역량 향상의 필요성을 평가하고 이를 충족하기 위한 적절한 전략을 고안하는 것에 수반되는 어려움들에 대해 설명하시오.

중소기업 정도의 미국 회계회사가 영국 런던에 사무실을 열기로 결정했다고 가정해보자. 가장 중요한 첫 번째 결정은 이 사무실에 누구를 고용 할 것인가가 될 것이다. 영국의 회계업 규제에 허용되는 정도 안에서, 미국 본사 사물실의 회계 직원을 데려와 사무실을 운영해야 할 것인가 아니면 영국 현지의 회계원을 고용해 사무실을 운영해야 할 것인가? 그도 아니면 다른 유럽의 나라들과 마찬가지로 이주가 상대적으로 쉬운 영국의 상황을 감안하여, 폴란드, 프랑스, 스페인 등지에서 직원을 고용할 것인가? 좀 더 구체적으로 용어를 구분해보자. 본사나 모회사에서 해외에 있는 지사에 직원을 파견하는 것은 **'본국 인력'**이라 부른다. 미국의 회사가 새 지점을 여는 나라에서 그 나라에 이미 살고 있는 사람을 고용하는 것은 **'현지인 고용'**이라 말한다. 마지막으로, 현지국에서 미국 회사가 다른 나라(본국도 현지국도 아닌) 사람을 고용하는 것은 **'제 3국 근로자 고용'**이라고 말한다. 본국 인력과 제 3국 근로자들은 모두 모국에서 일하는 것이 아니기 때문에 **주재원**이라 불린다.

11-2a. 가상 직원 채용(Virtual Staffing)

상황을 더 복잡하게 만드는 것은, 인터넷으로 엑스레이 진단을 주고 받는 것과 같은 기술적 발전이 가상 주재원으로 일하는 것을 가능하게 만들었다는 사실이다. 예를 들어 앞서 말한 미국의 런던 회계 지사 설립의 경우, 직원이 실제로는 런던으로 이직하지 않으면서 런던의 사무실을 관리할 수 있게 되는 것이다. 이러한 방식의 채용은 런던 지부로 가끔 출장을 가고 지속적으로 메일을 주고 받고, 비디오 컨퍼런스, 인터넷 기반의 협력, 기타 등등을 통해 보완될 수 있다. 그러나 이러한 기술의 발달에도 불구하고 이런 방식의 직원채용에는 단점이 있다. 예를 들어, 가상 주재원은 실제 런던지사에서 일하는 직원들과의 강한 신뢰 관계를 쌓을 수 없다. 가상 주재원은 그들을 가상으로 관리해 줄 뿐이다. 결과적으로 거의 모든 상황에서 기업들은 실제로 직원이 해당 국가로 이주해서 해외 업무를 수행해 주기를 원한다. 많은 국제 인사관리자들에게 주재원을 고용하는 것의 장단점은 상당히 중요한 고려사항이다.

11-2b. 주재원 채용에 관한 사항

무엇이 회사가 해외 업무를 위해 주재원을 고용하게 만드는가? 이러한 종류의 직원 채용 결정에는 어떠한 잠재적 위험들이 있는가? 또, 잠재적 이익은 무엇인가? 주재원들은 "얼마나 오래"파견되어야 하는가? 이러한 질문들에 대한 답은 물론 특정한 기업이 처해 있는 특정한 상황에 따라 달라진다.

해당 지역민을(현지인 고용) 고용하는 것의 비용적 이점과 문화적 장점에도 불구하고, 지역 노동시장에는 원하는 만큼의 자질있는 근로자들이 충분하지 않을 수도 있다. 예를 들어, 마이크로소프트사가 멕시코 몬터레이에서 컴퓨터 프로그래밍 작업을 한다면, 해당 지역의 작업을 충분히 해낼만한 수준있는 컴퓨터 프로그래머들이 그곳에 없을 수도 있다.

본국 인력으로 주재원을 고용하는 것은 통제와 관련이 있다. 외국 지사에 본사의 직원을 파견한다면 본사와 본국의 가치와 구조를 새로 여는 지사에 성공적으로 적용할 수 있을 것이다. 일본의 다국적 기업들은 해외 지사에, 특히 주로 관리자급의 위치에 본국의 직원들을 채용하는 것으로 유명하다. 일본의 다국적 기업들은 해외 영업시 자국의 문화적 규범이 해외 지사에도 제대로 적용 되고 있는지에 대해 주로 관심을 가진다.

그러나 주재원을 채용하는 정책의 위험에는 여러 가지가 있다. 우선, '**주재원 실패**', 다시 말해 주재원이 주어진 업무를 모두 달성하지 못하고 본국으로 조기에 귀환하는 경우가 30% 이상이다. 가족의 문제가 이러한 실패의 원인이 되는 경우가 많다. 주재원의 가족들이 해외 근무라는 상황에 잘 적응하지 못하거나 주재원 본인이 가족을 본국에 두고 와 결혼생활이나 기타의 문제를 겪는 등이 이에 해당한다. 이런 점들 때문에, 주재원 파견 기간이 점차 짧아지는 것이 최근의 추세이다.

'**본국 귀환**'은 주재원이 본국으로 돌아오는 과정으로, 여기에도 많은 다양한 문제들이 있다. 사실상, 주재원들이 본국에 다시 돌아왔을 때 겪는 "문화충격"이 처음으로 해외 근무를 하러 떠났을 때 받는 문화충격보다 더 크다는 증거가 있다.

하지만 분명한 것은 전 세계적인 주재원 파견 추세를 고려해 보았을 때, 주재원 파견의 이점이 그비용과 위험을 충분히 능가한다는 것이다. 앞서 언급했듯이, 주재원들은 지역 노동력이 제공할 수 없거나, 지역 노동력이 제공하는 것에 추가적인 요소가 될 수 있는 기술을 가지고 올 수 있다. 거기다 제 3국의 주재원들은 다른 대안들보다 훨씬 비용이 적게 든다. 마지막으로, 오늘날 같이 글로벌한 시대에서는 해외로 나가 근무하는 것 자체가 새롭고 유용한 경력의 기회가 될 수 있을 것이다. 종국에는 많은 거대 다국적 기업들이 그들의 모든 직원들(기존에는 해외 근무의 기회들을 거의 갖지 못했던 여성들 또한)에게 주재원의 업무를 할 수 있는 기회를 제공하려 노력할 것이다.

11-2c. 훈련(training)과 역량 개발(development)은 무엇인가?

훈련은 직원들이 구체적으로 하게 될 일과 관련된 기술들을 가르쳐 주는 것을 의미한다. 예를 들어 미국의 회사가 직원을 스페인 마드리드에서 몇 년간 근무하도록 할 것이라면, 그 직원에게 스페인어를 배울 수 있도록 해줄 것이다. **역량 향상**은 새로운 업무 혹은 더 높은 직위를 대비해 직원들을 준비시키는 것이다. 예를 들어, 관리자가 될 만한 자질이 보이는 직원을 3주 간의 대학 프로그램에 보내 직원의 의사 결정 능력과 리더십을 길러주는 것이다.

11-2d. 요구분석

국제 인사관리의 차원에서 회사의 훈련과 역량 개발의 요구를 분석하는 것은 회사의 국제적 전략 계획과 직접적으로 연관되어 있다. 예를 들어, 만약 GM 기업이 새로운 자동차 제조를 스페인에서 하기로 결정했고 미국의 경영진들을 보내 그를 관리하기로 했다면 파견 관리자들이 어느 정도의 스페인어와 문화에 관한 훈련을 받도록 해야 한다. 만약 어떤 지역의 문화적 규범과 보상체계가 상대적으로 이른 퇴직(예를 들어, 55세)을 조장한다면 회사는 그 자리를 이어 받을 젊은 간부의 역량을 확실히 개발해 두어야 한다.

더욱이 해외에서 사업을 하는 기업들은, 혹은 사업을 하려고 생각 중인 기업들은 그들이 고용하게 될지도 모르는 현지인의 잠재적인 훈련과 역량 개발의 필요성에도 집중해야 한다. 예를 들어, 이전에 공산주의국가였던 폴란드, 헝가리, 루마니아 같은 곳에 사업을 시작했던 미국의 레스토랑과 호텔 체인들은(예를 들어, 매리엇 기업) 고객 서비스 및 만족과 관련하여 현지 직원에게 많은 훈련을 시켜야 함을 깨달았다. 중앙 계획적인 공산주의체제에서는 미래의 사업과 이윤을 위해 고객들을 만족시켜야 한다는 자유시장의 개념이 사업적 고려 사항에 포함되지 않았었다. 종합적으로, 국제경영을 하는 기업들은 다양한 관점에서 그들 직원의 훈련과 역량 개발의 필요성을 분석해야만 한다.

11-2e. 훈련과 역량 개발의 종류

회사가 제공하는 훈련과 역량 개발의 종류는 당연하게도 상황에 따라 다르다. 예를 들어, 어떤 상황에서는 인터넷을 기반으로 한 훈련만으로도 충분 할 수 있지만 다른 경우에서는 일대일로 붙어 진행되는 훈련이나 역량 개발이 필요할 수도 있다.

기억해야 할 중요한 점은 훈련과 역량 개발의 방식이 나라마다 다를 수 있다는 점이다. 예를 들어, 일본에서는 주로 소규모의 그룹을 대상으로 훈련과 역량 개발이 진행되며 그룹으로써 답하고 생각하는 것에 집중한다. 반대로, 미국은 개별 업무, 읽기과제, 시험 등등 역량 개발 프로그램이 개인에게 집중되어 있다. 미국과 같은 몇몇 나라들에서는 이러한 훈련과 개발 프로그램에 서로 다른 수준의 직원들(예를 들어, 상위관리자와 중간관리자를 함께)을 섞어 함께 교육하기도 한다. 다른 나라들에서는 서로 다른 수준의 사람들로 프로그램을 구성되고 서로 직위가 다른 사람들이 같이 훈련 받는 것을 부적절하다고 여긴다. 예를 들어, 대부분의 아랍국가들은 상위 관리자와 중간 관리자를 같은 훈련프로그램에 넣는 것을 용납하지 않는다.

11-2f. 주재원들의 훈련과 역량 개발의 필요성

앞서 말했듯이, 주재원의 경우 특별한 훈련과 역량 개발이 필요하다. 영국으로 직원들을 보내는 미국의 회계회사는 직원들이 영국의 회계기준을 알고 있는지를 반드시 확인해야 하고 영국의 자격증시험과 같은 것들에 대비해 직원들을 교육시켜야 한다. 같은 관점으로, 미국으로 일하러 오는 외국의 직원들 또한 훈련과 준비가 필요할지도 모른다는 사실을 아는 것도 중요하다. 미국으로 일하러 오는 많은 외국인 근로자들은 그들의 삶이 할리우드 영화에서 나오는 삶들과 비슷할 것이라고 생각한다. 그들은 미국의 모든 곳이 다 "Beverly Hills 90210"같지는 않다는 사실에 충분히 훈련되어 있지 않다.

사실확인 LO-2

당신은 주재원으로써 일하고 싶은가? 만약 그러하다면, 가장 큰 문제가 무엇일 것이라고 생각하는가?

경제적 관점

카타르의주재원들

페르시아만에서 삐죽 튀어나온 중동의 반도 카타르는 세계에서 가장 부유한 나라 중에 하나이고 그 시민들 또한 부유하다. 실제로, 석유와 가스 수익이 카타르를 세계에서 두 번째로 인구당 소득이 많은 나라로 만들어 주었다. 모든 카타르인들은 정부가 지원하는 최고급의 의료, 교육 등 기타 다른 사회적 혜택을 받고 있다. 그럼에도 불구하고 카타르인들은 일반적으로 그리 행복하지 않다.

왜 카타르인들은 행복하지 않을까? 그들이 행복하지 않은 이유는 근본적으로 그들이 모국 땅에서 두 번째의 위치에 놓여있기 때문인데, 이는 카타르의 놀라운 경제성장으로 인해 전 세계의 수 많은 주재원들과 외국인 근로자들이 카타르에서 일하고 있기 때문이다. 현재 카타르에 살고 있는 230만 명의 사람들 중 카타르인은 오직 12%, 약 27,000명 밖에 되지 않는다. 이러한 인구 비율은 자신들의 도시에서 그들을 소수자로 만들었고 특권층인 동시에 피해자로 여겨지게 만들었다.

카타르의 시민들은 재정적으로는 매우 훌륭하게 "보살핌을 받고" 있을지는 몰라도 최고의 일자리나 직업의 기회는 모두 외국 주재원들에게 가고 있다는 점에서 그들은 불만을 표한다. 카타르 대학의 정치과학 분야의 선구자인 한 교수는 이를 두고 "외국인들이 우리를 내쫓고 있다"고 표현했다. 점점 더 많은 카타르의 시민들이 외국인 근로자들을 고용하는 정부의 경제 정책에 대해, 일하지 않으면서도 재정적/물질적인 안락을 제공받는 사회 형태에 대해 분노하고 있다.

문제:

1) 왜 카타르 시민들이 일하지 않으면서 많은 물질적 혜택을 받는 것에 대해 불평하는가?

2) 시민들을 위해 더 많은 일자리를 제공하기 위한 카타르 정부의 해결 방안으로는 무엇이 있겠는가?

출처: Michael Slackman, "Affluent Qataris Seek What Money Cannot Buy," *New York Times*, May 13, 2010, www.nytimes.com.

북적거리는 카타르의 수도, 도하

11-3. 업무 평가 및 보상

LO-3
문화적 차이, 생활비, 주재원의 문제가 어떻게 다루어지는지를 포함해 전 세계의 업무 평가와 보상에 관한 이슈들에 대해 토의하시오.

인사고과에는 직원의 업무 평가가 포함된다. 인사고과는 개인과 조직에 있어 다양한 목적과 파급효과를 가진다. 아마도 가장 중요한 사실은(적어도 많은 직원들의 마음속에는) 일반적으로 인사고과와 보상 사이에 직접적인 연관관계가 있다는 것이다. 근무성적이 좋은 직원들은 그렇지 못한 직원들보다 더 높은 대우와 보상을 받아야 한다. 이 개념은 매우 단순해 보일 수 있으나 여러 나라들에서 직원을 위한 보상을 결정하는 것은 매우 복잡한 과정이 될 수 있다.

11-3a. 업무 평가

인사고과의 중요한 목적 중에 하나는 직원들에게 그들의 업무 수행에 따른 피드백을 제공해 주는 것이다. 두 번째 목적은 잠재적인 훈련 또는 역량 개발이 필요한 부분을 파악하는 데 도움을 주는 것이다. 예를 들어 만약 직원의 성과가 외국어 능력의 부족으로 인한 것이라면, 회사와 직원은 그러한 기술을 배울 수 있도록 해주는 것이 마땅하다.

몇몇의 직업들에서 성과는 꽤 쉽게 측정될 수 있다: 예를 들어 판매직 직원은 분명한 판매 목표량이 있고 그를 성취하거나 그렇지 못하거나 두 가지로 성과가 나뉘게 된다. 그러나 다른 직업들은 전반적인 업무 성과를 평가하는 것이 더 어려울 수 있다. 암을 위한 새로운 치료제를 개발하는 연구원을 생각해보자. 어떠한 요소를 기반으로 이 과학자의 성과가 평가되어야 할까? 이 외에 업무 평가와 관련된 다른 사항들에는 누가 인사고과를 평가하고 어떻게 피드백이 제공되어야 하는지 등이 있다. 이러한 관련 이슈들은 문화적 차원과 상당히 연관되어 있을 수 있다.

11-3b. 인사고과의 문화적 차이

앞서 말했듯이, 전 세계적으로 문화적 규범, 규칙 그리고 심지어는 법 제도의 차이들까지 인사고과 과정에 영향을 끼칠 수 있다. 예를 들어, 멕시코에서는 처음에 곧장 피드백을 주지 않고 긍정적인 부분에 집중해 어떤 부분을 개선하는 것이 좋을지를 말해주는 문화적 규범을 가지고 있다. 미국을 포함하여 다른 나라들에서는, 멕시코에 비해 고용주들이 부정적인 피드백을 좀 더 직접적으로 전달한다.

미국의 심한 개인주의 문화(집단주의와 반대되는)를 고려했을 때, 미국에서의 업무 성과 평가는 조금 더 개인적인 수준에서 이루어지고 개인의 장단점을 강조하는 방식이다. 그러나 일본과 같이 더 집단주의적인 문화를 가지는 나라에서는 인사 고과나 피드백이 그룹을 기반으로 이루어지고 그룹 간의 팀워크가 얼마나 잘 이루어지는지를 주로 평가한다. 본 장의 앞에서 언급했듯이, 일본은 아주 강한 장기 지향성을 가지고 있다. 이점을 고려했을 때, 일본의 업무 평가는 직원이나 그룹원들이 앞으로 장기적으로 어떻게 개선 될 수 있는지 혹은 개발 훈련을 통해 장기적인 생산성 증진에 도움을 줄 수 있는지 등 장기적인 방향으로 이루어진다.

마지막으로, 러시아 같이 권력 거리가 큰 나라들에서는 인사고과에도 엄격한 위계질서가 적용되어 단순히 상위 관리자들이 그 밑의 직원들을 평가하는 것으로 끝이 난다. 반대로 덴마크나 네덜란드 같이 권력 거리가 작은 나라들에서는 서로가 서로의 인사 평가를 해 한 차례를 돌거나 360도의 인사고과를 적용하는 것이 흔하다. 이러한 체계에서는 부하 직원들도 그들의 상사를 평가할 수 있다.

11-3c. 보상과 국가 간 생계비 차이

전 세계에서 일하고 있는 직원들에게 보상해주는 것은 오늘 날 다국적 기업이 겪는 주된 도전과제이다. 우선, 나라마다 생활비가 현저하게 차이 난다. 미국에서 가장 살기 비싼 도시 뉴욕을 기준으로 실시한 2013년의 설문 조사를 보면, 벤치마크로써 뉴욕이 100점의 지수를 얻었고 다른 25개의 도시들이 뉴욕보다 더 생활비가 비싸다는 결론이 나왔다. 예를 들어, 싱가포르 같은 경우 130점이 넘는 생계비 지수를 기록했고 이는 뉴욕에 사는 것보다 싱가포르에 살 때 30%이상 생활비가 더 들어간다는 의미이다. 프랑스의 파리는 130점에 조금 못 미쳤고, 호주의 시드니는 120점, 일본의 도쿄는 120점에 조금 못 미쳤다. 뉴욕보다 생계비 지수가 낮은 다른 주요 도시들 중, 러시아의 모스코바가 90점을 기록했고 이란의 테헤란이 80점 조금 안 되게 기록했다. 이러한 생계비의 차이는 기업의 인사 관리자들과 다른 경영진들이 어디에 해외 사업 지사를 열어야 하는지를 결정하고 직원들에게 지역에 따라 생활 가능한 수준의 임금을 제공하기 위한 보상의 정도를 파악하기 위해 중요한 요소이다.

더하여, 각 나라마다 직원들이 받는 보상의 형태도 다르다. 예를 들어, 몇몇의 나라에서는 보상 패키지의 상당 부분이 연말 보너스에 포함되어 있을 수 있다. 또 다른 몇몇 나라들에서는 상당히 관대한 금액의 주택 수당을 보상으로 주는 것이 흔한 일이다. 직원 연금 수당과 직원들이 그 수당에 대해 얼마나 많이 기여하는가 또한 나라마다 다르다. 국제 인사관리 매니저들은 그들이 직원에게 제공하는 보상 패키지가 해당 국가의 규범에 위배 되지 않도록 해야 한다.

11-3d. 보상과 주재원

주재원을 위한 보상 패키지를 결정하는 데에는 많은 수의 다소 복잡한 문제들이 생겨 난다. 예를 들어 인도 뭄바이에 있는 컴퓨터 회사의 프로그래머가 영국 런던의 지사로 발령이 난 경우, 그 직원은 영국의 프로그래머들이 받는 급료를 기준으로 임금을 받아야 할까, 아니면 인도를 기준으로 급료를 받아야 할까? 또 나라마다 다른 세금은 보상의 수준을 결정하는 데에 어떠한 영향을 끼치는가? 주재원들은 그들 본국의 화폐로 지불 받아야 할까, 아니면 파견 국가의 화폐로 지불 받아야 할까? 그도 아니면 두 화폐를 섞어서 지불 받아야 하는 것일까? (여기서 기억해야 할 점은 런던에서 일하고 있는 뭄바이 회사의 직원이 여전히 인도에서 인도의 화폐로 지불해야 할 몇 가지 상황들이 있다는 것이다).

주재원을 보상하는 데 있어서, 대부분의 다국적 기업은 **대차대조표 분석**을 사용하는데, 주재원을 본국의 봉급 구조(대차대조표) 하에 두고 어디에서든 본국에서 영위하던 것과 같은 삶의 수준을 유지할 수 있도록 기타 추가적인 비용을 제공한다. 더하여, 점점 더 많은 나라들이 주재원에게 보상할 때 본국과 현지국의 화폐를 나누어 보상하고 있다. 예를 들어, 앞서 언급했던 인도의 컴퓨터 프로그래머는 뭄바이의 기본급을 받고 인도의 대차대조표에 남아 있게 된다. 그리고 나서 회사는 기본급에 더하여 생계비, 주택 수당, 교육비, 세금 등의 다양한 수당 등을 영국의 화폐를 통해 지급하면서 뭄바이에 사는 것과 전반적으로 같은 수준의 삶을 영국에서도 유지할 수 있도록 해준다.

11-3e. 임원 급여(Executive Pay)

2008년에 시작된 글로벌 경제 위기가 일반 근로자와 최고 경영진들 간의 보상 차이를 낱낱이 파고들면서, 임원 급여가 전 세계적으로 뜨거운 쟁점이 되었다. 그러한 면밀한 조사는 최근 들어 전 세계 임원들의 보상을 공개하라는 요구가 증가함에 따라 시행되었다. 예를 들어, 독일에서는 2006년 이후로 주식을 공개한 회사들이 최고 관리자들과 관련해서 그들의 보상에 대한 아주 상세한 정보를 공개하도록 요구 받았고 그렇게 공개된 정보들은 임원들의 급여를 제한해야 한다는 전국적 요구를 불러 일으켰다.

이에 더하여, 최근의 발표된 UN 국제 노동 기구의 *World of Work Report* 또한 시간에 따라 점차 심화되는 임원과 일반 직원의 봉급 격차에 집중했다. *World of Work* 보고서는 몇몇의 나라들은 다른 나라들에 비해 임금 격차가 훨씬 크다고 보고했다. 예를 들어 미국의 CEO들은 일반적으로 일반 직원들에 비해 183배나 많은 임금을 받는데 비해, 네덜란드의 CEO들은 73배만큼만 높을 뿐이었고 호주의 CEO들은 135배만큼 높았다고 밝혔다. 이러한 임금 격차에 대한 우려와 최근의 글로벌 재정 상황으로 인해, 전세계의 많은 거대 기업들이 향후 몇 년간 임직원들의 급여를 동결했다. 이에 더해, 미국의 회사들은 임직원 급여 전략을 목표치 달성에 따른 보너스 지급과 성과 스톡 옵션 제공으로 임직원 급여를 제한하는 데에 집중했다.

사실확인 LO-3

직장에서 인사고과를 받아본 적이 있는가? 받은 적이 있다면 그 내용이 합당하다고 생각했는가? 그 내용의 공정성을 증대시키기 위한 방안이 있는가?

11-4. 국제거래, 노사관계, 그리고 인사관리

LO-4
NAFTA가 제안한 자유무역, 노사 문제와 노조의 기능을 포함해 국제 근로기준과 자유무역간의 상호작용에 대해 설명하시오.

1장에서 다루었듯이, 중국과 같은 특정 국가들은 풍부한 저임금 노동력이 있다는 점에서 미국의 기업들에 비해 비교 우위를 가진다. 이 때문에 중국은 타국에 비해 제품을 훨씬 저렴한 값에 생산하고 수출 할 수 있다. 그 결과로 미국의 소비자들은 월마트나 타겟 같은 곳에서 중국산 전자제품이나 장난감 등을 더 저렴한 값에 이용할 수 있다.

하지만 마찬가지로 1장에서 다루었듯이, 근로자들을 착취하는 것과 같은 윤리적 문제들 또한 대두되고 있다. 예를 들어, 미얀마(버마)에서는 거의 800,000명에 달하는 시민들이 군에 의해 강제로 노동에 징집되고 있고 그들의 근무 여건은 거의 노예들과 같을 만큼 열악하다. 이러한 노동자들에게 거의 무에 가깝게 임금을 지급하는 것은 당연히 상품 가격을 낮추고 가격 경쟁력을 확보해 주지만 이러한 종류의 상품을 미국과 같은 나라에서 판매하는 것이 과연 윤리적으로 옳은 것일까? 당신이라면 위와 같은 열악한, 노예와 같은 노동 환경에서 제조되지 않은 셔츠들을 조금 더 값을 지불하더라도 구매할 의향이 있는가?

UN의 국제노동기구는 모든 UN 가입국과 그 외의 나라들에 있어서 최저 노동 기준을 발전시키기 위해 노력해 왔다. 그러한 최저 기준에는 강제노동 징집금지, 아동 노동 금지, 특정 직업들을 위한 기본적인 안전대책 방비, 노동조합을 결성할 권리 등이 있다. 그러나 이러한 UN의 글로벌 노동 기준은 적용하기가 굉장히 힘들다. 그 대신, 최근에는 NAFTA와 같이 양자간 혹은 다자간 자유무역협정을 통해 적용 가능한 현실적인 노동기준을 세우자는 트렌드가 점차 강화되고 있다.

스위스 제네바에 있는 UN의 국제노동기구본사

11-4a. 북미 자유무역 협정의 노동 협정(NAALC)

NAFTA는 미국, 캐나다 멕시코 간에 맺은 자유무역협정이다. 이 협정을 협상할 때, 멕시코의 근로자들이 받는 상대적으로 낮은 임금과 열악한 노동권리에 관해서 강제력 있는 법이 부족하다는 점이 상당한 논의의 대상이 되었다. 이러한 점들 때문에 미국의 노동조합들은 미국의 제조업 일자리가 멕시코로 옮겨 가게 될지도 모른다는 생각에 두려워했다. 텍사스 출신 사업가인 Ross Perot은 1992년 대선에서 무소속 정당의 후보로 출마하면서 NAFTA 때문에 미국의 일자리들이 멕시코한테 빼앗기며 "거대한 빨려 들어가는 소리"를 낼 것이라고 예측했다.

이러한 우려들로 인해, NAFTA 협상 시 3국가 모두에게 적용되는 노동 기준을 만들 노동위원회를 조직하는 방안이 제시되었다. 그러나 3나라 모두 그런 식의 위원회에 자국의 자주권을 대표하는 것에 큰 우려를 드러냈다. 타협된 해결 방안은 특별 번외 노동 협정(주된 NAFTA협상 외의 협정)이었는데, 이는 세 나라가 이미 존재하는 각 국의 노동법과 규제들을 더 강력히 시행하는 것을 의미했다. 더하여, 이 번외 노동 협정 즉 NAALC는 NAFTA에 해당하는 국가의 국민이라면 누구나 나머지 NAFTA 가입국의 노동 기준에 대해 공식적인 항의서를 제출할 수 있다는 독특한 집행 매커니즘을 가지고 있었다. 이러한 공식적인 항의는 각 나라들로 하여금 강력한 중재 노력을 유발할 것이고 항의가 제기된 노동 기준을 더 강력하게 집행할 수 있도록 촉구할 것이다.

그러나 NAALC 과정에 대한 주된 항의 사항은 NAALC가 어떠한 실질적인 "이빨"도 가지고 있지 않다는 것이었다. 이는 2008년 미국의 대선 캠페인에서 중요한 문제였는데, 상원 의원이었던 오바마가 그가 당선된다면 기존의 NAFTA 노동 기준을 더 나은 방향으로 협상하겠다는 공약을 내세웠었다. 그럼에도 불구하고, 이 문제는 오늘날까지 지속되고 있다.

11-4b. 국제 노사 관계

이번 장의 앞에서 언급했듯이, UN 국제노동기구의 글로벌 노동 기준의 주된 사항은 직원들이 집회 결사할 자유가 있고, 노동 조합을 만들 자유가 있고 집단 협상을 할 권리가 있다는 것이다. 여기에 깔려있는 철학적인 개념은 개별 근로자들이, 특히 교육 수준이 떨어지거나 기술이 없는 근로자들이, 그들의 고용주보다 거의 항상 힘이 없는 위치에 있고 따라서 불공정한 대우를 받을 가능성이 높다는 것이다. 그러나 만약 이러한 근로자들이 함께 모여 **노동조합**을 만들 수 있다면, 혹은 어떠한 종류가 됐든 직원을 대표하는 공식적인 조직을 만들 수 있다면 그들은 고용주들과 맞설 수 있는 힘을 가지게 될 것이다.

노동조합의 주된 목표는 단체교섭 협약 혹은 직장에서 그들의 근무 환경을 개선시킬 수 있는 협상안에 도달 할 수 있도록 협의에 참여하는 것이다. **단체교섭 협약** 혹은 계약은 일반적으로 급여, 휴가 기간, 직원들의 선임권 등 근무 정책을 규정한다. 그러

새로운 협상안에 도달한 포드 모터 회사의 임직원들과 노동 조합원이 악수하고 있다.

한 새로운 협상안들은 보통 3년간 지속되고 그 이후에는 새로운 협상의 결과가 반영된다. 이러한 단체교섭 협약은 일반적으로 근로 계약의 행정 처리에 대해 불만이 있는 직원들이 그를 효과적으로 전달할 수 있는 광범위한 고충처리 절차를 거치게 된다.

11-4c. 비교 노사 관계

이 장의 앞에서 언급했듯이, 근로자와 관리자의 관계는 전 세계적으로 매우 다르다. 앞서 논의했듯 캐나다에서는 노사 관계가 국가가 아닌 주법에 의해 규제된다. 대조적으로 미국의 거의 모든 민간 부분의 노사 관계는 연방법에 의해 규제 받는다. 특히, 전국 노동 관계 위원회(NLRB)는 "민간 부분의 노조와 고용주들의 관계를 통제하는 전국 노동 관계법을 제정하기 위해 1935년에 국회에 의해 만들어진 독립적인 연방 기관으로써 직원들이 조직을 만들고 고용주와 단체 교섭을 할 권리를 보장하고, 조합에 가입했든 그렇지 않든 기타 단결하는 행동에 참여하거나 그 행위를 제제할 수 있다". 캐나다의 주법에서는 일반적으로 미국의 연방법에 비해 직원들이 노동조합에 가입하는 것이 쉽고 고용주들이 파업에 들어간 근로자를 해고하는 것이 어렵다. 당연하게도 미국보다 캐나다의 노동조합들이 훨씬 더 성공적인 행보를 거두었고 더 많은 고용주들이 단체교섭 협약을 맺어야 했다. 그럼에도 불구하고, 상대적으로 노조의 편의를 봐주는 캐나다의 노동 규제도 스칸디나비아 국가들에 비하면 아무것도 아니다. 예를 들어, 스웨덴에서는 노동조합의 가입률과 단체 교섭 참여율이 71%를 넘어선다. 미국의 민간 부분 참여율이 10%도 안 된다는 점에서 상당히 비교되는 수치이다.

아마도 세계에서 가장 흥미로운 노사관계를 가진 나라는 독일일 것이다. 독일에서는, **통일단체교섭**(multi-employer bargaining)이라는 것이 있다. 이는 한 산업의 2개 이상의 경영자가 연합해서 노동자 측과 단체로 교섭하는 형태인데 미국에서보다 훨씬 흔하게 볼 수 있다. 그러나 독일의 노사 관계에서 가장 특이한 점은 **공동결정**(co-determination)일 것이다. 이는 모든 직원들에게 실질적으로 이사회의 자리를 할당해 주는 것이다. 독일의 대기업(직원의 수가 2,000명이 넘는 회사)에서는 노동조합의 직원들이 기업 이사회나 감사회의 이분의 일에 해당하는 인원을 직접 선정할 수 있다. 이는 직원들이 직접적으로 그들의 요구사항을 기업 관리자들에게 전할 수 있도록 해주는, 다른 나라 어디와 비교해 보아도 가장 직접적인 전달 형태이다.

사실확인 LO-3

노동조합의 일원인 사람을 알고 있는가? 이 노동조합이 다른 나라의 근로자들을 대표하는가?

윤리적 관점

화산에 의해 발이 묶이다

약 5년 전에, 아이슬란드의 유명한 EyjafjallajÖkull 화산이 폭발해 일주일간 모든 유럽으로의, 혹은 유럽으로부터의 비행이 정지됐었고 수 천명의 항공기 승객들을 고립시켰다. 사실상, 영국에만 40,000명이 넘는 미국인들이 고립됐었다. 고립됐던 40,000명 이상의 미국인들은 노동 조합의 일원이었고 단체 교섭 협약에 의해 보호를 받아 그들이 본국으로 돌아왔을 때에도 여전히 직장을 다닐 수 있었다. 앞서 언급했듯이, 대부분의 단체교섭 협약은 직원의 고충처리 절차를 가지고 있고 고용주가 "적절한 사유"를 가지고 있지 않는 한 해고 될 수 없다. 자연 재해로 인해 출근을 하지 못한 직원을 해고하는 것은 이 적절한 사유의 범주에 들어가지 않고 직원이 노동 계약을 통해 '고충을 토로'할 만한 것이다. 하지만, 오늘날에는 상당수의 미국 근로자들이 노동조합에 의한 단체 교섭 협약에 의해 보호받지 못하고 있다. 그 대신 그들은 '임의 고용' 원칙의 대상이 된다. 임의 고용은 본질적으로 고용주에 의해 어떠한 사유로든, 언제든 해고당하거나 징계받을 수 있음을 의미한다. 한 미국의 고용 전문가는 몇몇의 고용주들은 어떤 상황에서든 회사의 규모를 축소시키기 위한 변명거리를 찾기 때문에 예측하지 못한 아이슬랜드의 화산 폭발로 인해 출근하지 못한 직원을 해고하는 것에 어떠한 불법적인 요소도 없기에, 고용주들이 "매우 부득이한 사정"에 의해 "옳은 결정"을 내린 것이기를 바란다고 말했다.

문제

1) 왜 직원들에게 "옳은 일/윤리적인 일"이 무엇인지 명확히 말해주지 않는가? 그 반대 또한 설명하시오. 2010 4월 20일, 야후 뉴스, http://news.yahoo.com.

2) 20년 전만 해도 존재하지 않았던 이메일, 노트북, 스카이프 등등의 새로운 기술이 어떻게 고립된 직원들에게 영향을 끼칠 수 있는가?

출처: Liz Wolgemuth, "Why Stranded Workers Could Get Burned by Volcano", April 20, 2010, Yahoo News, www.news.yahoo.com.

아이슬랜드의 Eyjafjallajökull 화산이 폭발한다.

요약

국제적 차원에서의 인적 자원의 개발과 관리는 국제경영에 있어서 매우 중요한 부분이 되었다. 전 세계의 문화적 차이는 이민법을 포함한 법적·규제적 맥락과 마찬가지로, 국제 인사관리가 어떻게 이루어지는지를 결정하는 데에 매우 중요한 역할을 하고 있다. 오프쇼어링과 아웃소싱은 조직 기능을 옮길 때, 해외에 있는 제 3의 회사와 특정한 생산 기능에 관해 하도급 계약을 맺을지 말지에 대한 결정을 포함한다. 오늘날의 인적 자원 시장은 매우 글로벌하고 이에 따라 고용주들은 어디서 직원을 고용해 어디로 보내야 할지에 관한 전략 결정의 순간에 놓이게 된다.

또 다른 관련 요소들은 직원들이 어떻게 급여를 지급받고, 평가되고, 훈련되는지에 직접적으로 영향을 끼치는 것들이다. 예를 들어, 회사들은 기본적으로 인터넷을 사용해 다양한 경영부문들을 "가상으로 채용"할 수 있다. 그러나 직원들이 실질적으로 새로운 나라로 이주해 일을 해야만 하는 정도에 이른다면, 특별한 보상 패키지가 반드시 필요하다. 또한, 직원 교육과 역량 개발 방식도 나라마다 다르다. 예를 들어, 미국에서의 훈련과 역량 개발은 개인에게 집중하고 있고 일본은 그룹에 집중하고 있다. 더욱이, 인사 고과 시스템도 나라마다 다르다.

나라마다 인사 고과 방식에 상당한 문화적 차이를 보인다. 예를 들어, 멕시코에서는 고용주들이 직원들에게 부정적인 피드백을 줄 때 상당히 부드러운 태도를 보인다. 또, 각 나라의 생계비 차이를 각 나라마다 임직원의 급여에 관해 서로 상이한 문화적 규범을 가지고 있다.

이에 더하여, NAFTA와 같은 국제무역 규약은 기존부터 미국과 교역하던 나라들의 노동 기준에 대해 미국 내에서 상당한 수준의 철저한 검토를 불러일으켰다. 마지막으로, 노동조합은 미국에서보다 전 세계적으로 더 중요한 역할을 차지한다. 예를 들어, 독일은 노조원들은 기업 이사회에서 근로자들을 직접적으로 대표하는 것으로 유명하다.

문제 풀이

1. 국제경영을 할 때에, 회사들이 그들의 제조업을 다른 나라의 회사와 하도급 계약을 맺거나 아웃소싱을 한다면 생겨날 수 있는 잠재적 문제들에는 무엇이 있는가? 예를 들어, 미국의 운동화 회사가 운동화 제조를 중국이나 베트남에 있는 다른 회사로 아웃소싱 한다면 어떤 일이 일어날 것인가?

2. 기업을 운영할 때 인터넷을 이용한 "가상 직원 채용"의 장단점에는 무엇이 있는가? 어떤 문화에서든, 상위 관리자들이 직원들에게 부정적인 인사 평가를 전달하는 것이 왜 어려운가?

3. 만약 당신이 미국의 대통령이고 NAFTA의 노동 기준을 미국에 이득이 되는 방향으로 협상하려 한다면, 당신은 어떠한 새로운 조항들을 가지고 협상하려 하겠는가?

사례 국제적 성희롱 금지법의 확대

많은 사람들이 직장 내의 성희롱을 금지하는 법이 1964년 VII 이라는 이름으로 미국의 민법과 함께 시작해, 비교적 최근에 개정됐다는 사실을 알면 놀랄 것이다. 많은 나라들이 이와 비슷한 성희롱 관련 조항들을 법에 추가함에 따라 많은 글로벌 기업의 직장들 또한 같은 제제를 받게 되었다. 최근 들어서는 성희롱에 관한 보호가 극적으로 발전되었다.

지난 2년 간 홍콩, 인도, 이스라엘, 일본, 싱가포르, 한국, 베트남은 모두 성희롱을 막기 위한 법조문을 통과시켰다. 이스라엘은 동의 없이 유포된 사진, 영상, 녹음까지 모두 성희롱 법에 포함하여 확장시켰다. 일본은 성희롱 피해자들을 위한 상담을 제공하는 법안을 통과시켰다. 싱가포르는 2014년 '성희롱으로부터의 보호'라는 새로운 법안을 통해 성희롱을 범죄 수준으로까지 끌어올렸다. 처음으로 성희롱 법을 시작한 것은 미국이었지만 이제 전 세계의 모든 근로자들은 성희롱으로부터 보호받을 권리를 보장받는다.

✲ 질문

1) 세계적으로 확장되는 성희롱 법이 회사의 내규와 정책에 어떤 영향을 끼칠 것인가?
2) 회사들은 앞으로 증가할 성희롱 관련 소송들을 어떻게 대처할 것인가?

주장과 반박 직원이나 노동조합의 대표가 회사의 이사회에 참여할 권리를 가져야 하는가?

이 번 장에서 언급했듯이, 독일에서는 노조원이 기업 이사회나 대기업 감사회 인원의 절반을 임명할 권리가 있다. 미국에서는 일부 단체 교섭 계약이 노동조합의 대표(보통 열 다섯의 이사회 멤버들 중 한 명 꼴)에게 이사회의 자리를 제공해 준다. 질문은 바로 이것이다: 노조나 직원 대표를 이사회에 두는 것이 좋은 생각인가?

✲ 주장

노조와 직원 대표를 이사회에 두는 것은 회사들이 직원들을 다루는 것을 더 쉽게 만들어준다. 직원들의 목소리가 반영되고, 그렇게 자신의 의사가 반영된 직원들은 더 비용이 적게 드는 곳으로 기업 운영의 일부를 이동시켜야 할 때 등 기업이 유연성을 필요로 할 때 더 기민하게 대응해줄 가능성이 높다. 이러한 식의 직원 대표 방식은 어쩌면 기업의 가장 주요한 이해 당사자들인 직원들과 관련해 기업을 더 나은 상태로 이끌어 줄 것이다.

✲ 반대

기업은 하나의 이해 당사자에 불과한 직원 집단의 이익이 아니라, 우선적으로 기업의 주인/주주들의 이득을 위해 움직여야 한다. 이사회에 있는 노동조합과 직원 대표들은 주주들의 이익이 아닌 그들 스스로의 이익을 추구한다는 점에서 내재적인 이해 관계의 갈등 상황이 놓여 있다. 노조나 직원 대표들이 이사회의 멤버로 참여하기까지 하는 정도의 권리는 독일에서 처럼 정부의 정책으로 강제적으로 이루어질 것이 아니라 회사 내의 동의를 얻어 이루어져야 할 것이다.

당신은 어떻게 생각하는가?

당신은 어떠한 관점을 지지하고 그 이유는 무엇인가? 직원 대표와 그 유무의 영향에 관해 출판된 서너 개의 기사를 찾아 보시오.

국제경영 뉴스 해석하기

1) 많은 정부들이 최근 임직원들의 급여에 제한을 두고 임직원에게 지급되는 보너스에 높은 세금을 부과하는 것(예를 들어, 보너스의 70%)을 고려하고 있다. 최고 임원진의 인재 시장에서 이것은 무엇을 의미하는가?
2) 사실상 미국 만이 전 세계에서 임의 고용을 허락하는 유일한 나라이다. 즉, 다른 나라에서는 고용주들이 오직 어떤 적절한 이유가 있어야만 고용 계약을 끝낼 수 있다. 이는 미국과 해외에서 사업하는 기업들에게 어떤 의미를 가지는가?
3) 버락 오바마 전대통령은 최근 5백만명의 밀입국 이민자들에게 근로를 허가하는 행정 조치를 취했다. 미국의 직장에서 이는 어떤 영향을 끼칠 것이라고 예상하는가? 이는 전 세계적으로 어떤 영향을 가져올 것인가?
4) 최근의 글로벌 경제 침체는 많은 회사들로 하여금 비용을 줄이고 그들의 훈련 및 역량 개발 예산을 줄이도록 만들었다. 이러한 조치는 단기적, 장기적으로 어떤 영향을 가져올 것인가?

CHAPTER

12 글로벌 마케팅

Global Marketing

＊이 장의 학습목표

LO-1 마케팅 리서치(Marketing Resarch)와 마케팅 정보시스템(Marketing Intelligence System)을 구분할 수 있다.

LO-2 표준화와 적응의 차이점을 구분할 수 있다.

LO-3 새 제품들이 어떻게 개발되고 기존의 제품들은 어떻게 국제시장을 위해 관리되고 있는지를 설명할 수 있다.

LO-4 국제적으로 판매되는 제품들을 판촉하는 네 가지 방법과 각각의 방법에 대한 장점과 단점을 설명할 수 있다.

LO-5 유통경로와 물류를 정의하고, 국제적으로 제품을 마케팅함에 있어서 이들 각각의 역할에 대해 설명할 수 있다.

LO-6 국제적인 가격책정을 할 때 필연적으로 관련되는 목적과 의사결정에 대하여 논의할 수 있다.

LO-7 국제적으로 판매되는 제품 또는 서비스에 요구되는 고객 서비스의 측면을 논의할 수 있다.

문화적 관점

빈첼 양조장은 자사의 포도주를 국제적으로 마케팅하는 방법을 배워야 한다.

빈첼은 우랄산맥 남동쪽의 러시아첼랴빈스크에 위치한 포도주 양조장이며 1969년에 설립되었다. 빈첼의 현재 총 관리인은 본다레프(Anatoly Bondarev)이다.

양조장 사업을 시작하고 첫 20년 동안 그 양조장은 국가 소유였는데, 당시에는 러시아가 공산주의 공화국이었기 때문이다. 구 소련 체제하에서, 국가 기획관들은 양조장에서 어떤 종류의 와인을 얼마만큼 생산할 수 있는지를 결정했다. 즉 그 회사의 생산품을 어떤 시장에 팔아야 할 지를 결정했고, 따라서 빈첼은 마케팅 계획을 수립할 필요가 없었다.

그러다가, 1990년대 초에 러시아가 공산주의를 탈피하고 정부는 더 이상 기업들을 통제하지 않게 되었고.본다레프와 빈첼의 다른 간부들은 회사 설립 역사상 처음으로 자사의 와인을 러시아, 서유럽, 그리고 미국에 판매하기 위한 종합적인 프로그램을 개발하게 되었다.

본다레프는마케팅에 집중하려면 지금 효과적으로 자사가 사업활동을 해야 하는 와인 시장과 새로운 환경에 대해 더 많은 정보를 획득할 필요가 있다는 사실을 깨달았다. 그와 그의 경영진들은 자사의 판매 목표를 달성하려면 적절한 마케팅 전략을 개발하게 되었다. 그렇지만, 자사의 고객들을 효과적으로 관리하는 것에 대한 기본적 개념을 이해하는 일은 빈첼이 현재 떠맡아야 할 추가적인 책임이었다.

서론

기업들은 국제시장을 사업대상으로 삼고 있을 때 기업은 다양한 마케팅 활동을 수행하게 된다. 국제 및 국내 시장에서 마케팅 활동은 종종 같기도 하지만, 통상같은 방식으로 수행되지는 않는다. 기업들이 처음으로 해외시장에 진입할 때 요구되는 마케팅 노력은 때로는 매우 벅찰 수도 있다. 즉 그들은 새롭고 다른 지역에서 성공하려면 다른 방법으로 마케팅 활동을 수행해야 한다.

국제시장의 분석

기업들은 해외시장에 관한 조사를 해서 어떤 나라들에서, 사업을 벌일 것인지, 그리고 그들 나라의 어떤 세분시장을 목표로 삼을 것인지를 결정해야 한다. 이러한 결정들을 내리기 위해, 기업들은 흔히 시장 가능성과 판매 가능성을 활용하게 된다. 여기서 **시장 가능성**이란 특정 국제시장에서 사업을 하고 있는 모든 회사들에 의해 판매될 가능성이 있는 한 제품의 총 단위 수를 나타낸다. 예를 들어, 컴퓨터를 판매하는 어떤 기업은 5년 이내에 6,000만 가구의 절반이 컴퓨터를 1 대씩 구매할 것이라고 먼저 추정하고서 브라질 내 개인용 컴퓨터의 잠재적 시장에 접근하게 될 것이다. 그래서 이 기업은 자사가 이 세분시장의 5퍼센트를 확보해서 **잠재적 판매량**이 150만 단위[3,000만 가구 × 5퍼센트=150만]에 달할 것이라는 상황을 추정하게 될 것이다. 이와 유사한 계산을 외국 시장들 내에서 연령, 성별, 소득, 기타와 같은 더 세밀한 개별적 세분시장에 대해서도 산출할 수 있을 것이다.

시장의 종류

해외시장 내에는 제품과 서비스를 구입할 수 있어서 분석되어야 할 필요가 있는 3가지 종류의 시장이 있는데, 소비자 시장, 산업시장 그리고 정부시장이 그것들이다. 선진국들의 소비자 시장은 종종 그들 국가의 국내 총생산(GDP)의 50퍼센트 이상을 구성하는데, 식품, 의류, 운수, 금융 서비스, 신용 서비스, 그리고 엔터테인먼트와 같은 아주 다양한 상품들을 구매한다.

미국의 대학 도시들이나 소도시에 위치한 자동차 판매업자들은 이전까지 그들이 판매대상으로 생각하지 않았던 시장들을 공격적으로 공략하고 있는데, 미국에서 고급(석, 박사) 학위를 취득하려는 중국 유학생들이다. 2013년에는 약 23만 6,000명의 중국인 학생들이 고급학위를 취득하려고 수학 중에 있었다. 2012년부터 2013년까지 2년에걸쳐, 이들은 155억 달러어치의 중고차 및 신차를 구매했다. 자동차들의 평균 가격은 5만 3,000 달러였고, 그 중 3분의 1이 현금으로 지불 되었는데, 이들이 구매한 대부분의 차량들은 BMW와 벤츠 같은 고급 차량들이었다.

BMW, 폴크스바겐 그리고 벤츠는 2012년부터 유럽 회사들에게 선단식 판매(flee sale)를 집중함으로써 침체되어 있던 유럽 자동차 시장에서 성과가 매우 좋았다. 총체적으로, 그 해에 유럽내 전체 자동차 판매량의 3분의 1이 선단식 판매를 통해서 이루어졌다.

산업시장은 장비와 기계류, 공급품들, 윤활제, 컨설팅 서비스, 청소 서비스, 광고, 시장조사, 원자재, 반제품 등과 같은 제품과 서비스를 구매하는 기업들이 포함되는 시장이다. 정부시장은 대부분 산업시장과 같은 제품이나 서비스를 포함하지만, 주요 사회기반시설 프로젝트들(도로, 교량, 댐, 공항, 항구, 통신 서비스, 맑은 물)는 물론이고 건강관리 서비스와 군사활동 등에 더 중점이 두어질 가능성이 있다. 특히 사하라 사막 이남의 아프리카와 같은 대부분의 신흥 시장들의 경우, 사회 기반시설 프로젝트들이 정부시장을 주도하고 있다. 또한, 벨기에나 네덜란드와 같은 나라들은 그 국가 GDP의 대부분이 정부지출에 공개되고 있다. 이들 정부지출의 대부분에서 국내외 기업들은 경쟁 입찰가격 제시가 요구된다.

필요한 정보: 국제 인구통계의 조사

기업은 자사의 해외시장에 대한 광범하고 다양한 정보를 수집할 필요가 있다. 그 중에 가장 중요한 것은 해당 나라의 인구를 파악하는 것이다. 왜냐하면 사람 수가 더 많다는 것은 통상 대부분의 소비자제품과 서비스에 대한 시장 잠재력이 더 크다는 사실을 의미이기 때문이다. 2014년 중국은 세계에서 가장 인구가 많은 나라였고(14억), 그 뒤로 인도(12억), 미국(3억 1,900만명), 인도네시아(2억 5,400만명), 브라질(2억 300만명), 파키스탄(1억 9,600만명), 나이지리아(1억 7,700만명), 방글라데시(1억 6,600만명), 러시아(1억 4,200만명), 일본(1억 2,700만명), 그리고 멕시코(1억 2,000만명) 순이었다.

또한 마케팅 담당자들은 자사가 진입하고자 계획한 해외시장의 소득수준도 알고 싶

참고자료 12.1: 2013(추정), 1인당 GDP표확인 11개국

국가		1인당 GDP
1.	카타르	$102,100
2.	리히텐슈타인	89,400
3.	모나코	85,500
4.	룩셈부르그	77,900
5.	싱가폴	62,400
6.	노르웨이	55,400
7.	스위스	54,800

출처 : *2014 World Factbook*, Central Intelligence Agency

어할 것이다. GDP는 흔히 국가의 소득을 알 수 있는 일종의 개략적 층적치이다. 즉 GDP는 국가의 총체적 구매력을 나타낸다. 2013년을 기준으로 미국은 세계에서 제일 높은 GDP를 가지고 있고(16조 7,000억 달러), 뒤를 이어서 중국(13조 4,000억 달러), 인도(5조 달러), 일본(4조 7,000억 달러), 독일(3조 2,000억 달러), 러시아(2조 6,000억 달러), 영국(2조 4,000억 달러), 브라질(2조 4,000억 달러), 프랑스(2조 3,000억 달러), 그리고 멕시코(1조 8,000억 달러)였다.

1인당 GDP는 종종 그 나라의 구매력을 나타내는 측정치이다. 참고자료 12.1은 1인당 GDP가 가장 높은 11개 국가들을 보여주고 있다. 이와 대조적으로, 1인당 GPD가 연간 1,000 달러도 되지 않는 가난한 나라들도 많이 있는데, 소말리아, 말라위, 부룬디, 아프가니스탄, 탄자니아, 리베리아, 그리고 시에라 레온 같은 나라들이 여기에 속한다. 대부분의 아프리카 국가들이 매우 가난한 나라에 속한다는 사실을 알고서도 몇몇 인도 회사들은 아프리카 시장이 향후 15년내 엄청난 성장세를 보여줄 것이라고 믿는다. 이 기업들은 대륙에 만연해 있는 관리자들의 부패, 관료적 형식주의(bureaucratic–redtape), 많은 가난한 인구에 낙담하지 않기 때문에 아프리카 지역으로 확대하려고 모색하고 있으며, 저가 제품들을 아프리카 시장으로 공격적으로 들여놓고 있다.

근래에 들어서 점점 중요해진 국가별 소득수준은 각 국가의 국민중 가장 부유한 상위 20%의 평균소득을 가난한 최하위 20%의 평균소득을 대비하는 지표이다. 전반적으로, 이들 두 측정치 간의 차이는 점점 더 커지고 있는 실정이다.

골드만 삭스의 평가에 의하면, 연간 소득이 6,000 달러에서 30,000 달러 사이의 중간 소득층이 매년 700만명씩 늘어나고 있으며, 2030년쯤에는 추가적으로 20억명이 '중간계층'이라고 불리어질 것이라고 한다. 하지만, 몇몇 기업들은 전세계의 저소득계층들에 좀 더 초점을 맞추기 시작하고 있다. 작고한 마케팅 컨설턴트인 프랠러드(C.K. Prahalad)는 2008년에 "가난한 사람들"이 일단 결집되고 가치가 부여되면 사업에는 굉장한

무척이나 북적거리는 인도의 거리이지만 소들은 신성시되기 때문에 편하게 배회하며 쉬기도 한다.

부를 창출해 줄 것이라고 주장했다.

국가 인구의 연령 또한 국제 마케팅 담당자들에게 관심대상인 중요한 측정치이다. 일본과 서유럽 같은 많은 나라에서 수명증가는 인구의 고령화를 초래하여 처방 약이나 건강관리 시설과 같은 제품이나 서비스의 수요가 높아졌다. 반면에, 스위스 네슬레(Nestle)의 자회사인 거버(Gerber)에서는 최근 2세에서 4세의 미취학 아동들을 위한 치즈 파스타, 치킨, 그리고 야채와 같은 간편 식품을 해외시장에 출시해 오고 있다.

마케팅 담당자들이 주목하는 또 다른 시장변수로는 민족성이 있다. Strategic Global Communication은 자신의 고국에 전화를 걸고 싶어하는 미국내 이민자들을 위한 장거리 전화 패키지를 개발했다. 그 중 몇 가지 예들에는 뉴욕에 살고 있는 에콰도르인들, 샌프란시스코와 로스앤젤레스에 살고 있는 아시아인들, 로스엔젤레스에 살고 있는 멕시코인들, 그리고 샌프란시스코에 살고 있는 필리핀들이 포함된다.

시장이 농어촌 지역에 있느냐, 또는 도시지역에 위치하느냐 또한 해외시장을 분석하는 또 다른 방법이다. 대부분의 나라에서, 도시지역에 거주하는 소비자들이 시골지역의 소비자들보다 높은 1인당 소득수준을 가지고 있다. 도시지역 내 거주자들은 대체로 훨씬 더 높은 수준의 비생필품을 구매하는 데 비해, 시골지역 거주자들은 음식, 의류, 주거와 같은 생필품들을 구입하는 데 더 관심이 많다. 따라서 도시지역 거주자들은 대체로 '세속적이고' 그리고 '세련되었다'고 여겨진다. 싱가폴, 홍콩, 그리고 버뮤다와 같은 일부 나라들의 경우 주민 전체가 도시지역에서만 살고 있는 것으로 알려져 있다.

음식과 같은 일부 품목의 경우, 종교는 하나의 중요한 차별요소이다. 예를 들어, 유대인들과 무슬림인들은 돼지고기 또는 돼지고기 제품을 먹지 않으며, 이 외에도 기타 다수의 음식 금기 사항을 지킨다. 또한 인도에서는 힌두교와 기타종교 신봉자들이 소고기나 소고기 제품을 먹지 않는다. 기독교도들 중에서도, 로마 카톨릭 교도의 경우 사순절 기간의 금요일에는 고기를 먹지 않으며, 제 7일 재림파들의 경우 야채 식단(채식)을 준수한다.

12-1. 마케팅 리서치 대 마케팅 정보시스템

마케팅 리서치는 마케팅 담당자들이 해외시장에 관해 좀 더 나은 결정을 하는데 도움을 주기 위하여 특정 시간대에 정보를 수집하는 것이다. 이러한 유형의 정보를 수집하기 위해서는 개별 인터뷰, 메일을 이용한 조사, 그리고 초점집단과 같은 방법들이 자주 사용된다. 마케팅 리서치 연구는 기업의 **마케팅 정보시스템**(marketing intelligence system)이 제공하는 정보들에 의해 촉진된다. 예를 들어, 왜 가구들은 해당 기업의 제품을 구매하기를 멈추었을까에 대해 분석하는 조사(마케팅 리서치)는 그 기업의 마케팅 정보시스템이 특정 해외시장에서 자사의 시장 점유율이 떨어졌다는 사실을 밝혔기 때문에 착수될 수 있을 것이다. 이렇게, 마케팅 정보시스템은 자사가 사업활동을 하고 있는 해

LO-1
마케팅 리서치와 마케팅 정보시스템을 구분해서 설명해 보라

외시장의 여건에 대한 정보를 시간의 경과에 따라 정기적으로 수집한다.

마케팅 정보시스템에서 어떤 구체적 유형의 정보를 얻어낼 필요가 있는지를 결정하는 중요한 요소들 중의 하나는 마케팅 관리자가 해외시장에서 내릴 필요가 있는 결정들에 기반한다. 예를 들자면, 메리 케이 화장품(Mary Kay Cosmetic)의 유럽 사업활동 본부에 근무하는 5명의 중요간부들은 해당 지역에서 경영을 하기 위해 기업 정보시스템에서 얻어낼 필요가 있는 것으로서 다음과 같은 정보를 확인하였다.

1) 포장, 마케팅, 그리고 라벨링을 위한 지형
2) 유럽 여성들에 관한 성격(생활양식) 정보
3) 유럽 여성들에 관한 사회-인구 통계 정보
4) 제품 범주별 기업의 매출자료트렌드
5) 자사의 제품과 경력기회에 대한 구체적 인식
6) 경력, 가족, 배움, 그리고 기타 목표들에 대한 여성들의 열망
7) 여성의 고용기회와 연봉 비교
8) 직접 판매하는 타 기업의 성공사례와 그러한 기업들의 마케팅과 커미션 계획에 관한 구체적 세부사항
9) 피부관리와 메이크업 제품의 사용 관습
10) 국가별여성에 관한 인구통계 소개

참고자료 12.2: 메리 케이화장품 마케팅 정보시스템의 정보소스 유형 분류–유럽

정보의 유형	정보의 위치	
	내부	외부
2차	• 재무사업 활동 · 보고서 • 판매원의 조사 보고서	정기 간행물
		뉴스레터와 게시판
		간행된 보고서들
		연합 보고서들
		데이터 베이스들
		조직들
		도서, 디렉토리, 백과사전 및 핸드북들
1차	• 회사의 마케팅 조사부가 수행한 조사 연구들 • 회사의 판매원 및 기타 종업원들의 마케팅 데이터베이스들	시사회, 전시회, 박람회들
		대회 및 회의들
		회사의 광고 대리점들
		회사의 유통경로들
		컨설턴트들

자료 : Richard T. Hise and Richard Bartlett, "Developing a Marketing Intelligence System for Companies' European Operations: Mary Kay Cosmetics Experience," paper presented to the Academy of Marketing Science Cultural Perspectives on Marketing Conference, Puebla, Mexico, September 2004.

11) 국가별 시장정보(소득, 인구, 여성인구)

12) 매출, 지출 등을 비롯한 일일 재무정보

13) 정치적 리스크 분석 및 그것이 현행 사업과 신설 사업에 미치는 영향

참고자료 12.2는 메리 케이에게 자사의 유럽활동본부에서 자신들의 책임을 수행하고 결정을 내리는 데 필요한 정보를 제공하기 위해 사용될 수 있는 자료출처의 개관을 제공한다

사실확인 LO-1

백화점을 방문해서 해외 공급업체들이 그 백화점을 자주 이용하는 고객들에게 판매하기 위해 마케팅 조사를 시행했음을 시사하는 몇 가지 제품들을 찾아보자.

12-2. 표준화 전략과 적응 전략을 결정하기

기업이 해외시장에 진입할 때 내려야 할 가장 중요하고 우선적 결정은 그러한 국제시장을 위한 마케팅전략을 어느 정도 이미 자사의 국내시장에서 적용하고 있는 마케팅전략과 같게 또는 다르게 적용할 것인가이다. **표준화 접근방식**은 자사의 국제 사업활동에 사용되는 마케팅전략이 국내에서 사용되고 있는 것과 똑 같은 것임을 나타낸다. **적응 접근방식**은 위와 반대로 국내와 해외시장의 전략이 다를 것을 의미한다.

LO-2 표준화 전략과 적응 전략을 구분해 보라

표준화는 비용과 관련하여 장점을 가지고 있다. 즉, 국내의 생산과, 연구개발, 그리고 마케팅 전략이 그대로 적용될 수 있어서, 새로운 사업활동 시설을 설립해야 하는 지출을 절감할 수 있다. 표준화의 또 다른 이점은 해외시장으로 자사의 제품을 시판하기 위한 새로운 방법들을 개발하는 데 시간을 소비할 필요가 없기 때문에 표준화가 매우 빨리 실행될 수 있다. 한편 적응 전략은 표준화 전략보다 비용이 더 많이 들겠지만, 이는 비국내 고객들의 필요와 욕구를 인지하고 있기 때문에 좀 더 높은 매출을 얻어 누릴 수 있다는 장점이 있다.

해외시장에서는 미국 기업들로 하여금 적응 전략을 추구하도록 요구하는 몇 가지 제품 및 시장 요인들이 있다. 예를 들어

- 대부분의 국가들은 측정을 할 때 미터식 측정 시스템을 사용하는데, 미국의 경우 영국식 측정 시스템을 사용한다
- 미국의 전자제품 사용 전압과 대부분 나라들의 전압 방식은 다르다
- 브라질인들은 도넛을 간식거리로 생각하는데, 미국인들은 도넛이라 하면 아침 식사를 연상하는 경향이 있다.

- 프랑스 가족들은 1~2병의 청량음료와 같은 비교적 적은 수량의 물품을 구매하는 성향이 있지만, 멕시코 가족들은 더 많은 수량을 구매하는데(6~12병의 청량음료), 이는 프랑스인의 가족 규모에 비해 멕시코인의 가족규모가 크기 때문이다.

국제 마케팅 담당자들의 마케팅전략의 모든 측면은 표준화 전략과 적응 전략에 달려 있다. 여기에는 제품(물적상품, 브랜드 네임, 포장, 품질, 보증 등), 판촉(직접 판매, 판매 촉진, 광고, 그리고 홍보), 유통(유통경로와 물적유통), 그리고 가격책정(초기가격, 가격변동, 그리고 딜러홍보 마진)을 포함한다.

이 밖에도 많은 기업들은 표준화와 적응 전략 중 어느 것도 사용하지 않고 "**글로컬리제이션**(glocalization: global + Localization)"이라는 절충방식을 채택한다. 글로컬리제이션은 가능하다면 표준화를 택하되 꼭 필요하다면 적응전략을 사용하는 방식이다. 중국내 패스트푸드 매출의 39%를 차지하는 KFC는 이 글로컬리제이션 전략을 추구해서 해외시장에서 큰 성공을 거두었다. KFC는 전세계적으로 판매하는 몇 가지 주요 품목을 갖고 있고, 특정 시장에 맞춘 기타 일부 품목들을 공급한다. 예를 들어 중국에서는, 소비자들이 매운 참새우 볶음밥, 쇠고기 볶음밥, 버섯-치킨 버거, 그리고 달콤한 에그 타르트를 주문할 수 있다.

사실확인 LO-2

슈퍼마켓이나, 체인 약국, 또는 할인 마트(Target이나 Walmart) 등을 방문하여 해외 공급자로부터 들여온 몇 개 제품들을 조사해보자. 표준화 전략, 적응 전략, 또는 글로컬리제이션의 증거를 알아내 보자.

12-3. 국제적 제품 믹스의 개발

LO-3
새로운 제품이 어떻게 개발되고 기존제품들은 국제 시장에서 어떻게 관리되는지를 설명해보라.

기업들이 자사의 제품을 해외시장에 소개하고 마케팅을 하고자 할 때 고려해야 할 네 가지의 옵션이 있다. 첫째, 국내에서 판매 되는 것과 똑같은 제품을 해외시장에 팔 수 있다. 둘째, 제품을 해당 국가나 지역의 특성에 맞춰서 변형해 팔 수 있다. 셋째, 해외시장에 내놓을 새로운 제품을 개발해 팔 수 있다. 마지막으로, 모든 제품 차이들을 모두 융합하여 대부분의 해외시장에 적합한 하나의 **국제적 제품**을 만들 수 있다.

포드(Ford)는 2010년 자사의 피에스타(Fiesta) 이코노미 차를 미국내 시링으로 재 출시했는데 이 차는 1970년대에 판매되었지만 잘 팔리지 않아서 2년만에 생산이 중단되었다. 유럽, 아시아, 그리고 라틴 아메리카에서 피에스타 1,200만대 이상 팔린 것에 고무되어, 포드는 다시 한번 미국 시장을 겨냥했다. 수 많은 토의 끝에, 포드는 "버브(Verve)"라는 이름보다는 "피에스타"라는 이름이 전세계에서 통용될 수 있을 것이라고 결론지었다. 피에스타는 현재까지도 1만 4,000 달러로서 미국 시장에서 가장 저렴한 차들 중의 하나로 남아있다. 이와 비슷하게, 인도기업인 타타모터스(Tata Motors)에서는 "나노(Nano)"라는 차를 출시하였는데, 이 차는 2,500달러에 팔리며 1 갤런의 기름으로 50 마일을 갈 수 있다. 나노와 같은 차량은 평균소득이 낮은 라틴 아메리카, 아프리카, 그리고 아시아에서 큰 인기를 누렸다. 하지만 아직도 미국시장에서도 판매할 것인가는 결정되지 않았다고 한다.

12-3a. 국제시장을 위한 신제품 개발

대부분의 기업들은 해외 시장에 내놓을 신제품을 만들 때 일종의 규정된 단계체제를 따른다. 첫째, 기업들은 제품 아이디어 개발에 사용될 내부자료(연구개발, 판매인력, 시장조사, 직원의 제안 등)과 외부자료(고객의 제안, 외부 개발자, 마케팅 컨설턴트 등)들 중에서 정해야 한다. 때로는 신제품 아이디어가 전혀 예상치 못한 자료에서 나올 수도 있다. 아르간(Argan)나무는 오직 모로코에서만 자라며, 반 건조한 지형에서 잘 자라는데, 이 나무의 열매에서 추출되는 아르간오일은 현재 4,300만 달러의 두발과 피부관리 제품시장에서 가장 잘 팔리는 제품의 하나가 되었다. 현재 W월마트와 테스코가 이 오일을 공급하는 가장 큰 두 소매상이다. 근래에 엘 오레알(L'Oreal)과 유니레버(Unilever)가 이 시장에 뛰어 들었으며, 흔히 리터당 30 달러에 구매하며, 실제 유통가격은 이 가격의 10배까지 올라갈 수도 있다. 또한, 아르간오일의 급증한 수요는 여성들로 하여금 오일을 피부나 모발에 바르는 것에 대한 거부감을 없애주기도 했다. 이러한 자료들에서 신제품 아이디어들이 나오게 되고 신제품 성공에 관련된다고 그 회사가 느끼는 일련의 변수들을 기준하여 평가된다. 참고자료 12.3에서는 가장 중요한 이들 변수를 나타냈다.

이 단계에서 기각되지 않은 제품 아이디어들은 컨셉트 테스트 단계로 넘어간다, 즉 염두에 둔 시장의 소규모 표본에 제공하여 그 아이디어에 대한 반응을 측정한다. 이

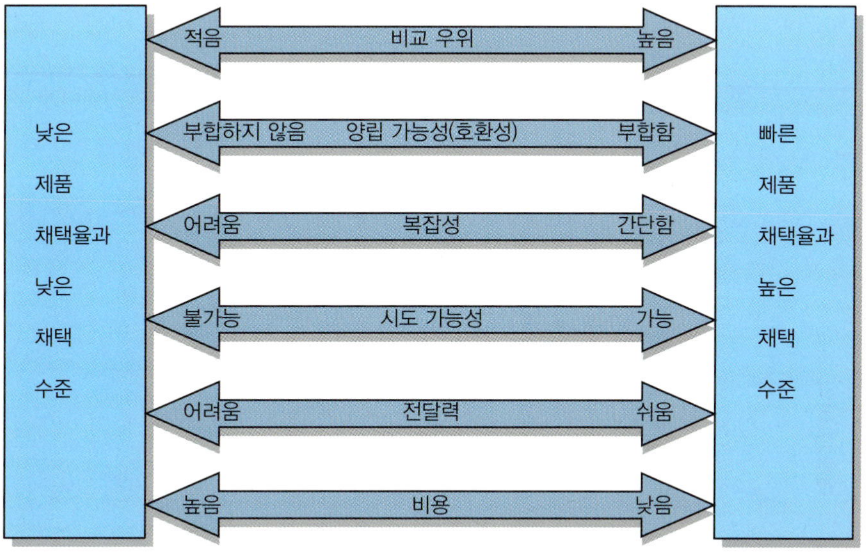

참고자료 12.3: 신제품 채택률과 채택 수준에 영향을 주는 요인들

과정에서 성공적으로 통과한 아이디어들은 그 다음에 사업분석의 단계로 넘어가는데, 이 단계에서는 잠재적 수입과 이익에 대한추정이 이루어진다. 여기서 얻은 수치가 수용 가능하면, 물질적(유형의)인 제품이 개발된다.

제품개발단계에서 중요한 측면의 하나는 제품의 설계이다. 크라이슬러는 자사가 제공하는 자동차를 다른 경쟁사들의 자동차와는 차별화를 하기 위한 하나의 수단으로서 설계를 이용해 왔다. 설계의 아이디어들은 대개 그림, 조각, 패션, 그리고 가구 등에서 빌려온 몇몇 유명한 설계자들은 100만 달러 이상의 돈을 벌며 그 중 몇몇은 임원진에 다가가기도 했다.

개발에 이어서, 신제품은 이제 시장 테스트를 받게 되는데, 이 테스트의 목적은 신제품에 가장 어울리고 적당한 마케팅믹스를 개발하기 위함이다. 이 단계를 거친 후 마지막 단계는 상업화로서, 신제품이 공장에서 생산되기 시작하고, 마케팅 전략이 확정되고, 해외시장에 신제품이 도입되는 단계이다.

12-3b. 기존 제품의 관리

제품 수명주기(Product Life Cycle; PLC)는 제품이 해외시장에 도입된 후에 그 제품을 관리하는데 유용한 도구이다. 참고자료 12.4는 제품의 수명이 4가지 단계로 나뉘어지는 것을 보여주고 있다. 도입단계(첫번째 단계)에서는, 매출이 점차 늘어남에 따라 이익도 늘어난다. 하지만 종종 이 단계의 초기에는 손실이 발생할 수도 있다. 그리고 매출과 이익이 급격하게 늘어나는 성장단계(두 번째 단계)가 찾아오며, 이 단계의 후반 무렵에는 이익이 최고점에 달하며, 그러고는 점차 떨어지기 시작한다. 성숙단계(세 번째 단계)에서는 매출이 최고치에 달하고는 점차 떨어지기 시작하며 동시에 이익도 계속 줄어들게 된다. 쇠퇴단계(네 번째 단계)는 이름이 잘 말해주듯이 매출과 이익이 지속적으로 떨어진다.

제품 수명주기(PLC)는 국제적마케팅 담당들로 하여금 언제 마케팅 전략을 수정해야

참고자료 12.4: 제품 수명주기

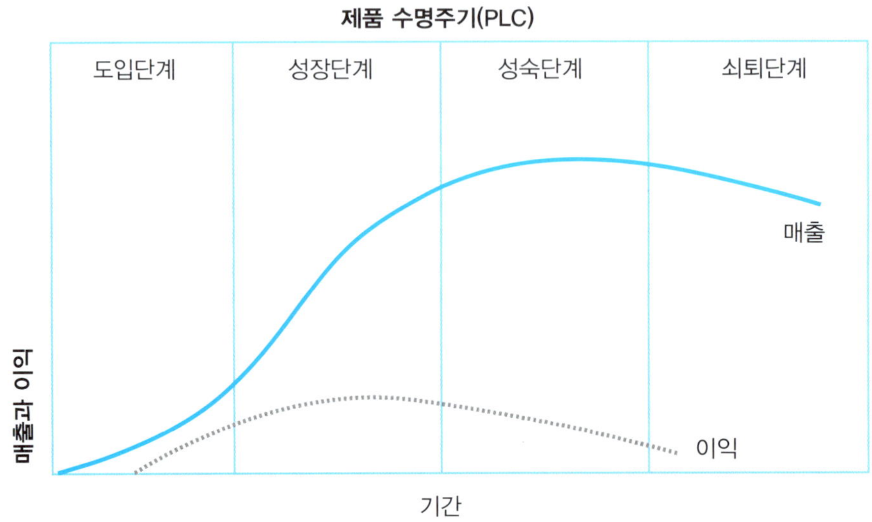

하는지를 결정하는 데 도움을 준다. 예를 들어, 성숙단계에서 다수의 추가적 경쟁업체들 때문에 통상 가격을 낮출 필요가 있을 것이다. 성숙과 쇠퇴 단계에서는 대중시장 도달에 착수하고 싶은 욕구와 더 많은 경쟁업체들의 쇄도 때문에 판촉활동이 증대될 필요가 있을 것이다.

제품이 국내시장에서 쇠퇴 단계에 이르면, 일부 기업들은 해외시장으로 방향을 돌림으로써 제품의 상업적 생명을 연장시키려고 시도하게 될 것이다. 블록버스터(Blockbuster)는 미국에서 쇠퇴단계에 접어들자 자사의 모든 미국내 매장의 문을 폐쇄하는 것으로 결말이 났다. 하지만 멕시코에서는 블록버스터가 꾸준히 생명력 있는 브랜드로 남아 있는데, 이는 300개의 매장의 대부분이 상류층 동네에 위치했기 때문이고, 아직도 영화나 비디오 게임 대여가 인기를 끌고 있기 때문이다. 2013년의 첫 9개월 동안 멕시코의 블록버스터 대여점들은 약 1억 1,800만 달러의 수입을 창출했다.

새로운 기술이 자사의 아이폰 모델들을 구식으로 만들게 되자, 애플은 아이폰4s와 4S's를 새롭게 발매하여서 급성장하고 있는 신흥시장내 가격에 민감한 구매자들을 겨냥했다.

제품이 일단 쇠퇴단계에 이르면, 그것을 시장에서 제거할 것을 고려할 필요가 있다. 대부분 기업들은 통상 **제품 도태**(product elimination, PE)업무를 잘처리하지 못한다. 공식적인 PE 프로그램을 갖고 있지 않아서, 제품들이 곤경에 처했을 때만 사업포기 프로그램을 끌어 모은다. 제대로 된 제품 도태 노력을 하고 있는 회사들은 PE 프로그램을 서류상으로만 비치해 두고 있지 않으며 실적이 부진한 다수의 제품들이 자사의 매출과 이익을 계속 끌어내리게 내버려 두지 않는다. 기업이 수립한 판매, 수익, 그리고 시장점유율의 목표를 달성하지 못한 제품들은 도태(제거)의 1차적 후보들이 된다.

12-3c. 연구개발 시설을 어디에 위치시킬 것인가

기업들은 연구개발시설들을 어디에 위치시킬지를 결정 할 때 기업은 옵션이 있다. 즉, 한 개의 시설을 본국에 위치시키거나 하나의 시설을 본국에 위치시키고, 하나 혹은 그 이상의 추가적 시설을 해외시장에 두는 방법이 있다.

본국에 연구개발 시설을 하나 둠으로써, 기업은 연구개발 비용을 줄이고 연구개발 프로그램에 대해 더 많은 통제와 조정을 가할 수 있다. 연구개발 시설을 해외에 두는 것 또한 몇 가지 장점이 있다.

그 한가지 장점은 다국적 기업이 해외의 과학자들과 기술자들의 지식을 이용할 수 있다. 예를 들어, 물리학, 화학, 그리고 생리학 또는 의약 분야의 많은 노벨상수상자들이 영국, 독일, 스위스, 프랑스, 스웨덴, 노르웨이, 그리고 일본 출신이었다. 근래에 유럽 국가들, 미국, 그리고 캐나다는 이란 과학자들과 기술자들을 적극적으로 받아들이기 시작했고, 그 결과 수 만 명의 과학자들과 기술자들이 더 높은 급여와 더 많은 도전적 기회를 찾아 이들 국가로 재배치 되었다. 또 다른 이점은 해외에서 개발된 제품일

아시아, 중동, 그리고 라틴 아메리카에서는 노점상들이 일상적이다. 어떤 경우에는 그들은 모조 제품을 팔기도 한다.

수록 그 회사의 해외시장과 조화될 가능성이 더 크다는 사실이다. 종종, 해외에서 개발된 신기술이 본국으로 이전되어 되돌아 올 수 있다. 예를 보면, 포드의 유럽 연구개발 시설은 피에스타가 미국내에 판매되었을 때 그 차에 사용된 기술을 이전시키는 데 공헌을 했다.

당초 신흥시장을 위해 개발된 제품들이 선진국 시장에서 성공적으로 팔릴 수 있다는 사실을 기업들은 점점 더 자 알아가고 있다. 이러한 전략은 기존의 모델이었던 선진국에서 처음 개발되어 팔리던 제품이 그 후 신흥시장에 팔린다는 전통적 모델의 역전 현상이다. 예컨데 제네럴일렉트릭은 처음에 인도와 중국의 의사들용으로 저비용 심전계를 개발했지만, 현재 이 심전계는 미국 내에서 1차진료 의사들, 지방 진료소, 그리고 방문 간호사들에게 25만 달러에 판매 되고 있다. 네슬레는 또한 스프용 국수인 머기(Maggi)로 남부 아시아에서 큰 성공을 거두었는데, 이 제품은 이어서 호주 시장에 출시되었다. 또한 마이크로 소프트, 노키아, 프록터 앤 갬블도 이러한 **역전전략**(reverse strategy)을 적용하고 있다.

미국에는 노스캐롤라이나의 리서치 트라이앵글과, 매사추세츠의 I-28 회랑, 캘리포니아 북부의 실리콘 벨리를 비롯해 기술로 유명한 지역들이 몇 군데 있다. 이러한 기술 응집지역들은 해외에도 존재한다. 예를 들어 프랑스에는 니스 근처의 소피아앤트폴리스연구 단지는 물론이고 그레노블 주변지역에는 폴리곤사이언티픽(PolygoneScien-tifique)과 기타 다수의 하이테크 센터들이 있다. 하지만, 프랑스의 하이테크 노력들은 연구결과나 특허, 또는 기타 자신들을 성공적인 제품으로 변환시키는 능력이 부족하다는 비판을 받아 왔다. 비판들은 애플과 IBM은 1조 달러의 마이크로 컴퓨터 시장을 창출했는데 비해 프란시스제르빌(Francis Gernelle)이 개발한 프로세스 부착 마이크로 컴퓨터는 상업화에 실패했다는 것과, 프란코이스 미지(Francois Mizzi)의 터치스크린 특허도 이와 비슷하게 효과가 미약했다는 사실을 지적하고 있다.

12-3d. 제품의 모조

제품개발의 사악한 측면 중 하나는 모조만행이다. 미국 기업들은 연간 수 십억 달러의 수입 손실을 보는데, 이는 외국 내 기업들이 미국 제품들을 복제하여 마케팅 담당들에게는 보상을 하지 않은 채 그것을 "미국제" 제품인 것처럼 판매하기 때문이다. 수입상의 손실과 더불어서 이러한 "복제품(knock-off)"들은 원래의 미국 제품보다 너무나 열악해서 그것이 판매된 시장에서 미국 기업의 이미지가 더럽혀질 것이다.

예를 들면, 중국의 복제품 생산자들이 사라 리(Sara Lee)의 키위 신발 광택제를 복제하여 아프리카의 전체 시장점유율 중 20%를 잠식했다. 사라 리는 라벨을 바꿈으로써 그 문제를 해결하려 했지만, 그들은 재빨리 흉내를 냈다. 모조자들은 새로운 크기의 포장방식을 6개월 이내에 복제 했으며, 좀 더 깊은 가장자리 포장 또한 6개월 만에 복제했다.

또 다른 제품 모조의 예로서는, 동남아시아와 다른 개발도상국 정부 관계자들은 모조 처방약의 거래를 근절시키는데 고전을 겪어왔으며, 합법적인 약품과 동일한 포장을 가졌지만 이들의 성분은 판매목적인 병이나 증상(말라리아)을 치료하는 데는 효능이 없다. 더 심각하게는 이러한 약품들 중 일부 소량의 실제 약품을 포함하고 있어, 시간이 경과하면서 특정 질병을 일으키거나 퍼뜨리는 기관 내에 약물 내성을 키울 수 있다.

사실확인 LO-3

식료품, 슈퍼마켓, 체인 약국, 또는 할인매장(월마트나 타깃 등)을 방문해서 15개의 다른 제품을 골라라. 그리고 라벨을 확인해서 제품들이 어디서 만들어졌는지 확인하라. 얼마나 많은 제품들이 해외에서 만들어졌는가?

12-4. 국제 프로모션 믹스

LO-4
국제시장에 출시된 제품을 판촉 할 수 있는 4가지의 상이한 방법들에 대해 설명하고, 각 방법의 장점과 단점을 제시해 보라.

국제 마케팅 관리자들은 국제 시장에서 제품이나 서비스를 판촉하기 위하며 네 가지 주요한 방법을 사용할 수 있다. 즉 광고, 직접판매, 판매촉진, 그리고 홍보이다. 각 방법들은 마케팅 담당자들이 판촉전략을 결정할 때 이러한 고려해야 할 유리점과 불리점이 있다. 각 옵션은 다양한 판촉목표들을 어느 정도 달성할 가능성이 있을 것인가에 관련하여 평가되어야 한다. 즉 그러한 판매목표에는 매출의 창출, 제품이나 서비스에 대한 인식 제고, 고객으로 하여금 그 제품이나 서비스를 구매하도록 환기 시키거나, 구매횟수의 제고 등이 포함된다

12-4a. 광고

국제 시장에서 자주 이용되는 주요 광고매체는 텔레비전, 라디오, 신문, 잡지, 그리고 직접 우송(direct mail: DM)을 포함한다. 일반적으로, 텔레비전 광고는 접속 건당 비교적 적은 금액으로 많은 시청자들에게 전달된다.

텔레비전 광고는 더 자주 사용되고 있는데, 이는 대부분의 사람들이 텔레비전 세트를 자가 소유하고 있기 때문이며, 특히 신흥시장의 경우 그렇다. 국제 마케팅 담당자들은 자사가 진출한 현지국 내 텔레비전광고를 규제하는 법적 제한에 대해 잘 알고 있어야 한다. 예를 들어, 일부 유럽 국가들에서는 경쟁을 헐뜯는 광고는 허용되지 않는다.

라디오는 텔레비전 세트의 소유율이 낮고, 많은 비율의 인구가 주요 도시에서 멀리 떨어진 시골 지역에 살고 있는 필리핀과 같은 국가들에서 매우 효과적인 매체이다.

일부 국가들의 주민들은 매우 열성적인 신문 구독자들이다. 예를 들어, 중국에서는 사람들이 매일 찻집에 모이고, 각자가 가진 여러 신문들을 공유하며 거기에 실린소식에 대해서 서로 토의한다. 월스트리트 저널과 같은 몇몇 비즈니스 신문들은, 세계의 각 지역에 따라 다른 판을 발행한다(유럽판, 아시아판 등). 신문 광고의 가장 큰 장점의 하나는 접근빈도당 비용이 매우 저렴하다는 것이다.

잡지는 소비자들과 사업분야 독자층에게 직접적으로 다가갈 수 있으며, 신문 보다는 초점이 더 뚜렷한 시장을 향해 다가간다. 기업계 독자층을 위한 잡지들 중에서도 일부 잡지들은 그 특성이 일반적이지만(포브스, 포춘, 그리고 비즈니스 위크), 기타의 잡지들은 특정한 산업분야를 겨냥하고 있거나(수직적 간행물)또는 다수의 산업에 존재하는 특정 직업군들을 대상목표로 한다(수평적 간행물).

직접우송은 가장 초점화되어 있는 광고매체이다. 즉, 직접 우송은 남부 스페인의 코스타 델 솔에 거주하는 70세 이상의 퇴직자들 같은 매우 구체적인 시장들에게로 다가갈 수 있다. 펩시코, 유니레버, 그리고 캐드버리와 같은 베테랑 마케팅 담당자들은 시골 지역에 거주하고 유선 텔레비전이나 신문을 잘 접할 수 없는 인도의 8억 3,300만 소비자들에게 도달하기 위한 독특한 광고방법을 개발했다. 이들 회사는 휴대전화를

통해서 이 시장과 접촉하고 있다. 예를 들어, 유니레버는 전화 가입자들에게는 15분짜리 전화를 거는데, 여기서 볼리우드(Bolly Wood) 음악과 유머을 제공하면서 동시에 자사의 제품에 대한 4건의 광고도 곁들인다..

인적판매(personal selling)는 국제시장, 특히 기업계 독자층을 가진 시장에서 판매를 발생시키는데 매우 효과적인 방법으로 간주된다. 인적판매는 말 그대로 외국 사업가들과의 직접 대면접촉이 포함되므로, 판매의 과정에서 서로의 활발한 참여와 그 잠재적 고객으로부터의 피드백을 촉진한다. 한가지 장점은 접촉 건당 비용이 매우 많이 든다는 것이다. 추정치에 의하면 한 사람의 국제 잠재고객을 위해 한 차례 판매방문을 하는데 평균 2,000 달러가 소요될 수도 있다고 한다.

판매 관리자들이 내려야 할 한가지 주요한 결정은 판매원을 고용할 때 국외 파견자를 채용할 것인지 현지인을 채용할 것인가 이다. 인도의 델리 교외에서 아내와 2명의 자녀들과 살고 있는 비벡굽타(Vivek Gupta)는 후자의 예이다. 인도내 공과대학을 졸업한 굽타는 인도 IBM의 외판원으로 일하고 있다. 그가 성사시킨 가장 큰 판매거래의 하나는 통신회사인 보다폰(Vodafone)을 설득해서 그 회사의 고객 관리 서비스에서부터 재무업무에 이르기까지의 모든 업무를 IBM에서 관리하도록 허용하게 한 거래로서 무려 6억 달러의 계약이었다.

12-4b. 판매 촉진

대회, 내기 경주, 쿠폰, 상점의 통로 끝쪽에 제품전시, 후원, 무역박람회(trade show)는 해외시장에서 가장 광범위하게 이용되는 판매촉진 기법들의 한 예이다. 미국에서는 대부분 기업들이 광고에 지출하는 비용의 약 2배의 비용을 판매촉진에 지출한다고 한다. 이와 비슷한 패턴이 미국에서 뿐만 아니라 다른 선진국들에서도 일어나고 있다.

판매촉진의 인기가 이렇게 증대되는 현상을 설명해 주는 몇가지 이유들이 있다. 아마도 그 중에서 가장 중요하게는 판매촉진이 단기간에 실질적 효익(매출액 증대 등)을 가져다 주기 때문이다. 왜냐하면, 브랜드 관리자들은 단기간에 이뤄낸 성과에 따른 보상을 받는 경향이 있기 때문에 실현되는 데 몇 년씩이나 걸릴 수 있고 흔히 결과를 측정하기가 더 어려운 광고보다는 좀더 단기간에 이익을 볼 수 있는 판매촉진 방식을 선호한다.

후원도 점점 중요해지고 있다. 앤호이저부시(AnheuserBusch), 펩시코, 제네럴모터스, 코카콜라, 맥도널드, 그리고 포 미국에서 후원에 많은 돈을 소비하는 일부 기업들이다. 유럽 국가들도 후원에 보다 많은 강조를 해왔는데, 이러한 현상은 축구나 자동차 경주와 같은 스포츠에서 더 분명해졌다. 하지만, 2008년 후반에 시작된 금융 및 신용 위기는 많은 기업들로 하여금 자사의 후원예산을 삭감하게 만들었다.

무역박람회 또한 해외시장, 특히 유럽과 아시아에서 제품을 판매하는데 매우 인기있는 도구이다. 최근 홍콩은 수 백만 평방 피트의 전시공간을 추가로 확보했다. 세계

자동차 경주 후원은 미국, 유럽 그리고 아시아에서는 매우 흔한 일이다.

에서 가장 잘 알려진 최대의 전시회가 독일의 하노버에서 열린다. 하지만, 모든 무역박람회가 방대한 규모의 공간을 필요로 하는 것은 아니며, 대기업들에 의해서만 주도되지는 않는다.

해외의 무역박람회에서 자사의 제품을 전시하는 기업들은 몇 가지 이점을 얻어 누린다. 그것을 구매하는 데 관심을 가졌을 수도 있는 해외 기업들에게 눈으로 살펴보고 실제로 시험해볼 수 있게 해준다. 또한 부스에 있는 직원들이 즉각적인 질문에 대답해줄 수 있고, 경쟁업체들을 눈 여겨 볼 수 있다. 대부분의 무역박람회 방문자들은 특히 제품을 살펴보려는 목적으로 전시회장을 방문한다. 따라서, 전시를 하는 기업은 한 번의 전시회에 때로 수천 달러 혹은 수 백만 달러의 제품을 팔기도 한다. 해외 무역박람회에서 이러한 이점을 최대한 얻어내려면, 기업들은 자사의 전시회가 언제 어디서 개최하는지를 고객들 및 잠재적 고객들에게 미리 통보해 주어야 한다. 전시회 중에는, 방문객들을 자사의 부스로 끌어들일 노력을 기울여야 한다. 이러한 예로서, 한 그래픽 아트 회사는 국제 무역박람회 부스에서 팝콘을 만들었는데, 그 맛있는 냄새가 방문객 일행을 유도하고, 판매원들이 설명하고 있는 동안 방문객들은 팝콘 한 봉지를 공짜로 받게 되어 있었다. 기업들은 자사의 전시회에 온 방문객들로부터 나오는 정보를 수집하는 일이 중요하다. 수집할 정보로서는 소속업계와 회사명, 그 개인들의 이름과 직함, 연락처, 전시된 제품을 구매할 잠재적 관심, 지급할 가격, 그리고 구매할 지도 모를 가능한 수량 등이 포함 된다. 그리고 전시회가 끝난 뒤, 전시 기업의 판매원들은 위와 같은 정보를 바탕으로 가장 적합한 고객들을 방문해야 한다.

12-4c. 공보

공보는 신문, 잡지, 텔레비전, 라디오 같은 매체와 인터넷에 나타나는 자기회사, 자사의 제품이나 서비스, 그리고 자사의 간부들에 대한 기사거리(설명)을 지칭한다. 비록 그런 매체들에 직접적인 금액 지급은 하지 않지만, 해외에서 사업활동을 수행하는 대기업의 경우 공보활동(public relations)부서를 만들어서 자사에 대해 긍정적으로 보도하도록 매체들에 영향을 미치려고 시도한다. 하지만 기업들이 매체에, 특히 해외의 매체에 직접적으로 통제를 행사하지는 않는다. 따라서 항상 성공적인 결과가 보장되지는 않는다. 사실, 외국인 기업들이 투자대상 국가들에서 사업을 운영하는 것에 대해 부정적으로 보도하는 일이 드물지 않다. 예컨대, 2010년 멕시코 걸프 만에서 BP 딥워터 호라이즌의 기름 유출사건 동안에도 그런 부정적인 보도가 있었다. 이런 사건이 일어난다면, 기업의 공보활동 부서는 만약 그런 보도가 거짓이라면 맞대응을 해야 하지만, 만일 그런 보도가 사실이라면 문제를 해결하기 위해 즉각적이고 치유적인 행동을 취해야 할 필요가 있으며, 기업들의 공보 활동부서는 해결책에 대해 언론 매체들에게 어떻게 알릴 것인가를 결정할 필요가 있다.

공보활동은 수많은 이점을 제공한다. 공보활동은 기업으로 하여금 새로운 고객을 찾거나, 판매 방문을 위한 길을 닦아 주며(기업에 우호적인 기사가 판매 방문에 앞서서 잠재적 고객들에게 보내어짐)주요 품목이 아닌 제품들을 파는데 도움이 되며 판촉예산을 증대시키는 데에도 도움이 된다. 하지만, 가장 큰 이점은 우호적인 기사는 객관성과 편파성이 없는 제 3자적 인증을 제공하는 것이다. 이는 해외 공급업체와 사업거래를 하는 것에 회의적일 수도 있는 외국인 고객과 잠재고객들의 시각에서는 매우 바람직한 것이다.

사실확인 LO-4

비즈니스 잡지(포브스, 비즈니스 위크 등) 또는 신문(월 스트리트 저널)의 발행지에 실려 있는 광고들을 살펴 보라. 얼마나 많은 광고들이 해외에 본부를 둔 기업들로부터 나온 것인가? 그리고 그러한 광고들은 국내의 잠재고객들에게 얼마나 잘 호소하고 있는가?

12-5. 국제 유통 믹스개발

LO-5
유통 경로와 물적 유통을 정의하고 국제적으로 제품을 판매하는 데 있어서 이들 각각의 역할을 간략히 설명해 보라

국제 유통은 유경로와 물적 유통, 이렇게 두 가지 주요 측면을 포함한다. 국제 마케팅 담당자들이 성공하고자 한다면 이들 각 방식을 효과적으로 실행할 필요가 있다.

12-5a. 판매 경로

해외에서 사업활동을 수행하고 있는 기업들은 유통경로에 관한 한 두 가지 선택권이 있다. 기업들은 해외시장에 있는 유통경로를 이용할 수 있고 이를 '**간접전략**'이라 부른다. 아니면 기업은 이러한 유통경로를 우회하고 자사가 공급하는 외국시장에 설립/유지하고 있는 판매 사무실이나 마케팅을 통해 자사의 제품과 서비스를 판매할 수도 있는데, 이러한 방식 '**직접전략**'이라고 불린다.

해외에 위치하고 있는 유통경로들을 이용하는 간접전략의 경우 몇 가지 이점이 있다. 기업이 직접전략을 통해 제품이나 서비스를 배송하는 것보다 더 신속하게 국제적 시장에 제품을 도입시킬 수 있다. 유통경로들은 흔히 외국시장에 대한 우수한 이해도와 지식을 가지고 있기 때문에, 직접전략의 경우와 달라서 해외 사무실을 꾸리기 위해 새로운 판매인력을 뽑고 훈련시킬 필요가 없어서 선행투자가 필요하지 않다. 다시 말해, 유통경로들이 위탁에 대해 10% 정도의 수수료를 받는다고 해도 실제로 팔리기까지는 그 기업은 한 푼도 손실을 입지 않는다.

하지만, 유통경로를 이용하는 데에는 몇 가지 단점도 존재한다. 유통경로들은 흔히 경쟁사의 제품을 취급하기도 하는데, 이는 특정 마케팅 담당자의 제품에 많은 관심을 기울이지 않을 수도 있음을 의미한다. 유통경로를 이용한다는 것은 그 기업이 마케팅 노력의 상당 부분에 대한 통제력을 포기한다는 것을 의미한다. 직접전략의 경우는 기업이 마케팅 노력의 전부를 통제할 수 있는데 이것이 기업들이 직접전략을 채택하는 큰 이유들 중의 하나이다.

해외시장으로 제품이나 서비스를 판매하기 시작하는 기업은 흔히 유통경로를 선택하게 된다. 사업이 확장되면서, 간접전략이 직접전략보다 비용이 더 많이 소요되고 있다고 결론을 내릴 수도 있다. 이를 알아내기 위해서, 그 기업은 간접 방식의 총비용이 직접전략의 총비용을 초과하는 수준의 매출액을 계산한다. 예를 들어 어떤 기업이 유통경로 회사에게 판매할 때마다 10%의 수수료를 준다고 가정해 보자. 그리고 그 회사의 직접전략에 대한투자비가 20만 달러이고, 판매원이 판매 건당 6%의 수수료를 받는다고 가정한다. 다음의 계산식을 사용하여 유통경로가 그 회사가 보유한 판매인력에 의해 대체되어야 하는 매출액 수준을 계산해 낼 수 있다.

$$0.10X = \$200,000 + 0.06X$$
$$X = \$5 \text{ million}$$

매출액이 500만 달러를 초과하면 직접전략을 취하는 것이 더 저렴하고, 매출액이 500만 달러에 미달하면 직접전략의 경우가 비용이 더 많이 든다. 예를 들어, 매출액이 600만 달러라면, 직접전략에 드는 비용은 $560,000($200,000 + 0.06 x $6 million)이 된다. 반면에 간접전략에 드는 비용은 $600,000($6 million x 0.10)이 된다.

대리점(agent)과 유통업자(distributor)는 국제마케팅 담당자들이 활용할 수 있는 두 종류의 주요한 유통경로이다. 대리점은 해외시장에서 특정 기업을 대표하여 판매활동을 하며 달성한 매출액에 따른 수수료로 보상 받는다. 대리점은 고객사의 제품을 판매하면서 발생된 비용보다 자신들이 받는 수수료가 더 클 때 이익을 얻게 된다.

유통업자는 국제시장에서 사업활동을 하고 있는 기업에게서 제품을 구매하고, 이를 다시 다른 구매자들에게 재판매한다. 유통업자는 제품에 대해 지급한 구매비용과 그것을 재판매하는 과정에서 관여된 비용을 합친 것보다 그 제품을 더 높은 가격에 팔 수 있을 때 이익을 얻게 된다.

12-5b. 물류

물류는 기업이 자사의 제품을 해외시장으로 이동시키기 위해 사용하는보관 및 운송활동을 말한다. 보관은 한 회사의 제품이 본국 내에 보유하고 있는 동안, 그것이 해외시장으로 운송되기까지 그 회사의 제품을 위한 창고 사용을 포함한다. 때로는 제품들이 국제 고객들에 의해 구매되기 전까지 진출국의 창고에서 보관되기도 할 것이다.

이베이(Ebay)와 아마존(Amazon)은 인도 시장에 진입하는 데는 물류가 주요한 요소라는 사실을 알고 있다. 이 두 회사 모두 배송을 가속화하고 더 신뢰성 있게 할 수 있도록 설계된 물류 시설을 구축했다. 아마존은 15만평방 피트 규모의 두 번째 창고를 방갈로어(Banglore)에 구축할 예정이고, 첫번째 창고는 뭄바이(Mumbai)에 있다. 또한 이베이는 뭄바이에 거주하고 있는 고객들에게 9시간 이내 배송을 약속하고 있다.

기업은 해외에서 자사 제품의 판매를 시작하려 할 때, 자사의 물류 활동에 영향을 줄 새로운 형태의 변수에 직면하게 된다. 이탈리아와 일본과 같은 일부 국가들의 경우 미국에 비해서 더 많은 유통 계층이 존재할 것이다. 흔히, 도매업자들과 소매업자들은 규모가 작은 비효율적인 업체들이다. 이러한 요인들은 더욱 복잡하고 비용이 많이 드는 물류 활동을 초래하는 결과를 낳는다. 교량, 터널, 도로, 항구, 철로, 그리고 공항과 같은 빈약한 물류지원 기반시설 또한 많은 해외 국가들에서 극복해야 할 또 다른 도전과제들이다. 해외 구매자들은 국내 고객들보다는 배송시간이 더 오래 걸리는 것을 수용해 줄 가능성이 더 크지만, 그래도 구매자들은 배송이 정해진 시간에 이루어질 것으로 기대한다. 구매자들은 판매자들과 수천 마일이나 떨어져 있을 수 있으므로 일어날 수도 있는 각종 문제들을 일일이 제기하기가 어렵다. 그래서 해외 구매자들은 물건이 완전하고(누락되는 물품 없이), 정확하게(정확한 물품이 수령되는 것), 그리고 양호한 상태로(훼손된 제품이 없이) 배송되기를 요구한다.

컨테이너의 사용은 복합일관 운송의 이용을 원활하게 해준다.

국제운송에 소요되는 거리가 멀수록 판매자는 운송중인 물품을 보호할 수 있도록 설계된 포장에 더 관심을 집중한다. 또한 거리가 멀수록 국제운송을 위한 물류 지원비가 증가하게 된다. 국내운송의 경우 트럭이나 기차를 이용한 운송이 단연 많은 반면, 국제운송의 경우 비행기나 선박을 통한 운송이 가장 중요하다. 항공 운송은 전체 국제운송의 약 1%를 차지하는데 불과하지만 전체 운송가액의 20%를 차지하고 있다. 손상되기 쉬운 고가품이나 고객들에게 신속히 도달되어야 하는 품목들, 생화, PC, 기계부품과 같은 품목들이 전형적으로 항공편으로 운송되는 상품들의 예이다. 대형 컨테이너 선박이나 유조선은 대량의 제품을 국제 구매자들에게 운송하는데, 단위당 가격은 낮지만 항공 운송에 비해 훨씬 더 느린 속도로 운송된다. 또한 요즘 기업들에게 점증하는 문제와 관심의 대상이 되고 있는 사실로써, 화물선들이 종종 아덴만과 인도양에서 해적들에게 납치되어 왔다. 국제해사기구의 보고에 따르면 "2008년에 이들 지역에서 총 135회의 해적에 의한 습격이 있었는데, 그 중 44 척의 선박이 탈취되었으며, 600명 이상의 선원들이 납치되어 몸값 요구로 억류되었다.

해외시장에 제품을 판매하는 기업들은 종종 운송 주선인(freight forwarder)의 업무와 연관을 맺어야 할 때가 있다. 운송 주선인은 제품을 해외의 고객들에게 운송하는 회사들을 위한 대리인으로서의 역할을 수행한다. 이들은 제품을 국내의 항구나 공항으로 운송하는 일을 처리하고, 제품을 수송할 선박이나 항공기를 협의하며, 본국과 진출국가의 세관통과를 빠르게 진척시키며, 보관창고의 이용에 관해 협상하고, 가장 중요하게는 해외 운송에 필요한 혼란스럽고 시간 소모적인 모든 문서작업(서류업무)을 말끔히 처리해 준다.

국제 물류의 가장 큰 발전은 컨테이너 수송(컨테이너화)인데, 선적품이 트레일러 사이즈의 컨테이너(주로 40x8x8 피트) 안에 채워져서, 한가지 유형의 운송수단(트럭, 기차, 비행기, 또는 원양선)에서 다른 종류의 운송수단으로 이송될 때 내용물을 전부 내리거나 다시 실을 필요

기술적 관점

기술의 획기적 발전은 국제운송의 효능을 향상시킨다.

덴마크 해운 회사인 A. P. 몰러 머스크(Moller–Maersk)는 한국의 조선업체인대우 조선/해양 엔지니어링에 Triple-E라는 세계 최대의 화물선 20척의 건조를 위탁하였다. 각 Triple-E는 건조비가 1억 8,500만 달러이며, 길이가 1,312,폭은 194 피트이고, 적재물이 없는 상태에서의 무게가 55,000 톤이며, 40피트 길이의 컨테이너 9,000개를 실을 수 있는 용량인데, 이는 현재의 대부분 화물선보다 40% 정도 더 많은 적재용량이다. Triple-E 1척을 건조하는 데는 일년이 걸릴 것으로 추정된다. 이 선박들은 북 유럽과 중국을 오고 가게 될 예정이다.

Triple-E 선박들은 머스크와 이 회사의 화주(화주)들에게 다양한 이점을 제공한다. Triple-E는 기존의 경쟁사의 최대용량 화물선들보다 약 30%나 더 연료를 절감할 수 있으며, 이러한 연료 소모상의 이점은 Triple-E가 안정적으로 시속16 노트의 안정적인 속도로 운항할 수 있는데 기인한다. 이러한 연료효율 이점의 증대는 선적된 화물의 단위당 비용을 낮춰줘서 결과적으로는 선적비용의 절감이라는 형태로 화주들에게 그 혜택이 돌아간다.

EU는 최근 세계의 수로를 오르내릴 수 있는 무인 선박의 개발 가능성을 평가하도록 480만 달러를 위탁했다. 2015년까지 디지털 시제품이 준비될 예정이다. 롤스로이스 해양공학 부사장인 린더(Oskar Leander)는 2014년 5월에 열린 회의에서 그 아이디어를 찬성한다고 공표했는데, 드디어 그 회사는 시제품을 개발했던 것이다.

이러한 무인 선박이 현실화되면 수많은 이점이 있을 것으로 추정된다. 가장 큰 이점은 선원이 불필요하다는 것이다. 이는 선박회사의 운영비를 44% 절감하는 결과를 낳고, 결국 화주들에게는 더 낮은 운송비 부담으로 혜택이 돌아간다. 또한 기존에 선원이 일상적으로 기거하던 선교(브릿지)는 물건을 실을 수 있는 화물창고 공간이나 공조시설로 변경하거나, 선원용의 하수처리 시스템이 제거될 수 있을 것이다. 따라서 이렇게 불필요한 부분들이 제거되어 비어진 배는 5% 더 가벼워지고 15% 더 효율적이 된다. 무인 선박의 지지자들은 원격 통제 기술, 예방적 유지보수, 그리고 비상시 대체지원 면에서의 개선이 이루어진다면 유인선박보다 더 안전할 것이라고 주장한다.

기존의 운항 해로가 점점 혼잡해지자, 중국은 새로운 수로를 건설하려는 아이디어를 추진하고 있다. 한 가지 가능성은 Kra의 지협을 가로지르는 수로를 건설하는 것이다. 길이는 대략 30 마일이 될 것이고, 태국과 말레이시아의 토지를 가로지르는 수로가 될 예정이다. 주 목적은 선박들에게 말라카 해협을 우회하여 동–서 접근의 편의를 제공하는 것이다. 현재 말라카 해협은 싱가포르 남쪽과 스마트라 북쪽 사이의 가장 붐비는 수로들 중의 하나이다.

이와 비슷하게 서반구에서는 중국의 전기통신 억만장자인 왕징(Wang Jing)이 수장으로 있는 HK 니카라구아 수로개발 투자회사가 니카라구아를 가로지르는 수로의 건설권을 따냈다. 또한 송유관 하나와 두 개의 심수항, 철로 하나, 그리고 두개의 공항까지 포함될 예정이며, 총비용은 400억 달러에 달할 것으로 평가된다.

왕징은이 수로공사는 더 큰 규모의 선박들을 수용할 필요가 있게 하여, 기존의 파나마 수로도 수용하지 못하는 더 큰 규모의 선박들을 운행할 수 있게 만들 계획이라고 주장했는데, 50억 달러의 추가 비용에도 불구하고 이 수로는 2014년 완공되었다.

문제:

1) Triple-E 선박이 중국의 상해로부터 네덜란드의 로테르담까지 가는데 시일이 얼마나 걸릴 것이라고 추정하는가?

2) 무인 선박의 주요 단점들은 무엇이 있다고 생각하는가?

3) 세계지도를 살펴보라. 새로운 수로가 들어서면 경제적으로 발전할 수 있을 것 같은 기타의 장소들이 있는가? 이러한 평가를 내리는 데 있어서 당신은 어떤 기준을 사용하겠는가?

출처: Drake Bennett and Lee Klaskow, "The World's Biggest Boat," *BusinessWeek*, September 9–15, 2013, pp. 44–50; Isaac Arnsdorf, "Will Drone Ships Sail the Seven Seas?" *BusinessWeek*, March 3–9, 2014, pp. 24–25; and Adam Williams, "Nicaragua Wants a Canal It Can Call Its Own," *BusinessWeek*, July 1–7, 2013, pp. 18–19.

성을 덜어준다(복합일관 운송). 거대한 컨테이너 크레인들이 무거운 컨테이너들을 선박에서 전복사고 없이 싣고 내리는 적재업무가 가능케 해준다. 컨테이너 수송은 취급비용을 낮춰주고, 손상이나 도난위험을 줄여준다.

물류는 기업의 국제적 사업활동에 중요한 요소 중의 하나이다. 쉐너보(DiderChenneveau)는 2008년 한국의 세계적 대형 전자업체인 LG전자에 동 사의 혼란스러운 물류시스템을 해결하기 위해 고용되었다. 쉐너보는 그때 회사의 심각한 물류 시스템을 보완하기 위해서 LG의 10개의 창고관리 시스템과 5개의 운송업무 시스템, 그리고 4개의 전산프로그램에 의한 재고추적 시스템을 하나의 글로벌 시스템으로 통합하는 작업을 시도하고 있었다.

사실확인 LO-5

당신이 거주 또는 근무하는 곳 인근의 주요 도시간 고속도로나 화물열차 철길을 관찰해 보라. 가능하다면, 주요 바다, 호수, 또는 강에 있는 부두를 방문해서 화물선에 짐을 싣고 내리는 광경을 관찰해 보라. 컨테이너 화물의 움직임에 특별히 유의해서 관찰해보라. 어떤 화물이 해외로부터 도착한 것인지 알 수 있겠는가?

12-6. 국제 가격책정 믹스개발

LO-6
국제 가격책정의 목표 및 연관된 의사결정을 논의해 보라.

국제시장을 대상으로 한 가격책정 목표를 개발하는 것, 국제시장에서 가격을 설정하는 것, 덤핑 문제에 항의를 제기하는 것, 그리고 이전가격을 설정하는 것은 특정 기업의 국제 가격책정 전략의 주요한 측면이다. 이러한 사안들은 기업의 해외시장에서 획득되는 매출, 비용, 그리고 이익에 영향을 미치기 때문에 매우 중요한 결정들이다.

12-6a.가격책정 목표

기업의 국제 가격책정 믹스를 결정하는 데는 네 가지 주요 목표 고려가 포함된다(표 12.5를 참조). 성과 목표에는 순이익, 투자수익율(ROI), 시장점유율, 그리고 침투효과와 같은 핵심목표들이 포함된다.

예방 목표는 경쟁사들을 해외시장에 진입하지 못하도록 하는 데 즉, 낮은 가격을 책정하여 경쟁업체들이 필적하기 곤란하게 만들거나, 고국과 진출국 정부에 의한 정밀조사를 저지하는 데도 사용될 수 있다. 저가와 고가 둘 다 정부로 하여금 해외시장에서 어떤 가격이 설정되고 있는지를 분석할 빌미를 제공한다.

유지 목표는 현재의 상태를 유지하기 위하여 고안된 목표이다. 즉, 현재와 같은 경쟁 구도를 유지하는 것이나, 딜러와의 우호관계를 유지하는 것(딜러들이 받는 수익마진, 그들이 제품을 판매하기 위해 기울이는 노력 등) 등이 포함된다.

마지막 가격책정 목표는 생존 목표이다. 때로는 가격책정 전략이 기업이 국제시장에서 생존을 위해 사용되어야 한다. 예컨대 1970년 미국 시장에 자가용 승용차가 처음으로 출시되었을 대 마즈다(Mazda)가 바로 이런 상황에 직면했다. 자사의 혁신적인 도전이었던 로터리 엔진이 제대로 성능이 발휘되지 않아서 마즈다의 매출은 매우 실망적

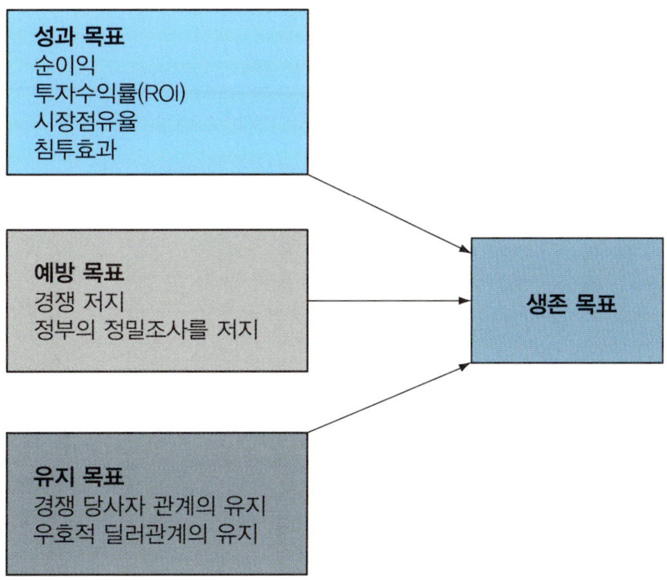

참고자료 12.5: 국제적 제품 및 서비스를 위한 가격책정 목표들

이었고 그래서 세계최대의 자동차 시장에서 자사의 생존이 회의적이었다. 따라서 마즈다는, 환불(rebate)의 방식으로 자동차 딜러들과 소비자들 모두에게 대폭적인 가격인하책을 사용해서, 결함있는 엔진을 재정비할 시간을 벌었다. 이러한 가격책정 전략은 마즈다가 미국 시장에 존속하는 방향으로 작용했고, 엔진이 개조되었으며, 재출시 되기에 이르렀다. 오늘날 마즈다는 미국 시장에서 견고한 위치를 유지하고 있다.

12-6b. 국제시장에서의 가격 설정

가격책정 목표가 수립되고 나면, 기업은 다양한 국제시장들에서 구체적인 가격을 책정하는 과업에 직면하게 될 것이다. 여기서 꼭 고려되어야 할 요인들에는 다음과 같은 것들이 있다.

- 비용
- 경쟁사 제품의 매력과 그 가격
- 해당 제품은 얼마나 경쟁력이 있는가
- 해당 제품은 얼마나 많은 마케팅 지원(판촉예산, 고객 서비스의 수준, 그 제품을 판매하는 판매인력의 수, 기타 등)을 받게 될 것인가
- 수요가 어느 정도가 될 가능성이 있는가

가격을 설정하는 한 가지 방법은 해외시장에서도 국내시장과 동일한 가격을 부과하는 것이다. 이러한 접근 방법은 그 제품에 관련된 고정비용과 변동비율을 모두 인정하는 것이 된다. 흔히 가격은 해외시장에 제품을 내놓기 위해 소요되는 이들 주된 비용(고정비, 변동비)과 주변비용(운송, 보관, 그리고 판촉비)을 포함하여 설정된다. 시장 차별화 접근방법도 이들 비용을 인정하지만 그 제품에 대해 존재하는 다양한 가격대의 수용 더 큰 중점을 둔다.

12-6c. 덤핑

해외시장에서 경쟁사들(특히 진출국의 경쟁사들)보다 낮은 가격을 책정하는 회사는 **덤핑**이라고 고발될 수도 있다. 고발하는 회사들은 덤핑업체가 자신들을 시장에서 나가도록 강요할 수 있을 만큼 자신들이 판매와 시장점유율에서 손실을 입는다고 느끼기 때문에, 세계무역기구(WTO)에 고소장을 제출할 수도 있다. 때로는 덤핑이 덤핑하는 회사들에게 보조금을 제공하는 본국에 의해 촉진되기도 한다. 예를 들어, 이란의 벽돌이 이라크에 쇄도하여 이라크제 벽돌에 비해 약 1/3 가격에 팔렸다. 이는 이란 정부가 자국의 벽돌제조 기업들에게 저가의 연료와 전기를 공급함은 물론이고 상당 폭의 세금감면 혜택을 주었기 때문이었다.

윤리적 관점

회색 마케팅의 윤리적 문제

회색 마케팅("병행수입" 으로도 불림)은 허가 받지 않은 수입상들이 어떤 제조업체의 제품을 그 제조업체가 국내시장에서 부과하는 가격보다 더 저렴하게 재판매하는 행위를 일컫는다. 이런 제품들에는 대부분 소비재 품목들이 포함될 경우가 많지만, 종종 기계류 같은 고가의 자본재 품목들도 국내시장으로 재수입된 사례들도 있다.

남성 셔츠를 만드는 미국의 한 제조업체가 그것을 미국 시장에서 20 달러에 팔고 있지만, 아시아 시장에서는 14 달러에 팔리고 있다고 가정해 보자. 제조업체의 유통경로 체계에 포함되어 있지 않은 한 판매상이 그것을 14 달러에 구매하여 18 달러에 재판매 함으로써, 그 미국 제조업체는 본국 시장에서 매출 손실을 입게 되는 반면 그 회색 마케터는 제조업체의 국내시장에서 판매하는 노력과 비용이 4 달러 미만이라면 이익을 보게 되는 결과를 초래한다($18 – $14).

회색 마케터들은 자신들의 행위를 여러 가지 방법으로 정당화한다. 그들은 만일 국내 제조업체가 자국내 고객에게 과도하게 가격을 부과하고 있지 않다면 자신들이 이렇게 이익을 얻을 수 있는 기회는 생기지 않을 것이라고 주장한다. 또한 자신들의 행동은 경쟁을 증대시키고, 국내시장의 구매자들은 제조업체에서 구매한다면 지불할 필요가 있는 금액보다 더 저렴한 가격의 혜택을 얻어 누릴 수 있다고 주장한다.

한편 제조업체들은 더 낮은 가격에 자사의 제품이 팔리고, 그러한 수입업자들은 제조업체들과 똑같은 수준의 보장과 보증을 해주지 않을 것이므로 자사의 기업 이미지가 훼손될 수 있다고 말함으로써 그러한 회색 마케터들에 대해 불평을 토로한다. 제조업체의 또 다른 주장은, 회색 마케터들은 제조업체의 연구개발과 판매촉진 투자 위에서 "무임승차"를 하고 있다고 주장한다. 또한 회색 마케팅이 발생하는 원인 중 하나는 해외의 특약 판매업체들이 제조업체의 제품의 일부를 회색 마케터들에게 "전용하여 팔기(divert)" 때문이라고 주장한다.

두 가지 가격책정 전략들이 흔히 덤핑 혐의를 촉발하게 된다:

1) 본국의 기업이 국내시장에 부과하는 가격보다 낮게 해외시장에서 가격을 설정한다면
2) 가격이 국내에서 부과하는 수준보다는 높지만 그 제품을 해외로 운반하고 거기에서 판매하는데 필요한 주변비용을 합산 한 것보다는 그 가격이 낮을 때

12-6d. 이전가격 책정

많은 기업들, 특히 대형 다국적 기업들은 해외에 자회사들을 갖고 있어서 거기에다 제품을 팔고, 이어서 자회사들은 그 제품을 재판매한다. 이때 기업이 해외의 자회사들에게 물건을 부과하는 가격을 **이전가격**(transfer price)이라고 하며, 본국과 진출국의 세무당국의 정밀 조사를 받는다. 이들 기관은 흔히 기업들이 이익을 극대화하려는 목적보다는 세금을 최소화하려는 목적에서 이전가격을 설정한다고 주장한다. 이러한 가능성을 배제하기 위해서, 세무당국은 부과되는 제품 가격은 반드시 **정상 가격**(arms length price) 즉, 해외시장이 기꺼이 지불하고자 하는 가격이어야 한다고 규정하고 있다.

사실확인 LO-6

인터넷을 이용해서, 하나 이상의 외국 내 수개 제품의 가격들을 조사하여 그 가격들을 해당 제품들이 생산된 본국에서의 가격들과 비교해 보라. 어떤 요인들이 해외시장에서의 가격을 결정짓는다고 생각하는가? 그 가격들 중 어떤 것이 어느 한 국가 또는 다른 국가에서 인위적으로 더 높거나 낮은가?

12-7. 국제적 고객 서비스 믹스의 개발

LO-7
국제적으로 판매되고 있는 제품과 서비스에 요구되는 고객 서비스의 측면들을 논의하라.

오늘날 해외 고객들에게 더 훌륭한 수준의 고객 서비스를 제공하는 것은 국제 마케팅 담당자들에게 있어서 한층 더 중요한 책임이 되고 있다. 해외에 위치한 공급업체에게 제품 구매를 고려중인 기업들은 흔히 그 공급상이 자사에게 다양한 서비스를 제공할 의지와 능력이 어느 정도인가에 대한 자사의 인식에 기반하여 선택을 하게 된다. 그리고 같은 이유로, 기존의 해외 고객들도 또 이러한 서비스에 의해 그 공급상을 더욱 신뢰할 가능성이 있다.

외국기업들이 고객 서비스에 중점을 두는 것은 대체로 자사와 해외 공급상들 간에는 수천 마일이나 떨어져 있을 수 있다는 사실 때문이다. 덧붙여, 제품과 가격이 더욱 유사해짐에 따라 해외 구매 잠재고객들과 고객들은 구매결정을 내릴 때 다른 요인들을 살펴보게 될 것이다. 이때 구매결정을 내릴 때는 흔히 고려하는 기타 결정 변수는 자사에게 제공되는 고객 서비스일 것이다.

그렇다면 해외 구매자들에게는 어떤 부류의 고객 서비스가 중요시되는 걸까? 몇 가지 예로서는, 배송(적시 및 정확성), 장비 및 기계류의 설치, 문제 해결적이고 설명력있는 친절한 보증서, 수리, 반품 수용, 긴급 운송의 제공, 기 조립된 제품의 배송 가능, 수출과 수입에 필요한 문서처리, 주문 주기의 일관성 등이 있다.

제품의 가격과 비교했을 때 고객 서비스는 얼마나 중요한가? 포럼(Forum Corporation)의 광범위한 연구결과에 의하면, "고객 서비스의 제반 중요점들을 조사해 보니, 고객들이

경제적 관점

도요타의 안전 리콜

2009년부터 2010년까지, 토요타(Toyota)는 심각한 안전상의 문제로 전세계에 걸쳐 백만 대의 차량을 리콜해야 했다. 사장 아키오 도요타(Akio Toyoda)와 여타 임원들은 미 의회에 나타나 미국내의 이 상황에 대해 어떻게 대처할 것인지를 설명하라는 요청을 받았다. 토요타의 문제들을 설명하는 데에 여러 가지 이유가 제시되었다. 고객 만족에 초점을 두던 것과 개성을 강조하던 것에서 완전히 방향을 바꾸었고, 그 대신에 자사의 세계시장 점유율을 11%에서 15%로 증대시키는 데 매진했었다.

대부분의 전문가들은 토요타가 자사의 공급업체들과 겪은 문제들을 지적했는데, 그것은 3개 범주로 구분될 수 있었다. 즉, 토요타는 보쉬(Bosch), 델파이(Delphi), 그리고 테네코(Tenneco)와 같은 1단계 공급업체들이 큰 집적 시스템을 토요타에 직접 공급하고, 2단계 공급업체들은 부품과 구성품을 토요타와 1단계 공급상들에게 공급하며, 마지막 3단계 공급업체들은 오직 한 구성품만을 1단계 공급업체에 공급한다.

즉, 토요타는 통상적인 업계의 관행에서 벗어나 특정 구성품의 유일한 공급처로서 선호되는 1단계 공급업체를 지정했었다. 이러한 관행은 긴밀한 협동과 상호혜택에 대한 공감을 낳았다. 한편 서구의 제조업체들은 입찰절차를 통한 단기의 계약 기회를 준다. 이러한 협동체제는 이 회사의 유명한 "적시(just-in-time; JIT)"제조 전략에 크게 기여했다. 이 적시제조 전략에서는 구성 부품들이 생산공정에 투입될 필요가 있는 때에 정확히 수령되었고, 이는 재고품과 이에 관련된 부대비용을 크게 절감시켜 주었다.

하지만 2008년 토요타가 공격적인 확장계획에 착수하자, 이 회사는 2단계와 3단계의 공급업체들에게 의존할 필요가 있었지만, 이러한 공급업체들의 대부분이 일본 국외에 위치해 있었다. 이들 공급업체는 토요타가 자사의 1단계 공급업체들에 대해 가졌던 것과 같은 통제권에 속해 있지 않았고, 그 결과 품질문제가 야기되었다.

2014년, 토요타는 당시 27개 모델에서 사소한 결함들이 발생하여 640만 대의 자동차를 리콜해야 했다. 도요타는 그 비난에 대해 책임을 졌지만, 자사의 명성은 또 한번 훼손되었다.

문제:

1) 토요타는 리콜 문제에 대해 어떻게 대처해야 하는가?

2) 왜 조기 리콜이 필수적이었는가?

3) 2014년 리콜의 필요성에 대해 당신은 어떻게 생각하는가?

출처: "The Machine That Ran Too Hot," *The Economist*, February 27, 2010, p. 74; "Another 6.4 Million Dents," *BusinessWeek*, April 14–20, 2014, p. 25.

공급업체를 바꿀 가능성의 이유로써는 가격이나 제품 문제 때문보다는 인지되는 고객 서비스 문제 때문인 경우가 5배나 더 많은 것으로 평가되었다. 덧붙여서, 보다 높은 표준의 고객 서비스를 갖추고 있을 시, **지갑 점유율**(share of wallet), 즉 한 고객이 한 공급업체에게 제공하는 특정 제품 종류에서의 구매비용이 80%나 증가될 수도 있다고 한다.

하지만 기업들은 너무 높은 수준의 서비스를 제공하는 것은 자제해야 한다. 즉 고객 서비스에 대해 고객이 바람직한 방식으로 부응하지 않거나(공급상에게 일거리를 더 많이 부과시키는 등), 또는 더 높은 수준의 고객 서비스를 제공하는 데 관련되어 발생하는 비용이 너무 높다면, 기업들은 거기에는 자원을 과도하게 할당하고 있는 것이 된다. 또한 기업들은 자사의 고객 서비스가 신뢰할 만 한지를 확인해볼 필요가 있다. **신뢰도**에는 적시에 물품을 배송 받는 것, 주문의 정확성, 업무처리의 완결성, 제품의 상태, 수리가 적시에 이루어지게 하는 것, 품질의 일관성 유지 등이 포함된다.

고객 서비스의 중요한 측면 중 하나는 고객의 불평이 어떻게 취급되는가 이다. 고객의 불평에 대한 단 한번의 미숙한 대응이 더 낮은 수준의 만족을 초래하고, 그로 인해 그 고객이 다른 회사를 선택할 가능성은 증가하게 된다. 기민한 기업은 고객들의 불평을 기분 좋게 받아들인다. 왜냐 하면 만약 그러한 불평이 적절하게 잘 다루어지게 되면 고객의 이탈을 막을 수 있고, 자사에 대한 충성도를 높일 수 있으며, 매출을 높일 수 있고, 또 다른 고객들에게 자사에 대한 우호적인 입 소문을 퍼뜨려주기 때문이다. 기술지원 연구 프로그램(Technical Assistance Research Programs)의 고객 서비스 자문 수석 부사장인 나리바(Jay narivaha)는 문제를 가졌다가 해결된 고객은 문제를 갖고 있지 않던 고객보다 대상기업에 대한 충성도가 훨씬 더 높다고 말한다. 따라서 기업은 불평이나 문제가 없는 것을 오히려 두려워해야 한다. 이러한 고객들은 자신의 관심을 알려지게는 하지 않지만, 그냥 손쉽게 다른 공급업체에게로 이탈해 버림으로써 이전의 공급업체에게는 불평에 대해 손 쓸 일도 거의 없게, 그리고 왜 이탈했는지에 대해 아무런 정보도 얻지 못하게 해버린다.

소비자들의 불평을 경청함으로써 몇몇 항공사들은 다수의 다루기 힘들고, 소리치고, 우는 아이들을 비롯한 여행객들의 비행에 관한 불만족을 알게 되었다. 아시아 항공(Air Asia)과 말레이시안 항공은 일반 여행객들에게서 어린아이를 동반한 여행객들을 분리시키기 시작했고, 싱가포르 항공은 추가 요금을 기꺼이 지불하는 탑승객들에게는 아이가 없는 위치의 좌석을 제공하고 있다. 일부 항공사들은 비즈니스급 좌석에는 아예 아이들의 탑승을 허용하지 않기도 한다.

고객으로부터의 불평이 발생하면, 가장 효과적인 전략은 그 문제를 즉시 다루는 것이다. 불평에 대해 즉각적으로 대응하는 것의 중요성은 브리티쉬 항공사(British Airways)에서 특히 강조되고 있다. 브리티시 항공사 대표인 마셜(Sir Colin Marshall)은 "우리는 직원들이 고객들의 불평에 대해 그 현장에서 대응함으로써 고객이 추후에 편지를 써 보내거나 전화를 거는 일이 없기를 기대한다는 사실을 종업원들에게 명확히 주지시키고자 노력한다." 라고 말한다. 또한 브리티쉬 항공은 "비록 문제를 즉각적으로 다루는 것이

고객 서비스는 기업이 국제 마케팅 계획을 구성하는 중요한 요소들 중의 하나이다.

완벽하지 않더라도(즉 약간의 실수가 발생하더라도) 아무것도 하지 않는 것보다는 낫다"라는 또 하나의 원칙을 따르고 있다.

또 하나의 경험 법칙: 종업원들에게는 불만을 접수하였을 "문제를 즉시에 다룰 수 있도록 **권한이 부여**되어 있어야 한다." 그들은 멀리 떨어져 있는 상사와 어떻게 대처할지를 상의하도록 강요되어서는 안되며, 불평을 품게 된 고객에게 의미있는 조정을 해줄 수 있도록 충분한 자원이 주어져야 한다. 예를 들어 리츠칼튼 국제호텔의 직원들은 손님의 불평거리를 그 자리에서 다룰 수 있도록 2,000 달러까지 사용 가능한 재량권을 갖고 있다.

사실확인 LO-7

해외에 살았거나 여행을 갔던 친구나 지인과 얘기를 나눠보라. 외국의 백화점에서 쇼핑을 할 때 알게 된 고객 서비스의 질을 국내의 백화점에서 쇼핑을 할 때 경험했던 고객 서비스의 질과 비교해 달라고 부탁하라.

요약

기업들은 국내시장에서 하는 것과 동일한 활동을 해외시장에서도 할 것이지만, 어떤 상황에서는 그런 활동들을 다르게 해야 할 수도 있다. 만일 기업이 그런 지역들에서 성공하고 싶다면 해당 국제시장의 조사는 필수적이다.

표준화는 국내시장에서 사용하는 마케팅 전략을 해외에서도 그대로 적용하는 전략이고, 적응전략은 이들 두 시장의 전략이 서로 다르다는 것을 의미한다.

기업이 해외시장에 내놓을 신제품을 개발하게 되면, 통상 몇 가지 단계적 조치를 적용하게 된다. 일단 어떤 제품이 해외시장으로 출시되고 나면, 제품 수명주기(PLC) 이론은 담당자들이 기간의 경과에 따라 그 제품의 마케팅 믹스를 어떻게 수정해 나갈 것인지를 결정하는 데 도움이 되게 이용될 수 있다. 또한 쇠퇴단계에 있는 제품은 통상 나빠진 실적 때문에 제거(퇴출) 대상으로 고려된다.

연구개발 시설을 국내에만 두는 데 따르는 몇 가지 장점들이 있지만, 외국에 영구개발 시설을 두고 있는 데에도 긍정적인 측면들이 있다. 제품의 모조는 기업에 매년 수십억 달러의 손해를 끼치고 있으며 평판에도 해를 끼친다.

기업의 국제판촉 믹스에는 네 가지 요소가 있다. 광고는 접속 건당 낮은 비용으로 대규모의 시청자들에게 도달한다. 직접 판매는 매우 효과적이지만, 접속 건당 비용이 높다. 판매 촉진은 국제시장에 도달하기 위한 다수의 접근방법으로 구성된다. 그 중 가장 중요한 한가지는 산업 견본전시회인데, 이는 관심 있는 잠재 고객들을 전시부스로 끌어 들이는 것과 대규모의 매출액이 달성될 수 있는 가능성 등 여러 가지 이득을 제공한다. 공보는 특정 회사, 그 회사의 제품, 그리고 그 회사의 간부들에 관한(부정적 및 긍정적) 기사 거리를 포함하는데, 이런 것들은 신문, 잡지, 그리고 텔레비전과 같은 각종 매체 상에 나타난다.

직접적 유통경로 전략은 국제 마케팅 담당자들과 별도의 경로를 이용하지 않는 것을 의미한다. 간접적 접근전략은 대리점과 특약(판매)점 같은 유통경로를 이용한다. 물류는 해외의 구매자들에게 제품을 이동시키는 데 이용되는 보관과 운송 등 일련의 과정을 뜻한다. 운송 주선인은 기업들이 해외로 제품을 보내는 물적 유통 계획을 원활하게 해주는 데 있어서 중요한 역할을 한다.

국제시장에서 제품과 서비스의 가격을 설정할 때 반드시 고려되어야 하는 중요 요소들은 다른 어떤 것들 보다 그 기업이 투여한 제비용, 경쟁업체 제품의 매력과 그 가격, 그리고 그 제품이나 서비스에 얼마나 많은 마케팅 지원이 주어지는가 이다. 해외시장에서 어떤 회사 제품의 가격이 경쟁사의 가격보다 훨씬 낮은 경우, 그 기업에 대해서는 덤핑 고발이 제기 될 수 있다. 기업들이 해외 자회사에 공급할 제품이나 서비스의 이전가격(transfer price)을 설정할 때는, 본국과 자회사가 위치한 진출국의 조세정책을 잘 알고 있어야 한다.

고객 서비스는 마케팅 담당자들에게는 점점 더 중요해져 가는 하나의 책임이다. 즉, 고객 서비스는 고객들이 왜 다른 공급업체들에게로 거래처를 바꾸는지의 이유와 그것에 대해 어떻게 자사의 할 일(책임)을 증가시킬 수 있는가를 결정한다.

주요단어

시장 잠재력	수직적 간행물
판매 잠재력	간접전략
시장 조사	직접전략
마케팅 정보 시스템	대리점
표준화	특약판매점
적응 전략	물류
세계 현지화	운송주선인
국제 제품	컨테이너화 수송
컨셉트 시험	복합 일관수송
사업 분석	덤핑
시장 테스트	회색 마케팅
상용화	이전가격
제품 수명주기(PLC)	정상가격
제품 제거	지갑 점유율
역전 전략	신뢰도
수평적 간행물	권한부여

문제 풀이

1. 기업들은 자사의 국제시장을 왜 조사할 필요가 있는가?
2. 모든 해외시장에 존재하는 3 가지 주요 시장은 무엇인가?
3. 표준화와 적응 전략간에는 어떤 차이점이 있는가?
4. 제품 수명주기(PLC)를 이용해서 어떻게 국제 마케팅 담당자들을 지원해 줄 수 있겠는가?
5. 국제시장에서 제품을 판촉하기 위해 산업 견본전시회를 이용하면 어떤 장점이 있는가?
6. 기업들이 해외에서 자사의 제품을 판매하기 위해 유통경로를 이용하면 초래될 수 있는 단점에는 어떤 것들이 있는가?
7. 운송 주선인을 활용할 때의 장점은 무엇인가?

8. 기업들은 덤핑 주장을 피하면서 자사 제품의 국제시장 가격을 경쟁력 있게 책정할 수 있겠는가?
9. 회사는 불평하는 해외 고객들을 어떻게 다루어야 하는가?

사례 말 관련 제품을 국제시장에 마케팅하기

마점(The Horse Place)은 마구(안장, 안장 받침대, 굴레, 고삐 등)와 말 공급품들(말 돌보기 제품, 비타민 보충제, 발 보호대 등)을 판매하는 소매상이다. 하지만 마점은 점두를 가지고 있지 않다. 마점의 주요 판매촉진 전략은 인터넷, 항목별 광고, Horse and Rider, horse Illustrated, Dressage Today와 같은 잡지에 실리는 1/3페이지 짜리 광고에 의존한다.

2010년 전까지, 마점의 제품은 미국의 국내시장에서 독점적으로 판매되었다. 당시에는 마점의 주요 공급업체들이 미국 내에 위치하고 있었지만, 마점의 소유주인인 메어리(Mary jones)는 최근에는 인도의 공급업체로부터 구매하기 시작하였다. 그녀는 인도의 제품은 품질이 우수하면서 가격은 미국 내 공급상들에게 지불하고 있는 가격의 절반 정도인 사실을 감안했던 것이다.

인도 공급상들과의 상호 거래는 그녀로 하여금 자사의 제품들을 해외시장에 판매할 구상을 촉진하게 되었다. 그녀는 자사의 제품들이 업계가 내놓는 부류의 제품들로써는 탁월한 잠재력을 가지고 있다고 믿었다. 2차 자료에 의한 대략적인 분석을 해보니 아르헨티나, 브라질, 멕시코, 프랑스, 영국, 러시아, 그리고 독일이 가장 전망이 밝은 기회가 될 것이라는 결론이 나왔다.

그녀는 기존과 마찬가지로 인터넷, 항목별 광고와 1/8쪽 짜리 광고를 통해 자사의 제품을 해외 시장에 판촉하리라고 결심했다. 하지만 그녀는 진행을 하면서 이런 방식의 채택으로는 충분하지 않겠다는 사실을 직감했다. 비록 그녀가 인도 공급상들과의 거래경험이 어느 정도 통찰력을 주고 있다고 해도, 국제시장에 제품을 판매한다는 것은 그녀에게 창의적으로 생각할 것을 요구한다는 사실을 깨달았다.

그녀는 자신에게는 해외에 제조시설을 설립할 자금이 없다는 사실을 알았다, 비록 자금이 있다 하더라도, 거기에 내포된 위험이 걱정되었다. 같은 이유로, 해외에 판매 사무실을 개설하는 것도 마음이 내키지 않았다. 이러한 대안들을 배제하니 그녀에게는 라이센싱과 수출이라는 두 가지 전략이 남게 되었다.

✲ 질문

1) 라이센싱과 수출을 이용할 때의 장점과 단점은 무엇인가?
2) 메어리는 운송 주선인 서비스를 이용할 필요가 있겠는가? 만일 그렇다면 어떤 특정 서비스가 필요한가?
3) 위의 언급된 나라들 외에, 상기 마점의 제품을 판매할 중요한 시장이 될 기타의 어떤 국가들이있는가?

주장과 반박

국제시장에 자사의 제품을 판매하는 회사들은 개도국 시장에서는 선진국 시장에서 보다 더 낮은 가격에 판매해야 하는가?

이 질문은 선진국들이 후진국들에게 다양한 방법으로 다가가면서, 최근 수년간 더욱 중요한 문제가 되었다. 이러한 예들 중에는 G-20 국가들이 2009년 4월 경제 위기를 겪고 있는 개도국들에게 지원하기 위해 1조 달러를 제공했으며, 미국이 아프리카 국가들에게 큰 규모의 경제 원조를 해준 것 등이 포함된다.

✻ 찬성

선진국 기업들은 선진국 사람들에 비해 불행한 개도국 사람들의 생활수준을 향상시켜 주어야 할 "노블리스 오블리쥬(지위에 상응하는 도덕적 책임)"이 있다. 이 주장을 제쳐 놓고라도, 만일 가난한 국가들에서의 생활 수준이 향상된다면, 그들은 높아진 소득으로 저렴한 가격에 판매되고 있는 선진국 기업의 제품을 더 많이 구매할 것이다. 만일 거기에 처방용 약 같은 품목이 포함되어 있다면, 선진국 및 개도국 사람들의 기대수명 또한 늘어날 것이다.

✻ 반대

기업들은 개도국 내 개인들에게가 아니라 자사의 주주들에게 의무가 있다. 주주들은 자신들이 보유하고 있는 주식의 가치가 높아지면 이익을 얻게 되는데, 주식의 가치가 높아지려면 기업의 이익이 증대될 때 발생할 가능성이 가장 높다. 저렴한 가격의 부과는 기업의 이익을 위태롭게 할 수 있으며, 저가의 판매는 덤핑이라는 주장으로 진전될 수도 있다. 다른 방안으로는 제품을 기부하는 것도 있다. (기부를 통해)세금이 감면되어 얻어진 이익은 개도국에서 저렴한 가격에 물건을 팔아 취득된 이득을 능가할 수 있다.

당신은 어떻게 생각하는가?

당신은 어느 쪽의 견해를 지지하며, 그러한 이유는 무엇인가? 인터넷을 활용하여 이 문제에 관해 더 많은 것을 지득하고, 당신 자신의 주장을 제시해보라.

국제경영 뉴스 해석하기

많은 나라에서, 국제 관광은 매우 큰 중요한 사업이다. 세계화가 가속화됨에 따라 세계경제에서 관광으로 벌어들이는 총 금액은 크게 증가하고 있으며, 크고 작은 나라들 할 것 없이 방문객들이 뿌리는 지출 증가로 많은 이득을 얻어 누리게 될 것이다. 숙박시설, 항공사, 식당, 기념품 상점과 같은 특정 산업을 비롯하여, 박물관, 미술관, 테마 파크, 야생 보호구역, 뮤지컬, 콘서트 개최지 등과 같은 명소들도 관광객 지출의 더 큰 몫을 얻으려고 앞 다투어 노력하게 될 것이다.

2013년, 전세계의 관광수입 수취액은 1조 1,600억 달러에 달했다. 미국이 1,400억 달러로 국제 관광수입에서 선두를 점하고 있으며, 스페인($600억), 프랑스($560억), 중국($520억), 마카오($520억), 이탈리아($440억), 태국($420억), 독일($410억), 영국($410억), 그리고 홍콩($390억) 순으로 그 뒤를 따르고 있다. 프랑스가 가장 많은 관광객들을 유치했고(8,50만 명), 그 다음으로 미국(7,000만 명), 스페인(6,100만 명), 중국(5,600만 명), 이탈리아(4,800만 명)가 그 뒤를 이어 세계에서 톱 5를 이루었으며, 다시 그 뒤를 터키, 독일, 영국, 러시아, 그리고 태국이 이어 톱 10을 완결했다.

일부 국제 여행객들은 다른 나라를 방문할 때 다른 방문객들 보다 더 많은 액수의 금액을 지출 하는데, 그래서 이들 국가를 겨냥한 마케팅 계획에 주된 목표를 둔다. 예를 들어, 2013년 미국을 찾아온 방문객들의 평균 지출은 2,590 달러였다. 그러나 브라질, 중국, 인도, 호주, 그리고 아르헨티나에서 온 방문객들은 방문 건당 지출액이 5,000 달러를 훌쩍 넘어섰다.

사람들이 왜 외국을 방문하는지의 이유를 마케팅 담당자들이 자신들의 판촉 노력을 어디에다 목표를 둘 것인지를 결정하는 데 도움이 될 수 있다. 그러한 이유들 중에는 위락과 휴일, 친구나 친지 방문, 사업, 배우거나 가르치기, 집회나 회의 참석, 종교적/순례적 이유 등이 포함된다.

파리에 본점이 있는 프랑스의 대형 백화점 갤러리스 라파이에트(Galeries Lafayette)는 방문객들로 하여금 자사의 파리 점포에서 쇼핑을 하도록 집중적인 노력을 기울인다. 파리점에 관한 인쇄물들은 해외 여행사 대리점 또는 파리로 오는 비행기에서 쉽게 찾아볼 수 있다. 15%의 할인을 제공하는 브로셔는 호텔 로비들에 비치되어 있다. 백화점 측 간부들은 추정하기를 총 수입의 대략 10% 에서 15%의 수익이 방문객들로부터 나온다고 한다.

✻ 질문

1) 세계의 총 지출중에서 관광분야에 지출되는 비율이 어느 정도인지에 대해 알고 있는가?

2) 소 도시인 마카오의 관광산업 수취액이 세계 5위인 이유는 무엇이라고 생각하는가?
3) 브라질, 중국, 호주, 인도, 그리고 아르헨티나에서 미국에 온 방문객들이 다른 나라에서 온 방문객보다 방문 건당 지출액이 더 많은 이유는 무엇이라고 생각하는가?

포트폴리오 프로젝트

당신 자신의 적절한 사례를 모색하라: 당신의 기업은 자사의 국제시장에서 어떤 마케팅 전략을 사용할 것인가?

이 장을 마친 후에는 당신이 선호하는 기업에 대한 몇 가지 기본적인 질문에 답할 준비가 되어 있어야 한다.

1) 당신 회사의 국제시장에서는 어떤 제품들이 팔리고 있는가? 그런 제품들은 지역이나 국가에 따라 다른가?
2) 당신이 선호하는 기업은 국제시장에서 어떤 유형의 판매촉진에 주안점을 두고 있는가? 그 판촉 유형들은 국내시장에서 활용하는 유형들과 차이가 있는가?
3) 당신 회사는 자사의 국제시장에서 어떠한 종류의 유통경로를 채용하고 있는가?
4) 당신이 선호하는 그 회사는 특정 국가들에 판매중인 자사의 제품들에 대해 똑 같은 가격을 부과하는 것 같은가?

당신 자신의 중소기업을 위한 국제적 전략을 개발하라: 교육관련 제품을 위한 멕시코 시장에 관한 정보를 수집하기

당신은 국내와 해외(유럽)시장에 고교생들의 수학 실력을 향상시켜 줄 교육 프로그램을 판매하는 어떤 작은 회사의 시장 분석가라고 치자. 그 회사는 지금 동일한 제품을 멕시코 시장에 판매하려고 고려 중이다. 멕시코 시장에 진입하기 위한 최종 결정을 내리기 전에, 멕시코 시장에 대한 평가가 완료될 필요가 있다. 사장은 당신이 그 구체적 "수치"를 자신에게 제시해 달라고 요청한다.

1) 당신은 멕시코 시장에 관해 어떤 예비 자료들을 수집해야 하는가?
2) 당신은 그 자료들을 수집하기 위해 어떤 절차와 방법을 거치려 하는가? 부차적 자료로써는 어떤 것들을 사용할 수 있는가?
3) 회사가 멕시코 시장으로 판로를 확대해야 하겠는지를 사장이 결정을 내릴 수 있도록 하려면, 당신은 어떤 긴요한 자료를 그에게 제공할 필요가 있는가?

CHAPTER

13 글로벌 재무관리

Global Financial Management

＊이 장의 학습목표

LO-1 외환 위험이 기업과 투자자들에게 어떤 영향을 미치는지 설명해보라.

LO-2 환율 위험을 헤징할 수 있는 방법들을 말해보라.

LO-3 국제 거래와 투자에 자금을 조달할 수 있는 방법들을 말해보라.

LO-4 국제 경영을 하는 회사들이 직면한 자본 예산 결정에 순현재가치 분석을 적용해보라.

LO-5 환율 위험이 어떻게 회사의 현금 흐름에 영향을 끼치고 그 영향이 주식 수익에 어떤 결과를 초래하는지 말해보라.

문화적 관점

석유 가격과 달러

국제 생필품 시장에서 석유 가격은 미국의 달러로 표시되어있다. 2007년에서 2008년으로 넘어가는 동안, 정유 배럴 당 가격은 60달러에서 140달러로 증가해 최고점을 찍었었다(표 13.1). 이러한 석유 가격의 급등은 미국 내 휘발유의 가격을 두 배 이상으로 올려버렸다. 석유 회사와 정유를 수출하는 나라들이 높은 수익과 이윤을 경험하는 동안, 급등한 휘발유 가격은 전 세계의 소비자들과 회사들에게 큰 타격을 입혔다.

높은 석유가격은 모두에게 타격을 주었지만 그 중 몇몇의 나라는 다른 나라들보다 더 심한 피해를 입었다. 석유값이 급등한 이 시기 동안, 유로 대비 달러의 가치 하락으로 인해 미국의 휘발유 구매자들은 다른 나라보다 더 비싼 돈을 주고 휘발유를 구입해야했다. 대조적으로, 유럽인들은 달러 대비 유로화 가치가 상승했기 때문에 석유값 급등으로 인한 피해를 거의 입지 않았다. 석유가 달러로 판매되고 있기 때문에 유럽인들은 미국인들에 비해 더 많은 양의 달러 당 석유를 구입할 수 있었다.

표 13.1 2007년 3월에서 2009년 3월까지의 정유 1배럴 당 달러 가격

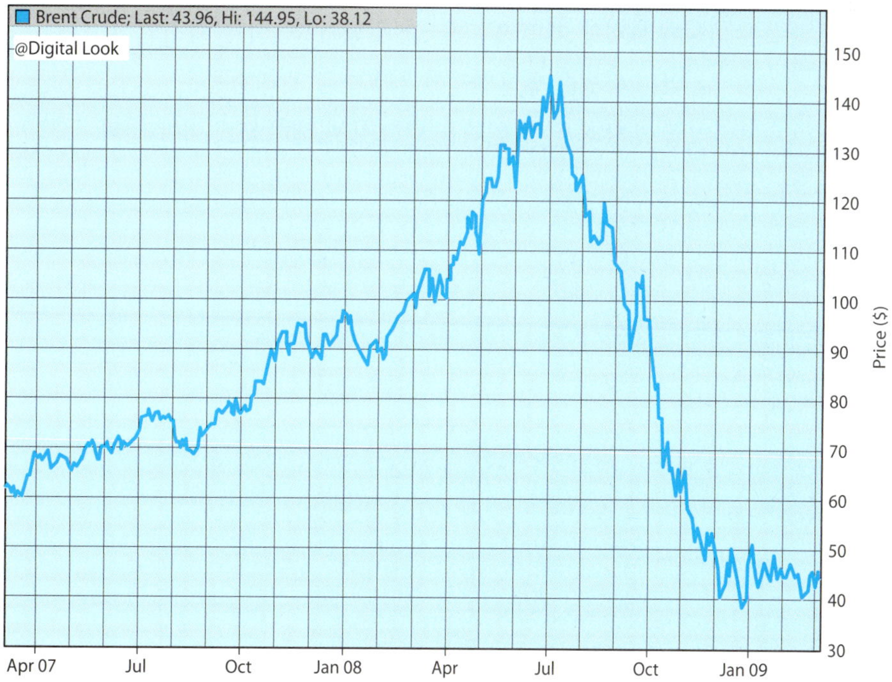

달러의 가치가 하락할 때, 미국 내 석유 가격은 오르는 경향이 있다.

석유 가격이에 오르면서 휘발유를 사용하는 세계의 모든 사람들이 삶의 방식을 바꾸어야 했다. 사람들은 운전을 덜 하기 시작했으며, 자동차 구매율도 줄어들었고 사더라도 휘발유 마일리지가 작은 차들을 구입했다. 이러한 현상은 달러 가치 하락과 다른 나라에 비해 상대적으로 높은 석유 가격으로 인해 미국에서 훨씬 더 두드러졌다. 미국의 자동차 제조업자들은 자동차와 트럭의 판매율 저조로 고통을 겪어야 했고 이는 2007년 12월에 시작된 미국의 경기 침체와 함께 더 악화되기만 할 뿐이었다. 세계 경제가 가라앉자, 석유에 대한 수요도 줄어들었고 자연히 석유 가격도 배럴 당 40달러 수준으로 떨어졌다. 하지만 불행히도, 세계 경제 침체로 인해 증가한 실업률은 자동차와 트럭의 판매율을 더 떨어트렸고 미국과 기타 몇몇 나라들의 자동차 제조업자들은 생존을 위협당했다.

2009년 이후로 세계 경제는 천천히 회복되기 시작했다. 석유 가격도 천천히 올라 결국 2014년 7월에 이르러서는 기존의 배럴 당 140달러 가격을 기록했다. 그러나 이 가격은 12월에 급작스럽게 하락해 배럴 당 70달러까지 떨어졌다. 미국내의 석유 생산량이 증가하자 국제 수요보다 공급량이 많아져 가격이 하락한 것이다. 또한 달러의 가치가 절상된 것도 석유 가격의 하락을 초래한 이유 중에 하나였다. 미국 내의 낮은 석유 가격은 연료 값의 하락으로 이어졌고 많은 사업들과 소비자들에게 반가운 소식이 아닐 수 없었다.

이러한 역사적 사건들은 오늘날의 세계 시장 속에서 자금 관리자들이 얼마나 어려운 과제에 직면해 있는지를 보여준다. 변화하는 에너지 가격과 국제 경제 활동이 사업에 어떤 영향을 줄 것인가? 통화를 환전할 시 생길 수 있는 위험을 줄일 수 있는 방법은 없을까? 현대의 자금 관리자들은 위의 질문들에 답하기 위해 국제 자금 조달과 투자 원칙을 반드시 이해하고 있어야 한다.

서론

단 하나의 통화만이 존재하는 세상을 상상해보라. 이 가상의 세계에서는 하나의 통화가 다른 통화에 비해 가치가 떨어진다거나 하는, 다시 말해 **환위험**(exchange rate risk) 같은 것은 존재하지 않을 것이다. 그러나 현실에서는 150개가 넘는 통화가 사용되고 있고 따라서 발생하는 환위험으로 인해 회사들에게 복잡한 영향을 끼치고 있다. 변동 환율은 세계 통화 시장에서 통화가 거래됨에 따라 시시각각으로 변한다. '유로에서 달러 환율' 과 같은 환율의 움직임은 회사, 투자자, 그리고 기타 이해 당사자들에게 장단기적 영향을 끼친다. 그리고, 환율은 시장의 참여자들이 직면하는 여러 종류의 위험들에 대해서도 상당한 영향을 주게 된다. 어떤 환율 위험들은 선물 계약, 선도 거래, 옵션 거래, 스왑 거래 같은 파생상품을 통해 헤징이 가능한 반면(혹은 감소되거나) 국제적으로 영업을 하는 회사들은 통화의 가치 변동에 따라 영향을 받는다.

국제적으로 경쟁하고 있는 회사들은 그들의 투자 사업을 위해 국제 금융 시장에서 자금을 확보해야 하고 그 과정에서 환위험에 노출되게 된다. 그러한 위험에도 불구하고 국제 은행, 채권 시장, 주식 시장은 증가하는 해외 무역과 국제 사업 활동으로 인해 계속해서 덩치를 키우고 있다. 정부의 자금 조달은 때때로 기업에 추가적인 도움을 주기도 하는데 이를 통해 자국의 회사들은 해외 시장에서 경쟁할 수 있는 힘을 얻게 된다.

회사들은 미래의 투자 결정을 좌우하는 자본 예산을 계획할 때 환위험의 영향을 고려한다. 자본 비용은 현금 흐름을 할인하고 잠재 투자 프로젝트의 순현재가치를 계산하는 데 이용된다. 자본 비용을 추정할 때, 부채 비용(이자)은 계산하기 쉬운 반면 자기자본비용은 몇 가지 논쟁점을 가지고 있다. 자기 자본은 국내 가격으로 측정되어야 하는가, 아니면 국외 가격으로 측정되어야 하는가? 환율의 위험은 어떻게 자기 자본비용에 영향을 주는가? 이번 장에서는 그런 질문들에 대한 답을 다루게 될 것이다. 또한 국제적으로 사업 활동을 하는 회사들의 운영과 자금 조달에 환율 변동이 어떤 영향을 주는지에 대해서도 다룰 것이다.

13-1. 환노출의 측정

환율 변화가 주는 두 가지의 단기 영향은 거래환노출(=위험)과 환산환노출이다. 장기적 영향으로는 경제적환노출이 있다.

> LO-1
> 환위험이 기업과 투자자들에게 어떤 영향을 미치는지 설명해보라.

거래환노출(Transactions risk)은 재화와 서비스를 수입하고 수출하는 과정에서 생겨난다. 예를 들어, 미국의 회사가 회사의 노동력과 원재료에 대해 달러로 지불을 하고 있다고 하자. 하지만 회사는 제품을 유럽에 판매하고 수익 또한 유로로 벌어들이고 있다. 만약 유로화의 가치가 달러에 비해 떨어지면(즉, 유로-달러 환율이 올라가는 상황, 달러가 유로보다 강한 상황이다), 회사는 달러로 이루어지는 운영상의 비용에서는 아무런 변화도 겪지 않지만 유로를 기준으로 하는 수입으로부터 얻을 수 있는 달러의 양이 줄어들기 때문에 이윤은 줄어들게 된다. 이러한 거래 위험은 수입업자와 수출 업자 모두에게 영향을 끼친다. 위의 예시에서(달러가 절상되고 유로가 절하되는) 미국의 수입자는 가치가 높은 달러를 가치가 낮은 유로로 바꿔 유럽의 재화를 구입하게 되고 이로써 수입 비용은 현저하게 낮아진다. 따라서 수입업자는 이윤을 극대화할 수 있다. 당연하게도, 그 반대의 경우라면 수출업자가 이윤을 볼 것이고 수입업자가 손실을 입을 것이다.

환산환노출(Translation risk)은 환율 변동의 단기 영향으로 회사의 **연결재무제표**(consolidated accounting statements)와 관계가 있다. 해외에 자회사가 있는 다국적 기업(Multinational corporations: MNCs)들은 본국의 국세청에 모든 해외 지사의 업무에 관한 재무제표(손익계산서와 대차대조표)를 제출해야 한다. 이를 위해서는 자회사가 있는 해당 국가의 통화로 작성된 재무제표를 다국적 기업의 본사가 있는 본국의 통화로 환산해야 한다. 미국의 회사는 당연히 달러로 재무제표를 산출할 것이고 유럽의 회사는 유로로, 그리고 기타 다른 나라들도 등등 자국의 화폐에 맞춰 산출할 것이다. 몇몇의 국제 회사들은 두 가지의 통화를 사용하여 재무제표를 제공하기도 한다. 상당한 양의 회사 주식이 서로 다른 나라에 있는 금융 시장의 투자자들로 인해 거래되기 때문이다. 시간이 지나면서 통화의 가치가 변하면 재무제표에도 영향을 주게 된다. 예를 들어, 미국 회사의 전체 자산이 일년 새에 1억 달러에서 1.2억 달러로 증가했다고 해보자. 이 20%의 증가는 시간이 지나면서 변한 달러의 가치에 영향을 받은 것이다. 만약 전체 자산이 유로로 표시되어 있었고 달러의 가치가 달러당 1유로에서 달러당 0.80유로로 떨어졌다면, 유로 전체 자산의 가치는 4%가 떨어져 1억 유로에서 9천 600만 유로로 떨어졌을 것이다. 재무제표에서 통화의 표기가 환산에 영향을 미칠 수 있다는 것은 분명한 사실이다. 환산환노출은 국제경영을 하는 모든 회사의 재무제표에 영향을 끼친다.

앞의 두 노출과 다르게, **경제적환노출**(economic risk)은 환율 위험의 장기적 영향이다. 장기간에 걸쳐 일어나는 환율의 변동은 회사의 장기적인 현금 흐름에 영향을 주고 그 결과 회사의 가치에 영향을 끼친다. 회사의 주식 가격에 있어서 환율의 변동이 단기보다 장기에 더 큰 영향을 미친다는 사실은 연구를 통해 증명되었다. 통화의 가치는 회사에게 잠재적으로 이득이 될 수도 손실이 될 수도 있다. 예를 들어, 세계 통화 시장에서 상대적으로 달러의 가치가 높게 평가되는 상황이 지속되면 미국의 수입업자들은 불리해지고 외국의 경쟁자들은 유리해진다.

세계 통화 시장에서 통화의 가치를 측정하는 손쉬운 방법은 통화 바스킷제를 이용하는 것이다. 국제통화기금(IMP)의 웹사이트를 보면, 개별 통화와 미국의 달러, 유럽의 유로, 영국의 파운드, 일본의 엔화를 포함하는 통화 바스킷과의 일별 환율이 올라와 있다. 이 통화 바스킷을 통칭 **특별인출권**(special drawing right: SDR)이라 부른다. 각 통화의 가치는 전 세계에서 거래되는 재화와 서비스의 패턴에 기반해 결정된다. 미국 연방준비제도도 이와 비슷한 환율 보고를 올리는데 연방준비제도의 통화 바스킷(major currency index: MCI 라고도 부른다)에는 열 개가 넘는 주요 통화들이 사용된다. 이 바스킷 방식은 개별 통화들이 세계 통화 시장에서 어느 정도의 가치를 가지는지 평가하기 위해 사용된다. 만약 시간이 지남에 따라 특별인출권에서 달러로의 환산 환율이 증가(혹은 감소)한다면, 이는 세계 통화 시장에서 달러가 평가 절하(혹은 평가 절상)되고 있다는 의미이다. 이러한 관점에서 볼 때, 장기화되는 기간 동안 특별인출권에서 달러로의 환율 가치 변동이 큰 폭으로 변동하게 되면 회사의 경제적 위험을 높이게 된다.

사실확인 LO-1

환위험이 기업과 투자자들에게 어떤 영향을 미치는지 설명해보라.

13-2. 파생상품을 통한 외환 위험의 헤징

LO-2 환위험을 헤징할 수 있는 방법들을 말해보라.

장단기적 외환 위험(포렉스 위험: Forex risk, fx risk)에 노출되는 회사와 투자자들은 다양한 파생상품 계약을 통해 그 위험을 헤징할 수 있다. **헤징**(Hedging)은 불안한 현금 흐름과 손실을 초래할 수 있는 잠재적 가격변동 위험(거래환노출, 환산환노출, 경제적환노출)을 감소시키기 위한 행위이다. **투기**(speculation)가 헤징과 반대되는 개념이라는 사실을 아는 것이 아주 중요하다. 투기자들(Speculators)은 통화를 거래하거나 통화 파생상품을 거래함으로써 이윤을 얻고자 하는 사람들이다. 투기자들은 통화 계약의 가격을 결정하는데 적극적으로 참여해 모든 가능한 정보를 다 반영할 수 있도록 외환 시장을 효율적으로 만든다. 반면에 헤저들은 외환 위험을 억제하려고 하는 사람들로써 통화 계약의 가격을 결정하는데 개입하지 않는다. 헤징은 잠재적 손실로부터 대상을 보호하고 그에 대한 프리미엄을 지급받는 보험 계약과 비슷하다. 외환 위험은 선물 계약, 선도 거래, 옵션 계약, 스왑을 통해 헤징될 수 있다.

13-2a. 선물 계약

통화선물계약(Currency futures contracts)은 명시된 금액만큼의 통화를 미래의 구체적인 일자에 정해진 가격으로 매입하거나 매도하는 표준화된 계약이다. 통화 선물 계약은 부채, 지분, 그리고 상품 선물 계약과 비슷하다. 미래의 정해진 날짜에 정해진 양의 통화를 정해진 가격에 인수 받겠다고 합의한 구매자는 **매입측**(long position)이 되고 통화의 가치가 높아지면 이득을 본다. 합의한 조건에 따라 정해진 날짜에 정해진 양을 정해진 금액으로 인도하겠다고 합의한 판매자는 **매도측**(short position)이 되며 통화의 가치가 떨어지면 이득을 보게 된다. 시카고 선물 거래소(Chicago Mercantile Exchange: CME) 같은 **거래소**(Organized exchanges)의 선물 계약시에는 정해진 주요 통화만을 사용한다. 예시는 다음과 같다.

- EUR (1유로 당 미국 달러)
- GBP (1영국 파운드 당 미국 달러)
- CHF (1스위스 프랑 당 미국 달러)
- AUD (1호주 달러 당 미국 달러)
- CAD (1캐나다 달러 당 미국 달러)
- RP (1유로 당 영국 파운드)
- RF (1유로 당 스위스 프랑)

다른 중요한 외환 파생상품 시장은 범유럽 유로넥스트(pan-European Euronext)와 도쿄 파이낸셜 익스체인지(Tokyo Financial Exchange)가 있다.

통화 선물 계약을 거래할 때 지켜야 하는 몇 가지의 일반적인 규칙이 있다. 예를 들어, 어떤 외환 파생상품의 계약 만기일이 3월, 5월, 9월, 12월의 세 번째 수요일로 정해져 있다고 하자. 선물 계약은 매일 **시가평가 일일정산**(marked-to-market)을 한다. 시가평가를 한다는 의미는 매일 거래가 마감될 때 선물 계약의 이익과 손실이 거래 기구에 의해 조정되어 일치된다는 것이다. 이 때, 매도자와 매입자는 즉시 현금으로 지불해야 한다. 선물 계약의 또 다른 흥미로운 특징은, 매입자과 매도자가 해당 거래를 만기일 이전 어느 때에라도 처분(인수 혹은 인도)할 수 있다는 것이다. 더 이상 필요하지 않을 때 외환 선물 헤지를 처분할 수 있는 유연성은 편리한 장점이다. 거래소 외환 거래는 상대방의 신용 위험(예를 들어, 이전에 합의한 가격으로 당신이 판매한 상품을 후에 매입자가 사지 않을 가능성)을 제

시카고 선물 거래소는 주요 통화를 사용해 거래하는 조직적 외환 거래소 중 하나일 뿐이다.

거하고 가격 투명성과 효율성을 보장하는 이점을 가진다. 외환 어음교환소는 모든 이익과 손실을 관리하고 상대방의 신용 위험과 관련하여 모든 계약의 지불이 이루어지도록 보장한다. 마지막으로, 선물 계약은 **증거금**(margin)이라 불리는 소액의 약정수수료를 지불하고 구입할 수 있다. 이렇듯 적은 비용으로 구입할 수 있기 때문에 선물 계약은 환율과 기타 시장 위험에 대응하기 위한 방법으로 자주 사용된다. 만약 하루 거래의 마지막에(즉, 일일정산 시) 손실이 시장 참여자들의 잔고를 유지증거금 이하로 떨어트리게 되면 손실을 본 거래자로 하여금 초기 증거금 수준으로 보전케 하는 행위를 **마진콜**(margin call)이라 한다.

13-2-1a. 외환 선물 헤징(Forex Futures Hedge)의 예

미국의 회사가 그들의 제품을 유럽으로 수출해 후에 대금을 유로로 지불받는다고 가정해 보자. 만약 회사가 100,000 단위의 상품을 각각 1,000유로를 받고 판매한다면, 그들이 후에 받을 수익금은 백만유로가 될 것이다. 만약 현물 유로-달러 환율이 판매부터 지불시기 동안 1.50에서 1.70으로 증가한다면(즉, 1유로의 값이 \$1.50에서 \$1.70으로 증가한다면), 백만유로는 200,000달러만큼 증가해 백오십만달러에서 백칠십만달러가 된다. 이 경우에서는 달러의 약세가 미국 수출 회사의 수익을 높여준 경우가 된다.

만약 달러가 유로에 비해 강해진다면 어떻게 되겠는가? 만약 같은 기간동안 유로-달러 현물 환율이 1.30로 떨어진다면 회사는 전체 수익에서 \$200,000만큼을 잃게 된다. 이러한 외환거래위험을 헤징하기 위해 회사는 시카고 선물 거래소에서 유로 선물 계약을 매도한다. 유로-달러 현물 환율이 하락하면, 선물의 가격도 떨어지지만 현물 가격만큼 떨어지진 않는다. 만약 회사가 유로 선물 계약을 1.4815에 매도하고 후에 1.2850으로 되산다면, 그리고 각각의 계약이 €125,000라면 1포인트 = 유로 당 \$.0001 = 계약 당 \$12.50가 되고, 얻게 되는 이득은 다음과 같다: (\$1.4815 – \$1.2850) X €125,000 = \$24,565.50. 선물 가격과 현물 가격은 일반적으로 다르다. 위의 경우에선, 수익의 \$200,000를 잃을지도 모르는 위험을 헤지하기 위해 회사는 여덟 개의 유로 선물 계약

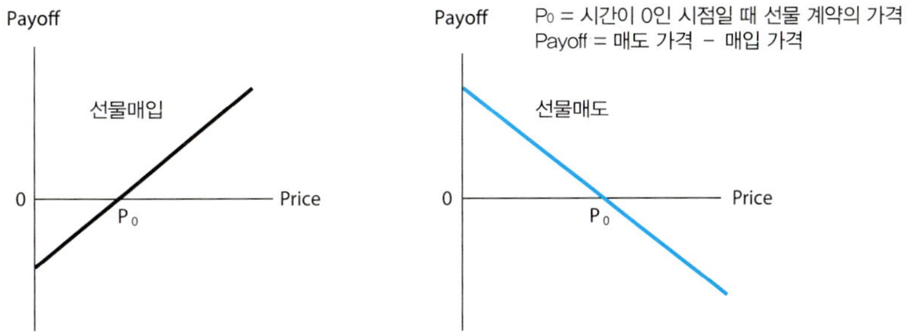

매입측은 기초 자산(통화, 상품, 채무 및 지분 증권)의 가격이 오를 때 이익이다. 오를 때 이득을 본다.

매도측은 기초 자산(통화, 상품, 채무 및 지분 증권)의 가격이 내려갈 때 이익이다. 오를 때 이득을 본다.

표 13.2 선물 계약의 페이오프(payoff)

을 매도해야 한다. 이렇게 되면 유로 선물 계약의 매도측은 수익에서 $3,500를 제외한 모든 금액의 손실을 상쇄시킬 수 있다.

표14.2를 보면 선물 계약의 이득과 손실이 요약되어 있다. 선물 계약을 매입하는 가격(매입측)과 매도하는 가격(매도측)은 P0로 표기되어 있다. 만약 매도가에서 매입가를 뺀 차액이 양(+)이라면 선물 계약의 페이오프는 이익이고 차액이 음이라면 손실이다. 매입측은 시간이 지나 가격이 오르면 이득을 보고 매도측은 가격이 떨어지면 이득을 본다. 헤징은 이러한 선물 계약의 포지션(선물 계약을 사거나 판매하는 매도측과 매입측)을 가지고 현금 포지션(위의 예시에서처럼 미국의 수출업자가 제품을 유럽에 판매하는)의 손실을 상쇄한다. 반대로 투기는 헤징되지 않은 선물 포지션을 어떠한 현금 포지션도 없이 가지고 있는 것을 의미한다.

13-2b. 선도 거래

외국 통화 계약은 선도 거래 중 가장 흔한 종류이다. 그러나 통화 선물 계약의 문제점은 일반적으로 오직 주요 통화로만 계약이 가능하다는 점이다. 이제 막 부상하는 나라들의 통화는 그러한 선물 계약을 살 때 제약이 많다. 결과적으로, 다른 나라의 통화로 이루어진 **통화선물환계약**(currency forward contracts)은 **장외시장**(over-the-counter, OTC) market에서 대형 은행들에 의해 이루어질 수 있다. 선물 계약과 달리, 선도 거래는 덜 규격화되어 있고 구매자의 헤징 요구에 따라 고객맞춤이 가능하다. 또한 일일정산도 이루어지지 않는다. 일일정산을 하지 않기 때문에, 잠재적 손실을 지불하기 위한 급작스러운 현금 수요에도 유동성 위험이 없다. 선도 거래를 위한 어떠한 거래소도 없기 때문에 각각의 구매자에게는 상응하는 매도자가 있다. 그 예에 해당하는 통화 선물환 계약에는 태국의 바트, 멕시코의 페소, 체코의 코루나 등등이 있다. 만기일보다 일찍 계약을 완료하기 위해서는 상대방과 협상을 해야 하기 때문에 대부분의 계약은 만기일에 완료가 된다. 선도 거래에서는 만약 거래의 상대방이 합의 사항을 제대로 이행하지 못했을 경우 신용 위험이 존재하게 된다.

13-2c. 옵션 거래

통화 옵션 거래는 투자자에게 정해진 시일에 정해진 가격(약정된 가격(strike price)이라고 부른다)으로 정해진 양의 통화를 사거나 팔 권리(의무가 아닌 권리이다)를 준다. 살 권리를 **콜옵션**(call option), 팔 권리를 **풋옵션**(put option)이라고 한다. 구매자들은 판매자에게 이 권리를 사기 위해 **프리미엄**(premium)을 지불한다. 선물 계약(futures contract)과 마찬가지로 사는 사람은 매입측이고 파는 사람은 매도측이 된다. 매수인은 손실을 볼 경우가 되면 옵션을 행사하지 않고 판매자는 프리미엄을 얻는다. 만약 이득을 얻기 위해 매수인이 옵션을 행사하면, 매도인은 매수인이 이익을 보는 것만큼 손해를 본다. 대부분의 통화 옵션은 장외시장에서 대형 은행들에 거래되지만 시카고 선물 거래소나 필라델피아 옵션 거래소에서도 몇몇 통화의 옵션 거래를 진행하기도 한다. 장외시장의 옵션들은 일반적으로 유럽의 옵션들인데 만기일에만 행사가 가능하다. 미국 거래소에 의해서 제공되는 미국 옵션들은 만기일 이전에도 행사가 가능하다.

앞에서 언급했던 외환 선물 헤지의 예에서 유로-달러 환율은 유로가 달러에 대해 약화되면서 시간이 지남에 따라 점차 떨어질 것이라고 가정했었다. 미국의 수출업자는 유로 선물 포지션을 매도함으로써 이득을 얻었다. 하지만 만약 유로-달러 환율이 시간이 지나면서 점점 올랐다면 어땠을까? 그랬다면 선물 포지션의 손실은 현금 포지션으로 상쇄됐을 것이다(유럽으로의 수출 판매에 대한 수익이 늘었을 것이다). 이러한 결과를 방지하기 위해, 미국의 회사는 유로-달러 환율로 풋옵션을 살 것이다. 만약 이 외환 환율이 시간이 지남에 따라 하락하면, 회사는 합의한 가격 혹은 약정된 가격으로 유로를 판매하며 옵션을 행사할 것이고 그런 후에 더 낮은 환율을 가진 현물 시장에서 이를 되산 후 달러로 이득을 보게 된다. 이렇게 하면 미국 회사의 현금 포지션으로 인해 손실한 달러를 상쇄할 수 있다. 그러나, 만약 환율이 시간이 지나면서 상승했다면 이 옵션은 행사되지 않았을 것이고 현금 포지션으로 인한 이득이 있었을 것이다. 이러한 현금 포지

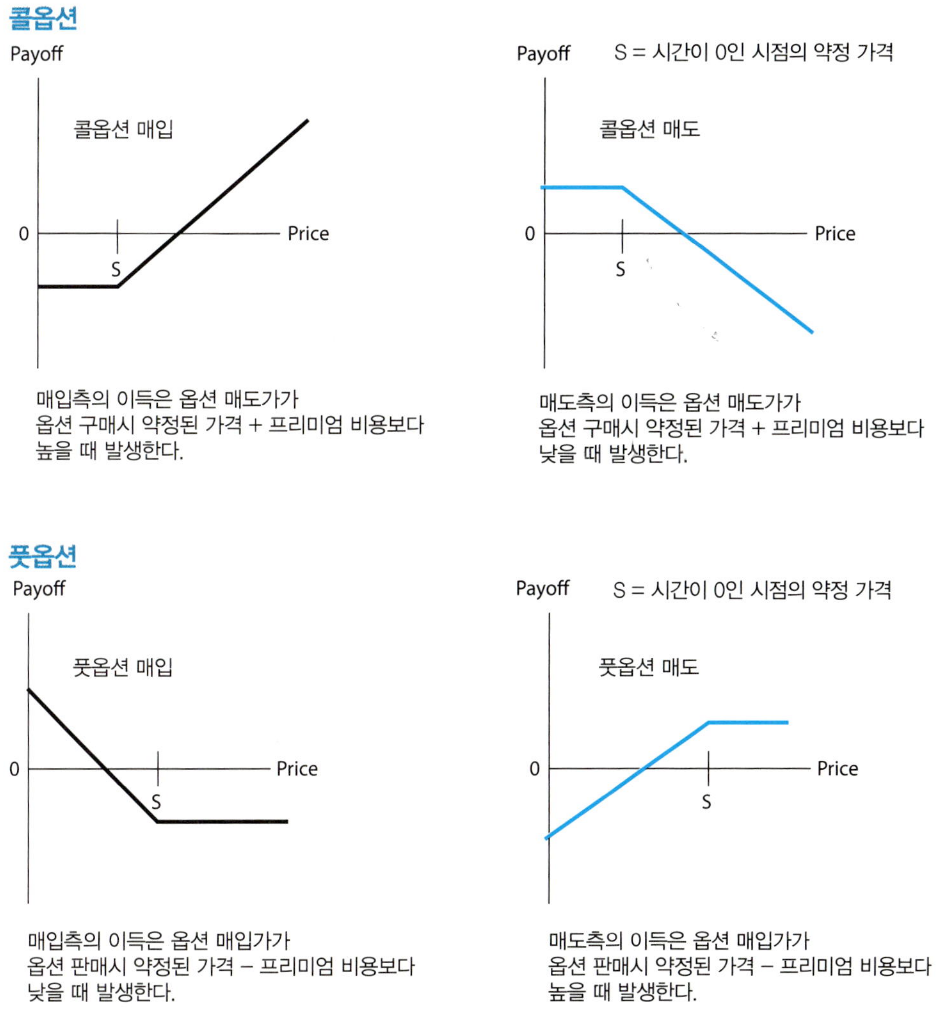

표 13.3 콜옵션 계약과 풋옵션 계약의 페이오프

션의 잠재적인 이득은 옵션 계약의 비용(프리미엄)을 선물 계약의 비용보다 더 높였을 것이다.

표 13.3의 표를 보면 콜옵션 계약과 풋옵션 계약의 페이오프가 나타나 있다. 콜옵션의 매수인과 매도인이 얻는 이득이 나타나 있고 그 반대의 이득인 풋옵션의 이득도 나타나 있다. 콜옵션과 풋옵션은 기본적으로 서로의 반대로 생각하면 된다. 유로-달러 풋옵션 계약이 달러-유로 콜옵션 계약과 같다. 일반적으로 옵션 계약이 선물 계약보다 선호되는 때는 현금흐름이 확실하지 못할 때이다. 앞의 예시에서, 미국의 수출업자가 만기일까지 그의 제품에 대해 백만유로를 약속받았다면, 현금흐름에 대한 불확실성은 없고 따라서 선호되는 외환 헤지방식은 선물 계약이다. 하지만 당시의 세계 가격으로 인해 만기일까지 정해진 가격으로 합의된 대금 지불이 불확실한 상황이라면, 옵션계약이 선호된다. 만약 선물 계약이 사용됐다면, 계약으로 인해 얻을 수 있는 수익(혹은 손실)은 반대의 현금 포지션으로 인한 손실(이익)보다 적었을(컸을) 것이고 헤지의 순 손실을 초래했을 것이다.

13-2d. 스왑 거래

환율의 변동에 따른 위험을 헤지할 수 있는 또 다른 방법으로는 이전에 합의한 환율로 미래에 통화를 교환하는 것이다. **통화스왑**(Currency swaps)의 거래 기간은 10년까지 가능하다. 몇몇의 거래소는 확실한 거래를 보장함으로써 상대방의 위험을 낮출 수 있는 통화 스왑을 제공한다. 대형 은행들은 국제 장외시장에서 스왑을 제공한다. 위의 예시를 사용해보자면, 미국의 수출업자와 상당한 양의 제품을 구입하는 유럽의 수입업자는 백만유로를 백오십만달러로 5년의 기간 안에 교환하기로 스왑 거래를 맺을 수 있다. 유로-달러 환율(1유로 당 드는 달러의 비용)은 시간이 지남에 따라 오르기도 하고 내리기도 할 것이고, 그 안에 환율이 내리면 미국의 수출업자는 이익을 보고 반대로 오르면 유럽의 수입업자가 이익을 본다. 평균적으로, 이러한 환율의 변동은 장기적인 하락 혹은 상승을 겪는 것이 아닌 이상 상쇄된다. 후자의 경우, 스왑을 취소할 수 있지만 그렇게 되면 스왑 거래의 상대방에게 상당한 양의 페널티를 지불해야 한다.

통화 스왑은 자주 금리 스왑과 결합되는데, 이를 **기본통화스왑**(plain vanilla currency swap)이라 부른다. 한 미국의 회사가 일본의 은행으로부터 백억엔을 고정 금리 4%로 5년 대출을 받는다고 해보자. 또, 일본의 회사가 미국의 은행으로부터 1억 달러를 변동 금리 1%로 5년 대출을 받았다고 하자. 두 회사는 100엔에 1달러의 현물 환율로 스왑 거래를 맺을 수 있을 것이다. 통상적으로 은행은 스왑 상대를 찾고 거래의 세부 사항을 협상하는데 도움을 줄 것이고 지불과 회계 서비스도 지원해줄 것이다. 최초의 원금 수령부터 시작해 모든 이자금 지불, 그리고 원금에 대한 수익을 포함하는 모든 현금의 흐름은 각 회사의 본국 통화로 지불된다. 표 13.4에 이 기본 통화스왑이 요약되어 있다. 이 예시에서 회사는 왜 해외 은행에서 대출을 받는 것일까? 그 이유는 회사들이 해외

표 13.4 기본 통화 스왑

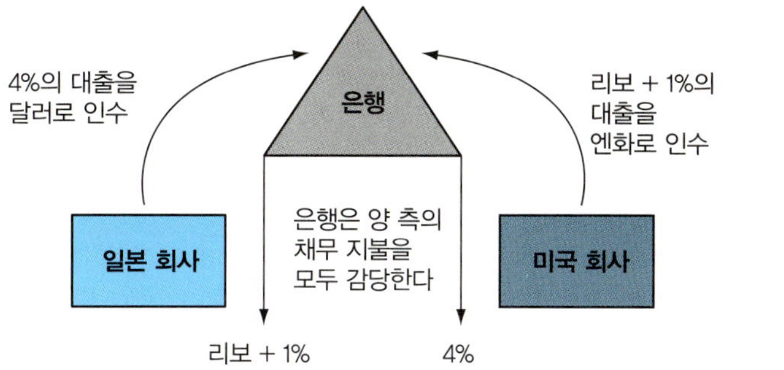

시작 조건:
일본 회사는 미국 은행으로부터
5년 짜리 리보 + 1% 금리 대출
(위험에 대한 프리미엄)을 달러로 받는다.

시작 조건:
미국 회사는 일본 은행으로부터
5년 짜리 4%금리 대출을
엔화로 받는다.

결과:
(1) 일본 회사는 미국 회사의 4% 금리 대출을 엔화로 갚는다.
(2) 미국 회사는 리보 + 1% 금리 대출을 달러로 갚는다.
(3) 은행은 미국 회사와 일본회사로부터 서비스 요금을 받는다.

의 은행에서 대출을 받을 때 더 나은 이자율이나 기타 다른 대출 우대조건들을 제공받을 수 있기 때문이다. 더구나 융자금(크레디트)없이 통화 스왑을 할 수도 있다.

사실확인 LO-2

당신은 미국 회사의 매니저이고 당신의 회사는 상품을 일본 회사에 판매해 엔화로 대금을 지불받는다고 가정해보자. 이 과정에서 당신은 환율 위험을 겪는가? 당신의 회사를 지키기 위해 이 환위험을 헤지할 수 있는 방법에는 무엇이 있겠는가?

13-3. 국제 거래와 투자의 자금 조달

LO-3 국제 거래와 투자에 자금을 조달할 수 있는 방법들을 말해보라.

회사들은 그들의 국제 운영에 필요한 자금을 다양한 방법으로 조달한다. 대형 은행들은 일반적으로 재화와 서비스의 단기 자금 조달을 다룬다. 국제 채권과 주식 시장은 자본 장비, 토지, 그리고 건물에 대한 장기 자금 조달을 제공한다. 특정 나라의 국제 거래 정책을 맞추려 할 때 정부의 자금 조달도 도움을 줄 수 있다.

13-3a. 국제 은행업무

거대한 현금 중심의 은행들이 국제 은행 업무를 지배하고 있다. 미국에서는 15개의 은행들이 이 카테고리에 해당되는데, 세계적으로는 약 200개에 이르는 은행들이 있다.

기업, 정부, 은행에 의해 이루어지는 대량의 도매 지불은 뉴욕의 어음교환소가 운영하는 **도매결제시스템**(CHIPS: clearing house interbank payments system)을 통해 이루어진다. **국제은행간통신협정**(SWIFT: society of worldwide interbank financial telecommunications)은 일반적으로 현금 결제가 수반되는 계약, 송장, 그리고 기타 다른 형태의 거래 문서들의 통신을 안전하게 보호한다. 미국의 제품을 구매한 해외의 수입업자는 전자송금을 이용해 자국의 은행에서 미국의 환거래 은행으로 달러를 지불을 주문한다. 돈은 그 후 연방준비제도의 페드와이어를 통해 미국 수출업자의 수취인거래은행으로 송금된다. 은행들을 이러한 지불과 서류 서비스의 요금을 수익으로 얻는다.

위험의 종류로 따지자면 많은 수의 지불 방식이 존재한다. **선지급**(Payment in advance)은 가장 안전한 방법이지만 제품의 배송과 관련하여 수입업자에게 약간의 위험을 초래한다. 이러한 이유로, 수출업자사와 수입업자는 대금 지불의 절반은 즉시, 절반은 배송이 이루어진 뒤로 나누어 한다. **상업신용장**(commercial letter of credit: LC)은 수입업자의 은행에서 대금의 지불을 보장함으로써 양측의 지불을 보호하는 역할을 한다. 수입업자의 은행은 상품이 배송되고 선하 증권과 기타 다른 배송 서류가 제출됐을 때 대금을 지불한다. 신용장은 주로 취소 불능인데, 이는 판매의 조건이 다 충족되면 수입업자의 은행이 지급을 보장한다는 의미이다. 수출업자는 신용장을 은행으로 가져가 배송할 제품을 생산하기 위해 필요한 자금을 조달한다. 그렇게 되면, 은행은 그 신용장을 **은행인수어음**(banker's acceptance)이라 부르는 통화 시장의 도구로써 금융 시장에 팔 수 있다. 수출업자는 이미 물품에 대한 지불을 끝냈고, 은행은 수출업자에게 대출해준 돈을 회수했으며, 시장 투자자들은 은행과 수입업자 모두로부터 보증받는 은행인수어음이 있다는 사실을 기억해야 한다. 최종적으로 수입업자가가 물품 대금을 지불하면, 펀드는 은행인수어음의 투자자들에게 전송된다. 마지막으로 **청산계정**(open account)이 있는데, 수출업자는 제품과 함께 송장을 보내고 그에 따라 지불하는 방식이다. 채무 불이행의 위험을 낮추기 위해 좋은 관계를 가진 대형 회사들이 주로 이러한 방식을 취한다.

대형 국제 기업들은 엄청난 양의 재화를 다루고 종종 **신디케이트**(syndicate)라 불리는 은행 집합체로부터 분할 대출을 받아야만 한다. 신디케이트의 대표 은행이 기업과 대출 조건을 협상하고 대출을 구성해줄 다른 간사 은행들과 이를 공유한다. 상대적으로 규모가 작은 은행들은 간사 은행들로부터 협상된 조건을 연락받고 자신들의 대출 분량을 수락한다. 대출가격은 국제변동금리에 신용위험에 대한 프리미엄에 더해져 산출된다. 리보 금리(LIBOR: London Interbank Offered Rate)가 미국, 유럽, 그리고 기타 다른 나라들에서 흔히 쓰이는 국제 금리이고 태평양 연안국에서 흔히 쓰이는 금리는 시보 금리(SIBOR: Singapore Interbank Offered Rate)이다. 추가적으로, 신디케이트의 은행들은 각각 인수 요금, 약정 요금 그리고 기타 관련된 비용들을 청구한다.

13-3b. 국제 채권 시장

20세기의 대부분 동안, 오직 선진국의 대형 다국적 기업들만이 국제 시장에서 장기 채권을 발행할 수 있었다. 그들의 재정적 안정성은 전 세계의 투자자들을 끌어들였다. 코카 콜라, 제너럴 일렉트릭, 로얄 더치 쉘, 토요타 자동차 기업들이 이러한 다국적 기업에 해당한다. 그러나, 지난 20년 동안 많은 변화들이 있어났고 국제 채권시장을 크게 확장시켰다. 1990년대에 소련이 몰락하며 많은 신흥국 시장이 그들의 금융시장을 해외의 투자자들에게 개방했다. 후에 푸어스 사는 미국 밖의 다른 나라들에 사무실을 오픈함으로써 외국 채권에 대한 등급평가 서비스를 확장했다. 이러한 **채권등급평가**(bond ratings)는 채권의 신용 품질을 평가하는 데에 중요하다. 또 다른 중요한 사건은 1990년대 후반 12개의 유럽 통화 동맹국들에 의해 등장한 유로의 출현이었다. 유로 통화로 표기된 채권으로 인해 유럽의 회사들은 더 큰 투자자들에게 접근할 수 있게 되었고 그로 인해 국경을 넘어 장기 부채 자본을 얻는 것을 가능하게 해주었다. 일반적으로, 국제 채권 시장은 국제 규모로 재화를 생산하려는 대기업의 대량의 자본요구로 인해 현금의 흐름을 높이고 그로 인해 경제성장에 기여해왔다.

채권은 세 가지 방식으로 분류 될 수 있다. 국채, 외채, 유로채권이다. **국채**(Domestic bonds)는 국내에 있는 회사에 의해 본국의 통화로 판매되는 채권이다. 이러한 국내체들은 국제 채권 시장에 포함되지 않는다. **외채**(Foreign bonds)는 해외에 있는 외국 기업이 자국의 통화로 발행하는 채권이다. 마지막으로, 유로채권(eurobonds)은 자국이 아닌 어느 나라에서든 판매되는 채권인데 자국의 통화로 발행된 것을 의미한다.

유로채권 시장은 처음에는 유럽에 있는 미국 회사가 유로로 발행한 유로달러 채권에 의해 지배받았다. 현재는, 시장이 모든 주요 통화와 몇몇 신흥국 시장의 통화를 수요할 만큼 확장되었다. 더 일반적으로는, 유로채권 시장은 유로통화와 유로자산 시장을 포함하는 유로 시장의 일부이고 여러 나라의 통화로 예금을 빌리거나 빌려주거나 하는 곳이다. 대형 글로벌 은행은 이러한 장외시장을 가능하게 하는 데에 중요한 역할을 한다. 이러한 방법으로 미국의 회사는 최고의 예금 이율을 가진 달러 표기 예금과 달러 표기 채권을 최저의 가격으로 구할 수 있게 되었다.

표 13.5는 국제 채권시장의 규모가 2000년도의 6조달러에서 2014년에 이르러 22조달러까지 증가했음을 보여준다. 고정 금리 채권이 변동 금리 채권보다 선호되고 있다. 2000년에는 달러로 표기된 채권들의 가장 양이 많았지만 2014년이 되면 유로로 표기된 채권들의 양이 가장 많아진다. 또, 금융 기관에서 발행하는 채권량이 정부, 국제 기구, 그리고 민간 기업에서 발행한 채권량을 모두 합친 것보다 많다는 것도 중요한 사실이다.

경제적 관점

주택 담보 대출의 금융증권화가 어떻게 글로벌 경제 위기를 초래했는가?

1940년대 세계 2차 대전 이후 있었던 가장 엄청났던 금융 개혁 중의 하나는 주택 담보 대출의 금융증권화였다. 은행들은 주택 담보 대출을 만들어 정부의 소유 혹은 정부에 의해 스폰서를 받는 기관들(GNMA, FNMA, FHLMC)에 팔았다. 그 기관들은 주택 담보 대출을 패키지로 묶어 모기지 담보부증권(MBSs)이라는 이름으로 세계 금융 시장에 팔았다. 이 증권은 주택소유자들이 달마다 원금과 이자를 갚는 담보 증권이었다. 대부분의 모기지 담보부증권은 높은 품질의 채권으로 생각되었고 최고의 주식 신용 등급인 AAA를 받았다.

금융증권화로 인해 개인들은 경제 침체로 그 규모가 줄어 성장하는 사회의 수요를 충분히 충족시키지 못할지도 모르는 은행의 예금에만 의존하기보다 국제 채권 시장에 주택 자금을 목적으로 참여하기 시작했다. 하지만 은행들도 금융증권화로 이득을 보았다. 주택 담보 대출은 은행의 대차대조표에 기록되지 않기 때문에 어떠한 신용 위험도 주지 않았기 때문이다. 은행은 모기지 지불을 수금하는 에이전트로써 활동하며 서비스 요금을 받았고 모기지 대출금을 금융회사에 전해 주었다. 나중에는 많은 모기지 브로커들이 등장해 대출을 만들고 판매하고, 서비스 요금을 받고 다녔다.

1990년대에는 은행들이 모기지 대출과 모기지 담보부증권을 재포장해 더 복잡한 증권으로 만들었고 이를 부채 담보부증권(CDOs)이라 불렀다. 또한 정부의 새로운 프로그램(1992년 주택과 지역사회 개발법)에 따라 많은 모기지 대부업자들이 중간 소득 이하에 있는 대출 지원자들에게 대출을 제공해 주었다. 이 개혁은 많은 미국인들의 마음 속에 내 주택 마련의 꿈을 불러일으켰고 은행의 신용 위험을 낮추었으며 새로운 고품질 채권 시장을 만들었다. 그리고 이는 우리가 최근에 겪은 글로벌 금융 위기의 원인이 되었다.

금융 증권화 과정에서 너무 많은 채권비를 미국의 특정 지역의 주택 담보 대출에 집어넣은 탓이었다. 해당 지역에는 캘리포니아의 남서부, 애리조나, 네바다, 플로리다, 미시간, 오하이오, 그리고 다른 몇 몇 곳이 있었다. 많은 대출들이 서브프라임으로 이루어졌고 그 채무자들은 그들의 주택 담보 대출을 지불할 수 없었으며 집을 마련하고자 하는 저소득자들을 위해 새로운 이자금 상환 대출이 만들어졌다. 불행히도, 무디스, 스탠다드앤푸어스 사와 같은 신용평가 기관은 그러한 위험한 본드를 계속해서 AAA로 평가했으며 규제 기관은 이 지나친 주택 담보 대출과 금융 증권화 관행을 제지하지 않았다. 모기지 담보부증권과 부채 담보부증권의 시장 가치는 근본적인 신용위험 문제가 드러났을 때 곤두박칠 쳤고, 이러한 투자를 쥐고 있던 은행과 증권 회사들의 대차대조표에 그 손실의 여파가 고스란히 미쳤다. 나라의 몇몇 지역에선 금융 증권화 과정에 의해 상당히 많이 자금 조달을 받았던 주택의 가치가 땅으로 떨어졌다. 시장 참여자들에게 신용 보험을 제공해주던 AIG 같은 보험 회사들도 불리해졌다. 채권이 전 세계의 금융 기관, 정부, 기타 다른 투자자들에게 판매됐었기 때문에 이 위기의 정도는 실로 어마어마했다.

문제:

1) 주택 담보 대출의 금융증권화 과정을 설명하라. 이러한 금융 개혁이 금융 시스템에 있는 누군가에게 득이 됐는가?

2) 미국의 주택 담보 대출 금융 증권화는 무엇이 잘못되었나? 이 상황에 정부도 어떤 역할을 했다고 생각하는가?

표 13.5 각 국제 채권의 통화와 발행주체

총액(10억 달러 기준)	2000년 12월	2014년 6월
총 발행	5996	22216
변동 금리 채권	1470	5927
달러	782	1589
유로	469	3163
엔	84	85
파운드 스털링	112	832
프랑	8	20
캐나다 달러	3	34
기타 통화	10	203
금융 기관	1315	5543
정부	54	93
국제 기구	21	152
민간 기업	79	140
고정 금리 채권	4283	15880
달러	2119	6366
유로	1227	6539
엔	351	376
파운드 스털링	331	1300
프랑	113	327
캐나다 달러	48	198
기타 통화	92	775
금융 기관	2565	10292
정부	710	1582
국제 기구	352	1401
미간 기업	655	2605

13-3c. 국제 주식 시장

주식 시장은 회사들로 하여금 새로운 자산을 발행하고 장기 자본을 키울 수 있도록 해준다. 그러나 채권이야말로 토지, 건물, 장비, 그리고 고정 자산에 자금을 조달할 수 있는 훨씬 더 중요한 장기적 조달 수단이라는 것을 알고 있어야 한다. 만기까지 채무 증권을 쥐고 있는 보험 회사와 같은 기관 투자자들에게 자주 매입되는 채권과는 달리, 기발행 유통주식은 매일 활발하게 거래된다. 선진국의 주식 시장과 신흥국 시장은 전 세계의 투자자들로 하여금 국제적인 기반으로 회사들에 투자할 수 있게 해준다. 많은 일반인들이 연금 계획으로 퇴직금을 가지고 있고 이는 무수히 많은 뮤츄얼 펀드에 투자될 수 있다. 뮤츄얼 펀드는 예금을 모아 주식, 채권, 부동산, 상품, 기타 등등에 투자하는 투자 회사에 의해 운영된다. 채권과 주식 투자를 혼합하는 것은 일반적으로 추천되는 방식이다. 주식 투자는 다른 종류의 금융 수단보다 수익이 빨리 난다는 점 때문에 인기가 많다. 예를 들어, 중국의 주식 시장은 2003년에서 2008년 사이에 70%의 수익을 기록했는데 미국의 장기 채권 투자는 년간 4%의 수익만을 냈고 같은 기간 동안 낸 수익의 총합은 22%였다.

물론, 주가가 갑작스럽게 떨어져 투자자들이 큰 손실을 겪을 위험도 있다. 예를 들어, 미국의 30개 기업 주식을 기준으로 하는 다우존스 산업평균지수는 2008년 5월의 13,000에서 2009년의 2월7,500으로 떨어졌었다. 8개월의 기간 동안 40%가 넘게 하락한 것이다. 주식 투자를 서로 다른 경제 부문과 다른 나라들로 분산투자하는 것은 이러한 위험을 줄일 수 있는 방법이다. 한 부문 혹은 한 나라의 주가가 오르면 다른 부문이나 나라의 주가가 떨어질 수도 있기 때문이다.

표 13.6에서 시간의 흐름에 따른 두 주식의 주가('주식 1'과 '주식 2')를 볼 수 있다. 주식 1은 주식 2에 비해 훨씬 더 변덕스러운 움직임을 보인다. 만약 한 사람이 절반의 돈을 주식 1에 투자하고 남은 절반의 돈을 주식 2에 투자했다면, 혼합된 포트폴리오인 P는 둘 모두보다 훨씬 더 안정적일 것이다. 이 변동성의 감소가 바로 **분산투자**(diversification)가 투

표 13.6 분산투자는 위험을 감소시킨다.

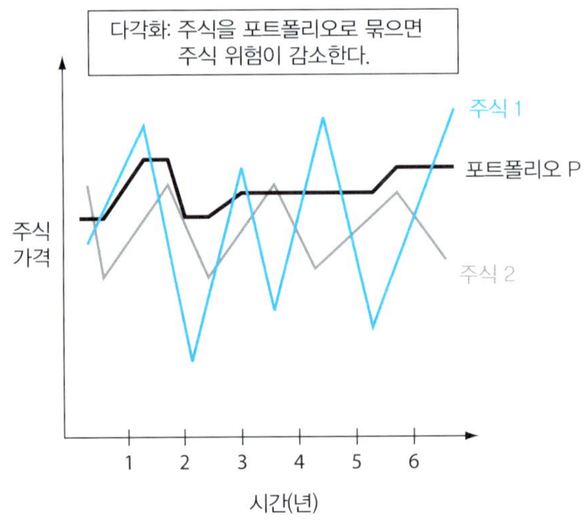

자자들의 위험을 줄여준다는 것을 증명한다. 해리 말코위츠 교수는 근본적인 투자의 개념을 밝혀냈다. 그는 투자자들이 서로 다른 주가 패턴을 가진 증권을 구입해야 한다고 주장했다. 만약 두 개의 증권이 같은 가격 패턴을 가진다면 분산투자의 이점이 전혀 없기 때문이다. 만약 가격 패턴이 완전히 반대거나 서로 다르다면 모든 위험은 제거될 수 있다. 그러나 이러한 상황은 일반적으로 가능하지 않다. 말코위츠 교수는 이 분산투자에 대한 연구로 경제 부문에서 노벨 상을 수상했다.

말코위츠의 분산투자 개념에서 보면, 거의 모든 투자자들이 그들의 퇴직금과 기타 다른 예금의 거의 대부분을 오직 본국에만 투자한다는 것은 놀랍다. 이러한 현상을 흔히 **자국 투자 편중**(home bias)이라 부른다. 이는 곧 투자자들이 가능한 만큼 최대한 위험을 줄이지 않고 있다는 것을 의미한다. 많은 다양한 이유가 이 잠재적으로 비이성적인 행동을 설명해주고 있다. 투자자들은 국내의 회사들이 그들의 제품과 서비스에 대해 더 잘 이해하고 있다고 생각하거나 혹은 자국의 회사를 돕기 위해서 국내에 투자하는 것을 선호한다. 자국 투자 편중은 만약 투자자들이 국제 활동을 많이 하는 국내의 회사 주식을 산다면 어느 정도 줄어들 수 있다. 그럼에도 불구하고, 많은 전문가들이 자국 투자 편중이 투자자들의 위험을 높이는데 동의한다.

국제 투자가 가지고 있는 한 가지의 문제점은 어떤 나쁜 소식이 모든 나라의 거래에 동시에 영향을 줄 때 분산투자가 무용지물이 되어버린다는 것이다. 이러한 예시의 하나로 1987년 10월 국제 주식 시장이 폭락했던 **전염**(contagion)과 같은 경우가 있다. 이 사건을 통해 전 세계의 주식 시장이 마치 2인용 자전거에 타고 있는 것처럼 줄줄이 주가 하락 트렌드를 겪을 수 있다는 사실을 보여줬다. 1987년 10월 19일(암흑의 월요일; Black Monday라고 불린다), 홍콩의 주가가 하락했고 하루 안에 유럽으로 퍼진 뒤 거래를 막 개장

그림 3 1987년, 암흑의 월요일은 하루만에 일어난 주식 시장 역사상 최대의 폭락이었다.

을 시작한 북미까지 퍼져나갔다. 일주일도 채 되지 않아 홍콩은 46%, 호주 42%, 영국 26%, 미국 23%, 캐나다 23%가 떨어졌다. 이것은 불과 하루만에 일어난 주식 시장 사상초유의 대폭락이었다. 2001년 9월 17일에도 주식 시장이 크게 하락한 적이 있었다. 이는 2001년 9월 11일, 테러 이후 시장이 처음 개장한 날이었다. 이와 비슷한 국제 주식 시장의 하락세가 2008년 10월에서 2009년 중반 사이에 있었다. 전 세계의 금융과 경제 위기가 점차 악화되고 있을 때였다. 많은 나라들의 주식 시장이 함께 하락하자, 국제 분산투자의 이점은 거의 사라져버렸다. 다행히도, 이러한 위기의 경우들은 일시적 반환기에 불과했고 경제 상황이 정상으로 돌아오자 사라졌다. 더하여, 분산투자는 장기 투자자들의 위험을 줄이는 데도 효과적인 방법이다.

국제 투자자들의 거래 비용을 줄이기 위해 지난 십년 간 주식 거래소를 통합하는 양이 점점 더 증가해왔다. 컴퓨터와 전자 통신의 발달은 거리의 장벽을 깼고 더 빠르고 많은 양의 증권을 거래할 수 있도록 해주었다. 눈에 띌 만한 최근의 합병은 다음과 같다.

- 뉴욕 증권거래소(NYSE)와 유럽 국가 거래소들을 포함하는 유로넥스트.
- NASDAQ(National Association of Securities Dealers Automated Quotation system)과 AMEX(American Stock Exchange).
- 런던 거래소와 볼사 이탈리아나.
- 시카고 선물 거래소(CME)와 CBOT(Chicago Board of Trade), 두 거래소는 전통적으로 라이벌 관계였다.

미래에 남미, 북미, 유럽, 아시아, 그리고 중동의 거래소들이 합병하게 될 가능성이 높다. 이러한 합병의 물결은 더 많은 투자의 기회를 더 적은 비용으로 생겨나게 했고 투자자들 사이에 증권 거래 경쟁을 심화시키고 있다. 즉, 세계적인 경제 성장을 촉진시키고 있으며 일자리를 창출하고 전 세계적인 삶의 수준을 높이고 있다.

13-3d. 정부의 자금 조달

지난 20년 동안, 금융 위기는 많은 다양한 나라들에서 일어났었고 미국, 일본, 멕시코, 러시아, 영국, 스페인, 아이슬랜드, 이탈리아, 아일랜드, 터키, 아르헨티나, 그리스, 그리고 수 많은 아시아의 신흥 개발도상국과 동유럽 국가들이 이에 포함된다. 금융 위기가 오면, 통화의 가치가 급락할 수 있고 시장 불안정성은 국제 투자자들을 쫓을 수도 있으며 금융 기관이 망할 수도 있고 정부가 정치적인 지지를 잃을 수도 있다. 금융 시장의 붕괴는 회사의 융자 흐름을 늦추게 되는데 특히 중소기업처럼 은행에 자금 조달을 의지하고 있는 경우 더욱 심해진다. 융자금 없이는 많은 회사들이 사업 활동을 축소시켜야 하고 직원들을 해고하고 손실에 고통받게 된다. 정부는 융자금을 제공함으로써 회복하는데 수년이 걸렸을지도 모르는 이러한 경제적 피해의 규모를 줄일 수 있다.

1944년에 국제통화기금(IMF)과 세계 은행은 UN의 기관으로써 설립됐었다. 그들의 목적은 국제 통화 안정성과 국제 거래의 촉진이었다. IMF는 금융 위기를 겪는 나라들에게 단기 대출을 해주었고 환율 정책을 평가했으며 기술적인 지원들을 해주었다. 180개가 넘는 나라들이 그 멤버로써 참여하게 되면서, IMF는 "최종 대부자"로 기능하게 되었고 통화 패닉을 줄이고 곤경에 빠진 은행들을 도왔다. 세계 은행은 삶의 수준을 높이기 위한 경제 개혁을 위해 자금을 필요로 하는 개발도상국들에게 장기 대출을 해주는 데 집중한다. 세계 은행의 우선순위에는 건강, 교육, 사회 기관, 자연 재해, 민간 사업 건립, 경제 개혁, 그리고 빈곤의 축소 등이 있다. IMF와 세계 은행은 더 가난한 나라들의 발전을 돕고 응급 상황의 주된 공급원이 되는 기관들이다.

정부 지원의 국제 금융은 선진국에서 여러 다양한 기관들에 의해 제공되고 있다. 미국의 **수출입은행**(Ex-Im bank)은 정부의 수출 금융 업무를 다루는 기관이다. 수출입은행은 각 정부의 보조를 받아 수출을 하는 다른 회사들에 대항해 미국의 회사들을 지원함으로써 국제 경쟁의 수준을 맞추는 것을 목표로 한다. 수출입은행의 재정 지원을 받는 기업들은 주로 국제 경쟁에 참여하고 있는 대형 다국적기업들이다. 재정 지원을 받기 위해선 적어도 내용물의 51%가 미국산이어야 한다. 미국의 중소기업청은 더 규모가 작은 회사들을 위해 수출 재정 지원을 제공해주고 있다. 정부의 대출 보증없이는 은행으로부터 융자를 받을 수 없는 회사들은 수출에 대해 90%까지 연방 보증을 받을 수 있다. 어떤 경우에서는 수출은입행으로부터 함께 보증을 받는 것도 가능하다.

은행과 정부 대출을 통해 수출업자들은 운전 자본(임금 지불, 원료구입, 창고, 외상매출금)의 자금을 조달할 수 있는데, 이를 **무역 금융**(trade finance)이라 부른다. 수입자들의 경우 주된 구매의 비용을 충당하기 위해 자금을 조달받는데 이를 **텀파이낸싱**(term financing)이라 부른다. 장기 고정 자산(설비, 건물, 장비 등)을 구매하기 위한 대출도 가능하다.

일본에서는 **국제협력은행**(JBIC: bank of international cooperation)이 전 세계에 있는 일본의 수출업자들을 지원한다. 다른 조직들, 예를 들어 독일의 Kreditanstalt für Wiederaufbau(KfW)와 캐나다의 EDC는 자금 지원을 받는 수출품의 국내 비중 보다는 국가 이익에 기반해 대출을 해준다. 전 세계에 생산 시설이 있는 거대한 다국적 기업들은 다양한 나라에서 정부의 자금 지원을 받을 수 있다. 그러나, 보잉사와 같이 대부분의 제조가 미국 내에서 이루어지는 몇몇의 회사들은 미국의 수출입은행에서만 재정 지원을 받을 수 있다. 보잉은 1990년대에 독일, 프랑스, 영국, 그리고 스페인 정부의 컨소시엄으로 KfW에서 융자를 받을 수 있었던 에어버스에 판매 실적이 밀렸다고 주장했다. 국제 경쟁은, 앞의 예시에서도 보여지듯이 정부의 자금 지원에 상당히 영향을 받는다.

최근 들어서는, 2008년 가을부터 시작된 국제 경제와 금융 위기가 세계의 정부를 움직였다. 이 위기는 정부들로 하여금 은행, 보험 회사, 채권 회사, 소비자, 사업체 등에 정부 융자금과 투자금을 제공하는 금융 보조 프로그램을 도입하도록 만들었다. 국

윤리적 관점

금융 기관에서의 임직원 보상 규칙

지난 50년 동안 은행, 채권 회사, 보험 회사를 포함하는 모든 금융 기관 경영자들의 총 보상액은 계속 불어났다. 이전에는 경영자들의 보상액이 일반 직원들의 평균 소득의 30배 정도였다면 현재는 400배에 이른다. 봉급과 스톡 옵션과 같은 기타 보상책들은 회사의 실제 성과보다는 총 자산과 더 관련이 깊다. 또한, 업무 능력이 뛰어나고 수익을 내는 매니저들이 관대한 보너스를 받는 반면, 업무 성과가 떨어지는 것에 대한 어떠한 페널티도 주어지지 않는다. 자주 해고당하는 경영자들은 "황금 낙하산"의 값어치가 있는 수백만 달러의 금액을 퇴직금으로 받고 그 외에도, 현금 보너스, 스톡 옵션, 다른 혜택들을 받는다. 몇몇 전문가들은 이러한 높은 경영자 보상을 금융 기관이 위험을 감수하는 것에 연결시키기도 한다. 마치 위험한 서브프라임 모기지 대출처럼 CEO가 인수 합병을 통해 급하게 기관의 크기를 키우고 "노다지"지역으로 회사를 확장시킨다면 개인의 부는 방대해질 것이나 기관의 안정성은 보장될 수 없다. 2008년에서 2009년의 금융 위기 동안, 곤경에 빠진 많은 수의 금융 기관들은 정부가 대신 높은 경영자들의 봉급을 그대로 지불해줌에 따라 구제 되었었다. 예를 들어, 2008년 메릴린치는 150억 달러의 거래 손실의 책임이 있는 매니저에게 보너스로 3천 9백만 달러를 지불했다. 다른 한편에선, 정부의 지원을 받은 이후로 씨티은행이 임직원의 보상에 제한을 두는 것에 동의했다. 그럼에도 불구하고, 정부가 국민의 세금을 가지고 망해가는 회사를 살려 준 이후에도 계속해서 경영자들에게 지나치게 많은 돈을 지불하는 이 비윤리적인 행동은 이미 널리 퍼져 공개적인 질타를 받았다.

이러한 문제들 때문에 2009년 미국 정부는 2008년부터 2009년 사이에 금융 위기로 정부의 지원을 받은 대형 금융 기관들에게 경영자 임금 가이드라인을 발표했다. 경영자들의 봉급은 $500,000이 상한선으로 정해졌고 스톡 옵션은 모든 정부 지원금을 되갚기 전까지는 행사해선 안 되었다. 이에 더해, 금융 기관에 심각한 위험을 초래한 경영자들에게 지불된 보상을 다시 '회수'하자는 의견도 논의되고 있다.

경영자들은 위험을 무릅쓰는 것이 아니라 주주들을 위한 가치를 창출하는 것으로 보상을 지불받아야 한다. 이로 인해, 2010년 도드-프랭크 금융개혁과 소비자 보호법에 따라 유도된 대로 연방준비 제도는 정부의 지원을 받는 기관뿐만 아니라 모든 금융 기관의 지나친 위험을 감수하는 행위나 봉급을 조절하는 보상-관리 정책을 제안했다. 이 새로운 정책들은 상위 매니저들, 트레이더들, 대출 담당 직원들, 그리고 위험을 감수하는 다른 직원들 모두를 검사하도록 했다. 안전하고 튼튼한 예금과 금융 관행으로 구성된 보상 패키지를 활성화시키는 것이 이 정책들의 주된 목표이다.

지금에 와서야 금융 기관의 그런 과도한 경영자 보상 체계가 금융 위기를 초래하는데 일조했다는 것을 깨달은 것이다. 일부 경영자들은 주주, 직원들, 회사 그리고 더 나아가서는 경제를 희생해서라도 자신의 부를 쌓고자 했다. 더 넓은 범위로 이윤을 퍼트릴 수 있는 성장과 장기 안정성을 촉진시키는 보상 패키지가 필요한 때이다.

문제

1) 금융 기관 경영자들의 봉급과 보상은 그들의 업무 성과에 따른 것인가? 만약 그렇지 않다면, 그것이 윤리적인지 그렇지 않은지 몇 가지의 예시를 들어 설명해보라.

2) 미국의 정부는 금융 기관의 경영자들이 저지른 이 윤리적 학대에 대해 어떤 행동을 하였는가? 이러한 변화들이 금융 위기를 막는데 도움이 될 것이라고 생각하는가?

제 융자 시장은 2008년부터 2009년 사이에 완전히 얼어붙었고 이 융자의 흐름을 다시 흐르게 하기 위해 중앙 은행과 재무성 조치를 통해 정부가 이에 개입하도록 만들었다. 2010년과 2011년에 그리스, 아일랜드, 포르투갈은 채무 문제로 곤란을 겪었고 IMF의 EMU국가들에게 중재를 요청했다. 이러한 유례없고 역사적인 노력은 융자 시장을 유지하고 대외 신인도를 회복하기 위한 것이었다. 상당한 양의 정부 대출(혹은 적자 지출)이 시장 개입의 자금을 조달하기 위해 사용되었으나 금융 시스템의 기능 장애로 인한 경제 상태의 경과가 지나치게 나빠 사회가 필요한 만큼의 양을 융자로 감당할 수가 없었다. 하지만 국제 금융 체계를 되살리기 위한 이러한 정부의 노력은 미래에 더 안전하고 튼튼한 금융 기관의 초석을 낳을 것이다.

사실확인 LO-3

인터넷을 사용하여 야후의 금융 페이지로 들어가 보아라. 미국 지수를 찾아 지난 5년 간의 다우 존스 종합 평균 차트를 프린트하라. 그런 후에, 세계 지수와 다른 나라의 주식 시장 지수를 찾아 보아라. 마찬가지로 지난 5년 동안의 외국 차트도 프린트해라. 이 두 차트를 비교해 보라. 미국과 외국 모두의 주식 시장에 투자함으로써 분산투자가 가능한 시기가 있었는가? 혹은 분산투자가 불가능한 시기는 있었는가?

13-4. 다국적 자본 예산

LO-4
국제경영을 하는 회사들이 직면한 자본 예산 결정에 순현재가치 분석을 적용해보라.

여러 나라에서 경영을 하는 다국적 회사들은 시간이 지나면서 서로 다른 통화로 수익을 낼 것이다. 투자로 인한 수익을 현재 가치로 바꾸는 것은 아주 중요하다. 이에 더하여, 현재 가치를 계산하기 위해서는 서로 다른 통화로 되어 있는 수익들을 본국의 통화로 환산해야 할 것이다. 그렇게 하는 과정에서 통화 가치의 변동은 외국 자회사들의 수익성에 영향을 줄 것이다.

13-4a. 모회사 자본 예산

지주 회사는 복합 기업으로 다국적 기업에서는 흔한 형태이다. 지주 회사의 모회사는 미국에 있는데 자회사는 유럽 국가들에 있다고 가정하자. 자회사에 대한 자본 투자(토지, 건물, 장비, 다른 고정 자산들)의 수익성을 평가할 때, 모회사는 모회사와 자회사 모두를 포함한 통합된 지주 회사의 관점에서 이를 판단해야 한다. 자회사의 수익은 반드시 미국으로 돌아와 주주들에게 배당금을 지불하고 미래의 투자를 위해 보관되어야 하기 때문에, 유럽의 현금 흐름은 현지의 세금을 지불 한 뒤 모두 달러로 바꿔두어야만 한다. 자연히, 환율의 변동은 유럽 현금 흐름의 달러 가치에 영향을 끼치게 될 것이다.

투자 수익성 평가의 첫 번째 단계는 외국 자회사들의 자본 투자의 **순현재가치**(net present value: NPV)를 계산하는 것이다. 이를 하기 위해서는 다음의 공식이 필요하다.

$$NPV = \sum \frac{CF_t}{(1+k)^t} + \frac{Salvage_n}{(1+k)^t} - Investment$$

위 식의 구성 성분은 다음과 같다:

CF_t = 기간 t에서의 현금 흐름

$Salvege_n$ = 투자가 끝나는 시점 n의 잔존가액

k = 대기업 복합체에 의한 투자의 요구수익률

Investment = 0인 시점(현재)에 최초의 자본 투자액

예를 들어, 컴퓨터 부속품을 제조하는 미국의 회사가 독일의 자회사에 새 컴퓨터 칩의 생산 일부를 아웃소싱한다고 해보자. 독일의 생산 라인을 새로운 칩에 맞도록 바꾸기 위해 이천만 유로의 자본 투자가 필요할 것이다. 독일에서 생산되는 칩들은 향후 5년 동안 유럽에서 판매될 것이다. 5년이 지나면, 생산 라인은 현재 연구 개발 중에 있는 다음 세대의 칩에 맞춰 또 바뀌어야 할 것이다. 향후 5년간 예상되는 순 이익(수백만 유로의 현금 흐름), 잔존가액, 15%의 요구수익률을 이용한 할인 요소, 현금 흐름의 현재 가치와 잔존가액, 유로의 NPV는 다음과 같다.

햇수	투자	CF_t	Salvagen	$(1 + k)^t$	현재가치(EUR)	NPV (EUR)
0	20				20.0000	8.1584
1		5		1.1500	4.3478	
2		8		1.3225	6.0491	
3		10		1.5209	6.5751	
4		10		1.7490	5.7176	
5		6	5	2.0114	5.4688	

위의 예시에서 보면, NPV는 8,158,400유로(혹은 현금 흐름의 총 현재 가치 €28,158,400 – 최초 투자금 €20,000,000)이다. 이 NPV는 양의 값이고 투자로 인해 좋은 경제적 가치가 더해졌음을 보여준다(다시 말해, 투자자들이 요구한 것 이상으로 수익이 났다는 의미이다). 그러나, 우리는 분석의 중요한 부분을 빠트렸다. 미국을 기반으로 하는 다국적 기업은 NPV를 이런 방식으로 보지 않을 것이다. 그들은 모든 현금의 흐름(잔존가액을 포함해서)을 달러로 환산해 현재 가치를 계산할 것이다. 이 5년의 시기 동안 달러에 비해 유로의 가치가 떨어졌다고 가정해 보자.

햇수	현재가치 (EUR)	유로 당 달러 (EUR/USD)	현재가치 (USD)	NPV (USD)
0	20.0000	1.00	20.0000	1.8000
1	4.3478	0.90	3.9130	
2	6.0491	0.80	4.8393	
3	6.5751	0.75	4.9313	
4	5.7176	0.75	4.2882	
5	5.4688	0.70	3.8282	

NPV는 이제 1,800,000달러이고, NPV 8,158,400유로보다 현저하게 낮은 값이다. 5년 프로젝트 동안 유로가 약화됨에 따라 현금 흐름을 낮은 달러 환율로 바꿔야 했기 때문이다. 그러나, NPV는 여전히 양의 값을 가지고 그러므로 자본 투자는 여전히 승인될 것이다.

위의 예시는 환율의 변동으로 인한 경제적 위험이 존재함을 명백하게 보여주고 있다. 여러 나라에 여러 통화로 해외 운영을 다각화시키는 것은 다국적 기업이 자본 투자 프로젝트의 NPV에 대한 환율 변동의 영향을 다루는 한 가지 방법이다. 미국의 다국적 기업의 경우 만약 달러가 유로에 비해 강화되고 있다면, 아마 파운드 엔화 기타 다른 통화들에 대해선 약화되고 있을 것이다. 그렇게 되면 달러에 대한 서로 다른 통화들의 환율이 어느 정도의 환율 갭을 상쇄시켜 줄 것이다. 만약 다각화가 충분히 환위험을 컨트롤하지 못한다면 환율 위험을 헤징하는 또 다른 방법으로 파생상품(통화 선물, 선도, 옵션, 스왑 거래)을 사용할 수 있다.

이 외에도 다국적 기업의 자본 결정에는 다른 수많은 위험들이 존재한다. 예를 들어, 신흥국 시장 같은 경우에는 정치적 위험, 인플레이션 위험, 세금 위험 등등의 위험이 존재한다. **국가리스크**(Country risk)는 이러한 요소들을 예측하는데 불확실성이 있음을 의미한다. 이러한 위험들의 변덕스러운 성질로 인해 신흥국 시장은 미래까지 연결될 수 있는 현금 흐름에 대한 평가를 어렵게 만든다. 이러한 이유로, 다국적 기업은 반드시 장기 고정 자산 약정에 대해 평가를 신중히 내려야만 한다. 환율 위험처럼, 신흥국 시장의 위험을 분산하는 것도 기업의 위험을 낮추기 위해 추천된다. 현지 상황에 대한 경험을 쌓아갈 수 있도록 자본 투자를 점차적으로 늘려가는 것도 현명한 방법이다.

민감도 분석(Sensitivity analysis)은 해외에 있는 위험한 투자를 평가하는데 유용한 방법이다. NPV의 최저에서 최고 범주를 더 잘 이해하기 위해서는 희망적인, 예상 가능한, 부정적인 시나리오들이 문서화되어야 한다. 만약 NPV가 부정적인 시나리오에서도 양의 값으로 남아있다면, 관리부는 이 자본 프로젝트가 성공적일 것이라고 자신해도 된다.

다국적 기업들은 지속적으로 자본 프로젝트를 평가한다. 표 13.7을 보면 한정된 투자금을 가진 다국적 기업에 맞춘 다양한 종류의 자본 예산 기회들을 비교해 볼 수 있다. 프로젝트 1에서 프로젝트 4까지의 양의 NPV는 허용 가능하지만 프로젝트 5와 프로젝트 6은 음의 NPV를 가지므로 승인되지 못한다. 자본의 조달처가 고정되어 있고 한정적이라고 가정했을 때, 최고 NPV를 가지는 프로젝트 1만이 승인받을 수 있다. 만약 회사가 은행을 통해 채권과 주식을 발행하거나 혹은 수익성이 낮은 운영의 투자를 회수한다거나 하는 방식으로 자금을 조달해, 추가적으로 자본의 양을 늘릴 수 있다면 프로젝트 2~4도 승인 가능하다.

표 13.7 가능한 자본 예산 프로젝트의 선정

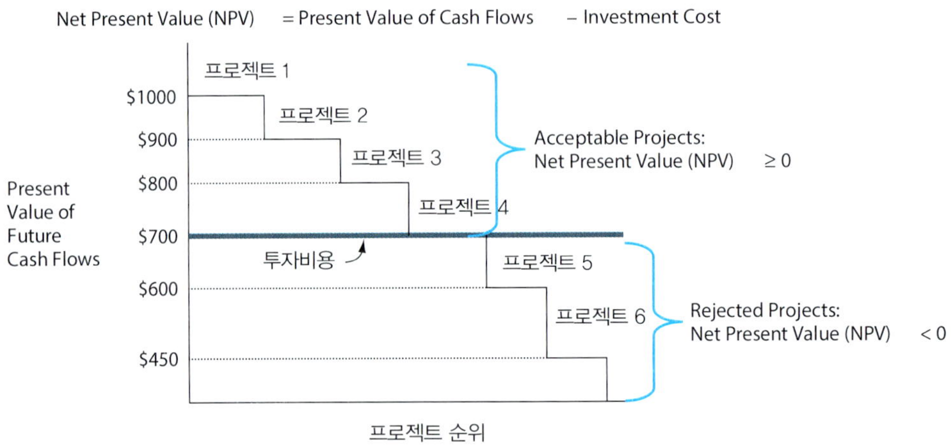

13-4b. 자본 비용: 국내 vs 국외

자본 비용(cost of capital)은 주식과 채권 투자자들에 의해 요구되는 기대수익률이다. 위의 NPV 분석에서, 자본 비용은 할인률로 15%라고 가정되어있다. 아래의 유명한 공식을 사용해 회사의 **가중평균 자본비용**(weighted average cost of capital)을 계산할 수 있을 것이다.

$$K = \text{(Equity/Total Market Value)}\ R + \text{(Debt/Total Market Value)}\ (1 - \text{Tax Rate})\ I$$

위 식의 구성 성분은 다음과 같다:

Equity = 유통 주식의 시장 가치

Debt = 장기 미지불 부채의 시장 가치

R = 자기자본 비용 혹은 주주의 요구 수익률

I = 세전 부채 비용 혹은 이자율

Tax Rate = 회사의 한계 세율

Total Market Value = 주식 시가 총액 + 채무

자기자본 비용 R 과 부채비용 I 는 부채 혹은 재무 레버리지가 증가함에 따라 회사의 파산 위험이 커져서로 증가하게 된다. 높은 세율은 부채 상환 이자로 인한 소득 공제율을 높이기 때문에 자본 비용(K)을 낮출 수 있다는 것을 기억해야 한다. 만약 회사가 자기자본 비용이나 부채비용을 낮추거나, 그들이 사용하는 부채와 자기자본의 조합(즉, 자본 구조)을 바꾸거나, 세금 관리를 통해 그들의 자본 비용을 낮출 수 있다면, 그들은 투자 프로젝트의 NPV가치를 높일 수 있다. 위의 예시에서는, 자본 비용을 15%이하로 낮추게 되면 독일 컴퓨터 칩 자회사의 NPV를 올릴 수 있다.

부채 비용(cost of debt)은 기업이 장기 대출의 채권자들에 지불하는 서로 다른 이자율의 가중평균을 계산함으로써 측정된다. 다국적 기업은 국내의 경계를 넘어 국제 자본 시장에서 대출을 받을 수 있는데 그렇게 하면 부채 비용을 최소화시킬 수 있다. 국제 은행과 채권 시장은 아주 경쟁적인 이자율로 대출 가능한 예금을 제공한다.

자기자본 비용(cost of equity)은 더 측정하기 어렵다. 자본자산가격결정모형(CAPM)은 국내 자기 자본비용을 측정하는데 흔히 쓰이는 접근방법이다. CAPM은 다음과 같다.

$$R_{it} = R_{ft} + \beta_i(R_{mt} + R_{ft})$$

위 식의 구성 성분은 다음과 같다:

R_{it} = t월의 주식 i의 월수익률

R_{mt} = 국내 시장 지수의 월수익률(미국 500대 기업의 S&P 지수)

R_{ft} = 무위험 자산의 월수익률(미국의 TB금리)

βi = 주식의 국내 베타 값 측정률

예시대로 보면, 주어진 평균 R_{mt}은 10%, 평균 R_{ft}은 5%, β_t는 0.80이고, 자기자본의 비용은 5 + 0.80(10 − 5)로 계산된 9%와 동일하다. **베타**(beta risk)는 1보다 적기 때문에 주식이 시장 지수보다 더 리스크가 낮음을 보여준다. 더 낮은 베타를 가진 회사들은 높은 베타를 가진 회사들에 비해 자기자본 비용이 더 낮을 것이다.

자기자본 비용을 계산하는데 있어 한 가지의 문제점은 주식의 주식시장이 국내인지 국외인지에 따라 달라진다는 점이다. 만약 국내 시장의 투자자들이 주가를 정한다면, 주식의 세분 시장이 존재할 것이고 CAPM이 그러한 자기자본 비용을 계산하는데 적합한 방법이 될 것이다. 그러나, 만약 국제 투자자들이 주가를 정한다면, 통합 시장이 존재할 것이고 그럴 경우 CAPM은 부적절하다. 국제 통합 주식 시장에서는 국제 CAPM(ICAPM)를 사용하여 자기자본 비용을 측정해야 한다. ICAPM은 다음과 같다.

$$R_{it} = R_{ft} + \beta_i(R_{mt} - R_{ft}) + \beta_i^g(R_{gt} - R_{ft})$$

위 식의 구성 성분은 다음과 같다:

R_{gt} = 국제 시장 지수의 월수익률(다우 존스 세계 주식 지수)

β_i^g = 주식에 대한 국제 베타의 측정값

이제 회사의 주식은 국내와 국외의 베타값을 모두 측정했다. 이전의 미국 다국적 기업의 예시를 끌어와서, 평균 R_{mt} = 10%, R_{gt} = 11%, R_{ft} = 10%, β_t = 0.08, β_i^g = 1.00가 주어졌을 때, 자기자본 비용은 5 + 0.80(10 5) + 1.00(11 5)로 계산된대로 15%가 된다. 일반적으로, 다국적 기업은 그들의 자기자본 비용을 측정하기 위해 ICAPM을 사용하지만 국제 활동과는 거의 관련이 없는 국내 회사들은 CAPM를 사용한다.

그러나 지난 20년 간 CAPM과 ICAPM이 논란의 주제가 되어왔음을 언급하지 않을 수 없다. 파마와 프렌치의 광범위한 연구에 따르면, 자기자본 비용의 측정은 위의 모델에 두 가지의 변수를 더해서 개선될 수 있다고 한다. 1) 중소기업의 주식 포트폴리오의 수익에서 대형 회사 주식 포트폴리오의 주식을 뺀 값(*SMB*), 2) 시장 주식에 비해 장부상의 주식 비율이 높은 포트폴리오의 수익에서 장부상의 주식보다 시장 주식의 비율이 높은 포트폴리오의 수익을 뺀 값(*HML*). 이러한 **규모 요소**(size factor)와 **가치 요소**(value factor)가 각각 CAPM과 ICAPM의 설명력을 더욱 높여줄 것이고 따라서 자기자본 비용의 예측을 더 정확하게 해줄 것이다. CAPM에 파마–프렌치의 제안을 추가하면 다음과 같은 공식이 나온다.

$$(R_{it} - R_{ft}) = \alpha + \beta_i + \beta_i(R_{mt} - R_{ft}) + \beta_s SMB_t + \beta_v HML_t.$$

이전 예시의 평균 R_{mt} = 10%, 평균 R_{ft} = 5%, 그리고 β_t = 0.08에 *SMB* = 2%, *SMB* = 1%, β_s = 0.50, 그리고 β_s = 0.30를 더한다면 자기자본의 비용은 5 + 0.80(10 − 5) + 0.50(2) + 0.30(1)로 계산한대로 10.3%가 나올 것이다. 통합 금융 시장의 다국적 기업의 경우에도 ICAPM에 위와 같은 조정을 하면 된다.

요약하자면, 자기자본 비용은 국내 기업을 위해서는 CAPM, 다국적 기업을 위해서는 ICAPM을 사용해 계산될 수 있다. 여기에 파마-프렌치의 규모와 가치 요소가 모형에 추가되어 그 정확성을 높일 수 있다. 자기자본과 부채비용의 가중평균은 회사의 투자 프로젝트를 할인하는 데에 사용하는 자본 비용이다. 자본 비용이 적을 수록 투자 프로젝트의 NPV가 높아진다. 다시 말해, 양의 값을 갖는 NPV프로젝트는 회사의 가치를 더 증가시킨다. 다국적 기업은 국제 금융 시장에서 최저 비용의 자기자본과 부채비용을 찾아낼 수 있다는 점에서 국내 기업에 비해 유리하다.

사실확인 LO-4

표 13.7의 예시로 돌아간다. 그리고 미국 회사의 입장에서 NPV를 달러로 다시 계산해 보자. 시간이 지나면서 유로가 상승했다고 가정하자. 가상의 유로-달러 환율을 적용해 보자. 달러 NPV는 어떻게 변하는가?

13-5. 환위험과 주식 평가

13-5a. 현금 흐름의 민감성과 환율 위험

LO-5 환위험이 어떻게 회사의 현금 흐름에 영향을 끼치고 그 영향이 주식 수익에 어떤 결과를 초래하는지 말해보라. 현지 통화가 절상되면 회사의 외국 판매 수익은 감소한다. 반대로 현지 통화가 절하되면 수입 비용이 오른다. 당연히 이러한 수출입의 현금 흐름이 받는 영향은 통화의 움직임이 더 크게 변동할 수록 커진다. 환율 위험에 영향을 받는 공급자와 구매자들은 어떠한 수출입 사업도 하지 않는 국내의 기업들에 영향을 끼칠 수 있다.

회사들은 환율 변동으로 인한 연금 흐름의 변동을 겪을 수도 있다. 2005년부터 2014년 사이에 유로 대비 달러의 가치는 유로 당 $1.60 에서 1.15의 범주를 기록했다. 주어진 기간 동안 있었던 유로-달러 환율의 큰 변동은 미국과 유럽에 있는 다국적 기업들에 상당한 영향을 미쳤었다. 코카콜라, 캐터필라, IBM 그리고 해외에 상품을 파는 기타 다른 회사들은 달러가 떨어짐(올라감)에 따라 이득(손실)을 보았다. 비슷하게, 네슬레, 폭스바겐, 보쉬, 시멘스 같은 유럽의 회사들은 유로가 떨어짐(올라감)에 따라 이득(손실)을 보았다. 환율의 변동이 다국적 회사의 현금 흐름에 영향을 주는 한 가지 방법은 수출 판매이다. 많은 나라들이 상당한 양의 제품을 미국에 수출하고 마찬가지로 미국도 많은 양의 제품을 해외로 수출한다. 즉, 전 세계의 기업들이 달러의 변동에 영향을 받는 다는 의미이다. 인도는 그들의 IT 제품의 약 70%를 미국에 수출하고 루피가 달러에 비해 약세(강세)기 때문에 상당한 이점(불이익)을 가진다. 달러의 변동이 기업들에 영향을 주는 또 다른 방법은 석유 수입(일반적으로 달러로 가격이 정해진다)을 통해서다. 이번 장의 앞에서 언급했듯이, 2008년 전반에 달러가 약화되자 미국의 회사들과 소비자들은 유럽, 일본, 그 외 다른 어느 나라들보다 껑충 뛰어오른 기름값으로 허덕여야 했다. 높은 연료값은 미국 회사들의 매출 총이익을 줄였고 그들의 순이익을 낮추었다. 그러나 2014년 세계 통화 시장에서 달러의 가치가 오르고 석유 값이 떨어지면서 이러한 트렌드는 뒤짚혔다. 이러한 사건들로 볼 때, 환율 위험이 전 세계 기업들의 현금흐름에 극적으로 영향을 끼친다는 것은 분명한 사실이다.

13-5b. 주식 가치와 외국환의 움직임

앞서 언급했듯이, 환율의 변동의 회사에 장기적인 영향을 준다. 애들러와 뒤마는 주식의 수익이 이러한 장기 위험을 측정하는 편리한 방법이 될 것이라고 말했다.

$$R_{it} = R_{ft} + \beta_i(R_{mt} - R_{ft}) + \beta_C R_{Ct},$$

위 식의 구성 성분은 다음과 같다:

R_{Ct} = t월에 통화 바스켓 대비 현지 통화의 월수익

β_C = 주식의 환율 위험.다른 항은 CAPM의 (9.3) 공식과 같다

수익률 Rct는 통화 바스켓을 사용해 현지 통화의 가치를 측정해야 한다. 앞에서 설명했듯이, IMF의 SDR, 연방준비제도의 MCI 등 통화 바스켓에는 많은 유명한 통화들이 있다. 달러를 교역 가중된 달러, 유로, 파운드, 그리고 엔화로 구성된 IMF의 SDR로 표현함으로써 우리는 달러의 가치 변화를 더 쉽게 파악할 수 있다. 만약 SDR 하나를 사기 위한 달러의 양이 더 많아진다면(SDR–달러 환율 증가), 시간이 지남에 따라 달러가 SDR보다 더 변동성이 높으므로 우리는 다른 주요 통화에 비해 달러가 그 가치가 떨어졌음을 추측할 수 있다. 통화 바스켓은 통화의 분산된 포트폴리오를 나타내고 결과적으로 개별 현지 통화보다 더 낮은 변동성을 가진다. 이러한 관점에서 볼 때, 호바노프, 콜라리, 소코로프에 의해 진행된 최근의 연구는 주요 통화들이 최저 변동의

그림 4 2014년, 폭스바겐은 유로의 가치가 떨어졌을 때 이득을 본 회사였다.

포트폴리오 통화로 합쳐질 수 있다는 것을 보여주었고 이는 1981년에서 1998년의 기간의 달러보다 40배는 안정적이다.

만약 수익률 Rct가 증가하면, 현지의 통화는 t 기간동안 절하했음을 의미한다. 반대의 경우도 똑같은 원리가 적용된다. 이는 Rct = (SDR/USD$_{t-}$ − SDR/USD$_{t-1}$)/ SDR/USD$_{t-1}$를 보면 알 수 있는데, 수익률 Rct는 SDR/USD$_t$이 SDR/USD$_{t-1}$보다 클 때 증가하고 이는 달러의 가치가 떨어지고 있음을 의미한다. 계수 β_C는 주식의 **환율 민감도**(exchange rate sensitivity)를 측정한다. 일반적으로 말해, 연구 자료는 환율의 위험이 주식에 오직 10~20%밖에 영향을 주지 않는다는 것을 보여준다. 환율이 인플레이션보다 약 10%는 더 변동성이 높고 거의 대부분의 주식이 인플레이션 수준의 변화에 영향을 받는다는 사실을 고려하면 위의 환율변화에 주식이 영향을 받는 10%의 수치는 사실 실망스러운 수준이다.

이 문제에 대한 한 가지 해답은 환율이 어쩌면 회사 주식의 베타를 포함하고 있을지도 모른다는 점이다. 암스트롱, 나이프, 콜라리, 펀윈(2012)의 최근 연구에 따르면 현지 통화의 움직임은 시장 위험 즉, 주식 위험에 영향을 끼친다는 것을 보여준다. 그들은 시장의 베타를 두 부분으로 나누었고 그 공식은 다음과 같다.

$$R_{it} = R_{ft} + b_0(R_{mt} - R_{ft}) + b_1(R_{mt} - R_{ft})\ R_{Ct}$$

위 식의 구성 성분은 다음과 같다:

b_0 = 환위험이 없는 시장 베타

b_1 = 환위험이 있는 시장 베타

흥미롭게도, 위의 저자들은 미국 주식의 75%가 1975년부터 2006년 사이에 특히 두드러졌던 **환위험 베타**(exchange risk betas 혹은 b_1)를 가지고 있다는 것을 발견했다. 이는 환위험이 시장의 위험을 바꾸면서 대부분의 미국 회사에 영향을 끼친다는 증거였다.

자기자본 비용에 있어서 환위험의 영향을 나타내기 위해, 지난 해의 평균 수익이 다음과 같다고 가정해 보자: 시장 수익 R_{mt} = 10%, 미국의 재무성 금리 R_{ft} = 5%, 그리고 SDR−달러 수익은 R_{Ct} = 2%다. 수년 간의 데이터를 기반해서, 베타 계수를 다음과 같다고 가정하자: b_0 = 0.8, b_1 = 10. 이 데이터를 사용하여, 자기자본 비용은 5 + 0.80(10 − 5) + 10.00(10 − 5)2/100(두 개의 퍼센트를 곱한 뒤100으로 나눈 것)의 식으로 9%가 된다. 환위험이 자기자본의 비용을 8%에서 9%로 높였다는 사실에 주목하라. 더하여, 환위험은 환위험이 없는 베타 b_0 = 0.80를 환위험이 있는 더 높은 베타 $\beta^* = b_0 + b_1R_{Ct}$ + = 0.80 + 10(0.02) = 1.00.로 증가시켰다. 우리는 환위험이 베타를 변화시키고 그 결과로 주식의 기대수익률을 바꾼다는 사실을 추론할 수 있다.

마지막으로, 앞에서 언급했듯이 신흥국 시장의 국가리스크도 자기자본과 부채 비용을 높일 수 있다. 몇몇의 특정 나라들은 정부 불안정으로 인한 정치적 위험을 가지고 있을 수도 있고 부적절한 인프라 구조(도로, 전력, 항만 등)와 급격한 성장에 기인하는 경제적 위험을 가지고 있을 수도 있다. 이러한 위험들로 인해 자본 비용에 합당한 프리미엄을 더해줘야 하고 이는 신흥국 시장 프로젝트의 NPV를 낮추게 된다.

사실확인 LO-2

당신이 노키아의 주식을 미국에서 달러로 매입하고 당신의 친구가 프랑스에서 유로로 매입한다고 가정해보자. 내년을 기준으로 당신의 수익률은 당신의 친구의 수익률과 같을 것인가? 당신의 시장 위험은 당신의 친구의 시장 위험과 같은가?

요약

국제 회사들은 그들의 재무 관리에 영향을 주는 위기과 기회들을 만나게 된다. 환율의 변동은 거래 위험과 환산 위험에 단기 영향을 줄 수도 있고 경제적 위험에 장기적 양향을 줄 수도 있다. 거래환위험은 다른 나라에서 재화와 서비스를 구매하거나 판매하는 과정에서 수익과 지출이 변화하며 일어난다. 환산환위험은 회사의 통합 재무제표에 환율이 영향을 끼칠 때 일어난다. 경제적 위험은 통화 트렌드가 지나치게 장기화되어 회사의 가치에 영향을 줄 때 생겨나는 위험이다.

파생상품은 회사와 투자자들로 하여금 통화의 이동에 따른 위험을 헤지할 수 있는 다양한 방법을 제공한다. 선물 계약은 규격화된 거래로 거래소가 그 이행을 확실히 보장하며 주요 통화에 대한 헤지를 제공한다. 또 다른 중요한 헤징 수단은 통화 옵션 계약이다. 마지막으로 수년에 걸친 장기 헤지를 가능하게 하는 스왑 거래가 있다.

국제 경영의 자금을 조달하기 위해, 회사들은 국제 은행, 국제 채권과 주식 시장, 그리고 정부를 소스로 이용한다. 대형 국제 은행들은 CHIPS와 SWIFT를 통해 사업, 은행, 정부에 도매 지불 서비스를 제공한다. 결제의 흔한 방식에는 선지불, 상업 신용장, 은행인수어음과 청산 계정(오픈 계정)이 있다. 신디케이트에 포함 된 국제 은행들은 국제 사업 활동을 위해 상당한 양의 자금을 필요로 하는 거대 기업들에게 대출을 제공해 준다. 국제 채권 시장은 장기 투자 프로젝트를 위해 규모있는 예금을 모으기 좋은 방법이다. 채권은 국채, 외채, 유로 채권이 있다. 국제 주식 시장은 장기 자금 조달의 또 다른 좋은 조달 수단이다. 또한, 자국의 특정 경제 부분을 지원하기 위해 수출입 자금 지원을 제공하는 정부들도 있다. 최근의 경제 금융 위기는 세계의 정부들로 하여금 국제 금융시장에 개입하도록 만들었고 그들은 현금흐름을 유지하고 대외 신뢰도를 회복하는데 도움을 주었다.

해외 각지에 자회사를 가진 지주회사의 모회사는 투자 프로젝트의 순현재가치(NPV)

를 자국 통화 가치로 측정한다. 환율의 변동에 따른 위험을 헤지하는 방법으로는 회사 경영을 여러 나라에 다각화하거나 파생상품을 사용하는 방법 등이 있다. 예상되는 투자 비용을 능가하는 NPV를 가진 투자 프로젝트는 승인이 가능하다. NPV를 계산할 때, 현금흐름을 현재가치로 할인하기 위하여 자본 비용이 필요하다. 부채비용과 자기자본 비용의 가중 평균은 자본 비용과 같다. 자기자본 비용은 CAPM을 이용해 측정할 수 있다. CAPM은 국내 시장의 주식을 계산할 때 유용하고, 통합 자본 시장의 경우에는 ICAPM이 더 추천된다. 이러한 자산 가격결정 모델들은 다른 주가 요소들과 더해져 자기자본 비용의 측정값을 개선할 수 있다.

회사는 환율의 변동에 따라 현금 흐름 민감성을 보일 수 있다. 또, 환율의 변동은 회사의 주식 가치에도 영향을 준다. 환위험은 그 자체만으로 주식 수익에 영향을 주거나 시장 베타를 통해 영향을 끼칠 수도 있다. 결과적으로 환위험은 회사의 자기자본 비용에 영향을 미친다.

문제 풀이

1. 환산 환노출, 거래 환노출, 경제적 환노출의 차이는 무엇인가?

2. 회사와 투자자들의 현금 흐름에 영향을 주는 통화의 가치 변동을 헤지하기 위해 어떤 파생상품들을 사용할 수 있는지 말해보라.

3. 국제 거래와 투자의 주된 자금 조달 방식에 대해 간략하게 설명해보라. 단기적 방법과 장기적 방법을 구분해 설명하라.

4. 다국적 자본 예산의 원칙에 따르면 모회사는 전 세계에 퍼져 있는 자회사가 행하는 투자를 어떻게 평가해야 하는가? 할인을 목적으로 하는 자본 비용은 어떻게 추정되어야 하는가?

5. 환율의 변화가 기업의 주가 수익률에 영향을 주는가? 주가 수익 모델을 이용하여 설명하여라.

사례 곤경에 빠진 시티그룹, 세계 최대의 은행 중 하나인 씨티 은행이 생존하기 위해 고군분투하다.

총자산이 2조억 달러를 넘는 씨티그룹은 세계에서 가장 큰 국제 현금 중앙은행 중 하나이다. 100개가 넘는 나라들에서 2억 명이 넘는 고객들을 보유하고 있다. 씨티그룹 브랜드 이름으로는 씨티은행, 씨티금융, 프라이메리카, 스미스 바니, 바나멕스, 니코 등이 있다. 이들은 다양한 금융 서비스를 제공하는데 여기에는 결제 서비스, 신용카드 일반 고객과 기업을 대상으로 하는 대출과 모기지, 증권, 파생상품 위험 관리 서비스, 채권과 현금 관리 서비스 등등이 포함된다. 씨티그룹이 그간 아주 수익성이 뛰어나고 성공적인 현금 중앙은행이었음에도 불구하고, 2008년 전세가 완전히 뒤바뀌었다. 주택 담보 대출과 관련된 증권(모기지담보부증권과 부채담보부증권)으로 엄청난 손실을 입고 기타 자산담보 증권이 음의 수익을 기록하면서 은행의 지불능력을 위협하는 수준으로 자본에 타격을 주었다. 미국 정부는 미국 경제 전체에 영향을 줄 수 있는 재앙적인 대형 회사의 붕괴를 막기 위해 400억 달러가 넘는 돈을 은행의 주식을 사들이는데 사용했다. 또 정부는 씨티그룹에 의해 만들어진 위험한 대출에 대해 3억 달러의 보증을 제공했다. 구제금융이라는 이름 아래, 은행은 정부의 승인없이는 3년간 그 주주들에게 분기별 배당금을 지분 당 $0.10 이상으로 주어서는 안 됐다. 2008년 3월, 씨티그룹의 주식은 55달러로 거래됐으나 2009년 3월에는 주 당 1달러 아래로 떨어졌다. 세계에서 가장 대단하던 은행의 주식이 페니 스톡이 되어버린 것이다. 2015년에 이르러 은행은 구제금융 금액 중 450억 달러를 되갚았고 회복 중에 있다. 그러나, 글로벌 현금 중앙은행에 대한 정부의 구제금융을 둘러싸고 많은 논란이 일어났다. 몇몇의 전문가들은 최고의 전략은 그러한 거대 글로벌 은행이 망하도록 두고 정부가 임시적으로 인수(브리지 뱅크 솔루션)하여 그들의 대차대조표에서 나쁜 자산을 제거하고 정부가 운영하는 기관들에 분할 배정한 뒤 건정성이 뛰어난 다른 은행들에게 조각조각 잘라 합병시키는 것이라고 주장했다. 반대측은 그러한 거대 은행을 망하게 하는 것은 세계 금융 시장에 엄청난 패닉을 초래하고 전 세계 경제에 피해를 주기 때문에 선택사항이 아니라고 주장했다.

✲ 질문

1) 씨티그룹에 정부의 지원을 계속하는 것에 대한 논쟁들은 무엇인가? 은행이 망하게 된다면 누가 피해를 입을 것인가? 씨티그룹의 실패는 다른 기업들의 실패와 다른 것인가? 정부는 이러한 글로벌 금융 기업을 관리할 인력을 가지고 있는가?

2) 은행이 망하도록 두자는 의견의 반대 의견에는 무엇이 있는가? 경쟁을 만들어내는 자본주의와 자유 시장의 개념을 설명하라. 대형 국제 은행들을 구제금융하는 것이 그들로 하여금 스스로가 "무너지기엔 너무 큰(too big to fail)" 이라는 지나치게 위험한 이론을 선택하게 만드는가?

주장과 반박

모기지 문제를 채권 평가 에이전시의 탓으로 돌려야 하는가?

Standard & Poor, Moody's Investors Service, 그리고 Fitch Ratings는 모두 공개적으로 발행된 부채에 대한 채권 등급을 제공한다. 1980년 이후로, 이러한 회사들은 모기지 담보부 증권을 평가해왔다. 1990년에는, 투자 은행들이 이러한 모기지 담보부 증권과 또 다른 자산 담보부증권, 신용카드, 자동차 대출, 소기업 대출을 기반으로 한 채권모기지 담보부 증권과 다른 증권들의 현금 흐름은 분할 발행이라 불리는 방식으로 이자율과 원금으로 나뉘어졌고 부채 담보부증권이라 표기됐다. 상위 네 개의 등급은 투자 적격 증권이고 하위 등급들은 정크 본드이다. 흥미롭게도, 많은 부채 담보부증권이 모기지 담보부증권보다 높은 등급을 받았다. 전 세계의 투자자들은 그들이 안전한 투자를 하는 것이라 믿으며 부채 담보부증권을 샀다. 그러나 2007년부터 2010년 사이에 미국내 개인의 주택담보대출 채무지불 사태가 점차 증가하자 부채담보부증권의 가치는 곤두박질쳤다. 그렇게 되고 나서야 많은 부채담보부증권들이 정크 본드라 판정되었던 모기지 담보부증권의 현금 흐름을 기반으로 하고 있다는 사실이 밝혀졌다. 25%가 넘는 부채 담보부증권들이 국제 채권시장에 판매됐기 때문에 전 세계의 투자자들은 엉망으로 책정된 등급의 채권에 대한 값을 치뤄야 했다. 월 스트리트는 도끼 날을 실크에 간 꼴이 됐다. 자연적으로, 중요한 질문이 떠오르게 된다. 모기지 사태를 등급 평가 기관의 탓으로 돌려야 하는가?

✲ 주장

찬성 등급 평가 기관들은 그들이 잘못한 것이 아무것도 없다고 말한다. 그들은 부채 담보부증권의 디폴트 가능성을 평가할 때 전통적으로 쓰여오던 과정을 거쳤고 그러한 빈틈없는 규칙에 의해 등급을 매겼다고 했다. 기관의 분석가들은 엄청난 양의 부채 담보부증권을 평가해야 했고 부채 담보부 증권은 부채 담보부증권을 담고 있는 부채 담보부증권 같은 것을 포함하여 엄청나게 복잡해졌다. 분석가들은 더 많은 등급을 매기거나 더 높은 채권의 등급을 주었다고 해서 더 많은 돈을 받지는 않았다.

✲ 반박

비판자들은 등급평가 기관들이 등급평가 사업에서 경쟁중이었다고 주장한다. 만약 투자 은행이 등급 평가 기관으로부터 빠른 결과를 받지 못하거나 투자 등급 이하의 등급을 받는다면 그들은 다른 등급평가기관을 이용할 것이기 때문이었다. 등급평가기관들은 그들의 평가에 대해 요금을 받는 것으로 수익을 얻는다. 이러한 이유들이 등급 평가기관들 사이에 이해상충 가능성이 있었을 수 있다. 미국 증권 거래 위원회(SEC)가 이러한 이해상충이 등급평가의 결과에 영향을 끼치지 못하도록 등급평과 과정을 감시하고 제재하는 역할을 맡아야 했음에도, 그들은 2008년 후반 부채 담보부증권의 디폴트가 생긴 후에야 부채 담보부증권의 잠재적인 문제점을 조사하기 시작했다.

당신은 어떻게 생각하는가?

당신은 어떤 의견에 동의하는가? 당신이라면 CDO의 등급을 매길 때, 미래에 생길지도 모르는 문제를 예방하기 위해 어떤 방법을 취할 것인가?

국제경영 뉴스 해석하기

금융 뉴스는 신문과 언론 어디에든 있다. 다음에 나오는 금융 소식을 이번 장에서 우리가 배운 개념들과 관련하여 어떻게 해석할 수 있겠는가?

버니 마도프의 헤지 펀드인 애스콧 파트너스는 2008년, 마도프가 폰지 스킴(새로운 투자 펀드에 투자하는 것이 아니라 다른 투자자들이 빠져나간 자리를 단순히 메꾸기만 하는 것)에 투자자들의 예금 500억 달러를 잃었다는 소식과 함께 무너졌다. 경제가 느려지고 더 많은 투자자들이 현금인출을 원하게 되면서 그 사기행각이 밝혀졌다. 전 세계에 있는 투자자들이 돈을 잃었고 수많은 사람들이 일생의 예금을 날려버렸다. 이 역사상 가장 거대했던 사기 사건으로 인해 마도프는 150년형을 선고받았다. 이러한 비극적인 사건이 금융 투자자들과 시장에 어떤 영향을 끼칠까? 이러한 위험을 낮추기 위해서 무엇을 할 수 있을까?

일본의 엔화는 세계 경제가 둔화되기 시작하자 2014년 유로와 달러 모두에 대해 하락하기 시작했다. 많은 양의 전자 기기와 자동차를 수출하는 일본에게 이 엔화의 절하는 도움이 되는 것일까? 이러한 하락은 미국과 유럽 경제에 어떤 영향을 줄 것인가?

2013년 미국의 주식 가치는 30%나 올랐으나 세계의 다른 주식 시장은 거의 어떠한 성장도 보이지 않았다. 또한, 미국, 유럽, 일본, 기타 등등의 중앙 은행이 중재를 하면서 국제 채권시장의 금리는 최저로 낮아져 있었다. 국제 기업의 자본비용에 이러한 시장 트렌드가 어떤 영향을 미칠 것인가? 그들의 투자 프로젝트의 NPV는 어떤 영향을 받을 것인가?

2014년에서 2015년의 전 세계적인 경제 성장 둔화의 중반에, 20개의 거대 산업국들이 세계의 경제와 금융 압박을 해소하기 위해 정부 차원의 행동을 취하는 것을 고려했었다. 그 시기에, 당신은 세계의 리더들이 미래의 번영과 경제의 회복을 위해 어떤 내용을 고민해야 했다고 생각하는가?

포트폴리오 프로젝트

당신만의 케이스를 연구해 보라: 당신이 좋아하는 회사의 이자율 위험을 이해해 보라.

이 장을 읽은 뒤, 당신의 당신이 목표로 하는 회사에 대한 몇 가지 기본적인 질문들에 답할 수 있어야 한다.

1) 당신의 회사는 어느 나라로 상품을 수출하는가? 혹은 수입하는가? 미국 달러에 대한 이 나라들의 통화의 가치가 변한다면, 거래 위험과 환산 위험에 어떤 영향을 끼치겠는가? 또 경제적 위험에는 어떤 영향을 끼치겠는가?

2) 이러한 환노출을 피하기 위해 회사는 어떤 조치를 취할 수 있는가?

3) 당신 회사의 주식이 환율 변동에 민감하다고 생각하는가, 그렇지 않다고 생각하는가?

당신의 사업을 위한 국제 전략을 개발해 보라: 환율 위험 평가와 가중평균 자본비용.

환율의 변동이 어떻게 당신이 목표로 한 나라의 수출 판매에 영향을 주는지 생각해 보고 해외에 자회사를 설립한다면 그에 대한 자본비용을 어떻게 결정할 것인지 생각해보라. 하나의 목표 국가를 정하고 달러 대비 해당국의 통화에 집중하라. 당신의 사업을 평가하기 위한 몇 개의 질문들이 있다:

1) 목표로 한 나라의 통화 혹은 달러 그래프가 어떻게 생겼는가?

2) 해외의 통화에 비해 달러의 가치가 오른다면, 판매 수익과 이윤은 어떻게 영향을 받을 것인가? 반대로 달러의 가치가 하락하면 어떤 일이 일어날 것인가?

3) 당신의 회사는 환율 위험을 어떻게 헤징할 것인가?

4) 해외에 있는 자회사의 가중평균 자본비용을 계산해 보아라.

찾아보기

Index

ㅌ

ㅍ

ㅎ

기타